U0102487

"十四五"时期国家重点出版物出版专项规划项目
教育部人文社会科学重点研究基地重大项目

汪高鑫 主编

中国经史关系通史

先秦两汉卷

汪高鑫 马新月 著

海峡出版发行集团
THE STRAITS PUBLISHING & DISTRIBUTING GROUP
福建人民出版社

图书在版编目（CIP）数据

中国经史关系通史. 先秦两汉卷 / 汪高鑫，马新月著. --福州：福建人民出版社，2022. 9

ISBN 978-7-211-08278-0

Ⅰ. ①中… Ⅱ. ①汪… ②马… Ⅲ. ①经学—关系—史学—中国—先秦时代—汉代 Ⅳ. ①Z126. 27②K092

中国版本图书馆 CIP 数据核字（2022）第 069407 号

中国经史关系通史·先秦两汉卷

ZHONGGUO JINGSHI GUANXI TONGSHI · XIANQIN LIANGHAN JUAN

作　　者：汪高鑫　马新月
责任编辑：莫清洋　林丽萍
出版发行：福建人民出版社　　**电　　话**：0591-87533169(发行部)
网　　址：http：//www. fjpph. com　　**电子邮箱**：fjpph7211@126. com
地　　址：福州市东水路 76 号　　**邮政编码**：350001
印　　刷：深圳市彩美印刷有限公司
地　　址：深圳市龙岗区坪地街道高桥社区盛佳道 2 号东维丰新材料厂区 2＃厂房
开　　本：700 毫米×1000 毫米　1/16
印　　张：28. 75
字　　数：442 千字
版　　次：2022 年 9 月第 1 版　　2022 年 9 月第 1 次印刷
书　　号：ISBN 978-7-211-08278-0
定　　价：108. 00 元

总　序

经史关系属于中国经史之学发展史上的一个重要问题，从史学角度而言，它属于中国史学思想史研究的范围。在中国几千年的史学发展过程中，经学作为官方意识形态，对于史学有着长期而深远的影响。这种影响的具体表现，一是史学具有明显的宗经倾向。从司马迁的“折中于夫子”、“考信于六艺”，到刘勰的“宗经征圣”，再到章学诚的本于“《春秋》之义”，传统史学的发展，宗经思想是一贯到底的。二是史学随着经学思潮的变化而变化。自汉代经学兴起以后，两千多年来经学一直处于不断的流变过程中，两汉经学、魏晋玄学、宋明理学、清代朴学，便是经学流变过程中呈现出的主要时代形态；史学也相应地出现了两汉崇经、魏晋玄化、宋明义理化和清代重考证的不同思想方法倾向。三是史学重视探讨经史关系。在中国学术发展史上，很多学者都参与了对于经史关系的探讨，其中王通的“三经亦史”、王阳明的“五经亦史”、李贽的“六经皆史”、龚自珍的“六经者，周史之宗子”诸说都有较大的影响。而从史学角度对经史关系作出最为系统而深入的探讨的，当属史评家章学诚，他从经世致用的史学目的论，肯定了六经的史学属性。与此同时，中国经学在发展过程中，也受到了史学的影响。史学对于经学的影响，集中体现在以史证经上。所谓以史证经，即将史学纳入经学范围，用史学去说明或证明经学的观点。司马迁在《太史公自序》中引用孔子的话说：“我欲载之空言，不如见之于行事之深切著明也。”这里说的是孔子何以作《春秋》之史，其实也揭示了中国经学何以要以史为证的原因。经学家们正是通过历史史实的引述，才使得他们的经学观点得以建立在历史事实的基础之上，进而使他们的经学观点更具有说服力。由此来看，一部中国经史关系史，其实就是一部以经解史与以史证经的历史。

早在十年前，我已经开始关注中国经史关系史这个问题，并陆续发表了一些这方面的论文。2011 年，吴怀祺先生主编的六卷本《中国史学思想通论》出版，其中的《经史关系论卷》便是由我撰写的。该书作为史学界探讨经史关系问题的第一部专著，主要是就中国经史关系的一些基本理论问题进行了阐述。就在当年，我申请的教育部重点研究基地重大项目“经史流变探源”获得立项。此后数年，我和我的团队以此项目为基础，对中国经史关系史进行了系统探讨，并于 2016 年完成了课题结项工作。2017 年，我在“经史流变探源”结项成果的基础上，进行了较大的修改，以“中国经史关系史”为书名，由黄山书社正式出版，并成为“十二五”国家重点出版物出版规划项目。在这个过程中，我一直想写作一部多卷本的中国经史关系通史，希望更加系统、深入地对中国经史关系史作出探讨。这个想法得到了福建人民出版社的大力支持。经过学术团队的共同努力，这部汇聚了我和我的团队多年心血，多达 160 余万字的四卷本《中国经史关系通史》总算撰写完成了。

作为团队合作的产物，本书具体执笔人分工如下：

《先秦两汉卷》由汪高鑫、马新月撰写，《魏晋南北朝隋唐卷》由李传印、吴海兰撰写，《宋元明卷》由汪高鑫、邓锐、李德峰撰写，《清代民国卷》由王记录、李玉莉撰写。全书由我拟定初纲、进行统稿。

多卷本《中国经史关系通史》的完成，首先是团队精诚合作的结果。自古以来众人修史多属不易，我的学识和组织能力都有限，如果没有团队同仁的大力支持，要想完成撰写任务是难以想象的。我们在撰写过程中，一切从提高书稿质量的态度出发，积极、坦诚地交换意见，反复进行认真修改，从而有了最终的成果。其次要非常感谢福建人民出版社领导的持续关心，各位编辑同志的密切配合，他们付出的辛勤劳动，是书稿得以完成的重要保证。

本书难免还存在着各种不足甚至错误，祈请学界同仁批评指正，以便我们对这一问题作出进一步的研究。

汪高鑫　谨识

2020 年 10 月 10 日

本卷作者简介

汪高鑫，男，安徽休宁人，1961 年生，历史学博士。北京师范大学历史学院、史学理论与史学史研究中心教授、博士生导师，长期从事中国史学史、思想史、学术史与儒学史的研究。出版学术专著《中国史学思想史十五讲》、《中国经史关系史》、《中国史学思想史散论》、《中国史学思想史新论》、《中国史学思想会通・秦汉史学思想卷》、《中国史学思想会通・经史关系论卷》、《二十四史的民族史撰述研究》、《中国历史上的经史关系》、《传统史学与中国统一多民族国家》、《传统史学的求真与致用理念》、《古代社会、思潮与史学》、《易学与中国古代史学》、《汉代的历史变易思想》、《汉代神意史观研究》、《董仲舒与汉代历史思想研究》等近 30 部，发表学术论文 200 余篇。主持国家社科基金项目、教育部人文社会科学重点研究基地重大项目和规划项目等近 20 项。科研成果曾获得教育部高等学校科学研究优秀成果奖二等奖、中华优秀出版物奖图书奖、华东地区优秀古籍图书奖一等奖等各种奖项 10 余项。

马新月，女，山东济南人，1993 年生，历史学博士，研究方向为中国史学思想史。在《史学史研究》、《史学理论与史学史学刊》、《求是学刊》、《国学季刊》、《河南师范大学学报（哲学社会科学版）》、《中国社会科学报》、《北京社会科学年鉴》等报刊上发表学术论文 10 余篇。参与科研项目有教育部人文社会科学重点研究基地重大项目“经史流变探源”、“中国古代历史教育与文化传承”等。

目　录

绪　论

中国的经学兴起于西汉武帝“罢黜百家，独尊儒术”时期，然而经学的基本典籍《诗》、《书》、《礼》、《乐》、《易》、《春秋》六经，却是产生于上古三代时期。中国的史学至司马迁作《史记》而成史家“一家言”，然而先秦时期就已经形成史官制度，有着严格意义上的史著问世。讨论中国经史关系的历史，自然需要上溯到先秦时期。三代时期形成的六经，明显具有亦经亦史的性质，其中《尚书》与《春秋》，是严格意义上的史书；《诗经》、《周易》和三礼（《仪礼》、《周礼》和《礼记》）不但具有史料价值，而且具有丰富的历史思想。秦汉时期是中国传统史学发展的一个高峰，纪传体正史的创立是这一时期史学发展的重要标志。与此同时，汉代也是中国经学兴起的时期，西汉的今文经学、东汉的今古文经学，都是当时的学术思想主潮。这一时期的经史关系，主要表现在经学重视阐发历史观点，重视以史证经；史学则表现出浓厚的崇经意识，以经论史成为时代风气。

第一节　五经的史籍属性

先秦儒家基本经典，自然是《诗》、《书》、《礼》、《乐》、《易》、《春秋》六经，然而按照古文经学的说法，由于秦火的缘故，《乐经》在秦以后便散佚了，[1] 于是也就有了“五经”之称。五经亦经亦史，作为“经”，它成为汉武帝以后官方学术与统治思想；作为“史”，它是史籍之源，蕴含有丰富的历史思维。五经的史籍属性，充分彰显了经史之间的密切关系。

一、五经的史学价值

在《诗》、《书》、《礼》、《易》、《春秋》中，《尚书》与《春秋》是严格意义上的史书，其史学价值不容置疑。《诗经》、《周易》和三礼虽然不是严格意义上的史书，却都是对上古三代社会历史的反映，有着一定的史料价值；同时，它们还蕴含着丰富的历史思想，对于此后史学与史学思想的发展有着重要的影响。

《尚书》作为上古三代政治历史文献的汇编，其史学价值一方面表现为对后世史书撰述的影响。《尚书》已经具备了记言、记事和言事相兼等写作形式，记言如训、诰、命、誓，不但为后世的令、格、式、敕和大诰、诏令集等类史书的问世开了先河，也启发了其他类别的史书重视诏令奏章的载录。另一方面，《尚书》通过比较系统地反映上古三代以来的历史，已经有意识地去重视运用历史知识来观察历史动向，提出自己对未来社会的构想。《礼记·经解》所谓“疏通知远，《书》教也”，说的就是这个意思。

《春秋》主在记事，人们常常将《春秋》与《尚书》对举，以《尚书》为古代记言史书的代表，以《春秋》为古代记事史书的代表。《汉书·艺文志》说：“左史记言，右史记事；事为《春秋》，言为《尚书》。”《文心雕龙·史传》也说：“古者左史记事者，右史记言者。言经则《尚书》，事经则《春秋》。”二书所论左右史职责相左，却都以记言之《尚书》与记事之《春秋》对举。其实，《尚书》与《春秋》并非同时代的作品，如

[1] 周予同说：“《乐经》的有无，今古文学的主张完全不同。依今文学说，《乐》本无经，乐即在《诗》与《礼》之中。依古文学说，《乐》本有经，因秦焚书而亡失。”（朱维铮编：《周予同经学史论著选集（增订本）》，上海人民出版社 1996 年版，第 209 页）在古代学术史上，“五经”、“六经”的称呼往往混用；而从今天的研究者来说，对象只是“五经”。

果真有与“言经”《尚书》对称的“事经”《春秋》，那也一定不是孔子所编的《春秋》。不过，这与《春秋》作为古代记事史书的地位无涉。《春秋》既是一部史书，也是一部政治书，其间内蕴了丰富而深刻的“史义”。为了彰显史义，《春秋》重视“史法”，即运用特定的书法形式（后人称作“春秋笔法”）来反映和褒贬具体的史事，以表现特定的史义。总而言之，所谓《春秋》的“史义”与“史法”，其实就是孔子在客观事实的基础上进行主观发挥，以此展现历史记述的社会功能。

《周易》本是卜筮之书，而卜筮却又是先秦史官职掌所在。如《左传·定公四年》载：“祝宗卜史，备物典策，官司彝器。”像这样将史与祝、卜相提并论的历史记载，在先秦文献中屡见不鲜，说明他们在职能上有相同的一面。由此推论，在《周易》的产生过程中，史官们一定是其中的重要撰述者。史官不但写《易》、知《易》，而且还是《易》的保存者。据《左传》记载，鲁庄公二十二年（前672年），“周史有以《周易》见陈侯者，陈侯使筮之”；又鲁昭公二年（前540年），晋国韩宣子到鲁国，“观书于大史氏，见《易象》与《鲁春秋》”。从思想内容而言，《周易》占卜问事，旨在标示人事的吉凶祸福，自然也就包含商周的零碎史影和巫史们的人生与社会历史经验于其中。《周易》内蕴的历史思想是很丰富的，其中的历史变易思维、天人合一思维等，对传统史学关于天人古今问题的思考有着深远的影响。

《诗经》内蕴丰富的古代社会生活、风俗习惯以及典章制度、阶级状况等史料，是用诗歌的语言表述的历史，故而被称为“史诗”。《诗经》中史料价值最高者，当数《大雅》，它比较完整地勾勒出了周族兴衰的大致轮廓。如《生民》篇记载了周的始祖后稷降生时的神异传说和以农立国的情况，《公刘》篇写了周族先王公刘自邰迁豳的事迹，《绵》篇写了先王古公亶父自豳迁岐和文王受业的情况，《皇矣》篇写了王季经营先王事业和文王伐密伐崇的胜利过程，《大明》篇写了文武相承和武王灭商的过程。此外，尚有《下武》、《假乐》等篇是咏成康以下的太平之世，《崧高》、《江汉》等篇是咏宣王复兴，《桑柔》、《召旻》等篇是刺厉、幽衰政。可以说，从周的发祥、创业、立国、拓疆、翦商、兴盛到式微，《大雅》都作了记述，它本身就是一部完整的周族和周朝的发展史。《诗经》中的其他部分内容，也有一定的史料价值。如《周颂》，其中《思文》对后稷以农养天下的功绩作了歌颂，《清庙》、《维天之命》、《我将》等篇对文王的德教作了歌颂，《武》、《酌》、《桓》、《执竞》等篇对周翦商之事有一定的反映；如《鲁颂》，其中的《閟宫》篇从周族发迹一直叙述到鲁侯的分封和御侮，是一部系统反映鲁国历史的长篇史诗；如《商颂》，其中的《长发》、《玄鸟》和《殷武》等篇，则大致反映了商族的发迹、兴盛与式微的过程；如《小雅》，其中的《甫田》、《大田》等篇记载了周族立国的一些情况，《出车》、《采芑》、《六月》等篇记载了周人征伐御侮的情况，《节南山》、《正月》、《十月之交》、《雨无正》等篇对周的衰政作了揭露。《诗经》内蕴的历史盛衰思想，如关于商周历史的盛衰之变；宣扬的天命王权思想，如对于商周始祖所编造的“圣人感生”说等，对传统史学的历史盛衰观与天命史观都有重要影响。

《仪礼》、《周礼》、《礼记》这三本书，[1] 关乎礼制及其沿革，与王朝政治休戚相关。在十三经当中，礼书占去了三种，可见其分量之大，而这也正好说明了历代统治者对它的高度重视。实际情况也是这样，在中国历史上，三礼不但被历代统治者奉为统治和经世大典，也成为其推行政治变革的重要依据。如《仪礼》的礼仪规范，是维系社会安定的重要依据；《周礼》则与历代改制颇有机缘，西汉末年的王莽改制、北宋的王安石变法等，都是以此为依据的；《礼记》主要表现为一种思想影响，如其中的《大学》、《中庸》被宋人与《论语》、《孟子》合称为“四书”，对封建社会后期的思想统治发生过重要影响，近代康有为也通过作《礼运注》，来寄予他的大同理想。

二、历史上的“六经皆史”说

在中国传统史学发展过程中，五经与史的关系一直论说不断。从先秦诸子对于六经史籍属性的认识，汉代司马迁史学的“考信于六艺”，到晋唐间史评家刘勰、刘知幾的五经乃史学之源，再到明清王阳明、李贽、章学诚、龚自珍和章太炎等人对于“五经亦史”、“六经皆史”说的持续

[1] 《礼记》为《仪礼》的传，一般认为是孔门后学所作，反映了先秦至汉初的儒家礼学思想。

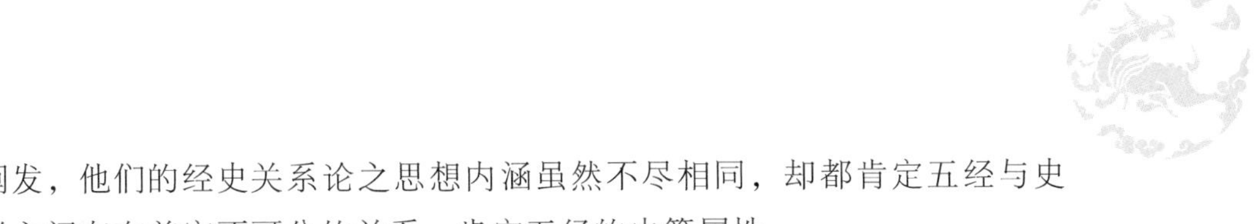

阐发，他们的经史关系论之思想内涵虽然不尽相同，却都肯定五经与史学之间存在着密不可分的关系，肯定五经的史籍属性。

先秦诸子对包含《乐经》在内的六经之史籍属性，已经有了比较明确的认识。《荀子·儒效》说："天下之道管是矣，百王之道一是矣，故《诗》、《书》、《礼》、《乐》之归是矣。《诗》言是，其志也；《书》言是，其事也；《礼》言是，其行也；《乐》言是，其和也；《春秋》言是，其微也。"视儒家六经为治理国家的"百王之道"。《礼记·经解》则说："孔子曰：入其国，其教可知也。其为人也，温柔敦厚，《诗》教也；疏通知远，《书》教也；广博易良，《乐》教也；洁静精微，《易》教也；恭俭庄敬，《礼》教也；属辞比事，《春秋》教也。"肯定六经兼具道德与历史两种教育功能。与儒家相比，道家对于六经史籍属性的表述则更为明确，《庄子·天运》借老子的话说："夫六经，先王之陈迹也，岂其所以迹哉！"《天下》篇也认为六经属于"旧法世传之史"。

汉代史家对于六经具有史籍属性的认识更加深刻。司马迁在《太史公自序》中说："《易》著天地阴阳四时五行，故长于变；《礼》经纪人伦，故长于行；《书》记先王之事，故长于政；《诗》记山川谿谷禽兽草木牝牡雌雄，故长于风；《乐》乐所以立，故长于和；《春秋》辩是非，故长于治人。"在司马迁看来，不但《尚书》、《春秋》是记事、断事的，属于史籍，而且其他诸经也具有史料价值和历史思维价值。司马迁作《史记》，以"正《易传》，继《春秋》，本《诗》、《书》、《礼》、《乐》之际"[1]明志，以"折中于夫子"[2]、"考信于六艺"[3]为评判史实与选取史料的原则。班固在《汉书·艺文志》中也对六经所具有的史籍属性作了叙述："六艺之文：《乐》以和神，仁之表也；《诗》以正言，义之用也；《礼》以明体，明者著见，故无训也；《书》以广听，知之术也；《春秋》以断事，信之符也。五者，盖五常之道，相须而备，而《易》为之原。"班固明确认为《尚书》、《春秋》为知事、断事之书，强调六经的相

[1]《史记》卷一百三十《太史公自序》，中华书局1959年版，第3296页。

[2]《史记》卷四十七《孔子世家》，中华书局1959年版，第1947页。

[3]《史记》卷六十一《伯夷列传》，中华书局1959年版，第2121页。

互关系。《汉书》撰述的基本原则便是“综其行事，旁贯五经，上下洽通”[1]，显然是以儒家五经为准则的。

南朝刘勰作《文心雕龙》，一方面提出“宗经征圣”的文论与史论思想，《征圣》篇说：“论文必征于圣，窥圣必宗于经。”这里的“经”即是指《易》、《书》、《诗》、《礼》、《春秋》五经。一方面肯定五经乃史学之源，《史传》篇认为，《尚书》与《春秋》分别属于“言经”和“事经”，尧舜时代的历史靠《尚书》中的典谟流传下来，夏商时代的历史则记载于《尚书》的诰誓之中；《春秋》因鲁史而修成，通过褒贬予夺，“征存亡以标劝戒”。由于《春秋》具有“睿旨幽隐，经文婉约”之特点，只有同时代的左丘明能理解其微言大义，通过推究史实而成“传体”史书《左传》，其“转受经旨，以授于后，实圣文之羽翮，记籍之冠冕也”。

隋朝王通最早明确提出“三经亦史”说。《文中子·中说》卷一《王道》篇说：“昔圣人述史三焉：其述《书》也，帝王之制备矣，故索焉而皆获；其述《诗》也，兴衰之由显，故究焉而皆得；其述《春秋》也，邪正之迹明，故考焉而皆当。此三者，同出于史而不可杂也，故圣人分焉。”在此，王通提出了《尚书》、《诗经》、《春秋》“同出于史”的观点。在王通看来，《尚书》、《诗经》、《春秋》“三经”的立意有别于其他经书，圣人分此三经以述史，旨在“备帝王之制”、“显兴衰之由”和“明邪正之迹”。

唐代刘知幾作《史通》，以“六家”开篇，此“六家”指《尚书》、《春秋》、《左传》、《国语》、《史记》、《汉书》，其中的《尚书》、《春秋》为五经之书，《左传》为《春秋》之传，《国语》为《春秋》“外传”[2]。也就是说，除去《史记》、《汉书》，前四家都可以视为在五经范围内。刘知幾所谓“六家”，既是史籍分类，也是史籍溯源，不但认为五经中的《尚书》、《春秋》等经传属于史书，而且肯定他们是史籍之源，这与刘勰的经史观是相一致的。在《古今正史》篇中，刘知幾依次对《尚书》、

[1] 《汉书》卷一百下《叙传》，中华书局1962年版，第4235页。

[2] 刘知幾于《史通·六家》中认为《国语》“其先亦出于左丘明”，是左氏“别为《春秋外传国语》”。

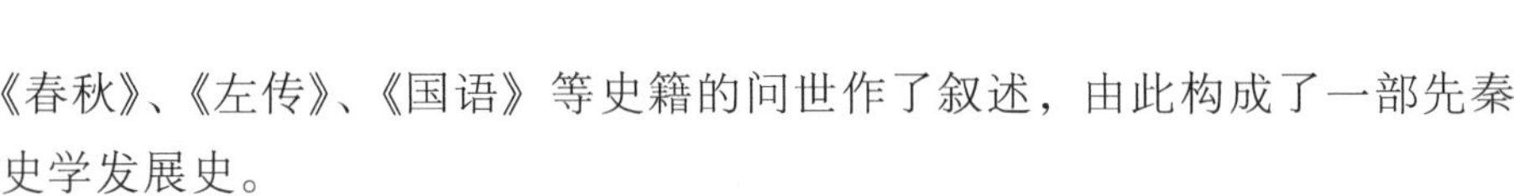

《春秋》、《左传》、《国语》等史籍的问世作了叙述，由此构成了一部先秦史学发展史。

明清是“六经皆史”说得到大力阐发的时期。明代心学家王阳明首先提出“五经亦史”说。他认为经史之间的关系是：“以事言谓之史，以道言谓之经。事即道，道即事。《春秋》亦经，五经亦史。《易》是包牺氏之史，《书》是尧、舜以下史，《礼》、《乐》是三代史，其事同，其道同，安有所谓异？”“五经亦只是史，史以明善恶，示训戒。”[1] 在此，王阳明从理事、道器合一的哲理高度对“五经亦史”作出了理论论证。王阳明“五经亦史”的理论意义，是肯定了经史、事道合一的关系。王世贞也说：“天地间无非史而已。……六经，史之言理者也；曰编年、曰本纪、曰志、曰表、曰书、曰世家、曰列传，史之正文也；曰叙、曰记、曰碑、曰碣、曰铭、曰述，史之变文也……”[2] 这就是说，所谓经书，其实也就是史书之一种。他同时认为经史是相互包含的，“史不传则道没，史既传而道亦系之而传”[3]。李贽第一个提出了“六经皆史”的命题。他说：“经、史一物也。史而不经，则为秽史矣，何以垂戒鉴乎？经而不史，则为说白话矣，何以彰事实乎？故《春秋》一经，春秋一时之史也。《诗经》、《书经》，二帝三王以来之史也。而《易经》则又示人以经之所自出，史之所从来，为道屡迁，变易匪常，不可以一定执也，故谓六经皆史可也。”[4] 李贽提出的“六经皆史”的主旨，是利用王学此说的积极因素，进一步在思想领域反对程朱理学，挑战程朱理学的正统与权威。

清代史评家章学诚对“六经皆史”作出系统阐述。章学诚首先认为，六经的本质是“先王政典”，乃“切人事”之学。《文史通义》开篇即说：“古人未尝离事而言理，六经皆先王之政典也。”[5]《经解上》篇说：“古之所谓经，乃三代盛时，典章法度，见于政教行事之实，而非圣人有意

[1] 王阳明：《王阳明全集》卷一《传习录上》，上海古籍出版社 1992 年版，第 10 页。

[2] 王世贞：《弇州山人四部稿》卷一四四《说部·艺苑卮言一》，明万历刻本。

[3] 王世贞：《纲鉴会纂序》，载《纲鉴会纂》，明刻本。

[4] 李贽：《焚书》卷五《经史相为表里》，《焚书　续焚书》本，中华书局 2009 年版，第 214 页。

[5] 章学诚著，叶瑛校注：《文史通义校注》卷一《易教上》，中华书局 2014 年版，第 1 页。

作为文字以传后世也。”《言公上》篇说：“六艺皆周公之旧典，夫子无所事作也。”《校雠通义·原道》也说：“六艺非孔氏之书，乃《周官》之旧典也。”作为先王政典，六经是一门“切人事”的学问：“三代学术，知有史而不知有经，切人事也。”[1] 其次，章学诚认为古代“无经史之别”，后世史学源于《春秋》。章学诚说：“古无经史之别，六艺皆掌之史官，不特《尚书》与《春秋》也。”[2] 又说：“三代以前，《诗》《书》六艺，未尝不以教人，不如后世尊奉六经，别为儒学一门，而专称为载道之书者。”[3] 这就是说，所谓视六经为专门的载道之书，那是后世儒者所为，六经本为史官执掌的教人行事之书。章学诚认为，后世经史分途，史学源于《春秋》。其《上朱大司马论文》说：“盖六艺之教（过）[通]于后世有三：《春秋》流为史学，《官》、《礼》、诸《记》流为诸子论议，《诗》教流为辞章辞命。其它《乐》亡而入于《诗》、《礼》，《书》亡而入于《春秋》，易学亦入《官》、《礼》，而诸子家言，源委自可考也。”[4] 又说：“叙事实出史学，其源本于《春秋》‘比事属辞’，左史班陈，家学渊源，甚于汉廷经师之授受。马曰‘好学深思，心知其意’，班曰‘纬六经，缀道纲，函雅故，通古今’者，《春秋》家学，递相祖述。”由此可知，史学属于《春秋》家学。章学诚肯定“六经皆史”，其实是要从源头上去论证六经实为一种“切人事”的致用之学，以此反对空谈义理的宋学和专务考索的汉学。

晚清时期，龚自珍、章太炎也先后对“六经皆史”作了论述。龚自珍提出了六经乃“周史之宗子”说，认为“五经者，周史之大宗也”。龚自珍说：“《易》也者，卜筮之史也；《书》也者，记言之史也；《春秋》也者，记动之史也；《风》也者，史所采于民，而编之竹帛，付之司乐者也；《雅》、《颂》也者，史所采于士大夫也；《礼》也者，一代之律令，

[1] 章学诚著，叶瑛校注：《文史通义校注》卷五《浙东学术》，中华书局 2014 年版，第 606—607 页。

[2] 章学诚：《章学诚遗书》卷十三《论修史籍考要略》，文物出版社 1985 年版，第 116 页。

[3] 章学诚著，叶瑛校注：《文史通义校注》卷二《原道中》，中华书局 2014 年版，第 154 页。

[4] 章学诚：《章氏遗书补遗·上朱大司马论文》，载《章学诚遗书》，文物出版社 1985 年版，第 612 页。

史职藏之故府，而时以诏王者也。”[1] 与六经相对应，龚自珍进一步指出，“诸子也者，周史之支孽小宗也”。将诸子学也纳入史学的范围，这是龚自珍对前人“六经皆史”说的发展。章太炎作《訄书》，其中的《清儒》篇集中讨论了“六经皆史”论题。章太炎说：“六艺，史也。上古以史为天官，其记录有近于神话。”章太炎以清儒与汉儒相较，认为其“不以经术明治乱，故短于风议；不以阴阳断人事，故长于求是”。他明确反对汉儒“以宗教蔽六艺”的“怪妄”之行，而更为认同清儒“断之人道，夷六艺于古史”的做法，通过简选事类，反映上古社会的盛衰之迹。这即是要将六经历史文献化，“以此综贯，则可以明进化；以此裂分，则可以审因革”。如此，清儒经学遂成古史考证之学。

第二节　汉代经史之学的兴起与互动

汉代经学兴起的标志，是汉武帝“罢黜百家，独尊儒术”，从此以后研习儒家五经经典蔚然成风。汉代史学的发展，以司马迁撰述《史记》，创立纪传体通史，提出“成一家之言”为标志；此后班固撰述《汉书》，“正史”的格局由此形成。汉代经学作为官方统治意识形态，其经学思想与历史观点对于汉代史学的发展有重要影响，表现在汉代的史学与史学思想中，具有浓厚的崇经意识；汉代史学的发展，也为解经提供了史事上的依据，经史呈现出互动的现象。

一、汉代经史之学的兴起

汉代经学的兴起，主要有三个标志性事件。其一是确定“独尊儒术”的方针。汉武帝即位后，垂问贤良文学之士“大道之要”，董仲舒作为举首对策说：“《春秋》大一统者，天地之常经，古今之通谊也。今师异道，人异论，百家殊方，指意不同，是以上亡以持一统；法制数变，下不知

[1] 龚自珍：《龚自珍全集》第一辑《古史钩沉论二》，上海古籍出版社 1999 年版，第 21 页。

所守。臣愚以为诸不在六艺之科孔子之术者，皆绝其道，勿使并进。邪辟之说灭息，然后统纪可一而法度可明，民知所从矣。”[1] 董仲舒这段话集中阐发的思想便是“罢黜百家，独尊儒术”，其目的是要以思想大一统来服务于政治大一统，而思想大一统则需要统一到“六艺之科、孔子之术”之儒家学说思想上来。董仲舒对策中所表述的思想，适应了汉武帝巩固大一统政治的需要，从而被汉武帝所采纳，以五经为主要典籍所体现的儒家思想从此成为中国传统社会的统治思想。正是汉武帝确立了“罢黜百家，独尊儒术”的基本国策，才为汉代经学的兴起提供了前提条件。

其二是设置五经博士，儒学成为官学。为贯彻“罢黜百家，独尊儒术”的国策，建元五年（前136年），汉武帝设置五经博士，儒学由此成为官学。对于汉武帝所设五经博士，《史记·儒林列传》和《汉书》的《武帝纪》、《百官公卿表序》皆有明确记载。《史记·儒林列传》对这五经博士的学术系统作了叙述：“及今上（汉武帝）即位，赵绾、王臧之属明儒学，而上亦乡之，于是招方正贤良文学之士。自是之后，言《诗》于鲁则申培公，于齐则辕固生，于燕则韩太傅。言《尚书》自济南伏生。言《礼》自鲁高堂生。言《易》自菑川田生。言《春秋》于齐鲁自胡毋生，于赵自董仲舒。”《汉书》的《武帝纪》和《百官公卿表序》却都只是记载建元五年置五经博士。次年，随着窦太后之死，武安侯田蚡为丞相，便正式“绌黄老、刑名百家之言”了。正是五经博士的设置和五经传授系统的形成，才使得文景时期尊崇黄老的局面得以根本扭转，儒家五经经典的传授才开始受到前所未有的重视，它为经学的兴起起到了非常重要的作用。

其三是读经与利禄之途相联结。经学的兴起还与读经能够步入仕途有着密切的关系。元光五年（前130年），汉武帝征贤良文学之士，时年六十有余的公孙弘进行对策，得到汉武帝赏识，将其对策列为第一名，拜为博士，待诏金马门。一岁中至左内史，几年后升迁为御史大夫。元朔中，代薛泽为丞相。公孙弘作为一介布衣，因其儒学而得到汉武帝赏

[1]《汉书》卷五十六《董仲舒传》，中华书局1962年版，第2523页。

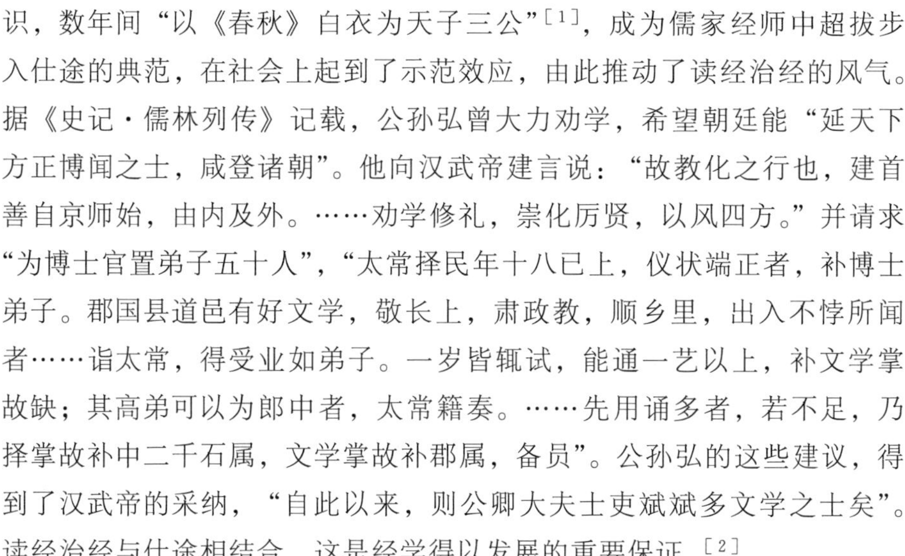

识，数年间“以《春秋》白衣为天子三公”[1]，成为儒家经师中超拔步入仕途的典范，在社会上起到了示范效应，由此推动了读经治经的风气。据《史记·儒林列传》记载，公孙弘曾大力劝学，希望朝廷能“延天下方正博闻之士，咸登诸朝”。他向汉武帝建言说：“故教化之行也，建首善自京师始，由内及外。……劝学修礼，崇化厉贤，以风四方。”并请求“为博士官置弟子五十人”，“太常择民年十八已上，仪状端正者，补博士弟子。郡国县道邑有好文学，敬长上，肃政教，顺乡里，出入不悖所闻者……诣太常，得受业如弟子。一岁皆辄试，能通一艺以上，补文学掌故缺；其高弟可以为郎中者，太常籍奏。……先用诵多者，若不足，乃择掌故补中二千石属，文学掌故补郡属，备员”。公孙弘的这些建议，得到了汉武帝的采纳，“自此以来，则公卿大夫士吏斌斌多文学之士矣”。读经治经与仕途相结合，这是经学得以发展的重要保证。[2]

汉代史学的兴起，自然以司马迁作《史记》，提出“成一家之言”为标志。从历史编纂而言，《史记》创立了含有本纪、世家、列传、书和表等五种体例的纪传体通史体裁，由此开启了后世纪传叙事的范式。王鸣盛称赞说：“司马迁创立本纪、表、书、世家、列传体例，后之作史者递相祖述，莫能出其范围。”[3] 从历史叙事而言，《史记》通过构建起黄帝、颛顼、帝喾、帝尧、帝舜五帝，夏、商、周三朝诸王，以及秦汉诸帝这样一个中国古代王朝历史系统，由此确定了黄帝的人文始祖地位和王朝延续的政治统绪；其民族史传的创立，记述了古代中国周边各民族及其与中原王朝交往的历史，第一次对统一多民族国家的历史进行了记述，是一部古代中国全史。从撰述旨趣而言，司马迁明确提出了“究天人之际，通古今之变，成一家之言”的主张。这里所谓“究天人之际”，既是关乎历史研究的对象，也是关乎历史发展的动力，体现了言天道却更重人事的思想特点；所谓“通古今之变”，即是要在贯通中探寻历史的治乱兴衰。司马迁正是以这样一种“言”的形式与内涵，在西汉立定了

[1] 《史记》卷一百二十一《儒林列传》，中华书局1959年版，第3118页。

[2] 以上关于汉代经学兴起的论述，参见汪高鑫：《中国经史关系史》第二章，黄山书社2017年版。

[3] 王鸣盛：《十七史商榷》卷一《史记一》，上海古籍出版社2013年版，第6页。

一个有别于先秦诸子百家的新的学术家派——史家。

自从司马迁撰述《史记》，提出“成一家之言”之后，两汉史学出现了重大发展。一是纪传体史书编纂成就空前。如果说先秦史学的主要成就是打破了学在官府的格局，出现了《春秋》、《左传》、《国语》、《竹书纪年》、《世本》、《战国策》等最早一批私人历史撰述，以及在编年体史书撰述上取得的初步成就，那么两汉史学的重大发展，则突出表现在纪传体史书撰述的巨大成就上。继司马迁《史记》之后，东汉班固撰述《汉书》，除去世家，改书为志，开创包举一代的纪传体断代史规模，由此整齐了司马迁开创的纪传体体例，为后世绝大多数正史撰述所遵循。《汉书》的另一个突出特点，是在追求历史纪实的同时，重视以儒家经学为圭臬。《汉书》从编纂形式到内容的变化，成为中国古代正统史学的代表。二是编年体撰述与目录学的发展。东汉荀悦受汉献帝之命，用编年体改编班固《汉书》而成《汉纪》。该书言事相兼，重视评论，对传统编年叙事作了重要发展。特别是所提出的“达道义”、“彰法式”、“通古今”、“著功勋”、“表贤能”之“立典有五志”的取材思想，对古代历史编纂学的发展有重要影响。中国目录“萌芽于先秦时期，起源于《诗》、《书》之序”[1]，然而群书目录的建立，则始于汉代。刘向在文献整理的基础上编纂《别录》，刘歆“撮其指要”而成《七略》，堪为中国古代真正意义上的目录学的发端。《七略》包含的书籍“六分法”与“十家九流”学派分类思想，对中国古代目录学与学术发展史都有深远的影响。班固通过对《七略》“删其要”而成《汉书·艺文志》，开创了正史编纂“艺文志”的先河，继承和发展了刘歆的目录学思想。此外，陆贾关于秦汉时期的当代史撰述《楚汉春秋》，对西汉初年的政治也有重要影响。

二、汉代经史之学的互动

司马迁史学标立“成一家之言”，以及汉代史学的巨大发展，都充分说明汉代史学在实践中开始逐渐形成为一个重要的学术门类。白寿彝先

[1] 张家璠、黄宝权：《中国历史文献学》，广西师范大学出版社1989年版，第94页。

生所谓的司马迁“在史学领域里第一次提出‘家’的概念”[1]，其实是肯定了汉代史学的独立开始于司马迁撰述《史记》。刘家和先生也认为，“经学是在汉代正式产生的，史学也随着《史记》、《汉书》等巨著的出现而开始崭露头角，正是在汉代开始了经史分离的过程”[2]。这就是说，西汉时期中国史学已经开始与经学相脱离而成为一门独立的学科。

然而经史分离始于汉代之说，在学术界并没有形成共识。有学者明确认为，“两汉以前，史学不是一门独立的学科，而是隶属于经”[3]。也有学者认为“在汉代，经学占统治地位，而史学是经学的附庸”[4]。这些说法都是站在汉代经学的大背景下来看史学的，有一定的道理，而支撑这种说法的最有力的依据，便是班固《汉书·艺文志》中“史附于经”的目录分类法。[5] 究竟应该如何看待《汉书·艺文志》的“史附于经”现象？首先，先秦秦汉已经形成源远流长的史学传统。先秦时期不但史官名称繁多、分工细致，而且史官通过记事，流传下丰富而宝贵的史籍。前述如左史倚相“能读三坟、五典、八索、九丘”，申叔时所谓“故志、训典”等，应该都是上古史官留下的重要史料。至于六经，则亦经亦史。六经之后问世的史官典籍，所谓“晋之《乘》、楚之《梼杌》、鲁之《春秋》，一也”[6]。而私家撰述的史籍则主要有《竹书纪年》、《世本》、《左传》、《战国策》和《国语》等。秦代短祚，只有官家所修《秦纪》。汉代史学在纪传体、编年体以及目录学等领域，都取得了巨大的成就。这样一个源远流长的史学传统，足以反映史学在实践中已经形成为一门独立的学科。其次，《汉书·艺文志》的“史附于经”现象只是出于目录学分类的考虑，并非史学是否独立发展的真实体现。《汉书·艺文志》之所以

---

[1] 白寿彝：《说“成一家之言”》，载白寿彝：《中国史学史论集》，中华书局 1999 年版，第 99 页。

[2] 刘家和：《史学和经学》，《北京师范大学学报》1985 年第 3 期。

[3] 周予同：《有关中国经学史的几个问题》，载朱维铮编：《周予同经学史论著选集》（增订本），上海人民出版社 1996 年版，第 695 页。

[4] 许凌云：《经史关系略论》，载《经史因缘》，齐鲁书社 2002 年版，第 3 页。

[5] 在《汉书·艺文志》中，《国语》、《世本》、《战国策》、《楚汉春秋》、《史记》等史书没有独立成类，而是依附于“六艺略”的《春秋》类下。有些史书则被著录于“诸子略”儒家类和“数术略”历谱类等类别之下。

[6] 《孟子·离娄下》，《诸子集成》本，中华书局 1954 年版。

将先秦秦汉史书附于《春秋》经之下，最主要的原因是经过秦火对先秦史籍的毁灭之后，汉代留存的史籍已稀少而形不成部类。也许是出于部类篇幅的考虑，《汉书·艺文志》才将史籍主要附于“六艺略”《春秋》类之下。换言之，《汉书·艺文志》的“史附于经”应该只是一种目录分类的技术处理或权宜之计，由此得出汉代史学依附于经学，经与史尚未实现分离的观点，无疑只是一种主观臆测，不符合史学发展的客观实际。

当然，汉代经史虽然开始分离，但汉代史学表现出非常浓厚的崇经意识也是事实。司马迁作《史记》，就明确提出要“正《易传》，继《春秋》，本《诗》、《书》、《礼》、《乐》之际”[1]。“易学是司马迁家学渊源之一，也是他的史学基石的组成部分”[2]。司马迁借用《周易》的通变思想来对历史进行观察与思考，提出了“原始察终，见盛观衰”的历史变易思想。司马迁推崇《春秋》道义，肯定《春秋》“文成数万，其指数千。万物之聚散皆在《春秋》”，《春秋》是“礼义之大宗”，是“有国者”、“为人臣者”、为君父臣子者所必须知道的典籍。[3] 故而《史记》重视阐发《春秋》大义。同时，司马迁还明确提出要“折中于夫子”、“考信于六艺”，以此作为其评判史实与选取史料的重要原则。相较于经学兴起时期的司马迁而言，班固处于经学盛行时代，其史学崇经意识更为浓厚。班固曾经对司马迁史学进行过评价，他虽然在历史编纂上肯定《史记》是实录之作，却在史学思想上不满于司马迁的经学观，提出了著名的“史公三失”论，直斥其“是非颇缪于圣人，论大道则先黄老而后六经”[4]。班固之所以如此评价司马迁，是在用东汉初年儒学神圣化、法典化时代的正统观念去衡量司马迁的儒学观、经学观，同时也表明他著《汉书》要以六经为依归的思想。在《汉书·叙传》中，班固更是明确表示，其《汉书》的撰述是要“综其行事，旁贯五经，上下洽通”。《汉书》之所以成为中国古代正统史学的代表，与其强烈的崇经意识是分

[1]《史记》卷一百三十《太史公自序》，中华书局 1959 年版，第 3296 页。

[2] 吴怀祺：《易学与中国史学》，《南开学报》1997 年第 6 期。

[3]《史记》卷一百三十《太史公自序》，中华书局 1959 年版，第 3297、3298 页。

[4]《汉书》卷六十二《司马迁传》，中华书局 1962 年版，第 2738 页。

不开的。[1]

汉代史学思想的发展，也深深打上了经学的烙印。纵观汉代史学思想的发展及其走向，其在天人观、古今观和大一统观上，都深深受到汉代经学观念的影响。西汉董仲舒的今文经学在天人观上宣扬天人感应论，在古今观上提出“三统”历史变易学说，在大一统观上强调立王正始的政治大一统、独尊儒术的思想大一统和“王者爱及四夷”的民族大一统。[2] 这些思想直接启发了司马迁“究天人之际”和“通古今之变”的史学观，影响了《史记》、《汉书》等汉代史书重视对于大一统政治的记述与颂扬。西汉末年刘歆的古文经学大力宣扬五行相生的五德终始说，其学术主旨有二：一是通过宣扬“汉为尧后”的思想，为新莽代汉提供历史依据；二是构建起一套以伏羲为百王先的新的历史系统。[3] 这对班固的史学影响极大，《汉书》的《律历志》、《郊祀志》等篇目，详细记载了这一学说；《汉书》的《高帝纪》、《郊祀志》等篇详细叙述了汉绍尧运、汉得火德的思想，以此论证西汉王朝建立的合理性、合法性；《汉书》的《古今人表》、《百官公卿表》等篇，承认了以伏羲为人文始祖的新的历史系统，对此后的古史观念产生了深远影响。

同时，汉代经学的发展也离不开史学的支撑。史学是一门记言记事的“实学”，自然成为经学家用以阐发经义和构建经学理论的重要手段，这样的治经路径叫作“以史证经”。纵观古代经学的发展，以史证经表现为两种方式：一是以史事证明经学观点，一是以史事解释经义。从西汉经学的发展来看，以史证经最具代表性的著作当属韩婴的《韩诗外传》和董仲舒的《春秋繁露》二书。苏舆认为二书属于“说经体”，但具体说经方法又有所不同，“《韩诗》述事以证经”，而《春秋繁露》则是“依经以尃义”。[4] 西汉时燕人韩婴传《诗》，作《内传》、《外传》，后人称作《韩诗》，仅《韩诗外传》传世。对于《韩诗外传》以事证诗的叙述特点，

---

[1] 以上关于汉代经史互动的论述，参见汪高鑫：《中国经史关系史》第二章，黄山书社 2017 年版。

[2] 参见汪高鑫：《董仲舒与汉代历史思想研究》，商务印书馆 2012 年版。

[3] 刘歆：《三统历谱·世经》，载《汉书》卷二十一《律历志》，中华书局 1962 年版。

[4] 董仲舒著，苏舆义证：《春秋繁露义证·例言》，中华书局 1992 年版，第 2 页。

学者多有论及。四库馆臣称《韩诗外传》“杂引古事古语，证以《诗》词”[1]；清人陈乔枞《韩诗遗说考》也说《韩诗》多用故事、杂说，“或引诗以证事，或引事以明诗”[2]。董仲舒的《春秋繁露》被誉为西汉大师说经之“第一书”，[3] 该书旨在阐发《春秋》的公羊大义，属于公羊学，却非常重视以史事彰显大义。孔子《春秋》本为记述春秋时期鲁国十二公历史，寓褒贬、别善恶于历史叙事之中，以申明其义。董仲舒作《春秋繁露》以发挥《春秋》之义，自然各篇论述都必须以史事为依据，故而其通篇基本叙述方式，便是借助历史事实来阐发《春秋》大义。如《楚庄王》篇关于不予诸侯专讨、专封、专杀，《玉杯》等篇关于质文互变，《竹林》篇关于不予夷狄而予中国，《玉英》、《王道》等篇关于正始，等等，每篇皆围绕一个中心，依据事实来阐发《春秋》大义。

东汉古文经学兴盛，古文经学家注经，更是建立在历史史实的基础之上的。汉末古文大家郑玄，一生遍注群经，其经学笺注具有很高的史料价值，如所作《毛诗笺》，便是以大量历史事实来笺证《毛诗》的内容的。此举一例：《诗·王风·扬之水》，《毛诗序》曰：“刺平王也。不抚其民，而远屯戍于母家，周人怨思焉。”郑玄的笺注则对百姓何以有怨忧作了详细的史实说明：“怨平王恩泽不行于民，而久令屯戍，不得归，思其乡里之处者……平王母家申国，在陈、郑之南，迫近强楚，王室微弱而数见侵伐，王是以戍之。”[4] 这样的史实补充，并非仅见于《毛诗笺》，郑玄对三礼和《尚书》的注释等，也都普遍体现了这一注经特点，由此保存了大量珍贵的历史资料。与郑玄同时的今文学大家，公羊学的集大成者何休，所作《春秋公羊传解诂》，同样体现了以史事证经的特点。此举一例：《春秋·僖公二十五年》记曰：“宋杀其大夫。”《公羊传》曰：“何以不名？宋三世无大夫，三世内娶也。”《解诂》解释说：“宋以内娶，故公族以弱，妃党益强，威权下流，政分三门，卒生篡弑，亲亲

[1] 永瑢等：《四库全书总目》卷十六《诗类二》，中华书局 1965 年版，第 136 页。
[2] 陈乔枞：《韩诗遗说考自序》，载《韩诗遗说考》，清刻《左海续集》本。
[3] 董仲舒著，苏舆义证：《春秋繁露义证·例言》，中华书局 1992 年版，第 2 页。
[4] 《毛诗正义·王风·扬之水》，《十三经注疏》本，中华书局 1980 年版。

出奔。”[1] 这样的史事补充，便说清楚了宋国“妃党益强”的问题。《解诂》一书中此类解说可谓在在皆是，使得《春秋》公羊大义通过历史史实得到了很好的彰显。

综上所述，汉代经史之学虽然在实践中出现了分离，却也明显表现出互包、互动的现象，以经解史与以史证经，成为这一时期经史之学发展的普遍现象，并且影响了此后中国经史之学的发展路径与基本方式。

[1] 《春秋公羊传注疏·僖公二十五年》，《十三经注疏》本，中华书局 1980 年版。

第一章　五经的史学思想（上）

《诗》、《书》、《礼》、《易》、《春秋》五经具有亦经亦史的特点，以经学而论，乃后世经学阐发经义的元典；以史学而论，具有丰富的史料与思想价值。在五经中，《周易》、三礼和《诗经》具有丰富的历史思想，其中《周易》的天人古今思维、三礼的因革损益思想、《诗经》的天命王权思想最具有代表性，这些历史思想不但对中国传统经学观念有重要影响，而且对中国传统史学与史学思想的发展也有重要影响。

第一节　《周易》的天人古今思维

《周易》是我国一部古老的典籍，它的流传已经有三千年的历史。关于它的作者，历来众说纷纭。传统的说法是"《易》历三圣"，所谓伏羲画卦，文王系辞，孔子作传（即《十翼》）。如果说这些圣人是作为一个时代的代表，这种说法是可以说得通的。历代学者多数认为，《周易》的卦、爻辞形成于西周前期，而《易传》的主要内容则成于战国时期。《周易》本来就是卜筮之书，而卜筮却又是先秦史官职掌所在。如《左传·定公四年》载："祝宗卜史，备物典策，官司彝器。"像这样将史与祝、卜相提并论的历史记载，在先秦文献中屡见不鲜，说明他们在职能上有相同的一面。同时，《周易》占卜问事，预测人事吉凶祸福，自然包含有商周零碎史影和巫史的人生与社会历史经验。《周易》之所以在我国学术思想发展史上有着巨大的影响，主要不在于占术和象辞，而在于其理论思维。《周易》的理论思维十分丰富，“有形式逻辑思维，如演绎思维，类推思维，形式化思维；有辩证思维，如整体思维，变易思维，阴阳互补思维，和谐与均衡思维；有直观思维，如模拟思维，功能思维；有形象思维，如意象合一，象数合一等。其中最为突出的是观察世界的辩证思维。”[1] 同时，《周易》具有丰富的历史思维，其中的天人合一思维、万物通变思维和历史忧患思维，对于我国民族史学的形成与发展有着深远的影响。

一、天人合一思维

“天”是中国古代思想史上的重要概念，它是中国古代社会的人在认识自然环境和社会历史时所总结和创造出来的。受社会发展程度和人们认知水平的影响，在先秦文献中，“天”的概念还很模糊，有时在同一部典籍中，既可以指客观存在的物质的天或自然的状态和运行规律，又可以指带有宗教神秘色彩的主宰人事的天帝。钱穆说：“在中国思想里，科学与宗教，两者间，并无一条很深的鸿沟，把彼此疆界划分得清楚。因此在中国人，则不说上帝，不说自然，而混称之曰‘天’。”[2] 之所以会有这种模糊性，主要是因为人类早期的思维方式具有“囊括一切的决定论”的倾向。由于当时人们的认识水平有限，其思维方式往往呈现出弥漫性特点，只能“以一种完全彻底的、囊括一切的决定论为前提”[3]。这种决定论使得思维者对经验世界的分层较为模糊，往往将一些日常生活的简单联系推之于现象世界。在此种思维下，人趋向于在所经验到的一切自然、社会现象之间寻找某种较直观的联系。所以人们对“天”的认知并没有一个清晰的自然与人文的划分，并且常常将自然的现象与现实社会中的人事联系在一起。

纵观中国古代对于“天”之含义的理解，冯友兰在《中国哲学史》

---

[1] 朱伯崑：《易学哲学史》第一卷《前言》，华夏出版社 1995 年版，第 3—4 页。

[2] 钱穆：《中国思想通俗讲话》，载《钱宾四先生全集》第二十四册，联经出版社 1998 年版，第 29—30 页。

[3] (法) 列维-斯特劳斯：《野性的思维》，李幼蒸译，商务印书馆 1987 年版，第 16 页。

中提出了“五义”之说：

> 在中国文字中，所谓天有五义：曰物质之天，即与地相对之天；曰主宰之天，即所谓皇天上帝，有人格的天、帝；曰运命之天，乃指人生中吾人所无奈何者，如孟子所谓“若夫成功则天也”之天是也；曰自然之天，乃指自然之运行，如《荀子·天论篇》所说之天是也；曰义理之天，乃谓宇宙之最高原理，如《中庸》所说“天命之为性”之天是也。[1]

庞朴将冯氏天论进一步归纳为三种：“物质的天（天空、大自然），精神的天（主宰、至上神），以及本然的天（本然意义上的物质……以及本然意义上的气质）。它们分别为形而下的、形而上的和形而中的。”[2]

中国古代天人合一的观念起源很早，可以追溯到远古时代；而这个与人不离相即的“天”，从一开始就具有主宰性与自然性之双重特性。从主宰性而言，天人合一的观念源自神人合一。在远古时代，由于生产力极其低下，人在大自然面前显得极为渺小和无力，他们相信天地万物都有灵魂，人们需要受到神灵的护佑。人们相信“至上神”的存在，认为至上神支配着整个自然界和人类社会。在这种情况下，人们自然而然地会对大自然产生一种敬畏感和依赖性，往往通过占卜和祭祀的方式，来通达神意，祈求保佑。到了夏商时期，至上神逐渐演化出“帝”、“上帝”、“天”的概念。见于甲骨文可知，商民将至上神称作“帝”或者“上帝”，商周之际则称其为“天”。而据先秦典籍记载，夏朝就开始称其为“天”，不过这恐怕是商周以后人的观念，然而夏朝的神权政治特点则是确定无疑的。《尚书·召诰》说“有夏服天命”[3]，夏王往往把他们的征伐活动说成是“替天行道”、“行天之罚”。

从自然性而言，天人合一的思维则主要取决于对大自然的一种朴素

---

[1] 冯友兰：《中国哲学史》（上册），中华书局1961年版，第55页。

[2] 庞朴：《天人之学述论》，载陈明主编：《原道》第二辑，团结出版社1995年版，第289—290页。

[3] 《尚书正义·周书·召诰》，《十三经注疏》本，中华书局1980年版。

的认识，在一定程度上是农业文明的产物。农业文明的最大特点就是靠天吃饭，《吕氏春秋·审时》说："夫稼，为之者人也，生之者地也，养之者天也。"黄老帛书《经法·君正》也说"人之本在地"，肯定土地乃人之根本。正是从这个意义上，我们的先人把天地看作生育万物的本原。如《春秋繁露·顺命》就说"天者，万物之祖"；《史记·屈原贾生列传》也说"夫天者，人之始也"，都把"天"看作是人类万物的本原。在这样一种认知下，期望天人和谐相处，天佑万民，自然成为人们的一种愿望；而"天人合一"也就成为农业文明所追求的一种境界了。

在先秦典籍中，最早系统阐发天人合一思维的当属《周易》。郭店楚简《语丛一》说"《易》所以会天道人道也"，这是目前我们所能看到的明确肯定《周易》具有天人合一思维的最早文献，也是最早对天人合一命题作出的表达。《易经》本来是一部卜筮之书，是人们用来卜问吉凶祸福的，而所问的对象自然是天，故而《周易》具有天人合一思维实属自然。该文又说："知天所为，知人所为，然后知道，知道然后知命。"[1] 汤一介解释说："知道'天'的道理（运行规律），又知道'人'的道理（为人的道理），即'社会'运行的规律，合两者谓之'知道'，'知道'然后知'天'之所以是推动'人'的内在力量（天命）。"[2] 这显然是《语丛一》作者对于天人关系的一种理解。《周易》本经成书于商周之际，《语丛》约形成于战国时期，说明至少到这个时候，天人合一的思维不但早已形成，天人合一的命题也已经产生。

通观《周易》一书，字里行间并没有提到"天人合一"这个概念，然而通篇却都体现了这样一种思维。《周易》的天人合一思维主要有如下表现：

第一，卦画构成依照天人一体原理。《系辞下》说："《易》之为书也，广大悉备。有天道焉，有人道焉，有地道焉，兼三才而两之，故六。六者非它也，三才之道也。"《说卦》也说："昔者圣人之作《易》也，将以顺性命之理，是以立天之道曰阴与阳，立地之道曰柔与刚，立人之道曰仁与义。兼三才而两之，故《易》六画而成卦。分阴分阳，迭用柔刚，

---

[1] 荆门市博物馆编：《郭店楚墓竹简·语丛一》，文物出版社1998年版，第194页。

[2] 汤一介：《释"易，所以会天道人道者也"》，《周易研究》2002年第6期。

故《易》六位而成章。”从《易传》的叙述可知，《易经》六十四卦，每一卦六爻的符号体系，其中上二爻是天位，下二爻是地位，中二爻是人位，其实就是天地人“三才”之统一整体的体现。天地人三才共同构成了宇宙万物的整体，也一同遵循着宇宙万物共同的变易法则。

第二，主张人道效仿天地之道。《易传》认为，天地人三才既构成宇宙的整体，又相互存在着区别。张岱年说，三才之道“分开来说，天道、地道、人道有一定的区别；总起来说‘一阴一阳之谓道’是普遍性的”[1]。在“有一定的区别”的三才关系当中，人道是处于效仿天地的地位的。《系辞上》说：“崇效天，卑法地。”意思是说，人的崇高的智慧是效仿上天，谦卑的礼节是效仿大地。《周易》中的“人”，有大人、君子、圣人、小人、百姓之分，能够效仿天地的人当然是指前三者，因为“《易》为君子谋，不为小人谋”[2]。《易传》中对于人法天地的叙述很多，如《乾·文言》记曰：“夫大人者，与天地合其德，与日月合其明，与四时合其序，与鬼神合其吉凶，先天而天弗违，后天而奉天时。天且弗违，而况于人乎，况于鬼神乎。”这里的“合”字，是配合、一致的意思，即要求大人要奉天行事，与天一致。如《坎·彖辞》说：“天险不可升也，地险山川丘陵也。王公设险以守其国，险之时用大矣哉。”这是指王公大人要懂得效仿天地自然之险，从而设险以守卫国家。又如《恒·彖辞》说：“日月得天而能久照，四时变化而能久成，圣人久于其道，而天下化成。”这是指圣人应该效仿自然变化，从而恒久地坚持人文化成的正道。

第三，肯定人道具有主观能动性。《易传》主张人道效仿天地之道，但这种效仿并不是被动的，而是积极主动的。《系辞下》说：“天地设位，圣人成能。”意思是说天地确定了一定的秩序，圣人促成天地的造化。即是认为人可以顺应天道，发挥主观能动性，以成就天地生化万物的功能，促成事物的发展和变化。《易传》关于人通过发挥主观能动性以成就事业的论述很多，如《系辞上》肯定圣人作《易》便是“成能”的重要表现：“圣人有以见天下之赜，而拟诸其形容，象其物宜，是故谓之象。圣人有

[1] 张岱年：《中国古典哲学概念范畴要论》，中国社会科学出版社1989年版，第26页。
[2] 张载：《正蒙·大易》，载《张载集》，中华书局1978年版，第48页。

以见天下之动，而观其会通，以行其典礼，系辞焉以断其吉凶，是故谓之爻。……拟之而后言，议之而后动，拟议以成其变化。”这段话说的是圣人通过观象、画卦、系辞，来探求纷繁复杂的事物及其变化情况。又如《系辞下》所谓“作《易》者，其有忧患乎”，“明于忧患与故”，则体现了圣人因忧患而作《易》的思想。至于《象》、《彖》中这方面的论说则更多，如《乾·象辞》“天行健，君子以自强不息”，《坤·象辞》“地势坤，君子以厚德载物”，《贲·彖辞》“观乎人文，以化成天下”，如此等等，不胜枚举。诚如学者所言：“《易传》特别重视人的忧患意识，迁善改过意识，与时偕行意识，穷理尽性意识等，都分明是要人以自己特有的价值、能力，来呼应天道。”[1]

《周易》的天人合一思维启发了传统史学“究天人之际”的思想，“这给中国史学带来两重影响：一是史官把天与人联系起来解说社会现象。史官把自然现象和人事相附会，从而变成了一个天人相关理论。二是史官从四时、天象的往复变动中得到启迪，悟出社会人事也在变”[2]。西汉史家司马迁最早倡导“究天人之际”的思想，《史记》以“究天人之际”作为撰述宗旨之一，即是要在思想方法上将天人作为一个整体纳入历史撰述范围之中，作为历史叙述对象或内容。从思想内容而言，《史记》侧重人事描写，通过独创的纪传体体裁，突出了以人为中心的历史撰述方法；重视叙述历史发展大势，肯定人为因素对于历史发展之势的影响；大胆质问天道、怀疑天道，等等。同时，《史记》也受当时天人思潮的影响，在一定程度上宣扬了“圣人无父”、“圣王同祖”等天命王权思想。司马迁以后，历代史家都沿袭了这一思维方法。班固《汉书》虽然以“宣汉”为旨趣，却能不为汉讳，本着实录的精神认真总结西汉历史与人事；同时又重视宣扬汉为尧后，从天命角度对刘汉皇权作出解说。荀悦《汉纪》大力宣扬汉绍尧运、永得天统的神意史观，却也肯定“大数之极虽不变，然人事之变者亦众矣”[3]。认为天命之大数虽然不能变，

---

[1] 杨庆中：《周易经传研究》，商务印书馆 2005 年版，第 273 页。

[2] 吴怀祺：《中国史学思想通论·总论卷　历史思维卷》，福建人民出版社 2011 年版，第 197—198 页。

[3] 荀悦：《汉纪》卷六《高后纪》，《两汉纪》上，中华书局 2002 年版，第 86 页。

然人也不是任由天命摆布，人事是存在着很多变数的，即肯定人为的作用。郑樵的天人理论一反传统史学将天象与人事相附会的灾祥说，斥其为“欺天之学”，则是从另一方面表达了自己的天人观。王夫之认为历史的发展蕴含着一种必然之“理”和必然之“势”，是理与势统一的结果，这是从哲学的高度来谈天人关系问题。总之，重视从天人角度去思考历史，评述历史，已经成为中国传统史学历史思维的一个重要传统。

二、万物通变思维

《周易》通过对自然与社会的观察，提出了“通变”的思想，并对其作了系统阐发。

第一，强调“变易”的普遍性。《易经》卦爻象普遍体现出变的特点，《系辞下》关于卦爻象的变化作如是说：“八卦成列，象在其中矣。因而重之，爻在其中矣。刚柔相推，变在其中矣。系辞焉而命之，动在其中矣。吉凶悔吝者，生乎动者也。”这就清楚地说明，卦爻的本质特征即是变，“爻者，言乎变者也”[1]，“爻也者，效天下之动者也”[2]，卦象的变化取决于爻象的变动。卦爻象变化的内在根因，则是阴阳二爻的相互推移，所谓“刚柔相推，变在其中矣”。而所谓相推，则不仅只是阴阳二爻相互推移，也指上下往复之消长，《系辞上》说：“刚柔相摩，八卦相荡。鼓之以雷霆，润之以风雨。日月运行，一寒一暑。”所以司马迁说：“《易》著天地阴阳四时五行，故长于变。”[3]孔颖达也说：“夫易者，变化之总名，改换之殊称。”[4]对于《周易》的变易思想，后人将之总结为三个基本观点：简易、变易、不易。“《易纬·乾凿度》云：‘易一名而含三义，所谓易也，变易也，不易也。’……郑玄依此义作《易赞》及《易论》云：‘易一名而含三义，易简一也，变易二也，不易三也。’”[5]这里所谓“变易”，就是阴阳的相互依存和相互变化；所谓

[1]《周易正义·系辞上》，《十三经注疏》本，中华书局1980年版。
[2]《周易正义·系辞下》，《十三经注疏》本，中华书局1980年版。
[3]《史记》卷一百三十《太史公自序》，中华书局1959年版，第3297页。
[4]《周易正义》卷首《论易之三名》，《十三经注疏》本，中华书局1980年版。
[5]《周易正义》卷首《论易之三名》，《十三经注疏》本，中华书局1980年版。

“不易”，是指阴阳变化中的阴阳地位和位置是不变的，阳刚君父永远处于统治地位；所谓“简易”，是指无论阴阳变化如何复杂曲折，都不过只是“一阴一阳之谓道”。很显然，易就是一个生生不息的变化过程。

第二，肯定变易的法则乃为盈虚消长。《象辞》认为，《乾卦》六爻即是一个从初爻到上爻的变化发展过程。以人生相对照，初爻“潜龙勿用”，乃隐居未仕，所谓“阳在下”；二爻“见龙在田”，乃入仕为官，开始施展才德，所谓“德施普”；三爻“终日乾乾”，努力事业，不离中道，所谓“反复道”；四爻“或跃在渊”，事业继续进步，所谓“进无咎”；五爻“飞龙在天”，地位高贵，事业大有作为，所谓“大人造”；上爻“亢龙有悔”，事业到达顶点，开始走向反面，所谓“盈不可久”。孔疏解释上爻爻辞说：“似圣人有龙德，上居天位，久而亢极，物极则反，故有悔也。”很显然，《周易》揭示了事物发展所存在的一种普遍法则：盈虚消长，或者说物极必反。所以《丰卦》彖辞说“日中则昃，月盈则食，天地虚盈，与时消息”，也是要表述这样一种事物发展的规律。正因此，《文言》解释《乾卦》上爻爻辞说：“亢之为言也，知进而不知退，知存而不知亡，知得而不知丧。其唯圣人乎！知进退存亡，而不失其正者，其唯圣人乎！”在《文言》作者看来，只有懂得事物进退存亡的两面特性，从而持守中道的人，才可称作圣人。

第三，提出了“变通”的价值论。在《易传》作者看来，事物发展到尽头就需要加以改变，从而使事物的发展再次畅通起来，经过变通之后的事物才能够发展得久远。《系辞下》将这一思想概括为“易穷则变，变则通，通则久”。这便是《周易》变通思想最为经典的三阶段说。《周易》的变通思想非常丰富，其一是关于变通的含义。《系辞上》说：“是故阖户谓之坤，辟户谓之乾，一阖一辟谓之变，往来不穷谓之通。”这里是以乾坤两卦的性能来解释变与通的，所谓“一阖一辟谓之变”，是指筮法上的二爻互变，亦即事物上的开合互易；所谓“往来不穷谓之通”，则是指对立面的相互推移，循环反复，便是通顺。《系辞上》说：“化而裁之谓之变，推而行之谓之通。”所谓“化而裁之”，指阴阳二爻的互变；所谓“推而行之”，指爻象顺畅地上下推移。其二是关于变通的作用。《系辞上》说：“圣人立象以尽意，设卦以尽情伪，系辞焉以尽其言，变而通之以尽利，鼓之舞之以尽神。”这就是说，爻象有变有通，其变通在于显示事物的变化趋势，而目的则是要指导人们趋利避害。《易传》认为，变通之义非常广大，故而《系辞上》说："广大配天地，变通配四时，阴阳之义配日月，易简之善配至德。""法象莫大乎天地，变通莫大乎四时，县象著明莫大乎日月，崇高莫大乎富贵。"人们"通其变，遂成天地之文；极其数，遂定天下之象"。

《周易》的通变思维不仅是对自然界的一种认识，更是用来解说社会人事与历史的，因而也是一种历史思维。在《易传》看来，人类社会的历史与自然界一样，都是处在不断变动中的。《贲卦》彖辞说："观乎天文，以察时变；观乎人文，以化成天下。"《恒卦》彖辞说："日月得天而能久照，四时变化而能久成，圣人久于其道而天下化成。"《革卦》彖辞说："天地革而四时成，汤武革命，顺乎天而应乎人。"《丰卦》彖辞说："日中则昃，月盈则食，天地盈虚，与时消息，而况于人乎，况于鬼神乎?"这些说法，都是将天与人、自然与社会作为一个整体来看待的，说明变易的普遍存在性。《易传》认为，圣人只有懂得通变的道理，才能成就自己的事业，所谓"举而错之天下之民谓之事业"。《易传·系辞下》对远古社会进化的过程有一个详尽的描述：

> 古者包牺氏之王天下也，仰则观象于天，俯则观法于地，观鸟兽之文，与地之宜，近取诸身，远取诸物，于是始作八卦，以通神明之德，以类万物之情。作结绳而为罔罟，以佃以渔，盖取诸《离》。包牺氏没，神农氏作，斫木为耜，揉木为耒，耒耨之利，以教天下，盖取诸《益》。日中为市，致天下之民，聚天下之货，交易而退，各得其所，盖取诸《噬嗑》。神农氏没，黄帝、尧、舜氏作，通其变，使民不倦，神而化之，使民宜之。易穷则变，变则通，通则久。是以"自天祐之，吉无不利"。黄帝、尧、舜垂衣裳而天下治，盖取诸《乾》、《坤》。刳木为舟，剡木为楫，舟楫之利，以济不通，致远以利天下，盖取诸《涣》。服牛乘马，引重致远，以利天下，盖取诸《随》。重门击柝，以待暴客，盖取诸《豫》。断木为杵，掘地为臼，臼杵之利，万民以济，盖取诸《小过》。弦木为弧，剡木为矢，弧矢之利，以威天下，盖取诸《睽》。上古穴居而野处，后世圣人易之以宫室，上栋下宇，以待风雨，盖取诸《大壮》。古之葬

者，厚衣之以薪，葬之中野，不封不树，丧期无数，后世圣人易之以棺椁，盖取诸《大过》。上古结绳而治，后世圣人易之以书契，百官以治，万民以察，盖取诸《夬》。

《系辞下》认为，远古时代的历史经历了一个从“作结绳而为罔罟，以佃以渔”的原始社会逐步发展到“百官以治，万民以察”的文明社会的过程。这段历史发展经历了一个从原始渔猎业到原始农业、商业，从“垂衣裳而天下治”到“重门击柝，以待暴客”，从穴居野处到宫室发明，从厚衣野葬到棺椁树封，从结绳而治到文字产生的过程。一言以蔽之，即是从野蛮到文明、从低级到高级的不断进化或发展的过程。促成这种进化或发展的根本原因不是别的，正是古代圣贤们的“通其变”。所谓包牺氏取于《离》，神农氏取于《益》、《噬嗑》，黄帝、尧、舜取于《乾》、《坤》……都是按照“使民不倦”、“使民宜之”的原则进行的变通。在作者看来，远古社会的进化史，即是一部圣王的创制史、通变史，在这种不断创制、不断变通从而“使民宜之”的过程中，人类社会的历史得以不断向前发展。

《周易》的通变思维启发了传统史学的“通古今之变”，史家们从古今之变的过程中探究历史的治乱兴衰，找寻历史盛衰之理，司马迁便是最早以“通古今之变”作为撰述旨趣的史家。《史记》是中国传统史学著作中第一部纪传体通史，旨在反映自黄帝至汉武帝三千年历史的变易过程，重视运用“原始察终，见盛观衰”的方法来探寻古今之变，积极宣扬“承敝易变”的历史变革思想，肯定变革对于历史发展的作用。司马迁以后的史学继承了这种通变思维传统。班固《汉书》虽然是断汉为史，却能断而不断，断中有通，诚如《汉书·叙传下》所言，是“综其行事，旁贯五经，上下洽通”。杜佑《通典》是我国第一部典章制度体通史，其统括史志，融会贯通，旨在对历代典章制度的沿革过程与兴废得失作出评述，为传统史学的“通古今之变”开辟了一个新局面。司马光《资治通鉴》是一部编年体通史，为解决帝王“周览”历史的困难，通过“专取关国家兴衰，系生民休戚”，选择对治理国家最关切的历史进行撰述，而使帝王从中领悟古今盛衰之变的道理。郑樵《通志》以“会通”为撰述旨趣，旨在使历史记载尽可能地汇总各种史料，连缀各时代史事，以期“极古今之变”。章学诚提倡通史撰述，《文史通义·释通》肯定通史撰述有“六便”、“二长”。“六便”是“一曰免重复，二曰均类例，三曰便铨配，四曰平是非，五曰去牴牾，六曰详邻事”。而二长则是“一曰具剪裁，二曰立家法”。[1] 由此可见，传统史学“通古今之变”的思想与实践是非常丰富的。

三、历史忧患意识

如果说《周易》的通变思维是对古今历史过程的认识，那么其忧患意识则是对古今历史节点的关注。《周易》本经成书于商周之际，这是一个动荡的历史节点。面对这样一个时代，《周易》中强烈的悲悯情怀与忧患情结，表现出了一种对社会历史和民族国家的高度的责任感与使命感。毫无疑问，这也是中华民族最具特色的一种人文精神。

《周易》通篇都贯穿着一种历史忧患意识。《系辞下》在谈到《易经》的作者、成书年代与撰述旨趣时作如是说：

> 《易》之兴也，其于中古乎？作《易》者，其有忧患乎？
>
> 《易》之兴也，其当殷之末世，周之盛德邪？当文王与纣之事邪？是故其辞危。危者使平，易者使倾。其道甚大，百物不废。惧以终始，其要无咎。此之谓《易》之道也。

在《易传》的作者看来，《易经》具有一种忧患意识。《易经》所反映的是商周之际政治盛衰转换的历史，商纣王的残暴统治导致国家动荡不安，民不聊生，所以《易经》的文辞充满着惊惧自危的色彩，饱含着一种忧患的意识。《易传》认为，只有具有危机忧患的意识，才能带来平安；而贪图安逸、心生懈怠，就必然会有倾覆的危险，这是万物具有的普遍法则。因此，始终保持危机忧患意识，以避免出现危险，这是《易经》的法则，当然也就是《易经》“辞危”的原因所在。《系辞下》明确认为，

[1] 章学诚著，叶瑛校注：《文史通义校注》内篇四《释通》，中华书局 2014 年版，第 435—436 页。

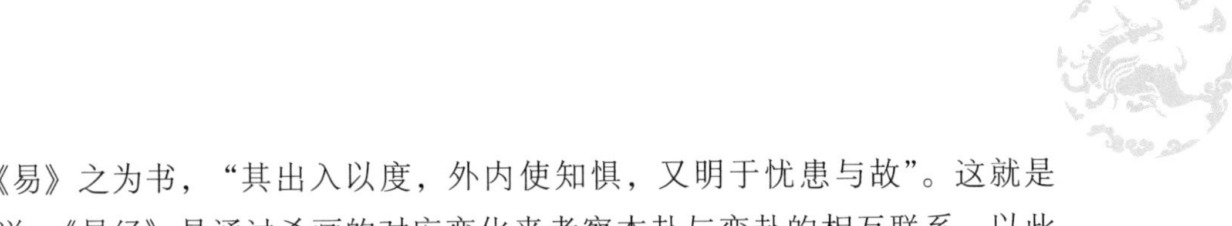

《易》之为书，“其出入以度，外内使知惧，又明于忧患与故”。这就是说，《易经》是通过爻画的对应变化来考察本卦与变卦的相互联系，以此确定吉凶而使人有所惊惧，使人明于忧患和变故的。

《易传》对于《易经》具有忧患意识的理解，集中见诸它对《否卦》九五爻辞“其亡其亡，系于苞桑”一语的体悟，经文原意是说，时时自警将有灭亡的危险，才可以像系于丛生的桑树枝一样安然无恙。从这样一种强烈的忧患意识出发，《系辞下》借用孔子的话，详细阐述了关于居安思危的重要思想：

> 危者，安其位者也；亡者，保其存者也；乱者，有其治者也。是故君子安而不忘危，存而不忘亡，治而不忘乱，是以身安而国家可保也。

在《易传》的作者看来，能否居安思危，直接决定着个人权位、国家存亡与社会安定。因此，君子要时刻惊惧并反省自己，如同《震卦》象辞所说的，“君子以恐惧修省”。《程氏易传》解释说：“君子畏天之威，则修正其身，思省其过咎而改之，不唯雷震，凡遇惊惧之事，皆当如是。”

对于《易经》忧患意识产生的原因，后世持文王演《易》说者往往归于周文王个人的忧患情结；而文王何以有忧患情结，则又被归于拘于羑里之故。对于这一说法，王夫之提出了不同的看法。他明确认为将《易经》的忧患意识归因于文王拘羑里是很不妥当的，其《周易内传·系辞下传》说：“死生荣辱，君子之所弗患，而况圣人乎?”他认为文王之所以演《易》而有忧患之辞，是因为“文王欲吊伐，则恐失君臣之大义，欲服事，则忧民之毒痡，以健顺行乎时位者难，故忧之”。[1] 也就是说，文王是处在伐商与事商两难之中才心生忧患的。因为如果伐商，则有违君臣之义；而如果事商，则又等于助纣为虐以祸害百姓。文王正是在这样一种忧患意识下作成《易经》，目的是要以此“明得失存亡之理，危辞

[1] 王夫之：《周易内传》卷六上《系辞下传》，《船山全书》第一册，岳麓书社2011年版，第602页。

以示警戒”。[1] 如果说《易经》的忧患意识乃因文王被拘羑里的传统说法失之于偏，那么王夫之所谓文王处于伐商或者事商两难之境的因果说法也失之于小。我们应该从易道的高度来把握《易经》之忧患意识，从商周更替与周初统治的历史大背景去看待《易经》之忧患意识。迄今为止，关于《易经》的作者是谁还存在着争议，不过多数学者认为其书非一时一人之作，大致成于西周初年。从商周更替这一时代背景去考察《易经》的忧患意识，我们不难看出，它其实反映了“小邦周”在取代商朝之后对如何巩固周人统治所持有的一种普遍的忧患意识和恐惧心理，因为商朝的败亡“殷鉴不远”，周人因此而感到恐惧忧心，而成书于这一时期的《易经》，正是对西周初年周人这种普遍社会心理的一种真实写照。因此，《易经》的忧患绝不仅仅只是文王个人之忧，乃是周初社会的一种普遍之忧，其中既有周初君臣对于能否巩固统治之忧，也有普通百姓对于能否安居乐业之忧，是一种关系到国家、民族前途的大忧。成书于战国时期的《易传》不但对于《易经》表现出来的这种忧患意识有着深刻的体悟，而且还从易道的高度强调了“惧以终始”、居安思危的重要性，从而很好地发展了《易经》的这种忧患意识。

《周易》的忧患意识对传统史学的影响，是这种忧患意识转变为一种浓郁的历史借鉴思想。与《周易》大致同时代的《尚书》（其中的《周书》19 篇大部分是西周作品），由于同样有感于商周易鼎的巨变，而饱含着历史借鉴的思想。《召诰》篇说：“我不可不监于有夏，亦不可不监于有殷。”周初统治者从这样一种忧患意识出发，希望从夏、商的灭亡中汲取教训。西汉初年，面对中国历史上第一个大一统的封建王朝秦朝的速兴速亡，以陆贾、贾谊为代表的一批思想家和史学家，以秦为鉴，认真思考“过秦”这一时代主题，通过总结秦亡的历史教训，阐发自己对于历史治乱兴衰的认识，从而掀起了一股“过秦”的史学思潮。陆贾的“逆取而以顺守之”[2] 和贾谊的“攻守之势异也”[3] 之论，表明他们对

[1] 王夫之：《周易内传》卷六上《系辞下传》，《船山全书》第一册，岳麓书社 2011 年版，第 612 页。

[2] 《史记》卷九十七《郦生陆贾列传》，中华书局 1959 年版，第 2699 页。

[3] 《史记》卷六《秦始皇本纪》，《中华书局》1959 年版，第 282 页。

于秦之“过”的认识是非常一致的。初唐统治者重视以史为鉴，尤其表现在以隋为鉴上。据史书记载，唐太宗常痛“炀帝骄暴而亡”，而谓侍臣“常宜为朕思炀帝之亡”[1]。魏徵也曾上奏太宗，希望对隋唐易鼎的历史进行研究，以“能鉴彼所以亡，念我所以得”[2]。正是这种忧患意识，使重视历史借鉴的史学得到了初唐统治者的高度重视，也由此促进了初唐史学的发展，一连修成八部纪传体正史。

传统史学的以史为鉴思想虽然突出表现在新朝初建时期，这显然是现实政治对于史学的一种需要，人们希望从历史的经验和教训当中找寻到政权巩固之术。同时这种思想又是一贯到底的，它普遍存在于历代史学家的思想中。司马迁在谈论古今之间的关系时，认为“居今之世，志古之道，所以自镜也”[3]，即是要将“古”作为“今”的一面镜子。班固明确认为历史撰述“究其终始强弱之变，明监戒焉”[4]。荀悦则提出了“三鉴”说：“君子有三鉴，世人镜鉴。前惟顺，人惟贤，镜惟明。夏商之衰，不鉴于禹汤也。周秦之弊，不鉴于民下也。侧弁垢颜，不鉴于明镜也。故君子惟鉴之务。”[5] 刘勰则说：“原夫载籍之作也，必贯乎百氏，被之千载，表征盛衰，殷鉴兴废。”[6] 常璩在《华阳国志·序志》中也指出，撰述历史旨在使“天人之际，存亡之术，可以为永鉴也”。司马光作《资治通鉴》，标榜为了政治治理而通鉴历史，《进〈资治通鉴〉表》明确以“鉴前世之兴衰，考当今之得失”为该书的撰述旨趣。顾炎武在《日知录》中提出“天下兴亡，匹夫有责”，龚自珍“以良史之忧忧天下”[7] 的情怀，则反映了身处王朝易鼎和“大乱将起”时期的史家的一种忧患。如此等等，不一而足。这些都充分体现了中华民族先贤的这

---

[1] 司马光：《资治通鉴》卷一百九十四《唐纪十》，贞观六年，中华书局 1956 年版，第 6100 页。

[2] 《新唐书》卷九十七《魏徵列传》，中华书局 1975 年版，第 3874 页。

[3] 《史记》卷十八《高祖功臣侯者年表序》，中华书局 1959 年版，第 878 页。

[4] 《汉书》卷十四《诸侯王表序》，中华书局 1962 年版，第 396 页。

[5] 荀悦：《申鉴》卷四《杂言上》，《四部丛刊》本。

[6] 刘勰著，杨明照校注拾遗：《增订文心雕龙校注》卷四《史传》，中华书局 2000 年版，第 207 页。

[7] 龚自珍：《龚自珍全集》第一辑《乙丙之际箸议第九》，上海古籍出版社 1999 年版，第 7 页。

种忧患精神，和对历史与民族国家的责任感。由此可见，基于历史忧患意识而重视以史为鉴，也是受到《周易》影响（当然还有史学自身的一种自觉）而形成的传统史学的一大传统。

第二节　三礼的因革损益思想

三礼是指《仪礼》、《礼记》和《周礼》。其中，《仪礼》在汉代又称《礼经》，是记录先秦社会礼仪的典籍；《周礼》初名《周官》，王莽时刘歆开始改称《周礼》，主要记载古代官制和政治制度；《礼记》是对《仪礼》经文的解释和补充，可以看作是后者的传。三礼关乎礼制及其沿革，与王朝政治休戚相关。在十三经当中，礼书便占去了三种，可见其分量之大。三礼在历史观上的突出表现，是注重从历史发展的观点来看待礼制的产生，肯定礼制演变的因革损益特性。换言之，就是注重礼制的历史感和时代感。三礼的历史发展观、礼治政治观以及历史变革论是其最为重要的历史思维，对后世史学的发展产生了重要的影响。

一、三礼的历史发展观

三礼重视将礼的产生与演变放到社会历史发展过程中去考察。三礼通过追溯礼的本源和对古礼内容的探究，提出了“反本修古”的主张；三礼肯定礼制是社会发展的产物，社会物质的进步推动着礼制的产生和发展。

（一）“反本修古”的历史意识

礼的本源问题以及对古礼的探究是三礼中的重要内容。三礼尤其是《礼记》对于礼之本源的追溯，以及对孔子等先贤关于古礼探索的记载，体现了一种“反本修古”的历史意识。《礼记·礼器》说：“礼也者，反本修古，不忘其初者也。故凶事不诏，朝事以乐。醴酒之用，玄酒之尚。割刀之用，鸾刀之贵。莞簟之安，而稿鞂之设。是故先王之制礼也，必有主也，故可述而多学也。”这段话表明，先王制礼带有“反本修古”的目的。《祭义》篇也说：“君子反古复始，不忘其所由生也。”所谓“反本修古”，就是指回归本性，遵循传统，即“不忘其初”。具体来看，礼的

“反本修古”的特点主要体现在圣人设礼的意义、礼仪中以古为尊与以长为尊的特点以及先贤对古礼的探寻等三个方面。

首先，三礼认为圣人设定礼仪的意义就在于“反本修古”。关于圣人为何设礼，《礼记·曲礼上》说：“鹦鹉能言，不离飞鸟；猩猩能言，不离禽兽。今人而无礼，虽能言，不亦禽兽之心乎？夫唯禽兽无礼，故父子聚麀。是故圣人作，为礼以教人。使人以有礼，知自别于禽兽。”这段话主要表明，人之所以有别于禽兽，是因为人懂得遵守礼的规定，有仁义道德。《郊特牲》篇说：“无别无义，禽兽之道也。”《冠义》篇说：“凡人之所以为人者，礼义也。”所以，圣人制礼，以礼教化民众，就是要使之有别于禽兽。

圣人如何制礼？《礼记》认为礼源于天道，本之于人情。《礼运》篇中写道：“言偃复问曰：‘如此乎礼之急也？’孔子曰：‘夫礼，先王以承天之道，以治人之情。故失之者死，得之者生。《诗》曰：相鼠有体，人而无礼；人而无礼，胡不遄死？是故夫礼必本于天，殽于地，列于鬼神，达于丧祭、射御、冠昏、朝聘。故圣人以礼示之，故天下国家可得而正也。’”孔子认为，礼是先王秉承上天之道所创制，用以治人之情的。礼源于天，效法地，列于鬼神之事，渗透在丧祭、射御、冠昏、朝聘等社会活动之中，圣人用这些礼制来治理国家。其实无论是社会生活中的种种仪式，还是政治生活中的治国之法，追其本源就是天道和人情，这二者就是“反本修古”之“本”。

所谓天道，就是人所生存之社会、宇宙的本源。《礼运》篇说：“是故夫礼必本于大一，分而为天地，转而为阴阳，变而为四时，列而为鬼神。其降曰命，其官于天也。夫礼必本于天，动而之地，列而之事，变而从时，协于分艺，其居人也曰养，其行之以货力、辞让、饮食、冠昏、丧祭、射御、朝聘。”认为礼是本于“大一”，“大一”就是“天道”，天道乃社会、宇宙的初始。礼源于天道，具体表现在各种人事之中。而所谓人情，便是人之本性。《乐记》篇说：“是故先王本之情性，稽之度数，制之礼义。”对于人情，《礼运》篇则解释说：

> 何谓人情？喜、怒、哀、惧、爱、恶、欲，七者弗学而能。何谓人义？父慈、子孝、兄良、弟弟、夫义、妇听、长惠、幼顺、君

仁、臣忠，十者谓之人义。讲信修睦，谓之人利。争夺相杀，谓之人患。故圣人之所以治人七情，修十义，讲信修睦，尚辞让，去争夺，舍礼何以治之？饮食男女，人之大欲存焉；死亡贫苦，人之大恶存焉。故欲、恶者，心之大端也。人藏其心，不可测度也；美恶皆在其心，不见其色也，欲一以穷之，舍礼何以哉？

喜、怒、哀、惧、爱、恶、欲，是为人情，知人之情，并能够以礼义治其情，圣人才得以治理天下。《汉书·礼乐志》也有一段关于礼与人情的论述：

人函天地阴阳之气，有喜怒哀乐之情。天禀其性而不能节也，圣人能为之节而不能绝也，故象天地而制礼乐，所以通神明，立人伦，正情性，节万事者也。人性有男女之情，妒忌之别，为制婚姻之礼；有交接长幼之序，为制乡饮之礼；有哀死思远之情，为制丧祭之礼；有尊尊敬上之心，为制朝觐之礼。哀有哭踊之节，乐有歌舞之容，正人足以副其诚，邪人足以防其失。

这段话详细说明了圣人如何以人的性情为本来制定礼仪，包括根据男女之情制婚姻之礼，依照长幼顺序作乡饮之礼，以哀伤逝者、追思先人之情作丧葬、祭祀之礼，以尊上之心作朝觐之礼，这些礼制都是圣人为节“喜怒哀乐之情”而制定的。《汉书·礼乐志》关于礼本于人情的论述，显然是受到《礼记》思想的影响。

礼本于人情，故圣人制礼，就是要节制过度的欲望，回归人的本性。所以《礼运》篇说：“故礼义也者，人之大端也，所以讲信修睦而固人之肌肤之会、筋骸之束也，所以养生送死、事鬼神之大端也，所以达天道、顺人情之大窦也。”由此可见，礼义是人最基本的原则，即“人之大端”，圣人制定、推行礼制是为了“达天道、顺人情”。

其次，三礼所载古礼以古为尊、以长为尊的特点是“反本修古”思想的表现。从所用的器物来看，《礼器》篇中记载先王所制礼仪中用得最为尊贵的器物都是十分古朴的，甚至是简陋的、现实生活中不方便使用的。之所以要在礼仪仪式中用这些古老的器物，是因为先王要以此体现

礼仪的庄重性，并且教导人们不可忘本。而古礼之中，还有很多仪式体现了对先祖的尊重和追怀。比如，根据《仪礼》记载，士冠礼在宗庙中进行。之所以如此，《礼记·冠义》解释说："重冠，故行之于庙。行之于庙者，所以尊重事，尊重事而不敢擅重事，不敢擅重事，所以自卑而尊先祖也。"也就是说，冠礼行之于宗庙的原因是为了表示郑重，表明自己不敢擅自进行这项仪式，因而要受到宗庙内的先祖的审视，这样做体现了对先祖的尊重。再如，在诸多礼仪之中，祭祀之礼最能体现"反本修古"的思想。《礼记·祭义》说：

> 宰我曰："吾闻鬼神之名，而不知其所谓。"子曰："气也者，神之盛也；魄也者，鬼之盛也；合鬼与神，教之至也。"众生必死，死必归土，此之谓鬼。骨肉毙于下，阴为野土，其气发扬于上为昭明，焄蒿凄怆，此百物之精也，神之著也。因物之精，制为之极，明命鬼神，以为黔首则，百众以畏，万民以服。圣人以是为未足也，筑为宫室，谓为宗祧，以别亲疏远迩，教民反古复始，不忘其所由生也。众之服自此，故听且速也。二端既立，报以二礼。建设朝事，燔燎膻芗，见以萧光，以报气也。此教众反始也。荐黍稷，羞肝肺首心，见间以侠甒，加以郁鬯，以报魄也。教民相爱，上下用情，礼之至也。君子反古复始，不忘其所由生也，是以致其敬，发其情，竭力从事，以报其亲，不敢弗尽也。是故昔者天子为藉千亩，冕而朱纮，躬秉耒。诸侯为藉百亩，冕而青纮，躬秉耒，以事天地、山川、社稷、先古，以为醴酪齐盛，于是乎取之，敬之至也。

《礼记》通过记述宰我和孔子的对话，阐明了鬼神的含义以及祭祀之礼的内容和意义。鬼神所代表的是先人死后的灵魂体魄，圣人将鬼神作为人们遵守和效法的准则，祭祀之礼也就由此产生。圣人建立宗庙，让人们在其中进献牺牲，缅怀逝去的先祖；而且在春耕之时，天子还要亲耕籍田，以此祭祀土地、山川和祖先，这些都体现出一种对远古的追怀之情。

除了在礼仪中以古为尊，三礼还强调以长为尊。《礼记·内则》说："凡养老，五帝宪，三王有乞言。五帝宪，养气体而不乞言，有善则记之为惇史。三王亦宪，既养老而后乞言，亦微其礼，皆有惇史。"这里是说，凡是养老之礼，五帝时强调效法长者，三王时期则不仅要以老人的德行为法，更要向老人征求善言并将其言论记录下来，这种对长者德行及言论的记录便成为敦厚之史，为后世之法。

最后，三礼中以孔子为代表的儒家先贤对古礼的探寻也充分体现了“反本修古”的思想。三礼记载了许多孔子对古礼的探寻以及他与弟子对礼制问题的讨论。《礼记·礼运》记述道：

> 言偃复问曰：“夫子之极言礼也，可得而闻与？”孔子曰：“我欲观夏道，是故之杞，而不足征也，吾得《夏时》焉。我欲观殷道，是故之宋，而不足征也，吾得《坤乾》焉。《坤乾》之义，《夏时》之等，吾以是观之。”

从孔子所说的这段话可以看出，他对古代的礼制十分重视，亲自去实地考察夏、商二代的具体情况。尽管由于文献不足征，夏、商二代之礼已不可窥其全貌，但他依然在探寻古礼的过程中得到了《夏时》、《坤乾》这两部典籍，所以夏、商之礼的大体特点便可“以是观之”。

《礼记》中还记载了许多孔子及其弟子对礼制问题的讨论，孔子在回答弟子的询问时，常常征引古代礼制的典例。《礼记·曾子问》中记载道：

> 子夏问曰：“三年之丧，卒哭，金革之事无辟也者，礼与？初有司与？”孔子曰：“夏后氏三年之丧，既殡而致事，殷人既葬而致事。记曰：‘君子不夺人之亲，亦不可夺亲也。’此之谓乎？”子夏曰：“金革之事无辟也者，非与？”孔子曰：“吾闻诸老聃曰：昔者鲁公伯禽有为为之也。今以三年之丧从其利者，吾弗知也！”

这段对话写的是子夏与孔子对丧礼中遇金革之事的讨论。子夏询问三年之丧卒哭之后，若国有征伐之事，臣下不可拒绝，这是礼本如此，还是有司的强迫之举。对此，孔子回顾了夏代和商代的礼制，指出依照礼制君子本不可夺人之亲，应当允许臣子为父母守孝而致事；而当初鲁公伯禽确实在卒哭之后就起兵征伐，孔子认为那是不得已而为之，不像现在

的人为了一己私利在父母丧期中参与到战争之中。从孔子的话可以看出，他对这一问题的回应参考了夏、商二代之礼以及历史上鲁公伯禽的事迹，这说明孔子在处理礼仪方面的问题时是以前代的礼制和事例为本的，应当说，这体现出“反本修古”的礼制思想渗透到了实际的礼仪问题之中。

三礼的“反本修古”思想其实是一种历史意识。所谓“反本修古”之“本”，即天道和人情，反映的是人们对自身与社会的本源的思索；而所谓“反本修古”之“古”，即对古代礼仪的尊崇，则体现的是人们对传统的回归和继承。

（二）礼制中的社会历史发展观

从礼制传承的角度看，三礼强调“反本修古”，尊崇传统；同时三礼也阐释了礼制与社会历史发展之间的关系，指出礼制是随社会历史的发展而不断演进的。三礼中关于礼制与社会历史发展的关系，以《礼记·礼运》篇的论述最为集中。

首先，礼制的形成与人们最基本的社会生活密切相关。《礼运》篇说：

> 夫礼之初，始诸饮食，其燔黍捭豚，污尊而抔饮，蒉桴而土鼓，犹若可以致其敬于鬼神。及其死也，升屋而号，告曰：“皋！某复。”然后饭腥而苴孰。故天望而地藏也，体魄则降，知气在上。故死者北首，生者南乡，皆从其初。

《礼运》篇认为礼的产生是从饮食开始的，上古时期，人们在石器上烘烤谷物和牲畜，在地上挖坑当作酒杯，垒起土台当作鼓，这样就可以祭祀了。而到了人死的时候，其家人就要到屋顶招魂，将生米放入死者口中，用草叶包着熟食来送葬。由此可见，礼制最初的形式是与人们的饮食、生死等实际生活息息相关的。《礼记》认为，社会的物质进步是礼义制度出现和演进的基础。《礼运》篇说：

> 昔者，先王未有宫室，冬则居营窟，夏则居橧巢。未有火化，食草木之实、鸟兽之肉，饮其血，茹其毛。未有麻丝，衣其羽皮。后圣有作，然后修火之利，范金，合土，以为台榭、宫室、牖户，

以炮以燔，以亨以炙，以为醴酪；治其麻丝，以为布帛，以养生送死，以事鬼神上帝，皆从其朔。故玄酒在室，醴醆在户，粢醍在堂，澄酒在下。陈其牺牲，备其鼎俎，列其琴瑟管磬钟鼓，修其祝嘏，以降上神与其先祖，以正君臣，以笃父子，以睦兄弟，以齐上下，夫妇有所，是谓承天之祜。作其祝号，玄酒以祭，荐其血毛，腥其俎，孰其殽，与其越席，疏布以幂，衣其浣帛，醴醆以献，荐其燔炙，君与夫人交献，以嘉魂魄，是谓合莫。然后退而合亨，体其犬豕牛羊，实其簠簋、笾豆、铏羹。祝以孝告，嘏以慈告，是谓大祥。此礼之大成也。

《礼运》篇指出远古时代是一个没有宫室、茹毛饮血和衣其羽皮的原始落后的时代，因而也不可能有什么礼义制度。进入“后圣”时代，随着火的发明和宫室的出现，也就有了祭祀的“醴酪”；而丝麻衣帛的出现，也使养生送终和敬事鬼神成为可能。由此看来，礼义制度的出现，是以社会发展和物质进步为前提条件的。而且这一时期的祭祀，需要将玄酒、醴醆、粢醍、澄酒等五齐三酒摆在相应的位置，祭祀用的肉有生熟的区分，祭祀的过程也有一套较为复杂的程序，与最初“燔黍捭豚，污尊而抔饮，蒉桴而土鼓”的原始祭祀方式相比，此时礼的内容丰富了许多，这说明祭祀程序的复杂化与祭品的丰富也都是社会物质条件进步的结果。

其次，礼制伴随着古代社会从“大同”到“小康”的演变过程而逐渐形成。《礼运》篇具体描述了“大同”和“小康”两种社会形态：

大道之行也，天下为公。选贤与能，讲信修睦，故人不独亲其亲，不独子其子，使老有所终，壮有所用，幼有所长，矜寡孤独废疾者皆有所养。男有分，女有归。货恶其弃于地也，不必藏于己；力恶其不出于身也，不必为己。是故谋闭而不兴，盗窃乱贼而不作，故外户而不闭，是谓大同。今大道既隐，天下为家，各亲其亲，各子其子，货力为己。大人世及以为礼，城郭沟池以为固。礼义以为纪，以正君臣，以笃父子，以睦兄弟，以和夫妇，以设制度，以立田里，以贤勇知，以功为己。故谋用是作，而兵由此起。禹、汤、文、武、成王、周公，由此其选也。此六君子者，未有不谨于礼者

也。以著其义，以考其信，著有过，刑仁讲让，示民有常。如有不由此者，在势者去，众以为殃，是谓小康。

这段话主要讲的是古代社会发展演变的过程，其中体现出社会的发展与礼义刑政的建立之间的关系。在儒家思想中，远古时期大道施行于社会之中，天下是公有的。贤能之人得以被推举，人与人之间讲求诚信，关系和睦。人人各尽其职，老人和孩子都能得到很好的赡养，矜寡孤独和身有残疾的人也都可以受到良好的照顾，夜不闭户，路不拾遗。这样的社会被称为大同社会。而到后来，大道隐匿，大同社会不复存在，天下变为一家之所有。人们只赡养自己的父母和子女，天子、诸侯的爵位世代传袭。在此时，礼义成为社会的纲纪，用以规范君臣关系，使父子亲密，兄弟和睦，夫妇和谐。而且礼还被用来设立制度，以此确定田宅，表彰有勇有智之人。禹、汤、文、武、成王、周公等圣王君子便是在这种社会中被推举出来。他们都以礼作为治理天下的规则，用礼来宣扬正义，考察诚信，赏功罚过，向民众展示为人的准则。这样的社会便是小康社会。从这段话可以看出，礼义刑政就是在大同社会到小康社会的转变之中逐渐形成的。

从“大同”到“小康”，从“大道之行”到“大道既隐”，貌似是一种倒退，后人多以此作为儒家持倒退历史观的重要证据。关于儒家思想的历史观问题，在此不作整体评价，仅就《礼运》篇这段话作出论定：第一，《礼记》肯定礼义刑政是“大道既隐”时代的产物，如果承认礼义刑政的出现是社会文明的标志，那么就不能简单地将从“大同”到“小康”说成是一种历史的倒退。第二，从“大同”到“小康”，从“大道之行”到“大道既隐”，这是历史发展的一种必然，即使如禹、汤、文、武、成王、周公这些古圣人，也只能顺应这种历史发展趋势而“谨于礼”，以此成就他们的事业。如果否定礼义刑政，也就等于否定了这些古圣王赖以建立的事业的基础。所以，从“大同”到“小康”体现了历史的发展，而礼制则是伴随着这一过程而逐渐形成的。

“反本修古”的历史意识与社会历史发展观的结合，体现出三礼因革损益的历史思想。一方面礼制的设定是对传统的回归与延续，另一方面礼制也随着社会形态的发展与物质生活的丰富而不断演进。

二、三礼的礼治思想与历史撰述

礼制伴随着社会的发展而形成，又是维系社会统治的基本制度，涉及社会政治、经济、人伦、生活等方方面面。这种礼治的观念在三礼中体现得十分明显，后世正史书志以及典制体史书的设立，也都受到三礼礼治思想的影响。

(一) 三礼的礼治观念

所谓礼治的观念，就是以礼义教化来治理国家的执政理念。三礼强调以礼治国，具有浓厚的礼治观念。

首先，肯定礼治的意义。《礼记·经解》从六经之义出发，论述了礼义教化的意义。皮锡瑞《经学通论》作如是说：

> 《经解》首节泛言六经，其后乃专归重于礼。郑《目录》云："名曰《经解》者，以其记六义政教之得失也，此于《别录》属通论。"孔疏曰："《经解》一篇，总是孔子之言，记者录之以为《经解》者，皇氏云：'解者，分析之名，此篇分析六经礼教不同，故名曰《经解》也。六经其教虽异，总以礼为本，故记者录入于《礼》。'"陈澧曰："《记》文引孔子曰：'安上治民，莫善于礼。'此篇当录入于《礼》，其义已明矣。"[1]

这里引用了郑玄、皇侃和陈澧对《经解》的论述，旨在说明"六经之文，皆有礼在其中；六经之义，亦以礼为尤重"的道理。《经解》篇认为社会秩序是通过礼治得以实现的，该篇说："是故隆礼由礼，谓之有方之士；不隆礼，不由礼，谓之无方之民。敬让之道也。故以奉宗庙则敬，以入朝廷则贵贱有位，以处室家则父子亲、兄弟和，以处乡里则长幼有序。"在《经解》的作者看来，重视、遵循礼的就是有道之士，反之则是无道之民。礼可以使贵贱有位，长幼有序，人与人和睦相处。

---

[1] 皮锡瑞：《经学通论·三礼·论六经之义礼为尤重其所关系尤为切要》，中华书局1954年版，第81页。

《经解》篇还具体说明了各种礼仪的政教之义：

> 故朝觐之礼，所以明君臣之义也。聘问之礼，所以使诸侯相尊敬也。丧祭之礼，所以明臣子之恩也。乡饮酒之礼，所以明长幼之序也。昏姻之礼，所以明男女之别也。夫礼，禁乱之所由生，犹坊止水之所自来也。

《大戴礼记·盛德》中也有类似的论述，其中说道：

> 凡不孝生于不仁爱也，不仁爱生于丧祭之礼不明。丧祭之礼所以教仁爱也，致爱故能致丧祭……朝聘之礼所以明义也，故有弑狱，则饰朝聘之礼也……昏礼享聘者，所以别男女，明夫妇之义也。故有淫乱之狱，则饰昏礼享聘也。[1]

这两段话列举了朝觐、聘问、丧祭、乡饮酒、婚姻等几种礼仪形式，分别说明了这几种礼仪在社会治理以及民众教化中所起的作用。例如，朝觐之礼可以表明君臣之义，一旦废去，则君臣之间的尊卑等级便会混乱；乡饮酒礼体现的是长幼之序，若废止了这样的礼仪，乡里之中的社会秩序就会失范，等等。从《礼记·经解》和《大戴礼记·盛德》的论述可以看出，礼教不是单纯的空言说教，而是落实到具体的政治、社会生活之中的。所以，《经解》篇最后总结道："故礼之教化也微，其止邪也于未形，使人日徙善远罪而不自知也。是以先王隆之也。《易》曰：'君子慎始，差若毫厘，缪以千里。'此之谓也。"这说明，礼的教化是从细微之处开始的，它使邪恶之事止于未萌，让人们在日常生活中不知不觉地就从善远恶。《礼记·曲礼》也认为礼治的意义表现在社会生活的方方面面。该篇说：

> 道德仁义，非礼不成；教训正俗，非礼不备；分争辨讼，非礼不决；君臣、上下、父子、兄弟，非礼不定；宦学事师，非礼不亲；

[1] 王聘珍：《大戴礼记解诂》卷八《盛德》，中华书局1983年版，第143—144页。

班朝治军，莅官行法，非礼威严不行；祷祠祭祀，供给鬼神，非礼不诚不庄。是以君子恭敬、撙节、退让以明礼。

《礼记》善于运用种种比喻来阐述礼义与治国之间的关系。如《礼运》篇以种地作比，说："治国不以礼，犹无耜而耕也；为礼不本于义，犹耕而弗种也。"这就是说，治国必须从"礼"入手，而"礼"的本质是"义"。因此，礼与义是治国不可缺少的。《经解》篇以度量衡作比，说："礼之于正国也，犹衡之于轻重也，绳墨之于曲直也，规矩之于方圜也。故衡诚县，不可欺以轻重；绳墨诚陈，不可欺以曲直；规矩诚设，不可欺以方圜；君子审礼，不可诬以奸诈。"由此可见，礼的重要性如衡之于轻重、绳墨之于曲直、规矩之于方圆一样重要，因而是治国所不可或缺的。

其次，礼治对于政治制度建设的作用。《周礼》作为一部记载古代官制的典籍，包含了政法文教、农商医卜、财政赋税等多种社会制度。以《天官·大宰》为例，开篇写道：

大宰之职，掌建邦之六典，以佐王治邦国：一曰治典，以经邦国，以治官府，以纪万民。二曰教典，以安邦国，以教官府，以扰万民。三曰礼典，以和邦国，以统百官，以谐万民。四曰政典，以平邦国，以正百官，以均万民。五曰刑典，以诘邦国，以刑百官，以纠万民。六曰事典，以富邦国，以任百官，以生万民。

这段话说明大宰的主要职责是掌管建设邦国的六典，从而辅佐君王治理国家。这六典包括治典、教典、礼典、政典、刑典、事典，涵盖了政治、经济、礼教、刑罚等多个方面。接下来，《大宰》篇又列举了"八法"、"八则"、"八柄"、"八统"、"九职"、"九赋"、"九式"、"九贡"、"九两"等具体的权力和职能，表明大宰就是通过行使这些职权来辅佐君王管理百官，驾驭万民。《大宰》的宰职虽然未必完全符合周代历史，但在一定程度上却展现了当时社会组织的形态和国家制度的特点，说明礼治已经深入到各项国政大事之中。

《礼记·学记》记载了上古时期的教育制度，其中写道：

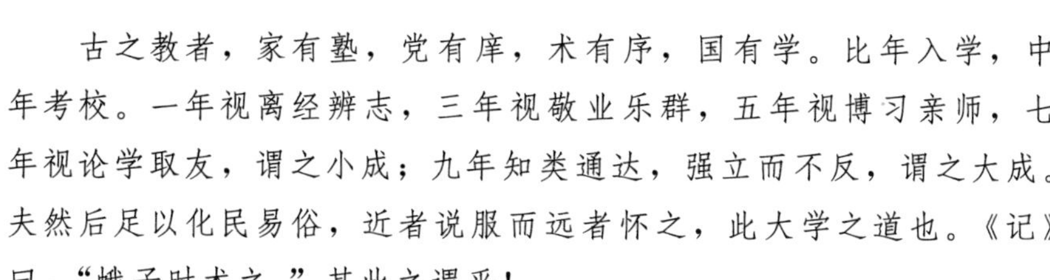

> 古之教者，家有塾，党有庠，术有序，国有学。比年入学，中年考校。一年视离经辨志，三年视敬业乐群，五年视博习亲师，七年视论学取友，谓之小成；九年知类通达，强立而不反，谓之大成。夫然后足以化民易俗，近者说服而远者怀之，此大学之道也。《记》曰："蛾子时术之。"其此之谓乎！

从这段话可以看出，上古时期的教育形式有一套较为严整的制度。家有塾，党有庠，遂有序，国都中有学。进入学校后，定期有考核，每一阶段的学习都有具体的要求。《礼记·文王世子》则展现了世子与学士受教育的情况：

> 凡学世子及学士，必时。春夏学干戈，秋冬学羽籥，皆于东序。小乐正学干，大胥赞之。籥师学戈，籥师丞赞之。胥鼓《南》。春诵夏弦，大师诏之。瞽宗秋学礼，执礼者诏之；冬读书，典书者诏之。礼在瞽宗，书在上庠。凡祭与养老乞言、合语之礼，皆小乐正诏之于东序。大乐正学舞干戚、语说、命乞言，皆大乐正授数。大司成论说在东序。

这段话强调，世子与学士的学习要因时制宜，春、夏、秋、冬四季皆有相应的学习内容，而且每项学习内容都由专门的老师教授。《礼记》记载的这些上古时期的教育制度其实都是礼治思想在培育人才方面的体现。

再次，礼治对于节制人的情性的作用。《礼运》篇指出，人有喜怒哀惧爱恶欲七情，凡性情就有善恶两端，圣人以礼义制度治之，只有修人以义，才能治人以情，最终达到人人和睦相处这样一个目的。礼由人情而生，但同时也要节制过度的情，需要用义来规范人的行为。皮锡瑞在《经学通论》中说："圣人制礼，情义兼尽。专主情则亲而不尊，必将流于亵慢；专主义则尊而不亲，必至失于疏阔。惟古礼能兼尽而不偏重。"[1] 三礼中记载的许多礼制都体现了这种情义兼尽的特点。如《仪

[1] 皮锡瑞：《经学通论·三礼·论古礼情义兼尽即不能复而礼不可废》，中华书局1954年版，第17页。

礼·觐礼》记载的是诸侯觐见天子之礼，其中写诸侯将要见天子时，天子说：“非他，伯父实来，予一人嘉之。伯父其入，予一人将受之。”郑玄注说：“言非他者，亲之辞。嘉之者，美之辞也。”从天子所说的话中可以看出，天子对诸侯是有亲近之情、嘉奖之意的。而君臣之间毕竟还有尊卑之分，所以这种君臣等级之义在礼仪中也体现得十分明显。《觐礼》中说：“侯氏入门右，坐奠圭，再拜稽首。”郑玄注曰：“入门而右，执臣道，不敢由宾客位也。卑者见尊，奠挚而不授。”《觐礼》又说：“侯氏升，致命。王抚玉。侯氏降自西阶，东面授宰币，西阶前再拜稽首，以马出授人，九马随之。事毕，乃右肉袒于庙门之东。乃入门右，北面立，告听事。”郑玄注解说：“王不使人受马者，主于享，王之尊益君，侯氏之卑益臣。右肉袒者，刑宜施于右也。凡以礼事者，左袒。入更从右者，臣益纯也。”[1] 从后两段话来看，在觐礼之中，天子与诸侯之间的尊卑等级是十分明显的。可见，君臣之间的礼是情义相结合的。再如，《礼记·昏义》中写道：

昏礼者，将合二姓之好，上以事宗庙，而下以继后世也。故君子重之。是以昏礼纳采、问名、纳吉、纳征、请期，皆主人筵几于庙，而拜迎于门外，入，揖让而升，听命于庙，所以敬慎重正昏礼也。父亲醮子而命之迎，男先于女也。子承命以迎，主人筵几于庙而拜迎于门外。壻执雁入，揖让升堂，再拜奠雁，盖亲受之于父母也。降出，御妇车，而壻授绥，御轮三周，先俟于门外。妇至，壻揖妇以入，共牢而食，合卺而酳，所以合体同尊卑，以亲之也。敬慎重正而后亲之，礼之大体，而所以成男女之别，而立夫妇之义也。男女有别，而后夫妇有义；夫妇有义，而后父子有亲；父子有亲，而后君臣有正。故曰：昏礼者，礼之本也。

这里讲的是昏礼中各项仪式所代表的意义。一方面，昏礼是一种合二姓之好，关系到宗庙祭祀和延续后代的礼仪，所以备受重视。因此，昏礼之前要进行纳采、问名、纳吉、纳征、请期等一系列的准备，每当男方

[1] 《仪礼注疏·觐礼》，《十三经注疏》本，中华书局1980年版。

的使者来到女方家时，女方父母都要在宗庙中布席设几，以供神灵凭依，然后到门外拜迎使者。使者进入后，在庙堂之上传达男方父母的意见。这些做法，都是为了表示对昏礼的谨慎和敬重。而另一方面，在昏礼过程中，夫妇二人又要“共牢而食，合卺而酳”，以示夫妇一体，尊卑相等，展现二人亲近之意。对待昏礼的谨慎敬重，夫妇之间的亲近之情，这二者的结合体现出昏礼中情义兼尽的教化意义。对于三礼所展现的礼治的情义兼尽的特点，皮锡瑞总结说：“夫父子、夫妇、长幼、朋友，皆情重于义，必有礼以节情。惟君臣则义重于情，当有礼以达情。”[1] 正如皮锡瑞所说，从三礼中可以看出，礼义制度是情与义相结合的，当情过多时，就要用义来加以节制；而当义重于情时，又要通过种种礼仪形式展现人情。这种情义结合的特点也是礼义制度能被统治者很好地运用于治理国家，并且在中国古代社会不断延续的重要原因。

（二）三礼礼治思想的史学影响

三礼的礼治观念对于后世政治与学术都有较大的影响。后世正史书志部分对历代典章制度的记载，以及职官类与典制体史著的出现，都与三礼礼治思想的影响有着密切的关系。

首先，正史的书志记述典制等内容，受三礼影响较大。刘知幾《史通·书志》论述了三礼对正史书志的影响：“夫刑法、礼乐、风土、山川，求诸文籍，出于三礼。及班、马著史，别裁书志。考其所记，多效《礼经》。”[2] 司马迁《史记》有“八书”，王鸣盛认为受到了三礼的影响，称“《史记》八书，采《礼记》、《大戴礼》、《荀子》、贾谊《新书》等书而成”。[3]

具体而言，正史刑法志的创立与《周礼》有关。《周礼》的《秋官》记述了掌管刑法的职官体系，同时也记述了相应的刑法制度，是中国早期集中记录刑法制度的篇章。后世正史的刑法志以刑法制度为记述内容，

[1] 皮锡瑞：《经学通论·三礼·论古礼情义兼尽即不能复而礼不可废》，中华书局1954年版，第18页。

[2] 刘知幾著，浦起龙释：《史通通释》卷三《书志》，上海古籍出版社2009年版，第51页。

[3] 王鸣盛：《十七史商榷》卷三《史记三·八书所本》，上海古籍出版社2013年版，第39页。

应当是受了《周礼》的影响。正史立刑法志始于班固。《汉书·刑法志》记载了自传说中的黄帝以至汉代的刑法规定和实施状况，其内容与《秋官》相类。并且，《汉书·刑法志》引用了《周礼》“五听”、“八议”、“三刺”、“三宥”、“三赦”之法的内容，这说明《汉书·刑法志》与《周礼》关系密切。《汉书·刑法志》在记述刑法制度的同时，又着重叙述历代刑法的君臣决定过程，并且加入了史家的评论，这无疑是对《周礼》记述的完善和发展。从《汉书》开始，刑法志的体例得以确立，后世正史立刑法志者，大致与之相同。

正史礼仪志的记述规模取自三礼者颇多。礼仪志是正史书志的重要组成部分，有的史书称礼志，因与乐志联系密切，因此有的史书合二者为礼乐志。像《汉书》设礼乐志，《后汉书》设礼仪志而无乐志，《晋书》分立礼志和乐志。由此可见，历代史家都很重视礼、乐二志，《汉书·礼乐志》指出其原因在于：“六经之道同归，而礼、乐之用为急。治身者斯须忘礼，则暴嫚入之矣；为国者一朝失礼，则荒乱及之矣。”这种说法肯定了六经中礼乐内容对史学的影响，集中记述礼制的三礼当然作用更明显。《仪礼》主要记述士大夫至国君的礼节，《礼记》中的部分篇章对之进行解释，都特别凸显了等差有别的规范。大体来说，正史礼志所记以君主为中心，主要记载等级制下的礼乐制度，在内容编排上承袭《仪礼》和《礼记》，又进一步突出了维护君权的目的。

正史的百官志或职官志，受到《周礼》的重大影响。《后汉书》首创百官志，多为后世史家因循。司马彪追溯百官志产生的历史渊源：

> 昔周公作《周官》，分职著明，法度相持，王室虽微，犹能久存。今其遗书，所以观周室牧民之德既至，又其有益来事之范，殆未有所穷也。故新汲令王隆作《小学汉官篇》，诸文倜说，较略不究。唯班固著《百官公卿表》，记汉承秦置官本末，讫于王莽，差有条贯；然皆孝武奢广之事，又职分未悉。世祖节约之制，宜为常宪，故依其官簿，粗注职分，以为百官志。[1]

[1]《后汉书》志第二十四《百官一》，中华书局1965年版，第3555页。

这就是说，《周礼》开记述职官之先河，《汉书》以《百官公卿表》继之，到《后汉书》正式确立了正史百官志的体例。

刘知幾认为正史书志中“风土”、“山川”也部分出自三礼，这是有道理的。正史记风土、山川主要是在地理志、沟洫志等地理类书志中。当然，正史的地理类书志主要是受到了《尚书·禹贡》的影响，[1] 但在《禹贡》之外，三礼中也有一些关于风土、山川的内容，同样对正史的地理类书志有所影响。《汉书·地理志》引用了《周礼》中关于地理职官的内容：“故《周官》有职方氏，掌天下之地，辩九州之国。……而保章氏掌天文，以星土辩九州之地，所封封域皆有分星，以视吉凶。”《汉书·地理志》还提到，关于行政区划的记载是“考迹《诗》、《书》，推表山川，以缀《禹贡》、《周官》、《春秋》，下及战国、秦、汉焉”。[2] 《晋书·地理志》有的地方也引述《周礼》，如叙及青州则称“《周礼》：‘正东曰青州’”[3]。

其次，《周礼》启发了后世职官类与典制体史著的撰述。正如前文所说，《周礼》记述了一个宏大的官制体系，也是中国上古时代唯一一部系统叙述政治、经济制度的典籍。但《周礼》并未提及所述为何时典制，刘歆指此书为周公致太平之书，此后学者多认为《周礼》记述的是西周之制。《周礼》中的《天官冢宰》、《地官司徒》、《春官宗伯》、《夏官司马》、《秋官司寇》、《冬官司空》六篇，分别记述天、地、春、夏、秋、冬六官，每官下辖六十官，共三百六十官。也有人据此认为《周礼》是“以人法天”，用天、地、春、夏、秋、冬六官象征天地四方六合，用三百六十官象征周天三百六十度，所以“周官”指“周天之官”。在这个宏大的职官体系下，《周礼》又介绍了相关的政治、经济制度。

《周礼》记述职官和典制之体对后世职官类和典制体史著影响颇深。第一，《周礼》开启了职官类史书撰述的先河。《四库全书总目》卷七十九“职官类”小序称：“世所称述《周官》外，惟《唐六典》最古耳。”又称《唐六典》“以三师、三公、三省、九寺、五监、十二卫列其职司官

[1] 如《尚书·禹贡》对《史记·河渠书》的影响。

[2] 《汉书》卷二十八《地理志》，中华书局1962年版，第1539、1542、1543页。

[3] 《晋书》卷十五《地理下》，中华书局1974年版，第449页。

佐，叙其品秩，以拟《周礼》”。开元十年（722年），唐玄宗手写六条纲目，称为理典（即“治典”，唐人避高宗讳易“治”为“理”）、教典、礼典、政典、刑典、事典，令中书舍人陆坚以类相从、撰录以进，历经多人撰述，完成为《唐六典》。唐玄宗本欲依《周礼》太宰六典之文，成唐六官之典，但唐代官制与《周礼》迥异，修撰者只得“以令式入六司，像《周礼》六官之制，其沿革并入注”，修成此书。《唐六典》虽然极力效仿《周礼》，但实际上是以唐代诸司及各级官佐为纲目的。即便如此，仍然可以看出《周礼》对职官类史书的重大影响。第二，《周礼》对典制体史著有重大影响。《四库全书总目》将后代“以国政朝章六官所职者”归为“政书类”，“以符周官故府之遗”，实际上就是典制体史书，可见《周礼》对后世典制体史书的出现有着重要的启发意义。唐代刘秩仿《周礼》著《政典》，开后世典制体撰述的先声。《旧唐书》卷一四七《杜佑传》称：“初开元末，刘秩采经史百家之言，取《周礼》六官所职，撰分门书三十五卷，号曰《政典》，大为时贤称赏。”刘秩之后，杜佑作《通典》，参考《政典》体例，又“统前史之书志，而撰述取法乎《官礼》”[1]，正式创立了典制体史书。这两部具有里程碑意义的典制体史书，探其源流，其实都是取法《周礼》的，可见典制体史书的创立是与《周礼》的影响密不可分的。

三、三礼的历史变革论

三礼不但承认社会历史的发展，提出系统的礼治主张，而且倡导历史变革论。三礼的许多篇章都展现出了礼制的因革损益特点，这种礼的演变正是三礼历史变革论的重要表现。

（一）有因有革的历史变革思想

在《礼记》中，有许多关于夏、商、周三代之礼的记载，从这些记载中可以看出，上古时期的礼制是在不断变革的。《礼记·檀弓上》记载夏、商、周三代所尚服色的不同：“夏后氏尚黑，大事敛用昏，戎事乘骊，

[1] 章学诚著，叶瑛校注：《文史通义校注》内篇四《释通》，中华书局2014年版，第433页。

牲用玄。殷人尚白，大事敛用日中，戎事乘翰，牲用白。周人尚赤，大事敛用日出，戎事乘騵，牲用骍。”夏代崇尚黑色，丧事入殓在黄昏进行，战马用的是黑马，祭祀用的牺牲也是黑的。商代崇尚白色，丧事入殓在中午进行，战马用的是白马，祭祀的牺牲是白色的。周代崇尚赤色，丧事入殓在日出时进行，战马是赤色的，祭祀的牺牲也是赤色的。《礼记·王制》记载了虞、夏、商、周四代养老礼仪制度的变化：

> 有虞氏养国老于上庠，养庶老于下庠。夏后氏养国老于东序，养庶老于西序。殷人养国老于右学，养庶老于左学。周人养国老于东胶，养庶老于虞庠，虞庠在国之西郊。有虞氏皇而祭，深衣而养老。夏后氏收而祭，燕衣而养老。殷人冔而祭，缟衣而养老。周人冕而祭，玄衣而养老。

这种变化不仅表现在四代敬养国老、庶老地点的不同，而且祭祀和行养老礼时所穿服饰也随着时代的发展而有所变化：有虞氏戴皇祭祀，穿深衣礼养老人；夏后氏戴收祭祀，穿朝服礼养老人；殷人戴冔祭祀，穿白色衣服礼养老人；周人戴冕祭祀，穿玄衣礼养老人。

由上可知《礼记》所记载的各个朝代的具体礼仪形式是有所区别的，但这种礼制的变化并不是毫无规律的，而是有因有革、有损有益的。例如，关于养老所用之礼，《王制》篇写道：“凡养老，有虞氏以燕礼，夏后氏以飨礼，殷人以食礼，周人修而兼用之。”这说明周人养老之礼是兼采虞、夏、商三代之礼的。再如，《檀弓上》在论述丧葬之礼时说：“有虞氏瓦棺，夏后氏堲周，殷人棺椁，周人墙置翣。周人以殷人之棺椁葬长殇，以夏后氏之堲周葬中殇、下殇，以有虞氏之瓦棺葬无服之殇。”具体叙述了虞、夏、商、周四代棺椁形式的变化。有虞氏葬用瓦棺，夏后氏烧土为砖，围于瓦棺四周，殷人用木材做内棺外椁，周人又在椁外加墙、翣扇为饰。同时周人又分别以前代的不同棺椁形式葬不同年龄的夭亡之人。由此可见，后代的礼仪往往是在前代之礼的基础上加以改造而形成的，而且随着物质的不断丰富，礼仪所用之物也变得越发精致。《礼器》篇还专门以祭祀中尸的礼仪为例来说明礼制的因革损益：“三代之礼一也，民共由之，或素或青，夏造殷因。周坐尸，诏侑武方，其礼亦然，其道一也。夏立尸而卒祭，殷坐尸，周旅酬六尸。”这段话首先指出三代之礼虽然有异，但基本精神则是一致的，由夏代开创，殷代承袭，民众共同遵用。具体到宗庙祭祀，夏代的尸是立着受祭的，商代的尸则是坐着的，周代继承了商代的坐尸形式，而且助祭者皆能告尸仪节、劝尸饮食，就养无常，也是沿袭了商代的礼仪。但是周代祫祭时除太祖之尸外其余六尸可以参与旅酬，这是前代祭礼中所无而周代增益的。可见，《礼记》在承认礼制变革的同时，也强调礼的传承与沿袭。在《明堂位》中，鲁国之礼被抬得非常高，主要是因为鲁国兼采虞、夏、商、周四代之礼，它的礼制是在前代礼仪变革与传承的基础上形成的，其中说道：“凡四代之服、器、官，鲁兼用之。是故，鲁，王礼也，天下传之久矣。君臣未尝相弑也，礼乐、刑法、政俗未尝相变也，天下以为有道之国，是故天下资礼乐焉。”

三礼关于礼制因革损益的论述，最为经典的篇章当数《礼记·表记》。该篇说：

> 子曰：“夏道尊命，事鬼敬神而远之，近人而忠焉，先禄而后威，先赏而后罚，亲而不尊。其民之敝，惷而愚，乔而野，朴而不文。殷人尊神，率民以事神，先鬼而后礼，先罚而后赏，尊而不亲。其民之敝，荡而不静，胜而无耻。周人尊礼尚施，事鬼敬神而远之，近人而忠焉，其赏罚用爵列，亲而不尊。其民之敝，利而巧，文而不惭，贼而蔽。”子曰：“夏道未渎辞，不求备，不大望于民，民未厌其亲。殷人未渎礼，而求备于民。周人强民，未渎神，而赏爵刑罚穷矣。”子曰：“虞夏之道，寡怨于民；殷周之道，不胜其敝。”子曰：“虞夏之质，殷周之文，至矣。虞夏之文，不胜其质；殷周之质，不胜其文。”

在此，《表记》作者借用孔子的话来表达自己关于礼制因革损益的观点：第一，肯定了随着历史发展和王朝更替，各项礼制也会随之变化的历史事实。《表记》通过纵观上古三代以来的历史，认为这种礼制变化的最显著的特点是有因有革、有损有益。而且，后代的礼制都是参考了前代礼制的利弊来进行因革损益的。例如，夏代近人而远鬼神，治道亲而不尊，

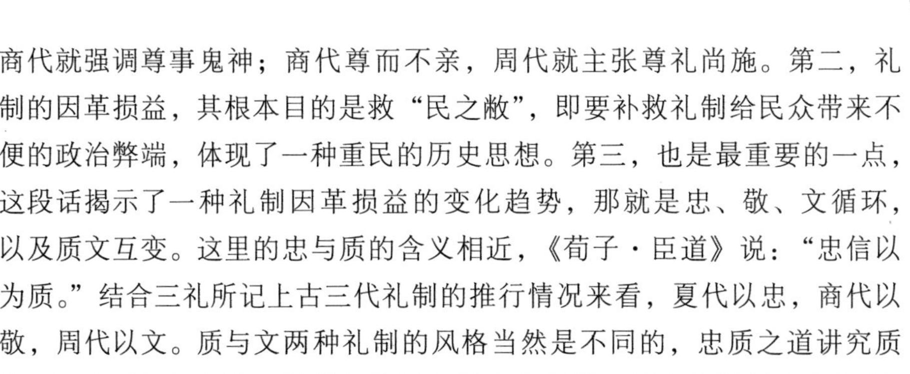

商代就强调尊事鬼神；商代尊而不亲，周代就主张尊礼尚施。第二，礼制的因革损益，其根本目的是救“民之敝”，即要补救礼制给民众带来不便的政治弊端，体现了一种重民的历史思想。第三，也是最重要的一点，这段话揭示了一种礼制因革损益的变化趋势，那就是忠、敬、文循环，以及质文互变。这里的忠与质的含义相近，《荀子·臣道》说：“忠信以为质。”结合三礼所记上古三代礼制的推行情况来看，夏代以忠，商代以敬，周代以文。质与文两种礼制的风格当然是不同的，忠质之道讲究质朴，而文道注重文致。但任何礼制如果走向极端，都会出现相应的弊端，从而给民众带来不便。而解决制度弊端的方法就是在文与质这两种治理形式之间不断变换，所谓文弊而质，质弊而文。

这种质文递变的礼制演变形式在《礼记》中多有记载。例如《礼记·檀弓上》记录了一段仲宪与曾子的对话：

> 仲宪言于曾子曰：“夏后氏用明器，示民无知也；殷人用祭器，示民有知也；周人兼用之，示民疑也。”曾子曰：“其不然乎！其不然乎！夫明器，鬼器也；祭器，人器也。夫古之人，胡为而死其亲乎?”

从这段对话来看，仲宪认为夏代的陪葬品是明器，商代的陪葬品是祭器，周代陪葬则兼用二者，这体现了不同时代的人们对人死后有知还是无知的认识。然而，曾子却不同意这样的说法，他认为夏、商、周三代的陪葬品都体现了人们的至诚之意。《礼记正义》进一步解释曾子之言，说：“言二代用此器送亡者，非是为有知与无知也，正是质文异耳。夏代文，言鬼与人异，故纯用鬼器送之，非言为无知也。殷世质，言虽复鬼与人有异，亦应恭敬是同，故用恭敬之器，仍贮食送之，非言为有知也。说二代既了，则周兼用之，非为疑可知，故不重说。寻周家极文，言亡者亦宜鬼事，亦宜敬事，故并用鬼敬二器，非为示民言疑惑也。然周唯大夫以上兼用耳，士唯用鬼器，不用人器。崔灵恩云：‘此王者质、文相变耳。’”可见，三代使用明器与祭器的区别，在于质与文的不同。

（二）三礼历史变革思想对汉代历史观的影响

三礼的历史变革论对后世历史观产生了深远的影响，尤其是其中忠、敬、文循环与质文互变的思想，在汉代颇有影响。例如，董仲舒著《春秋繁露》，就将忠、敬、文循环与质文互变作为其“三统”历史变易思想的重要组成部分；而司马迁作《史记》，也接受了忠、敬、文循环变易史观。

董仲舒的“三统”说是一种肯定历史朝代必须按照黑、白、赤三统依次循环更替的学说。以三统来对应历史朝代，董仲舒认为夏朝是正黑统，建寅，色尚黑；商朝是正白统，建丑，色尚白；周朝是正赤统，建子，色尚赤。当然，新王改制，除改正朔、易服色外，车马、旗帜、牺牲、冠礼、昏礼、丧礼、祭牲、朝正等制度也要做出相应的改易。这其中就体现出礼义制度随着朝代更替而变革的特点。统绪不同，治道也不同。与黑白赤三统循环相一致的，则是忠、敬、文的“三道”循环。董仲舒说：“然夏上忠，殷上敬，周上文者，所继之救，当用此也。孔子曰：‘殷因于夏礼，所损益可知也；周因于殷礼，所损益可知也。其或继周者，虽百世可知也。’此言百王之用，以此三者矣。”[1] 在此，董仲舒的忠、敬、文循环观与《礼记·表记》的表述何其相似，显然是受到了三礼历史思想的影响。董仲舒还以质文互变来解说历史变易规律，《春秋繁露·三代改制质文》说：

> 故汤受命而王，应天变夏作殷号，时正白统。亲夏故虞，绌唐谓之帝尧，以神农为赤帝。作宫邑于下洛之阳，名相官曰尹。作《濩乐》，制质礼以奉天。文王受命而王，应天变殷作周号，时正赤统。亲殷故夏，绌虞谓之帝舜，以轩辕为黄帝，推神农以为九皇。作宫邑于丰。名相官曰宰。作《武乐》，制文礼以奉天。武王受命，作宫邑于鄗，制爵五等，作《象乐》，继文以奉天。周公辅成王受命，作宫邑于洛阳，成文武之制，作《汋乐》以奉天。[2]

这段话将“三统”与质文互变结合在一起，并以此来说明朝代更替中礼

[1] 《汉书》卷五十六《董仲舒传》，中华书局 1962 年版，第 2518 页。

[2] 董仲舒著，苏舆义证：《春秋繁露义证》卷七《三代改制质文》，中华书局 1992 年版，第 186—187 页。

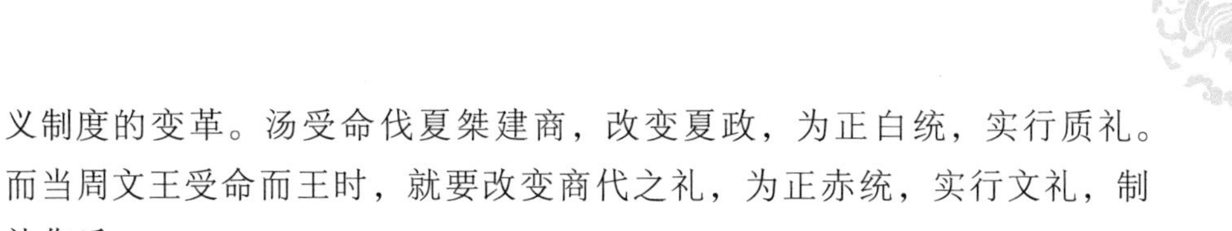

义制度的变革。汤受命伐夏桀建商，改变夏政，为正白统，实行质礼。而当周文王受命而王时，就要改变商代之礼，为正赤统，实行文礼，制礼作乐。

如果说董仲舒的“三统”历史变易观主要是在理论上继承和完善了三礼的质文互变思想，那么司马迁在作《史记》时则把三礼的这种历史变革思想融入具体的历史书写和评论之中。例如，他在《史记·高祖本纪》的篇末评论说：

> 夏之政忠。忠之敝，小人以野，故殷人承之以敬。敬之敝，小人以鬼，故周人承之以文。文之敝，小人以僿，故救僿莫若以忠。三王之道若循环，终而复始。周秦之间，可谓文敝矣。秦政不改，反酷刑法，岂不缪乎？故汉兴，承敝易变，使人不倦，得天统矣。[1]

这段话回顾了夏代至秦代的历史演变，说明夏政、殷政、周政分别具有忠、敬、文的特点，而且强调后代之政要改变前代政治的弊端，即所谓“承敝易变”。例如，夏之政忠，其弊端就是使民众过于粗野而不知礼仪，所以商代的统治者就要改变这种弊端而讲求恭敬。同样地，商代之敬的弊端是使民众过分崇奉鬼神，所以周代的统治者就要以礼乐文政来纠正之前社会的弊病。但是，周代之文也有其缺陷，就是过分讲求尊卑等级而使民众不能坦诚相待。司马迁认为，周秦之际，这种政治弊端就已经显现出来了，要想纠正这种缺陷所带来的问题，就应该实行质朴的忠政。然而秦代的统治者却没能及时修正其政治形式，反而一味地任用酷刑厉法，所以最终二世而亡。汉朝建立以后，能够改变过去政治的弊端，这样才顺应了天道。司马迁在此用忠、敬、文互变的历史循环理论总结了从夏代至汉代的历史发展过程，并以此来评论各个朝代为政之法的利弊得失，揭示历史变易的规律。再如，《史记·平准书》中写道：

> 农工商交易之路通，而龟贝金钱刀布之币兴焉。所从来久远，

[1] 《史记》卷八《高祖本纪》，中华书局1959年版，第393—394页。

自高辛氏之前尚矣，靡得而记云。故《书》道唐虞之际，《诗》述殷周之世，安宁则长庠序，先本绌末，以礼义防于利，事变多故而亦反是。是以物盛则衰，时极而转，一质一文，终始之变也。[1]

司马迁在这段话中总结了自古以来的经济发展状况，他指出世道安宁就会重农本轻商末，崇尚礼义并以此来限制物欲；而在乱世之中，情况就与之相反。所以事物都是盛极而衰，历史发展也是达到一定的极点就会转变。因此，一质一文的社会历史变革，终始循环的历史发展规律是必然的。从这两段历史评论可以看出，司马迁应当是在三礼历史变革思想的基础上，吸收了董仲舒“三统”说的内容，从而形成历史变易的观念，其中忠、敬、文和质文互变的循环论以及承敝易变的主张与三礼中因革损益与救民之弊的思想是一脉相承的。

第三节　《诗经》的天命王权思想

《诗经》是我国上古时期的一部诗歌总集，收集了从西周至春秋时期的 305 首诗。据司马迁《史记·孔子世家》载，古《诗》原有三千余篇，经孔子删定而成 305 篇，“皆弦歌之，以求合《韶》、《武》、《雅》、《颂》之音”。《汉书·艺文志》亦肯定孔子删诗说。《诗经》中尤以《雅》、《颂》部分蕴含有丰富的古代社会生活、典章制度、风俗习惯以及阶级状况等史料，是用诗歌的语言表述的历史，故而《诗经》又被视作“史诗”。《诗经》具有浓厚的天命观念，这一观念的思想基础是夏、商时期的天神崇拜意识，基本内容是既宣扬“圣人感生”的天命王权思想，又承认“天命靡常”、天命转移的历史事实，还具有反天命的思想。《诗经》中的天命思想无疑是复杂的，其天命王权观念和反天命的思想看似矛盾，实际上也存在着内在的联系，都反映出当时人们对于历史发展的认识与思考。

[1]《史记》卷三十《平准书》，中华书局 1959 年版，第 1442 页。

一、《诗经》天命观念的思想基础

在《诗经》成书以前，天命观念就已经普遍流行于社会之中。夏商时期的天神崇拜思想是《诗经》天命观念的思想渊源和基础，这种天神崇拜观念认为上天可以监督、审视下民的行为活动，所以下民要敬顺天意，以求得上天的保佑。

夏朝的统治者信从天命，《尚书》中就有“有夏服天命”的说法。[1]夏王常常将其征伐活动说成是“替天行道”、“行天之罚”，如大禹宣称征讨有苗氏是代天行罚，后世的《墨子》记载了大禹的话：“济济有众，咸听朕言，非惟小子敢行称乱，蠢兹有苗，用天之罚，若予既率尔群对诸群以征有苗。”[2]夏启征讨有扈氏时，也说：“有扈氏威侮五行，怠弃三正，天用剿绝其命，今予惟恭行天之罚。”[3]由此可见，在夏代，天神崇拜对于现实社会中的征伐活动产生了重要影响。

商代对这种至上神的崇拜表现得更为明显，商王的占卜活动就是在试图揣测上天之意，以此来沟通天人，从而指导现实中的政治统治以及生产、生活。这种具有绝对权威的至上神常常出现于甲骨卜辞中，一般被称为“帝”或“上帝”。郭沫若在《卜辞通纂》中写道：“凡风雨祸福、年岁之丰啬、征战之成败、城邑之建筑，均为帝所主宰，足证殷人已有至上神之观念。”[4]由此看来，至上神一方面代表着风雨雷电等天时，另一方面又主宰着人间的生产、征战、建邑等活动。这说明，这个至上神具有物质性与神秘性的双重特点。如卜辞中写道：“今二月帝不令雨。”[5]“癸卯卜，今日雨。其自西来雨？其自东来雨？其自北来雨？其自南来雨？”[6]这都是询问天气的卜辞。而“庚戌卜，贞帝其降堇”[7]

---

[1]《尚书正义·周书·召诰》，《十三经注疏》本，中华书局1980年版。

[2]《墨子·兼爱下》，《诸子集成》本，中华书局1954年版。

[3]《尚书正义·夏书·甘誓》，《十三经注疏》本，中华书局1980年版。

[4]郭沫若：《卜辞通纂》，科学出版社1983年版，第367页。

[5]郭沫若：《卜辞通纂》三六五片，科学出版社1983年版，第364页。

[6]郭沫若：《卜辞通纂》三七五片，科学出版社1983年版，第368页。

[7]郭沫若：《卜辞通纂》三七一片，科学出版社1983年版，第366页。

以及“王封邑，帝若”[1] 等，是占卜现实社会中的饥荒、建邑等情况。

商朝后期，这个被称为“帝”的至上神逐渐被“天”这一称谓所取代。这种转变在《尚书·商书》中表现得十分明显。《商书》时而称“上帝”，时而称“天”。如在《汤誓》篇中，商汤说：“非台小子敢行称乱，有夏多罪，天命殛之……夏氏有罪，予畏上帝，不敢不正。”《盘庚》篇说“天其永我命于兹新邑”，以及“肆上帝将复我高祖之德”。从这些商代的诰誓之辞可以看出，当时商王的征伐、建邑等一系列统治活动都以天命作为其施行的依据。天神的至上性其实也是人间的王的至上性的反映，商王成为天神在人间的一种象征。而商王的统治，又必然会得到天神的保佑。

夏商时期的这种天命主宰人事和天神崇拜的思想，为《诗经》中所反映的西周以后天命观念的形成奠定了基础。在《诗经》的许多篇章中，都出现了“天”，当然，具体的名称是不同的，有“天”、“昊天”、“苍天”、“上天”、“帝”、“上帝”、“皇天”等等。在这些“天”中，有的是指客观物质之天，如《唐风·绸缪》中写道：“绸缪束薪，三星在天。”这里的“天”就是指客观的天空。有的则是代指自然，如《周颂·天作》中“天作高山，大王荒之”的“天”，便是代指自然。

除指实在的天空或客观的自然状态外，《诗经》中的“天”更多的还是指神意之天。它是凌驾于人的意志之上的一种绝对精神，它对人而言有着绝对的权威，是永恒存在的。如《周颂·维天之命》中说：“维天之命，於穆不已。”郑玄解释说：“命犹道也。天之道，於乎美哉！动而不止，行而不已。”[2] 这说明，天道的运行是永不止息的。而且，人的意志无法改变天道的运行，只能服从天命。所以从《诗经》中可以看出，当时的人们往往将自身不可解释或不能改变的事情归于天。《邶风·北门》这首诗就体现了作者对于天命的一种无奈：

> 出自北门，忧心殷殷。终窭且贫，莫知我艰。已焉哉，天实为之，谓之何哉。

[1] 郭沫若：《卜辞通纂》三七三、三七四片，科学出版社 1983 年版，第 367 页。

[2] 《毛诗正义·周颂·维天之命》，《十三经注疏》本，中华书局 1980 年版。

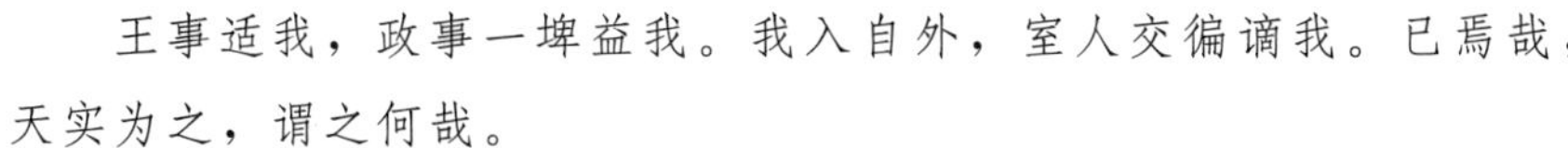

王事适我，政事一埤益我。我入自外，室人交徧谪我。已焉哉，天实为之，谓之何哉。

王事敦我，政事一埤遗我。我入自外，室人交徧摧我。已焉哉，天实为之，谓之何哉。

《毛诗序》说：“《北门》，刺仕不得志也。言卫之忠臣不得其志尔。”这首诗写的是一位官吏仕途坎坷，抑郁不得志，在此抒发自己的愤懑之情。诗的每一章结尾都有“天实为之，谓之何哉”这样一句话，它表明这位官吏认为自己所遭受的艰辛和不公是天之所为，自己对这种际遇是无可奈何的。这种神意之天与当时人的社会活动有着密切的联系，在当时人的观念中，天对人事具有监督和主宰的作用，人的行为都会受到上天的审视。《商颂·殷武》中有“天命降监，下民有严。不僭不滥，不敢怠遑”的说法，这是讲上天监察下民，民众就要守法谨严，不能有过失。《小雅·何人斯》是一首绝交诗，关于诗的主旨，后世说法不同。《毛诗序》记载：“《何人斯》，苏公刺暴公也。暴公为卿士，而谮苏公焉，故苏公作是诗以绝之。”也就是说苏公作这首诗意在指责暴公在周王面前进谗言。而《鲁诗》说则认为是苏公和暴公在争夺田地，苏公作诗刺之，表示与暴公绝交。[1] 说法虽然不尽相同，但都认为这是苏公为讥刺、批评暴公而写的。其中第三章写道：“彼何人斯，胡逝我陈？我闻其声，不见其身。不愧于人？不畏于天？”所谓“不愧于人？不畏于天”是指上天对暴公的行为早有所察，而暴公却毫不畏惧。王先谦解释说：“尔行踪如此诡秘，不愧于人之指目乎？不畏于天之监察乎？所以深责之也。”[2] 由此可见，在当时人的观念中，上天能够觉察出下民不端的行为，这说明上天的地位是十分崇高的。

正是因为上天的地位十分崇高，并且监督着人的行为，所以敬顺天意的观念在当时的社会中是被普遍认可的。所谓“敬顺天意”，一是敬，即对上天要怀有敬畏之心；二是顺，即顺应天意，以天道运行作为人的

[1] 参见王先谦：《诗三家义集疏》卷十七《小雅·何人斯》，中华书局 1987 年版，第 710 页。

[2] 王先谦：《诗三家义集疏》卷十七《小雅·何人斯》，中华书局 1987 年版，第 712 页。

行事法则。

关于敬天，从《诗经》来看，主要表现在祭天活动上。《诗经》中有许多篇章都描写了统治者祭祀上天的举动以及他们对上天的崇敬之情。如《大雅·生民》篇写到周始祖后稷祭祀上天的事情：

> 诞我祀如何？或舂或揄，或簸或蹂。释之叟叟，烝之浮浮。载谋载惟，取萧祭脂。取羝以軷，载燔载烈。以兴嗣岁。
>
> 卬盛于豆，于豆于登，其香始升。上帝居歆，胡臭亶时。后稷肇祀，庶无罪悔，以迄于今。

从《生民》的叙述可以看出，后稷为祭天做了充分的准备，祭祀的物品也是非常丰盛的，可见他对上天是十分恭敬的。而且正是由于他对上天的崇敬，后世的子孙才能承蒙上天之福。又如《大雅·棫朴》写了周文王带领诸臣祭天的事情：

> 芃芃棫朴，薪之槱之。济济辟王，左右趣之。
>
> 济济辟王，左右奉璋。奉璋峨峨，髦士攸宜。

济济和峨峨都表示仪容庄严的样子，可以看出周文王及其臣下对上天是十分恭敬的。《春秋繁露·郊祭》称此为文王郊祭之词：“（天子）每将兴师，必先郊祭以告天，乃敢征伐，行子道也。文王受天命而王天下，先郊乃敢行事，而兴师伐崇。”[1] 董仲舒习《齐诗》，故陈乔枞《齐诗遗说考》、王先谦《诗三家义集疏》等皆引以为《齐诗》说。可以看出，周文王祭天是因为他将要兴师伐崇，而在征伐之前必须要敬告于天。由此可见，当时统治者对上天的崇拜已经影响到了军事行动等现实政治统治活动。

此外，《诗·周颂》也有一些诗写到了周王祭天的活动。如《噫嘻》篇写道：“噫嘻成王，既昭假尔。”《毛诗序》说：“《噫嘻》，春夏祈谷于

[1] 董仲舒著，苏舆义证：《春秋繁露义证》卷十五《郊祭》，中华书局 1992 年版，第 405 页。

上帝也。”这是向天祈求丰收的诗歌，诗中所说的“昭假”，意思是周王道德著明，可以上达于天。这些都可以表现出西周的统治者对上天的崇敬之情。

而关于顺应天意，《诗经》中也有所体现。但是究竟何为天意，《诗经》的相关内容说得很模糊。毕竟在当时，人们的认知范围是有限的，难以揣测所谓的“上天之意”，所以《诗经》中所说的天意往往代表着现实社会中人们所认同的普遍意义上的善。例如《大雅·烝民》中写道：“天生烝民，有物有则。民之秉彝，好是懿德。”对此，《韩诗外传》解释说：“言民之秉德以则天也。不知所以则天，又焉得为君子乎？”[1] 也就是说天生众民，众民也应当秉承天道法则，而这种天道法则，概括地说就是“德”，《韩诗外传》称之为“仁义礼智顺善之心”。除了普通的民众应当效法天道，在上的统治者更要秉德以顺应天意，而且，所谓的“德”也与统治者受天命而获得政权有着密切的关系。对此下一节有详细论述。

从《诗经》中可以看出，天的崇高地位以及人们对天的敬仰与顺从是商周时期天命观念的主要特点，这样的天命观念反映的是人们对自然、社会和自身关系的认识，同时它也对商周时期的政治形态产生了深刻的影响，是古代天命王权思想产生的理论基础。

二、《诗经》的天命王权论

所谓“天命王权”，就是指在现实的王权统治和政治建构中，“天命”这一带有神秘色彩的绝对精神起着决定性的作用，这样的观念在《诗经》时代是十分普遍的。在《诗经》中，有关商周民族的起源、发展，以及王朝的建立和延续等内容，无不体现着天命王权的思想。天命王权的理论是在人们敬天思想的基础之上形成的，商周时期的统治者往往依靠这一理论来解释其政权存在的合理性。

（一）圣人感生与王权天授

商周时期，由于天的崇高地位和主宰作用，统治者往往将天命与其部族的起源和政权的建立联系在一起，以此来论证其政权的合理性。在

[1] 韩婴著，许维遹校释：《韩诗外传集释》卷六，中华书局1980年版，第219页。

《诗经》中，许多诗歌都反映了这样的天命思想，这种思想主要包括两个方面：圣人感生和王权天授。

所谓“圣人感生”，就是指商周民族的始祖都是受到上天感应而降生的。在《商颂·玄鸟》、《商颂·长发》以及《大雅·生民》、《鲁颂·閟宫》等诗篇中，作者为商周民族的始祖缔造了感天而生的神话传说。例如，《商颂·玄鸟》是一首商人祭祀先祖的诗歌。关于这首诗的主旨，朱熹在《诗集传》中这样说道：“此亦祭祀宗庙之乐，而追叙商人之所由生，以及其有天下之初也。”[1] 可见，这首诗是叙述殷商的起源和发展的。该诗开篇就说：“天命玄鸟，降而生商，宅殷土芒芒。”这句话讲的就是商民族的产生，表明商始祖的诞生是上天所为。《商颂·长发》中也说：“有娀方将，帝立子生商。”这里的“帝”指的就是上帝、天帝。《鲁诗》说对商始祖的降生有详细描述。《史记·三代世表》记载了研习《鲁诗》的汉代经学家褚先生引《诗传》的一段话：“汤之先为契，无父而生。契母与姊妹浴于玄丘水，有燕衔卵堕之，契母得，故含之，误吞之，即生契。契生而贤，尧立为司徒，姓之曰子氏。”刘向《列女传》也采用了这一说法：

> 契母简狄者，有娀氏之长女也。当尧之时，与其妹娣浴于玄丘之水。有玄鸟衔卵，过而坠之，五色甚好。简狄与其妹娣竞往取之。简狄得而含之，误而吞之，遂生契焉……君子谓简狄仁而有礼，《诗》云：“有娀方将，立子生商。”又曰：“天命玄鸟，降而生商。”此之谓也。[2]

综合《商颂·长发》和《鲁诗》说的记载来看，商始祖契的母亲简狄在玄丘之水沐浴时，有玄鸟衔着卵飞过，简狄吞食了玄鸟之卵从而生下了契，商民族也由此而来。可见，契的降生带有神话色彩，他是“无父而生”，是受天命而生。

---

[1] 朱熹：《诗集传》卷二十《商颂·玄鸟》，中华书局2011年版，第326页。

[2] 刘向著，王照圆补注：《列女传补注》卷一《契母简狄》，华东师范大学出版社2012年版，第7—8页。

按照《诗经》的说法，周民族始祖后稷也是感天而生的，《大雅·生民》详细追述了后稷的降生过程：

> 厥初生民，时维姜嫄。生民如何？克禋克祀，以弗无子。履帝武敏歆，攸介攸止。载震载夙，载生载育，时维后稷。
>
> 诞弥厥月，先生如达。不坼不副，无菑无害。以赫厥灵，上帝不宁。不康禋祀，居然生子。
>
> 诞寘之隘巷，牛羊腓字之。诞寘之平林，会伐平林。诞寘之寒冰，鸟覆翼之。鸟乃去矣，后稷呱矣。

根据《生民》的描述，后稷的母亲姜嫄是因为踩到了上帝的脚印，受到了上天的感应，从而有了身孕生下后稷。而且后稷的出生也十分顺利，《毛传》解释“不坼不副，无菑无害”说：“言易也。凡人在母，母则病。生则坼副，菑害其母，横逆人道。”这更加突出了后稷降生的灵异性，说明他异于常人。《鲁颂·閟宫》也说：“赫赫姜嫄，其德不回。上帝是依，无灾无害。弥月不迟，是生后稷，降之百福。黍稷重穋，稙稺菽麦。”后稷不仅是其母感天而生，而且出生之后多次受到上天的庇佑。据说姜嫄生下后稷之后，认为这个孩子不祥，便先后把他弃置于隘巷、平林和寒冰之中，然而后稷并未因此死去，总能及时受到各种保护。这也说明后稷是受天庇佑的，为他日后“奄有下国，俾民稼穑”[1] 做了铺垫。

其实，关于契和后稷的降生在后代有不同的说法。与《鲁诗》的感生说不同，古文经学家认为简狄和姜嫄都是帝喾的妃子，《史记》的《殷本纪》和《周本纪》都采用了这种说法。《史记》中记载了张夫子与褚先生对这一问题的讨论：

> 张夫子问褚先生曰：“《诗》言契、后稷皆无父而生。今案诸传记咸言有父，父皆黄帝子也，得无与《诗》谬乎？”
>
> 褚先生曰：“不然。《诗》言契生于卵，后稷人迹者，欲见其有天命精诚之意耳。鬼神不能自成，须人而生，奈何无父而生乎！一

[1]《毛诗正义·鲁颂·閟宫》，《十三经注疏》本，中华书局1980年影印版。

言有父，一言无父，信以传信，疑以传疑，故两言之。尧知契、稷皆贤人，天之所生，故封之契七十里，后十余世至汤，王天下。尧知后稷子孙之后王也，故益封之百里，其后世且千岁，至文王而有天下……天命难言，非圣人莫能见。舜、禹、契、后稷皆黄帝子孙也。黄帝策天命而治天下，德泽深后世，故其子孙皆复立为天子，是天之报有德也。人不知，以为泛从布衣匹夫起耳。夫布衣匹夫安能无故而起王天下乎？其有天命然。"[1]

根据褚先生的说法，《诗》家自然是清楚"鬼神不能自成，须人而生"的道理，之所以要强调圣人无父感天而生，是为了突出"天命精诚之意"，说明契、后稷是"天之所生"，这种感生说为后面商汤和周文王、武王取得政权奠定了基础，说明商、周民族从诞生之时就是受天命的，就已经注定了他们日后必然会王天下。这也使得"王权天授"论有了存在的基础。

所谓"王权天授"，旨在论证王权建立的合法性。《诗经·大雅》的许多篇目都体现了这一思想。《大雅·文王》追述周文王如何受天命而建立周邦，《毛诗序》认为该诗主旨是"文王受命作周也"。但关于"文王受命"，后世有不同的说法，郑玄认为文王是"受天命而王天下，制立周邦"[2]；陈奂则指出这里的"受命"是指文王受殷天子之命作西伯，而非受天命称王，他说："文王受命于殷之天子，是即天之命矣。"[3] 不过，从诗的内容来看，这首诗写的是周人对文王的称赞之辞，论证了文王代商的合理性，所以解释为文王受天命应该更为妥当。朱熹在《诗集传》中说："周公追述文王之德，明周家所以受命而代商者，皆由于此，以戒成王。此章言文王既没，而其神在上，昭明于天。是以周邦虽自后稷始封千有余年，而其受天命，则自今始也。"[4] 诗的第一章写道："文王在上，於昭于天。周虽旧邦，其命维新。有周不显，帝命不时。文王陟降，在帝左右。"正如朱熹所言，这是周人在追述文王之德，他们认为

[1] 《史记》卷十三《三代世表》，中华书局 1959 年版，第 505—506 页。
[2] 《毛诗正义·大雅·文王》，《十三经注疏》本，中华书局 1980 年版。
[3] 陈奂：《诗毛氏传疏》卷二十三《大雅·文王》，商务印书馆 1933 年版。
[4] 朱熹：《诗集传》卷十六《大雅·文王》，中华书局 2011 年版，第 233 页。

文王虽然已经逝去，但他的神明依然在天上。周民族虽然很早就已形成，但是直至文王时才真正受天命而代商。如果说《大雅·生民》对后稷降生的叙述还只是带有神秘色彩的感生说，那么此诗则是明确地用天命来解释文王王天下和西周政权的建立。诗的第四章写道：“穆穆文王，於缉熙敬止。假哉天命，有商孙子。商之孙子，其丽不亿。上帝既命，侯于周服。”这不仅说明文王有天命所助，而且指出上帝使殷商的子孙臣服于文王，正如郑玄所说：“天为此命之，使臣有殷之子孙。”[1]

《大雅·大明》篇叙述了周族自王季、文王直至武王的历史，其中也蕴含了天命王权的思想。《大明》开篇即说：“明明在下，赫赫在上。天难忱斯，不易维王。天位殷适，使不挟四方。”认为文王之德光耀天地，上天使为恶的殷纣王不能再统治四方，这为周文王、武王受天命而王天下做了铺垫。诗文还具体记述了文王的降生以及他以太姒为妃的事情：

> 大任有身，生此文王。维此文王，小心翼翼。昭事上帝，聿怀多福。厥德不回，以受方国。
>
> 天监在下，有命既集。文王初载，天作之合。在洽之阳，在渭之涘。
>
> 文王嘉止，大邦有子。大邦有子，俔天之妹。文定厥祥，亲迎于渭。造舟为梁，不显其光。

由于文王做事小心谨慎，能够恭敬地侍奉上帝，所以上帝也降福于他，使他建立邦国。而文王与太姒成婚同样也是上天的安排，是“天作之合”。

天命既集于文王，所以其子武王继承了他的功业，同时也延续天命对周的保佑。《大雅·大明》篇写道：

> 有命自天，命此文王，于周于京。缵女维莘，长子维行。笃生武王，保右命尔，燮伐大商。
>
> 殷商之旅，其会如林。矢于牧野，维予侯兴。上帝临女，无贰

[1]《毛诗正义·大雅·文王》，《十三经注疏》本，中华书局1980年版。

尔心。

对于“保右命尔，燮伐大商”，郑玄解释说：“天降气于大姒，厚生圣子武王，安而助之，又遂命之尔，使协和伐殷之事。”[1] 这说明武王自出生时就被上天赋予了伐商的使命。而关于“上帝临女，无贰尔心”，后世说法不一。《毛传》认为这是说上帝已照鉴众人，故武王所率之众皆不敢怀有二心。郑玄则解释说：“天护视女，伐纣必克，无有疑心。”[2] 谓众人劝慰武王伐纣必胜，不必对此怀有疑虑之心。朱熹《诗集传》说：“此章言武王伐纣之时，纣众会集如林，以拒武王，而皆陈于牧野，则维我之师，为有兴起之势耳。然众心犹恐武王以众寡之不敌，而有所疑也，故勉之曰：‘上帝临汝，毋贰尔心。’盖知天命之必然，而赞其决也。然武王非必有所疑也，设言以见众心之同，非武王之得已耳。”[3] 朱熹的理解是众人担心武王因敌众我寡而有所顾虑，故勉励武王，祛其忧虑。不过，武王本身未必真有所疑，诗人不过是设辞以见众心归于武王。马瑞辰《毛诗传笺通释》说：“此与《閟宫》诗‘无贰无虞，上帝临女’，皆诗人取武王誓词以为诗。女指所誓之众，非指武王也。”[4] 则谓此是武王对众的誓词，戒以不可有二心，与《毛传》意符同。其实，不论是哪一种说法，都能说明武王伐纣依靠的是天命，天命代表着正义，它已经成为武王号召民众乃至拥有天下的依据。再如，《周颂·桓》歌颂武王功德，其中写道：“绥万邦，娄丰年，天命匪解。”“天命匪解”指的就是武王所承接的先祖保有的天命一直不会懈怠、衰竭，就如朱熹《诗集传》所说：“然天命之于周，久而不厌也。”[5] 正是因为武王得到了上天的庇佑，他才能够平定万邦，使周人获得丰收。

圣人感生说和王权天授论都体现了《诗经》的天命王权思想，说明在《诗经》产生的时代，政权的合理性与合法性都来自于天，或者说统治者要依靠天命来解释政权建立的意义。

[1] 《毛诗正义·大雅·大明》，《十三经注疏》本，中华书局 1980 年版。
[2] 《毛诗正义·大雅·大明》，《十三经注疏》本，中华书局 1980 年版。
[3] 朱熹：《诗集传》卷十六《大雅·大明》，中华书局 2011 年版，第 238 页。
[4] 马瑞辰：《毛诗传笺通释》卷二十四《大雅·大明》，中华书局 1989 年版，第 809 页。
[5] 朱熹：《诗集传》卷十九《周颂·桓》，中华书局 2011 年版，第 313 页。

（二）“天命靡常”与“以德配天”

《诗经》肯定天命王权，却又清楚地认识到天命虽然是永恒的，但对于受命者来说却又是无常的，统治者只有具备了美好的德行，善待他所统治的民众，才能永保天命。

《诗经》的许多篇章都体现出了天命无常的观念，尤其是反映商周之际的诗歌，往往会以天命的无常来说明政权的变动。例如，《大雅·文王》篇的最后三章写道：

> 侯服于周，天命靡常。殷士肤敏，祼将于京。厥作祼将，常服黼冔。王之荩臣，无念尔祖。
>
> 无念尔祖，聿修厥德。永言配命，自求多福。殷之未丧师，克配上帝。宜鉴于殷，骏命不易。
>
> 命之不易，无遏尔躬。宣昭义问，有虞殷自天。上天之载，无声无臭。仪刑文王，万邦作孚。

这里所说的“天命靡常”就是指原本在殷商的天命如今集于周。朱熹的《诗集传》说：“言商之孙子而侯服于周，以天命之不可常也。”[1]《周颂·敬之》篇说：“敬之敬之，天维显思，命不易哉。无曰高高在上，陟降厥士，日监在兹。维予小子，不聪敬止。日就月将，学有缉熙于光明。佛时仔肩，示我显德行。”关于这首诗的主旨，《毛诗序》认为是“群臣进戒嗣王也”。嗣王指的是周成王。然而从诗的内容来看，这些话更像是成王自己说的。朱熹《诗集传》释“日监在兹”以上说：“成王受群臣之戒，而述其言。”释以下为：“此乃自为答之之言。”[2]总之，这些话提醒成王要时刻保持谨慎，居安思危。诗中说到“天维显思，命不易哉”，意思是上天可以明察一切，天命是不易保有的，所以对待上天要“敬”。《周颂·昊天有成命》也说：“昊天有成命，二后受之。成王不敢康，夙夜基命宥密。”这句诗是说文王、武王二位君王早已承受天命而王天下，但是成王当政时仍然不敢安逸、懈怠。这也是因为天命无常，所以周王

[1] 朱熹：《诗集传》卷十六《大雅·文王》，中华书局2011年版，第235页。

[2] 朱熹：《诗集传》卷十九《周颂·敬之》，中华书局2011年版，第309—310页。

应勤政以求永保天命。由此可见，周代统治者时常以天命的变动和难以保有的特点来警诫自己。

其实，在夏、商、周的天命史观中，都有一以贯之的天命王权思想，但是夏、商的统治者对天命无常还没有较为清醒的认识，或者没有找出天命变动的依据，认为既然有天命的保佑，就可以为所欲为，即使大祸临头，也不以为意。像商朝即将灭亡的时候，纣王依然说："呜呼！我生不有命在天？"[1] 面对原本受命于天的夏、商两朝最终都相继灭亡的事实，周人认识到天命不会永居一姓，但天命的变动是有一定的依据的，这个依据就是统治者的德行，故而主张要以德配天。

《周颂·思文》写道："思文后稷，克配彼天。"这是周公赞颂后稷的诗，他认为后稷的功德可与上天相配。郑玄解释道："周公思先祖有文德者，后稷之功能配天。"[2] 《维天之命》也说："维天之命，於穆不已。於乎不显，文王之德之纯。"这是周人祭祀文王的诗，赞美文王之德如天道一般，纯洁无杂，运行不息。就如朱熹所说："言天道无穷，而文王之德纯一不杂，与天无间，以赞文王之德之盛也。"[3] 《大雅·皇矣》篇叙述了周人祖先开国的历史，从太王开辟岐山到文王伐密伐崇，无不包含着天命的因素，而这种天命与周王的德行有着直接的关系。《毛诗序》说："《皇矣》，美周也。天监代殷莫若周，周世世修德莫若文王。"这里其实已经指出上天使周代殷与周人世世修德有关。

前述《文王》和《大明》两篇所记周文王受天命而王天下的过程，也是因为他有德行，所以才能够与天命相配。如《文王》篇中的"亹亹文王，令闻不已"以及"穆穆文王，於缉熙敬止"，都是对文王美好品行的赞美。《大明》篇更是强调了"德"对于获得天命的重要性，而且说明了周文王之德行来自于他的父亲王季和母亲太任："挚仲氏任，自彼殷商，来嫁于周，曰嫔于京。乃及王季，维德之行。大任有身，生此文王。维此文王，小心翼翼。昭事上帝，聿怀多福。厥德不回，以受方国。"对

[1] 《尚书正义·商书·西伯戡黎》，《十三经注疏》本，中华书局 1980 年版。

[2] 《毛诗正义·周颂·思文》，《十三经注疏》本，中华书局 1980 年版。

[3] 朱熹：《诗集传》卷十九《周颂·维天之命》，中华书局 2011 年版，第 298 页。

此，郑玄说："文王之有德，亦由父母也。"[1] 文王继承父母之德，所以能够受天命而王，而这种德行的传承也使得周一直受到上天的垂青。《大雅·下武》篇则赞美了武王对先王德业的继承：

下武维周，世有哲王。三后在天，王配于京。
王配于京，世德作求。永言配命，成王之孚。
成王之孚，下土之式。永言孝思，孝思维则。
媚兹一人，应侯顺德。永言孝思，昭哉嗣服。
昭兹来许，绳其祖武。於万斯年，受天之祜。
受天之祜，四方来贺。於万斯年，不遐有佐。

《毛诗序》说："《下武》，继文也。武王有圣德，复受天命，能昭先人之功焉。"这说明正是因为武王继承了先人的圣德，他才能继续"受天之祜"。

从《诗经》的这几首诗中可以看出，在周人的观念里，周王受天命与其道德品质有很大的关系。而且，周王的德行有一个更为具体的表现，那就是保民爱民，这一点在《诗经》中也有明显的体现。如《大雅·假乐》首章就写道："假乐君子，显显令德。宜民宜人，受禄于天。保右命之，自天申之。"这里所谓的"宜民宜人"，《毛传》解释为"宜安民、宜官人也"。也就是说周王的德业能够安民任贤，使民众感到满意。也正因如此，才会"受禄于天"，才可以得到上天的保佑。诗的最后一章写道："之纲之纪，燕及朋友。百辟卿士，媚于天子。不解于位，民之攸塈。"这是说周王为政有其原则纲纪，使得诸侯卿士都拥戴他，也使民众能够休养生息。可以看出，周代的统治者认识到百官和下层民众的拥护对政治统治是十分重要的，因此他们将民众的拥护与获得天命联系到一起，这样也更能证明天命保佑其政权的存在是合法合理的。

从对"天命靡常"的感叹和反思到对"以德配天"的推崇，说明周代统治者对王朝更迭、历史兴衰的认识在不断深入。所谓的"天命靡常"，其实就是指历史的发展演变。周王认为天命是不易保有的，上天不

[1]《毛诗正义·大雅·大明》，《十三经注疏》本，中华书局1980年版。

会永远眷顾一族一姓，这也就意味着政权不会永存不灭。从《诗经》中的许多篇章都可以看出，西周前期的统治者时常以天命无常的道理来告诫自己以及臣下，要吸取殷商灭亡的教训，不能重蹈前朝的覆辙。而在对天命的无常有了清醒的认识之后，西周的统治者又要从这种历史发展变化中寻求其变动的依据，于是"以德配天"的观念产生了。也就是说虽然天命是变化的，但是天命的变化与统治者的德行以及民众的拥戴有密切的联系，道德高尚、受人爱戴的统治者自然会受到上天的支持。君王的德业和民众的支持，这两个在现实中影响政权建立和发展的因素都披上了天命的合法的外衣，变得更具有说服力。如果说"圣人感生"的说法和"王权天授"的理论体现了殷周时期统治者对天命的绝对崇拜，并且因此以天命来解释其政权的合法性，那么"天命靡常"和"以德配天"的思想就是将这种以天命来解释王权的理论具体化，使其具有现实的合理性。

三、《诗经》的质疑天命思想

在《诗经》中，除了有天命王权的思想，还有一些诗篇在一定程度上表现出了对天命的质疑，甚至指责上天的过失。这种质疑天命的思想在整个《诗经》的天命论中同样具有代表性，它是天命王权思想随着社会环境的变化而发展演变的结果，反映出当时人们对社会现实以及历史治乱兴衰的认识与反思。

（一）从畏天到疑天

西周中期以后，经历了一个从畏天到疑天的过程，这一过程与西周中期以后开始动荡的社会政治局面有着密切的关系。周穆王当政时，西周社会开始由盛转衰，到周厉王统治时，政局已经变得动荡不安，甚至发生了国人暴动。在这样的社会政治背景下，人们开始对当权者的行为产生不满。此时，他们对上天依然心存敬畏，往往以天灾来告诫、警示统治者，希望统治者能有所悔悟。《诗经》中有许多篇章反映了当时人的这种心理。

《诗经·大雅》中的《板》、《荡》、《抑》等篇，是讽刺周厉王昏庸无道的诗歌，诗中强调上天发怒会降下灾难，并以此来劝谏厉王。其中

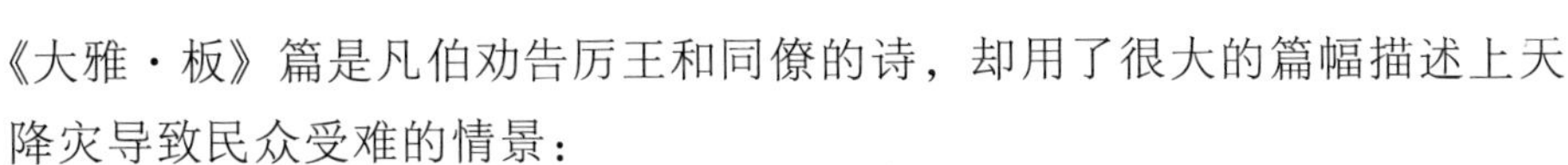

《大雅·板》篇是凡伯劝告厉王和同僚的诗，却用了很大的篇幅描述上天降灾导致民众受难的情景：

> 上帝板板，下民卒瘅。出话不然，为犹不远。靡圣管管，不实于亶。犹之未远，是用大谏。
>
> 天之方难，无然宪宪。天之方蹶，无然泄泄。辞之辑矣，民之洽矣。辞之怿矣，民之莫矣。
>
> ……
>
> 天之方虐，无然谑谑。老夫灌灌，小子蹻蹻。匪我言耄，尔用忧谑。多将熇熇，不可救药。
>
> 天之方懠，无为夸毗。威仪卒迷，善人载尸。民之方殿屎，则莫我敢葵。丧乱蔑资，曾莫惠我师。

凡伯在诗中说上天正在发难，民众因此而受苦，所以作为君王或臣子不能依然嬉笑戏谑，而是要黾勉行事，勤于政务。他认为上天降下灾难就是在对当政者表示不满，厉王以及同僚们应当有所警醒。诗的最后一章说道："敬天之怒，无敢戏豫。敬天之渝，无敢驰驱。昊天曰明，及尔出王。昊天曰旦，及尔游衍。"在此凡伯强调要认识到这些天灾的严重性，上天时时监视着君王的行为，所以统治者应当敬畏上天，谨慎行事。

虽然从《板》篇可以看出，当时的人对上天依然怀有很深的敬意，试图通过天灾来达到劝谏君王的目的，但是人们也越发感受到国运的衰颓，从而认识到天命不再庇佑周朝。《大雅·抑》是卫武公劝谏周厉王的诗，其中写道：

> 肆皇天弗尚，如彼泉流，无沦胥以亡。夙兴夜寐，洒扫庭内，维民之章。修尔车马，弓矢戎兵。用戒戎作，用逷蛮方。
>
> ……
>
> 昊天孔昭，我生靡乐。视尔梦梦，我心惨惨。诲尔谆谆，听我藐藐。匪用为教，覆用为虐。借曰未知，亦聿既耄。
>
> 於乎小子，告尔旧止。听用我谋，庶无大悔。天方艰难，曰丧厥国。取譬不远，昊天不忒。回遹其德，俾民大棘。

诗的作者表示，上天已经不再保佑周人了，周的国运就如同泉水一般渐渐涸竭，周之君臣也会随之败亡。由此可见，作者已经看到了社会的衰败，所以他认为周王应勤勉爱民，为民楷模，否则离灭亡之日就不远了。他用“皇天弗尚”来警戒周王，当本应代表天命的君王不再行善爱民时，上天也就不会再保护君王的政权。从诗的最后两章也可以看出，作者相信上天是“孔昭”的，可以审视人世的一切；上天降下灾难，就是要警告君王，上天的惩罚不会有差错，如果君王不知悔过，继续“回遹其德”，使民困急，那么就离丧国不远了。

《大雅·桑柔》篇同样也表达了作者对周王昏庸残暴的不满以及对天命不再保佑周的担忧。作者在诗中感叹道：“国步蔑资，天不我将。”这是说国家的命运动荡不安，上天不再对周加以扶助。同时，作者也哀伤自己生不逢时，正遭遇上天愤怒，降下灾难，即所谓“我生不辰，逢天僤怒”。这一切正是因为周王暴虐无德，所以“天降丧乱，灭我立王”。

然而，在现实生活中，人们意识到上天并不一定能够体察到下民的疾苦，品德高尚的人不一定能得到上天的保护，而恶人也没有受到上天的惩罚。因此，人们开始对上天的除恶扬善的特点产生怀疑。《小雅·巧言》是一首讽刺周王听信小人谗言的诗。诗的开篇写道：“悠悠昊天，曰父母且。无罪无辜，乱如此幠。昊天已威，予慎无罪。昊天大幠，予慎无辜。”作者呼告上天，哀叹周王任由谗人祸国，使无辜的民众遭受离乱。可是上天并没有对“无罪无辜”的作者和民众加以保护，对此作者感到十分疑惑和无奈。《小雅·巷伯》写的是寺人孟子因为受到谗言而被处以刑罚，作诗以发泄心中的愤怒。其中一章说道：“骄人好好，劳人草草。苍天苍天，视彼骄人，矜此劳人。”“骄人”指的是进谗言的人，“劳人”则是指受到诬陷的自己。孟子抱怨说，进谗言的人十分快活得意，自己却忧愁失意。可见，上天并没有公正地对待孟子，所以他希望苍天能够视察这骄人的行为，怜悯不幸的自己。然而，不论是《巧言》还是《巷伯》，诗人都没有直接指责上天，只是对上天的不公产生了疑问，《巷伯》中孟子还说要把谗人“投畀有昊”，让昊天来处罚这个恶人，这说明他对上天还是抱有希望的。

相比之下，《秦风·黄鸟》所表现出的疑天情绪更明显一些：

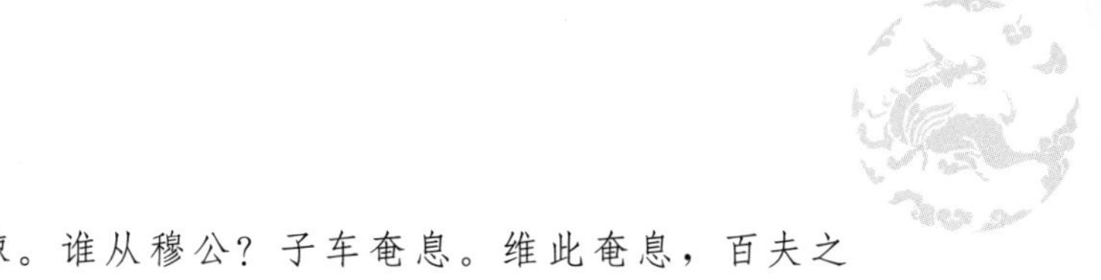

交交黄鸟，止于棘。谁从穆公？子车奄息。维此奄息，百夫之特。临其穴，惴惴其栗。彼苍者天，歼我良人。如可赎兮，人百其身！

交交黄鸟，止于桑。谁从穆公？子车仲行。维此仲行，百夫之防。临其穴，惴惴其栗。彼苍者天，歼我良人。如可赎兮，人百其身！

交交黄鸟，止于楚。谁从穆公？子车鍼虎。维此鍼虎，百夫之御。临其穴，惴惴其栗。彼苍者天，歼我良人。如可赎兮，人百其身！

这首诗写的是秦人为奄息、仲行、鍼虎三位“良人”殉葬而死感到惋惜。《左传》记载道：“秦伯任好卒，以子车氏之三子奄息、仲行、鍼虎为殉，皆秦之良也。国人哀之，为之赋《黄鸟》。”[1] 从诗的内容来看，每一章的最后都有一句“彼苍者天，歼我良人”，秦人向上天呼告，穆公尽杀国之良人。在他们的心目中，像奄息、仲行、鍼虎这样品德高尚的人，本应得到上天保佑，然而事实却与之相反。再如《小雅·小弁》中也有“民莫不穀，我独于罹。何辜于天，我罪伊何”以及“天之生我，我辰安在”这样的诗句。作者认为自己没有罪过，却遭受忧患，不得不向天发问，表达心中的不满。

从敬仰上天，依靠天命庇护，到畏惧天灾，认识到天命不再，再到对天命本身的公正产生怀疑和不满，反映出社会危机不断加深，矛盾不断激化。因此，人们对上天的态度逐渐从敬天转向疑天，这一转变也是《诗经》中反天命思想的开端。

（二）怨天与尤人

《诗经》中还有一些篇章，是直接抒发怨天、责天之情的，诗的作者控诉上天之失，甚至对“天”加以责骂。如《小雅·节南山》中写道：

尹氏大师，维周之氐。秉国之钧，四方是维。天子是毗，俾民不迷。不吊昊天，不宜空我师。

---

[1]《春秋左传正义·文公六年》，《十三经注疏》本，中华书局1980年版。

弗躬弗亲，庶民弗信。弗问弗仕，勿罔君子。式夷式已，无小人殆。琐琐姻亚，则无膴仕。

昊天不傭，降此鞠讻。昊天不惠，降此大戾。君子如届，俾民心阕。君子如夷，恶怒是违。

不吊昊天，乱靡有定。式月斯生，俾民不宁。忧心如酲，谁秉国成？不自为政，卒劳百姓。

……

昊天不平，我王不宁。不惩其心，覆怨其正。

家父作诵，以究王讻。式讹尔心，以畜万邦。

《毛诗序》写道："《节南山》，家父刺幽王也。"郑玄也说："《节》刺师尹不平，乱靡有定。"[1] 这首诗是周大夫家父所作，主要是批评当政的太师尹氏，并借此讽谏周王。清代胡承珙的《毛诗后笺》评这首诗说："诗词专责尹氏，而刺王之旨自在言外。"[2] 尹氏作为太师本应辅佐天子，善待臣民，可是他为政不平，还听信小人的谗言。在诗中，作者详细列举了他的这些不善的行为。而值得注意的是，作者在指责尹氏的同时，还多次批评"昊天"不体察下情，降下祸患，使民众罹难，国家不宁，即所谓"昊天不傭"、"昊天不惠"、"不吊昊天"。在作者看来，正是"昊天"纵容了尹氏，所以"昊天不平，我王不宁"。朱熹说："尹氏之不平，若天使之，故曰'昊天不平'。若是，则我王亦不得宁矣。"[3] 由此可见，作者对上天十分不满。

《小雅·雨无正》意在讽刺周幽王及群臣误国殃民，其中写道："浩浩昊天，不骏其德。降丧饥馑，斩伐四国。旻天疾威，弗虑弗图。舍彼有罪，既伏其辜。若此无罪，沦胥以铺。"这里的"骏"是长久的意思，"德"是指恩惠。作者抱怨上天对民众所施的恩惠不长久，还降下饥荒死亡的灾难。而且，上天对下民的情况不加考虑，使有罪的人逃脱了罪责，无罪的人反而陷入痛苦之中。《小雅·正月》中也写道："民今方殆，视

[1] 《毛诗正义·小雅·节南山》，《十三经注疏》本，中华书局1980年版。

[2] 胡承珙：《毛诗后笺》卷十九《小雅·节南山》，黄山书社1999年版，第938页。

[3] 朱熹：《诗集传》卷十一《小雅·节南山》，中华书局2011年版，第169—170页。

天梦梦。既克有定，靡人弗胜。有皇上帝，伊谁云憎?”这是指责上天昏暗不明，任由小人作乱。马瑞辰解释说：“言天如有止乱之心，则此讹言之小人无不能胜之者。乃天能胜人而不肯止乱，不知天意果谁憎乎?”[1]诗人认为如果上天有制止祸乱的意愿，是完全可以办到的，可如今小人当道，只能说明上天并没有止乱之心，言外之意就是人们因祸乱所遭受的痛苦缘于上天对小人的放任。

这些怨天诗篇表面上体现的是诗人在斥责、怨恨上天的不公，但其实都有现实所指，是借着“怨天”而“尤人”。有时诗句中的“天”甚至就是诗人对他所抱怨的君王的代称，只是避及其尊贵的身份，而称其为“天”。比如诗人指责上天不能体谅民众的艰辛，降下灾难，其实反映的是现实社会的黑暗，是诗人在控诉统治者暴虐无德，使民众饱受疾苦。诗人怨恨上天赏罚不公，使无辜者获罪，为恶者逍遥，实际是在影射君王是非不分，远离贤人，宠信佞臣。而且，在有的诗篇中，诗人已经明确揭示出民众的疾苦不是源于天，而是在于人。

《大雅·瞻卬》是讽刺周幽王宠信褒姒以致国家衰亡的诗。这首诗写道：

> 瞻卬昊天，则不我惠。孔填不宁，降此大厉。邦靡有定，士民其瘵。蟊贼蟊疾，靡有夷届。罪罟不收，靡有夷瘳。
>
> 人有土田，女反有之。人有民人，女覆夺之。此宜无罪，女反收之。彼宜有罪，女覆说之。
>
> 哲夫成城，哲妇倾城。懿厥哲妇，为枭为鸱。妇有长舌，维厉之阶。乱匪降自天，生自妇人。匪教匪诲，时维妇寺。

作者在诗的开篇就抱怨上天不爱护下民，降下许多祸患，使天下不宁。《毛传》说这是“斥王也”，郑玄也说：“仰视幽王为政，则不爱我下民。”[2] 而第二章所说的“女”，也就是汝、你的意思，表面上指天，实则指斥幽王残暴昏庸，夺取了臣子的土地和民人。诗的第三章则直接指

[1] 马瑞辰：《毛诗传笺通释》卷二十《小雅·正月》，中华书局1989年版，第603页。
[2] 《毛诗正义·大雅·瞻卬》，《十三经注疏》本，中华书局1980年版。

出："乱匪降自天，生自妇人。"说明作者认识到祸乱不是降自上天，而是由于幽王对褒姒的宠信。

《小雅·十月之交》也是一首周大夫讽刺幽王时期朝政的诗。诗的前几章重点描述了各种自然灾难，如"日月告凶，不用其行"，"烨烨震电，不宁不令。百川沸腾，山冢崒崩。高岸为谷，深谷为陵"，等等。郑玄说："雷电过常，天下不安，政教不善之征。"[1] 作者通过写这些天灾来表现人们生活的痛苦以及现实政治的黑暗，指出招致灾患的原因是周幽王任用佞臣，舍弃忠良。诚如朱熹所说："言所以致变异者，由小人用事于外，而嬖妾蛊惑王心于内，以为之主故也。"[2] 在诗的最后，作者也明确地指出，民众所遭受的灾害实际不是来自于天，而是人造成的："下民之孽，匪降自天。噂沓背憎，职竞由人。"

从以上这些诗可以看出，诗人借怨天之辞真正想要表达的是自己对现实社会状况的不满以及对统治者的怨愤，这反映出当时的周王朝正处在风雨飘摇的动荡之时。这些疑天、怨天的诗篇在《诗经》中属于变风、变雅。风、雅本来应当是《诗经》中歌颂周王朝或诸侯国的诗歌，而所谓变风、变雅则旨在批评、讽刺社会现实的黑暗，主要是指《诗经》中与国家政教兴亡相关的怨刺诗。关于变风、变雅，《诗大序》说："至于王道衰，礼义废，政教失，国异政，家殊俗，而变风变雅作矣。国史明乎得失之迹，伤人伦之废，哀刑政之苛，吟咏情性，以风其上，达于事变而怀其旧俗者也。"[3] 可见，变风、变雅的兴起与社会环境发生变化有关。郑玄在《诗谱序》中作了更为详细的解释：

> 后王稍更陵迟，懿王始受谮亨齐哀公。夷身失礼之后，邶不尊贤。自是而下，厉也、幽也，政教尤衰，周室大坏，《十月之交》、《民劳》、《板》、《荡》勃尔俱作。众国纷然，刺怨相寻。五霸之末，上无天子，下无方伯，善者谁赏？恶者谁罚？纪纲绝矣。故孔子录

---

[1] 《毛诗正义·小雅·十月之交》，《十三经注疏》本，中华书局 1980 年版。

[2] 朱熹：《诗集传》卷十一《小雅·十月之交》，中华书局 2011 年版，第 175 页。

[3] 《毛诗正义·诗大序》，《十三经注疏》本，中华书局 1980 年版。

懿王、夷王时诗，讫于陈灵公淫乱之事，谓之变风变雅。[1]

由此可见，变风、变雅基本都是创作于西周中期以后。那时的国家政治状况日渐衰败，周初所制定的礼仪制度也逐渐崩坏，厉王、幽王等统治者又荒淫无度，且执迷不悟，严酷的刑罚和繁重的劳役也让民众苦不堪言。至春秋时期，更是“上无天子，下无方伯”，社会秩序混乱，动荡不安。这些都使当时的有识之士为周王朝的前途命运以及民众的生活状况担心忧虑，所以创作了这些怨刺诗来抒发自己心中的愤懑，同时以此来劝谏统治者。

也正是因为此时的社会状况已经与周初大不相同，人们逐渐发现统治者不再是正义的代表，天再也不能作为统治者拥有政权的依据，而是成为被控诉的对象。当时的人们迫于政治的高压，不能直接对统治者加以抨击，只能通过抱怨、责骂上天的方式来影射君王的昏庸、政治的腐败。正像《诗大序》说的那样，这种怨天的思想表现出人们“达于事变而怀其旧俗”的心态，实际反映的是人们对现实政治得失的总结和反思，以及对历史兴衰治乱的认识。

但值得注意的是，《诗经》所反映的这些疑天、怨天的思想并不能说明当时的人们已经完全失去了对天的崇敬和信仰。从诗歌内容来看，大多数诗人对上天依然抱有敬畏之情，对天灾怀有恐惧，即使是那些怨天之辞也只是把“天”当作了“人”的代名词，其关注点在“人”而不在“天”。所以，这样看来，疑天、怨天的思想与天命王权的理论并不是完全矛盾的，后者是用天来解释现实政权的合理性，前者则是借天来表达对现实政治的反思和批判。这样的天人观念一方面体现出“天”这一带有神秘色彩的概念在现实社会依然具有较高的权威性，另一方面又说明在天命思想的基础之上，“人”在社会历史发展中的作用逐渐突显出来。

---

[1]《毛诗正义·诗谱序》，《十三经注疏》本，中华书局1980年版。

第二章　五经的史学思想（下）

《周易》、三礼和《诗经》虽然具有丰富的历史思想，也有一定的史料价值，但从严格意义而言，它们还不属于史书。在五经当中，真正具有史书属性的是《尚书》和《春秋》，二书不但具有丰富的史料价值，而且蕴含丰富的史学思想。其中《尚书》的以史为鉴思想、《春秋》的以史为法思想，对于中国古代史学与史学思想的发展影响深远。

第一节　《尚书》的以史为鉴思想

《尚书》，因系上古之书（“尚”即“上”），故得名。汉代以来，《尚书》有今古文之分，其中古文《尚书》已被前人考订为伪书。今文《尚书》的内容包括《虞书》、《夏书》、《商书》和《周书》四个部分，主要记载了虞、夏、商、周四代君臣的言行与政令，蕴含了丰富的史学思想。在《尚书》所表达的史学思想中，最为突出的就是以史为鉴的思想。以史为鉴是中国古代史学中十分重要的观念，也是中国古代编修史书的重要原则，这种思想在《尚书》中就已经体现得十分明显。《尚书》通过比较系统地反映上古三代的历史，有意识地去运用历史知识来观察历史动向，提出对未来社会的构想。《礼记·经解》所谓“疏通知远，《书》教也”，说的就是这个意思。

一、天人观念的变化

天人观念是《尚书》中重要的历史观念，在许多篇章都有体现。而从《尚书》的具体内容来看，天人观念经历了从殷商时期统治者自信“我命在天”到西周以后认识到“皇天无亲，惟德是辅”的这样一种变化。这种变化体现出人们的天人观念逐渐从神意性向历史性过渡，以史为鉴的历史意识开始凸显出来。

（一）从神到人的天人观念变化

《尚书》的天命观念是一种神意史观。“天”作为人们所崇拜的至上神，具有绝对的权威，它统摄着人们的社会活动，并且主宰着以王朝兴衰为代表的历史发展方向。从《尚书》的整体内容来看，其天人观念并非一成不变，而是经历了从“神本”到“人本”逐渐演变的过程，并且体现出天命有常与天命无常这两个方面的思想特点。

在《尚书》中，“天”这一概念出现了很多次，除了少数表示天气或自然现象外，大部分都代表了一种有意志的至上神，主宰着下民的生产、建邑、典礼、刑罚、迁都乃至改朝换代等各种活动。如《皋陶谟》说：“天叙有典，敕我五典五惇哉。天秩有礼，自我五礼有庸哉。同寅协恭和衷哉。天命有德，五服五章哉。天讨有罪，五刑五用哉。政事懋哉懋哉。”[1] 再如《洪范》篇记武王伐纣成功后问箕子：“呜呼，箕子！惟天阴骘下民，相协厥居，我不知其彝伦攸叙。”箕子回答说：“我闻在昔，鲧陻洪水，汩陈其五行。帝乃震怒，不畀洪范九畴，彝伦攸斁。鲧则殛死，禹乃嗣兴，天乃锡禹洪范九畴，彝伦攸叙。”[2] 这里所说的“洪范九畴”、“彝伦”，都是指治理国家的法则常理。也就是说，治理国家的方法是由上天赐予统治者的。

正是上天的这种绝对的权威性，使得人们对它产生了崇拜之情。在《尚书》中，上古三代统治者也十分敬重上天，他们认为王朝的建立是天命所归，同时又自认为是天命的代表，宣称他们的政令是奉天之命。例

[1] 《尚书正义·虞书·皋陶谟》，《十三经注疏》本，中华书局1980年版。
[2] 《尚书正义·周书·洪范》，《十三经注疏》本，中华书局1980年版。

如，《盘庚》篇记载商王盘庚想要将都城迁往殷地，却遭到了臣民的反对，盘庚遂召集众人，告喻说：

> 我王来，既爰宅于兹，重我民，无尽刘。不能胥匡以生，卜稽曰：其如台？先王有服，恪谨天命，兹犹不常宁，不常厥邑，于今五邦。今不承于古，罔知天之断命，矧曰其克从先王之烈？若颠木之有由蘖，天其永我命于兹新邑，绍复先王之大业，底绥四方。[1]

盘庚指出，正因为商代的先王敬顺天命，所以才不长久安居一地，五次迁都。自己也应顺从天命，继承先王功业，迁居殷地，复兴商王朝。在谋划渡河迁殷时，盘庚再次会集不肯迁都之人，说：

> 盘庚作，惟涉河以民迁。乃话民之弗率，诞告用亶。其有众咸造，勿亵在王庭。盘庚乃登进厥民，曰："明听朕言，无荒失朕命。呜呼！古我前后，罔不惟民之承保，后胥戚鲜，以不浮于天时。殷降大虐，先王不怀厥攸作，视民利用迁。汝曷弗念我古后之闻？承汝俾汝，惟喜康共，非汝有咎，比于罚。予若吁怀兹新邑，亦惟汝故，以丕从厥志。"[2]
>
> ……
>
> 盘庚既迁，奠厥攸居，乃正厥位，绥爰有众，曰："无戏怠，懋建大命。今予其敷心腹肾肠，历告尔百姓于朕志。罔罪尔众，尔无共怒，协比谗言予一人。古我先王，将多于前功，适于山，用降我凶德，嘉绩于朕邦。今我民用荡析离居，罔有定极。尔谓朕曷震动万民以迁，肆上帝将复我高祖之德，乱越我家。朕及笃敬，恭承民命，用永地于新邑。肆予冲人，非废厥谋，吊由灵。各非敢违卜，用宏兹贲。"[3]

---

[1]《尚书正义·商书·盘庚上》，《十三经注疏》本，中华书局1980年版。

[2]《尚书正义·商书·盘庚中》，《十三经注疏》本，中华书局1980年版。

[3]《尚书正义·商书·盘庚下》，《十三经注疏》本，中华书局1980年版。

盘庚认为自己迁都是效仿先王，先王迁都则是希望民众安康，这都是顺从天意之举。他认为现在是上天要复兴先祖美德，使商王朝繁荣兴盛的时候，所以他才要急切、恭敬地遵从上天之意，率众迁都。由此可见，盘庚迁殷是以天命作为依据的。这体现出，在当时人们的思想观念中，上天的旨意主宰着社会的发展，统治者也应顺应天意。

除了迁都这种重要事件，在当时的统治者眼中，王朝更替这一更剧烈的历史变动同样也是天命使然。而且，在王朝更替的过程中，攻伐的一方往往称自己是替天行道。例如夏启征伐有扈氏，《史记·夏本纪》写道："有扈氏不服，启伐之，大战于甘。将战，作《甘誓》，乃召六卿申之。"在《甘誓》中夏启说道："有扈氏威侮五行，怠弃三正，天用剿绝其命，今予惟恭行天之罚。"[1] 由此可见，夏启是用天命来论证他讨伐有扈氏的合理性的。再如，《汤誓》记述了汤伐夏桀时的誓词，其中说道："格尔众庶，悉听朕言。非台小子敢行称乱，有夏多罪，天命殛之。今尔有众，汝曰：'我后不恤我众，舍我穑事而割正夏。'予惟闻汝众言，夏氏有罪，予畏上帝，不敢不正。……尔尚辅予一人，致天之罚，予其大赉汝。"[2] 汤首先就说明，他攻伐夏桀不是故意发难，而是因为夏桀犯了许多罪行，上天才命令他去讨伐的。而且汤也强调自己敬畏上天，所以不敢不去讨伐。他还鼓动民众拥护、辅佐他，一起"致天之罚"。又如《牧誓》篇记载武王伐纣，也是历数纣王种种罪行，其中说道："今商王受惟妇言是用，昏弃厥肆祀弗答，昏弃厥遗王父母弟不迪，乃惟四方之多罪逋逃是崇是长，是信是使，是以为大夫卿士，俾暴虐于百姓，以奸宄于商邑。今予发惟恭行天之罚。"[3] 此外，《多士》篇说："我有周佑命，将天明威，致王罚，敕殷命，终于帝。"[4]《多方》篇说："天惟时求民主，乃大降显休命于成汤"，"乃惟成汤，克以尔多方简代夏，作民主"。[5] 都把成汤伐夏桀、武王灭商说成是受天命保佑、奉天命行事。

从以上所述可知，《尚书》中反映的天人观念带有强烈的神意性，当

[1]《尚书正义·夏书·甘誓》，《十三经注疏》本，中华书局1980年版。

[2]《尚书正义·商书·汤誓》，《十三经注疏》本，中华书局1980年版。

[3]《尚书正义·周书·牧誓》，《十三经注疏》本，中华书局1980年版。

[4]《尚书正义·周书·多士》，《十三经注疏》本，中华书局1980年版。

[5]《尚书正义·周书·多方》，《十三经注疏》本，中华书局1980年版。

时的统治者往往把自己的所作所为归结于顺应上天的旨意，所以能受到上天的庇佑。这说明，天命成为统治者获得政权、行使权力的合法性依据。然而，这种“天”的绝对主宰在商周易代以后逐渐发生了变化，天人观念由“神本”向“人本”转化。[1] 在周以前，人们对天的崇拜还有很强的迷信色彩，统治者也往往自信是上天的代表。从《盘庚》篇的记述可以看出，盘庚用天的权威来震慑、说服大众，从而达到自己迁都的目的。在《西伯戡黎》篇中，商纣王甚至还宣称“我生不有命在天”，依然不思悔改，没有意识到强大的周将威胁到自己的统治。而到了西周以后，统治者面对曾经强大的商王朝最终覆灭的历史事实，不得不深入地思考天命与政权的关系问题。他们开始意识到，天命是无常的，夏、商、周嬗代的历史事实就是最好的证明。也正是因为这样的历史事实，《尚书》的许多篇章都表现出了强烈的历史忧患意识。例如，《君奭》开篇就记载周公对召公讲道：

> 君奭，弗吊天降丧于殷，殷既坠厥命，我有周既受。我不敢知曰，厥基永孚于休，若天棐忱。我亦不敢知曰，其终出于不祥。呜呼，君已曰时我，我亦不敢宁于上帝命。弗永远念天威越我民，罔尤违惟人在。我后嗣子孙，大弗克恭上下，遏佚前人光在家，不知天命不易，天难谌，乃其坠命，弗克经历嗣前人恭明德。在今予小子旦，非克有正，迪惟前人光，施于我冲子。[2]

从这段话可以看出，周公已经认识到，天命不可能一直居于一族一朝，明确提出了“天命不易，天难谌，乃其坠命”的观点。所谓“天命不易”，不是说天命不可改易，而是说天命不易保持。正是因为天命难以保

---

[1] 关于商周之际思想文化由“神本”向“人本”的转化，不少学者作过论述。如冯天瑜在《中华元典精神》中指出：“由殷至周，有一个文化主旨从神本向人本的转换，这一转换在中华元典那里打上鲜明印记，并对此后的整个中华文化带来深远影响。”（武汉大学出版社 2006 年版，第 102 页）薛国中在《逆鳞集——中国专制史文集》中指出：“姬周革殷商之命时，‘神本’的观念发生了动摇，出现了‘民本’思想。”（世界图书出版公司北京公司 2014 年版，第 70 页）

[2] 《尚书正义·周书·君奭》，《十三经注疏》本，中华书局 1980 年版。

持，周公才强调要谨慎地对待上天，敬畏上天。而周公之所以有这样的认识，就是看到了商王朝由盛至衰的历史发展过程。他指出，在商王朝建立之初，商王还能够做到顺应上天，施行善政，所以得到了上天的庇佑；然而到了商代后期尤其是纣王统治之时，由于他的暴虐，上天使他丧失了王位。鉴于这样的历史教训，周公认为，应当勤于政事，而不是倚仗天命而为所欲为。接下来，周公又概述了自成汤至纣王由得天之助到为天所灭的历史，同样是在说明只有“格于皇天”、“秉德明恤”，[1]才可保有天命，而对于纣王这样不能安定治理国家的君王，上天则会使之覆灭。《康诰》篇也说：“王曰：‘呜呼！肆汝小子封，惟命不于常，汝念哉！无我殄享，明乃服命，高乃听，用康乂民。’”[2]这是周公以成王之命告诫康叔，希望他勤于政务。其中所谓“惟命不于常”，也是旨在表明天命无常，须谨慎行事才可。《召诰》篇中召公告诫成王：“皇天上帝，改厥元子，兹大国殷之命。惟王受命，无疆惟休，亦无疆惟恤。呜呼！曷其奈何弗敬?”[3]意思是上天改变了曾经如此强大的殷商王朝之福命，使之覆灭，而天命由我周王朝来继承，所以作为周王更应十分谨慎才行。召公正是用商王朝灭亡的历史教训来说明天命无常的。

相较于之前神意色彩浓厚的天命观念，此时的统治者对上天与自身政权关系的认识有了进一步的发展。首先，他们已经经历了天命的转移，感受到了天命的无常。这对他们起到了强烈的警示作用，使他们产生了强烈的忧患意识。其次，虽然上天的至高权威依然不可动摇，但统治者已经较为清醒地意识到，政权的获得和维护不单单是“听天由命”，还与人，也就是其自身的所作所为有着密切的联系。要想保有天命，就要用德行、善政来获取上天的认可和信赖。而从这一角度来说，天命又是有常的，因为天命的转移并不是随心所欲，而是要转移给有德之人。既然天命会转移给有德的人，君王要想保住天命，就必须要惟德是敬。这样一来，无常的天命就会成为有常的天命。

这种天人观念的变化，其实体现的是人们历史借鉴意识的增强，因

---

[1]《尚书正义·周书·君奭》，《十三经注疏》本，中华书局 1980 年版。
[2]《尚书正义·周书·康诰》，《十三经注疏》本，中华书局 1980 年版。
[3]《尚书正义·周书·召诰》，《十三经注疏》本，中华书局 1980 年版。

为统治者对天人关系的认识是从历史总结中得出的。这说明统治者已经开始注重考察历史上的治乱兴衰，并且能有意识地从历史的发展变化之中总结出经验教训，从而更好地运用到统治之中。

（二）天人观念中的敬德思想

由于西周统治者已经较为清楚地意识到天命的转移与自身的德行是密切相关的，于是敬德思想就成为当时天人观念中的核心内容。《尚书》的许多篇章中都表现出了统治者的敬德思想，这种思想反映出西周统治者对政治治理和历史盛衰认识的加深。

关于先秦文献中“德”的含义，学术界说法不一，但是有许多学者都指出先秦时期“德”与天命以及政治统治有密切的关系。李泽厚曾经解释过“德”这一观念在先秦时期的发展历程：“‘德’是由巫的神奇魔力和循行‘巫术礼仪’规范等含义，逐渐转化成君王行为、品格的含义，最终才变为个体心性道德的含义。周初讲的‘德’，处在第二个阶段上，‘德’在那里指的是君王的一套行为，但不是一般的行为，而主要是祭祀、出征等重大政治行为。”[1] 从李泽厚的话中可以看出，“德”的观念最初来源于巫术等具有神秘色彩的事物，而到了西周时期，“德”的神秘性正在向君王行为和个人品质这样的现实意义过渡。也就是说，在当时，“德”的含义具有双重性，一方面是对原始的神秘力量的信仰和崇拜，另一方面又体现出对现实政治统治的认知。

《尚书》中的“德”就具有这种双重的内涵，所以“德”往往与天命联系在一起。“德”在《尚书》中有三种主要的表现形式。第一，上天本身就被视为“德”的代表。前文已经提到，上天掌握着人们的“五典”、“五礼”、“彝伦”，这些其实都表示道德品质和规范。《吕刑》篇说：“惟克天德，自作元命，配享在下。”[2] 所谓“天德”，即上天之德，也就是上天所代表的规定事物发展的规律和规范，世间的万事万物都应符合这种规范，从而顺应天德。就如《吕刑》篇所表达的，统治者设定刑罚也要参照上天之德。第二，“德”是上天决定政权所属的依据，是天命转移

[1] 李泽厚：《说巫史传统》，载《历史本体论·己卯五说》（增订本），生活·读书·新知三联书店 2008 年版，第 173 页。

[2] 《尚书正义·周书·吕刑》，《十三经注疏》本，中华书局 1980 年版。

的重要因素。例如《康诰》篇说：

> 王若曰："孟侯，朕其弟小子封。惟乃丕显考文王，克明德慎罚，不敢侮鳏寡，庸庸，祗祗，威威，显民，用肇造我区夏，越我一二邦，以修我西土。惟时怙冒闻于上帝，帝休。天乃大命文王殪戎殷，诞受厥命，越厥邦厥民，惟时叙。乃寡兄勖，肆汝小子封在兹东土。"[1]

正是由于周文王崇德慎罚，不敢欺侮那些无依无靠的老少，用可用，敬可敬，威可威，使民明白其道理。上天见文王的美德，所以才使小邦周兴盛起来，取代商人的统治。可见，德行是周获得上天庇佑的关键。第三，要想一直保有天命，就要继承先祖之德。《康诰》篇说：

> 王曰："呜呼！封，汝念哉！今民将在祗遹乃文考，绍闻衣德言。往敷求于殷先哲王，用保乂民。汝丕远惟商耇成人，宅心知训。别求闻由古先哲王，用康保民。弘于天，若德裕乃身，不废在王命！"[2]

周公以成王之命嘱咐康叔，希望他能继承先王的德行，顺应上天之道以应用于人事。这说明，当时的统治者已经意识到，仅仅依靠德行获得上天的垂青从而取得王位还远远不够，还应当将先王的德行一直传承下去，这样才能保住天命。

在以上三种"德"的表现形式中，如果说第一种还带有较强的神秘性，所谓"天德"尚且表述得比较模糊，那么后面两种形式则充分体现了"德"的观念向社会化、世俗化方向发展。此时，统治者已经逐渐将关注点从单纯的对上天的崇拜转向现实的政治统治，敬德思想的形成就是这一转向的关键。而且，从《尚书》中敬德思想的具体表现也可以看出，当时人们对统治者德行的崇敬和强调主要来自于历史经验。比如上

---

[1]《尚书正义·周书·康诰》，《十三经注疏》本，中华书局 1980 年版。
[2]《尚书正义·周书·康诰》，《十三经注疏》本，中华书局 1980 年版。

文提到的《康诰》所记载的周公对康叔的告诫与嘱托之辞，都是鉴于殷商历史以及西周先王的事迹而总结出来的。《召诰》篇说得更为明确，其曰：

我不可不监于有夏，亦不可不监于有殷。我不敢知曰有夏服天命，惟有历年。我不敢知曰不其延，惟不敬厥德，乃早坠厥命。我不敢知曰有殷受天命，惟有历年。我不敢知曰不其延，惟不敬厥德，乃早坠厥命。今王嗣受厥命，我亦惟兹二国命，嗣若功。王乃初服。呜呼！若生子，罔不在厥初生，自贻哲命。今天其命哲，命吉凶，命历年。知今我初服，宅新邑，肆惟王其疾敬德。王其德之，用祈天永命。其惟王勿以小民淫用非彝，亦敢殄戮，用乂民若有功。其惟王位在德元，小民乃惟刑用于天下，越王显。上下勤恤，其曰：我受天命，丕若有夏历年，式勿替有殷历年。欲王以小民受天永命。[1]

《召诰》一般认为是召公所作诰辞，由周公转达成王。这段话集中反映了周初统治者重视以史为鉴的思想。其中的“监于有夏”、“监于有殷”，就是表明要以夏、商二代的历史为借鉴。召公指出，夏、商两朝都曾受天命，但最终不能保住天命，就是因为“不敬厥德”。为了“受天永命”，避免重蹈夏、商灭亡的覆辙，召公劝告成王一定要“德之”、“上下勤恤”。再如《酒诰》，记载的是周公命康叔监督殷遗民戒酒，因而颁布禁酒令。其中说道：

王曰：“封，我闻惟曰：在昔殷先哲王，迪畏天显小民，经德秉哲。自成汤咸至于帝乙，成王畏相。惟御事厥棐有恭，不敢自暇自逸，矧曰其敢崇饮？越在外服，侯、甸、男、卫、邦伯；越在内服，百僚、庶尹、惟亚、惟服、宗工，越百姓、里居，罔敢湎于酒。不惟不敢，亦不暇。惟助成王德显，越尹人祗辟。我闻亦惟曰：在今后嗣王酣身，厥命罔显于民祗，保越怨不易。诞惟厥纵淫泆于非彝，

[1]《尚书正义·周书·召诰》，《十三经注疏》本，中华书局1980年版。

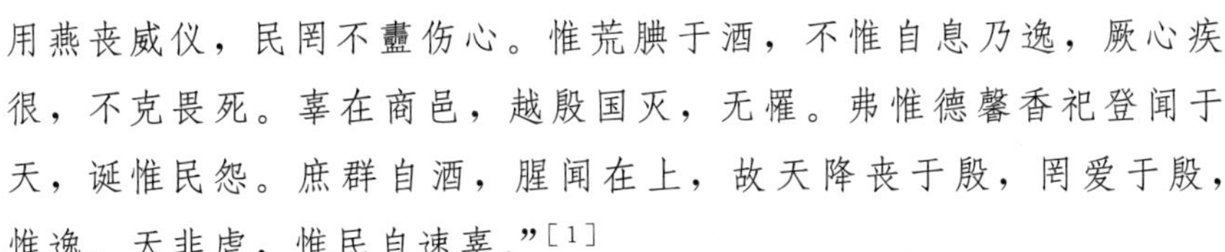

用燕丧威仪，民罔不衋伤心。惟荒腆于酒，不惟自息乃逸，厥心疾很，不克畏死。辜在商邑，越殷国灭，无罹。弗惟德馨香祀登闻于天，诞惟民怨。庶群自酒，腥闻在上，故天降丧于殷，罔爱于殷，惟逸。天非虐，惟民自速辜。”[1]

这表明殷商的先王从汤至帝乙，都能够敬畏上天，保有美好的德行。然而到了纣王统治时，他却抛弃了先祖的美德，骄奢淫逸，与臣下终日沉溺于酒池之中。纣王的做法使得天怒民怨，所以上天“降丧于殷，罔爱于殷”。这段话的最后指出“天非虐，惟民自速辜”，充分说明了西周统治者在历史总结的基础上，清醒地认识到一朝一代的治乱兴衰主要在于人而不是天，统治者个人的德行对社会的政治治理产生着重要的影响。

从以上所述可以看出，敬德是《尚书》中比较突出的思想，它是天人观念由“神本”向“人本”转变的集中体现，同时也反映了人们以史为鉴的历史意识的增强。吴怀祺在论述《尚书》的历史经验总结时就曾说道：“从殷商到周，‘敬天’的思想发达，但同时又有发展，从敬天到怀疑天，提出‘天不可信’，又进而发展为‘敬德’。这是历史总结的深入，也是历史意识逐步在摆脱神意的束缚，从人神混杂的状态中一步一步向前迈进。”[2]

二、保民的政治思想

在《尚书》所反映的思想中，保民思想是十分重要的内容。这一思想与周初的天人观念有密切的关系，可以说是当时敬德思想在具体的政治统治中的体现。它的形成来自对历史经验教训的总结和反思，同样是人们历史借鉴意识增强的结果。纵观《尚书》中的保民思想，主要表现为保惠庶民、教化众民、君子无逸和重视用人等几个方面。

[1] 《尚书正义·周书·酒诰》，《十三经注疏》本，中华书局1980年版。

[2] 吴怀祺、林晓平：《中国史学思想通史·总论卷　先秦卷》，黄山书社2005年版，第229页。

(一) 保民思想的形成

周代天人观念从“神本”向“人本”转变过程中逐渐突显的敬德思想并不是一种空泛的意志或道德说教，它在现实政治统治中有着具体的表现，保民的政治主张便是其中最主要的表现。

从《尚书》中可以看出，早在夏、商时期，一些统治者在政治治理过程中就已经开始意识到民众的力量。《皋陶谟》就记载说：“皋陶曰：‘都！在知人，在安民。’禹曰：‘吁！咸若时，惟帝其难之。知人则哲，能官人。安民则惠，黎民怀之。能哲而惠，何忧乎驩兜，何迁乎有苗，何畏乎巧言令色孔壬?’”[1] 从禹和皋陶的对话中可以看出他们对安民的重视。《皋陶谟》还说：“天聪明，自我民聪明；天明畏，自我民明威。”[2] 这是皋陶在强调民众的重要性。《盘庚》篇也写道：“古我前后，罔不惟民之承保。”[3]《高宗肜日》则说：“王司敬民，罔非天胤，典祀无丰于昵。”[4] 这些都能体现当时统治者的保民思想。

到了西周时期，统治者更加深刻地认识到民众对于政权建立和统治的重要意义，保民的政治主张在《尚书》的《周书》部分体现得尤为突出。例如，在《洪范》篇中，箕子论到关于占卜决断的问题，说：“汝则有大疑，谋及乃心，谋及卿士，谋及庶人，谋及卜筮。”[5] 可见，庶人的意见是会影响统治者的决策的。而在《康诰》篇中，民意之重要就体现得更为明显了。《史记・卫康叔世家》说：“周公旦以成王命兴师伐殷，杀武庚禄父、管叔，放蔡叔，以武庚殷余民封康叔为卫君，居河、淇间故商墟。周公旦惧康叔齿少，乃申告康叔曰：‘必求殷之贤人君子长者，问其先殷所以兴，所以亡，而务爱民。’……故谓之《康诰》、《酒诰》、《梓材》以命之。康叔之国，既以此命，能和集其民，民大说。”当时，周公刚刚东征平息了武庚的叛乱，将殷遗民封给康叔，所以这些殷民的管理对稳固政权至关重要。《康诰》写道：“王曰：‘呜呼，小子封！恫瘝乃身，敬哉！天畏棐忱，民情大可见，小人难保。往尽乃心，无康好逸

[1]《尚书正义・虞书・皋陶谟》，《十三经注疏》本，中华书局1980年版。
[2]《尚书正义・虞书・皋陶谟》，《十三经注疏》本，中华书局1980年版。
[3]《尚书正义・商书・盘庚中》，《十三经注疏》本，中华书局1980年版。
[4]《尚书正义・商书・高宗肜日》，《十三经注疏》本，中华书局1980年版。
[5]《尚书正义・周书・洪范》，《十三经注疏》本，中华书局1980年版。

豫，乃其乂民。我闻曰：'怨不在大，亦不在小；惠不惠，懋不懋。'"[1] 这段话的意思是民情是很容易体察到的，而真正做到安民也是很难的，所以作为统治者更应尽心尽力，不能贪图安逸。民众的怨恨不在于大小，小的怨言也可能逐渐积累造成恶果，所以要听取民意，安抚民心。从这段话可以看出，周公已经意识到民意是政权维护之关键，并且一再强调保民、安民的艰难，即所谓"小人难保"。

统治者之所以重视保民，我们现在看来的确与现实政治因素有关，只有获得民众的支持才能获得并保有政权。而在当时，现实政治因素之上，还存在着天人观念这一思想根源。

从《尚书》中的材料来看，在当时统治者的眼中，上天与下民之间有着密切的联系。一方面，统治者自认为是上天的代表，经常"替天行道"，代替上天管理下民，从这个角度讲，统治者可以说是天与民之间的桥梁。另一方面，上天对统治者也具有约束力，要监督统治者的行为，在这个时候，民众的意愿就成为上天约束、监督统治者的依据，天与民就建立了直接的联系，甚至民意即天意。《大诰》篇说："天棐忱辞，其考我民，予曷其不于前宁人图功攸终？天亦惟用勤毖我民，若有疾，予曷敢不于前宁人攸受休毕？"[2] 认为保民是上天的旨意，统治者既然要顺应天命，就应当代天完成保民的任务。如果民众有过错，统治者也难辞上天之咎罚。《康诰》篇说："今惟民不静，未戾厥心，迪屡未同，爽惟天其罚殛我，我其不怨。惟厥罪无在大，亦无在多，矧曰其尚显闻于天。"[3] 所以，统治者为了使其政权长久地延续下去，就需要勤于政务，从而使民众安乐。《召诰》篇说："上下勤恤，其曰：我受天命，丕若有夏历年，式勿替有殷历年。欲王以小民受天永命。"[4] 东汉的王符在《潜夫论·巫列》篇中对这段话作了解释，他说："人君身修正赏罚明者，国治而民安；民安乐者，天悦喜而增历数。故《书》曰：'王以小民受天永命。'孔子曰：'天之所助者顺也，人之所助者信也。履信思乎顺，又

[1]《尚书正义·周书·康诰》，《十三经注疏》本，中华书局1980年版。
[2]《尚书正义·周书·大诰》，《十三经注疏》本，中华书局1980年版。
[3]《尚书正义·周书·康诰》，《十三经注疏》本，中华书局1980年版。
[4]《尚书正义·周书·召诰》，《十三经注疏》本，中华书局1980年版。

以尚贤，是以自天祐之，吉无不利。’”[1] 由此可见，统治者保民与受天命有着直接的关系，只有民众安居乐业，统治者才能永享天命，其统治才能长久。《尚书》的很多篇章中都表达了这样的思想观念，例如《康诰》篇说：“已！汝惟小子，乃服惟弘，王应保殷民，亦惟助王宅天命，作新民。”[2] 这里是说，康叔管理、教化殷民也是在协助成王保有天命。《梓材》篇也说：“皇天既付中国民越厥疆土于先王，肆王惟德用，和怿先后迷民，用怿先王受命。已！若兹监，惟曰欲至于万年，惟王子子孙孙永保民。”[3] 这段话也旨在说明，上天将民众托付给西周先王，后世的周王要想永受天命，就应“子子孙孙永保民”。

从上所述可知，西周统治者保民思想的形成，同样也是来源于他们对历史经验教训的总结与反思。就像《梓材》篇所说的那样，先王高尚的德行使得上天将民众托付给周，所以后世的君王就应当继承先王保民的传统，从而使政权一直延续下去。《康诰》篇说：“往敷求于殷先哲王，用保乂民。汝丕远惟商耇成人，宅心知训。别求闻由古先哲王，用康保民。弘于天，若德裕乃身，不废在王命！”还说道：“封，爽惟民迪吉康，我时其惟殷先哲王德，用康乂民，作求。矧今民罔迪不适，不迪则罔政在厥邦。”[4] 这些历史事实表明殷商哲王和西周先王尽力使民众安居乐业，所以才得到上天的认可，作为后人应当继承和弘扬先人的德业。而《多士》篇说：“在今后嗣王，诞罔显于天，矧曰其有听念于先王勤家？诞淫厥泆，罔顾于天显民祗。惟时上帝不保，降若兹大丧。惟天不畀不明厥德，凡四方小大邦丧，罔非有辞于罚。”[5] 这里所说的“后嗣王”指的是商纣王，意思是说商纣王昏庸暴虐，不能像其先祖一样施德于民，而是违背民意，罔顾天道，所以最终上天降下惩罚。这是以历史上王朝灭亡的教训来说明保民的重要性。

对于《尚书》中天与民的关系，以及保民思想的形成，梁启超在

[1] 王符著，汪继培笺，彭铎校正：《潜夫论笺校正》卷六《巫列》，中华书局 1985 年版，第 307—308 页。

[2] 《尚书正义·周书·康诰》，《十三经注疏》本，中华书局 1980 年版。

[3] 《尚书正义·周书·梓材》，《十三经注疏》本，中华书局 1980 年版。

[4] 《尚书正义·周书·康诰》，《十三经注疏》本，中华书局 1980 年版。

[5] 《尚书正义·周书·多士》，《十三经注疏》本，中华书局 1980 年版。

《先秦政治思想史》中曾这样论述道：

> 《召诰》之言曰："皇天上帝，改厥元子。"元子者何？众子之长也。人人共以天为父，而王实长之云尔。元子而常常可以改，则元子与众子之地位原非绝对的。质言之，则人人皆可以为天子也。此种人类平等的大精神，遂为后世民本主义之总根芽。
>
> 元子谁改之，自然是天改之。天既有动作，必有意志。天之意志何从见？托民意以见。此即天治主义与民本主义之所由结合也。[1]

的确，从《尚书》中关于保民思想的内容可以看出，当时的统治者认为，听取民意即顺应天意，上天也是通过民众的生活来考察统治者的执政情况的。保民的思想是统治者对历史和社会现实认识更加深刻的体现，尽管其中依然存在天的意志，但这种以民意代表天意，再以天意来约束统治者权力的思维模式的建立，的确可以说明统治者的政治理念正在走向成熟。

（二）保民思想的具体表现

除了强调保民的重要性，阐述保民与受天命、稳固政权的关系，《尚书》中的许多篇章还叙述了这种保民思想的具体表现。而且，《尚书》中的保民的具体措施往往都是从历史经验中总结出来的。

第一，保惠庶民，使民安居乐业。在《无逸》篇中，周公劝谏成王不要贪图安逸，开篇就说道："呜呼！君子所其无逸。先知稼穑之艰难，乃逸，则知小人之依。相小人，厥父母勤劳稼穑，厥子乃不知稼穑之艰难，乃逸乃谚，既诞，否则侮厥父母曰：'昔之人无闻知。'"[2] 意思是说，作为君子就应知道耕种的艰辛，了解庶民的疾苦。而像有些不孝的小人，父母辛勤劳作，自己却贪图享乐，以至于欺骗父母，还抱怨说从前的人没有见识。在周公看来，这样是不对的，接下来他就用历史事实来说明古之君王是如何保民、爱民的，他说：

---

[1] 梁启超：《先秦政治思想史》，上海古籍出版社2014年版，第33—34页。

[2] 《尚书正义·周书·无逸》，《十三经注疏》本，中华书局1980年版。

呜呼！我闻曰：昔在殷王中宗，严恭寅畏，天命自度，治民祗惧，不敢荒宁。肆中宗之享国，七十有五年。其在高宗，时旧劳于外，爰暨小人。作其即位，乃或亮阴，三年不言。其惟不言，言乃雍。不敢荒宁，嘉靖殷邦，至于小大，无时或怨。肆高宗之享国，五十有九年。其在祖甲，不义惟王，旧为小人。作其即位，爰知小人之依，能保惠于庶民，不敢侮鳏寡。肆祖甲之享国，三十有三年。自时厥后立王，生则逸。生则逸，不知稼穑之艰难，不闻小人之劳，惟耽乐之从。自时厥后，亦罔或克寿，或十年，或七八年，或五六年，或四三年。[1]

周公认为，殷中宗、高宗之所以分别享国七十五年和五十九年，是因为他们敬畏天命，“治民祗惧，不敢荒宁”。而说到祖甲，所谓“知小人之依”，就是说知道民众的隐痛和疾苦，从而施惠于民众，体恤于鳏寡，祖甲正是因此享国长久的。在分析商朝后期的统治者在位短祚的原因时，周公对他们贪图安乐，不闻民众疾苦，“不知稼穑之艰难”，提出了批评，认为这正是他们统治短命的原因所在。要想让民众安居乐业，在“知小人之依”之后，还应“迪民康”，[2] 这是一种更为积极进取的态度。从《尚书》中可以看出，知晓稼穑之艰难，了解和关心民众疾苦，这是王朝得以善治的前提条件。而要想真正做到保民，还必须将民众引向安康的道路，让他们过上好的生活，这才是更为重要的。《尚书》认为，商朝的先贤圣哲们都是“用康乂民，作求”[3] 的，这种保民政治应该为后世君主所效仿。

第二，教化民众，使民向善，这同样是保民的重要内容。《洪范》篇说：“凡厥庶民极之敷言，是训是行，以近天子之光。曰天子作民父母，以为天下王。”[4] 这里说到天子应当作为民众的父母，所谓父母，一是要生养，二是要教诲。所以在民众的生产、生活得到基本保障之后，统

[1] 《尚书正义·周书·无逸》，《十三经注疏》本，中华书局1980年版。
[2] 《尚书正义·周书·大诰》，《十三经注疏》本，中华书局1980年版。
[3] 《尚书正义·周书·康诰》，《十三经注疏》本，中华书局1980年版。
[4] 《尚书正义·周书·洪范》，《十三经注疏》本，中华书局1980年版。

治者还应当对民众的行为、思想进行引导和规范，这一点在《尚书》之中也有体现。《洪范》篇就说道：

> 皇建其有极，敛时五福，用敷锡厥庶民。惟时厥庶民于汝极，锡汝保极。凡厥庶民无有淫朋，人无有比德，惟皇作极。凡厥庶民有猷、有为、有守，汝则念之。不协于极，不罹于咎，皇则受之。而康而色，曰予攸好德，汝则锡之福。时人斯其惟皇之极。无虐茕独而畏高明。人之有能有为，使羞其行，而邦其昌。凡厥正人，既富方谷。汝弗能使有好于而家，时人斯其辜。于其无好德，汝虽锡之福，其作汝用咎。无偏无陂，遵王之义。无有作好，遵王之道。无有作恶，遵王之路。无偏无党，王道荡荡。无党无偏，王道平平。无反无侧，王道正直。会其有极，归其有极。[1]

这段话讲的是君王的准则，其中就强调了教化民众的责任。《洪范》指出，君王应当为民众树立道德的标准，奖赏有德行的人，不虐待鳏寡，也不畏惧显贵，要做到公正无私。只有这样，民众才能一心向善，统治者也才能获得民众的信任。《康诰》篇也说："呜呼！封，有叙时，乃大明服，惟民其敕懋和。若有疾，惟民其毕弃咎。若保赤子，惟民其康乂。"[2] 这就是说，统治者应当以德服人，要使政教有序，化恶为善，这样民众才能顺服，才能弃恶向善。认为保民应像爱护、教育赤子一样，使之正直安定。

第三，"君子所其无逸"。语出《尚书·周书·无逸》。这里的"君子"，当然是指统治者；"无逸"，是指不能贪图安逸享乐，这是对君王个人道德方面提出的要求。《酒诰》篇说："天降丧于殷，罔爱于殷，惟逸。"[3] 这就是说，商王朝之所以会灭亡，就是因为商王贪图安逸。所以周公要求成王吸取商朝后期君王"惟耽乐之从"，结果导致国家灭亡的教训，并且向他提出要"无淫于观、于逸、于游、于田，以万民惟正之

[1] 《尚书正义·周书·洪范》，《十三经注疏》本，中华书局 1980 年版。
[2] 《尚书正义·周书·康诰》，《十三经注疏》本，中华书局 1980 年版。
[3] 《尚书正义·周书·酒诰》，《十三经注疏》本，中华书局 1980 年版。

供”，即不能放纵于寻欢作乐、安逸勿劳、四处游玩和打猎，由此加重民众的负担。在《酒诰》篇中，周公则指出过度饮酒是商朝末年统治者淫逸的突出表现，它直接关系到政治兴衰和国家存亡。周公回顾商代的历史，以成王之命告诫康叔说：“封！我闻惟曰：在昔殷先哲王，迪畏天显小民，经德秉哲。自成汤咸至于帝乙，成王畏相。惟御事厥棐有恭，不敢自暇自逸，矧曰其敢崇饮？”在周公看来，商朝前期的统治之所以强盛，是因为自成汤至帝乙都不敢自我放纵，他们上畏天命，下畏民众，时刻战战兢兢，更不要说“崇饮”了。而对于商王朝的灭亡，周公认为，这是因为商纣王“惟荒腆于酒，不惟自息乃逸，厥心疾很，不克畏死”，从而导致天怒民怨，王朝覆灭。而周之所以能克殷受命，周公认为原因在于统治者“不腆于酒”，文王还曾“诰教小子、有正、有事，无彝酒”。[1] 在以周公为代表的周初统治者看来，只要君主能够做到“无逸”，那他就一定能够勤勉于政事，从而也就可以“以小民受天永命”[2]，永远保住天命不转移。

第四，用人“惟吉士”。这也是统治者保民的必要举措。《尚书》的很多篇章都体现出重视用人的思想，周初统治者意识到用人是否得当，直接关系到政治的兴衰和国家的存亡。如在《牧誓》篇中，周武王历数商纣王的罪恶，其中说到纣王“惟妇言是用”，“乃惟四方之多罪逋逃是崇是长，是信是使，是以为大夫卿士，俾暴虐于百姓，以奸宄于商邑”。[3] 周武王认为，商王朝的败亡与纣王宠信妇人和任用奸佞之臣有关。《梓材》篇则记述说：“封，以厥庶民暨厥臣达大家，以厥臣达王，惟邦君。”[4] 这是周公在嘱咐康叔要选拔良才，任用贤臣。可见，周初的统治者十分重视人才的任用。当然，西周统治者对用人的看法也来自历史经验。如《君奭》篇就说：“我闻在昔成汤既受命，时则有若伊尹，格于皇天。在太甲，时则有若保衡。在太戊，时则有若伊陟、臣扈，格于上帝，巫咸乂王家。在祖乙，时则有若巫贤。在武丁，时则有若甘

[1]《尚书正义·周书·酒诰》，《十三经注疏》本，中华书局1980年版。
[2]《尚书正义·周书·召诰》，《十三经注疏》本，中华书局1980年版。
[3]《尚书正义·周书·牧誓》，《十三经注疏》本，中华书局1980年版。
[4]《尚书正义·周书·梓材》，《十三经注疏》本，中华书局1980年版。

盘。”[1] 自成汤至武丁，商代前期的许多帝王都有贤臣辅佐，可见商代前期的兴盛与重用人才是分不开的。《立政》篇则认为“桀德惟乃弗作往任，是惟暴德，罔后”。夏桀不用过去的任贤之法，而一味推行暴政，结果国亡世绝。而对于商纣王的用人举措，《立政》篇说：“呜呼！其在受德暋，惟羞刑暴德之人，同于厥邦；乃惟庶习逸德之人，同于厥政。”这也是在批评纣王任用暴虐之人。而关于统治者应任用什么样的人，《尚书》的基本观点是主张重用有美德的人，即所谓“吉士”。《立政》篇说：“继自今立政，其勿以憸人，其惟吉士，用劢相我国家。”周公告诫成王要远小人，任吉士，勤勉治国。至于如何衡量吉士与小人，这就必须要通过实际任职与考核才能断定。《立政》篇记载了夏代选拔官吏的标准：“宅乃事，宅乃牧，宅乃准，兹惟后矣。谋面，用丕训德，则乃宅人，兹乃三宅无义民。”这里的“宅”是“居”的意思，指居其职守。这说明选拔与考核人才，必须要通过这种具体任职的实践来检验。而通过检验事、牧、准这“三宅”，最终目的是要选拔有德之人。成汤执政时，他“乃用三有宅，克即宅；曰三有俊，克即俊”。所谓“三有俊”，也是强调官员的德行。后来的周文王和周武王也继承了这样的用人原则，“克知三有宅心，灼见三有俊心”，以此“敬事上帝，立民长伯”。[2]

综上所述，保民是《尚书》中十分重要的思想。从这一思想的具体表现可以看出，西周统治者不但已经充分认识到保民的重要性，而且逐渐总结出了比较系统的保民的具体措施和方法。当然，统治者所提出的这些保民的具体方法，基本上都是来源于他们对历史经验教训的总结和反思，《尚书》通过对这些保民方法的记载，也体现出了其以史为鉴的思想特点。

三、以史资政的史学目的论

经世致用是中国传统史学的一个比较突出的思想特点。所谓经世致用，就是指从历史的经验中寻找、学习治世的方法，以应用于现实社会。

---

[1] 《尚书正义·周书·君奭》，《十三经注疏》本，中华书局 1980 年版。

[2] 《尚书正义·周书·立政》，《十三经注疏》本，中华书局 1980 年版。

经世致用的思想强调历史的目的性和现实功用，在这一思想指导下，史书的编纂就与社会现实建立起密切的联系。《尚书》的经世致用思想集中表现在以史资政上，而这种以史资政的思想基础则是《尚书》所表现出的忧患意识和“法先王”思想。

（一）以史资政的思想基础：忧患意识与“法先王”思想

从《尚书》中可以看出，其经世致用思想主要与上古三代统治者在王朝更迭中逐渐形成的忧患意识以及效法先王的观念有关。

忧患意识是一种历史意识，它的形成往往建立在人们对于历史和现实的深刻认识的基础之上。关于忧患意识，徐复观曾经论述道：

> 忧患心理的形成，乃是从当事者对吉凶成败的深思熟考而来的远见；在这种远见中，主要发现了吉凶成败与当事者行为的密切关系，及当事者在行为上所应负的责任。忧患正是由这种责任感来的要以己力突破困难而尚未突破时的心理状态。所以忧患意识，乃人类精神开始直接对事物发生责任感的表现，也即是精神上开始有了人的自觉的表现。[1]

正如徐复观所说，《尚书》所反映的忧患意识，就是上古三代的人们，尤其是统治者，面对社会历史的治乱兴衰，逐渐认识到自身与社会发展的密切联系，从而产生的一种心理状态。《盘庚》篇说：

> 王若曰：“格汝众，予告汝训，汝猷黜乃心，无傲从康。古我先王，亦惟图任旧人共政。王播告之，修不匿厥指，王用丕钦，罔有逸言，民用丕变。今汝聒聒，起信险肤，予弗知乃所讼。非予自荒兹德，惟汝含德，不惕予一人。予若观火，予亦拙谋，作乃逸。若网在纲，有条而不紊；若农服田力穑，乃亦有秋。汝克黜乃心，施实德于民，至于婚友，丕乃敢大言，汝有积德。乃不畏戎毒于远迩，惰农自安，不昏作劳，不服田亩，越其罔有黍稷。汝不和吉言于百

[1] 徐复观：《徐复观文集》第三卷《中国人性论史·先秦篇》，湖北人民出版社2002年版，第32页。

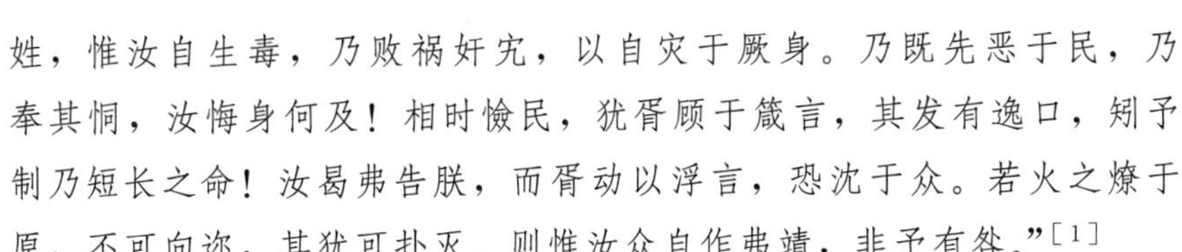

姓，惟汝自生毒，乃败祸奸宄，以自灾于厥身。乃既先恶于民，乃奉其恫，汝悔身何及！相时憸民，犹胥顾于箴言，其发有逸口，矧予制乃短长之命！汝曷弗告朕，而胥动以浮言，恐沈于众。若火之燎于原，不可向迩，其犹可扑灭。则惟汝众自作弗靖，非予有咎。”[1]

这段话是商王盘庚规劝其臣僚之语，他认为这些臣子没有恪守先王所留下的规矩，贪图安逸，蛊惑民心，致使谣言四起，社会混乱。从盘庚的话可以看出，他已经比较清醒地认识到，如果这些公卿大臣依然这样我行我素，妖言惑众，“不和吉言于百姓”，就会“败祸奸宄，以自灾于厥身”。而且，盘庚认为，这些臣僚的所作所为会导致严重的后果，犹如“火之燎于原”，因此他要严厉地责备这些大臣。由此可见，盘庚具有强烈的忧患意识，并且通过规训的方式警醒臣下，让他们也保有这样的忧患意识。

西周初年天人观念从“神本”向“人本”逐渐转化之后，统治者已经深刻认识到君王个人品质和行为对王朝的治乱兴衰有着重要的影响。而在这一转化过程中，忧患意识是其重要的动力和思想根源。例如，《大诰》是周公奉成王之命东征讨伐叛乱的武庚、管叔、蔡叔而作的诰辞，其中写道：

王若曰：“猷大诰尔多邦，越尔御事。弗吊天降割于我家，不少延。洪惟我幼冲人，嗣无疆大历服，弗造哲，迪民康，矧曰其有能格知天命！已！予惟小子，若涉渊水，予惟往求朕攸济，敷贲，敷前人受命，兹不忘大功，予不敢闭。于天降威用，宁王遗我大宝龟，绍天明，即命。曰：‘有大艰于西土，西土人亦不静。’越兹蠢殷小腆，诞敢纪其叙。天降威，知我国有疵，民不康，曰予复，反鄙我周邦。今蠢，今翼日，民献有十夫，予翼以于敉宁武图功。我有大事休，朕卜并吉。肆予告我友邦君，越尹氏、庶士、御事，曰：‘予得吉卜，予惟以尔庶邦，于伐殷逋播臣。’尔庶邦君，越庶士、御事，罔不反曰：‘艰大，民不静，亦惟在王宫、邦君室。越予小子

[1]《尚书正义·商书·盘庚上》，《十三经注疏》本，中华书局1980年版。

考，翼不可征，王害不违卜？’肆予冲人永思艰，曰：‘呜呼！允蠢鳏寡。哀哉！’予造天役遗，大投艰于朕身。越予冲人，不卬自恤。义尔邦君，越尔多士、尹氏、御事，绥予曰：‘无毖于恤，不可不成乃宁考图功。’”[1]

这段话说的是周公以成王之命来宣告讨伐叛乱的决心。从中可以看出，尽管在表面上，周公称其所作所为是听从了上天的旨意，实际上他也是审时度势，根据历史经验和社会现实做出抉择。周公强调殷商遗民的叛乱是“天降威”，其实就是在向成王和臣民灌输一种忧患意识，借助上天的权威来告诫他们要时刻谨慎。而且，他还指出成王“永思艰”，上天“大投艰于朕身”，这体现了徐复观所说的统治者“开始直接对事物发生责任感”，说明当时以周公为代表的统治阶层能够居安思危，担负起维护社会安定的责任。

《尚书》把这些反映统治者忧患意识的文献材料编纂在一起，其目的也是要将这种忧患意识通过历史叙述的形式表达出来，从而对后世之人，尤其是统治者产生影响。

除了忧患意识，“法先王”的思想传统也是《尚书》经世致用思想产生的根源。所谓“法先王”，就是指学习、效仿先王的执政方法和行为准则。这种“法先王”的思想传统在《尚书》中体现得十分明显。

在《尚书》中，作者树立了许多圣王先哲的形象。例如，《尚书·虞书》中的《尧典》就突显了上古帝王尧的光辉形象。《尧典》这篇文献一般被认为是后人对尧生平事迹的追述，开篇写道：“曰若稽古，帝尧曰放勋，钦明文思安安，允恭克让，光被四表，格于上下。克明俊德，以亲九族。九族既睦，平章百姓。百姓昭明，协和万邦，黎民于变时雍。”帝尧严肃恭敬，明察是非，性情宽厚温和，能使族人亲密和睦，也能处理好百官、诸侯以及民众之间的关系，所以其德充盈天地。从《尚书》的这段描述可以看出，作者是在极力赞扬尧的品行和治理国家的能力，从而为后世的君王树立了一个很好的榜样。《尧典》后面的内容也是围绕着尧如何执政，如何推行君王之道而展开的。尧命令臣下根据日月星辰的

[1]《尚书正义·周书·大诰》，《十三经注疏》本，中华书局1980年版。

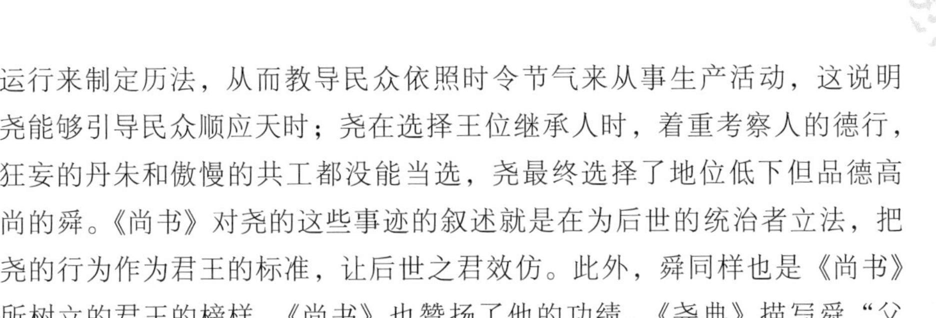

运行来制定历法，从而教导民众依照时令节气来从事生产活动，这说明尧能够引导民众顺应天时；尧在选择王位继承人时，着重考察人的德行，狂妄的丹朱和傲慢的共工都没能当选，尧最终选择了地位低下但品德高尚的舜。《尚书》对尧的这些事迹的叙述就是在为后世的统治者立法，把尧的行为作为君王的标准，让后世之君效仿。此外，舜同样也是《尚书》所树立的君王的榜样，《尚书》也赞扬了他的功绩。《尧典》描写舜“父顽，母嚣，象傲”，但他依然“克谐以孝，烝烝乂，不格奸”。尧将二女嫁给他，他“厘降二女于妫汭，嫔于虞”，即以义理教化二女，使之行妇道于虞。[1]

除了尧、舜这些远古时期的先王，在《尚书》的《商书》和《周书》部分，商周王朝的君王也往往会效仿近世的先王。如在《盘庚》篇中，盘庚自称他主张迁都也是在学习先王的做法，是希望像先王一样，通过迁都使民众生活安康。而在《周书》中，统治者的这种“法先王”的意识更为强烈。一方面，周初统治者重视学习殷商先王圣哲。如前文说到《康诰》篇中周公教导康叔：“我时其惟殷先哲王德，用康乂民，作求。”[2] 就是在学习殷商先王的保民之法。再如《酒诰》篇中也说到商代从汤至帝乙“不敢自暇自逸”[3]，从而使社会安定，国家强盛。这也是在学习殷商先王勤勉执政、谨慎自律的高尚品质。另一方面，周初统治者推崇自己部族先祖的德行。他们往往以周文王和周武王这两位开国君王为榜样。如《大诰》篇说：

> 王曰：“尔惟旧人，尔丕克远省，尔知宁王若勤哉！天閟毖我成功所，予不敢不极卒宁王图事。肆予大化诱我友邦君，天棐忱辞，其考我民，予曷其不于前宁人图功攸终？天亦惟用勤毖我民，若有疾，予曷敢不于前宁人攸受休毕？”
>
> 王曰：“若昔朕其逝，朕言艰，日思。若考作室，既底法，厥子乃弗肯堂，矧肯构？厥父菑，厥子乃弗肯播，矧肯获？厥考翼，其

[1] 《尚书正义·虞书·尧典》，《十三经注疏》本，中华书局1980年版。
[2] 《尚书正义·周书·康诰》，《十三经注疏》本，中华书局1980年版。
[3] 《尚书正义·周书·酒诰》，《十三经注疏》本，中华书局1980年版。

肯曰：予有后，弗弃基？肆予曷敢不越卬敉宁王大命？若兄考，乃有友伐厥子，民养其劝弗救。”[1]

周公在此借成王之命所说的“宁王”、“前宁人”就是周文王。周公劝导那些辅佐过文王的“旧人”去回顾文王的事迹，还打比方说：这就好像父亲已经确立了盖房子的具体规划，儿子如果连地基都不肯打下，何谈建构上面的房屋？父亲已经把地耕好，儿子却不肯播种，又怎么会有收获？周公的意思是，文王受命称王已经奠定了周的基础，后人应当遵循文王的传统，继承文王的事业。

《尚书》中所反映的这种“法先王”的观念，对诸子历史观产生了很深的影响，他们常常以尧、舜、禹、周文王、周武王等君王的言论和行为为标准来论证自己的政治主张。刘起釪在《尚书学史》中说道：“先秦诸子都运用《书》篇来称道古史，以宣扬自己的学说。儒墨两家在这方面做得尤为出色。……他们大体沿用一些旧《书》篇材料，凡能为自己学说张目者，就径用原书篇。有不尽适合自己的，他们就加工改造，成为体现自己学说观点的古史《书》篇，把自己的学说作为古已如此的成例提出。被他们宣扬得最成功的历史人物就是尧、舜，同时还有禹。”[2]这也可以说是《尚书》经世致用特点在现实中的有力证明。

综上所述，忧患意识和“法先王”的思想传统是《尚书》经世致用思想的根源，正是这两方面的思想因素，使得经世致用成为《尚书》所彰显的最为突出的思想观念。

（二）以史资政的思想内涵

《尚书》经世致用思想的集中体现便是以史资政，不论是它的历史编纂形式，还是具体篇章中记载的政治观点与治国方针，都充分展现了这一特点。

《尚书》是中国古代第一部政治史文献汇编，它将虞、夏、商、周四代有关执政治国的文献收集在一起，基本按照时间的先后顺序编纂起来。

[1]《尚书正义·周书·大诰》，《十三经注疏》本，中华书局1980年版。

[2] 刘起釪：《尚书学史》，中华书局1989年版，第65页。

《汉书·艺文志》说："古之王者世有史官，君举必书，所以慎言行，昭法式也。左史记言，右史记事，事为《春秋》，言为《尚书》。"可见，在古人眼中，《尚书》中文献的主要内容是上古时期史官记录的君王言论，这是"君举必书"的体现。的确，从《尚书》各篇的叙述形式来看，有很多内容都是君王及其臣下对治国原则和方法的讨论，具体来说分为典、谟、训、诰、誓、命六种文体。其中，典记述帝王言行，作为后世君王的准则，如《尧典》；谟记述君臣谋划国事，如《皋陶谟》；训是执政者的训导言辞，如《伊训》；诰是有关施政方针的文告，如《康诰》、《大诰》、《召诰》；誓指作战之前的誓词，如《汤誓》、《牧誓》；命指帝王的命令，如《顾命》。从史书编纂形式来看，这六种文体的划分使这些原本较为零散的文献得以区分和归类，而更重要的是，这种分类方式也使得《尚书》以史资政的目的性更为强烈。因为每种文体都有其各自的特点，适应当时不同的历史背景和政治环境，后人尤其是后世的统治者通过阅览这些分类清晰的文献，便能清楚地了解上古三代不同时期君王的政治主张，并从中获得历史经验。

然而，《尚书》并不仅仅收录君王及其臣下的言论，除了记言，它也记事。刘知幾批评《尚书》中"《尧》、《舜》二典直序人事，《禹贡》一篇唯言地理，《洪范》总述灾祥，《顾命》都陈丧礼"，他认为这不符合《尚书》记言的传统，是"为例不纯"。[1] 殊不知，这样的编纂方式正是《尚书》历史编纂的高明之处，也更体现出《尚书》资政的特点。章学诚在《文史通义》中就赞扬了这种编纂形式，否定了前人将记言和记事绝对二分的做法：

> 后儒不察，而以《尚书》分属记言，《春秋》分属记事，则失之甚也。夫《春秋》不能舍传而空存其事目，则左氏所记之言，不啻千万矣。《尚书》典谟之篇，记事而言亦具焉；训诰之篇，记言而事亦见焉。古人事见于言，言以为事，未尝分事言为二物也。[2]

[1] 刘知幾著，浦起龙释：《史通通释》卷一《六家》，上海古籍出版社2009年版，第2页。

[2] 章学诚著，叶瑛校注：《文史通义校注》卷一《书教上》，中华书局2014年版，第38页。

章学诚认为，中国古代史书中记言和记事是相互交融的。以《尚书》为例，典谟之篇虽然记录的是帝王事迹，但其中也包含了他们的言论；而训诰之篇虽然是统治者发布的政令，但当时事件的前因后果也都有所体现。所以在章学诚看来，古代史官的记录是“事见于言，言以为事”，《尚书》就展现出了这样的特点。《尚书》的这种言事相兼的记述方式体现了它务实的编纂思想。章学诚说：“撰辑章奏之人，宜知训诰之记言，必叙其事，以备所言之本末，故《尚书》无一空言，有言必措诸事也。”[1] 这说明，《尚书》所记之言，必定是以历史事实为依托的，不是空言。记言的同时，也要交代事情的本末，这使得《尚书》的历史叙述更加完整。这样一来，就更能体现其服务于现实的史学功用。

章学诚还指出，《尚书》的编纂体例是“因事命篇，本无成法”，意思是《尚书》各篇章都是根据所记载的内容命名的，体例不囿于成法，不像后来的史书“方圆求备，拘于一定之名义”。[2] 认为正是这样的体例，让《尚书》彰显出经世资政的特点。他说：

> 盖官礼制密，而后记注有成法；记注有成法，而后撰述可以无定名。以谓纤悉委备，有司具有成书，而吾特举其重且大者，笔而著之，以示帝王经世之大略；而典、谟、训、诰、贡、范、官、刑之属，详略去取，惟意所命，不必著为一定之例焉，斯《尚书》之所以经世也。[3]

由此可见，《尚书》挑选的是关于帝王治国策略的重要文献，其中的典、谟、训、诰等文体在内容上的详略去取，皆取决于编写者，而无定例，最终目的都是要更好地表达《尚书》经世致用、以史资政的编纂主旨。

除历史编纂形式，《尚书》各篇章所叙述的具体内容，更是彰显了为

---

[1] 章学诚著，叶瑛校注：《文史通义校注》卷一《书教中》，中华书局 2014 年版，第 48—49 页。

[2] 章学诚著，叶瑛校注：《文史通义校注》卷一《书教上》，中华书局 2014 年版，第 36 页。

[3] 章学诚著，叶瑛校注：《文史通义校注》卷一《书教上》，中华书局 2014 年版，第 37 页。

现实政治提供借鉴的编纂目的和历史价值。例如，《洪范》篇讲述箕子向周武王陈述“洪范九畴”的内容。所谓“洪范九畴”，就是上天赐予禹的治理国家的九种大法，分别是五行、五事、八政、五纪、皇极、三德、稽疑、庶征、五福六极。这九种治理国家的法则都十分贴近实际的政治生活。如关于五事，《洪范》是这样写的：“一曰貌，二曰言，三曰视，四曰听，五曰思。貌曰恭，言曰从，视曰明，听曰聪，思曰睿。恭作肃，从作乂，明作哲，聪作谋，睿作圣。”[1] 这五事讲的是统治者在处理政务时需要注意的五个问题，即态度要恭敬，言语要和顺，观察要仔细，听取意见要聪敏，思维要通达。而且，《洪范》还解释了要求统治者这样做的原因：态度恭敬民众就会严肃谨慎，言语和顺就能使社会和谐，仔细观察就不会被蒙蔽，听取意见聪敏就会有好的谋划，思维通达就会变得圣明。可以看出，对统治者处理政务时的这五个要求是十分贴合实际的，对后世的统治者有着重要的参考价值。再如关于八政，《洪范》说：“一曰食，二曰货，三曰祀，四曰司空，五曰司徒，六曰司寇，七曰宾，八曰师。”[2] 所谓八政，就是把统治者所要处理的政务分成了八个方面：一是农业生产，二是手工业和商业活动，三是祭祀，四是管理民众起居，五是对民众进行教化，六是管理司法，七是接待宾客，八是处理军务。这八个方面都是民众日常生活中的重要政务，关系到社会的稳定发展。虽然在洪范九畴中还有很多关于占卜、灾祥的内容，现在看来带有强烈的神秘色彩，但在当时的社会环境和思想背景下，这些内容同样也是关乎王朝的治乱兴衰的。而且，这些内容为后来的思想家、政治家所重视，尤其是其中的五行说、灾异说对后世的政治思想产生了巨大的影响。汉代的董仲舒、刘向、刘歆等人都在此基础上作了进一步的阐发，并且试图将之运用于现实的政治生活之中。

除了像《洪范》所述的这种具体的治国之法，《尚书》中还蕴含了丰富的政治理念，前述天人观念和保民思想都是《尚书》的重要政治理念。此外，《尚书》还包含了其他方面的政治思想，比如明德慎罚的刑制思想在《尚书》中就有集中的展现。所谓明德慎罚，就是指统治者在实施刑

[1] 《尚书正义·周书·洪范》，《十三经注疏》本，中华书局 1980 年版。
[2] 《尚书正义·周书·洪范》，《十三经注疏》本，中华书局 1980 年版。

罚时要十分谨慎，注重道德教化，避免滥刑。《尚书》的《吕刑》篇着重讲述了这一问题。根据《史记》的记载，这一篇作于西周穆王时期，吕侯（《史记》作甫侯）向周穆王提出修刑律的建议，于是作《吕刑》。《吕刑》开篇先回顾了刑罚的建立、蚩尤滥用酷刑以及上帝命大臣制定法典以平定社会混乱的历史，其中写道：

> 王曰："若古有训，蚩尤惟始作乱，延及于平民，罔不寇贼，鸱义奸宄，夺攘矫虔。苗民弗用灵，制以刑，惟作五虐之刑曰法。杀戮无辜，爰始淫为劓、刵、椓、黥，越兹丽刑，并制罔差有辞。民兴胥渐，泯泯棼棼，罔中于信，以覆诅盟。虐威，庶戮方告无辜于上。上帝监民，罔有馨香德，刑发闻惟腥。皇帝哀矜庶戮之不辜，报虐以威，遏绝苗民，无世在下。乃命重、黎绝地天通，罔有降格。群后之逮在下，明明棐常，鳏寡无盖。皇帝清问下民，鳏寡有辞于苗，德威惟畏，德明惟明。乃命三后，恤功于民。伯夷降典，折民惟刑；禹平水土，主名山川；稷降播种，农殖嘉谷。三后成功，惟殷于民。士制百姓于刑之中，以教祗德。"[1]

从这段话可以看出，古时社会本来有良好的社会风尚，后来蚩尤及有苗作乱，使社会动荡，人们也开始胡作非为，于是刑罚产生了。但是有苗滥用刑罚，滥杀无辜，致使生灵涂炭，民怨滔天。上帝见此情形，便派伯夷、禹和后稷治理国家。其中，伯夷制定了法典，从此依据刑律审理案件，而且还教导民众遵循法制，重视德行，社会的混乱这才得以平息。从以往的历史经验中，周穆王认识到滥刑的危害，提出应当明德慎罚。他说：

> 嗟！四方司政典狱，非尔惟作天牧？今尔何监？非时伯夷播刑之迪？其今尔何惩？惟时苗民匪察于狱之丽，罔择吉人，观于五刑之中，惟时庶威夺货，断制五刑，以乱无辜。上帝不蠲，降咎于苗。苗民无辞于罚，乃绝厥世。[2]

[1] 《尚书正义·周书·吕刑》，《十三经注疏》本，中华书局1980年版。
[2] 《尚书正义·周书·吕刑》，《十三经注疏》本，中华书局1980年版。

这里写的是周王告诫各诸侯国君，希望他们能效法伯夷所制定的法律，以苗民不明察刑狱、滥用酷刑为戒，要谨慎地运用刑罚，避免受到上天的惩罚。而且，《吕刑》篇还明确记述了审理案件的具体方法：

> 两造具备，师听五辞。五辞简孚，正于五刑。五刑不简，正于五罚。五罚不服，正于五过。五过之疵：惟官，惟反，惟内，惟货，惟来。其罪惟均，其审克之。五刑之疑有赦，五罚之疑有赦，其审克之。简孚有众，惟貌有稽，无简不听，具严天威。[1]

这段话讲的是审理案情的官员应当遵循的原则以及避免的过失，其中多次强调“其审克之”，就是主张要认真、谨慎地考察。这样的原则和要求是明德慎罚思想的体现，而《尚书》中的这些内容为后来的统治者审理案件以及制定、实施刑罚提供了很好的借鉴，明德慎罚的思想也对后世产生了巨大的影响。

总之，从《尚书》的编纂特点及其具体的篇章内容中都可以看出，《尚书》编写具有强烈的以史资政的经世目的，其中的治国策略和政治思想具有很高的历史借鉴价值。

第二节 《春秋》的以史为法思想

所谓以史为法，其实就是立定历史叙事的规范，即“在史事的陈述中同时展示出一系列道德规范和判断是非的标准”[2]。《春秋》既是经书，又是先秦以史为法的代表性史著。以史为法，彰显了史家的主观能动性，它要求史家在客观史实的基础上，必须做出自己的主观发挥，以体现史学的社会功用。相较于《尚书》的以史为鉴，《春秋》以史为法无疑是历史学的一种进步。《春秋》的以史为法，包含着史义之内容与书法

---

[1] 《尚书正义·周书·吕刑》，《十三经注疏》本，中华书局1980年版。

[2] 刘家和：《对于中国古典史学形成过程的思考》，载《古代中国与世界——一个古史研究者的思考》，武汉出版社1995年版，第262页。

之形式两个方面。史义是通过历史记述，即所谓的史事与史文，立定道德规范与是非标准，以表达一种社会政治理想；书法则是为服务史义内容的需要而采用的一种笔法形式，人们通常称其为“春秋笔法”。

一、《春秋》的成书与史学地位

“春秋”本为周代各诸侯国官修国史的通称。《汉书·艺文志》说：“左史记言，右史记事，事为《春秋》，言为《尚书》。”这里所谓的《春秋》，当指周代列国官修史书，这种记事史书时人通称为“春秋”。春秋末年战国初期的墨子曾说“吾见百国《春秋》”[1]，说明当时各诸侯国官修史书非常普遍。《墨子·明鬼下》还引述了《周春秋》杜伯射王于鄗的故事，并说此事“当是之时，周人从者莫不见，远者莫不闻，著在周之《春秋》”。《左传》对孔子之前周代之史“春秋”也有提及，如鲁昭公二年（前540年），晋国韩宣子到鲁国，“观书于大史氏，见《易象》与《鲁春秋》”。这里的《鲁春秋》，自然就是鲁国官修的编年史。《国语·晋语七》提到晋悼公时期，因大夫羊舌肸（即叔向）习于《春秋》，就让他教导太子彪。太子彪即后来的晋平公。叔向所习“春秋”，韦昭注曰：“纪人事之善恶而目以天时，谓之春秋，周史之法也。”[2]《国语·楚语上》记载了楚庄王问大夫申叔时如何教太子，申叔时答道：“教之《春秋》，而为之耸善而抑恶焉，以戒劝其心。”这里所谓“春秋”，自然也是指史书，韦昭注云：“以天时纪人事，谓之春秋。”[3]很显然，从《国语》的记述来看，“春秋”不但是史书，而且其体裁特点是“以天时纪人事”，其内涵是“纪人事之善恶”，其目的是“戒劝其心”，道德色彩浓厚。这一时期也有少数史书使用别的称谓，如晋史称“乘”，楚史称“梼杌”等。孟子说：“王者之迹熄而《诗》亡，《诗》亡然后《春秋》作。晋之《乘》，楚之《梼杌》，鲁之《春秋》，一也。”[4]这就明确指出

[1]《隋书》卷四十二《李德林传》，中华书局1973年版，第1197页。
[2]《国语》卷十三《晋语七》韦昭注，上海古籍出版社2015年版，第295页。
[3]《国语》卷十七《楚语上》韦昭注，上海古籍出版社2015年版，第349—350页。
[4]《孟子·离娄下》，《诸子集成》本，中华书局1954年版。

了晋《乘》、楚《梼杌》如同鲁国《春秋》一样，都是诸侯国国史，只是名称不同罢了。同时，先秦时期一些私家著述，也以“春秋”命名，如《虞氏春秋》、《晏子春秋》、《吕氏春秋》等，便是此类著作的代表。

但是，自从孔子依据鲁国国史《春秋》而成《春秋经》之后，“春秋”遂成专名。《春秋经》原本单行，后附在《春秋》三传《左传》、《公羊传》和《穀梁传》前面。《春秋经》原来还分今古文本，《汉书·艺文志》载有《春秋古经》十二篇，又有《春秋经》十一卷。所谓十二篇是将鲁国十二公各为一篇，而十一卷则是合闵公于庄公而成（清儒沈钦韩《汉书疏证》说：“闵公事短，不足成卷”）。

然而《春秋》亦经亦史，从史的角度而言，它是现存的中国古代第一部编年体史书。如上所述，周代列国国史《春秋》主在记事，而孔子“因史记”作《春秋》，则沿袭了周代列国《春秋》“以天时纪人事”亦即编年纪事的做法。正因此，《汉书·艺文志》所谓“左史记言，右史记事，事为《春秋》，言为《尚书》”之语，同样也是符合孔子所作《春秋》的。《文心雕龙·史传》也说：“左史记事者，右史记言者。言经则《尚书》，事经则《春秋》。”该篇所论左右史职责与《汉书·艺文志》相左，却都以记言之《尚书》与记事之《春秋》对举，同样可以用来说明周代列国《春秋》和孔子《春秋》的记事史书性质。

对于孔子《春秋》的史书属性，先秦文献已有论说。《荀子·儒效》说：“天下之道管是矣，百王之道一是矣，故《诗》、《书》、《礼》、《乐》之归是矣……《春秋》言是，其微也。”《劝学》篇也说：“《春秋》之微也。”《荀子》所言《春秋》，有两层含义，其一是肯定《春秋》乃言“天下之道”、“百王之道”之书，其二是指出《春秋》所言之“道”具有“微”的特点。这里所谓的“微”，当指《春秋》的微妙旨趣，即是让乱臣贼子惧的价值评判。《礼记·经解》说：“属辞比事，《春秋》教也……《春秋》之失乱……属辞比事而不乱，则深于《春秋》者也。”这里“属辞比事”四字，已经讲明了《春秋》的记事性质，并且阐明了孔子作《春秋》的目的在于救治世道衰乱。先秦的道家也认可《春秋》的史书属性，如《庄子·天运》篇借老子的话说：“夫六经，先王之陈迹也，岂其所以迹哉！”《天下》篇不但认为六经属于“旧法世传之史”，而且肯定“《春秋》以道名分”的著述旨趣。这里所谓“名分”，自然是指社会等级秩序，即肯定了《春秋》作为记事史书重视道德评判的特点。

史评家刘知幾和章学诚则从史学角度对《春秋》的史书属性作了论说。刘知幾《史通》以《六家》开篇，认为“古往今来，质文递变，诸史之作，不恒厥体。榷而为论，其流有六：一曰《尚书》家，二曰《春秋》家，三曰《左传》家，四曰《国语》家，五曰《史记》家，六曰《汉书》家。”这里所谓“六家”，是关于史籍的分类，综合史体与内容而言的，《春秋》属于其中的一个重要门类。刘知幾肯定“《春秋》家者，其先出于三代”，在对周代列国官修《春秋》做出回顾之后，具体论述了孔子所作《春秋》，寓书法于记事之中，历经千载而“独行”的史学价值：

> 逮仲尼之修《春秋》也，乃观周礼之旧法，遵鲁史之遗文；据行事，仍人道；就败以明罚，因兴以立功；假日月而定历数，籍朝聘而正礼乐；微婉其说，志晦其文；为不刊之言，著将来之法，故能弥历千载，而其书独行。[1]

这段话包含了三层意思，一是认为《春秋》是孔子“观周礼之旧法，遵鲁史之遗文”而成；二是指明了《春秋》的旨趣与书法；三是肯定《春秋》因其史义与史法而千载“独行”。

刘知幾认为《春秋》的旨趣与特色一方面在于编年纪事。他说：“又案儒者之说春秋也，以事系日，以日系月；言春以包夏，举秋以兼冬，年有四时，故错举以为所记之名也。苟如是，则晏子、虞卿、吕氏、陆贾，其书篇第，本无年月，而亦谓之春秋，盖有异于此者也。”[2]刘知幾以上述四书为例，指出它们虽然以“春秋”命名，却只是假名而已，与具有编年纪事属性的史书《春秋》有异。另一方面，《春秋》的旨趣还主要表现在记事与书法上，并对后世的历史撰述产生影响。“至太史公著《史记》，始以天子为本纪，考其宗旨，如法《春秋》。自是为国史者，皆用斯法。然时移世异，体式不同。其所书之事也，皆言罕褒讳，事无黜

[1] 刘知幾著，浦起龙释：《史通通释》卷一《六家》，上海古籍出版社2009年版，第7页。
[2] 刘知幾著，浦起龙释：《史通通释》卷一《六家》，上海古籍出版社2009年版，第7页。

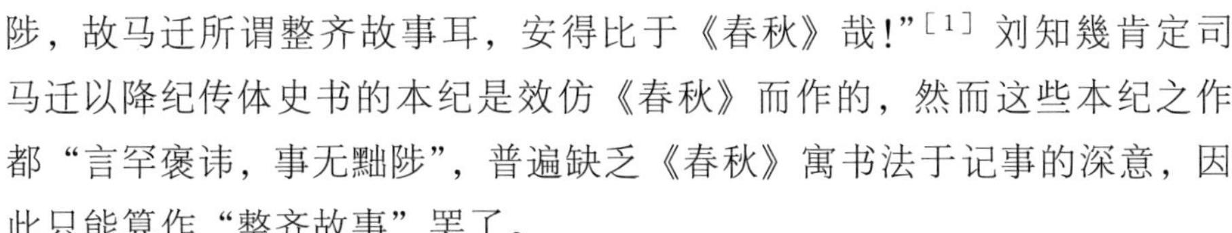

陟，故马迁所谓整齐故事耳，安得比于《春秋》哉!”[1] 刘知幾肯定司马迁以降纪传体史书的本纪是效仿《春秋》而作的，然而这些本纪之作都“言罕褒讳，事无黜陟”，普遍缺乏《春秋》寓书法于记事的深意，因此只能算作“整齐故事”罢了。

刘知幾进而提出了《春秋》“用晦”的主张。《六家》篇所谓“微婉其说，志晦其文”，表达的便是一种“用晦”的思想。刘知幾说：“然章句之言，有显有晦。显也者，繁词缛说，理尽于篇中；晦也者，省字约文，事溢于句外。然则晦之将显，优劣不同，较可知矣。夫能略小存大，举重明轻，一言而巨细咸该，片语而洪纤靡漏，此皆用晦之道也。”[2] 刘知幾认为“用晦”的目的，是既能“省字约文”，又可“巨细咸该”、“洪纤靡漏”，达到言简意赅、言尽意不尽的叙事效果，这是一种历史叙事的境界。诚如浦起龙所言：“用晦之道，尤难言之。简者词约事丰，晦者神余象表。词约者犹有词在，神余者唯以神行，几几无可言说矣。”[3] 在刘知幾看来，《春秋》“用晦”的思想才是其史学价值所在，它对于后世史学与史学思想的发展产生了重要影响。

章学诚也提出了后世史学源于《春秋》的论断。章学诚说：“然古文必推叙事，叙事实出史学，其源本于《春秋》‘比事属辞’。左史班陈，家学渊源，甚于汉廷经师之授受。马曰‘好学深思，心知其意’，班曰‘纬六经，缀道纲，函雅故，通古今’者，《春秋》家学，递相祖述。虽沈约、魏收之徒，去之甚远，而别识心裁，时有得其仿佛。”[4] 在此，章学诚明确肯定叙事史学出自《春秋》的“比事属辞”，而左丘明、司马迁、班固、陈寿等人作史，都属于《春秋》家学。这种家学的传承，“甚于汉廷经师之授受”。南北朝的沈约、魏收虽然时代较后，但其识见、构思，也时时接近《春秋》家学。很显然，章学诚认为《春秋》的精神在

[1] 刘知幾著，浦起龙释：《史通通释》卷一《六家》，上海古籍出版社2009年版，第8页。

[2] 刘知幾著，浦起龙释：《史通通释》卷六《叙事》，上海古籍出版社2009年版，第161页。

[3] 刘知幾著，浦起龙释：《史通通释》卷六《叙事》浦起龙按语，上海古籍出版社2009年版，第163页。

[4] 章学诚：《章氏遗书补遗·上朱大司马论文》，载《章学诚遗书》，文物出版社1985年版，第612页。

于比事属辞。

章学诚对司马迁、班固史学出自《尚书》的说法提出批评。他说："夫子之作《春秋》，庄生以谓议而不断，盖其义寓于其事其文，不自为赏罚也。汉魏而下，仿《春秋》者，盖亦多矣。其间或得或失，更仆不能悉数。后之论者，至以迁、固而下，拟之《尚书》；诸家编年，拟之《春秋》。不知迁、固本纪，本为《春秋》家学，书志表传，殆犹《左》、《国》内外之与为终始发明耳。诸家《阳秋》，先后杂出，或用其名而变其体（《十六国春秋》之类），或避其名而拟其实（《通鉴纲目》之类），要皆不知迁、固之书，本绍《春秋》之学，并非取法《尚书》者也。故明于《春秋》之义者，但当较正迁、固以下其文其事之中，其义固何如耳。若欲萃聚其事，以年分编，则荀悦、袁宏之例具在，未尝不可法也。"[1] 这段话包含了三层意思，其一是认为孔子作《春秋》，将史义寓于史文与史事之中，这是接受了《孟子·离娄下》所言《春秋》"其事则齐桓、晋文，其文则史，孔子曰：'其义则丘窃取之矣'"的说法。其二是对司马迁、班固纪传体史书出自《尚书》，而各类编年体史书仿效《春秋》的说法提出批评，肯定司马迁、班固史学是"本绍《春秋》之学，并非取法《尚书》者也"，认为如果只是编年纪事，那么荀悦《汉纪》、袁宏《后汉纪》之法即可仿效。其三是指出人们之所以视司马迁、班固史学出自《尚书》而非《春秋》，是不"明于《春秋》之义"，不知道司马迁、班固绍《春秋》之义的旨趣。在《文史通义·书教上》中，章学诚对以纪传、编年分别取法《尚书》与《春秋》的说法也提出了批评，他说："后儒不察，又谓纪传法《尚书》，而编年法《春秋》，是与左言右事之强分流别，又何以异哉？"指出这种看法与认为"左史记言，右史记事"的性质一样，都是强分流别，没有领会到《春秋》的史义。

章学诚还从学术史的角度，通过具体论述先秦六经与后世学术之间的关系，进一步阐明了"《春秋》流为史学"的观点。他说："盖六艺之教（过）[通]于后世有三：《春秋》流为史学，《官》、《礼》、诸《记》流为诸子论议，《诗》教流为辞章辞命。其它《乐》亡而入于《诗》、

[1] 章学诚著，叶瑛校注：《文史通义校注》卷一《经解下》，中华书局 2014 年版，第 131 页。

《礼》，《书》亡而入于《春秋》，易学亦入《官》、《礼》，而诸子家言，源委自可考也。”[1] 章学诚认为后世学术之史学、子学、辞章，分别源自《春秋》、礼学和《诗》教，而史学的源头便是《春秋》。章学诚将方志看作一方之史，在《方志立三书议》中，他重申了《春秋》、《诗》、《礼》乃后世学术之源的思想：“古无私门之著述，六经皆史也。后世袭用，而莫之或废者，惟《春秋》、《诗》、《礼》三家之流别耳。纪传正史，《春秋》之流别也；掌故典要，《官》、《礼》之流别也；文征诸选，风《诗》之流别也。”[2]

由上可知，章学诚论《春秋》，一是视《春秋》为后世史学之源；二是认为《春秋》重在属辞比事以明史义；三是反对以《尚书》与《春秋》为纪传体与编年体取法之源，而肯定司马迁、班固史学乃“绍《春秋》之义”之《春秋》家学。

综上所述，孔子《春秋》作为后世史学之源，其价值是通过属辞比事以彰显史义。孔子并非史官，其家族与史职也无渊源，在那个历史记述还属于官学行为的时代，孔子打破官学的藩篱私家修史，旨在寄托一种政治理想。面对春秋乱世，当孔子游说诸侯失败，政治抱负无法得以施展之后，晚年便退而作《春秋》，通过书乱世之史以达治乱世之目的。因此，《春秋》既是一部史书，也是一部政治书，其间内蕴了丰富而深刻的拨乱世、定人道的史义。为了彰显这一史义，《春秋》重视史法，即是要运用特定的书法形式（后人称作“春秋笔法”）来反映和褒贬具体的史事，以表现特定的史义，从而发挥史学的社会功能。

二、《春秋》的史义

所谓“史义”，就是史家通过历史记述（史文与史事）来表达自己的思想。这样的史义，其实在孔子之前的鲁《春秋》中就已经具有了。最

---

[1] 章学诚：《章氏遗书补遗·上朱大司马论文》，载《章学诚遗书》，文物出版社 1985 年版，第 612 页。

[2] 章学诚：《章学诚遗书》卷十四《方志略例·方志立三书议》，文物出版社 1985 年版，第 123 页。

典型的例子莫过于“天王狩于河阳”和“赵盾弑其君”。鲁僖公二十八年（前632年），晋文公大会诸侯于温，召周襄王参会。晋文公不顾君臣名分的做法明显有违于当时的礼法，属于僭越。鲁国史官非常不满，便通过书写“天王狩于河阳”于鲁《春秋》中，来维护等级名分。孔子对于鲁史官的避讳书法非常赞赏，认为“以臣召君，不可以训。故书曰‘天王狩于河阳’，言非其地也，且明德也”[1]。司马迁《史记》也记载了孔子对于鲁《春秋》避讳书法的肯定：“孔子读史记至文公，曰：‘诸侯无召王。“王狩河阳”者，《春秋》讳之也。’”[2] 这里所说的“史记”，自然便是鲁《春秋》，说明“天王狩于河阳”之书法早已存在于鲁《春秋》之中。而这样的书法，自然蕴含了史家所要表达的史义——维护君臣名分与等级秩序。

“赵盾弑其君”，是鲁《春秋》对鲁宣公二年（前607年）发生的晋灵公被杀一事的历史记述书法。首先采用这一书法记事的是事件的发生国晋国的史官董狐。当晋灵公被主政大臣赵盾的族人赵穿攻杀后，史官董狐书“赵盾弑其君”以示于朝。赵盾认为董狐这样书写不对，董狐则反驳说：“子为正卿，亡不越竟，反不讨贼，非子而谁?”坚持这样书写，并且赴告诸侯国。于是鲁《春秋》也就有了“赵盾弑其君”的记载。对于董狐以及鲁《春秋》的书法，孔子颇为赞赏，只是同时也为赵盾感到惋惜，说：“董狐，古之良史也，书法不隐。赵宣子，古之良大夫也，为法受恶。惜也，越竟乃免。”[3]

董狐和鲁《春秋》等以此书法记事，显然也是为了维护君臣名分，强调忠君的道义与责任，这便是其所彰显的史义。对于鲁《春秋》何以会有此书法，我们从《左传·昭公二年》的记载，也可以得到一个侧面印证。昭公二年（前540年）春，晋国韩宣子出使鲁国，“观书于大史氏，见《易象》与鲁《春秋》，曰：‘周礼尽在鲁矣。吾乃今知周公之德与周之所以王也。’”韩宣子的感叹，显然是有感于鲁《春秋》维护礼制的自觉。

[1]《春秋左传正义·僖公二十八年》，《十三经注疏》本，中华书局1980年版。

[2]《史记》卷三十九《晋世家》，中华书局1959年版，第1668页。

[3]《春秋左传正义·宣公二年》，《十三经注疏》本，中华书局1980年版。

孔子因鲁史作《春秋》，一方面继承了鲁《春秋》言义的传统，一方面将之发扬光大，以史义作为《春秋》的旨趣所在。众所周知，六经是孔门教材。孔子将《春秋》作为教材时，自然会重视对于鲁《春秋》本来之史义的继承，同时又加以发挥，融入自己的史义。诚如学者所言："孔子对鲁史《春秋》中的义进行了最大限度的挖掘和阐发，当然同时很可能也加进了孔子自己的义。"[1] 这种借助于鲁《春秋》来阐发史义的做法，有文献为证。《韩非子·内储说上》曰："鲁哀公问于仲尼曰：'《春秋》之记曰：冬十二月賨霜，不杀菽。何为记此？'仲尼对曰：'此言可以杀而不杀也。夫宜杀而不杀，桃李冬实。天失道，草木犹犯干之，而况于人君乎？'"这里"《春秋》之记"，当指鲁《春秋》。对照今本《春秋》僖公三十三年经文，有与之相似的记载，其曰："十有二月……陨霜，不杀草，李梅实。"孔子因鲁哀公之问，引出了"天失道，草木犹犯干之"的说法，将天时与人事治乱联系在一起，指出若人君失道，则会导致下臣专固的道理，这显然是孔子借助于鲁《春秋》的记异而作的史义发挥。

当然，鲁《春秋》作为鲁国国史，虽然重视维护礼制，阐发史义，但主要还是为记述历史，加上过于简略，不可能有过多的史义发挥。而孔子作《春秋》则不然，他以阐发史义为旨趣。孔子之所以如此，是"把自己的思想意识、政治主张，融入了《春秋》的书法之中。这些义虽非作为史册的《春秋》所固有，但在孔子的弟子看来，这些无疑都已是作为孔门教材（即儒家经典）的《春秋》中的义了"[2]。孔子作《春秋》的本义究竟有多少，我们无法知晓。但是，毫无疑问，《春秋》的义被孔子的后学代代发挥，特别是经《春秋》三传的阐发，已经积累了丰富的内容。

最早明确肯定孔子作《春秋》以阐发史义为旨趣的是孟子。孟子说："王者之迹熄而《诗》亡，《诗》亡然后《春秋》作。晋之《乘》，楚之《梼杌》，鲁之《春秋》，一也。其事则齐桓、晋文，其文则史，孔子曰：

---

[1] 赵伯雄：《春秋学史》，山东教育出版社2004年版，第10页。

[2] 赵伯雄：《春秋学史》，山东教育出版社2004年版，第11页。

‘其义则丘窃取之矣。’”[1] 所谓“王者之迹熄”，是指平王东迁，天子失尊，礼乐征伐自诸侯出。孔子因鲁国国史而作《春秋》，赋《春秋》以史义，而东周乱世便是孔子阐发史义的背景。孔子自谦“窃取之”，朱熹注云：“盖言断之在己，所谓笔则笔、削则削，游夏不能赞一辞者也。”[2] 肯定了孔子只是借助于鲁《春秋》的史文与史事，而表达的史义却是完全出于己意笔削而成。那么，孔子“窃取之”的史义之内涵究竟是什么呢？孟子说：

> 世衰道微，邪说暴行有作，臣弑其君者有之，子弑其父者有之。孔子惧，作《春秋》。《春秋》，天子之事也。是故孔子曰：“知我者其惟《春秋》乎！罪我者其惟《春秋》乎！”……昔者禹抑洪水而天下平，周公兼夷狄，驱猛兽而百姓宁，孔子成《春秋》而乱臣贼子惧。[3]

这段话所表述的基本思想，其一是论述了孔子阐发史义的历史背景——春秋乱世；其二是具体阐述了《春秋》史义的内容，那就是通过书乱世之史，而使乱臣贼子感到惧怕，从而发挥史书的政教功能；其三是高度赞扬了孔子作《春秋》的作用，将之与大禹治水、周公兼夷狄等量齐观。最后孟子认为，孔子以私家身份修撰鲁国《春秋》，这在当时是一种违反社会传统的做法，可是面对乱世孔子又不得不然，所以孔子说知我罪我其惟《春秋》，想见其用心良苦。

《春秋》三传之《左传》、《公羊传》和《穀梁传》，都肯定了《春秋》之义。《左传》成书最早，由于主要从史实上阐发《春秋》，对于《春秋》之义的直接论述相对较少。但是有些传文已经蕴含了对《春秋》之义的表述，如《左传·昭公三十一年》曰：“《春秋》书齐豹曰‘盗’，三叛人名，以惩不义……《春秋》之称微而显，婉而辨。上之人能使昭明，善人劝焉，淫人惧焉，是以君子贵之。”这就肯定了《春秋》具有通过书法

[1] 《孟子·离娄下》，《诸子集成》本，中华书局 1954 年版。
[2] 朱熹：《四书章句集注》，中华书局 1983 年版，第 295 页。
[3] 《孟子·滕文公下》，《诸子集成》本，中华书局 1954 年版。

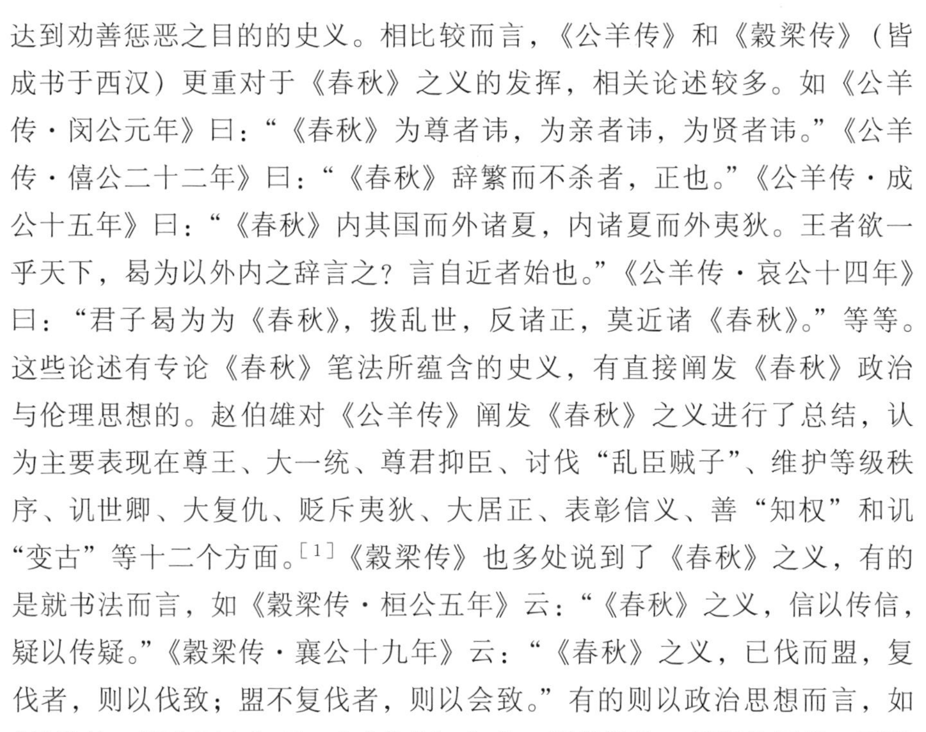

达到劝善惩恶之目的的史义。相比较而言，《公羊传》和《穀梁传》（皆成书于西汉）更重对于《春秋》之义的发挥，相关论述较多。如《公羊传·闵公元年》曰："《春秋》为尊者讳，为亲者讳，为贤者讳。"《公羊传·僖公二十二年》曰："《春秋》辞繁而不杀者，正也。"《公羊传·成公十五年》曰："《春秋》内其国而外诸夏，内诸夏而外夷狄。王者欲一乎天下，曷为以外内之辞言之？言自近者始也。"《公羊传·哀公十四年》曰："君子曷为为《春秋》，拨乱世，反诸正，莫近诸《春秋》。"等等。这些论述有专论《春秋》笔法所蕴含的史义，有直接阐发《春秋》政治与伦理思想的。赵伯雄对《公羊传》阐发《春秋》之义进行了总结，认为主要表现在尊王、大一统、尊君抑臣、讨伐"乱臣贼子"、维护等级秩序、讥世卿、大复仇、贬斥夷狄、大居正、表彰信义、善"知权"和讥"变古"等十二个方面。[1]《穀梁传》也多处说到了《春秋》之义，有的是就书法而言，如《穀梁传·桓公五年》云："《春秋》之义，信以传信，疑以传疑。"《穀梁传·襄公十九年》云："《春秋》之义，已伐而盟，复伐者，则以伐致；盟不复伐者，则以会致。"有的则以政治思想而言，如《穀梁传·昭公四年》云："《春秋》之义，用贵治贱，用贤治不肖，不以乱治乱也。"《穀梁传·哀公四年》云："《春秋》有三盗：微杀大夫谓之盗，非所取而取之谓之盗，辟中国之正道以袭利谓之盗。"赵伯雄总结《穀梁传》发挥《春秋》之义的特点有三：尊王、尊周、尊君思想较《公羊》更为强烈，有主张绝对君权之倾向；保民的意识非常强烈；褒贬予夺有其独特的标准——"正"、"义"与"道"。[2]由上可知，《春秋》三传特别是《公羊传》与《穀梁传》，都非常重视叙述《春秋》之义。值得注意的是，《公羊传》、《穀梁传》叙述的《春秋》之义，很多又是借助《春秋》加以发挥的结果。正是它们的阐发，使得《春秋》之义得到了极大的丰富。

汉代经学家普遍认为《春秋》是言义之书。西汉今文学家董仲舒认为《春秋》主在立义，《春秋繁露》的很多篇章对此都有论述。如《楚庄王》篇曰："《春秋》，义之大者也。""《春秋》贤而举之，以为天下法，

---

[1] 赵伯雄：《春秋学史》，山东教育出版社 2004 年版，第 41—52 页。

[2] 赵伯雄：《春秋学史》，山东教育出版社 2004 年版，第 59—61 页。

曰礼而信。”“《春秋》之道，奉天而法古。”“《春秋》之于世事也，善复古，讥易常，欲其法先王也。”《玉杯》篇曰：“屈民而伸君，屈君而伸天，《春秋》之大义也。”“《春秋》论十二世之事，人道浃而王道备。”“《春秋》正是非，故长于治人。”“《春秋》修本末之义，达变故之应，通生死之志，遂人道之极者也。”《王道》篇曰：“《春秋》立义。”“《春秋》何贵乎元而言之？元者，始也，言正本也。”“《春秋》之义，臣不讨贼，非臣也。”这里所论《春秋》之义，都有着具体的内容，其中主要之义便是纲常伦理与等级秩序。东汉今文经学家何休作《春秋公羊经传解诂》，也非常重视论述和阐发《春秋》之义。如“尊天子”便是何休着重阐发的所谓《春秋》大义之一：

> 《春秋·桓公五年》记曰：“秋，蔡人、卫人、陈人从王伐郑。”
>
> 《公羊传》曰：“其言从王伐郑何？从王，正也。”
>
> 何休《解诂》曰：“美其得正义也，故以从王征伐录之。盖起时天子微弱，诸侯背叛，莫肯从王者征伐，以善三国之君，独能尊天子死节。”[1]

> 《春秋·僖公八年》记曰：“公会王人、齐侯、宋公、卫侯、许男、曹伯、陈世子款、郑世子华，盟于洮。”
>
> 《公羊传》曰：“王人者何？微者也。曷为序乎诸侯之上？先王命也。”
>
> 何休《解诂》曰：“衔王命，会诸侯，诸侯当北面受之，故尊序于上。”[2]

尊王是《春秋》重视宣扬的思想，何休作《春秋公羊经传解诂》，对这一思想作了淋漓尽致的发挥，成为其公羊学的重要思想。东汉古文经学家郑玄也重视叙述和阐发《春秋》之义，并对《春秋》为何重义作出了自

---

[1] 《春秋公羊传注疏·桓公五年》，《十三经注疏》本，中华书局1980年版。

[2] 《春秋公羊传注疏·僖公八年》，《十三经注疏》本，中华书局1980年版。

己的解说："孔子虽有圣德，不敢显然改先王之法以教授于世。"[1] 苏舆也引郑玄之语阐发说："盖制宜从周，义以救敝。制非王者不议，义则儒生可立。"[2] 在郑玄看来，孔子有德无位，故只能借先王之法来赋以己义。

汉代学者论《春秋》史义最为系统、深刻者，当属司马迁。与《春秋》三传和汉代经学家论述《春秋》之义的经学立场不同，司马迁是站在史学的角度对《春秋》之义作了论述。在谈到《春秋》的撰述原因、目的和意义时，司马迁作如是说：

> 是以孔子明王道，干七十余君，莫能用，故西观周室，论史记旧闻，兴于鲁而次《春秋》，上记隐，下至哀之获麟，约其辞文，去其烦重，以制义法，王道备，人事浃。[3]
>
> 余闻董生曰："周道衰废，孔子为鲁司寇，诸侯害之，大夫壅之。孔子知言之不用，道之不行也，是非二百四十二年之中，以为天下仪表，贬天子，退诸侯，讨大夫，以达王事而已矣。"子曰："我欲载之空言，不如见之于行事之深切著明也。"夫《春秋》，上明三王之道，下辨人事之纪，别嫌疑，明是非，定犹豫，善善恶恶，贤贤贱不肖，存亡国，继绝世，补敝起废，王道之大者也。……《春秋》文成数万，其指数千。万物之散聚皆在《春秋》。《春秋》之中，弑君三十六，亡国五十二，诸侯奔走不得保其社稷者不可胜数。察其所以，皆失其本已。故《易》曰"失之毫厘，差以千里"。故曰"臣弑君，子弑父，非一旦一夕之故也，其渐久矣"。故有国者不可以不知《春秋》，前有谗而弗见，后有贼而不知。为人臣者不可以不知《春秋》，守经事而不知其宜，遭变事而不知其权。为人君父而不通于《春秋》之义者，必蒙首恶之名。为人臣子而不通于《春秋》

[1]《礼记正义·王制》孔疏引郑玄语，《十三经注疏》本，中华书局1980年版。
[2] 董仲舒著，苏舆义证：《春秋繁露义证》卷四《王道》注引郑玄《起废疾》语，中华书局1992年版，第112页。
[3]《史记》卷十四《十二诸侯年表》，中华书局1959年版，第509页。

之义者，必陷篡弑之诛，死罪之名。……故《春秋》者，礼义之大宗也。[1]

这两段话主要表述了三层含义：其一，指出了孔子据鲁史而作《春秋》的原因和目的。孔子生当“周道衰废”之乱世，为了济世救民，他周游列国，游说诸侯，结果却是“言之不用，道之不行”，只好退而作《春秋》，通过备载二百四十二年王道与人事，从而“以达王事”、“以制义法”。其二，肯定《春秋》乃乱世之史。孔子为何要因鲁史作《春秋》，用孔子自己的话来说，是“我欲载之空言，不如见之于行事之深切著明也”。他希望通过书写历史上的善恶之事，详记历史上乱臣贼子的无道行为及其产生的原因，以使后世君臣父子都能从中得到劝诫。其三，总结了《春秋》之义的具体内涵。司马迁说《春秋》“文成数万，其指数千”，其旨意大要便是“上明三王之道，下辨人事之纪，别嫌疑，明是非，定犹豫，善善恶恶，贤贤贱不肖，存亡国，继绝世，补敝起废，王道之大者也”。其四，强调《春秋》乃君臣民共同遵守的“礼义之大宗”。正由于《春秋》是通过明王道、辨人事而仪表天下后世的，因此，司马迁认为为人君父与为人臣子者都必须要通晓领会《春秋》之义，否则就会蒙受首恶之名和篡弑之诛。

汉人关于《春秋》之义的论述，对后代《春秋》学影响很大。史评家刘知幾是唐代疑古惑经的代表人物，也是唐代《春秋》学的重要学者。前已述及，刘知幾肯定《春秋》为孔子因鲁史而“修”，其修史原则是“观周礼之旧法，遵鲁史之遗文”。然而，刘知幾并不完全认可孟子特别是汉代以来经史学家们对于《春秋》之义的评述，《史通》中的《惑经》篇，就是针对《春秋》而作的。该文前一部分提出《春秋》“十二未谕”，后一部分则指出《春秋》“五虚美”。“十二未谕”主要是针对《春秋》书法而言，“五虚美”则是针对前贤对于《春秋》的表彰提出的批评，主要是讲《春秋》之义。刘知幾说：

太史公云：夫子“为《春秋》，笔则笔，削则削，游、夏之徒，

[1] 《史记》卷一百三十《太史公自序》，中华书局1959年版，第3297—3298页。

不能赞一辞”。其虚美一也。

左丘明论《春秋》之义云：“或求名而不得，或欲盖而名彰”，“善人劝焉，淫人惧焉”。其虚美二也。

孟子云：“孔子成《春秋》，乱臣贼子惧。”无乃乌有之谈欤？其虚美三也。

孟子云：“孔子曰：‘知我者其惟《春秋》乎，罪我者其惟《春秋》乎。’”其虚美四也。

班固云：“仲尼殁而微言绝。”观微言之作，岂独宣父者邪？其虚美五矣。[1]

刘知幾对于前贤论《春秋》之义显然都作了否定，认为是在美化、拔高《春秋》之义。要之，这些对《春秋》之义的评述均影响深远，属于《春秋》学的不易之论。刘知幾以“虚美”作评，确为惊世之论，却多与史实相符合。尽管这样，刘知幾并不否认《春秋》本身含有史义，只是觉得《春秋》体现史义的“讳书”过多、过杂，“观夫子修《春秋》也，多为贤者讳”，“如公送晋葬，公与吴盟，为齐所止，为邾所败，盟而不至，会而后期，并讳而不书，岂非烦碎之甚?”不过，刘知幾认为如果事关君父大事，避讳还是需要的，“夫臣子所书，君父是党，虽事乖正直，而理合名教”。这种君父大事尽管“事乖正直”，却符合名教，这样的史义必须彰显。在《曲笔》篇中，刘知幾对事涉君亲的书法隐讳再次作了肯定，并且明确指出“掩恶扬善”是《春秋》大义所在。刘知幾说：“肇有人伦，是称家国。父父子子，君君臣臣，亲疏既辨，等差有别。盖‘子为父隐，直在其中’，《论语》之顺也；略外别内，掩恶扬善，《春秋》之义也。自兹已降，率由旧章。史氏有事涉君亲，必言多隐讳，虽直道不足，而名教存焉。”在宣扬名教与秉笔直书的矛盾冲突中，刘知幾选取了前者。

宋代是理学兴起的时代，同时也是《春秋》学发达的时期。宋代理学家研究《春秋》最具代表性的人物当属北宋胡安国与南宋朱熹，他们

[1] 刘知幾著，浦起龙释：《史通通释》卷十四《惑经》，上海古籍出版社 2009 年版，第 383—386 页。

都肯定《春秋》史义，但对于《春秋》的属性以及《春秋》之义的理解还是有所不同。胡安国私淑二程，著有《春秋传》一书，完全从经学的角度来看待《春秋》，视《春秋》为经世大法，对《春秋》之义作了极大的发挥。胡安国认为，《春秋》是“史外传心之要典”，为“百王之法度，万世之绳准”，“故君子以谓五经之有《春秋》，犹法律之有断例也。学是经者，信穷理之要矣；不学是经而处大事、决大疑，能不惑者，鲜矣”。[1] 将《春秋》视为法律之“断例”，“处大事、决大疑”之要典。又说：“《春秋》之旨微矣，非特谨天下之通丧，所以示后世大臣当国秉政不可擅权之法戒也。”[2] 该书不但重视总结《春秋》之义，而且大肆发挥《春秋》之义，诚如学者所言：“胡氏通过发挥，把《春秋》一经变成了名副其实的政治教科书。在他的《春秋传》中，充满了他对政治原则、政治伦理乃至政治结构及其运行机制等等的理解。”[3] 与胡安国不同，朱熹则肯定《春秋》的史书性质，认为该书“是圣人据鲁史以书其事，使人自观之以为鉴戒尔”。“《春秋》所书，如某人为某事，本据鲁史旧文笔削而成。……孔子但据直书而善恶自著。”“孔子只因旧史而作《春秋》，非有许多曲折。”“问：‘《春秋》当如何看？’曰：‘只如看史样看。’”[4] 由此可见，朱熹是明确将《春秋》视为孔子因鲁史而作的史书的，与胡安国将《春秋》当作经书甚至超越五经的看法明显不同。当然，朱熹也不否定《春秋》具有史义，肯定孔子作《春秋》寄予了自己的政治理想。《春秋》的史义是什么？朱熹说：“《春秋》大旨，其可见者：诛乱臣，讨贼子，内中国，外夷狄，贵王贱伯而已。”“《春秋》只是直载当时之事，要见当时治乱兴衰。”“其事则齐威晋文有足称，其义则诛乱臣贼子。”[5] 朱熹所理解的《春秋》大义，主要是“诛乱臣贼子”，也有治乱兴衰、王道政治和大一统政治等，概言之，即是一种政治伦理秩序。可以说，胡安国与朱熹分别代表了汉代以后人们关于《春秋》属性及其大义的两种不同认识。

---

[1] 胡安国：《春秋胡氏传·春秋传序》，《四部丛刊续编》本。

[2] 胡安国：《春秋胡氏传》卷十五，《四部丛刊续编》本。

[3] 赵伯雄：《春秋学史》，山东教育出版社 2004 年版，第 504 页。

[4] 黎靖德编：《朱子语类》卷八十三《春秋》，中华书局 1986 年版，第 2145—2148 页。

[5] 黎靖德编：《朱子语类》卷八十三《春秋》，中华书局 1986 年版，第 2144—2145 页。

综上所述，孔子因鲁史而作《春秋》，旨在通过书乱世之史，以为天下后世立定仪法、作出劝诫，从而建立起新的有序的王道社会理想。这便是《春秋》的史义所在。因此，《春秋》的历史纪事只是手段，而政治教化才是目的。

三、《春秋》的书法

所谓书法，是指在史事陈述的过程中，运用一定的笔法形式，以展现出史家的道德规范和是非标准。换言之，就是史家通过一定的道德规范与是非标准，来衡量、褒贬客观史事与历史人物。那么，《春秋》究竟是如何展现其书法旨意的呢？《礼记·经解》将其概括为四个字，即“属辞比事”。孔疏说：“‘属辞比事，《春秋》教也’者，属，合也；比，近也。《春秋》聚合会同之辞，是属辞；比次褒贬之事，是比事也。”这就是说，《春秋》是要通过连属文辞与比次史事，来对史事、人物进行褒贬与夺，人们通常将此称作“春秋笔法”或“春秋书法”。

对于春秋笔法的具体内涵，《春秋》三传皆有论述。《左传·成公十四年》将其概括为“微而显，志而晦，婉而成章，尽而不汙，惩恶而劝善”。杜预解释道：“一曰‘微而显’，文见于此，而起义在彼。‘称族，尊君命；舍族，尊夫人’、‘梁亡’、‘城缘陵’之类是也。二曰‘志而晦’，约言示制，推以知例。参会不地、与谋曰‘及’之类是也。三曰‘婉而成章’，曲从义训，以示大顺。诸所讳辟、璧假许田之类是也。四曰‘尽而不汙’，直书其事，具文见意。丹楹刻桷、天王求车、齐侯献捷之类是也。五曰‘惩恶而劝善’，求名而亡，欲盖而章。书齐豹‘盗’、三叛人名之类是也。”“若夫制作之文，所以章往考来，情见乎辞。言高则旨远，辞约则义微。此理之常，非隐之也。”[1] 杜预所阐释的，便是著名的《春秋》“五例”说。

相较于《左传》，《公羊传》更重视对于《春秋》书法义例的发挥。《公羊传》通篇都涉及《春秋》书法问题，其关于《春秋》之义的阐发，

[1] 杜预：《春秋左氏传序》，载《春秋左传正义》卷一，《十三经注疏》本，中华书局1980年版。

都是通过发明《春秋》书法得以进行的。如《公羊传》认为“王正月”便蕴含有“大一统”之义，因为这里“王”是国家的象征，“正月”作为历法是政令、制度的象征，故而传文说：“王者孰谓？谓文王也。曷为先言王而后言正月？王正月也。何言乎王正月？大一统也。”这种将“王正月”书法与“大一统”之义联系在一起的旨意，《春秋》本身并不具备，是《公羊传》的首创，由此生发出的“大一统”思想，成为汉代大一统理论形成的基础。又如《公羊传》提倡尊王，对于《春秋》尊王书法发明颇多。《春秋·隐公元年》曰：“祭伯来。”传文认为“来”字蕴含尊王之义，其曰：“祭伯者何？天子之大夫也。何以不称使？奔也。奔者曷为不言奔？王者无外，言奔则有外之辞也。”这里所记“祭伯来”之事，是指祭伯由周出奔到鲁国，因为“王者无外”，鲁国也属于王土，所以即使祭伯实际上是出奔，也不能用表示“出外”的“奔”来书写此事。《春秋·庄公六年》曰：“夏六月，卫侯朔入于卫。”传文认为《春秋》的记载蕴含了褒贬之义，说：“卫侯朔何以名？绝。曷为绝之？犯命也。其言入何？篡辞也。”在《公羊传》看来，卫侯犯天子之命，当然是一种不尊王的表现，所以《春秋》要名之绝之，以示贬损。《公羊传》认为，《春秋》的记事原则是不与诸侯专地、专封、专讨，以此体现尊王大义。《春秋·僖公八年》曰：“春王正月，公会王人、齐侯、宋公、卫侯、许男、曹伯、陈世子款、郑世子华盟于洮。”《公羊传》曰：“王人者何？微者也。曷为序乎诸侯之上？先王命也。”在《公羊传》看来，虽然王人只是周王的一个大夫，地位比起齐侯、宋公要卑微得多，但《春秋》记事却要将他置于这些诸侯之上，那是因为他代表的是周王，必须“先王命”，周天子之命高于一切。《公羊传》此等发明《春秋》书法可谓在在皆是。

与《公羊传》相似，《穀梁传》也非常重视发明《春秋》书法，有些阐发甚至较《公羊传》有过之而无不及。如《春秋·隐公三年》曰“天王崩”，对此《公羊传》的解释是：“何以不书葬？天子记崩不记葬，必其时也。诸侯记卒记葬，有天子存，不得必其时也。曷为或言崩，或言薨？天子曰崩，诸侯曰薨，大夫曰卒，士曰不禄。”在此，《公羊传》只是对天子、诸侯、大夫、士之死的不同用辞作出分辨。《穀梁传》则不然，它通过对“崩”的解说，阐发出“尊天子”之义来，其曰：“高曰崩，厚曰崩，尊曰崩。天子之崩以尊也。其崩之何也？以其在民上，故

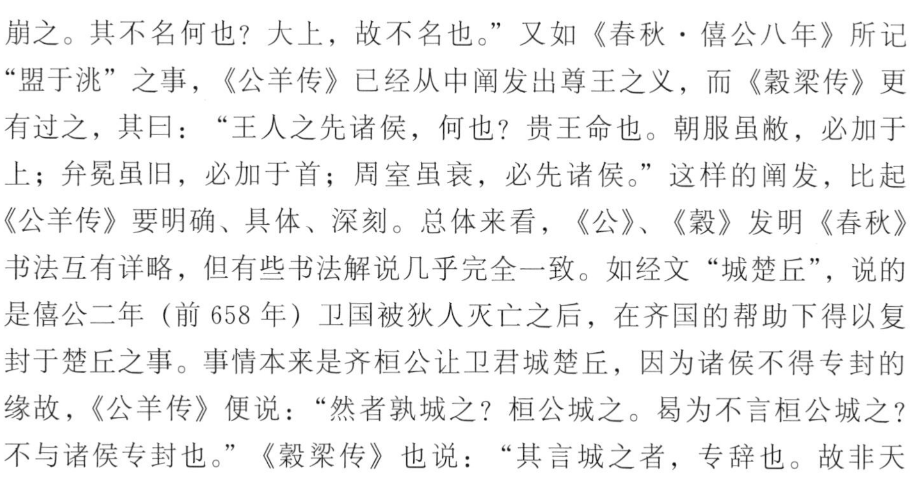

崩之。其不名何也？大上，故不名也。”又如《春秋·僖公八年》所记“盟于洮”之事，《公羊传》已经从中阐发出尊王之义，而《穀梁传》更有过之，其曰：“王人之先诸侯，何也？贵王命也。朝服虽敝，必加于上；弁冕虽旧，必加于首；周室虽衰，必先诸侯。”这样的阐发，比起《公羊传》要明确、具体、深刻。总体来看，《公》、《穀》发明《春秋》书法互有详略，但有些书法解说几乎完全一致。如经文“城楚丘”，说的是僖公二年（前 658 年）卫国被狄人灭亡之后，在齐国的帮助下得以复封于楚丘之事。事情本来是齐桓公让卫君城楚丘，因为诸侯不得专封的缘故，《公羊传》便说：“然者孰城之？桓公城之。曷为不言桓公城之？不与诸侯专封也。”《穀梁传》也说：“其言城之者，专辞也。故非天子，不得专封诸侯。”二者都表达了不予诸侯专封的思想主张。

值得注意的是，我们通常所说的春秋笔法，包含了《春秋》本身具有的书法，这部分内容客观地说是比较少的，更多的则是“三传”发明的。结合《春秋》经传来看，《春秋》通过“属辞比事”以彰显史义，其史法内涵（叙事规则）主要有如下一些特点：

（一）褒贬善恶，扬善隐恶

褒贬善恶是《春秋》的基本书法，旨在通过褒贬与夺，达到扬善惩恶的目的。这一书法的基本特征可举例如下：

一是“据鲁亲周”。以鲁国为本位，尊崇周天子，这是《春秋》的书法之一。关于“据鲁”，如《春秋》所书鲁国 242 年历史中共有四名国君（隐公、闵公、子般、子恶）被弑，但《春秋》出于为亲者讳的书法宗旨而俱不书。又如“公在乾侯”，说的是鲁国季氏掌权时，迫使鲁昭公逃往至乾侯（在晋国境内），最终客死他乡一事。孔子在书写这段鲁国历史时，皆以“公在乾侯”书于每年之首，以示国人不忘旧君，同时表示对专权的季氏不予承认。关于“亲周”，如僖公二十八年（前 632 年）晋文公温之盟召见天子，《春秋》因不愿损天子之尊和表晋文公之恶，便改书曰“天王狩于河阳”。又如经文“王师败绩于贸戎”，说的是成公元年（前 590 年）周王的军队被晋国军队打败之事。《公羊传》曰：“孰败之？盖晋败之，或曰贸戎败之。然则曷为不言晋败之？王者无敌，莫敢当也。”认为《春秋》为了维护周天子的王者尊严，只书战败之地，却不书被谁战败，因为“王者无敌”，是不能被人打败的。如此等等，足见《春秋》善恶褒贬之书法及其用意。

二是避讳书法。避讳的对象是尊、亲、贤者。如上述经文书“城楚丘”，《公羊传》认为其中不但包含了诸侯不得专封的思想，而且还有为齐桓公避讳之义。《公羊传》曰：“孰城？城卫也。曷为不言城卫？灭也。孰灭之？盖狄灭之。曷为不言狄灭之？为桓公讳也。”在《公羊传》看来，狄灭卫是齐桓公之耻，说明他没有有效地肩负起攘夷的任务。“城楚丘”以及闵公二年（前660年）“狄入卫”，这样的书法起到了为齐桓公避讳的作用。再如上述温之盟，《春秋》采用“天王狩于河阳”的书法，既是“亲周”尊君，也是为贤者晋文公讳。晋文公以诸侯之位招周天子，显然是失礼行为，如果直书其事，既有损周天子颜面，也有损晋文公形象，所以《公羊传》说“天王狩于河阳。狩不书，此何以书？不与再致天子也。”《穀梁传》也说：“天王守于河阳。全天王之行也。为若将守而遇诸侯之朝也，为天王讳也。”表面上是为了维护周天子的颜面而采用的书法，其实也是为晋文公作了避讳。

三是用辞不一。如“称爵不一”。周代有公侯伯子男五等爵位，《春秋》在称呼各诸侯王爵位时，内蕴了褒贬之义。如春秋时吴、楚都是大国，都曾当过霸主，他们的国君都自称为王，但是，《春秋》以其为蛮夷之国而贬称为“子”；齐国国君自称为“公”，而《春秋》称其为“侯”；弱小的宋国因是殷商之后，为中原正统国家，《春秋》便称其为“公”。又如“称弑不一”。《春秋》称臣杀君为“弑”，但有时又称“杀”。如《春秋·隐公四年》曰：“卫人杀州吁于濮。”《公羊传》解释说：“其称人何？讨贼之辞也。”《穀梁传》解释说：“称人以杀，杀有罪也。”显然，如同二传所说的，孔子在此说“杀州吁”而不说“弑君”，以明州吁有“不君”之罪；又只说卫人杀之，而不说具体杀君之人，以明此君乃举国共弃之君。

对于主要由《公羊传》与《穀梁传》发明的《春秋》褒贬书法，历代学者看法不一。史评家刘知幾虽然认可《春秋》“用晦”，却质疑《春秋》褒贬书法。前文已述，《史通·惑经》篇的“十二未谕”，便是针对《春秋》之书法发论的。如文中提到的第一条“未谕”，说的是春秋弑君问题。在襄公七年（前566年）、昭公元年（前541年）和哀公十年（前485年），郑国、楚国和齐国分别发生了郑子驷、楚公子围和齐人弑君事件，《春秋》依照各国赴告之辞分别书曰“郑伯髡顽卒”、“楚子麇卒”和“齐侯阳生卒”；相反，赵盾因“反不讨贼”，许止因未亲尝进君之药，却成为弑君之人。对此刘知幾明确表示质疑，他说：“夫臣弑其君，子弑其父，凡在含识，皆知耻惧。苟欺而可免，则谁不愿然？且官为正卿，反不讨贼；地居冢嫡，药不亲尝。遂皆被以恶名，播诸来叶。必以彼三逆，方兹二弑，躬为枭獍，则漏网遗名；迹涉瓜李，乃凝脂显录。嫉恶之情，岂其若是？”[1] 南宋史家郑樵则更是明确反对《春秋》主褒贬之说，斥责其为“欺人之学”。郑樵说：“凡说《春秋》者，皆谓孔子寓褒贬于一字之间，以阴中时人，使人不可晓解，三传唱之于前，诸儒从之于后，尽推己意而诬以圣人之意，此之谓欺人之学。”[2] 这段话有两层含义，其一是斥责史书字字褒贬的做法是“欺人之学”；其二认为所谓《春秋》褒贬书法并非孔子本意，而是三传以来后世之人的附会。郑樵认为，《春秋》只是“纪实事”，如实反映历史，因而它“主在法制，而不在褒贬”[3]。由于宋代史学崇尚《春秋》褒贬之学，发明《春秋》书法已成为一种时尚。因此，郑樵认为《春秋》“不在褒贬”，旨在反对历史撰述任情褒贬的做法，这应该被看作是郑樵崇尚实学的一种体现。

相较于史学家，经学家对于《春秋》具有褒贬书法大多持肯定态度。胡安国在所著《春秋传》中，不但接受了历来对于《春秋》褒贬书法的发明，而且另作了自己的发挥。如其有一段关于隐公年间经文所含褒贬之义的总论，其曰：

> 谓一为元，则知祖述宪章，以体元为人主之职；谓周正为春，则知立制度、改正朔，以夏正为可行之时；谓正月为王正，则知天下之定于一也；隐公不书即位，则知父子君臣之大伦不可废也；与邾仪父、宋人盟而皆书曰“及”，则知以忠信诚悫为先，而盟誓不足贵也；大叔出奔共而书曰“郑伯克段”，则知以亲爱为主，而恩义之

[1] 刘知幾著，浦起龙释：《史通通释》卷十四《惑经》，上海古籍出版社2009年版，第371页。

[2] 郑樵：《通志》卷七十四《灾祥略序》，中华书局1987年版，第853页。

[3] 郑樵：《夹漈遗稿》卷二《寄方礼部书》，中华书局1985年版，第13页。

> 轻重不可偏也；来赗仲子而冢宰书名，则知夫妇人伦之本，而嫡妾之名分不可乱也；祭伯朝鲁直书曰“来”，则知人臣义无私交，而朋党之原不可长也；公子益师书“卒”，则知《春秋》贵大臣，而恩礼之哀荣不可恝也。[1]

这段关于隐公年间《春秋》经文书法的总结，多数并非胡安国的发明，但是他的总结对于宋代《春秋》褒贬书法风气的兴盛是有重要影响的。与胡安国不同，理学集大成者朱熹肯定《春秋》为史书，并且反对将《春秋》看作褒贬之书，更不赞成《春秋》一字以褒贬之说。朱熹说《春秋》“只是据他有这个事在，据他载得恁地……而今却要去一字半字上理会褒贬，却要去求圣人之意，你如何知得他肚里事！”“《春秋》只是直载当时之事，要见当时治乱兴衰，非是于一字上定褒贬。”“其事则齐威晋文有足称，其义则诛乱臣贼子。若欲推求一字之间，以为圣人褒善贬恶专在于是，窃恐不是圣人之意。”“若谓添一个字，减一个字，便是褒贬，某不敢信。”“今人看《春秋》，必要谓某字讥某人。如此，则是孔子专任私意，妄为褒贬！”“或人论《春秋》，以为多有变例，所以前后所书之法多有不同。曰：‘此乌可信！’”[2] 然而，朱熹并不否定《春秋》有凡例：“或论及《春秋》之凡例。先生曰：‘《春秋》之有例固矣，奈何非夫子之为也。’”[3] 认为《春秋》之例是史官所为，非孔子创设。值得注意的是，朱熹著《资治通鉴纲目》，却手创“凡例”，将所谓的《春秋》褒贬书法发挥到无以复加的程度，《资治通鉴纲目》因此成为宋代春秋笔法的代表作。

综上所述，认可《春秋》有褒贬书法无疑是主流观点，也有不少否定的意见，特别是对《春秋》一字以褒贬说的否定。我们认为，《春秋》作为一部史书，通过“属辞比事”以阐发其史义，这是客观事实。但是，《春秋》之书法如同《春秋》之义一样，大多都是《公羊传》和《穀梁传》所发明的，所谓一字以褒贬，显然不符合《春秋》书法的实际情况。

---

[1] 胡安国：《春秋胡氏传》卷三《隐公下》，《四部丛刊续编》本。

[2] 黎靖德编：《朱子语类》卷八十三《春秋》，中华书局1985年版，第2144—2148页。

[3] 黎靖德编：《朱子语类》卷八十三《春秋》，中华书局1985年版，第2147页。

（二）尽而不汙，直书其事

有人将《春秋》之书法完全等同于曲笔，甚至视其为曲笔的代名词，这种观点并不正确。其实，《春秋》既讲避讳，又倡直书，二者都是《春秋》之笔法的应有之义。不过，孔子所谓直书，是具有两重含义或两重标准的。

其一是道义的标准。即是说，凡是符合纲常伦理道德的历史记述，即使它与历史真实不相符合，也是直书。如前述《左传·宣公二年》所记“赵盾弑其君”，孔子就对晋国史臣董狐这一书法大加赞赏，称说：“董狐，古之良史也，书法不隐。”事实上，董狐所谓“赵盾弑其君”，显然不是客观真实，赵盾只是作为晋国正卿而代赵穿受过。孔子称赞董狐“书法不隐”，显然是赞赏董狐以“文”记“事”而直探史“义”的笔法。又如上述“狄入卫”、“天王狩于河阳”等书法，在孔子看来这些都是直书，前者不书“狄灭卫”这一历史事件的真实情况，旨在为齐桓公避讳；后者隐去晋文公“二致天子”这一历史事实，也是为晋文公避讳，同时维护周天子的尊严，故而这些都是出于扬善的需要。

其二是史实的标准。这是追求客观事实之真，是真正意义上的直书。《春秋》重在劝诫，当然不会对历史上统治者的腐朽一面避而不论，那样就不可能真正起到垂训的目的，也无法使乱臣贼子感到恐惧。也正因此，《春秋》一书从总体上看，还基本上是一部纪实史书。如鲁隐公元年（前722年），《春秋》记“郑伯克段于鄢”，如实反映了郑庄公与其弟共叔段兄弟骨肉之间争权夺利的情况。又如桓公二年（前710年）“宋督弑其君与夷，及其大夫孔父”一事，用意是表彰大夫孔父嘉，却也将统治集团的残酷斗争作了描述。《春秋》尤其运用大量篇幅对统治阶级的各种违礼之事作了揭露，如在鲁桓公特别是鲁庄公的相关记事中，《春秋》反复多次提到了由齐国嫁到鲁国的姜氏的淫乱之事，以及其如何利用姿色干预鲁国政治的情况。姜氏非礼却能得到鲁君的宠爱，干预鲁国的朝政，这只能说明鲁君的昏庸。正如吴怀祺先生所说：“《春秋》把242年的历史展现在读者面前决不是在讴歌封建礼义道德，相反地，它把200余年的臣弑君、子弑父的场景淋漓尽致展现给后世的人们。如果不是歪曲《春秋》，那么这部书确实反映了这一段历史的真实。”[1]

[1] 吴怀祺：《中国史学思想史》，安徽人民出版社1996年版，第37页。

如何看待《春秋》的求道与求真之双重求真理念？首先，《春秋》的求道具有一定的合理性。众所周知，中国自周代以来是一个宗法制的社会，宗法制度的特点即是以血缘关系为纽带，以伦理道德为规范，构建起家国一体的等级秩序。在这样重视血缘、伦理和等级的社会里，人们的价值观与道德观打上了深深的宗法社会的烙印，自觉以纲常伦理道德来规范自己的言行。反映到历史编纂中，史家们自然会以此为指导，去记述和评判历史。《春秋》的求道，旨在维护社会纲常伦理与等级秩序，便是迎合了这样一种社会需要。其次，《春秋》的求真奠定了中国史学的直书传统。《左传·庄公二十三年》记曰："君举必书。举而不书，后嗣何观?"这句话反映了先秦时期中国史学具有直书的传统。诚如白寿彝先生所说："直书就是当时史官所应当共同遵守的法度……史官本是神职，有自己的神圣的职守，这就可能要求最大的忠实。"[1]《春秋》作为我国现存的第一部编年体史书，其所表现出的直书精神，在继承古代直书传统的同时，也为后世中国历史学的直书不隐书法树立了范式。再次，《春秋》开启了中国传统史学二重性的模式。纵观古代史学的发展，存在着求道与求真之两重性特点。孔子之前的"董狐笔"体现了史学追求道义的精神，而"太史简"则体现了史学追求历史真实的精神。这两种史学精神共存于《春秋》之中，《春秋》由此开启了传统史学二重性模式。我们观照传统史学的书法，必须兼顾这二重性，把握这二重性特点。

（三）编年纪事，辞约义隐

编年纪事是一种古老的记史方法，王国维认为始于殷周时期。但如今所能看到的最早的编年体史书只有孔子删定的《春秋》，因而它也就成了后世编年体史书的鼻祖。从史书体裁而论，《春秋》确属编年体史书。"春秋"这一书名本身，就已经显示了时间的纽带作用。作为一部反映春秋时期鲁国国史的史书，该书的记事始于鲁隐公元年（前722年），止于鲁哀公十四年（前481年），一共记载了242年鲁国的历史。它所采用的记事方法是"以事系日，以日系月，以月系时，以时系年"[2]。同时又

[1] 白寿彝：《中国史学史》第一册，上海人民出版社1986年版，第357页。

[2] 杜预：《春秋左氏传序》，载《春秋左传正义》卷一，《十三经注疏》本，中华书局1980年版。

以日、月、时、年与鲁国十二公相配，构成两套时间链条。毫无疑问，这种重视依从时序的有条不紊的记事方法，与《尚书》的无序叙事是很不相同的，它反映了历史记述的一种进步。《礼记·经解》说“属辞比事”为《春秋》之教。其中之“比事”，指的是《春秋》的史事排比。这种史事排比，既有空间的，也有时间的。从空间而言，《春秋》记述史事当然不局限于鲁国十二公的历史，还包括周王朝以及列国所发生的大事，这就要求历史叙述必须兼顾到同一时间内鲁国、周王室及列国所发生的史事，也就是要从空间上对史事做出排比。当然，史事排比更主要的还是依照时间来排比史事。《春秋》的叙事是严格按照历史事件的时间顺序进行的。白寿彝先生说：“《春秋》在表述历史的方法上，严格按照年、月、日顺序逐条记载史事；而于每年之中又有春、夏、秋、冬四时的表述，即使其间无事可记，也要书出‘夏四月’、‘秋七月’等，以示天时变化和人事的关系。”[1] 以《春秋·隐公元年》记事为例，其曰：

> 元年，春，王正月。
> 三月，公及邾仪父盟于蔑。
> 夏五月，郑伯克段于鄢。
> 秋七月，天王使宰咺来归惠公、仲子之赗。
> 九月，及宋人盟于宿。
> 冬十有二月，祭伯来。

《春秋》关于鲁隐公元年（前722年）间的史事记载虽然简略，却将当年的很多大事按照时间先后顺序作了叙述，包括鲁隐公与邾国国君仪父及宋人的两次会盟；周天子遣使来赗及周大夫祭伯出奔事件；诸侯国郑国发生的郑伯克段于鄢的重大历史事件等。从时间上来讲，一年四时春夏秋冬都有依次反映；从事件来讲，当年发生的重大史事都作了记载。毫无疑问，《春秋》编年纪事虽然比较简约，却已经具备了编年体史书的雏形，“在史事记载的时间表述上，《春秋》对后来编年体史书的发展有典

---

[1] 白寿彝主编：《中国史学史教本》，北京师范大学出版社2000年版，第17页。

范的作用”[1]。

《礼记》所谓《春秋》“属辞比事”之“属辞”，主要是就书法而言，也有缀辑文辞的考虑。《春秋》叙事，辞约义隐，重视文辞表述是其特点。司马迁说：“孔子在位听讼，文辞有可与人共者，弗独有也。至于为《春秋》，笔则笔，削则削，子夏之徒不能赞一辞。”[2] 这说明孔子作《春秋》，在文辞的选择上非常认真、严谨。

孔子重视言辞，一是反映春秋现实政治的需要，二是《春秋》辞约的编纂需要。从前者而言，当时春秋列国交往复杂多变，辞令在列国政治活动与交往中非常重要，各国当政者都很谨慎。《论语》中曾经提到郑国执政大夫讨论修改辞令的情况：“为命，裨谌草创之，世叔讨论之，行人子羽修饰之，东里子产润色之。”[3] 由此可见，一份文件的形成，需要经过草创、讨论、修饰和润色四个步骤，说明当政者对待文辞的慎重态度。孔子作《春秋》时谨慎对待文辞，正是时代重视文辞之特点的反映。

从后者而言，《春秋》的记事特点是简约。《春秋》记述鲁国 242 年历史，只用了 18000 余字[4]，平均每年不足 100 字。对此，有人讥之为“断烂朝报”，有人美之曰辞约义隐，有人认为是字字寓褒贬，可谓见仁见智。其实，讥之为“断烂朝报”，是无视了《春秋》的遣词用心和用晦之义；而认为《春秋》字字寓褒贬，又显然是夸大了实事；称《春秋》辞约义隐，则比较符合实际。《春秋》用心遣词，所谓“微而显，志而晦，婉而成章”，确实在一定程度上反映了其叙事特点。对于《春秋》叙事的简约风格，司马迁评之曰：“(《春秋》) 约其辞文，去其烦重，以制义法，王道备，人事浃。”[5] 史评家刘知幾也给予了肯定，他说：“夫国史之美者，以叙事为工，而叙事之工者，以简要为主。简之时义大矣哉！历观自古，作者权舆，《尚书》发踪，所载务于寡事；《春秋》变体，其

[1] 白寿彝主编：《中国史学史教本》，北京师范大学出版社 2000 年版，第 17—18 页。

[2] 《史记》卷四十七《孔子世家》，中华书局 1959 年版，第 1944 页。

[3] 《论语·宪问》，《诸子集成》本，中华书局 1954 年版。

[4] 今本《春秋》约为 16500 余字，流传中脱漏 1400 余字。参见杨伯峻：《春秋左传注·前言》，中华书局 1981 年版，第 23 页。

[5] 《史记》卷十四《十二诸侯年表序》，中华书局 1959 年版，第 509 页。

言贵于省文。"[1] 不过，《春秋》叙事确实存在简约过当之嫌。它的记事，每条最多 40 余字，少者甚至只有一个字，经常不书人名、地名，有时甚至忽略整个事件，人们因此很难了解其中的含义。如果没有《左传》对春秋史事的记载，《春秋》的用晦，只能给人以"雾里看花"的感觉；而《春秋》的简约，也只能造成大量史实的遗漏，从而使后人根本无法据此去了解春秋时代与鲁国十二公历史的原貌。

[1] 刘知幾著，浦起龙释：《史通通释》卷六《叙事》，上海古籍出版社 2009 年版，第 156 页。

第三章　汉初“过秦”思潮下的六经之论

秦亡汉兴的历史巨变，促使汉初从统治者到思想家、史学家都普遍重视对于秦亡原因的探讨，由此掀起了一股“过秦”思潮。人们在总结秦朝灭亡的历史教训时，往往以儒家六经思想为指导，一方面对秦朝的酷法与苦民政策提出批评，一方面强调汉朝以仁义立国的重要性。在汉初“过秦”思潮兴起的过程中，陆贾、贾谊是其中的重要代表人物，他们在反思秦朝灭亡之因的同时，积极阐发儒家六经之义，宣扬儒家仁义德治思想，将六经思想纳入历史总结当中，由此推动了汉初儒学的复兴。

第一节　陆贾历史总结中的六经思想

陆贾（约前 240 年—前 170 年），汉初楚国人，著名政治家、思想家和史学家。作为政治家，陆贾“以客从高祖定天下”[1]，亲身参加了秦末反秦战争；汉初两度出使南越，终使赵佗“去帝制黄屋左纛”，“朝命如诸侯”[2]；在诛灭诸吕集团和拥戴汉文帝的政治事件中，也“颇有力焉”[3]。作为思想家，陆贾重视儒家六经思想对于治国理政的作用，常以《诗》、《书》进说刘邦；《新语》提出的“以仁义为本”的思想，对汉

[1]《史记》卷九十七《郦生陆贾列传》，中华书局 1959 年版，第 2679 页。
[2]《史记》卷一百一十三《南越列传》，中华书局 1959 年版，第 2970 页。
[3]《史记》卷九十七《郦生陆贾列传》，中华书局 1959 年版，第 2701 页。

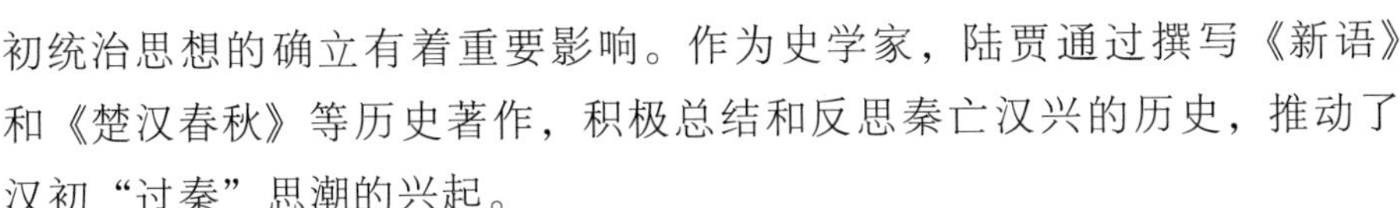

初统治思想的确立有着重要影响。作为史学家，陆贾通过撰写《新语》和《楚汉春秋》等历史著作，积极总结和反思秦亡汉兴的历史，推动了汉初“过秦”思潮的兴起。

一、重儒尚道的学术思想特点

陆贾是汉初大儒。《汉书·艺文志》最早将其著作归为儒家类，南宋黄震肯定“汉初诸儒，未有贾比”[1]，清人唐晏也认为“汉代重儒，开自陆生也”[2]。这些评述不但认可了陆贾的儒家身份，而且肯定其开汉代“重儒”风气之先。从汉代儒学发展史来看，陆贾的这一儒学地位当之无愧。班固在《答宾戏》中就写道：“陆子优繇，《新语》以兴；董生下帷，发藻儒林；刘向司籍，辩章旧闻；扬雄覃思，《法言》、《大玄》。”[3] 很显然，班固认为陆贾因作《新语》，而与董仲舒、刘向、扬雄等儒家人物在思想史上拥有同等地位。东汉思想家王充也说：“《新语》，陆贾所造，盖董仲舒相被服焉……陆贾之言，未见遗阙；而仲舒之言雩祭可以应天，土龙可以致雨，颇难晓也。”[4] 直接肯定董仲舒“被服”《新语》，而且认为《新语》言无遗阙，却对董仲舒阴阳之说颇有微词。这样一种对比论说，充分肯定了陆贾的儒学地位与儒学思想价值。

然而，陆贾虽然是汉初大儒，却不是“醇儒”。从学术师承而言，陆贾与荀子存在着渊源关系。唐晏《陆子新语校注序》说：“或者谓陆生为荀卿弟子。”[5] 近人余嘉锡《四库提要辨证》也认为陆贾之学出于荀子弟子浮邱伯。[6] 今人王利器也明确断言“陆贾之学，盖出于荀子”，认

---

[1] 黄震：《黄氏日抄》卷四十六，影印文渊阁《四库全书》本，台湾商务印书馆，1984 年。

[2] 陆贾著，王利器校注：《新语校注》附录三唐晏《陆子新语校注序》，中华书局 1986 年版，第 223 页。

[3] 《汉书》卷一百上《叙传》，中华书局 1962 年版，第 4231 页。

[4] 王充著，黄晖校释：《论衡校释》卷二十九《案书篇》，中华书局 1990 年版，第 1169 页。

[5] 陆贾著，王利器校注：《新语校注》附录三唐晏《陆子新语校注序》，中华书局 1986 年版，第 222 页。

[6] 陆贾著，王利器校注：《新语校注》附录三余嘉锡《四库提要辨证·新语》，中华书局 1986 年版，第 201 页。

为其具体师承是荀子传于浮丘伯，浮丘伯传于陆贾。王利器以《盐铁论·毁学》和《汉书·楚元王传》的记载为依据，首先肯定浮丘伯乃荀子门人。接着称陆贾“与浮丘同时相善，因而闻风相悦，私淑相闻，这是意料中事……盖陆贾与鲍丘（即浮丘伯）游，因以得闻荀子之说于鲍丘，故其书有不少可以印证荀子之处”[1]。荀子作为先秦三大儒，其儒学思想与孔孟相比显得驳杂，他在继承和发展孔子礼学思想的同时，又将法治思想纳入其学术思想体系之中，“隆礼重法”是其学术思想的基本主张。作为荀子学说的传人，陆贾儒学思想“不醇”自然在情理之中。也正因此，《新语·术势》才会说出“书不必起仲尼之门”的惊人之语。

如果说荀子学术思想的驳杂是援法入儒，那么陆贾儒学之“不醇”则是援道入儒，重视对黄老道家思想的宣扬。有学者甚至认为，陆贾的“《新语》是汉初新道家的代表作”[2]。这里所谓新道家，也就是黄老道家，为汉初国家的统治思想。既然《新语》是黄老道家的代表作，陆贾自然也就是黄老道家人物了。这样的评论也许并不准确，因为《新语》一书的儒家思想基调是不容否认的。但同样不可否认的是，《新语》确实蕴含了较多的黄老道家思想。如果我们将陆贾称为具有浓厚黄老道家思想的儒家，也许更符合其学术思想特点。

通观《新语》一书，陆贾的黄老道家思想主要有以下具体表现：其一，提倡无为。陆贾说：“道莫大于无为，行莫大于谨敬。何以言之？昔舜治天下也，弹五弦之琴，歌《南风》之诗，寂若无治国之意，漠若无忧天下之心，然而天下大治。周公制作礼乐，郊天地，望山川，师旅不设，刑格法悬，而四海之内，奉供来臻，越裳之君，重译来朝。故无为者乃有为也。”[3] 这段话包含了两层含义：一是认为无为乃最大之道，也是古圣王治国之道；二是肯定只有通过无为，才能达到有为。陆贾为他的无为政治设计了一个美好的蓝图：“是以君子之为治也，块然若无事，寂然若无声，官府若无吏，亭落若无民，闾里不讼于巷，老幼不愁于庭，近者无所议，远者无所听，邮无夜行之卒，乡无夜召之征，犬不

[1] 陆贾著，王利器校注：《新语校注·前言》，中华书局1986年版，第8页。
[2] 熊铁基：《秦汉新道家略论稿》，上海人民出版社1984年版，第69页。
[3] 陆贾著，王利器校注：《新语校注》卷上《无为》，中华书局1986年版，第59页。

夜吠，鸡不夜鸣，耆老甘味于堂，丁男耕耘于野，在朝者忠于君，在家者孝于亲；于是赏善罚恶而润色之，兴辟雍庠序而教诲之，然后贤愚异议，廉鄙异科，长幼异节，上下有差，强弱相扶，大小相怀，尊卑相承，雁行相随，不言而信，不怒而威，岂待坚甲利兵、深牢刻令、朝夕切切而后行哉？”[1] 很显然，陆贾的无为之论，是以无不为为目的的，与先秦道家消极遁世明显不同。这种无为之论的本质，是希望汉初统治者能少生事端，轻动干戈，与民休息。其二，讲究道术。“道术”为《庄子·天下》最早提出的概念，道家视“道”为最高范畴，而“道术”自然就是得道之术。作为道家支流的黄老道家也使用这一概念，如无为而无不为，便是一种“道术”。陆贾作为儒家人物，其《新语》却也讲究“道术”，显然是受黄老思想的影响。陆贾说：“《传》曰：‘天生万物，以地养之，圣人成之。’功德参合，而道术生焉。”[2] 天地人相参，便是陆贾所理解的道术，这与道家所谓道法自然、人法天地的思想是契合的。如何效法，陆贾进一步说：“圣人承天之明，正日月之行，录星辰之度，因天地之利，等高下之宜，设山川之便，平四海，分九州，同好恶，一风俗。”[3] 这是对人如何法天地的具体化，是所谓道术的具体表现。因此，陆贾的“道术”论，其实是要统治者通过效仿天地即自然规律，去制定人伦准则与社会制度。

陆贾的学术思想为何蕴含有黄老道家思想？这是与汉初特定时代背景分不开的。早在秦统一中国前夕，秦相吕不韦就曾经组织门客撰写过《吕氏春秋》一书，实际上这是吕不韦为日后统一中国的秦朝所制定的治国大纲。《汉书·艺文志》将该书归为杂家，因其学术思想兼收并蓄，其实这正是黄老道家的学术思想特点。[4] 统一之后的秦朝推行法治，宣扬黄老道家思想的《吕氏春秋》自然被束之高阁；而正是秦的严刑酷法，成为其二世而亡的重要原因。汉朝建立后，通过反思历史，选择主张因循自然、无为而治的黄老道家作为统治思想已是势所必然。陆贾宣扬黄

[1] 陆贾著，王利器校注：《新语校注》卷下《至德》，中华书局 1986 年版，第 118 页。

[2] 陆贾著，王利器校注：《新语校注》卷上《道基》，中华书局 1986 年版，第 1 页。

[3] 陆贾著，王利器校注：《新语校注》卷下《明诫》，中华书局 1986 年版，第 157 页。

[4] 参见汪高鑫：《怎样读〈吕氏春秋〉》，《中华读书报》2017 年 3 月 22 日第 8 版。

老道家思想，只是迎合了当时时代的需要，同时也在一定程度上推动了汉初黄老政治的确立。

当然，陆贾学术思想的本质属性当属儒家，持守的学术是儒家六经经典，宣扬的思想是儒家的道德仁义。《新语》所提出的“顺守”天下的举措中，肯定了黄老道家无为而治思想的价值，这主要是针对秦朝立政苛严，“举措太众、刑罚太极”[1] 而言的；同时，黄老道家无为而治思想的某些具体主张，如与民休息、轻动干戈、宽减刑罚等等，与儒家思想是相通的。不过陆贾治国思想的中心还是以儒家的道德仁义为本，所谓“治以道德为上，行以仁义为本”[2]，“君子握道而治，据德而行，席仁而坐，杖义而强”[3]。值得注意的是，陆贾《新语》常常以仁义与道德相提并论，这是儒家本色的一种体现，而与先秦道家有较大不同。先秦道家也讲道德，但是却将道德与仁义对立，并且根本否定仁义。《老子》第三十八章说：“失道而后德，失德而后仁，失仁而后义，失义而后礼。”在老子看来，正是由于人们丧失了道德，结果才出现了仁义，因此，仁义是道德沦丧的结果。而在儒家那里，道德属于德性范畴，仁义属于行为范畴，有了道德的理念，才会有仁义的政治，二者是因果、一体的关系。

二、“过秦”论与古今论

（一）历史撰述

陆贾的历史总结，是借助于历史撰述来完成的。陆贾的历史撰述主要是《新语》和《楚汉春秋》二书，前者既是一部历史著作，也是一部政论著作；后者则是一部记载秦汉之际史事的史著。

《新语》十二篇不见《汉书·艺文志》著录，但在《艺文志》的《诸子略·儒家》中有《陆贾》二十三篇。一般认为，《新语》当列于《陆贾》之中，属于儒家类著作；《四库全书总目提要》也将其归于子部。其

---

[1] 陆贾著，王利器校注：《新语校注》卷上《无为》，中华书局1986年版，第62页。
[2] 陆贾著，王利器校注：《新语校注》卷下《本行》，中华书局1986年版，第142页。
[3] 陆贾著，王利器校注：《新语校注》卷上《道基》，中华书局1986年版，第28页。

实《新语》也是一部具有史书性质的著作，其内容“皆言君臣政治得失”[1]。从《新语》的撰述动机可知，该书是出于总结秦亡汉兴历史经验教训的需要而作。汉高祖刘邦因反感陆贾常以《诗》《书》进说而怒骂道：“乃公居马上而得之，安事《诗》《书》!”陆贾则反驳说：“居马上得之，宁可以马上治之乎?”并警告刘邦：“乡使秦已并天下，行仁义，法先圣，陛下安得而有之?”对于陆贾的发问，刘邦面有惭色，无以对答。于是对陆贾说：“试为我著秦所以失天下，吾所以得之者何，及古成败之国。”[2]陆贾奉命撰成的这部著作便是《新语》。很显然，《新语》是一部奉命撰写的总结秦亡汉兴与历史成败的著作。根据《史记》本传记载，陆贾在编写《新语》的过程中，每写完一篇，便向高祖刘邦上奏一篇，“每奏一篇，高帝未尝不称善。左右呼万岁”。这部“粗述存亡之征”的《新语》，对汉初政治产生了重要影响。

《楚汉春秋》则是一部记载秦汉之际史事的著作，班彪、班固、司马贞等人皆肯定为陆贾所撰。作为汉初仅有的一部反映秦汉之际历史的史著，《楚汉春秋》有着较高的史料价值，是司马迁撰写《史记》的重要参考文献之一。对于《楚汉春秋》的史料价值，后人也给予了较高的评价，班固就说：“秦兼诸侯，有《战国策》。汉兴伐秦定天下，有《楚汉春秋》。故司马迁据《左氏》、《国语》，采《世本》、《战国策》，述《楚汉春秋》，接其后事，讫于天汉。其言秦汉，详矣。”[3]一方面肯定《楚汉春秋》是记载秦汉之际史事的重要史著，一方面认为它与《左传》、《国语》、《世本》、《战国策》等都是司马迁撰写《史记》所参考的重要资料。史评家刘知幾则更是对《楚汉春秋》推崇备至，他说：“刘氏初兴，书唯陆贾而已。子长述楚、汉之事，专据此书。”[4]《楚汉春秋》今已散佚，但其中不少内容因被后人著作引用而得以保存，续经学者搜集整理，形成了一些辑本。如洪颐煊所辑的《楚汉春秋佚文》，据统计，其资料来源

[1] 王充著，黄晖校释：《论衡校释》卷二十九《案书》，中华书局1990年版，第1169页。

[2]《史记》卷九十七《郦生陆贾列传》，中华书局1959年版，第2699页。

[3]《汉书》卷六十二《司马迁传》，中华书局1962年版，第2737页。

[4] 刘知幾著，浦起龙释：《史通通释》卷十六《杂说上》，上海古籍出版社2009年版，第438页。

有：《史记集解》1条、《史记索隐》20条、《史记正义》5条、《汉书》颜注4条、《汉书》晋灼注1条、《后汉书》注1条、《史通》1条、《困学纪闻》1条、《水经注》1条、《北堂书钞》3条、《文选》注7条、《艺文类聚》3条、《太平御览》20条。[1]《楚汉春秋》被后人大量引用，无疑也体现了它的史料价值。当然，《楚汉春秋》的史料价值也与陆贾直书不隐的精神分不开。此举一例：《史记》卷七《项羽本纪》载有陆贾奉命“说项王，请太公”失败，而侯公出使却取得成功一事，《史记正义》在此引述了《楚汉春秋》所载高祖因此封侯公一事：“上欲封之，乃肯见。曰‘此天下之辨士，所居倾国，故号曰平国君’。”并作按语道：“说归太公、吕后，能和平邦国。”《楚汉春秋》是否记载陆贾本人这次有辱君命的出使不得而知，但却明确记载了侯公的成功出使，给予侯公以高度评价，可知陆贾实际上等于是间接地表述了自己这次出使的失败，他并没有为己讳言此事。王利器认为：“说项王归太公、吕后事，陆贾实在有辱君命。现在虽然仅见侯公说项王一节，必然是陆贾无功，才命侯公复往而踵成之。则陆贾之记此事，必然要详其本末，可以想见，当其秉笔直书之时，必然不会为己之失败而掩饰，则其史德，亦足以风人矣。”[2]他对陆贾直书不隐的精神给予了高度评价。而这种直书不隐的书法，也是《楚汉春秋》受到后代推崇的重要原因。

(二)“过秦”论

在汉初思想家、史学家当中，陆贾无疑是最早对秦亡作出反思的人。纵观陆贾的过秦思想，集中表现在“逆取顺守”四个字上。“逆取顺守”是陆贾与刘邦辩论“居马上得之，宁可以马上治之”时提出的统治天下之术，他指出：“汤武逆取而以顺守之，文武并用，长久之术也。”[3]牛运震《史记评注》说：“‘逆取顺守’四字，道理极深，似涉权术家言，实三代以后有天下者不易之道也。”[4]这里“似涉权术家言”似有贬义，

---

[1] 陆贾著，王利器校注：《新语校注》附录二洪颐煊辑《楚汉春秋佚文》，中华书局1986年版。

[2] 陆贾著，王利器校注：《新语校注·前言》，中华书局1986年版，第15—16页。

[3] 《史记》卷九十七《郦生陆贾列传》，中华书局1959年版，第2699页。

[4] 陆贾著，王利器校注：《新语校注》附录四《史记汉书陆贾传合注》，中华书局1986年版，第236页。

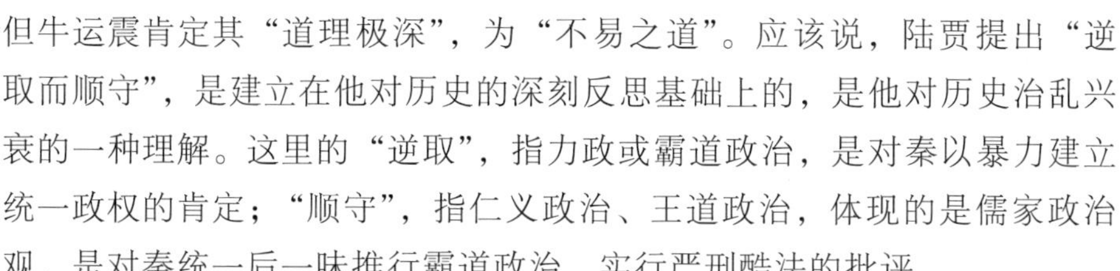

但牛运震肯定其“道理极深”，为“不易之道”。应该说，陆贾提出“逆取而顺守”，是建立在他对历史的深刻反思基础上的，是他对历史治乱兴衰的一种理解。这里的“逆取”，指力政或霸道政治，是对秦以暴力建立统一政权的肯定；“顺守”，指仁义政治、王道政治，体现的是儒家政治观，是对秦统一后一味推行霸道政治、实行严刑酷法的批评。

作为儒者，陆贾并不反对“逆取”天下，并且认为这是古圣王传示后人的一条成功经验。如他认为商汤、周武王都是通过武力夺取政权的，“若汤、武之君，伊、吕之臣，因天时而行罚，顺阴阳而运动，上瞻天文，下察人心，以寡服众，以弱制强，革车三百，甲卒三千，征敌破众，以报大雠，讨逆乱之君，绝烦浊之原，天下和平，家给人足，匹夫行仁，商贾行信，齐天地，致鬼神”[1]。但在夺取政权后，他们都转而推行王道政治，即所谓“逆取而以顺守之，文武并用”。同样，对于秦始皇以武力兼并六国、统一天下的做法，陆贾也是采取肯定态度的。但他认为，秦统一以后，不知道改变统治政策，继续推行“逆取”天下时的做法，结果导致了国家的迅速败亡。他说：“秦始皇设刑罚，为车裂之诛，以敛奸邪，筑长城于戎境，以备胡、越，征大吞小，威震天下，将帅横行，以服外国，蒙恬讨乱于外，李斯治法于内，事逾烦天下逾乱，法逾滋而天下逾炽，兵马益设而敌人逾多。秦非不欲治也，然失之者，乃举措太众、刑法太极故也。”[2] 在他看来，秦始皇也想治理好天下，但他不懂得夺取政权与巩固政权的做法是不相同的。也就是说，他只知“逆取”而不知“顺守”，在统一天下以后，还一味地推行力政，“举措太众、刑法太极”，导致政权的迅速败亡。他认为历史上有很多统治者都不懂得“顺守”之术，其结果往往是重者亡国，轻者身死国乱。如晋厉公、齐庄公、楚灵王、宋襄公之流皆是如此，他们“乘大国之权，杖众民之威，军师横出，陵轹诸侯，外骄敌国，内刻百姓，邻国之雠结于外，群臣之怨积于内，而欲建金石之统，继不绝之世，岂不难哉？”结果“金石之统”不但没有建成，倒是自己死于非命，“宋襄死于泓之战，三君弑于臣之手”。所以陆贾告诫后人说：“三君强其威而失其国，急其刑而自贼，

[1] 陆贾著，王利器校注：《新语校注》卷上《慎微》，中华书局1986年版，第95页。
[2] 陆贾著，王利器校注：《新语校注》卷上《无为》，中华书局1986年版，第62页。

斯乃去事之戒，来事之师也。”[1]

当然，“逆取顺守”的落脚点还在“顺守”，陆贾强调“逆取”天下以后必须推行王道政治。众所周知，王道政治是先秦儒家文化观、政治观的一个基本内涵，陆贾的“顺守”之论无疑是对这种文化观、政治观的一种继承。与先儒略有不同的是，陆贾把推行王道政治看作是古圣王“逆取”天下之后采取的一种基本统治术，而不是一味地只讲王道、不讲霸道，只讲顺守、不讲逆取。那么，陆贾“顺守”之论的具体内涵究竟是什么呢？这在前文所及陆贾面折刘邦时已作了明确表述，即“行仁义，法先圣”。陆贾说：“治以道德为上，行以仁义为本。”[2] 又说：“君子握道而治，据德而行，席仁而坐，杖义而强。”[3] 在陆贾看来，统治者治理国家，必须讲究道德仁义，这是治政之本。

（三）古今论

陆贾既崇古，也重今。“法先王”是传统儒家的一贯思想，陆贾也是主张法先圣的，他肯定先圣们创建的各项文物制度，推崇先圣们以仁义治国的做法，并希望后世君主对他们进行效法。《新语·道基》篇提出了一个古代“三圣”历史发展学说，却未明言此三圣何所指。《汉书·艺文志》提到了圣人作《易》的过程，说是“《易》道深矣，人更三圣，世历三古”。韦昭释“三圣”为伏羲、文王、孔子。孟康解“三古”为“伏羲为上古，文王为中古，孔子为下古”。王利器认为此三圣，“即陆氏所谓先圣、中圣、后圣也”[4]。此说可信。陆贾将观天道以定人道的伏羲当作中华民族的人文始祖，他说：“先圣乃仰观天文，俯察地理，图画乾坤，以定人道，民始开悟，知有父子之亲，君臣之义，夫妇之别，长幼之序。于是百官立，王道乃生。”[5] 陆贾的这一说法应该是受到了《周易》的影响，旨在肯定伏羲定人道、立百官，开创王道社会的历史。从先圣到中圣，经历了一个漫长的发展阶段。在这一时期，古圣王们又进

[1] 陆贾著，王利器校注：《新语校注》卷下《至德》，中华书局1986年版，第121—122页。

[2] 陆贾著，王利器校注：《新语校注》卷下《本行》，中华书局1986年版，第142页。

[3] 陆贾著，王利器校注：《新语校注》卷上《道基》，中华书局1986年版，第28页。

[4] 陆贾著，王利器校注：《新语校注》卷上《道基》，中华书局1986年版，第9页。

[5] 陆贾著，王利器校注：《新语校注》卷上《道基》，中华书局1986年版，第9页。

行了一系列的文明创制，使历史发生了重大变化。其中包括：神农为求可食之物，而“尝百草之实”，“教人食五谷”；黄帝伐木筑室，“以避风雨”；后稷殖谷养民，种桑麻织衣蔽体；大禹疏导江河，排除水患；奚仲创制舟车，“以代人力”。上述古圣人的各种创制，都是关于物质文明的创制。至“皋陶乃立狱制罪，县赏设罚，异是非，明好恶，检奸邪，消佚乱”。[1] 这是一种上层建筑的创制，它反映了国家政治制度的一种充实和进步。当历史进入中圣时代，文王、周公（王利器又说中圣包括周公）面对“民知畏法，而无礼义”的局面，为推行礼义教化进行了一系列创制：“于是中圣乃设辟雍庠序之教，以正上下之仪，明父子之礼，君臣之义，使强不凌弱，众不寡暴，弃贪鄙之心，兴清洁之行。”[2] 王利器说：“辟雍、上庠、东序，俱周大学之名也。”[3] 由此可知，文王、周公时代，为了推行礼义教化，已经开始重视学校教育了。文王、周公之后，随着社会的发展和礼义文治的不断强化，其结果是物极必反，盛极而衰，国家过分文治，反而使社会出现了“礼义不行，纲纪不立”的衰废现象。于是后圣孔子再度对社会进行整合：“后圣乃定五经，明六艺，承天统地，穷事察微，原情立本，以绪人伦，宗诸天地，纂修篇章，垂诸来世，被诸鸟兽，以匡衰乱，天人合策，原道悉备，智者达其心，百工穷其巧，乃调之以管弦丝竹之音，设钟鼓歌舞之乐，以节奢侈，正风俗，通文雅。”[4] 陆贾认为，后圣孔子对社会的再度整合，是以“天人合策”为基准的。这次的创制范围更广，包括文化典籍、人伦规范和礼义制度。由此可见，人类历史不仅是变易的，而且也是呈阶段性向前发展的。

但是，陆贾研究历史是为了现实，他的历史学是为他的政治学服务的。因此，他没有沉湎于发思古之幽情中，而是保持了一颗清醒的政治头脑来关注现实。所以他说：“善言古者合之于今，能述远者考之于近。

---

[1] 以上均见陆贾著，王利器校注：《新语校注》卷上《道基》，中华书局 1986 年版，第 10—16 页。

[2] 陆贾著，王利器校注：《新语校注》卷上《道基》，中华书局 1986 年版，第 17 页。

[3] 陆贾著，王利器校注：《新语校注》卷上《道基》注语，中华书局 1986 年版，第 17 页。

[4] 陆贾著，王利器校注：《新语校注》卷上《道基》，中华书局 1986 年版，第 18 页。

故说事者上陈五帝之功，而思之于身，下列桀、纣之败，而戒之于已，则德可以配日月，行可以合神灵……”[1] 在陆贾看来，人们言古是为了合今，述远是为了考近，“重今”是其古今观的特点。陆贾批评世俗之人厚古薄今的观点，说：“世俗以为自古而传之者为重，以今之作者为轻，淡于所见，甘于所闻，惑于外貌，失于中情。”[2] 陆贾认为从“今之事”中求道，在一定程度上比求之于古之道更为重要。他说：“道近不必出于久远，取其致要而有成。《春秋》上不及五帝，下不至三王，述齐桓、晋文之小善，鲁之十二公，至今之为政，足以知成败之效，何必于三王?”[3] 陆贾讴歌刘邦开创的汉家基业，肯定后王的历史功业：“皇帝起丰沛，讨暴秦，诛强楚，为天下兴利除害，继五帝三王之业，统理中国。……政由一家，自天地剖泮未始有也。”又说刘邦平定天下，“五年之间，海内平定，此非人力，天之所建也”。[4] 颂扬之情溢于言表。从思想渊源而论，在先秦诸子中，法家和儒家的荀子是重于今而轻于古，主张法后王的。陆贾崇古以法先王，是对传统儒家思想的继承；重今以法后王，则与其师承荀子有密切关系。考察陆贾的今古论，几乎与荀子如出一辙。陆贾说言古为合今、述远为考近，荀子则说“善言古者必有节于今”[5]；陆贾批评世俗之人“淡于所见，甘于所闻”，荀子则说“百王之道，后王是也。君子审后王之道而论于百王之前，若端拜而议”[6]。由此看来，陆贾的古今观显然是受到了荀子的影响。

三、以仁义解说六经的经学思想

(一)“顺守”天下的根本在于“行仁义”

仁义论是陆贾历史总结的中心思想。前已述及，陆贾“过秦”论的中心观点其实就是“逆取顺守”四个字，其中“逆取”是对建国历史过

[1] 陆贾著，王利器校注：《新语校注》卷上《术事》，中华书局1986年版，第37页。

[2] 陆贾著，王利器校注：《新语校注》卷上《术事》，中华书局1986年版，第39页。

[3] 陆贾著，王利器校注：《新语校注》卷上《术事》，中华书局1986年版，第41页。

[4] 《史记》卷九十七《郦生陆贾列传》，中华书局1959年版，第2698、2697页。

[5] 《荀子·性恶》，《诸子集成》本，中华书局1954年版。

[6] 《荀子·不苟》，《诸子集成》本，中华书局1954年版。

程的认可，“顺守”则是对现实政治统治的要求。将二者对照论述，是强调秦朝统一之后改变统治策略的必要性。由于秦朝不知变，这个任务便落到了新兴的汉朝身上。陆贾的历史总结，其目的非常明确，就是希望汉朝能够以秦为鉴，以“顺守”来稳定政权。而“顺守”的本质要求便是“行仁义”，陆贾在与刘邦的那场治国理念争论中就已经作了明确表达，在陆贾看来，假使秦朝能够“行仁义，法先圣”，也就不会有汉朝的建立了。《新语》对于这一仁义治国思想作了系统阐发。

纵观陆贾历史总结中的仁义思想，其主要内涵如下：

其一，道德仁义是王权政治的基础。陆贾认为，君王是否怀有道德仁义，这是能否拥有君权、怀来万邦的根本。他说：“夫人者，宽博浩大，恢廓密微，附远宁近，怀来万邦。故圣人怀仁仗义，分明纤微，忖度天地，危而不倾，佚而不乱者，仁义之所治也。行之于亲近而疏远悦，修之于闺门之内而名誉驰于外。”[1] 认为君主推行仁义之政，就能够使政治“危而不倾，佚而不乱”，就能够取悦疏远，享誉于外。反之，君王不讲仁义道德，尽管一时富有四海、权倾天下，其结果必然是功威尽丧、身败名裂。他说：“夫酒池可以运舟，糟丘可以远望，岂贫于财哉？统四海之权，主九州之众，岂弱于武力哉？然功不能自存，而威不能自守，非贫弱也，乃道德不存乎身，仁义不加于下也。”[2]

其二，君主“以仁义为巢”。儒家是贤能政治的鼓吹者，而贤能的主要衡量标准便是仁义之德。陆贾继承了传统儒家的这一思想，他把仁义比作君主之“巢”，而将圣贤视为君主之“杖”。陆贾说：“夫居高者自处不可以不安，履危者任杖不可以不固。自处不安则坠，任杖不固则仆。是以圣人居高处上，则以仁义为巢，乘危履倾，则以圣贤为杖，故高而不坠，危而不仆。”[3] 在陆贾看来，有圣贤辅佐，行仁德政治，自然会达到“顺守”天下的目的。陆贾以古代圣王治国重用人才、讲求仁义的成功经验为据，说：“昔者，尧以仁义为巢，舜以稷、契为杖，故高而益安，动而益固。处宴安之台，承克让之涂，德配天地，光被八极，功垂

---

[1] 陆贾著，王利器校注：《新语校注》卷上《道基》，中华书局1986年版，第25页。
[2] 陆贾著，王利器校注：《新语校注》卷下《本行》，中华书局1986年版，第146页。
[3] 陆贾著，王利器校注：《新语校注》卷上《辅政》，中华书局1986年版，第50页。

于无穷，名传于不朽，盖自处得其巢，任杖得其人也。”[1] 批评后世君主弃仁义、用刑罚，拒贤纳邪，导致政治衰败乃至国破家亡，如“秦以刑罚为巢，故有覆巢破卵之患；以李斯、赵高为杖，故有顿仆跌伤之祸，何者？所任者非也”[2]。陆贾正是从古圣王之政与秦政的成功与失败这正反两方面的经验得出结论：“故杖圣者帝，杖贤者王，杖仁者霸，杖义者强，杖谗者灭，杖贼者亡。”[3]

其三，行仁义者得人。儒家贤人政治强调人才的作用。君主如何才能得到人才，为己所用，关键在于能够身怀道德，行仁本义。陆贾说：“故仁者在位而仁人来，义者在朝而义士至。是以墨子之门多勇士，仲尼之门多道德，文王之朝多贤良，秦王之庭多不详。”[4] 也就是说，为君者行仁义，天下有仁义之人就会望风而集，为其所用。陆贾以历史上正反两方面经验教训为例，强调行仁义者得人、弃仁义者亲离的道理，他说：“周公躬行礼义，郊祀后稷，越裳奉贡而至，麟凤白雉草泽而应。殷纣无道，微子弃骨肉而亡。”[5] 陆贾还对“当今”的统治者不讲道德政治、不以仁义治国提出批评：“今之为君者则不然，治不以五帝之术，则曰今之世不可以道德治也。为臣者不思稷、契，则曰今之民不可以仁义正也。”[6] 这种不讲仁义的统治者，自然得不到人才辅佐。

其四，怀德者得民。陆贾认为，治理国家的根本在于得民，他说：“夫欲富国强威，辟地服远者，必得之于民。”[7] 而能否得民，关键在于统治者是推行德治还是推行法治。陆贾明确指出：“天地之性，万物之类，怀德者众归之，恃刑者民畏之，归之则充其侧，畏之则去其域。故设刑者不厌轻，为得者不厌重，行罚者不患薄，布赏者不患厚，所以亲近而致远也。”[8] 在陆贾看来，统治者只有怀德于民，民众才会归顺于

[1] 陆贾著，王利器校注：《新语校注》卷上《辅政》，中华书局1986年版，第51页。
[2] 陆贾著，王利器校注：《新语校注》卷上《辅政》，中华书局1986年版，第51页。
[3] 陆贾著，王利器校注：《新语校注》卷上《辅政》，中华书局1986年版，第51页。
[4] 陆贾著，王利器校注：《新语校注》卷下《思务》，中华书局1986年版，第173页。
[5] 陆贾著，王利器校注：《新语校注》卷下《明诫》，中华书局1986年版，第160页。
[6] 陆贾著，王利器校注：《新语校注》卷下《思务》，中华书局1986年版，第171页。
[7] 陆贾著，王利器校注：《新语校注》卷下《至德》，中华书局1986年版，第116页。
[8] 陆贾著，王利器校注：《新语校注》卷下《至德》，中华书局1986年版，第117页。

他；反之，统治者重设刑罚，民众就会离他而去。陆贾认为，对于统治民众而言，教化的作用要远远大于刑法，所以他说："夫法令所以诛暴也，故曾、闵之孝，夷、齐之廉，此宁畏法教而为之者哉？故尧、舜之民，可比屋而封，桀、纣之民，可比屋而诛，何者？化使其然也。"[1]在此，陆贾在强调以德得民的同时，也对德与法之间的关系作了论述。他不否认法令的作用，但认为法令旨在诛暴，而教化功在劝善。因此，统治者只有以德得民，而不可以法得民。

其五，"笃于义而薄于利"。陆贾认为，以仁义治国的根本在于富民，而不是困民。因此，作为统治者，就必须要"笃于义而薄于利"，不与民争利。在陆贾看来，统治者与民争利是极其荒谬的，他说："夫释农桑之事，入山海，采珠玑，捕豹翠，消筋力，散布泉，以极耳目之好，快淫侈之心，岂不谬哉？"[2]同时，统治者与民争利，也绝不会有好的下场。他说："故察于利而昏于道者，众之所谋也；果于力而寡于义者，兵之所图也。"[3]历史上的鲁庄公便是一个典型的例子：

> 鲁庄公一年之中，以三时兴筑作之役，规虞山林草泽之利，与民争田渔薪菜之饶，刻桷丹楹，眩曜靡丽，收民十二之税，不足以供邪曲之欲，缮不用之好，以快妇人之目，财尽于骄淫，力疲于不急，上困于用，下饥于食，乃遣臧孙辰请滞积于齐，仓廪空匮，外人知之，于是为齐、卫、陈、宋所伐，贤臣出，邪臣乱，子般杀，鲁国危也。[4]

有鉴于此，陆贾奉劝统治者一定要谨守仁义道德，而不可贪图民利。同时，为了不使民困，他希望统治者能"不兴不事之功"，从而"稀力役"、"省贡献"，以养育民力。他告诫统治者说："故圣人卑宫室而高道德，恶衣服而劝仁义，不损其行，以好其容，不亏其德，以饰其身，国不兴不

[1] 陆贾著，王利器校注：《新语校注》卷上《无为》，中华书局 1986 年版，第 65 页。
[2] 陆贾著，王利器校注：《新语校注》卷下《本行》，中华书局 1986 年版，第 149 页。
[3] 陆贾著，王利器校注：《新语校注》卷下《本行》，中华书局 1986 年版，第 147 页。
[4] 陆贾著，王利器校注：《新语校注》卷下《至德》，中华书局 1986 年版，第 124 页。

事之功，家不藏不用之器，所以稀力役而省贡献也。”[1]

（二）仁义是六经之大义

陆贾不但是汉初史学家，“过秦”思潮的代表人物，而且对传授儒家六经、阐发六经大义，促成汉代经学的兴起，也有重要贡献，在汉代经学发展史上有着重要地位。

众所周知，经学的真正兴起是在汉武帝“罢黜百家，独尊儒术”之后，但在汉初黄老道家思想大行其道之时，六经的传授与思想阐发一直在进行之中。从汉初六经传承来看，荀子无疑是位关键人物。清人汪中认为：“荀卿之学，出于孔氏，而尤有功于诸经。”这个“功”主要表现在对于六经的传承上：“自七十子之徒既殁，汉诸儒未兴，中更战国、暴秦之乱，六艺之传，赖以不绝者，荀卿也。”认为在六经的创作与传承上，“周公作之，孔子述之，荀卿子传之”。[2] 这就充分肯定了荀子之于六经传承的重要贡献和在经学史上的特殊地位。实际上汉初传经诸儒，基本上都是承续于荀子。

汪中在《荀卿子通论》一文中，对于汉初传承六经的具体情况作了详细论述，肯定《诗》、《春秋》、《礼》、《易》等经书的传承都源自荀子。如诗学，该文依据《经典释文·叙录》的记载，认为《毛诗》由子夏传曾申，曾申传魏人李克，李克传鲁人孟仲子，孟仲子传根牟子，根牟子传赵人孙卿子（即荀卿），孙卿子传鲁人大毛公。由此得出结论：“《毛诗》，荀卿子之传也。”依据《汉书·儒林传》的记载：“申公，鲁人也。少与楚元王交，俱事齐人浮丘伯，受《诗》”，“申公卒以《诗》、《春秋》授，而瑕丘江公尽能传之”，由此得出结论：“《鲁诗》，荀卿子之传也。”又说：“《韩诗》之存者，外传而已，其引《荀卿子》以说《诗》者，四十有四。由是言之，《韩诗》，《荀卿子》之别子也。”这就是说，汉初《毛诗》、《鲁诗》、《韩诗》，皆传自荀子。如《春秋》学，该文依据《经典释文·叙录》，肯定《左传》的传授系统是左丘明传曾申，曾申

[1] 陆贾著，王利器校注：《新语校注》卷下《本行》，中华书局 1986 年版，第 148—149 页。

[2] 汪中著，李金松校笺：《述学校笺》补遗《荀卿子通论》，中华书局 2014 年版，第 451—453 页。

传卫人吴起，吴起传其子吴期，吴期传楚人铎椒，铎椒传赵人虞卿，虞卿传荀卿，荀卿传武威张苍，张苍传洛阳贾谊；依据《汉书·儒林传》，认为《穀梁传》是“瑕丘江公（荀子三传弟子）受《穀梁春秋》及《诗》于鲁申公，传子至孙为博士”；依据《荀子·大略》，认为其中“‘春秋贤穆公’，‘善胥命’，则为《公羊春秋》之学”。由此可见，汉初《春秋》三传的传授也是源自荀子。此外，荀子还于礼学、易学有传授之功。如礼学，该文依据《汉书·儒林传》，认为东海兰陵孟卿（荀子后学）善《礼》、《春秋》，传后苍、疏广，又借刘向之语，肯定“二戴《礼》并传自孟卿”，由此得出结论：“曲台之《礼》，荀卿之支与余裔也。”如易学，“刘向又称荀卿善为《易》，其义亦见《非相》、《大略》二篇”。汪中认为：“荀卿于诸经无不通，而古籍阙亡，其授受不可尽知矣！”[1]

以上叙述荀子在汉初传经系统中的特殊地位和重要作用，无非是要讲明陆贾六经之学的师承渊源。如前所述，陆贾师事浮丘伯，是荀子后学，自然也是汉初荀子一系重要的传经者。值得注意的是，在汉初荀子传经后学中，有政治地位较高而经学成就不大者如张苍，也有像申公这样政治上无地位而专注于传经的《鲁诗》学者。与他们不同，陆贾不但是政治家，而且是思想家、史学家，还是汉初重要传经之人。从经学特点而言，陆贾传经往往不拘泥于一经，而是兼治诸经；不专注于训诂，而是重视阐发经文的微言大义；不为传经而传经，而是借助经义以言政治、言治国。

从《新语》一书来看，陆贾对于六经皆有研究。《道基》篇集中反映了陆贾对于六经之义的理解，其曰：“《鹿鸣》以仁求其群，《关雎》以义鸣其雄，《春秋》以仁义贬绝，《诗》以仁义存亡，《乾》、《坤》以仁和合，八卦以义相承，《书》以仁叙九族，君臣以义制忠，《礼》以仁尽节，乐以礼升降。”[2] 这里所谓“《鹿鸣》以仁求其群”，《淮南子·泰族》说：“《鹿鸣》兴于兽，君子大之，取其见食而相呼也。”《家语·好生》

[1] 以上均见汪中著，李金松校笺：《述学校笺》补遗《荀卿子通论》，中华书局2014年版。

[2] 陆贾著，王利器校注：《新语校注》卷上《道基》，中华书局1986年版，第30页。

也说："《鹿鸣》兴于兽，而君子大之，取其得食而相呼。"《毛传》解释说："呦呦然鸣而相呼，恳诚发乎中，以兴嘉乐宾客，当有恳诚相招呼以成礼也。"王利器依据《诗》家之说解释道："陆氏以仁求群之说，亦汉人古《诗》说也。"[1] 也就是说，陆贾是借助于《诗经》之文意，以鹿之天性具有仁德，得食而鸣以招呼同伴，来比喻君主需要依靠仁德来得到人群的呼应。所谓"《关雎》以义鸣其雄"，易顺鼎《经义莛撞》认为陆贾依据的是《鲁诗》说，因为"《鲁诗》以《关雎》为刺周康王后作。盖后夫人佩玉晏，鸡鸣不能为脱簪待罪之举，故借《关雎》能以义鸣其雄，喻康王后不能以义警其君。《鲁诗》盖解《关雎》为鸣声相警之意，故《新语》谓以义鸣，与《毛诗》以关关为和声者不同"[2]。所谓"《春秋》以仁义贬绝"，《公羊传・昭公元年》称："《春秋》不待贬绝而罪恶见者，不贬绝以见罪恶也。贬绝然后罪恶见者，贬绝以见罪恶也。"陆贾认为《春秋》是否运用贬绝书法，皆以是否符合仁义为原则。所谓"《乾》、《坤》以仁和合，八卦以义相承"，俞樾说："'《乾》、《坤》'、'八卦'互言之，古人属文，自有此体。"[3]《乾》、《坤》和合，是因为其分别代表阳、阴，"乾，阳物也；坤，阴物也。阴阳合德而刚柔有体"[4]。陆贾认为，《乾》、《坤》之义体现了仁，与《易传》本意是相符合的。八卦为何是"以义相承"，义的本义是公正、合理，而卦象的构成原理体现的是天地人"三才"的统一性与整体性，所谓"兼三才而两之，故《易》六画而成卦"[5]，这样的"八卦相错"，陆贾认为其遵循的是"义"，体现了八卦构成的合理性。所谓"《书》以仁叙九族"，这里的"九族"是上自高祖，下至玄孙。《尚书・尧典》说："克明俊德，以亲九族。"孔氏传解释说："能明俊德之士，以睦高祖、玄孙之亲。"唐晏则认

[1] 陆贾著，王利器校注：《新语校注》卷上《道基》注语，中华书局 1986 年版，第 32 页。

[2] 陆贾著，王利器校注：《新语校注》卷上《道基》注语，中华书局 1986 年版，第 32 页。

[3] 陆贾著，王利器校注：《新语校注》卷上《道基》注语，中华书局 1986 年版，第 32—33 页。

[4]《周易正义・系辞下》，《十三经注疏》本，中华书局 1980 年版。

[5]《周易正义・说卦》，《十三经注疏》本，中华书局 1980 年版。

为，以《乾》《坤》、“九族”为仁，“疑皆古经义”。[1]《尚书》释“九族”有亲睦之意，与陆贾“以仁叙九族”的思想是吻合的。所谓“《礼》以仁尽节，乐以礼升降”，此二句俞樾怀疑用词有误，他说：“上下文皆以仁义对言，此亦当同，乃云‘以礼升降’，何欤？疑此文本作‘乐以仁尽节，礼以义升降’。”《礼记·乐记》也说：“仁近于乐，义近于礼。”[2]应该说以乐言仁、以礼言义合乎本义。

纵观陆贾对于六经经义的解说，往往不专宗一家或一经之说，而且皆以仁义为落脚点。在陆贾看来，六经思想的精髓无疑便是“仁义”二字。《新语》一书以仁义解说六经之义者不乏其例，如《道基》篇说：“礼义不行，纲纪不立，后世衰废；于是后圣乃定‘五经’，明‘六艺’”，“夫谋事不并仁义者后必败，殖不固本而立高基者后必崩。故圣人防乱以经艺，工正曲以准绳”；“仁者道之纪，义者圣之学。学之者明，失之者昏，背之者亡……《榖梁传》曰：‘仁者以治亲，义者以利尊。万世不乱，仁义之所治也’”；《怀虑》篇说：“夫世人不学《诗》、《书》，存仁义，尊圣人之道，极经艺之深，乃论不验之语，学不然之事，图天地之形，说灾变之异，乖先王之法，异圣人之意，惑学者之心，移众人之志”；《本行》篇说：“治以道德为上，行以仁义为本……表定六艺，以重儒术……功传而不衰，《诗》、《书》、《礼》、《乐》，为得其所，乃天道之所立，大义之所行也”。很显然，上文论述六经之义，往往是以仁义来进行解说的。

正是以这一重仁义的经学思想作指导，陆贾在进行历史总结和政治解说的过程中，往往也是视仁义为主旨思想的。在陆贾看来，秦朝不懂得“逆取顺守”的道理，秦之亡是亡于“仁义不施”，而汉之兴依靠的则正是“行仁义”。抓住了“仁义”二字，也就抓住了秦亡汉兴之历史与政治的关节点。从经学史的角度而言，正是由于陆贾以仁义阐发六经大义，以《诗》《书》进说刘邦，才在一定程度上改变了刘邦轻儒的态度，进而

---

[1] 陆贾著，王利器校注：《新语校注》卷上《道基》注语，中华书局1986年版，第33页。

[2] 陆贾著，王利器校注：《新语校注》卷上《道基》注语，中华书局1986年版，第33—34页。

有了文景时期经学博士的设置，并最终至汉武帝时期推行“罢黜百家，独尊儒术”的治国方针，经学从此兴起。由此来看，清人唐晏所谓“汉代重儒，开自陆生”，如果我们结合陆贾的经学思想和以经说政的经学实践，以及西汉前期儒学发展的历史来看，此说却非虚语。

第二节　贾谊的“过秦”论及其六经思想

贾谊（前200年—前168年），洛阳（今河南洛阳市）人，西汉初年著名的政治家、思想家、文学家和史学家。年二十余即被文帝召为博士，因擅长议政，一年中被超拔做了太中大夫。后遭朝中大臣排挤，被迫于文帝三年（前177年）离朝，先后出任长沙王、梁怀王太傅，三十三岁去世。作为著名的政治家和思想家，贾谊留下了许多著名的奏疏，如《论定制度兴礼乐疏》、《论积贮疏》、《谏铸钱疏》、《陈政事疏》（亦称《治安策》）、《谏立淮南诸子疏》和《请封建子弟疏》等；作为文学家，他的文学成就主要集中在辞赋和散文上，赋有《吊屈原赋》、《鹏鸟赋》、《旱云赋》等，散文则主要为政论散文；作为史学家，他的政论、史论文字脍炙人口，所著三篇《过秦论》是汉初“过秦”思潮的代表作，被收入《新书》中。值得注意的是，贾谊是汉初大儒，也是汉初重要传经之人，他的“过秦”论是以六经思想为根基的。

一、“颇通诸家之书”的学术思想特点

贾谊是汉文帝时期的大儒。西汉刘歆说：“至孝文皇帝……在汉朝之儒，唯贾生而已。”[1] 清人卢文弨说：“两汉文、武之世，有两大儒焉，曰贾子，曰董子。皆以经生而通达治体者也。”[2] 自班固《汉书·艺文志》开始，历代正史的《艺文志》或《经籍志》大多将贾谊《新书》归

[1] 《汉书》卷三十六《楚元王传》，中华书局1962年版，第1968—1969页。

[2] 卢文弨：《重刻贾谊新书序》，载贾谊著，王洲明、徐超校注：《贾谊集校注》附录，人民文学出版社1996年版。

入“儒家类”；目录学著作如宋代官修《崇文总目》、清修《四库全书总目》等，也是将《新书》归入“儒家类”，均视贾谊为西汉初年儒家代表人物。但从贾谊学术思想的具体内涵来看，他又确非一个纯儒，而具有“颇通诸家之书”[1] 的特点。

贾谊的学术思想有法家渊源。贾谊十八岁时就“以能诵诗书属文称于郡中”，河南守吴公“闻其秀材，召置门下，甚幸爱”。二十二岁时，“文帝初立，闻河南守吴公治平为天下第一，故与李斯同邑，而尝学事焉，征以为廷尉。廷尉乃言谊年少，颇通诸家之书。文帝召以为博士”。[2] 吴公赏识贾谊“颇通诸家之书”，学识渊博，故而向汉文帝举荐了他。吴公曾经师事李斯，属于法家。贾谊又师事吴公，由李斯至吴公一脉相承的法家思想，自然也会对贾谊产生影响。司马迁在讲到西汉前期学术的时候，说“贾生、晁错明申、商，公孙弘以儒显”[3]，把贾谊归为法家。清代学者姚鼐则通过对汉文帝性格的分析，指出了贾谊重视“明申、商”之术的原因在于“文帝仁厚，所不足者在于法制”，贾谊“明申、商”之术，即是要以此“明君臣之分，审名实，使吏奉法令而度数可循守”，也就是说是出于当时现实政治的需要。[4] 在贾谊的具体政论中，也能清楚地看到他是具有法治思想的。如针对诸侯王势力，贾谊就主张仁义恩厚之“芒刃”与权势法制之“斤斧”必须并用，否则，“释斤斧之用，而欲婴以芒刃”，则必然“不缺则折”。[5] 贾谊也非常重视对于礼法关系的探讨，认为“礼者禁于将然之前，而法者禁于已然之后”[6]，它们各自具有不同的作用。对于历史上的商鞅变法，贾谊也能给予客观的评价。《新书·过秦上》说：“当是时也，商君佐之，内立法度，务耕织，修守战之具，外连横而斗诸侯，于是秦人拱手而取西河之外。”[7] 充

[1]《汉书》卷四十八《贾谊传》，中华书局1962年版，第2221页。

[2]《汉书》卷四十八《贾谊传》，中华书局1962年版，第2221页。

[3]《史记》卷一百三十《太史公自序》，中华书局1959年版，第3319页。

[4] 姚鼐：《贾生明申商论》，载贾谊著，王洲明、徐超校注：《贾谊集校注》附录，人民文学出版社1996年版。

[5]《汉书》卷四十八《贾谊传》，中华书局1962年版，第2236页。

[6]《汉书》卷四十八《贾谊传》，中华书局1962年版，第2252页。

[7] 贾谊著，王洲明、徐超校注：《贾谊集校注》甲编《新书·过秦上》，人民文学出版社1996年版。

分肯定了商鞅变法对于秦国强盛的重要作用。《新书·瑰玮》篇强调强本抑末、重农轻商的思想，显然也是符合法家治国主张的。当然，贾谊反对一味讲究法治，故而对“商君遗礼义，弃仁恩，并心于进取”[1]，最终导致社会风俗败坏给予否定。

贾谊的学术思想也有道家痕迹。汉文帝三年（前177年），文帝议授贾谊公卿之位，却遭到周勃、灌婴、张相如、冯敬等大臣的群起反对，无奈之下只好让贾谊出任长沙王太傅。就在赴任途经湘水时，贾谊有感于屈原的遭遇而作《吊屈原赋》，以抒发自己此时的悲愤之情。在任长沙王太傅的四年中，贾谊的心情一直郁郁寡欢，他为自己的前途和命运而忧心忡忡，文帝五年所作的《鹏鸟赋》，便反映了此时的这种心情。贾谊在长沙王太傅任内的最大思想变化，便是对道家思想的接受。《吊屈原赋》、《鹏鸟赋》中多次引用老庄道家之言来抒发自己的情感，将道家精神作为失意时的精神支柱。如《吊屈原赋》将自己心中的愤慨不平与屈原的忧愁幽思融会在一起，称颂屈原爱憎分明、忠贞爱国的高风亮节与情操，对那个贤愚倒置、是非颠倒的不合理的社会进行抨击。但是，贾谊却不赞成屈原以身殉国的行为，明确表示“瞝九州而相君兮，何必怀此都也？凤皇翔于千刃之上兮，览德辉而下之；见细德之险征兮，摇增翮逝而去之”[2]。从中可知贾谊的生死观跟屈原有明显的不同。屈原比较执着，因为理想无法实现而殉以生命，具有儒家杀身成仁的思想；贾谊则没有那么固执，显得比较豁达，具有道家的风范。作《鹏鸟赋》时，贾谊已居长沙三年，尽管担心自己住在卑湿的长沙，也许因此而不能长寿，但他没有沉沦，反而看开人生的祸与福，表现出一种豁达的人生态度。《鹏鸟赋》对天地万物的存在及其形式作了探讨：“万物变化兮，固天休息。斡流而迁兮，或推而还。形气转续兮，变化而嬗。沕穆无穷兮，胡可胜言！”肯定万物的变化推移都是形气转化的结果，这一思想出自《庄子·至乐》中万物、生死乃气的运转变化之说。《鹏鸟赋》所谓“祸兮福所倚，福兮祸所伏……夫祸之与福兮，何异纠纆”，则是继承了老子祸福相依、相互包含的辩证思想。《鹏鸟赋》所谓“天地为炉兮，造化为

[1]《汉书》卷四十八《贾谊传》，中华书局1962年版，第2244页。

[2]《史记》卷八十四《屈原贾生列传》，中华书局1959年版，第2494—2495页。

工；阴阳为炭兮，万物为铜。合散消息兮，安有常则；千变万化兮，未始有极”，此处“造化”一词来自《庄子·大宗师》“今一以天地为大炉，以造化为大冶，恶乎往而不可哉”，只是庄子谈的是生死态度，贾谊解说的是万物变化。《鹏鸟赋》在谈到如何摆脱人生困境的时候，更是直接以“道”来作出解答：“至人遗物兮，独与道俱……真人淡漠兮，独与道息。释知遗形兮，超然自丧；寥廓忽荒兮，与道翱翔。”[1] 也就是说，只要得“道”，与“道”融为一体，就可以“知命不忧”，不惧怕死亡，超然一切了。此外，《新书》的很多篇目，如《属远》、《忧民》等，对道家无为而治的思想进行了阐述；《益壤》、《制不定》、《审微》、《退让》等，着重阐发了老子的辩证思想。

贾谊的学术思想中还有阴阳家成分。战国阴阳家代表人物邹衍提出五德终始说，以金木水火土五德循环解说王朝更替规律，以祥瑞符应的出现作为新德诞生的征兆，以文物制度改制为具体内容。这一学说在秦汉时期有很大的影响。秦朝的水德制度据此而建，汉朝文武时期有过德属之争，最终在武帝时期确定汉朝为土德。《汉书·贾谊传》说：“谊以为汉兴二十余年，天下和洽，宜当改正朔，易服色制度，定官名，兴礼乐。乃草具其仪法，色上黄，数用五，为官名悉更，奏之。”这段关于改制的建言，所反映的思想较为复杂，但主要体现了儒家与阴阳家的思想。所谓“兴礼乐”，自然是儒家主张；而“改正朔，易服色制度”、“色上黄，数用五”，则是阴阳家的思想。《汉书·郊祀志赞》对汉前期德属之争以及贾谊的德属主张有明确记载：“至于孝文，始以夏郊，而张仓据水德，公孙臣、贾谊更以为土德，卒不能明。孝武之世，文章为盛，太初改制，而兒宽、司马迁等犹从臣、谊之言，服色数度，遂顺黄德。”从中可知，贾谊是文武时期倡言五德终始说的代表人物，是汉朝土德说的主张者。他与公孙臣的土德说对后来兒宽、司马迁参与《太初历》的修订，最终确定汉朝土德说有重要影响。其实汉朝前期土德与水德之争，不仅是德属之争，也是改制之争。一方面这种德属之争有确定正统之义，持汉朝以水德继周之火德者，以秦朝短祚构不成一德为理由；持汉朝为土德者，则是承认了秦朝的历史统绪。另一方面，五德终始说宣扬改制，

[1] 均见《史记》卷八十四《屈原贾生列传》，中华书局1959年版，第2498—2500页。

只有确定汉朝为土德，才能有别于秦朝，实现一套新的文物制度。而贾谊是改制的积极倡导者，他的大量上疏，充满着改革时弊的思想。

此外，像先秦时为显学、秦汉后逐渐式微的墨家思想，以及在战国时期大显其道的纵横家思想等，贾谊也都有所汲取。如对墨家，《过秦上》评价陈涉“非有仲尼、墨翟之贤”，很显然，墨子在贾谊心目中是一位可与孔子齐名的贤者。《新书》的很多篇章都对墨家思想有所引述和阐发，比如《壹通》篇说“因行兼爱无私之道”，“兼爱”是墨家学说的核心内容；《道术》篇说“心兼爱人谓之仁”，这是将儒家的仁与墨家的兼爱打通了，颇有新意；《退让》篇讲述了翟国君主派遣使者出使楚国，楚王特意在章华台招待翟国使者，目的是炫耀奢华，使者介绍了翟王一贯节俭的各种事例之后，一句“翟国恶见此台”让楚王感到了羞愧，这其实是在宣扬墨家尚俭的政治主张。如对纵横家，《过秦上》篇对战国时期秦与东方六国合纵连横的外交作了详细描述，从中可以看出他对纵横家思想的赞赏。该篇说到因为秦国的强大，促成了“天下之士，合从缔交，相与为一”，形成合纵抗秦的局面。在评述孟尝君、平原君、春申君、信陵君等战国四大公子时，认为他们“皆明智而忠信，宽厚而爱人，尊贤而重士，约从离衡，兼韩、魏、燕、赵、宋、卫、中山之众”。这里所谓“约从离衡”，就是建立合纵、撤散连横的意思；而这种合纵，便是“明智而忠信，宽厚而爱人，尊贤而重士”之战国四公子的主要功业。该篇还不厌其烦地详细叙述了当时许多东方六国纵横人士合纵攻秦的情况。如此津津乐道合纵连横，可见其对纵横家思想与活动赞赏之一斑。

当然，贾谊学术思想的本质属性无疑应归属于儒家。首先从师承上看。贾谊的师承主要有两条线，一是师事吴公，一是师事张苍。吴公师事李斯，虽然主要是学习法家，但吴公之所以将贾谊招置门下，是看重其“颇通诸家之书”，尤其是饱读诗书，有俊秀之才。贾谊师事张苍，主要是传儒家经典《左传》。唐人陆德明《经典释文序录》认为《左传》的传授是：“左丘明作《传》以授曾申，申传卫人吴起，起传其子期，期传楚人铎椒，椒传赵人虞卿，卿传同郡荀卿名况，况传武威张苍，苍传洛阳贾谊。”[1]《后汉书·儒林列传》则进一步指出：“梁太傅贾谊为《春

[1] 陆德明：《经典释文·序录》，上海古籍出版社2013年版，第52页。

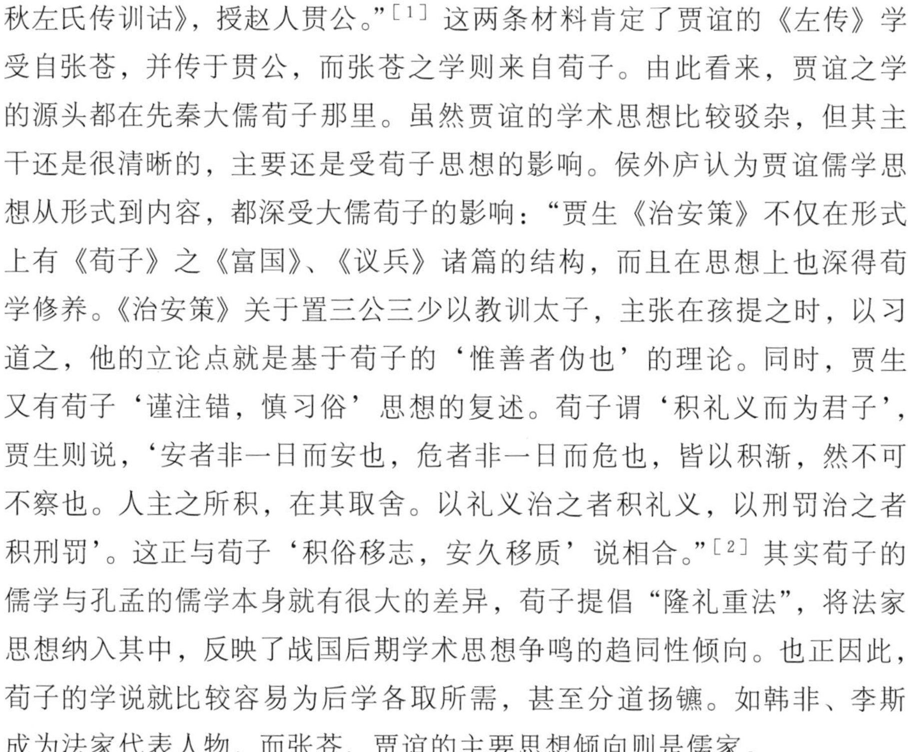

秋左氏传训诂》，授赵人贯公。”[1] 这两条材料肯定了贾谊的《左传》学受自张苍，并传于贯公，而张苍之学则来自荀子。由此看来，贾谊之学的源头都在先秦大儒荀子那里。虽然贾谊的学术思想比较驳杂，但其主干还是很清晰的，主要还是受荀子思想的影响。侯外庐认为贾谊儒学思想从形式到内容，都深受大儒荀子的影响：“贾生《治安策》不仅在形式上有《荀子》之《富国》、《议兵》诸篇的结构，而且在思想上也深得荀学修养。《治安策》关于置三公三少以教训太子，主张在孩提之时，以习道之，他的立论点就是基于荀子的‘惟善者伪也’的理论。同时，贾生又有荀子‘谨注错，慎习俗’思想的复述。荀子谓‘积礼义而为君子’，贾生则说，‘安者非一日而安也，危者非一日而危也，皆以积渐，然不可不察也。人主之所积，在其取舍。以礼义治之者积礼义，以刑罚治之者积刑罚’。这正与荀子‘积俗移志，安久移质’说相合。”[2] 其实荀子的儒学与孔孟的儒学本身就有很大的差异，荀子提倡“隆礼重法”，将法家思想纳入其中，反映了战国后期学术思想争鸣的趋同性倾向。也正因此，荀子的学说就比较容易为后学各取所需，甚至分道扬镳。如韩非、李斯成为法家代表人物，而张苍、贾谊的主要思想倾向则是儒家。

其次，从学术思想来看。第一，贾谊继承了先秦儒家民本思想。先秦三大儒孔、孟、荀都强调重民，以民为邦本。贾谊继承了这一思想，他说：“闻之于政也，民无不为本也。国以为本，君以为本，吏以为本。故国以民为安危，君以民为威侮，吏以民为贵贱。此之谓民无不为本也。”[3] 在此，贾谊肯定了民众才是国家、君主和官吏的根本，这种以民为本的表述跟儒家孟子的“民为贵，社稷次之，君为轻”的观点何其相似。第二，贾谊继承了先秦儒家重礼思想。孔子重礼，讲君君臣臣父父子子；荀子隆礼，讲“贵贱有等，长幼有差，贫富轻重皆有称者也”[4]。礼制思想是先秦儒家重要的政治思想。贾谊也主张通过礼治，

[1] 《后汉书》卷七十九下《儒林列传》，中华书局1965年版，第2579页。

[2] 侯外庐：《中国思想通史》第二册，人民出版社1957年版，第66—67页。

[3] 贾谊著，王洲明、徐超校注：《贾谊集校注》甲编《新书·大政上》，人民文学出版社1996年版。

[4] 《荀子·礼论》，《诸子集成》本，中华书局1988年版。

区别等级，建立起上下尊卑分明的和谐社会，所谓“尊卑已著，上下已分，则人伦法矣”[1]。《新书》有《阶级》一篇，顾名思义，讲的就是人与人之间的等级关系。该篇对古代圣王确定的礼制颇为赞赏，说：“古者圣王制为列等，内有公卿、大夫、士，外有公、侯、伯、子、男……等级分明，而天子加焉，故其尊不可及也。”由此可见贾谊对儒家礼制思想的高度重视。第三，贾谊继承了先秦儒家“尊王攘夷”的大一统思想。贾谊所处的时代，外有匈奴之患，内有诸侯王国势力扩张，大一统政治并没有真正建立起来。为了解决匈奴之患，贾谊提出了“三表”、“五饵”方法，“三表”的大义是爱人之状、好人之技、立以信义；“五饵”则是赐之盛服车乘、盛食珍味、音乐妇人、高堂邃宇府库奴婢、亲近安抚，[2] 中心思想是通过儒家一贯提倡的德化四夷的办法，来实现四夷归附的目的。为了解决王国问题，贾谊向汉文帝提出了“众建诸侯而少其力”的主张，通过广施皇恩的办法，达到削弱王国势力的目的。《治安策》中说：“欲天下之治安，莫若众建诸侯而少其力。力少则易使以义，国小则亡邪心。”[3] 贾谊的这一主张虽然没有被汉文帝采纳，却可谓是汉武帝时期主父偃提出“推恩令”的先导，无疑是解决王国问题的一副良方。由此看来，贾谊的主要学术思想与儒家是一脉相承的。

贾谊学术以儒学为本色自然毫无疑问，而其儒学的“驳杂”同样不容置疑。金春峰在回顾汉初儒学发展的时候，将陆贾、贾谊和韩婴作为汉代儒学先行阶段的代表，认为他们的儒学“杂家的特点比较突出”，主要是“荀子的影响占据了主导的地位。其表现形式是儒法融合”。只有到董仲舒时，汉代儒学才真正“在统一的基础上形成为一种体系”。[4] 显然是将贾谊作为儒家来评述其儒学特点与地位的。王洲明、徐超也认为：“贾谊的思想主要为儒家内容，也有法家的成分，甚至还有着道家的色彩。具体说，他的德政、礼教以及民本思想，显然属于儒家学派；强调

[1] 贾谊著，王洲明、徐超校注：《贾谊集校注》甲编《新书·服疑》，人民文学出版社1996年版。

[2] 贾谊著，王洲明、徐超校注：《贾谊集校注》甲编《新书·匈奴》，人民文学出版社1996年版。

[3] 《汉书》卷四十八《贾谊传》，中华书局1962年版，第2237页。

[4] 金春峰：《汉代思想史》，中国社会科学出版社1987年版，第112—113页。

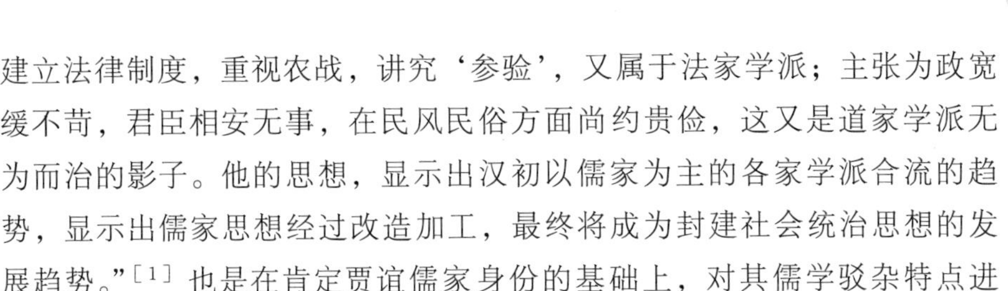

建立法律制度，重视农战，讲究‘参验’，又属于法家学派；主张为政宽缓不苛，君臣相安无事，在民风民俗方面尚约贵俭，这又是道家学派无为而治的影子。他的思想，显示出汉初以儒家为主的各家学派合流的趋势，显示出儒家思想经过改造加工，最终将成为封建社会统治思想的发展趋势。”[1] 也是在肯定贾谊儒家身份的基础上，对其儒学驳杂特点进行了评述。

综上所述可知，贾谊学术思想的基本倾向无疑是儒家，却又表现出明显的“颇通诸家之书”的特点。贾谊儒学思想的这一特点，既有荀子儒学本身“驳杂”的思想特点之影响，也是汉初儒学发展“驳杂”的具体反映，而这种“驳杂”恰恰又是战国秦汉之际学术思想发展呈现出趋同性的具体体现。正是这种儒学思想通过对法、道等诸家思想的汲取所表现出的“驳杂”，才逐渐完成了汉初儒学思想的转型，才为汉武帝时期儒学获取“独尊”地位奠定了思想基础。

二、“过秦”论与治国论

贾谊关于秦之兴亡的历史总结，集中见诸收录于《新书》中的三篇《过秦论》，相关论述还大量散见于所上奏疏和《新书》其他篇目中。贾谊“过秦”论的历史视角分为“攻”与“守”两个阶段，具体分析秦朝兴亡之因；“过秦”论的目的则是为西汉朝的政治统治提供历史借鉴，并在此基础上提出具体的治国理论。因此，攻守之论的中心和落脚点在于如何“守”。

(一)“过秦”论

贾谊的三篇《过秦论》收录于《新书》中，是汉初“过秦”思潮的代表作。司马迁对贾谊的“过秦”论非常赞赏，不但在《史记·秦始皇本纪》中加以全文收录，[2] 而且在《陈涉世家》中以《过秦上》篇收尾，可见其对此论的高度重视与充分认同。

[1] 贾谊著，王洲明、徐超校注：《贾谊集校注·前言》，人民文学出版社 1996 年版。

[2] 《史记·秦始皇本纪》收录的三篇贾谊的《过秦论》，顺序是下篇在前，上、中篇依次在后。学者一般认为上、中二篇为后人补入，仅备一说。

《过秦上》篇集中探讨秦的兴亡之因。该篇认为秦作为春秋战国西陲边地的一个普通诸侯国，是从秦孝公时期开始向东方开拓的。秦国之所以能够在这一时期取得“拱手而取西河之外”的态势，主要取决于“据崤函之固，拥雍州之地”的“地势”，“席卷天下，包举宇内，囊括四海，并吞八荒”的“心志”，以及任用商鞅变法，奖励耕战，国富兵强的“形势”。到了秦王嬴政时期，秦已是“振长策而御宇内，吞二周而亡诸侯，履至尊而制六合，执敲朴以鞭笞天下，威震四海”，“以六合为家，崤函为宫”，秦国的势力达到鼎盛。然而，这样一个强大的国家，统一天下仅十余年，就因陈胜首义而土崩瓦解了，所谓“一夫作难而七庙隳，身死人手”。这“一夫”之人陈胜，论素质，“才能不及中人”，没有孔子、墨翟之贤，没有陶朱公、猗顿之富；论地位，“非尊于齐、楚、燕、赵、韩、魏、宋、卫、中山之君也”，没有诸侯之位；论力量，“谪戍之众非抗九国之师也”。如此强大的秦朝，为何会如此不堪一击呢？贾谊得出的结论是：“仁义不施，攻守之势异也。”

《过秦中》篇具体分析秦始皇、秦二世之过。该篇认为，秦始皇完成国家统一是民心所向，当时天下“莫不虚心而仰上”，希望国家能够安定，百姓安居乐业。但是，秦始皇“不信功臣，不亲士民，废王道而立私爱，焚文书而酷刑法，先诈力而后仁义，以暴虐为天下始”。之所以如此，因为秦始皇不懂得“取与、攻守不同术也”，所以才沿袭了过去夺取天下的做法，“其道不易，其政不改”。秦二世继位之后，天下人都在盼望着能够改弦易辙，所谓“劳民之易为政也”。然而秦二世不但没有顺应天下希望变易政治的民心，以“正先帝之过”，结束之前推行的各种烦苛苦民之政，反而“重以无道”：“更始作阿房之宫；繁刑严诛，吏治刻深；赏罚不当，赋敛无度。天下多事，吏不能纪；百姓困穷，而主不能收恤。然后奸伪并起，而上下相遁；蒙罪者众，刑僇相望于道，而天下苦之。”秦二世的暴虐，比起秦始皇有过之而无不及，其结果便是陈胜“不用汤、武之贤，不藉公侯之尊”，便可以振臂一呼，天下响应，轻而易举地导致了秦朝的覆灭。

《过秦下》篇论述了子婴最终亡国的必然性。这个必然性就是“三主之惑，终身不悟”。始皇之惑，在于不懂得“攻守势异”，以严刑酷法治国，导致国家虚弱；二世继起，却不知更改，反而“暴虐以重祸”，进一

步把国家推向了危险的境地；子婴个人既不备“庸主之材”，又得不到“中佐”，“孤立无亲，危弱无辅”，最终导致了国家的覆灭。所以贾谊说：“三主失道，而忠臣不谏，智士不谋也。”这便是秦朝所面临的危局，国家危亡也就成为必然。

三篇《过秦论》关于秦的兴亡，集中阐发的中心思想便是“攻守势异”四个字，这跟前辈陆贾所总结的“逆取顺守”四个字的含义大致相同，说明汉初“过秦”之论的历史总结已经形成为一种共识。贾谊所论秦的“攻势”，在时间上是指秦国自孝公时期商鞅变法之后，国富兵强，逐渐取得对东方六国的优势，以至最终剪灭六国、完成统一的过程。在这个过程中，贾谊对于秦国所采取的积极进取的国策是持肯定态度的。他一方面指出“崤函之固”的地势作用，有利于秦国的崛起；另一方面更认为秦的崛起主要还是主观努力所取得的形势：秦国自孝公以来就有吞并天下的雄心，并且重用商鞅变法，“立法度，务耕织，修守战之具”，外交上“外连衡而斗诸侯”，打破六国合纵局面。正是这一切，使得秦国逐渐取得了对东方六国的优势。这种优势的不断积长，最终到秦王嬴政时期完成了国家的统一。三篇《过秦论》系统阐述了从秦孝公到秦王嬴政期间，秦国逐渐取得有利形势的具体过程。

贾谊所论秦的“守势”，自然是指统一之后的形势。秦完成了国家的统一，如何治理国家、稳定统治，这是秦朝所面临的形势。历史已经证明，秦依然还是继续采用攻取天下时期的办法来治理国家，结果导致国家迅速败亡。秦在“守势”阶段的具体做法，完全是照搬“攻势”时期的做法，甚至其暴虐、苦民的程度比起夺天下时更是有过之而无不及。《过秦中》篇对秦始皇、秦二世时期所采取的各种暴政作了详细论述，而正是这种暴虐天下的做法，最终导致陈胜首义、天下响应的局面。

为何秦能够在“攻势”时期剪灭强大的东方六国，完成国家的统一，却在统一之后只维持十余年，就落得个“一夫作难而七庙隳，身死人手”的下场呢？贾谊认为这是秦不懂得“攻守势异”的道理所导致的结果。在贾谊看来，夺取政权需要依靠霸道、力政，顺守天下则需要依靠仁义，这是因形势的不同而采取不同的治国之术。秦朝即是不懂得以仁义治国对于顺守天下的重要性，反其道而行之，最终只能导致覆灭的下场。《过秦论》具体分析了为何顺守天下需要施以仁义的原因。首先，百姓期盼国家统一，是希望能结束战争，安定生活。秦统一之前的中国，长期以来诸侯争霸，“无王者久矣”，所以统一是民心所向。老百姓拥护秦始皇，对他寄予很大的希望，希望他能施仁义，行仁政，从此与民休息，恢复生产，从而使他们得以过上安居乐业的生活。在贾谊看来，这就是当时的民情，就是当时的国势。其次，秦朝的实际做法可谓逆势而行，完全违背了人民的意愿。“秦虽离战国而王天下，其道不易，其政不改”[1]，统一之后还是继续陶醉于以往的成功，继续以诈力进行统治，而不懂得及时改变统治术。其结果则是刚刚脱离战火之苦的百姓，又重新承受着秦朝严刑酷法和繁重赋役的暴虐。本来秦二世即位，历史给了秦朝一个很好的改弦易辙的机会，当时的百姓也“莫不引领而观其政”，所谓“寒者利裋褐，而饥者甘糟糠”[2]，遗憾的是，秦二世“重以无道”，更加暴虐，最终导致了秦朝的败亡。在贾谊看来，秦朝的败亡，关键是不懂得“攻守势异”的道理，统一之后没有顺应民心，及时作出统治政策的调整，实行仁义治国的国策，这是“秦之过”的关键所在。

（二）治国论

贾谊的“过秦”是为“兴汉”张本的，故而其攻守之论的落脚处还在于“守”。既然秦朝的覆灭是“逆守”天下、“仁义不施”的结果，那么汉朝就必须要以史为鉴，以仁义治国。如果说三篇《过秦论》主要探讨了秦的兴亡，那么《新书》其他篇章以及诸奏疏则主要体现了其以仁义治国的思想。

1. “行仁义”必须以民为本

闻之于政也，民无不为本也。国以为本，君以为本，吏以为本。故国以民为安危，君以民为威侮，吏以民为贵贱。此之谓民无不为本也。闻之于政也，民无不为命也。国以为命，君以为命，吏以为命。故国以民为存亡，君以民为盲明，吏以民为贤不肖。此之谓民

[1] 贾谊著，王洲明、徐超校注：《贾谊集校注》甲编《新书·过秦中》，人民文学出版社 1996 年版。

[2] 贾谊著，王洲明、徐超校注：《贾谊集校注》甲编《新书·过秦中》，人民文学出版社 1996 年版。

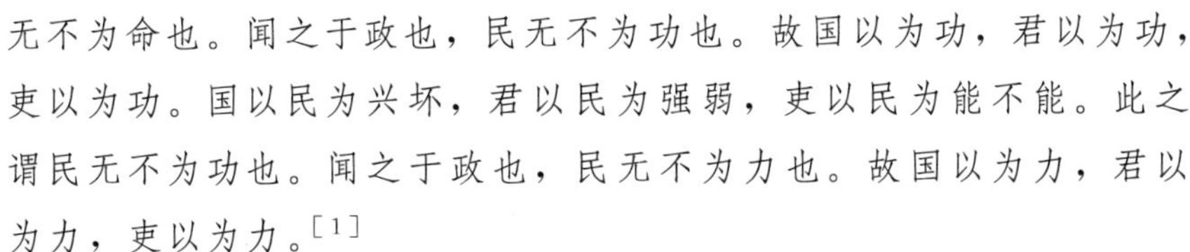

> 无不为命也。闻之于政也，民无不为功也。故国以为功，君以为功，吏以为功。国以民为兴坏，君以民为强弱，吏以民为能不能。此之谓民无不为功也。闻之于政也，民无不为力也。故国以为力，君以为力，吏以为力。[1]

这段话表达了两层含义：一是以民为本的主体为国家、君主和官吏，也就是说，作为整个统治集团，都必须要具有以民为本的意识；二是不但要以民为本，还要以民为命、以民为功和以民为力，统治集团要充分认识到民对于国家的重要性。贾谊警告统治者不要与民众为仇敌。他说："自古至于今，与民为仇者，有迟有速，而民必胜之。"原因何在呢？"故夫民者，大族也，民不可不畏也。故夫民者，多力而不可適也。"[2] 所谓"一夫不耕，或为之饥；一妇不织，或为之寒"[3]。离开了民众，就没有衣食之源，国家也就无法存在。贾谊认为国家的福与灾，也是取决于是否"夺民"，而不是取决于天，所谓"天有常福，必与有德；天有常灾，必与夺民时。故夫民者，至贱而不可简也，至愚而不可欺也"[4]。民众的地位比天还要高，比天还要重要。

以民为本的具体表现，一是要有仁爱之心。既然老百姓是国家的根本，要想稳固根本，统治者就必须要仁爱民众，这是一种自然的逻辑。贾谊认为，古代圣君之所以能平治天下，关键是他们都有一颗仁爱之心。如商汤撤网而猎，作祷祝曰："蛛蝥作网，今之人循绪。欲左者左，欲右者右，欲高者高，欲下者下。吾请受其犯命者。"老百姓听说了这件事之后，说："汤之德及于禽兽矣，而况我乎！"便都纷纷拥护他的统治。楚昭王有"当房之德"，后来因吴国攻打楚都郢时被迫逃往隋地，而当年受

---

[1] 贾谊著，王洲明、徐超校注：《贾谊集校注》甲编《新书·大政上》，人民文学出版社1996年版。

[2] 贾谊著，王洲明、徐超校注：《贾谊集校注》甲编《新书·大政上》，人民文学出版社1996年版。

[3] 贾谊著，王洲明、徐超校注：《贾谊集校注》甲编《新书·无蓄》，人民文学出版社1996年版。

[4] 贾谊著，王洲明、徐超校注：《贾谊集校注》甲编《新书·大政上》，人民文学出版社1996年版。

昭王当房之赐的楚国饥寒百姓，勇敢地起来与吴国军队进行殊死战斗，迫使吴国退兵，帮助楚昭王复位。[1] 相反，如果统治者不仁爱民众，就绝不会有好的下场。如商纣王不怀仁心，“背道弃义，释敬慎而行骄肆”，结果国亡身死后，老百姓还不解恨，对他的尸体进行蹂躏，“蹈其腹，蹶其肾，践其肺，履其肝”。[2] 春秋时期的卫懿公也是一个不仁爱民众的昏君。他喜欢养鹤，以此为乐。他让鹤穿上华丽的衣服，乘坐卿大夫所坐的车子。但却“赋敛繁多而不顾其民，贵优而轻大臣”。结果，当翟人进攻卫国时，卫国士民都不愿意替国君抗敌，而是打开城门四处逃散。卫国因此被灭，懿公本人也逃亡身死。[3]《新书》一书举了很多统治者对待民众的正反两方面的事例，之所以如此不厌其烦，旨在强调统治者仁爱民众的重要性。

二是要有富民之策。如何富民？贾谊提出两条具体主张：重本轻末与“积贮”。重本轻末是对传统儒家重农思想的继承，在汉初经济萧条的特定历史背景下有积极意义。贾谊认为，“以末予民，民大贫；以本予民，民大富”。只有农人才能创造财富，而商人只会消费财富：“夫奇巧末技、商贩游食之民，形佚乐而心县愆，志苟得而行淫侈，则用不足而蓄积少矣。”[4] 所谓积贮，就是蓄积粮食，以备灾荒。贾谊认为，重视积贮是古圣王的一条成功的治国经验：“王者之法：民三年耕而余一年之食，九年而余三年之食，三十岁而民有十年之蓄。……王者之法：国无九年之蓄，谓之不足；无六年之蓄，谓之急；无三年之蓄，曰国非国也。”反观当时国家的积蓄情况，贾谊忧心忡忡：“今汉兴三十年矣，而天下愈屈，食至寡也。”[5] 他希望汉文帝对此高度重视，早作打算，不

[1] 贾谊著，王洲明、徐超校注：《贾谊集校注》甲编《新书·谕诚》，人民文学出版社1996年版。

[2] 贾谊著，王洲明、徐超校注：《贾谊集校注》甲编《新书·连语》，人民文学出版社1996年版。

[3] 贾谊著，王洲明、徐超校注：《贾谊集校注》甲编《新书·春秋》，人民文学出版社1996年版。

[4] 贾谊著，王洲明、徐超校注：《贾谊集校注》甲编《新书·瑰玮》，人民文学出版社1996年版。

[5] 贾谊著，王洲明、徐超校注：《贾谊集校注》甲编《新书·忧民》，人民文学出版社1996年版。

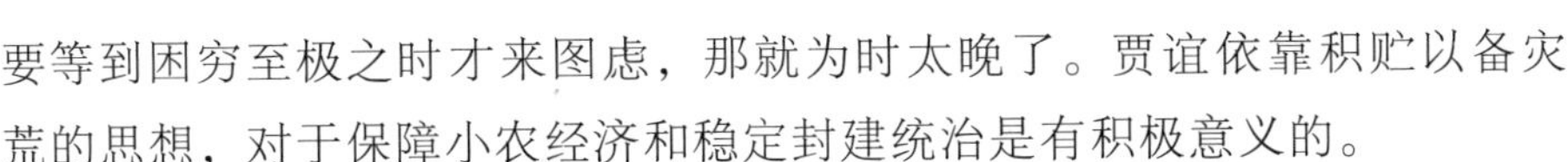

要等到困穷至极之时才来图虑，那就为时太晚了。贾谊依靠积贮以备灾荒的思想，对于保障小农经济和稳定封建统治是有积极意义的。

三是要有慎刑之政。贾谊认为，暴政与仁政的主要区别之一是暴政繁刑严诛，而仁政则约法省刑。《过秦论》分析秦朝灭亡原因时指出，秦朝统治者“繁刑严诛，吏治刻深，赏罚不当”，致使“蒙罪者众，刑戮相望于道”，臣民皆“人怀自危之心”。秦朝的这种暴政，最终导致其迅速溃败。由于刑法的使用直接关系到国家的治乱兴衰，贾谊才奉劝统治者一定要慎之又慎，他甚至主张统治者宁失之有罪，也不可滥杀无辜。他说：“诛赏之慎焉，故与其杀不辜也，宁失于有罪也。故夫罪也者，疑则附之去已；夫功也者，疑则附之与已。则此毋有无罪而见诛，毋有有功而无赏者矣。戒之哉！戒之哉！”[1] 当然，贾谊强调行仁政、慎刑罚，并不是要废除法治。相反，他认为法治是仁治的一种补充，二者为“芒刃”与“斤斧”的关系：“屠牛坦一朝解十二牛而芒刃不顿者，所排击、所剥割皆象理也。然至髋髀之所，非斤则斧矣。仁义恩厚者，此人主之芒刃也；权势法制，此人主之斤斧也。”[2]

2. “行仁义”要与重礼治相结合

贾谊的“行仁义”与重礼治主张是并行不悖、相辅相成的。一方面，礼本身就体现着仁。《礼》篇说：“礼：天子爱天下，诸侯爱境内，大夫爱官属，士庶各爱其家。”“故礼，国有饥人，人主不飧；国有冻人，人主不裘；报囚之日，人主不举乐。……故礼者，自行之义，养民之道也。受计之礼，主所亲拜者二：闻生民之数则拜之，闻登谷则拜之。”“礼，圣王之于禽兽也，见其生不忍见其死，闻其声不尝其肉，隐弗忍也。故远庖厨，仁之至也。不合围，不掩群，不射宿，不涸泽。”在贾谊看来，礼的本质是仁，君王不但要仁爱百姓，而且要仁爱禽兽，只有这样，才符合礼的精神。

另一方面，仁需要通过礼的规范得以实现。礼体现仁的精神，但是

---

[1] 贾谊著，王洲明、徐超校注：《贾谊集校注》甲编《新书·大政上》，人民文学出版社 1996 年版。

[2] 贾谊著，王洲明、徐超校注：《贾谊集校注》甲编《新书·制不定》，人民文学出版社 1996 年版。

礼与仁义分属不同的道德范畴，仁治往往需要通过礼治才能得以实现，“道德仁义，非礼不成”[1]，故而礼治又有其相对的独立性。如果说仁义的重点在于民生，那么礼治的重点就在于秩序。这两个问题其实都是汉初政治最重要的问题。战乱之后的汉初，需要统治者仁爱民众，与民休息，恢复生产，医治战争创伤，解决民生问题。同时，刘邦集团起于底层，没有受到过系统的儒家礼乐文化的教育和熏陶，从朝堂到社会，一切都处在没有礼乐规范的状态。汉文帝时期虽然很多情况已经有所改变，但是社会失序现象还普遍存在。如果没有礼治，仁治也就无从谈起。贾谊正是在这种历史背景下，提出了具体的礼治主张。

贾谊认为，古圣王之所以能教化民众、平治天下，与他们重视礼治是分不开的。他说：“三代之礼：天子春朝朝日，秋暮夕月，所以明有敬也；春秋入学，坐国老，执酱而亲馈之，所以明有孝也；行以鸾和，步中《采荠》，趋中《肆夏》，所以明有度也；其于禽兽也，见其生不忍其死，闻其声不尝其肉，故远庖厨，所以长恩且明有仁也。”[2] 也就是说，三代道德风尚的养成，是三代重视礼治的结果。贾谊认为商周国运长久，与重视行太子礼有密切关系。《保傅》篇对商、周二朝如何教导太子有详细叙述，如太子初生就“举以礼”，养其“孝子之道”；少长则以五学（指东学、西学、南学、北学和太学）相教；成人后“则有司直之史，有彻膳之宰”。同时，贾谊也从礼治角度总结了秦朝的教训。前述《过秦论》认为秦的败亡在于“仁义不施”，其实秦的败亡也是“违礼义”的结果，这种“违礼义”的做法早在商鞅变法时就已经表现出来。《时变》篇说：“商君违礼义，弃伦理，并心于进取，行之二岁，秦俗日败。”接着详细叙述了秦国种种“违礼义”的表现，并认为这是秦统一后“十三岁而社稷为墟”的原因所在。《俗激》篇从秦的“四维不张”角度对社会失序与国家败亡作了论述：“秦灭四维不张，故君臣乖而相攘，上下乱僭而无差，父子六亲殃戮而失其宜，奸人并起，万民离畔，凡十三岁而社稷

[1] 贾谊著，王洲明、徐超校注：《贾谊集校注》甲编《新书·礼》，人民文学出版社1996年版。

[2] 贾谊著，王洲明、徐超校注：《贾谊集校注》甲编《新书·保傅》，人民文学出版社1996年版。

为墟。”《保傅篇》则认为秦的风俗一贯“固非贵辞让也，所上者告讦也；固非贵礼让也，所上者刑罚也。”秦二世之所以违礼无道，草菅人命，与赵高之流“傅胡亥而教之狱，所习者非斩劓人，则夷人之三族也”密切相关。贾谊通过对礼治的历史考察，由此得出结论：三代圣王依靠礼治而平治天下、国运长久；秦朝违弃礼治虽能获取一时的成功，却终究落得个“十三年而社稷为墟”的下场。

贾谊提出的礼治举措包括：

一是要建立君尊臣卑的等级秩序。贾谊说：“礼者，臣下所以承其上也……人臣于其所尊敬，不敢以节待，敬之至也。甚尊其主，敬慎其所掌职，而志厚尽矣。”又说：“主主臣臣，礼之正也”，“尊卑、大小、强弱有位，礼之数也”。[1] 在贾谊看来，礼的作用就是要确立等级秩序，而首要的便是君尊臣卑的等级秩序，这是确保社会统治稳定的关键。贾谊说：“尊卑已著，上下已分，则人伦法矣。于是主之与臣，若日之与星；臣不几可以疑主，贱不几可以冒贵。下不凌等，则上位尊；臣不逾级，则主位安。谨守伦纪，则乱无由生。”[2] 贾谊还进一步对君臣民的关系作了说明，他说：“人主之尊，辟无异堂。陛九级者，堂高大几六尺矣。若堂无陛阶者，堂高殆不过尺矣。天子如堂，群臣如陛，众庶如地，此其辟也。故堂之上，廉远地则堂高，近地则堂卑。高者难攀，卑者易陵，理势然也。”[3] 这里所谓“天子如堂，群臣如陛，众庶如地”，是对三者所处位置的形象说明。而三者之间，臣之陛阶基于众庶之地而建，天子堂高又需借助臣之陛阶而升，但是“高者难攀，卑者易陵”则是自然之势。

二是要“体貌群臣而厉其节”。贾谊的“体貌群臣”论，最初是有感于汉文帝四年（前176年）大臣周勃系狱受辱之事，特上疏进言。据《汉书》载，汉文帝对这篇奏疏颇有感悟，并“深纳其言，养臣下有节。

---

[1] 贾谊著，王洲明、徐超校注：《贾谊集校注》甲编《新书·礼》，人民文学出版社1996年版。

[2] 贾谊著，王洲明、徐超校注：《贾谊集校注》甲编《新书·服疑》，人民文学出版社1996年版。

[3] 贾谊著，王洲明、徐超校注：《贾谊集校注》甲编《新书·阶级》，人民文学出版社1996年版。

是后大臣有罪，皆自杀，不受刑”[1]。《新书》的一些篇章也论述到了这一思想。如《阶级》篇从养育大臣廉丑礼节的角度，肯定君主礼待大臣的必要性。贾谊说：

> 臣闻之曰：“履虽鲜弗以加枕，冠虽弊弗以苴履。”夫尝以在贵宠之位，天子改容而尝体貌之矣，吏民尝俯伏以敬畏之矣，今而有过，令废之可也，退之可也，赐之死可也；若夫束缚之，系绁之，输之司空，编之徒官，司寇、牢正、徒长、小吏骂詈而榜笞之，殆非所以令众庶见也。夫卑贱者习知尊贵者之事，一旦吾亦乃可以加也，非所以习天下也，非尊尊贵贵之化也。夫天子之所尝宠，众庶之所敬畏，死而死尔，贱人安宜得此而顿辱之哉！[2]

贾谊认为大臣犯法为何不应受刑辱，原因就在于大臣是君“尝宠”、民“敬畏”之人，如果刑辱大臣，其实也有损于君主的权威。在《阶级》篇中，贾谊用“投鼠忌器”论说君臣关系：“鄙谚曰：‘欲投鼠而忌其器。’此善喻也。鼠近于器，尚惮而弗投，恐伤器也，况乎贵大臣之近于主上乎！廉丑礼节，以治君子，故有赐死而无戮辱。”

三是要以礼化俗。贾谊认为社会风俗的好与坏，直接关系到一个国家的稳定。他说：“夫邪俗日长，民怡然席于无廉丑，行义非循也。岂为人子背其父，为人臣因忠于君哉？岂为人弟欺其兄，为人下因信其上哉？陛下虽有权柄事业，将何寄之？管子曰：‘四维：一曰礼，二曰义，三曰廉，四曰丑。’‘四维不张，国乃灭亡。’”[3] 在贾谊看来，如果民众不讲礼义廉丑，整个社会就会出现君不君、臣不臣、父不父、子不子的局面，国家政治治理就无法得以推行，最终将会导致国家的灭亡。贾谊认为秦的灭亡就是不讲“四维”的结果：“秦灭四维而不张，故君臣乖而相

---

[1] 《汉书》卷四十八《贾谊传》，中华书局1962年版，第2260页。

[2] 贾谊著，王洲明、徐超校注：《贾谊集校注》甲编《新书·阶级》，人民文学出版社1996年版。

[3] 贾谊著，王洲明、徐超校注：《贾谊集校注》甲编《新书·俗激》，人民文学出版社1996年版。

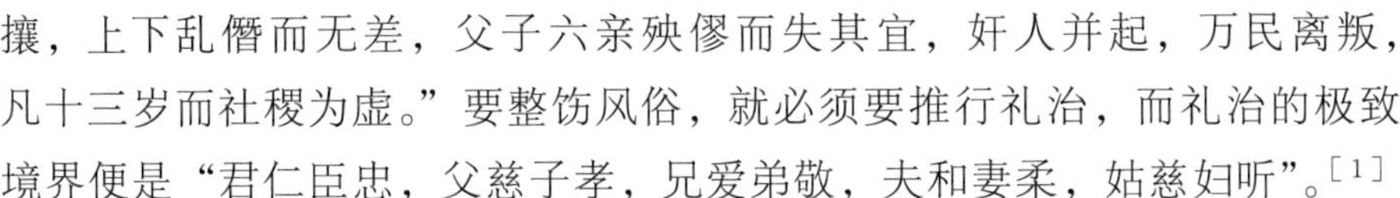

攘，上下乱僭而无差，父子六亲殃僇而失其宜，奸人并起，万民离叛，凡十三岁而社稷为虚。”要整饬风俗，就必须要推行礼治，而礼治的极致境界便是“君仁臣忠，父慈子孝，兄爱弟敬，夫和妻柔，姑慈妇听”。[1]

综上所述，贾谊的历史总结包括“过秦”论与治国论两个部分。“过秦”论在于总结秦之兴亡原因，由此导出“行仁义”的必要性。因此，仁义治国思想不但是“过秦”论的题中之义，而且是“过秦”论的目的所在。

三、历史总结中的六经思想基础

贾谊是汉初儒家六经的重要传人，清人汪中说：“盖仲尼既没，六艺之学，其卓然箸于世用者，贾生也。”[2]“世用”二字已经表明，贾谊的六经之学具有致用的显著特点。贾谊“过秦”历史总结旨在为汉朝治国提供历史借鉴，因而是从现实出发的，“世用”特点鲜明。同时，贾谊的“过秦”论又是以六经为其理论依据的，六经之论是其“过秦”历史总结的思想基础。

（一）六经之论的思想渊源与哲学基础

司马迁说：“儒者以六艺为法。”[3]贾谊是汉初大儒，“以六艺为法”是其治学根本。纵观贾谊的六经之论，其思想渊源无疑是先秦儒家学说。贾谊十八岁即“以能诵诗书属文称于郡中”[4]，说明他自幼熟读儒家诗书，受到过很好的儒家思想教育。贾谊的六经思想，主要是受先秦大儒荀子的影响。从师从吴公一系而言，贾谊是荀子的三传弟子（荀子—李斯—吴公—贾谊），从师从张苍一系而言，贾谊是荀子的二传弟子（荀子—张苍—贾谊），其主要学术源头无疑是在荀子那里。从学术思想实际状况来看，荀子的思想对于贾谊的影响也确实很大。《荀子·儒效》说：

---

[1] 贾谊著，王洲明、徐超校注：《贾谊集校注》甲编《新书·礼》，人民文学出版社1996年版。

[2] 汪中著，李金松校笺：《述学校笺》内篇《贾谊新书序》，中华书局2014年版，第246页。

[3] 《史记》卷一百三十《太史公自序》，中华书局1959年版，第3290页。

[4] 《汉书》卷四十八《贾谊传》，中华书局1962年版，第2221页。

"天下之道管是矣，百王之道一是矣，故《诗》、《书》、《礼》、《乐》之归是矣。《诗》言是，其志也；《书》言是，其事也；《礼》言是，其行也；《乐》言是，其和也；《春秋》言是，其微也。……天下之道毕是矣。"在荀子看来，通过学习《诗》、《书》、《礼》、《乐》、《春秋》，便可以得到天下之道与百王之道，而《诗》、《书》、《礼》、《乐》、《春秋》含有的这个"道"，便是一种道德属性。对照上述贾谊《道德说》的表述，我们可以清楚地看到二者思想的相通性与继承性，荀子认为六经涵盖了"天下之道"，贾谊也把六经看作是"道备"；荀子六经之道具有道德属性，贾谊也认为六经是各种德性的体现，六经之"道备，则合于德"。

贾谊受荀子六经思想的影响还突出表现在"礼"论上。《荀子》一书关于礼的论述很多，如《强国》篇说"国之命在礼"，《王霸》篇说"国无礼则不正"等。而最为集中的表述则见于《礼论》篇。作为论礼的专篇，该篇对礼的起源、内容和作用，都作了系统阐述。荀子高度强调礼在治国中的重要作用，认为礼是"治之本"，"人道之极"，必须隆礼，"立隆以为极，而天下莫之能损益也"。并且明确指出："天下从之者治，不从者乱；从之者安，不从者危；从之则存，不从者亡。"把是否推行礼治、是否"隆礼"提高到国家兴亡的高度。无独有偶，贾谊的《新书》也辟有《礼》篇，这显然不是一种巧合，而是对荀子《礼论》从形式到内容的继承。通观《礼》篇论礼的作用，具体表现为四个方面："礼者，所以固国家，定社稷，使君无失其民者也"；"礼者，臣下所以承其上也"；"礼者，所以节义而没不还"；"礼，圣王之于禽兽也，见其生不忍见其死，闻其声不尝其肉，隐弗忍也"。第一个讲治理国家，第二个讲君臣关系，第三个讲养民恤民，第四个讲仁爱禽兽。在贾谊看来，做到这些，就可以"天下安而万理得"。对照贾谊与荀子的礼论可知，他们之所以强调礼治，归根结底是认为只有通过礼治，才能够建立起君臣上下和谐的社会，天下万民安宁的社会。二者不但表述相似，而且思想相通。

贾谊从本体论的高度对六经思想作出了哲学论证，这集中见诸《新书》中的《六术》和《道德说》二篇。《六术》开篇即阐述了德有"六理"、人有"六行"这一思想："德有六理。何谓六理？道、德、性、神、明、命，此六者德之理也。"德之"六理"能够派生万物，而万物一旦形成，"六理"也就在万物之中了。因此，阴阳、天地和人都应该以"六

理”作为内在的法度，也就是所谓的“六法”。而“六法”在自然与社会中的具体表现叫作“六行”，具体到人则是指仁义礼智信乐。阴阳、天地之动，人的各种行动，都必须要符合“六行”之法度。接着，《六术》讨论了人之“六行”与教之“六术”的关系。在贾谊看来，人虽然有“六行”之法度，然而其“微细难识，唯先王能审之，凡人弗能自至”，需要依靠先王为天下设教，于是便有了“《诗》、《书》、《易》、《春秋》、《礼》、《乐》六者之术以为大义，谓之六艺”。也就是说，人们通过学习六经经典，从而使自己的行为符合“六行”的要求，即所谓“修成则得六行”。

很显然，贾谊从本体论的高度肯定了“六理”乃天地之德、万物之本，认为人所遵行的仁义礼智信乐“六行”是“六理”的一种社会体现。这样的论述，蕴含了天人合一的思想，也为社会所遵行的“六行”之德的合理性从天道观上作出了论证。贾谊深知“六行”不能自行，需要先王教化明理，而《诗》、《书》、《礼》、《乐》、《易》、《春秋》六经，便是实现“六行”的先王之教。由此可见，儒家六经是人们践行“六行”的基础，自然也是“六理”之德的体现，因而是天经地义的。

《道德说》篇的说法跟《六术》篇相似，主要阐发的概念是“六理”、“六美”。其中的“六理”说一致，也都是从本体论的高度来谈。“六美”说与“六行”说接近，都是讲一些道德范畴的内容，但也有所区别。该篇说：“何谓六美？有道、有仁、有义、有忠、有信、有密，此六者德之美也。”这里的“道”本为“六理”中的概念，而“密”的含义是指贴切，其他四者都属于儒家基本道德范畴。接着该篇阐述了“六美”所表现出的不同德性：“道者，德之本也；仁者，德之出也；义者，德之理也；忠者，德之厚也；信者，德之固也；密者，德之高也。”也就是“六美”与“德”之间的关系。在贾谊看来，“德”派生出天地万物，而“六理”、“六美”便是天地万物运行与人的活动的具体法则。将这些“德”亦即法则著于竹帛，便形成了儒家的六经或“六艺”：“是故著此竹帛谓之《书》，《书》者，此之著者也；《诗》者，此之志者也；《易》者，此之占者也；《春秋》者，此之纪者也；《礼》者，此之体者也；《乐》者，此之乐者也。”可见，与《六术》篇的说法一致，六经是从不同方面对“德”的具体体现。该篇还对六经之所以有这样的体现作了进一步阐述：

《书》者，著德之理于竹帛而陈之令人观焉，以著所从事，故曰“《书》者，此之著者也”。《诗》者，志德之理而明其指，令人缘之以自成也，故曰“《诗》者，此之志者也”。《易》者，察人之循德之理与弗循而占其吉凶，故曰“《易》者，此之占者也”。《春秋》者，守往事之合德之理与不合而纪其成败，以为来事师法，故曰“《春秋》者，此之纪者也”。《礼》者，体德之理而为之节文，成人事，故曰“《礼》者，此之体者也”。《乐》者，《书》、《诗》、《易》、《春秋》、《礼》五者之道备，则合于德矣，合则驩然大乐矣，故曰“《乐》者，此之乐者也”。

这段话是对六经之所以称《尚书》“著德”、《诗经》“志德”、《周易》“察人循德”、《春秋》“纪德”、《仪礼》“体德”所作的解释，并认为五者合德便是“驩然大乐”。

由上可见，《道德说》篇跟《六术》篇从论证方法到具体观点，基本上都是一致的。所不同的，只是前者对于六经的社会功能，即对“德”的体现阐述得更为具体。

(二) 六经思想与“过秦”总结

贾谊的“过秦”总结一方面依据历史事实，一方面也与其六经思想密不可分；前者为其历史总结提供了实证，后者则为其历史总结提供了思想。贾谊认为“秦之过”在于统一之后“仁义不施”，“暴虐为天下始”。这不但不符合“顺守”天下的治国策略，也是与儒家六经思想相违背的。在贾谊看来，六经的本质属性即是道德。在《六术》篇与《道德说》篇中，贾谊通过对“六理”、“六行”、“六美”和“六术”这些概念的阐发，构建起了一个道德宇宙本体论：“六理”生成万物德性，“六行”与“六美”体现万物德性，“六术”（或“六艺”）乃万物德性之载体或记录。其中的道、德、性、神、明、命“六理”是“德之理”，道、仁、义、忠、信、密“六美”是“德之美”[1]。以此类推，仁、义、礼、智、信、乐“六行”是“德之行”，《诗》、《书》、《礼》、《乐》、《易》、《春秋》

[1] 贾谊著，王洲明、徐超校注：《贾谊集校注》甲编《新书·道德说》，人民文学出版社 1996 年版。

“六术”是“德之文”。作为这套理论体系的最高范畴“道”与“德”，二者之间的关系是：“道”为无形之“德”，“道者无形，平和而神”；“德”为有形之德，“离无而之有”。[1] 也就是说，世界从无到有的过程，德皆贯彻其中。由此可见，贾谊的六经之论不但体现了传统儒家重道德的本色，而且从哲学的高度作出了论证，对传统儒家的道德观作了重要发展。这样一种构建在道德本体论基础之上的六经之论，无疑是贾谊“过秦论”的思想基础。

作为汉初六经重要传人，贾谊不但对六经经典都有广泛的涉猎，而且还有深刻、独到的见解。其关于各经的具体解说，普遍带有浓厚的儒家道德观念色彩，其中一以贯之的，便是仁爱、礼治思想。

1. 以仁爱说六经

仁爱是儒家传统思想，也是贾谊历史总结的重要思想。秦无仁爱之心，所以才会行暴虐、苦民之政。贾谊认为六经经典体现了仁爱的思想。如贾谊的《易》论重视发挥《易传》的重德精神。《春秋》篇说：“故爱出者爱反，福往者福来。《易》曰：‘鸣鹤在阴，其子和之。’其此之谓乎！故曰：‘天子有道，守在四夷；诸侯有道，守在四邻。’”这里“鸣鹤在阴，其子和之”为《易·中孚》九二爻辞，《君道》篇也引用了这一句经文，它的本义是指鹤在树荫下鸣叫，它的小鹤也叫着应和。贾谊将其引申到政治中，以“其子和之”来说明君王推行仁德政治，仁爱民众，就必然会得到回报，得到天下万民拥戴，也就是所谓的“爱出者爱反，福往者福来”之义。贾谊还从《易传·系辞下》“惧以终始，其要无咎”中汲取了“慎终敬始”的观念。在他看来，秦朝正是因为不懂得“慎始”，没有忧患意识，没有安民爱民之举，推行酷法、苦民政策，所以才会迅速败亡。《胎教》篇说：“《易》曰：‘正其本而万物理。失之毫厘，差以千里。’故君子慎始。”显然是对亡秦历史教训作出总结之后的深刻认识。

贾谊《新书》对于《尚书》的论述较少，这与汉初《尚书》学未兴有很大的关系。尽管如此，《新书》中依然有引用《尚书》之语强调仁义

[1] 贾谊著，王洲明、徐超校注：《贾谊集校注》甲编《新书·道德说》，人民文学出版社 1996 年版。

之政的内容。如《春秋》篇借楚国令尹恭贺楚惠王之言“臣闻‘皇天无亲，惟德是辅’。王有仁德，天之所奉也，病不为伤”，以肯定君主尚德、爱民的重要性，其中“皇天无亲，惟德是辅”便是出自《尚书·周书·蔡仲之命》。又如《保傅》篇主要阐述保傅对太子教育的作用，认为三代享国长久而秦短祚，与三代太子受德性教育而秦太子被“教之狱”，两者教育方式不同有很大的关系。该篇最后引用《尚书·吕刑》的话“一人有庆，兆民赖之”作为“时务”，也就是当务之急来收尾，大意是说如果天子有好的品德，万民都会赖此得福，强调通过重视太子教育，培养天子品德，养育天子善性的重要性，这是能否推行仁爱政治的基础。

贾谊的《诗》论[1]继承了先秦儒家诗言志、诗重教的特点，仁爱是其中的重要思想。《新书·礼》云：“《诗》曰：‘君子乐胥，受天之祜。’胥者，相也。祜，大福也。夫忧民之忧者，民必忧其忧；乐民之乐者，民亦乐其乐。与士民若此者，受天之福矣。”这段话引《诗》立说，主旨是希望君主要有一颗仁爱、体恤民众的心，要能与民众分享忧乐。《君道》篇则说：“《诗》曰：‘经始灵台’，‘庶民攻之，不日成之。经始勿亟，庶民子来。’文王有志为台，令匠规之，民闻之者，裹粮而至，问业而作之，日日以众。故弗趋而疾，弗期而成。命其台曰‘灵台’，命其囿曰‘灵囿’，谓其沼曰‘灵沼’，爱敬之至也。《诗》曰：‘王在灵囿，麀鹿攸伏。麀鹿濯濯，白鸟皜皜。王在灵沼，于仞鱼跃。’文王之泽，下被禽兽，洽于鱼鳖，故禽兽鱼鳖咸若攸乐，而况士民乎。”这是以文王的历史事实为依据，肯定君主德泽百姓，才能得到民众的拥护。

贾谊的《左传》学传自荀子、张苍，并有《春秋左氏传训诂》问世，是汉代《左传》的重要传人和重要学者，后学贯公、张敞、张禹以及其孙贾嘉等，都是西汉治《左传》的一代名儒。《左传》以史实详明为特点，这种解经形式对贾谊影响很大，重视史实依据是贾谊历史总结与经

[1] 贾谊的诗学主要受到汉初《鲁诗》的影响（《鲁诗》传自荀子），却也明显具有兼采众家的特点。王洲明、徐超认为“《新书》十五条引诗，用鲁诗者达十二条之多”。（《贾谊集校注·前言》，人民文学出版社1996年版）张海波认为贾谊诗学非《鲁诗》传统，但有“与《鲁诗》相近或相似之处”。（《贾谊〈诗〉学研究》，西北大学硕士学位论文，2010年）清人唐晏则认为贾谊为两汉“传《诗》而不详其宗派”的第一人。（唐晏《两汉三国学案》，中华书局1986年版，第312页）

典阐释的重要方法；同时，《左传》所反映的思想，也成为贾谊经解思想的重要来源。贾谊的《春秋左氏传训诂》早已散佚（《汉书·艺文志》已不著录），但《新书》不但受《左传》影响重视史实记载（具有史书性质），而且也采纳了《左传》的一些具体说法[1]，从中可以看出《新书》受《左传》政治理念的影响。众所周知，《左传》是先秦民本思想的代表，仁爱百姓、推行德政是其重要政治主张。《新书》不但通过大量历史事实的记载，集中体现了其“行仁义”的思想，而且引用《左传》之说，以阐明其仁爱思想。如《春秋》篇所记卫懿公喜鹤丧国之事，即出自《左传·闵公二年》。《左传》记此年狄人伐卫，“卫懿公好鹤，鹤有乘轩者。将战，国人受甲者皆曰：‘使鹤，鹤实有禄位，余焉能战！’”卫国因此灭亡。后来齐国帮助卫国复国之后，卫文公（前卫戴公仅在位一年）便汲取了亡国教训，“大布之衣，大帛之冠，务材训农，通商惠工，敬教劝学，授方任能”。卫国因此逐渐复苏。这样的首尾呼应，体现了《左传》作者对卫懿公荒政的批评，及对卫文公汲取历史教训实行德政的肯定。《新书·春秋》篇不但详细记载了事情经过，而且完全接受了《左传》的思想，指出卫懿公丧国的原因在于“赋敛繁多而不顾其民，贵优而轻大臣”。认为“贤主者，不以草木禽兽妨害人民，进忠正而远邪伪，故民顺附而臣下为用。今释人民而爱禽兽，远忠道而贵优笑，反甚矣”。对照《左传》，显然是从同一个历史事实得出相同的结论，那就是爱民尊贤则国兴，反之则国亡。又如《大政上》篇说：“诛赏之慎焉，故与其杀不辜也，宁失于有罪也。”此语出自《左传·襄公二十六年》引《夏书》语。《左传》引此语是“惧失善”，强调为国者要善待人民，不施滥刑，甚至“与其失善，宁其利淫”。对照《左传》，《大政上》体现的也是一种

---

[1] 关于贾谊《新书》采纳《左传》的说法，呈现的情况比较复杂。其中直接采纳原说者其实很少，“有述事立义本于《左传》，文辞多同者”，“有事义不尽同《左传》，或传闻异辞，或附会牵合，而可援以参证《左传》者”。（黄觉弘：《论贾谊与〈左传〉之关系》，《船山学刊》2006年第1期）为何会有这种现象，道理很简单，因为汉初“经之授受，不箸竹帛，解诂属读，率皆口学，其有故书雅记，异人之闻，则亦依事枚举，取足以明教而已”。（汪中：《贾谊新书序》，见《述学校笺》，中华书局2014年版，第246页）不过，《新书》的历史论述及采纳《左传》之说，皆体现出二者思想的确比较接近。

慎刑、宽刑的思想，而这种思想的出发点便是为政者的仁爱之心。

2. 以礼治说六经

作为荀子后学，贾谊儒学思想中的礼学色彩非常浓厚。汉初所谓五经之《礼》，是指《仪礼》，《新书》中有大量关于礼仪的论述。纵观贾谊的礼论，主要思想有二：

一是关于太子教育问题。如《胎教》篇主要是讲教导太子和任用贤人的重要性，因前半篇涉及王后在产前应遵循的各种要求，而得以“胎教”名篇。该篇开篇提及的“《礼》之冠、婚”，分别指《仪礼》中的《士冠礼》和《士昏礼》。根据该篇的说法，王后有孕之后，诸属官必须按照一定的礼仪规范在左右行事；王太子出生后，需要行“悬弧”之礼，即在大门左侧挂一张弓以示庆祝；需贤德之人培养王太子的成长，如“（周）成王生，仁者养之，孝者褓之，四贤傍之”。《保傅》篇则集中讲述作为太子的老师（太保、少保、太傅、少傅）对于太子教育所起的重要作用。太子出生后，要让人背着到京师南郊祭天，“过阙则下，过庙则趋”，让太子知道何为“孝子之道”；太子少年后，需入东、南、西、北、太五学，其中前四学主要是学习儒家仁义礼智道德规范，入太学开始向老师问治国大道；太子成人后，依据三代之礼，“春朝朝日，秋暮夕月，所以明有敬也；春秋入学，坐国老，执酱而亲馈之，所以明有孝也；行以鸾和，步中《采荠》，趋中《肆夏》，所以明有度也”。言行举止都必须遵循礼仪规范。《新书》这两篇内容记述的都是有关太子的教育问题。贾谊常年担任王太傅，深知太子教育决定着未来国君的德行，故其言礼对此着墨较多。这两篇文字又见于《大戴礼记·保傅》，其中《胎教》与《大戴礼记》的文字出入较大，而《保傅》则与《大戴礼记》的记述基本相同。

二是关于君臣之别问题。《新书·礼》篇虽然主要是讲礼的思想、意义与作用，却也涉及一些礼仪。该篇说：“天子适诸侯之宫，诸侯不敢自阼阶。阼阶者，主之阶也。天子适诸侯，诸侯不敢有宫，不敢为主人礼也。”“天子佐舆十乘，以明贵也。二牲而食，以优饱也。”这是体现君臣之别、维护君主之尊的礼仪规范。《官人》篇则具体讲述了君主与各类官员的相处之道，也就是君臣间的基本礼仪。该篇将君王身边的官职分为六种：师、友、大臣、左右、侍御、厮役。君王与不同官职之人相处，

其礼仪是不同的，“师至，则清朝而侍，小事不进。友至，则清殿而侍，声乐技艺之人不并见。大臣奏事，则俳优侏儒逃隐，声乐技艺之人不并奏。左右在侧，声乐不见。侍御者在侧，子女不杂处”。只有这样“听治论议，从容泽燕，矜庄皆殊序”，才能成就帝王之业。在此，贾谊把君王与职官的相处礼仪看得很重，上升到能否成就帝王之业的高度。《服疑》篇讲的是服位有等的问题，也属礼仪一类。其中说道：“天子之于其下也，加五等已往则以为臣；臣之于下也，加五等已往则以为仆。仆亦臣礼也，然称仆不敢称臣者，尊天子、避嫌疑也。”这里天子之下五等为公、侯、伯、子、男，臣之下五等则与《礼记·王制》所言“诸侯之上大夫卿、下大夫、上士、中士、下士，凡五等”之说一致，对服制作了具体分等，体现的是贵贱有等的思想。

礼仪往往又与礼容联系在一起，如果说礼仪是一种行为准则，那么礼容则是一种生活体现。《新书》中的《容经》篇和《礼容语》篇，便是关于礼容的记述。其中《容经》开篇所言“至色之经”、“容经”、“视经”、“言经”，分别描述了朝廷、祭祀、军旅、丧纪四种场合中应有的容貌神情，所谓“四志形中，四色发外”。如祭祀礼容，要做到祭祀之志“愉然思以和”，即虔诚的样子；祭祀之容“遂遂然粥粥然敬以婉”，即谦卑恭敬的样子；祭祀之视“视如有将”，即目光有奉献之意；祭祀之言“文言有序”，即赞颂有序。很显然，就是要通过志、容、视、言的具体容貌情状，来表现出对于祭祀的一种情感。该篇还记述了许多具体之容，包括立容、坐容、行容、趋容、跘旋容、跪容、拜容、伏容、坐车容、立车容、兵车容等，涉及各类待人接物过程中的仪容。如同“兵车之容”所言：“古者圣王居有法则，动有文章，位执戒辅，鸣玉以行。……明君在位可畏，施舍可爱，进退有度，周旋可则，容貌可观，作事可法，德行可象，声气可乐，动作有文，言语有章。”该篇还大量使用《诗》说，如引《蓼萧》之诗“和鸾噰噰，万福攸同”，以“言动以纪度，则万福之所聚也”；引《柏舟》之诗“威仪棣棣，不可选也”，以“言接君臣、上下、父子、兄弟、内外、大小品事之各有容志也”等，强调君主仪容符合礼仪的重要性。《礼容语》本为上下两篇，上篇已亡佚，下篇主要是引用《左传》和《国语》的故事来阐述礼容。“礼容语”，顾名思义，是讲述符合礼容要求的言论。该篇通过辑录春秋时期的三则佚事，以强调君臣必须注意自己的言谈举止，“意在说明：人的动静、言语等容仪是其心志的表现，容仪符合礼的规定则吉，反之则凶”[1]。

上述言论，无论是关于帝王子嗣的礼教，还是对帝王本身的礼仪规范，不但基本思想完全符合儒家伦理道德，而且很多说法与儒家六经经典相一致。《容经》与《礼容语》关于礼容的论述，针对的主要对象是君王或者诸侯王，体现的主要也是儒家的修养之道。特别是《容经》篇关于汉初礼容的系统总结，按照徐复观的推测，是贾谊在担任梁太傅时“整理出来，以作教材之用的”[2]，却无疑是对儒家礼学的丰富和发展。

综上所述，贾谊的六经之论继承了先秦儒家特别是荀子的思想，并将其上升到哲学的高度，从天道观上作出了论证。在此基础上，贾谊具体阐述了六经所具有的仁爱、礼治思想；而这些六经之论，成为其“过秦”历史总结的思想基础。

[1] 贾谊著，王洲明、徐超校注：《贾谊集校注》甲编《新语·礼容语下》注语，人民文学出版社1996年版。

[2] 徐复观：《两汉思想史》第二卷，华东师范大学出版社2001年版，第89页。

第四章　《史记》与西汉的五经之学（上）

自西汉武帝“罢黜百家，独尊儒术”，儒家思想被确定为官方统治思想之后，尊孔读经开始蔚然成风。汉武帝设置“五经博士”，确立《易》、《书》、《诗》、《礼》、《春秋》五经的传授系统。与此同时，读经与利禄之途相联结，成为经学发展的重要保证。在经学成为官学，士人普遍重视研习五经的背景下，司马迁的《史记》从编纂体裁、历史记述到史学思想，都深受五经影响。五经中的《尚书》与《春秋》既是经书，也是史书，不但对《史记》的史学思想有重要影响，而且成为《史记》撰述的重要材料来源，对《史记》的影响尤其重大。

第一节　《史记》与西汉《尚书》学

《尚书》既是先秦儒家经典五经之一，也是中国古代第一部政治史文献汇编。《尚书》虽遭秦朝焚书之灾，但在西汉依然有伏生、孔安国等人传授，伏生所传的今文《尚书》被列为官学。司马迁作《史记》，就深受《尚书》学影响，他本人有较好的《尚书》学素养，与当时传授《尚书》的学者有着深厚的渊源关系。从史料角度而言，《史记》中的许多篇章内容都不同程度地取材于《尚书》；而在政治观念和史学思想方面，《史记》也受到了《尚书》的影响。

一、《史记》对《尚书》的引用

《尚书》作为一部政治史文献汇编，记载了虞、夏、商、周四代君王及其臣下的政令、言行，具有很高的史料价值，司马迁《史记》的许多篇章都取材于《尚书》。

(一) 西汉《尚书》学的学术影响

相较于其他经书，《尚书》在秦代焚书之时受到的破坏是比较严重的。《史记·儒林列传》记载："秦时焚书，伏生壁藏之。其后兵大起，流亡。汉定，伏生求其书，亡数十篇，独得二十九篇，即以教于齐鲁之间。"由此可见，经过秦火之灾，西汉时期所保留的《尚书》是残缺不全的。但即便如此，西汉时期依然有学者在通过官方或私人授受的形式传习《尚书》。

正如《史记·儒林列传》所说，伏生是西汉初年传习《尚书》的重要学者，他所传的《尚书》为今文《尚书》。《儒林列传》记载："伏生者，济南人也。故为秦博士。孝文帝时，欲求能治《尚书》者，天下无有，乃闻伏生能治，欲召之。是时伏生年九十余，老，不能行，于是乃诏太常使掌故晁错往受之。"伏生是秦博士，秦朝焚书时他将《尚书》藏在墙壁中，汉朝建立后他又将之取出。汉文帝时，朝廷想要寻求治《尚书》的学者，听闻伏生可以传授《尚书》，便派晁错前往伏生处学习。《袁盎晁错列传》记载了晁错向伏生学习《尚书》的事，还提到晁错学成之后，"还，因上便宜事，以《书》称说"。这说明晁错将他所学到的《尚书》学运用到了现实政治之中。据《儒林列传》记载，受到伏生的影响，"齐鲁之间"还有不少学者学习《尚书》，"学者由是颇能言《尚书》，诸山东大师无不涉《尚书》以教矣"。除了晁错，伏生还"教济南张生及欧阳生"，欧阳生又教授兒宽。"兒宽既通《尚书》，以文学应郡举，诣博士受业，受业孔安国。"兒宽为张汤敬仰，"及汤为御史大夫，以兒宽为掾，荐之天子"。兒宽得到天子赏识，位至御史大夫。由此可见，伏生的《尚书》学影响很大。汉武帝时，伏生所传的今文《尚书》被立于学官。

除去伏生所传今文《尚书》外，《儒林列传》还提到"鲁周霸、孔安国，雒阳贾嘉，颇能言《尚书》事"。这些人中有治今文《尚书》的，也有治古文《尚书》的。其中名气最大者当属孔安国，他所传《尚书》为古文《尚书》。关于古文《尚书》的来源，《史记·儒林列传》仅记载："孔氏有古文《尚书》，而安国以今文读之，因以起其家。"而《汉书·艺文志》的叙述则更为详细：

> 古文《尚书》者，出孔子壁中。武帝末，鲁共王坏孔子宅，欲以广其宫。而得古文《尚书》及《礼记》、《论语》、《孝经》凡数十篇，皆古字也。共王往入其宅，闻鼓琴瑟钟磬之音，于是惧，乃止不坏。孔安国者，孔子后也，悉得其书，以考二十九篇，得多十六篇。安国献之。遭巫蛊事，未列于学官。

从这段话可以看出，古文《尚书》出自孔壁，其文字都为古字，且比伏生所传二十九篇今文《尚书》多出十六篇。孔安国所传的古文《尚书》并未被立于学官，但是却和今文《尚书》一样，都在社会上流传。最初古文《尚书》与今文《尚书》也主要是文字上有区别，二者并没有形成对立的局面。

（二）《史记》引《尚书》的具体表现

西汉初年《尚书》学的传承，对当时的学术发展产生了深刻影响，许多学术著作都重视引用《尚书》的内容。如淮南王刘安及其宾客所作的《淮南子》，就通过引用《尚书》的语句，来阐发其政治思想。《淮南子·泰族训》说："故《书》曰：'能哲且惠，黎民怀之。何忧讙兜，何迁有苗。'"这里所引《尚书》的话，出自《皋陶谟》，今本《尚书》作"能哲而惠，何忧乎驩兜，何迁乎有苗，何畏乎巧言令色孔壬"[1]。《淮南子》引此话，是想借此论证君王的仁爱与智慧在治理国家过程中的重要性。又如《淮南子·览冥训》说："《周书》曰：'掩雉不得，更顺其风。'"这是借《周书》之语，来说明圣人治理天下应不设法度，顺其自然。董仲舒所作《春秋繁露》，对《尚书》也多有引用。如《度制》篇中说："故贵贱有等，衣服有制，朝廷有位，乡党有序，则民有所让而不敢争，所以一之也。《书》曰：'轝服有庸，谁敢弗让，敢不敬应？'此之谓

[1]《尚书正义·虞书·皋陶谟》，《十三经注疏》本，中华书局1980年版。

也。”董仲舒借《尚书》之语表明舆服有规制，等级分明，社会才能安定祥和。又如《暖燠常多》篇说：“尧视民如子，民视尧如父母。《尚书》曰：‘二十有八载，放勋乃殂落，百姓如丧考妣。四海之内，阏密八音三年。’”这里引用《尚书》关于尧的事迹的史料，突出了尧爱民如子的形象。

由此可见，在司马迁所处的西汉时期，学者普遍重视引用《尚书》的内容。正是这样的学术氛围，为司马迁《史记》大量采用《尚书》的内容奠定了深厚的文化基础。司马迁在《史记》中对《尚书》的引用主要有以下几种表现形式：一是引用《尚书》中的语句，并以此说明其历史思想；二是著录《尚书》的篇目，并说明该篇的写作背景；三是以《尚书》记载的内容作为史料，从而完成历史叙述。

第一，对《尚书》语句的直接引用。在《史记》中，这样的例子不太多，往往出现在司马迁的历史评论中。例如，《高祖功臣侯者年表》篇写道：

> 余读高祖侯功臣，察其首封，所以失之者，曰：异哉所闻！《书》曰“协和万国”，迁于夏商，或数千岁。盖周封八百，幽厉之后，见于《春秋》。《尚书》有唐虞之侯伯，历三代千有余载，自全以蕃卫天子，岂非笃于仁义，奉上法哉？

这段话讲汉高祖功臣后嗣丧失爵位问题，其中引用《尚书》中“协和万国”一语，并且说到《尚书》中记载的上古三代的侯爵都能长期延续，是因为他们行仁义之事，谨慎地对待禁令。司马迁想借此说明诸侯要想保全自己的爵位，就要笃信仁义，尊奉法令。再如《货殖列传》说：“《周书》曰：‘农不出则乏其食，工不出则乏其事，商不出则三宝绝，虞不出则财匮少。’财匮少而山泽不辟矣。此四者，民所衣食之原也。原大则饶，原小则鲜。”司马迁借《周书》中的话来说明，农、工、商、虞是人们生活的主要来源，也是社会经济运转的重要方面。

第二，著录《尚书》篇目，交代其形成背景。著录的篇目主要出现在《夏本纪》、《殷本纪》、《周本纪》等篇章中。如《殷本纪》写道：

> 帝中壬即位四年，崩，伊尹乃立太丁之子太甲。太甲，成汤適长孙也，是为帝太甲。帝太甲元年，伊尹作《伊训》，作《肆命》，作《徂后》。
>
> 帝太甲既立三年，不明，暴虐，不遵汤法，乱德，于是伊尹放之于桐宫。三年，伊尹摄行政当国，以朝诸侯。
>
> 帝太甲居桐宫三年，悔过自责，反善，于是伊尹乃迎帝太甲而授之政。帝太甲修德，诸侯咸归殷，百姓以宁。伊尹嘉之，乃作《太甲训》三篇，褒帝太甲，称太宗。

在这几段话中，出现了《伊训》、《肆命》、《徂后》、《太甲训》等《尚书》中的篇目。而且，根据司马迁的叙述可以看出，这些篇目都是伊尹所作，其中还详细说明了《太甲训》的写作背景，即帝太甲被伊尹放逐后悔过向善，伊尹嘉善其德。又如《周本纪》记载：

> 成王少，周初定天下，周公恐诸侯畔周，公乃摄行政当国。管叔、蔡叔群弟疑周公，与武庚作乱，畔周。周公奉成王命，伐诛武庚、管叔，放蔡叔。以微子开代殷后，国于宋。颇收殷余民，以封武王少弟封为卫康叔。晋唐叔得嘉谷，献之成王，成王以归周公于兵所。周公受禾东土，鲁天子之命。初，管、蔡畔周，周公讨之，三年而毕定，故初作《大诰》，次作《微子之命》，次《归禾》，次《嘉禾》，次《康诰》、《酒诰》、《梓材》，其事在《周公》之篇。周公行政七年，成王长，周公反政成王，北面就群臣之位。

从这段话可以看出，《尚书》中的《大诰》、《微子之命》、《归禾》、《嘉禾》、《康诰》、《酒诰》、《梓材》等篇，是周公分别为平定武庚之乱、封微子于宋、封武王少弟康叔、受禾于东土等事所作。

第三，将《尚书》内容当作史料。分两种类型，一是直接引用《尚书》中的原文。如《鲁周公世家》说：

> 周公归，恐成王壮，治有所淫佚，乃作《多士》，作《毋逸》。《毋逸》称："为人父母，为业至长久，子孙骄奢忘之，以亡其家，

为人子可不慎乎！故昔在殷王中宗，严恭敬畏天命，自度治民，震惧不敢荒宁，故中宗飨国七十五年。其在高宗，久劳于外，为与小人，作其即位，乃有亮暗，三年不言，言乃讙，不敢荒宁，密靖殷国，至于小大无怨，故高宗飨国五十五年。其在祖甲，不义惟王，久为小人于外，知小人之依，能保施小民，不侮鳏寡，故祖甲飨国三十三年。”《多士》称曰：“自汤至于帝乙，无不率祀明德，帝无不配天者。在今后嗣王纣，诞淫厥佚，不顾天及民之从也。其民皆可诛。”“文王日中昃不暇食，飨国五十年。”作此以诫成王。

在这段话中，司马迁直接引用了《尚书》中《毋逸》和《多士》两篇的原文，以此来说明周公是如何告诫成王的。二是用自己的话将《尚书》中记载的史事叙述出来。这种情况在《五帝本纪》、《夏本纪》、《殷本纪》、《周本纪》等篇章中多有体现。如《五帝本纪》这样描写帝尧：

帝尧者，放勋。其仁如天，其知如神。就之如日，望之如云。富而不骄，贵而不舒。黄收纯衣，彤车乘白马。能明驯德，以亲九族。九族既睦，便章百姓。百姓昭明，合和万国。

而《尚书·尧典》中写道：

曰若稽古，帝尧曰放勋，钦明文思安安，允恭克让，光被四表，格于上下。克明俊德，以亲九族。九族既睦，平章百姓。百姓昭明，协和万邦，黎民于变时雍。

对比这两段描述，可以发现，司马迁改换了《尧典》中的部分词句。如“光被四表，格于上下”改为“就之如日，望之如云”，“克明俊德”改为“能明驯德”，“平章百姓”改为“便章百姓”等等，而其中表达的含义是相似的。

(三)《史记》与今古文《尚书》的关系

关于司马迁《史记》与汉代今古文《尚书》的关系，历代学者说法不一。《汉书·儒林传》中记载：“安国为谏大夫，授都尉朝，而司马迁

亦从安国问故。迁书载《尧典》、《禹贡》、《洪范》、《微子》、《金縢》诸篇，多古文说。”对此孙星衍也说：“史迁所说则孔安国故。”[1] 认为司马迁修《史记》多用古文《尚书》说。此外，章太炎的《太史公古文尚书说》也认为《史记》用古文《尚书》说。今文经学家则往往力主《史记》采用今文《尚书》说。如皮锡瑞说：“史迁当时盖未有《毛诗》、《古文尚书》、《周官》、《左氏》诸古文家也。”[2] 皮锡瑞认为司马迁当时是不可能看到古文《尚书》的，而且他还详细说明了《史记》如何传伏生的《尚书》说：

> 太史公书成于汉武帝时经学初昌明、极纯正时代，间及经学，皆可信据。……云“伏生独得二十九篇”，则二十九篇外无师传矣。其引《书》义，以大麓为山麓，旋机玉衡为北斗，文祖为尧太祖，丹朱为允子朱，二十二人中有彭祖，“夔曰”八字实为衍文，《盘庚》作于小辛之时，《微子》非告比干、箕子，《君奭》为居摄时作，《金縢》在周公薨后，《文侯之命》乃命晋重，鲁公《费誓》初代守国。凡此故实，具有明征，则后人臆解《尚书》，变乱事实者，皆非矣。[3]

在这段话中，皮锡瑞列举司马迁对《尚书》中的许多篇章内容的解释，从而认定司马迁《史记》全部沿用伏生的今文《尚书》说。他还在《经学通论》中专设一节，详细论述《史记》中的今文《尚书》说。王先谦在《尚书孔传参正序例》中也指出：“司马迁为《史记》时，止欧阳《尚书》立学，故迁书叙述五帝、三代、秦《本纪》，鲁、卫、宋、蔡、晋、齐、燕《世家》，无不原本伏《书》。”所以，他驳斥孙星衍的说法：“孙星衍以迁为用古文，误也。”[4] 此外，康有为和崔适也都认为《史记》

---

[1] 孙星衍：《尚书今古文注疏·序》，中华书局 1986 年版，第 1 页。

[2] 皮锡瑞著，周予同注释：《经学历史》三《经学昌明时代》，中华书局 2008 年版，第 70 页。

[3] 皮锡瑞著，周予同注释：《经学历史》三《经学昌明时代》，中华书局 2008 年版，第 92 页。

[4] 王先谦：《尚书孔传参正》，中华书局 2011 年版，第 6 页。

采用的是今文《尚书》。崔适在《史记探源》中力证《汉书·儒林传》所说《史记》载《尧典》、《禹贡》、《微子》、《洪范》、《金縢》“多古文说”与事实不符，列举多条事例说明《史记》所载的这些篇目“绝无古文说”[1]。然而，现当代学者多认为《史记》是兼采今古文《尚书》的，程元敏的说法颇有代表性，他说：“司马迁初习《今文尚书》，皮云史公传伏生之书，不误，但未周延；盖史公后又从古文大家孔安国问故。《史记》述《尚书》及《书序》，古今文兼采。”[2]

现在看来，将司马迁在《史记》中对《尚书》的引用认定为今古文兼采似乎较为稳妥。从当时的学术环境来看，今、古文经之间的差别主要体现在文字上，今古文经说并行于世，二者并不似西汉末年至东汉时期那样截然对立。所以司马迁在《史记》中采用不同的经说是完全可能的。而从司马迁的学统上说，他与今古文《尚书》学都有着密切的渊源关系。先说今文《尚书》。前文已经论述过，伏生所传今文《尚书》在当时属于官学，且许多传习者还直接参与当时的政治活动，其影响力应当是巨大的，司马迁作为史官受到官方学术的影响是必然的。前文提到的治今文《尚书》的贾嘉，就与司马迁有交往。《史记·屈原贾生列传》记载：“及孝文崩，孝武皇帝立，举贾生之孙二人至郡守，而贾嘉最好学，世其家，与余通书。”这说明司马迁与贾嘉有书信往来，可能曾受贾嘉今文《尚书》说的影响。再说古文《尚书》。《汉书·儒林传》记载司马迁“从安国问故”，自然也会受到孔安国传古文《尚书》的影响。《史记》中所采《尧典》、《禹贡》等篇内容，便是“多古文说”。

从《史记》的具体内容来看，司马迁的确兼采了今古文《尚书》说。

第一，《史记》所著录《尚书》的篇目既有出自伏生所传今文《尚书》，也有古文《尚书》中的篇目。例如，《夏本纪》记载：“有扈氏不服，启伐之，大战于甘。将战，作《甘誓》。”又说：“夏后帝启崩，子帝太康立。帝太康失国，昆弟五人，须于洛汭，作《五子之歌》。太康崩，弟中康立，是为帝中康。帝中康时，羲、和湎淫，废时乱日。胤往征之，作《胤征》。”其中，《甘誓》为伏生今文《尚书》中的篇目，而《五子之

[1] 崔适：《史记探源》，中华书局1986年版，第12页。

[2] 程元敏：《尚书学史》（上册），华东师范大学出版社2013年版，第428页。

歌》和《胤征》则为孔安国古文《尚书》中的篇目。此外，《史记》中还著录了既非伏生所传今文《尚书》，又非孔安国古文《尚书》的其他《尚书》的篇目，这些篇目学者多称之为中古文《尚书》。例如，《殷本纪》中著有《帝诰》、《汤征》、《女鸠》、《女房》、《夏社》等篇目，这些都属于中古文《尚书》。

第二，从文字的角度讲，《史记》中采用的《尚书》内容既有符合今文《尚书》的文字，也有与古文《尚书》用字相同之处。《五帝本纪》记载："舜曰：'皋陶，蛮夷猾夏，寇贼奸轨，汝作士，五刑有服，五服三就；五流有度，五度三居：维明能信。'"其中所谓"五流有度，五度三居"，古文《尚书》作"五流有宅，五宅三居"。《礼记·王制》孔疏引郑玄注曰："宅读曰咤，惩刈之器，谓五刑之流皆有器惩。"所以古文《尚书》作"宅"，今文《尚书》作"度"。同样的情况在其他篇章中也有体现。今本《尚书·禹贡》中有"三危既宅"，而《史记·夏本纪》则作"三危既度"；今本《尚书·禹贡》中"是降丘宅土"，东汉今文学家应劭的《风俗通义》作"乃降丘度土"。[1] 由此可见，《史记》此处所引为今文《尚书》。《史记》同样也会采用古文《尚书》的文字。例如，《周本纪》引《牧誓》曰："昏弃其家国，遗其王父母弟不用。"今本《尚书》作："昏弃厥遗王父母弟不迪。"章太炎在《太史公古文尚书说》中指出，《史记》此处引用的是古文《尚书》。他论证说："案《熹平石经》存'厥遗任父母弟不迪'八字，是今文误'王'为'壬'，故转为'任'，史公用古文，则为'王父母弟'。"[2]

第三，《史记》对一些历史事件的解释也是兼采今古文《尚书》说的。如《鲁周公世家》中有这样两段话：

> 初，成王少时，病，周公乃自揃其蚤沈之河，以祝于神曰："王少未有识，奸神命者乃旦也。"亦藏其策于府。成王病有瘳。及成王用事，人或谮周公，周公奔楚。成王发府，见周公祷书，乃泣，反

---

[1] 参见崔适：《史记探源》，中华书局1986年版，第29页。

[2] 章太炎：《太史公古文尚书说》，载《章氏丛书续编》，世界书局1982年版，第993—994页。

周公。

……

周公卒后，秋未获，暴风雷，禾尽偃，大木尽拔。周国大恐。成王与大夫朝服以开金縢书，王乃得周公所自以为功代武王之说。二公及王乃问史百执事，史百执事曰："信有，昔周公命我勿敢言。"成王执书以泣，曰："自今后其无缪卜乎！昔周公勤劳王家，惟予幼人弗及知。今天动威以彰周公之德，惟朕小子其迎，我国家礼亦宜之。"王出郊，天乃雨，反风，禾尽起。二公命国人，凡大木所偃，尽起而筑之。岁则大孰。于是成王乃命鲁得郊祭文王。鲁有天子礼乐者，以褒周公之德也。

这两段话是司马迁参考了《尚书·金縢》的内容而写的，应当是糅合了今古文《尚书》的说法。今本《尚书·金縢》记载：

既克商二年，王有疾，弗豫。二公曰："我其为王穆卜。"周公曰："未可以戚我先王。"公乃自以为功，为三坛，同墠。为坛于南方，北面，周公立焉。植璧秉珪，乃告太王、王季、文王。

……

乃卜三龟，一习吉。启籥见书，乃并是吉。公曰："体！王其罔害。予小子新命于三王，惟永终是图。兹攸俟，能念予一人。"

公归，乃纳册于金縢之匮中。王翼日乃瘳。

武王既丧，管叔及其群弟乃流言于国，曰："公将不利于孺子。"周公乃告二公曰："我之弗辟，我无以告我先王。"周公居东二年，则罪人斯得。于后，公乃为诗以贻王，名之曰《鸱鸮》。王亦未敢诮公。

秋，大熟，未获，天大雷电以风，禾尽偃，大木斯拔，邦人大恐。王与大夫尽弁，以启金縢之书，乃得周公所自以为功代武王之说。二公及王乃问诸史与百执事。对曰："信。噫，公命我勿敢言。"

王执书以泣，曰："其勿穆卜！昔公勤劳王家，惟予冲人弗及知。今天动威，以彰周公之德，惟朕小子其新逆，我国家礼亦宜之。"王出郊，天乃雨，反风，禾则尽起。二公命邦人，凡大木所偃，尽起而筑之，岁则大熟。

《尚书大传》则说：

> 周公死，天乃雷雨，以风，禾尽偃，大木斯拔，国恐。王与大夫开金縢之书，执书以泣，曰：周公勤劳王家，予幼人弗及知。乃不葬于成周，而葬之于毕，示天下不敢臣。[1]

对照《史记》、今本《尚书》以及《尚书大传》记载的内容，可以看出，《史记》与《尚书大传》都言周公死后成王与大夫打开金縢之书，而古文《尚书》则认为是在周公避居之后。在这一点上，司马迁取今文《尚书》之说。然而，《史记》中还记载成王年少时生病，周公为成王祝祷，“藏其策于府”。成王病好后，有人诬陷周公，于是周公出奔楚地。后来成王于府中发现周公的祝祷之书，才知实情，迎周公返回。这样的记载又与古文《尚书》说十分类似，尤其是其中说到周公奔楚，这与今文《尚书》说不符，则应为古文说。

从以上的几个方面可以看出，司马迁在《史记》中杂采今古文《尚书》说，这说明他能够遍览多种史料，以丰富其史著。而且，这样的引《书》特点其实恰恰反映了司马迁作为一位史家兼收并蓄的实录精神。

二、《史记》对《尚书》政治思想的阐发

《尚书》作为一部政治史文献汇编，上古时期治国方法的记录与政治思想的阐发是它最为突出的价值，正如《史记·太史公自序》所说：“《书》记先王之事，故长于政。”《尚书》的政治理论和思想对后世产生了深远影响，司马迁作《史记》，就充分继承了《尚书》的论政特点，并且通过历史书写将《尚书》所表达的政治思想作了进一步的阐发。

（一）《史记》对《尚书》政治思想的继承与发挥

《尚书》中记载了许多君王及其臣下的政令与事迹，其中包含了许多治国之道，这些政治方面的内容对司马迁作《史记》产生了重要的影响。

---

[1] 《尚书大传》，朱维铮主编《中国经学史基本丛书》第一册，上海书店出版社2012年版，第35页。

尤其是《尚书》中的《尧典》、《禹贡》和《洪范》三篇，为后世的政治学说奠定了深厚的基础，司马迁《史记》蕴含的政治思想便得益于这三篇文章。

《史记》八书记载的是礼乐、律历、封禅、水利、经济这些与国家的政治统治密切相关的内容。而司马迁之所以设置这样的体例并记载这些有关国家治理的内容，许多学者认为是受到了《尚书》的影响。梁启超就说《史记》“八书详纪政制，蜕形于《尚书》”[1]。范文澜说得更直接：“《史记》八书，实取则《尚书》，故名曰书。《尚书·尧典》、《禹贡》，后世史官所记，略去小事，综括大典，追述而成。故如‘乃命羲和，钦若昊天，历象日月星辰，敬授人时。……以闰月定四时成岁。’即《律书》、《历书》、《天官书》所由昉也。‘岁二月东巡狩。……车服以庸。’《封禅书》所由昉也。‘帝曰，咨四岳，有能典朕三礼。……直哉惟请。’《礼书》所由昉也。‘帝曰，夔，命汝典乐。……百兽率舞。’《乐书》所由昉也。‘帝曰，弃，黎民阻饥，汝后稷，播时百谷。’《平准书》所由昉也。《禹贡》一篇，《河渠书》所由昉也。”[2]

诚如范文澜所说，《尚书》的《尧典》和《禹贡》对《史记》八书的写作产生了重要的影响。《尚书·尧典》一篇主要记载了帝尧和帝舜的事迹（伪古文《尚书》将《尧典》中的帝舜事迹分出为《舜典》），其中就涉及历法、封禅、制礼作乐等重要的政治活动。《尧典》记载：

> 乃命羲、和，钦若昊天，历象日月星辰，敬授人时。分命羲仲，宅嵎夷，曰暘谷。寅宾出日，平秩东作。日中，星鸟，以殷仲春。厥民析，鸟兽孳尾。申命羲叔，宅南交。平秩南讹，敬致。日永，星火，以正仲夏。厥民因，鸟兽希革。分命和仲，宅西，曰昧谷。寅饯纳日，平秩西成。宵中，星虚，以殷仲秋。厥民夷，鸟兽毛毨。申命和叔，宅朔方，曰幽都。平在朔易。日短，星昴，以正仲冬。厥民隩，鸟兽氄毛。帝曰：“咨！汝羲暨和，期三百有六旬有六日，以闰月定四时成岁。允厘百工，庶绩咸熙。”

[1] 梁启超：《中国历史研究法》，上海古籍出版社 1998 年版，第 15 页。
[2] 刘勰著，范文澜注：《文心雕龙注》，人民文学出版社 1962 年版，第 293 页。

这段话写的是帝尧命令掌管天象的羲、和二氏观察星象，制定历法，从而教导人们按照时令节气进行农业生产。其中重点叙述了帝尧划分四时的过程，每个时节帝尧都令专门的官员执掌，划分的主要依据便是日月星辰的运行方位。而且在每个时节中都说明了鸟兽等自然现象的变化，规定了人们相应的生产生活方式。关于这些天象历法的内容，在《史记》的《历书》和《天官书》中都有所体现。《史记·历书》中写道："尧复遂重黎之后，不忘旧者，使复典之，而立羲和之官。明时正度，则阴阳调，风雨节，茂气至，民无夭疫。"司马迁在这里记述的就是帝尧令羲和制定历法之事，而他在《历书》和《天官书》中叙述的也是历代历法的制定以及对各种天象的观测。应当说，他对天象历法的记录与《尧典》中记载尧舜统治时期观测天象、敬授民时的传统有关。再如，《史记·封禅书》主要记载的是历代帝王的封禅活动。而最早的关于帝王封禅的记载就在《尚书》的《尧典》之中。《封禅书》中写道：

> 《尚书》曰，舜在璇玑玉衡，以齐七政。遂类于上帝，禋于六宗，望山川，遍群神。辑五瑞，择吉月日，见四岳诸牧，还瑞。岁二月，东巡狩，至于岱宗。岱宗，泰山也。柴，望秩于山川。遂觐东后。东后者，诸侯也。合时月正日，同律度量衡，修五礼，五玉三帛二生一死贽。五月，巡狩至南岳。南岳，衡山也。八月，巡狩至西岳。西岳，华山也。十一月，巡狩至北岳。北岳，恒山也。皆如岱宗之礼。中岳，嵩高也。五载一巡狩。

司马迁的这段叙述根据的就是《尚书·尧典》中关于舜封禅的事迹。所谓"舜在璇玑玉衡，以齐七政"，是指舜观测北斗七星，从而部署各项政事。而舜封禅的目的就是要把自己继承天子之位以及各项政事的部署昭告天地，可见封禅一事在当时是有着重要的政治意义的，所以司马迁才在《史记》的八书中专列《封禅书》一篇，以突出封禅活动在政治统治中的重要性。

《尚书·禹贡》一篇可以说是中国古代最早的地理方面的著作，其中记载了禹疏通水道的事迹，从中可以看出水利自古以来就是治理国家的一个重要内容。司马迁在《史记》中设立《河渠书》一篇应当与《尚书·禹贡》有关。《河渠书》开篇即写道：

> 《夏书》曰：禹抑洪水十三年，过家不入门。陆行载车，水行载舟，泥行蹈毳，山行即桥。以别九州，随山浚川，任土作贡。通九道，陂九泽，度九山。然河菑衍溢，害中国也尤甚。唯是为务。故道河自积石历龙门，南到华阴，东下砥柱，及孟津、雒汭，至于大邳。于是禹以为河所从来者高，水湍悍，难以行平地，数为败，乃厮二渠以引其河。北载之高地，过降水，至于大陆，播为九河，同为逆河，入于勃海。九川既疏，九泽既洒，诸夏艾安，功施于三代。

在这段话中，司马迁叙述了禹治理洪水、划分九州以及疏导黄河的事迹，这些在《尚书·禹贡》中都有所体现。例如，《禹贡》分别介绍了禹所划分的九州的情形，而且也写到了黄河的疏导："导河积石，至于龙门；南至于华阴，东至于厎柱，又东至于孟津。东过洛汭，至于大伾；北过降水，至于大陆；又北，播为九河，同为逆河，入于海。"《河渠书》中的描述与之十分相似。由此可见，司马迁作《河渠书》应当是着重参考了《禹贡》的内容，而且，《河渠书》记载历代治理河道之事也是接续了《禹贡》重视水利的传统。

《尚书》中除《尧典》和《禹贡》两篇对《史记》八书体例及内容产生重要影响外，《洪范》一篇同样与司马迁在《史记》中表达的政治学说有关。《宋微子世家》全文引用了《洪范》，足见他对此篇的重视。《尚书·洪范》写的是箕子向周武王介绍上天赐给禹的"洪范九畴"，即九种治国大法。《洪范》所表达的政治思想对后世产生了深远的影响，其中五行思想就是一个十分典型的代表，司马迁作《史记》同样也受到《洪范》五行说的影响。五行是"洪范九畴"第一畴，《洪范》中写道："一、五行：一曰水，二曰火，三曰木，四曰金，五曰土。水曰润下，火曰炎上，木曰曲直，金曰从革，土爰稼穑。润下作咸，炎上作苦，曲直作酸，从革作辛，稼穑作甘。"这段话介绍了五行的内容及特点，后世学者对此作了许多阐发，尤以战国时期的邹衍等阴阳家以及西汉初年的董仲舒、夏侯始昌等学者为最，他们将这种五行说充分运用到政治思想的阐发当中。五德终始说之政治理论的形成，便是五行说发展的结果。

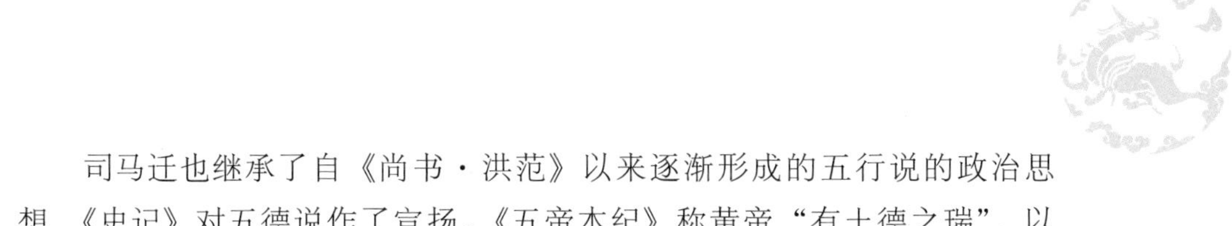

司马迁也继承了自《尚书·洪范》以来逐渐形成的五行说的政治思想，《史记》对五德说作了宣扬。《五帝本纪》称黄帝“有土德之瑞”，以五德说来解说王权的更替。《秦始皇本纪》则更是系统地记述了秦朝的德运制度：

> 始皇推终始五德之传，以为周得火德，秦代周德，从所不胜。方今水德之始，改年始，朝贺皆自十月朔。衣服旄旌节旗皆上黑。数以六为纪，符、法冠皆六寸，而舆六尺，六尺为步，乘六马。更名河曰德水，以为水德之始。刚毅戾深，事皆决于法，刻削毋仁恩和义，然后合五德之数。于是急法，久者不赦。

这里讲的是秦始皇定秦为水德，并且依据水德“刚毅戾深”的性质实行重法寡恩的政治统治。秦之水德代周之火德的说法在战国时期就已经被邹衍所提出，司马迁在此继承了前人的说法，并将这种五德终始说运用到秦朝历史的叙述之中。《史记》还对汉初的德属之争作了记述，《张丞相列传》载：

> 苍为丞相十余年，鲁人公孙臣上书言汉土德时，其符有黄龙当见。诏下其议张苍，张苍以为非是，罢之。其后黄龙见成纪，于是文帝召公孙臣以为博士，草土德之历制度，更元年。

这段话写的是张苍为丞相时，公孙臣认为汉为土德，并指出会有黄龙出现，张苍否定了这一说法，然而后来真有黄龙显现，于是汉文帝决定“草土德之历制度”。此外，在《历书》、《封禅书》和《屈原贾生列传》中，司马迁也都叙述了汉家德运的问题，并且表明了汉为土德的观点。以上这些都是司马迁在《史记》中记载的有关五德终始说的内容，而在《高祖本纪》中，他还记载了“赤帝子斩白帝子”的传说：

> 高祖被酒，夜径泽中，令一人行前。行前者还报曰：“前有大蛇当径，愿还。”高祖醉，曰：“壮士行，何畏！”乃前，拔剑击斩蛇。蛇遂分为两，径开。行数里，醉，因卧。后人来至蛇所，有一老妪

> 夜哭。人问何哭，妪曰：“人杀吾子，故哭之。”人曰：“妪子何为见杀？”妪曰：“吾子，白帝子也，化为蛇，当道，今为赤帝子斩之，故哭。”人乃以妪为不诚，欲告之，妪因忽不见。

这段传说后来成为刘歆的汉为火德说的依据。事实上，西汉初年汉为火德说还未出现。不过司马迁记载的这一传说，依然与五行说相关，只不过不是五德终始说，而是五行方位说。赤帝子为红色，代表南方之火，白帝子为白色，代表西方之金，赤帝子斩白帝子就意味着南方兴起的汉将要代替西方兴起的秦。由此可见，五行说这一政治学说对司马迁的政治历史观产生了深刻的影响。而这种五行说的思想源头，当属《尚书·洪范》对五行概念的阐述。

综上所述，《史记》中表达的政治思想深受《尚书》的《尧典》、《禹贡》、《洪范》等篇章内容的影响，司马迁将这些政治思想融入自己的历史叙述之中，以历史事实来论证其政治观点。

(二)《史记》对《尚书》敬德保民思想的汲取

敬德保民是《尚书》中一个重要的思想观念，主要体现在上古君王对民众的统治和施政方针上。司马迁也继承了这一思想传统，在《史记》中着重凸显了君主仁政爱民的重要性。

第一，《史记》继承了《尚书》以德配天的观念。《尚书》宣扬君王要尊天、敬德，以德配天，《史记》继承了这一思想。如《封禅书》即是通过记述历代封禅之事，强调统治者当以德配天。其中写道：

> 后十四世，至帝孔甲，淫德好神，神渎，二龙去之。其后三世，汤伐桀，欲迁夏社，不可，作《夏社》。后八世，至帝太戊，有桑榖生于廷，一暮大拱，惧。伊陟曰：“妖不胜德。”太戊修德，桑榖死。伊陟赞巫咸，巫咸之兴自此始。后十四世，帝武丁得傅说为相，殷复兴焉，称高宗。有雉登鼎耳雊，武丁惧。祖己曰：“修德。”武丁从之，位以永宁。后五世，帝武乙慢神而震死。

这段话写到了上古时期的几个事件：夏代孔甲统治时期，有淫德，崇尚鬼神，亵渎神灵，上天赐给孔甲的二龙因此离开了。后来汤伐夏桀，想

要迁除夏的社坛，最终以为不可实行。商代太戊见到庭院中桑榖二木一夜之间长到两手合抱那么粗，很是恐惧，而伊陟则告诫说“妖不胜德”。于是太戊修德行善，桑榖二木便死了。武丁统治时，有野鸡飞上鼎耳鸣叫的怪异现象，祖己也让武丁修德，武丁听从后，果然国泰民安。从司马迁叙述的这几个事件中可以看出，修德是统治者祛除灾异并保有政权的关键。这说明“德”与“神”在当时是相关的，统治者只有修缮自己的德行才能获得上天相助，灾异也就会消除。

第二，《史记》延续了《尚书》重视君德的传统。《尚书》宣扬天命可以转移，而转移的标准便是君德。《史记》继承了《尚书》重视君德的思想。如《五帝本纪》记载的上古帝王都是具有高尚品格的圣贤之君，其中写到尧、舜的事迹，参考了《尚书·尧典》的内容，突出了尧、舜的德行。如尧在选择其继承人时，注重考察继任者的德行。他没有选择凶恶的丹朱和心术不正的共工，而最终选择了道德高尚的舜。《五帝本纪》说：

> 尧曰：“嗟！四岳：朕在位七十载，汝能庸命，践朕位？”岳应曰：“鄙德忝帝位。”尧曰：“悉举贵戚及疏远隐匿者。”众皆言于尧曰：“有矜在民间，曰虞舜。”尧曰：“然，朕闻之。其何如？”岳曰：“盲者子。父顽，母嚚，弟傲，能和以孝，烝烝治，不至奸。”尧曰：“吾其试哉。”于是尧妻之二女，观其德于二女。舜饬下二女于妫汭，如妇礼。尧善之，乃使舜慎和五典，五典能从。乃遍入百官，百官时序。宾于四门，四门穆穆，诸侯远方宾客皆敬。尧使舜入山林川泽，暴风雷雨，舜行不迷。尧以为圣，召舜曰：“女谋事至而言可绩，三年矣。女登帝位。”

从这段话可以看出，尽管舜出身卑微，尧却看重他道德高尚。尧将二女嫁给舜，也是为了在二女身上检验舜的德行，让舜参与管理政务。事实证明在舜的努力下，百官和睦，宾客恭敬。又如《夏本纪》说：“帝桀之时，自孔甲以来而诸侯多畔夏，桀不务德而武伤百姓，百姓弗堪。乃召汤而囚之夏台，已而释之。汤修德，诸侯皆归汤，汤遂率兵以伐夏桀。桀走鸣条，遂放而死。”夏桀不务修德，导致众叛亲离；而汤的品格高尚，诸侯都归附他。司马迁在此用历史事实说明君王修德行善对获取政权是十分关键的。而在对汉代历史的叙述中，司马迁同样也强调了君主之德的重要性。如《孝文本纪》就突出了汉文帝的仁德之心：

> 孝文帝从代来，即位二十三年，宫室苑囿狗马服御无所增益，有不便，辄弛以利民。尝欲作露台，召匠计之，直百金。上曰："百金中民十家之产，吾奉先帝宫室，常恐羞之，何以台为！"上常衣绨衣，所幸慎夫人，令衣不得曳地，帏帐不得文绣，以示敦朴，为天下先。治霸陵皆以瓦器，不得以金银铜锡为饰，不治坟，欲为省，毋烦民。南越王尉佗自立为武帝，然上召贵尉佗兄弟，以德报之，佗遂去帝称臣。与匈奴和亲，匈奴背约入盗，然令边备守，不发兵深入，恶烦苦百姓。吴王诈病不朝，就赐几杖。群臣如袁盎等称说虽切，常假借用之。群臣如张武等受赂遗金钱，觉，上乃发御府金钱赐之，以愧其心，弗下吏。专务以德化民，是以海内殷富，兴于礼义。

汉文帝崇尚节俭，为避免劳民伤财而罢修露台。面对南越王称帝，他以德报怨，赏赐南越王兄弟。匈奴背约入侵，他害怕战争劳苦百姓，所以严守边塞而不发兵深入攻击。对待臣下，他更是宽厚仁爱，常以德行感化，而不忍责罚。正是汉文帝这种以德治国的统治方式，使得国家富强，讲求礼义之风大兴。司马迁评价道："孔子言'必世然后仁。善人之治国百年，亦可以胜残去杀'。诚哉是言！汉兴，至孝文四十有余载，德至盛也。廪廪乡改正服封禅矣，谦让未成于今。呜呼，岂不仁哉！"[1] 可见，司马迁对于汉文帝的德政推崇备至。

君主的德行表现在具体政治举措上，便是仁爱民众。前述《尚书》以保民作为君德的重要标准，《史记》继承了这一思想，重视宣扬民意即天意，民心向背关乎政权安危的思想。《高祖本纪》说：

> 汉元年十月，沛公兵遂先诸侯至霸上。秦王子婴素车白马，系

[1]《史记》卷十《孝文本纪》，中华书局1959年版，第437—438页。

> 颈以组，封皇帝玺符节，降轵道旁。诸将或言诛秦王。沛公曰："始怀王遣我，固以能宽容；且人已服降，又杀之，不祥。"乃以秦王属吏，遂西入咸阳。欲止宫休舍，樊哙、张良谏，乃封秦重宝财物府库，还军霸上。召诸县父老豪桀曰："父老苦秦苛法久矣，诽谤者族，偶语者弃市。吾与诸侯约，先入关者王之，吾当王关中。与父老约，法三章耳：杀人者死，伤人及盗抵罪。余悉除去秦法。诸吏人皆案堵如故。凡吾所以来，为父老除害，非有所侵暴，无恐！且吾所以还军霸上，待诸侯至而定约束耳。"乃使人与秦吏行县乡邑，告谕之。秦人大喜，争持牛羊酒食献飨军士。沛公又让不受，曰："仓粟多，非乏，不欲费人。"人又益喜，唯恐沛公不为秦王。

刘邦入咸阳前，秦王子婴已亲自至霸上迎接，有人劝刘邦杀掉秦王，刘邦没有听从。入咸阳后，刘邦听从樊哙、张良的建议，没有留宿秦宫，也没有掠夺宫中的财物，回军霸上。他与诸县父老约法三章，秦人大为高兴，拿出牛羊酒食来款待汉军，刘邦却说仓库粮食充足，不愿让百姓破费。这样一来，刘邦就更加受到秦人的拥戴，百姓都唯恐他不做秦王。然而项羽入咸阳时却是另外一番情形。《高祖本纪》写道："项羽遂西，屠烧咸阳秦宫室，所过无不残破。秦人大失望，然恐，不敢不服耳。"《项羽本纪》也记载：

> 项羽引兵西屠咸阳，杀秦降王子婴，烧秦宫室，火三月不灭；收其货宝妇女而东。人或说项王曰："关中阻山河四塞，地肥饶，可都以霸。"项王见秦宫室皆以烧残破，又心怀思欲东归，曰："富贵不归故乡，如衣绣夜行，谁知之者！"说者曰："人言楚人沐猴而冠耳，果然。"项王闻之，烹说者。

项羽带兵进入咸阳之后，杀了已经投降的秦王，还放火烧秦宫，掠夺财货妇女。有人劝项羽在关中建都，可项羽执意要衣锦还乡，并且烹杀了劝他的人。两相对比，可以看出刘邦深得民心而项羽失民心，刘邦最终战胜项羽，民众的支持是个重要因素。

司马迁还十分推崇汉初仁厚无为、与民休息的政策。他在《吕太后本纪》中评论道：“孝惠皇帝、高后之时，黎民得离战国之苦，君臣俱欲休息乎无为，故惠帝垂拱，高后女主称制，政不出房户，天下晏然。刑罚罕用，罪人是希。民务稼穑，衣食滋殖。”司马迁认为在汉惠帝、吕后当政时，统治者无为的治国方式使民众免受战乱之苦，天下安定祥和，百姓得以努力生产，所以衣食无忧生活富足。司马迁对汉文帝爱民、保民的举措大加赞扬。《孝文本纪》中写了许多汉文帝的保民之举：

> 二年十月，丞相平卒，复以绛侯勃为丞相。上曰：“朕闻古者诸侯建国千余，各守其地，以时入贡，民不劳苦，上下欢欣，靡有遗德。今列侯多居长安，邑远，吏卒给输费苦，而列侯亦无由教驯其民。其令列侯之国，为吏及诏所止者，遣太子。”
>
> 十一月晦，日有食之。十二月望，日又食。上曰：“朕闻之，天生蒸民，为之置君以养治之。人主不德，布政不均，则天示之以菑，以诫不治。乃十一月晦，日有食之，适见于天，菑孰大焉！朕获保宗庙，以微眇之身讬于兆民君王之上，天下治乱，在朕一人，唯二三执政犹吾股肱也。朕下不能理育群生，上以累三光之明，其不德大矣。令至，其悉思朕之过失，及知见思之所不及，匄以告朕。及举贤良方正能直言极谏者，以匡朕之不逮。因各饬其任职，务省繇费以便民。朕既不能远德，故憪然念外人之有非，是以设备未息。今纵不能罢边屯戍，而又饬兵厚卫，其罢卫将军军。太仆见马遗财足，余皆以给传置。”

这两段话分别写了汉文帝派遣列侯到各国以及见日食而反思执政过失这两件事。汉文帝将列侯派到各国，其主要目的是减轻各地百姓的劳苦，且列侯在各国也方便教化民众。而见到有日食发生，汉文帝便反思自身的行为，他认为上天化育万民，如果君主没有仁德之心，施政不公，上天就会降下灾异以示惩戒。所以汉文帝面对日食这样的现象，命令减少徭役、军费，裁撤军队，从而减轻民众的负担，使之安居乐业。

从以上这些材料可以看出，司马迁在《史记》中强调了君主的仁德之心及保民之举对治理国家的重要意义，而这种政治思想应当说与自《尚书》以来就形成的敬德保民的传统密切相关。

三、《史记》对《尚书》史学思想的继承

《尚书》既是一部上古政治文献汇编，也是一部反映上古历史的史书。刘知幾在《史通》中将《尚书》列为史学六家之一，可见《尚书》在中国史学发展史上的重要地位。《尚书》的历史编纂思想以及以史为鉴、经世致用的史学思想对后世产生了很大的影响。《史记》的编纂特点与撰述思想就体现了对《尚书》史学思想的继承。

（一）“疑则传疑”的编纂原则与“体圆用神”的编纂思想

在历史编纂方面，《史记》受《尚书》的影响主要表现为两点：一是遵循了孔子序《尚书》“疑则传疑”的编纂原则，二是继承了《尚书》“体圆用神”的编纂思想。

对于孔子与《尚书》的关系，历来众说纷纭。司马迁认为孔子与《尚书》的编纂有密切的关系：“孔子之时，周室微而礼乐废，《诗》、《书》缺。追迹三代之礼，序《书传》，上纪唐虞之际，下至秦缪，编次其事。”[1] 肯定孔子对《尚书》有整理、编次之功。又说：“孔子因史文次《春秋》，纪元年，正时日月，盖其详哉。至于序《尚书》则略，无年月；或颇有，然多阙，不可录。故疑则传疑，盖其慎也。”[2] 认为孔子凭借史文编次《春秋》，其中有年月日时间的记载，十分详细；而相比之下，孔子序《尚书》则显得简略，没有年月记载，即使有的地方记载了也多有缺漏，不可记录。由此可见，孔子序《尚书》，把有无年月记载的历史事实都编辑起来，疑则传疑，是十分谨慎的。

《史记》的编纂，也遵循了孔子序《尚书》“疑则传疑”的编纂原则。例如，《老子韩非列传》对老子生平的介绍就反映了这一编纂原则：

> 老子者，楚苦县厉乡曲仁里人也，姓李氏，名耳，字聃，周守藏室之史也。
>
> ……

[1] 《史记》卷四十七《孔子世家》，中华书局1959年版，第1935—1936页。

[2] 《史记》卷十三《三代世表》，中华书局1959年版，第487页。

或曰：老莱子亦楚人也，著书十五篇，言道家之用，与孔子同时云。

盖老子百有六十余岁，或言二百余岁，以其修道而养寿也。

自孔子死之后百二十九年，而史记周太史儋见秦献公曰："始秦与周合，合五百岁而离，离七十岁而霸王者出焉。"或曰儋即老子，或曰非也，世莫知其然否。

从这几段叙述中可以发现，关于老子的身份和年龄是有很多种说法的，有人说老子是周守藏室之史李耳，也有人说老子就是楚国的老莱子，还有人认为周太史儋即为老子。对于这些不同的说法，司马迁并没有择取其一，而是将不同的说法都记录下来。他的做法就体现了"疑则传疑"的原则。又如关于商、周民族始祖诞生的情况，《史记》同时记载了"圣王感生"和"圣王同祖"这两种不同的说法，褚少孙指出，司马迁这样记载是"信以传信，疑以传疑"。[1] 由此可见，《史记》的历史叙述遵循了孔子整理《尚书》"疑则传疑"的原则，这种编纂原则也十分符合司马迁作为一位史家对历史叙述严谨的态度，体现了他的实录精神。

除了"疑则传疑"的谨慎的编纂原则，《史记》还继承了《尚书》"体圆用神"的编纂思想。所谓"体圆用神"，是章学诚在《文史通义》中所总结的史书编纂特点。他将古代史籍分为撰述和记注两类，其中撰述一类史书的编纂，他认为体现了"圆而神"的特点。对此，他论述道：

《易》曰："蓍之德圆而神，卦之德方以智。"间尝窃取其义，以概古今之载籍，撰述欲其圆而神，记注欲其方以智也。夫智以藏往，神以知来，记注欲往事之不忘，撰述欲来者之兴起，故记注藏往似智，而撰述知来拟神也。藏往欲其赅备无遗，故体有一定，而其德为方；知来欲其决择去取，故例不拘常，而其德为圆。[2]

[1] 《史记》卷十三《三代世表》，中华书局 1959 年版，第 505 页。

[2] 章学诚著，叶瑛校注：《文史通义校注》卷一《书教下》，中华书局 2014 年版，第 58 页。

从章学诚的论述可以看出，撰述这类史书的特点是不拘泥于一定的体例，通过对史料的抉择去取，充分体现作者的史义，这也就是所谓的“圆而神”。在章学诚看来，《尚书》就是这种“圆而神”的撰述之史的代表。他指出，《尚书》“因事命篇，本无成法”[1]。的确，从《尚书》的编纂来看，它不拘于成法，虽为记言之书，却也包含了记事的内容。而且《尚书》中的每一篇基本是围绕某一历史事实记述的，不囿于编年或纪传等固定的体例。

《史记》同样也具有“体圆用神”的特点，章学诚认为《史记》继承了《尚书》的编纂传统，他说：“盖迁书体圆用神，多得《尚书》之遗。”[2]《文史通义·书教下》对这一问题作了专门的论述：

> 迁书纪、表、书、传，本左氏而略示区分，不甚拘拘于题目也。《伯夷列传》，乃七十篇之序例，非专为伯夷传也。《屈贾列传》所以恶绛、灌之谗，其叙屈之文，非为屈氏表忠，乃吊贾之赋也。《仓公》录其医案，《货殖》兼书物产，《龟策》但言卜筮，亦有因事命篇之意，初不沾沾为一人具始末也。《张耳陈馀》，因此可以见彼耳。《孟子荀卿》，总括游士著书耳。名姓标题，往往不拘义例，仅取名篇，譬如《关雎》、《鹿鸣》，所指乃在嘉宾淑女，而或且讥其位置不伦，或又摘其重复失检，不知古人著书之旨，而转以后世拘守之成法，反訾古人之变通，亦知迁书体圆而用神，犹有《尚书》之遗者乎！

从章学诚的论述来看，司马迁作《史记》，只是以纪、表、书、传等体例对篇章内容略加区分，在具体的叙述中并不完全受题目的限制。《伯夷列传》的确记载了伯夷、叔齐的事迹，但是它更重要的还是为七十列传发凡起例。章学诚在《丙辰札记》中说：“太史《伯夷传》，盖为七十列传

[1] 章学诚著，叶瑛校注：《文史通义校注》卷一《书教上》，中华书局2014年版，第36页。

[2] 章学诚著，叶瑛校注：《文史通义校注》卷一《书教下》，中华书局2014年版，第59页。

作叙例，惜由、光让国无征，而幸吴太伯、伯夷之经夫子论定，以明己之去取是非，奉夫子为折衷。篇末隐然以七十列传窃比夫子之表幽显微。传虽以伯夷名篇，而文实兼七十篇之发凡起例。”[1]《屈原贾生列传》虽然叙述了屈原的生平经历，但意在怀缅贾谊。还有一些列传不单单为一人生平事迹所设，而是记述了一类事物，如《扁鹊仓公列传》记录医案，《货殖列传》兼写物产，《龟策列传》专写卜筮，等等。这些都体现出《史记》编纂的因事命篇之意。另外，司马迁将张耳和陈馀合传，是为了从两人不同的角度叙述同一历史事件；《孟子荀卿列传》不仅写孟、荀二人事迹，还总括当时各国游士的著书、交游活动。

从以上这些篇章可以看出，《史记》的编纂十分灵活，不受体例、篇名的限制。正是这种“体圆用神”的编纂手法，使得《史记》的叙述更能表达出司马迁个人的历史观念，更能体现出《史记》“成一家之言”的特点。而这样的编纂手法应当说与《尚书》“圆而神”的编纂思想是一脉相承的。

（二）“述往事，思来者”的以史为鉴思想

在对史学功用的整体认识上，《史记》也受到了《尚书》史学思想的影响。前已述及，《尚书》具有浓厚的殷鉴思想。《召诰》就说：“我不可不监于有夏，亦不可不监于有殷。”《尚书》叙述了许多西周君臣总结、反思商王朝灭亡历史经验教训的事例，旨在彰显以史为鉴的思想。《史记》继承了这种以史为鉴的思想，其《太史公自序》说：“夫《诗》、《书》隐约者，欲遂其志之思也。”又说：“述往事，思来者。”这些都表达出对史学借鉴价值的重视。

对于西周统治者以商王朝灭亡为借鉴的思想，司马迁在《史记》中也有着突出的表现。如《周本纪》记载周武王在伐纣成功后，进入社庙祭祀，尹佚颁布祝文说：“殷之末孙季纣，殄废先王明德，侮蔑神祇不祀，昏暴商邑百姓，其章显闻于天皇上帝。”这体现了西周统治者对商朝灭亡的清醒认识。《周本纪》还记载了周武王与周公的一段对话：

武王征九牧之君，登豳之阜，以望商邑。武王至于周，自夜不

[1] 章学诚：《章学诚遗书·丙辰札记》，文物出版社1985年版，第397页。

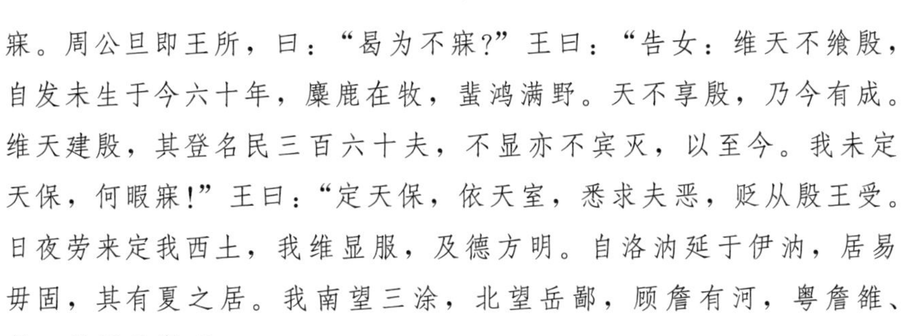
> 寐。周公旦即王所，曰：“曷为不寐?”王曰：“告女：维天不飨殷，自发未生于今六十年，麋鹿在牧，蜚鸿满野。天不享殷，乃今有成。维天建殷，其登名民三百六十夫，不显亦不宾灭，以至今。我未定天保，何暇寐!”王曰：“定天保，依天室，悉求夫恶，贬从殷王受。日夜劳来定我西土，我维显服，及德方明。自洛汭延于伊汭，居易毋固，其有夏之居。我南望三涂，北望岳鄙，顾詹有河，粤詹雒、伊，毋远天室。”

武王召见九州的长官，登上豳地之山，遥望商王朝的都城，回到周都以后却彻夜难眠。周公问其缘由，武王就向周公表达了他内心的担忧。武王认为，正是由于上天不受殷的享祭，他才能伐纣成功，西周王朝才得以建立。所以为维护西周政权的稳固，真正得到上天的认可，还是要慰劳民众，惩罚有罪之人，恪尽职守，弘扬德教。

《史记》以史为鉴的思想更多地还是体现在“过秦”观念上。司马迁在《史记》中突出表现了秦的暴政。如《秦始皇本纪》记载秦二世听从赵高杀戮大臣和公子，公子将闾昆弟三人含冤而死的事：

> 公子将闾昆弟三人囚于内宫，议其罪独后。二世使使令将闾曰：“公子不臣，罪当死，吏致法焉。”将闾曰：“阙廷之礼，吾未尝敢不从宾赞也；廊庙之位，吾未尝敢失节也；受命应对，吾未尝敢失辞也。何谓不臣？愿闻罪而死。”使者曰：“臣不得与谋，奉书从事。”将闾乃仰天大呼天者三，曰：“天乎！吾无罪！”昆弟三人皆流涕拔剑自杀。宗室振恐。群臣谏者以为诽谤，大吏持禄取容，黔首振恐。

秦二世以不臣之罪诛杀公子将闾，公子将闾辩驳称自己从未违背礼节，言语也无差错，但最终兄弟三人含恨自杀。这件事使得宗室恐慌不安，群臣不敢进谏，百姓也十分惊恐，可见秦朝统治之暴虐。《史记》对秦朝残暴统治的抨击，旨在以此为后世统治者提供鉴戒。

《史记》记载了许多西汉朝臣以及陆贾、贾谊等思想家的“过秦”之论。如《平津侯主父列传》就记载了严安对秦亡教训的总结：

> 向使秦缓其刑罚，薄赋敛，省繇役，贵仁义，贱权利，上笃厚，下智巧，变风易俗，化于海内，则世世必安矣。秦不行是风而循其故俗，为智巧权利者进，笃厚忠信者退；法严政峻，谄谀者众，日闻其美，意广心轶……当是时，秦祸北构于胡，南挂于越，宿兵无用之地，进而不得退。行十余年，丁男被甲，丁女转输，苦不聊生，自经于道树，死者相望……秦贵为天子，富有天下，灭世绝祀者，穷兵之祸也。

严安的这段话表明，秦朝灭亡与统治者严刑峻法、穷兵黩武有着很大的关系。又如《郦生陆贾列传》记载陆贾在高祖刘邦面前时时称颂《诗》、《书》，高祖骂道："乃公居马上而得之，安事《诗》《书》!"陆贾却解释说："居马上得之，宁可以马上治之乎？且汤武逆取而以顺守之，文武并用，长久之术也。昔者吴王夫差、智伯极武而亡；秦任刑法不变，卒灭赵氏。乡使秦已并天下，行仁义，法先圣，陛下安得而有之?"陆贾认为，秦朝灭亡，是因为统治者没有施行《诗》、《书》中所记载的先圣仁义之道。对于贾谊的"过秦"思想，司马迁更是十分重视。贾谊认为，秦之灭亡主要在于"仁义不施而攻守之势异也"，他指出："故秦之盛也，繁法严刑而天下振；及其衰也，百姓怨望而海内畔矣。故周五序得其道，而千余岁不绝。秦本末并失，故不长久。"[1] 在《秦始皇本纪》的篇末，司马迁全文引录了贾谊的《过秦论》，并称赞道："善哉乎贾生推言之也!"这说明他对贾谊《过秦论》的观点是十分认同的，同时也是借贾谊之文来表达自己的"过秦"思想。司马迁记述汉初"过秦"之论，借以表达自己的"过秦"思想，旨在强调以秦为鉴对于汉代政治的重要性。

第二节　《史记》与西汉《春秋》学

《春秋》经历秦代焚书，至西汉时期依然流传，解释《春秋》经文的《公羊传》、《穀梁传》和《左传》在当时分别有不少学者传习。《春秋》

---

[1] 《史记》卷六《秦始皇本纪》，中华书局1959年版，第278页。

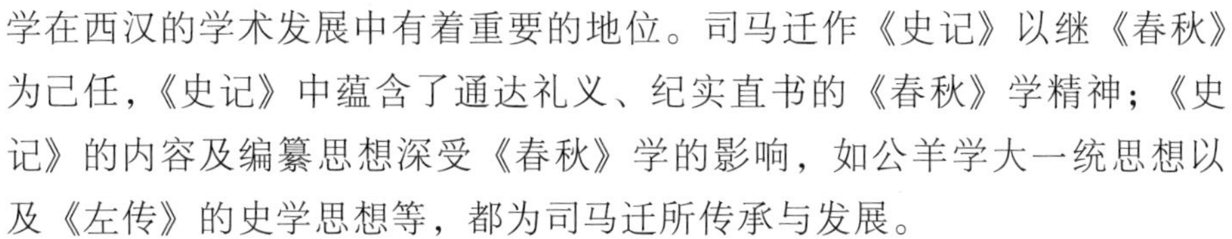
学在西汉的学术发展中有着重要的地位。司马迁作《史记》以继《春秋》为己任，《史记》中蕴含了通达礼义、纪实直书的《春秋》学精神；《史记》的内容及编纂思想深受《春秋》学的影响，如公羊学大一统思想以及《左传》的史学思想等，都为司马迁所传承与发展。

一、《史记》蕴含的《春秋》学精神

（一）西汉前期《春秋》学的发展

《春秋》自孔子修成之后，一直有学者传习。但与许多先秦典籍一样，《春秋》在秦代也难逃被焚毁的厄运。尽管如此，《春秋》经以及解释经文的“三传”传文依然通过口授、壁藏等形式流传到西汉时期。在《春秋》三传中，《公羊传》与《穀梁传》在西汉以前一直是口耳相传。《公羊传》相传为战国时公羊高所作，传至西汉景帝时才由公羊寿著于竹帛。《穀梁传》相传由子夏传给穀梁赤，同样也是传至西汉才正式成书。而《左传》相传为春秋末年左丘明所作，约成书于战国初年。到了汉代，北平侯张苍、梁太傅贾谊、京兆尹张敞等皆修习《左传》。

西汉前期，有不少学者在其著作中引用《春秋》及“三传”的内容，来阐述《春秋》学思想。陆贾《新语》、贾谊《新书》及刘安等人编写的《淮南子》等，都涉及《春秋》学的内容。

第一，学者在著作中对《春秋》的核心思想作出了论述和评价。如陆贾的《新语·道基》就说：“《春秋》以仁义贬绝。”《公羊传》说：“《春秋》不待贬绝而罪恶见者，不贬绝以见罪恶也。贬绝然后罪恶见者，贬绝以见罪恶也。”[1] 由此可以推断，陆贾在《新语》中对《春秋》“仁义贬绝”的评价，应是受到了《公羊传》的影响。又如贾谊《新书·傅职》说：“或称《春秋》，而为之耸善而抑恶，以革劝其心。”《道德说》篇则肯定《春秋》的价值和意义：“《春秋》者，守往事之合德之理与不合而纪其成败，以为来事师法，故曰‘《春秋》者，此之纪者也’。”可见，贾谊认为《春秋》记载历史上的成败兴衰从而为后世立法。

第二，学者往往征引《春秋》以及“三传”的具体内容来论证、阐

[1] 《春秋公羊传注疏·昭公元年》，《十三经注疏》本，中华书局1980年版。

发他们的观点。如陆贾《新语·术事》说："道近不必出于久远，取其致要而有成。《春秋》上不及五帝，下不至三王，述齐桓、晋文之小善，鲁之十二公，至今之为政，足以知成败之效，何必于三王?"陆贾在此表明，求道不必上溯至三王，《春秋》中没有五帝三王的内容，只是记载了鲁国十二公以及齐桓晋文等君王之事，通过这些足以知晓成败之理。《至德》篇则说：

> 昔者，晋厉、齐庄、楚灵、宋襄，乘大国之权，杖众民之威，军师横出，陵轹诸侯，外骄敌国，内刻百姓，邻国之雠结于外，群臣之怨积于内，而欲建金石之统，继不绝之世，岂不难哉？故宋襄死于泓之战，三君弑于臣之手，皆轻师尚威，以致于斯，故《春秋》重而书之，嗟叹而伤之。三君强其威而失其国，急其刑而自贼，斯乃去事之戒，来事之师也。

这段话写的是春秋时期的晋厉公、齐庄公、楚灵王和宋襄公皆为称霸之君，他们"外骄敌国，内刻百姓"，穷奢极欲，致使民怨沸腾，而这些君王也因此不得善终。《春秋》对这几位昏暴之君的事迹"重而书之，嗟叹而伤之"，就是在提醒后之君王要以此为戒。又如《淮南子·说林训》说："献公之贤，欺于骊姬；叔孙之智，欺于竖牛。故郑詹入鲁，《春秋》曰'佞人来，佞人来'。"这句话说明贤明之主也会为小人所欺，晋献公虽然贤明，但也为骊姬所欺骗；叔孙豹虽有智慧，最终却受竖牛之害。所以当郑詹从齐国逃到鲁国时，《春秋》就记载称奸佞的人来了。《泰族训》篇也说："泓之战，军败君获，而《春秋》大之，取其不鼓不成列也；宋伯姬坐烧而死，《春秋》大之，取其不逾礼而行也。"这段话举了《春秋》中宋襄公和宋伯姬的事例，虽然宋襄公在泓之战中因坚持等楚军排好阵列后开战而失败，宋伯姬因坚持不下堂而被活活烧死，《春秋》依然赞扬了他们的行为，这是因为他们的做法符合道义，尊崇礼法。

汉武帝时，儒学渐兴，《春秋》学得到高度重视。《史记·儒林列传》记载：

> 及今上即位，赵绾、王臧之属明儒学，而上亦乡之，于是招方

正贤良文学之士……言《春秋》于齐鲁自胡毋生，于赵自董仲舒。及窦太后崩，武安侯田蚡为丞相，绌黄老、刑名百家之言，延文学儒者数百人，而公孙弘以《春秋》白衣为天子三公，封以平津侯。天下之学士靡然乡风矣。

从中可见，当时研习《春秋》的著名学者有胡毋生、董仲舒、公孙弘等人，他们都以治《春秋公羊传》著称。其中，董仲舒的《春秋繁露》可以说是治公羊学的重要代表作。此外，还有瑕丘江公专治《春秋穀梁传》。《汉书·儒林传》记载："瑕丘江公受《穀梁春秋》及《诗》于鲁申公，传至子孙为博士。武帝时，江公与董仲舒并。仲舒通五经，能持论，善属文。江公呐于口。上使与仲舒议，不如仲舒。而丞相公孙弘本为公羊学，比辑其议，卒用董生。于是上因尊《公羊》家，诏太子受《公羊春秋》，由是《公羊》大兴。"相对于穀梁学，公羊学在当时的《春秋》学中显然占据了主导地位。

综上可知，《春秋》学在西汉前期的学术发展中占有重要地位，其影响力是深入而广泛的。在这样的学术背景下，司马迁《史记》的修撰自然会受到《春秋》学的影响，《春秋》学精神在《史记》中体现得十分明显。

（二）司马迁作《史记》以继《春秋》之义

司马迁作《史记》，是以孔子修《春秋》为其效法的模范。司马迁曾说："先人有言：'自周公卒五百岁而有孔子，孔子卒后至于今五百岁，有能绍明世，正《易传》，继《春秋》，本《诗》、《书》、《礼》、《乐》之际？'意在斯乎！意在斯乎！小子何敢让焉！"[1] 从这段话可以看出，司马迁的父亲司马谈期望他能继孔子修《春秋》之后写成一部史著，以记载历史之盛衰，颂扬"明主贤君忠臣死义之士"之事迹。而司马迁也不敢推辞，一直以"继《春秋》"为其著述之要旨。在《史记》的撰述中，《春秋》褒贬以通礼义、直书以求实录的精神得以发扬和彰显。

关于孔子作《春秋》的原因，司马迁在《史记·孔子世家》中写道：

---

[1]《史记》卷一百三十《太史公自序》，中华书局1959年版，第3296页。

子曰："弗乎弗乎，君子病没世而名不称焉。吾道不行矣，吾何以自见于后世哉？"乃因史记作《春秋》，上至隐公，下讫哀公十四年，十二公。据鲁，亲周，故殷，运之三代。约其文辞而指博。故吴楚之君自称王，而《春秋》贬之曰"子"；践土之会实召周天子，而《春秋》讳之曰"天王狩于河阳"：推此类以绳当世。贬损之义，后有王者举而开之。《春秋》之义行，则天下乱臣贼子惧焉。

孔子在位听讼，文辞有可与人共者，弗独有也。至于为《春秋》，笔则笔，削则削，子夏之徒不能赞一辞。弟子受《春秋》，孔子曰："后世知丘者以《春秋》，而罪丘者亦以《春秋》。"

从这段话可以看出，司马迁认为孔子因其道不行于世，所以将其褒贬之义融入《春秋》的历史记述之中，以此"自见于后世"。司马迁在此还列举了《春秋》贬吴楚之君为"子"以及讳称践土之会召周天子为"天王狩于河阳"的事例，以此来说明孔子在《春秋》中对乱臣贼子的贬损之义。也正是因为孔子在《春秋》中的这种文约而旨博的笔削之法，使得"后世知丘者以《春秋》，而罪丘者亦以《春秋》"。另外，在《太史公自序》中，司马迁也回答了上大夫壶遂关于"昔孔子何为而作《春秋》"的提问：

太史公曰："余闻董生曰：'周道衰废，孔子为鲁司寇，诸侯害之，大夫壅之。孔子知言之不用，道之不行也，是非二百四十二年之中，以为天下仪表，贬天子，退诸侯，讨大夫，以达王事而已矣。'子曰：'我欲载之空言，不如见之于行事之深切著明也。'夫《春秋》，上明三王之道，下辨人事之纪，别嫌疑，明是非，定犹豫，善善恶恶，贤贤贱不肖，存亡国，继绝世，补敝起废，王道之大者也。"

司马迁在此引用董仲舒对《春秋》的论述，说明孔子因为周道衰废，自己的政治主张不得实行，便通过评论二百四十二年的历史来通达王事，阐明王道。孔子不欲空谈王道，而是以明辨历史事实之是非，褒贬春秋在位之君臣事迹来阐发其主张。可见，在司马迁看来，孔子的褒贬是非、

彰善瘅恶之义是《春秋》的撰述宗旨。

对于《春秋》褒贬之义的具体内涵及其历史意义，司马迁作如是说：

> 拨乱世反之正，莫近于《春秋》。《春秋》文成数万，其指数千。万物之散聚皆在《春秋》。《春秋》之中，弑君三十六，亡国五十二，诸侯奔走不得保其社稷者不可胜数。察其所以，皆失其本已。故《易》曰“失之豪厘，差以千里”。故曰“臣弑君，子弑父，非一旦一夕之故也，其渐久矣”。故有国者不可以不知《春秋》，前有谗而弗见，后有贼而不知。为人臣者不可以不知《春秋》，守经事而不知其宜，遭变事而不知其权。为人君父而不通于《春秋》之义者，必蒙首恶之名。为人臣子而不通于《春秋》之义者，必陷篡弑之诛，死罪之名。其实皆以为善，为之不知其义，被之空言而不敢辞。夫不通礼义之旨，至于君不君，臣不臣，父不父，子不子。夫君不君则犯，臣不臣则诛，父不父则无道，子不子则不孝。此四行者，天下之大过也。以天下之大过予之，则受而弗敢辞。故《春秋》者，礼义之大宗也。夫礼禁未然之前，法施已然之后；法之所为用者易见，而礼之所为禁者难知。[1]

这段话表明，《春秋》重褒贬的目的是要体现君臣父子的礼法规范以为后世立法，尊崇礼义是孔子作《春秋》的核心思想。《春秋》记载了许多弑君、亡国、诸侯奔走之事，其中包含了孔子对这些违背礼法之行为及其后果的贬斥与哀叹，这些记载也为后世君臣提供了历史借鉴。所以，有国者与为人臣者都不可不知《春秋》所阐发的礼义，《春秋》可谓“礼义之大宗”。由此可见，司马迁对《春秋》以褒贬笔法通达礼义的思想评价很高。而《史记》的撰述也彰显了其褒贬之义。例如，《鲁周公世家》评论说：“余闻孔子称曰‘甚矣鲁道之衰也！洙泗之间龂龂如也’。观庆父及叔牙闵公之际，何其乱也？隐桓之事；襄仲杀適立庶；三家北面为臣，亲攻昭公，昭公以奔。至其揖让之礼则从矣，而行事何其戾也？”司马迁指出，鲁国本为礼仪之邦，但是鲁国君臣行事又有很多违礼之处，如鲁

[1]《史记》卷一百三十《太史公自序》，中华书局1959年版，第3297—3298页。

闵公即位之际的叔牙、庆父之乱，鲁隐公为桓公所杀，襄仲杀嫡立庶之举，三桓进攻鲁昭公等等。司马迁在此表达了他对鲁国君臣违背礼法的贬斥。

除了褒贬之义，《史记》还继承了《春秋》的直书精神。《春秋》虽以“微言大义”著称，但从根本上说，《春秋》书法的基础是纪实直书。《春秋》的纪实直书精神，上承先秦史官，下启后世史学。杜预在《春秋左传序》中论及《春秋》“尽而不污”的纪实直书精神时称：“‘尽而不污’，直书其事，具文见意。丹楹刻桷、天王求车、齐侯献捷之类是也。”如《春秋·庄公三年》云：“秋，丹桓宫楹。”指用朱漆漆桓公宫中的柱子。《穀梁传》解释称：“礼，天子、诸侯黝垩，大夫仓，士黈。丹楹，非礼也。”[1]按照礼制，天子、诸侯的屋柱用黑色，大夫用青色，士用黄色，用赤色者非礼。这说明《春秋》是如实记录鲁国的非礼之举的。又如《春秋·庄公二十四年》云：“春王三月，刻桓宫桷。”即在桓公宫内椽子上雕刻花纹。《穀梁传》说：“礼，天子之桷，斫之砻之，加密石焉。诸侯之桷，斫之砻之。大夫斫之。士斫本。刻桷，非正也。夫人所以崇宗庙也，取非礼与非正而加之于宗庙，以饰夫人，非正也。刻桓宫桷，丹桓宫楹，斥言桓宫以恶庄也。”[2]《穀梁传》指出，按礼制，天子宫内的木桷要经过砍削和打磨，并以细石磨之；诸侯宫内的木桷只砍削和打磨；大夫屋内的木桷只砍削；士屋内的木桷只砍掉根部。所以，在木桷上雕刻花纹不符合礼制。《春秋》记“丹桓宫楹”、“刻桓宫桷”，即是对鲁庄公的一种谴责。

司马迁作《史记》以“继《春秋》”，自然也受到了《春秋》纪实书法的影响。《史记》作为纪传体史书的开山之作，是以实录而著称的。扬雄在所著《法言·重黎》中说：“或问《周官》，曰立事；《左氏》，曰品藻；太史迁，曰实录。”班固在《汉书·司马迁传》中也称赞说：“自刘向、扬雄博极群书，皆称迁有良史之材，服其善序事理，辨而不华，质而不俚，其文直，其事核，不虚美，不隐恶，故谓之实录。”关于司马迁史学上的求真意识，《报任安书》中有集中表述：“罔罗天下放失旧闻，

---

[1]《春秋穀梁传注疏·庄公三年》，《十三经注疏》本，中华书局1980年版。

[2]《春秋穀梁传注疏·庄公二十四年》，《十三经注疏》本，中华书局1980年版。

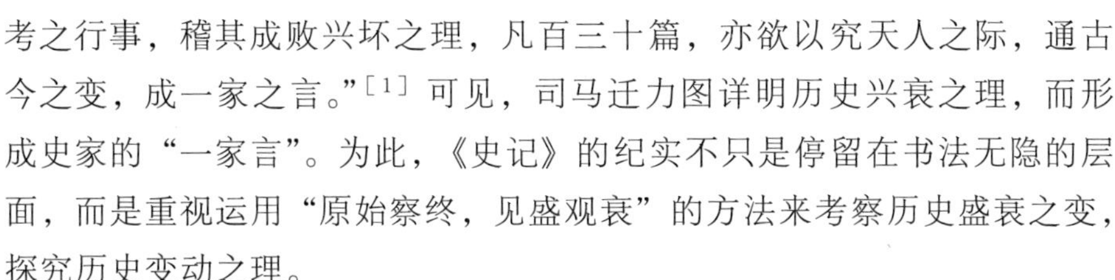

考之行事，稽其成败兴坏之理，凡百三十篇，亦欲以究天人之际，通古今之变，成一家之言。”[1] 可见，司马迁力图详明历史兴衰之理，而形成史家的“一家言”。为此，《史记》的纪实不只是停留在书法无隐的层面，而是重视运用“原始察终，见盛观衰”的方法来考察历史盛衰之变，探究历史变动之理。

二、《史记》与西汉公羊学大一统思想

大一统思想是《春秋》所传达的一种重要思想，《公羊传》最早从《春秋》“王正月”推论出“大一统”之义。西汉公羊学大师董仲舒继承了《公羊传》的大一统思想，通过系统阐述和全面总结，遂使这一思想成为公羊家的重要学说。司马迁深受公羊学大一统思想的影响，将这一思想充分体现在《史记》的撰述之中。

（一）西汉公羊学对大一统思想的阐发

《公羊传》口传已久，至西汉景帝时才著于竹帛。作为《春秋》三传之一，它最重视阐发《春秋》大一统思想。《春秋·隐公元年》开篇说：“元年，春，王正月。”对此，《公羊传》解释说：

> 元年者何？君之始年也。春者何？岁之始也。王者孰谓？谓文王也。曷为先言王而后言正月？王正月也。何言乎王正月？大一统也。

称君王即位之年为元年，当属三代书法通例，苏舆说：“谓一年为元年，未修《春秋》之先，盖已有此。”[2] 因此，《公羊传》谓“元年”为“君王之始年”，似乎并无深刻大义。而将“王正月”与“大一统”联系在一起，则无疑是《公羊传》的独创，《公羊传》的大一统思想正是由此生发的。说是《公羊传》的独创，是因为并称为《春秋》三传的《左传》和

---

[1] 《汉书》卷六十二《司马迁传》，中华书局1962年版，第2735页。

[2] 董仲舒著，苏舆义证：《春秋繁露义证》卷三《玉英》注语，中华书局1992年版，第67页。

《穀梁传》都没有由此生发出大一统思想来。《左传》对这句经文的解释是："元年，春，王周正月。"在此，"王周正月"只是说明采用周正（周历）这样一个事实而已。《穀梁传》的解释是："虽无事，必举正月，谨始也。"《穀梁传》认为书"正月"是为了"谨始"，这个始是指一年之始，也无大一统之义。那么，《公羊传》是如何论证"王正月"体现了"大一统"之义的呢？《公羊传》认为，"王正月"之"王"，是指周文王；将"正月"系于"王"之后，是为了表明采用的是周代的历法，即用周正；采用周正，自然就包含了对周文王和周朝天子的尊崇；诸侯用周正、尊崇周天子，当然是一种拥护天下一统的举动。从《公羊传》所言"大一统"来看，"大"字当为动词，可作"推崇"、"张大"、"肯定"来解；"一统"是指从历法到政治的统一。当然，《公羊传》的"大一统"之义被此后学者们作了重大发挥，从而变得非常复杂，给人以扑朔迷离之感。其实，那多是后人的附会之义，并不是《公羊传》的本义。

西汉公羊学大师董仲舒继承了《公羊传》的思维方式，其切入点也是由"王正月"到"大一统"，但在对其内涵的理解上，二者有着较大的出入。董仲舒说：

> 《春秋》曰"王正月"，《传》曰："王者孰谓？谓文王也。曷为先言王而后言正月？王正月也。"何以谓之王正月？曰：王者必受命而后王。王者必改正朔，易服色，制礼乐，一统于天下，所以明易姓，非继人，通以己受之于天也。王者受命而王，制此月以应变，故作科以奉天地，故谓之王正月也。[1]

与《公羊传》不同，董仲舒认为"王"不是指周文王，而是受命新王。因此，大一统不是一统于周天子，而是一统于新王。同时，新王改正朔、易服色，目的是对天命进行报答，这就使得董仲舒的大一统思想又有了王一统于天的内蕴，天人关系由此而得以打通。《春秋繁露·观德》有一段话涉及"王正月"问题。该篇说："其亲等也，而文王最先。四时等

[1] 董仲舒著，苏舆义证：《春秋繁露义证》卷七《三代改制质文》，中华书局 1992 年版，第 185 页。

也，而春最先。十二月等也，而正月最先。德等也，则先亲亲。鲁十二公等也，而定哀最尊。”这里的“先”也就是“始”之义。头三句是对“春王正月”的解说；德以亲亲为先，体现了一种质道政治；尊崇定、哀，则是体现亲疏远近之义。在《天人三策》中，董仲舒也对“春”、“王”、“正月”三者之间的关系作了说明，他说：“正次王，王次春。春者，天之所为也；正者，王之所为也。其意曰，上承天之所为，而下以正其所为，正王道之端云尔。”[1] “王”之所以次于“春”，因为“春”是天事；“正月”之所以次于“王”，因为“正月”是王事。同时，王必须上承天之所为而进行改正朔、易服色之事，以此报答上天。很显然，《天人三策》的说法和《春秋繁露》是相一致的。董仲舒关于由“王正月”到“大一统”的解说，显然是对《公羊传》大一统思想的一种改造和发挥。

不过，董仲舒对《春秋》经义的追究并没有就此停止。在他看来，《春秋》字字无虚置，经文之所以首言“元年”，其中必含深义。纵观《春秋繁露》和《天人三策》对“元”所作的阐述，可以归结为两层含义：其一，“元”是一种先于天地、先于万物的本体，因此是天地万物之“始”。其二，天地万物虽然千差万别，而究其源则归于“一”，所谓“一者万物之所从始也”。但是，这个作为万物之源的“一”是一种“大一”，它不等于具体的“一”。为区别起见，《春秋》称这个作为万物之源的“大一”为“元”，此所谓“元者辞之所谓大也”。[2] 董仲舒视元为天地万物之始，这就将其“王正月”所体现的天下统一于王、王统一于天作了进一步追究，而得出了天统一于元的思想。于是乎，元也就成了董仲舒“大一统”论的形上根源。董仲舒“元”本体论的目的是立元正始。在他看来，元是存在着层次之分的，最高层次的元是作为天地万物之始的元。以元统天的目的显然是要在形上根源上求得正始，从而表现出董仲舒“元”本体论的彻底性。第二层次的元是天。天以元为始，却又是王之始，王者改制、制礼作乐，都必须要顺从天意，改制是显示王者受命于天，制礼作乐是要显示“天功”，因此，王是一统于天的。第三层次

[1] 《汉书》卷五十六《董仲舒传》，中华书局 1962 年版，第 2501—2502 页。
[2] 《汉书》卷五十六《董仲舒传》，中华书局 1962 年版，第 2502 页。

的元是王。《春秋繁露·深察名号》说："君者元也。"董仲舒认为君是万民之元，朝廷、百官、万民、四方皆系于君主一身，君心正则天下正，君心不正则天下不正。

西汉公羊学的大一统思想表现于实际的社会历史政治中便是强调尊王，建立王者独尊的政治秩序。《公羊传》认为，孔子在《春秋》中通过褒贬义例和避讳手法来体现尊王之义。如《春秋》记载僖公二十八年（前632年）晋文公践土之盟招致周天子之事，《公羊传》认为诸侯招致天子是违礼的行为，所以《春秋》称"公朝于王所"是一种避讳的手法，维护了周天子的尊严。而公羊学大师董仲舒继承了《公羊传》的尊王思想，其尊王论的主要内涵有三点：一是宣扬君权神授，认为"天子受命于天"[1]。他指出，从历史上看，"王者必受命而后王"。历代君主都是从天受命，然后才得以称王的。如"汤受命而王"、"文王受命而王"，后继者皆是如此。[2] 二是主张王者一统，《春秋繁露·为人者天》中说道："传曰：唯天子受命于天，天下受命于天子，一国则受命于君。君命顺，则民有顺命；君命逆，则民有逆命。故曰：'一人有庆，兆民赖之。'此之谓也。"肯定天下、万民需一统于天子。三是强调立王正始。董仲舒一方面肯定王为天下、万民之"始"，强调"始"之大义；一方面又重视"正"始，即王正，体现"正"之大义。也就是说，不仅要尊王，还要正王；如果王不正，那么王也不会得到尊崇。所以他提出王要推行仁政，要以义正己，以仁待民。

（二）《史记》对西汉公羊学大一统思想的汲取与发展

司马迁接受了公羊学派的大一统思想，并将之贯彻于《史记》的撰写之中。纵观《史记》全书，从撰写形式到内蕴大义，都体现了丰富的大一统思想。

1. 从编纂形式看

《史记》纪传体通史体裁的创立，不仅是历史编纂学的一大突破，更

---

[1] 董仲舒著，苏舆义证：《春秋繁露义证》卷十五《顺命》，中华书局1992年版，第412页。

[2] 董仲舒著，苏舆义证：《春秋繁露义证》卷七《三代改制质文》，中华书局1992年版，第185—187页。

蕴含了司马迁的大一统思想。

其一，《史记》体例蕴含着大一统之义。《史记》全书共由五种体例构成，分别是本纪、表、书、世家和列传。除去表以明晰年差，书以记载典制外，本纪、世家和列传都是以人物为中心的。这三种体例在编排上明显体现了司马迁以帝王为中心的大一统思想。《史记》的本纪有十二篇，记载的是从黄帝到汉武帝历代君主的统系，司马迁将之作为全书的大纲。《太史公自序》说："罔罗天下放失旧闻，王迹所兴，原始察终，见盛观衰，论考之行事，略推三代，录秦汉，上记轩辕，下至于兹，著十二本纪，既科条之矣。"很显然，在司马迁看来，帝王为天下所系，史书的撰写当然要以他们为中心。值得注意的是，以十二为本纪的篇数，实乃蕴含了司马迁的天人合一思想和大一统思想。范文澜在《正史考略》中指出："本纪十二，实效法《春秋》十二公而作。"[1] 这种说法是有道理的。《史记》本来就是效法《春秋》而作，孔子作《春秋》，托鲁国十二公以言王事；司马迁作《史记》，则以十二本纪言黄帝以来三千年之王事。同时，司马迁效法《春秋》取十二之数为本纪，其间又蕴含了他对天人关系和政治大一统的一种思考。十二之数与一年的月数相同，司马迁取年的周期数即所谓历数与自黄帝以来的帝王之数相配，一方面是为了说明人事运行与天道运行的一致性，体现了一种天人合一的思想；另一方面以人间君王与统御万物的天相对应，旨在说明君王也应像天一样拥有统御人间的权力，体现了一种王者一统的思想。从世家的撰述来看，《太史公自序》对为何作三十世家如是说："二十八宿环北辰，三十辐共一毂，运行无穷，辅拂股肱之臣配焉，忠信行道，以奉主上，作三十世家。"在这段话中，司马迁视三十世家为君王的"辅拂股肱之臣"，形象地将他们与君王的关系比喻为二十八星宿环绕北辰和三十车辐共一车毂。在司马迁看来，无论众星如何运行、车辐如何旋转，北斗星和车毂的轴心位置是永远不变的；同样，无论人间世道如何变化，君王至尊的地位也是永远不会变化的。很显然，司马迁作三十世家，体现的是一种王者独尊的思想。司马迁不仅在总论三十世家撰述旨趣中体现了王者独尊的大一统思想，而且在分述各篇世家的主旨时，也强调了尊王的思想。例

---

[1] 范文澜：《正史考略》，《民国丛书》第一编，上海书店1989年版，第9页。

如他在《太史公自序》中说：

> 辅翼成王，诸侯宗周……嘉旦《金縢》，作《周公世家》第三。
>
> 成王既幼，管蔡疑之，淮夷叛之，于是召公率德，安集王室，以宁东土……嘉《甘棠》之诗，作《燕世家》第四。
>
> 嘉勾践夷蛮能修其德，灭强吴以尊周室，作《越王勾践世家》第十一。
>
> 六奇既用，诸侯宾从于汉；吕氏之事，平为本谋，终安宗庙，定社稷。作《陈丞相世家》第二十六。

据《太史公自序》载，在三十世家中，司马迁明确标立以尊王为旨趣的就有十四篇之多。由此看来，司马迁创立世家体例，其尊王思想是非常明确的。从列传的撰述来看，司马谈临终嘱咐司马迁续写《史记》，其中一个原因就是他作为太史，未能对共建汉朝大一统盛世的“明主贤君忠臣死义之士”加以论载而感到恐惧不安，他希望司马迁一定要继承这一未竟事业。司马谈的临终遗言是蕴含有颂扬大一统之义的。司马迁未敢“堕先人所言”，他创立七十列传，显然主要就是为了要论载那些“忠臣死义之士”，也就是司马迁所说的“扶义俶傥，不令己失时，立功名于天下”之士。[1] 由此看来，列传与世家一样，都含有尊王的思想内涵。

其二，《史记》的断限蕴含着大一统之义。《史记》既是我国第一部纪传体史书，又是我国第一部通史。《史记》始于黄帝，是有着深刻的大一统之义的。一则，黄帝是中国历史上第一个结束混战完成统一的帝王。《五帝本纪》记载了黄帝之前的天下形势，说此时“神农氏世衰，诸侯相侵伐，暴虐百姓，而神农氏弗能征”。正是黄帝“修德振兵”，战败炎帝，禽杀蚩尤，从而结束了诸侯混战的局面，完成了天下的统一。自此以后，“诸侯咸尊轩辕为天子”，“天下有不顺者，黄帝从而征之”。[2] 司马迁以黄帝为《史记》撰述之始，是与黄帝始建大一统功业分不开的。二则，黄帝是中华民族的共同祖先。《五帝本纪》详述了其他四帝与黄帝的血缘

[1]《史记》卷一百三十《太史公自序》，中华书局1959年版，第3页。

[2]《史记》卷一《五帝本纪》，中华书局1959年版，第3页。

关系：颛顼为黄帝之孙、昌意之子；帝喾为青阳（黄帝子）之孙、蟜极之子；帝尧为帝喾之子；帝舜为颛顼之后、瞽叟之子。《五帝本纪》和《三代世表》还认为夏王朝的开创者大禹和商、周始祖契、后稷都是黄帝的后代。不但这些圣王是黄帝的后代，世家诸篇还认为周代各国的诸侯，包括被人们视为南蛮之地的吴、越、楚等国诸侯，也都是黄帝的后代。《吴太伯世家》说："中国之虞与荆蛮句吴兄弟也。"《越王勾践世家》说："越王勾践，其先禹之苗裔。"《楚世家》说："楚之先祖出自帝颛顼高阳。"甚至像匈奴等少数民族也是黄帝的后代。《匈奴列传》说："匈奴，其先祖夏后氏之苗裔也，曰淳维。"司马迁是第一个宣扬中华民族都是黄帝子孙的史学家，这一思想的提出，蕴含了深刻的大一统之义。在司马迁看来，中华民族本来就是同宗同祖的，这就从血缘和伦理上论证了中华民族实行政治大一统的必要性和必然性。

2. 从撰述内容看

除了编纂形式，《史记》的撰述内容也体现了司马迁对大一统政治的颂扬。司马迁认为，黄帝既是中华民族的人文始祖，又是第一个实现大一统的上古圣王。在《五帝本纪》中，司马迁对这个大一统政权的政治统治作了一番描述：从版图而言，黄帝之时已是"东至于海"，"西至于空桐"，"南至于江"，北"合符釜山，而邑于涿鹿之阿"；从王权而言，黄帝"置左右大监，监于万国"，"天下有不顺者，黄帝从而征之"；从统治效果而言，黄帝"修德振兵"，而使"万国和，而鬼神山川封禅与为多焉"。[1] 由此看来，黄帝时期已形成一个有相对固定版图、帝王能自由行使权力、境内万国和谐的大一统政权。司马迁对上古黄帝时期大一统政治的描述，显然是带有美化成分的。

大一统政治到大禹时期又有了重大发展。《夏本纪》名为记载夏王朝历史，实际上其绝大部分篇幅记载的是大禹的事迹。《夏本纪》采纳了《尚书·禹贡》的说法，论述了大禹平治九州和实行五服制的事迹，其中蕴含着丰富的大一统思想。其一，司马迁以大禹治水为契机，突显九州一统的思想。在司马迁看来，大禹治理九州水患，是大一统国家的帝王对其辖境的一次大规模的国土整治；而这种国土整治，有利于九州之民

[1] 《史记》卷一《五帝本纪》，中华书局1959年版，第3、6页。

的相互交往，从而又促进了大一统国家的巩固和加强。其实，九州说乃战国时人的疆域观（近现代学者普遍认为《禹贡》为战国时作品），它是依据战国七雄的版图而制造出的一种地理学说。大禹治水，其足迹是否已遍及九州是值得怀疑的。在此，司马迁接受九州说，看重的当然不是历史的真实与否，其目的是颂扬大禹的大一统功业。其二，司马迁论载大禹对四夷实行五服制，旨在宣扬天下一统的思想。司马迁认为，天下的中心便是九州之地，环绕九州的则是甸、侯、绥、要、荒五服之地。很显然，五服制体现了一种地缘等级制。大禹时期是否有如此规整的五服制，大禹的“声教”是否已“讫于四海”，当时的天下是否已是“太平治”，其真实性当然是值得怀疑的。司马迁详细论载五服制，其目的显然是为了歌颂大禹德被四夷、天下平治的功业，进而宣扬天下一统思想。综上所述，在司马迁看来，大禹时期无疑是中国历史上大一统政治取得重大发展的一个时期，大禹则是对大一统政治作出重大贡献的古代圣王。

值得注意的是，虽然司马迁在《史记》中对秦政多有批评，但他对秦始皇完成了中国前所未有的大统一则给予了充分的肯定。首先，司马迁肯定了秦的统一是“世异变，成功大”。司马迁说：

> 秦取天下多暴，然世异变，成功大。传曰“法后王”，何也？以其近己而俗变相类，议卑而易行也。学者牵于所闻，见秦在帝位日浅，不察其终始，因举而笑之，不敢道，此与以耳食无异。悲夫！[1]

司马迁认为，尽管秦以暴酷统一天下，而且又短祚而亡，但它毕竟结束了东周以来诸侯长期纷争的局面，实现了中国前所未有的大统一，其功绩无疑是巨大的。在这一点上，司马迁与董仲舒的观点有区别。董仲舒虽然宣扬大一统，却无视秦的统一功业，甚至认为“自古以来，未尝有以乱济乱，大败天下之民如秦者也”[2]。而司马迁则从客观历史发展的角度肯定了秦的历史功绩。由此可见，司马迁虽然吸收了董仲舒公羊学大一统的学说，但是在具体历史问题的解释上他又对大一统观念有着自

---

[1] 《史记》卷十五《六国年表》，中华书局1959年版，第686页。
[2] 《汉书》卷五十六《董仲舒传》，中华书局1962年版，第2504页。

己的理解。其次，司马迁认为国家的统一本来就有“德”和“力”二途，上古三代圣王如舜、禹、汤、武等人，他们的大一统事业是以德获取的，而秦的大一统事业则是以力获取的。二途虽有高下之分，却都必须要付出长期而艰辛的努力。正因此，司马迁对嬴秦数代君主为结束诸侯长期混战局面而不断努力给予了充分肯定。他说：“秦起襄公，章于文、缪、献、孝之后，稍以蚕食六国，百有余载，至始皇乃能并冠带之伦。以德若彼，用力如此，盖一统若斯之难也。”[1] 由此看来，司马迁虽然注意分辨“德统”和“力统”，却又能充分认识到大一统事业的长期性和艰巨性，从而肯定了秦的统一之功。最后，《史记·秦始皇本纪》详载秦始皇刻石颂功之事，也蕴含了对秦朝大一统事业的颂扬。如琅邪刻石云：“六合之内，皇帝之土。西涉流沙，南尽北户。东有东海，北过大夏。人迹所至，无不臣者。功盖五帝，泽及牛马。莫不受德，各安其宇。”之罘东观刻石云：“武威旁畅，振动四极，禽灭六王。阐并天下，甾害绝息，永偃戎兵。”碣石刻石云：“皇帝奋威，德并诸侯，初一泰平。”司马迁之所以要详载这些出自秦朝君臣的旨在颂扬秦始皇大一统功业的刻石内容，是因为这些刻石内容也表达了他自己对秦朝大一统业绩的一种理解。

继秦而建的汉朝，是司马迁亲眼所见的也是最为强盛的大一统王朝。司马迁对这一太平盛世的经济繁荣局面作了满怀激情的颂扬。《史记·平准书》说：

> 汉兴七十余年之间，国家无事，非遇水旱之灾，民则人给家足，都鄙廪庾皆满，而府库余货财。京师之钱累巨万，贯朽而不可校。太仓之粟陈陈相因，充溢露积于外，至腐败不可食。众庶街巷有马，阡陌之间成群，而乘字牝者傧而不得聚会。

从上述来看，汉朝至汉武帝即位时，已经是国家仓库充实，庶民牛马成群，从而彻底改变了汉初“自天子不能具钧驷，而将相或乘牛车，齐民

[1] 《史记》卷十六《秦楚之际月表》，中华书局1959年版，第759页。

无藏盖”[1] 的局面。同时，这一时期的商业也得到了前所未有的大发展。《史记·货殖列传》说：“汉兴，海内为一，开关梁，弛山泽之禁，是以富商大贾周流天下，交易之物莫不通。”很显然，大一统的局面和“弛山泽之禁”的商业政策带动了汉朝商业的发展，而商业的发展又是大一统政治稳定和繁荣的表现。司马迁还赞扬了汉武帝为加强大一统局面而消除封国势力的举措。《汉兴以来诸侯王年表》对汉初高祖分封同姓子弟为王的原因作了分析，其中说道：“天下初定，骨肉同姓少，故广强庶孽，以镇抚四海，用承卫天子也。”也就是说，汉初刘邦的分封是出于当时政治形势的需要，有其合理性。但是，随着诸侯王势力的不断增长，他们便越来越构成对中央政权的威胁。不削弱乃至铲除诸侯王势力，大一统局面就得不到巩固。文帝之时，贾谊提出“众建诸侯而少其力”的主张，由于诸多因素的制约，并没有为文帝贯彻执行。景帝之时，晁错又极力主张“削藩”，结果七国之乱因之而起，晁错本人也被腰斩。汉武帝即位后，于元朔二年（前 127 年）采纳主父偃的推恩建议，才最终消除了封国势力对中央政权的威胁。司马迁充分肯定了汉武帝以推恩之法最终消除封国势力的做法，认为只有这样才能形成“强本干，弱枝叶之势，尊卑明而万事各得其所”[2] 的大一统局面。而且，司马迁对积极主张削藩或参与镇压诸侯王叛乱的文武大臣也赞赏有加。如在《袁盎晁错列传》中，司马迁借邓公之口说：“夫晁错患诸侯强大不可制，故请削地以尊京师，万世之利也。”他对晁错被腰斩表示不平，认为这是“内杜忠臣之口，外为诸侯报仇”的做法。同时，司马迁批评了那些反叛中央的诸侯王。例如他对淮南王、衡山王的反叛之事评论道：“淮南、衡山亲为骨肉，疆土千里，列为诸侯，不务遵蕃臣职以承辅天子，而专挟邪僻之计，谋为畔逆，仍父子再亡国，各不终其身，为天下笑。”司马迁主张藩臣应以承辅天子为职责，并支持削藩，正是出于对大一统政权的维护。[3]

[1]《史记》卷三十《平准书》，中华书局 1959 年版，第 1417 页。

[2]《史记》卷十七《汉兴以来诸侯王年表》，中华书局 1959 年版，第 803 页。

[3] 以上关于《史记》对西汉公羊学大一统思想的汲取与发展的论述，参见汪高鑫：《董仲舒与汉代历史思想研究》下编第十章，商务印书馆 2012 年版。

三、《史记》对《左传》的史学传承

《左传》作为《春秋》三传之一，以史事解《春秋》，叙述了春秋时期的历史发展过程。司马迁的《史记》是“继《春秋》”而作的一部史著，自然对《左传》所记史事以及其中蕴含的史学思想也有所继承和借鉴。

(一)《史记》取《左传》之史料

对于司马迁作《史记》时是否参考了《左传》的内容，存在着不同的观点。清代后期兴起的今文经学认为《左传》系刘歆伪造，司马迁并未见过《左传》。刘逢禄、康有为、崔适等今文学家基本都持这样的观点。崔适就说：

> 太史公之于《春秋》，一本于董生，即一本于公羊。其取之左氏，乃《国语》也。《自序》曰“左邱失明，厥有《国语》”可证，是时无所谓《左传》也。刘歆破散《国语》，并自造诞妄之辞与释经之语，编入《春秋》逐年之下，托之出自中秘书，命曰《春秋古文》，亦曰《春秋左氏传》。[1]

认为司马迁作《史记》时参考了左丘明的《国语》，当时并没有《左传》一书，而《史记》中与《左传》内容相合之处皆为刘歆所伪造。

而晚清章太炎、刘师培等古文学家则认为司马迁作《史记》时，《左传》早已有人传习，司马迁应当深受《左传》影响。刘师培就说：

> 《太史公自序》言：“年十岁，诵古文。”又言：“为太史令，紬史记、金匮石室之书。”“古文”者，即《古文尚书》、《左氏》、《国语》之属也。“金匮石室”者，汉代秘书所藏之所也。汉代秘府，有北平所献《春秋左氏传》。及景、武之际，《古文春秋经传》获于孔壁，亦属秘书。此皆史公所克睹者也。故史公作《史记》，均据《春

[1] 崔适：《史记探源》，中华书局1986年版，第2页。

秋古经》及《左传》。又当此之时，贾嘉为贾谊孙，世传《左氏》学，而史公与之通书。孔安国为孔子之裔，亲睹孔氏古文，而史公从之问故。故左氏古谊恒载于《史记》之中，盖均贾、孔二子之绪言也。[1]

从司马迁所处的时代背景来看，刘师培所持的观点还是有道理的。司马迁作《史记》时，《左传》已经流传于世，如许慎的《说文解字叙》记载："北平侯张苍献《春秋左氏传》。"再如《汉书·儒林传》记载："汉兴，北平侯张苍及梁太傅贾谊、京兆尹张敞、太中大夫刘公子皆修《春秋左氏传》。谊为《左氏传》训故。"这就是刘师培所说的"北平所献《春秋左氏传》"以及贾谊孙贾嘉"世传《左氏》学"。由此可见当时《左传》学已初步兴起，司马迁作为史家应当对《左传》也有所研习。在《史记·十二诸侯年表》的序文中，司马迁提到左丘明作《左传》的原因："鲁君子左丘明惧弟子人人异端，各安其意，失其真，故因孔子史记具论其语，成《左氏春秋》。"可知司马迁当时已见《左传》之书。司马迁之后的许多史家学者都提到他作《史记》依据《左传》之文。如班固《汉书·司马迁传》说："司马迁据《左氏》、《国语》，采《世本》、《战国策》，述《楚汉春秋》，接其后事，讫于天汉。"郑樵《通志总序》说："司马氏世司典籍，工于制作，故能上稽仲尼之意，会《诗》、《书》、《左传》、《国语》、《世本》、《战国策》、《楚汉春秋》之言，通黄帝、尧、舜至于秦汉之世，勒成一书。"这些都可以说明司马迁修史完全有参考《左传》的可能。据今人杨向奎考证，当时不仅有《史记》，《礼记》、《韩非子》、《战国策》、《尚书大传》等典籍均对《左传》的书法、凡例、解经语等有不同程度的引用，这不可能全都是刘歆一一窜入的，只能说明《左传》在先秦秦汉时期是有一定的影响力的。[2]

《史记》的撰述，明显选用了《左传》中的史料，对此前代学者已经作过详细的论证和考辨。刘师培在《司马迁左传义序例》中就分类说明

[1] 刘师培著，邬国义、吴修艺编校：《刘师培史学论著选集》，上海古籍出版社 2006 年版，第 468 页。

[2] 参见杨向奎：《论〈左传〉之性质及其与〈国语〉之关系》，载《绎史斋学术文集》，上海人民出版社 1983 年版，第 179—188 页。

了《史记》如何引用《左传》内容，有的是“易字为训”，有的是“增字以显其义”，还有的是“省约其词，易繁为简”，等等。例如《左传·桓公十八年》记载了鲁桓公在齐国被杀之事：

> 十八年，春，公将有行，遂与姜氏如齐。申繻曰：“女有家，男有室，无相渎也，谓之有礼。易此必败。”公会齐侯于泺，遂及文姜如齐。齐侯通焉。公谪之，以告。
>
> 夏四月丙子，享公。使公子彭生乘公，公薨于车。鲁人告于齐曰：“寡君畏君之威，不敢宁居，来修旧好。礼成而不反，无所归咎，恶于诸侯。请以彭生除之。”齐人杀彭生。[1]

《史记》对此事的记载在《鲁周公世家》中：

> 十八年春，公将有行，遂与夫人如齐。申繻谏止，公不听，遂如齐。齐襄公通桓公夫人。公怒夫人，夫人以告齐侯。夏四月丙子，齐襄公飨公，公醉，使公子彭生抱鲁桓公，因命彭生擢其胁，公死于车。鲁人告于齐曰：“寡君畏君之威，不敢宁居，来修好礼。礼成而不反，无所归咎，请得彭生以除丑于诸侯。”齐人杀彭生以说鲁。[2]

将二者对比就可以看出，司马迁在此处对《左传》的文句进行了改写，在《左传》叙事的基础上，将彭生杀鲁桓公的过程写得更具体了，而鲁人告于齐的话语则几乎全部抄录了《左传》的原文。再如《晋世家》叙述的晋灵公被杀，太史董狐书“赵盾弑其君”之事，与《左传·宣公二年》的记载也近乎一致，包括孔子对赵盾和董狐的评价，《史记》也全部加以采纳。

类似于以上两例的情况在《史记》中还有很多，若真如今文学家所认为的《史记》中与《左传》相合之处都是刘歆伪造，似乎是不太可能

---

[1] 《春秋左传正义·桓公十八年》，《十三经注疏》本，中华书局1980年版。
[2] 《史记》卷三十三《鲁周公世家》，中华书局1959年版，第1530页。

的，也是没有必要的。所以，司马迁引用《左传》还是可信的，由此也可以看出《左传》对《史记》的成书有很重要的史料价值。

（二）《史记》继承《左传》之笔法

从中国古代史学史甚至文学史的角度来看，《左传》和《史记》的笔法都是十分精湛的。清代文学家方苞就对《左传》和《史记》的笔法十分推崇，在多篇文章中都提到了《左传》和《史记》在叙述笔法上的精妙之处，称"义法最精者，莫如《左传》、《史记》"[1]。实际上《史记》的叙事风格和笔法都在一定程度上对《左传》有所继承。除了在语言文学方面《史记》和《左传》都具有生动形象、繁省得当等特点，更重要的是，《史记》"寓论断于序事"的笔法以及"太史公曰"的史论形式，都是对《左传》史法的进一步发展。

关于《史记》的"寓论断于序事"的特点，最早是顾炎武提出来的。他说：

> 古人作史，有不待论断而于序事之中即见其指者，惟太史公能之。《平准书》末载卜式语，《王翦传》末载客语，《荆轲传》末载鲁句践语，《晁错传》末载邓公与景帝语，《武安侯田蚡传》末载武帝语，皆史家于序事中寓论断法也。[2]

从顾炎武的话可以看出，所谓"寓论断于序事"，就是指借他人之言对所叙述之史实进行评论。比如顾炎武所提到的《晁错列传》末记载了邓公的话："夫晁错患诸侯强大不可制，故请削地以尊京师，万世之利也。计划始行，卒受大戮，内杜忠臣之口，外为诸侯报仇，臣窃为陛下不取也。"[3] 这里就是借邓公之口表达对景帝做法的批评以及对晁错蒙冤而死的不平之情。而且这些评论者往往还与所论之人或事相关，看起来既是在评论史实，却又融于整个叙事体系之中，显得十分自然。《史记》中

[1] 方苞：《方苞集》，上海古籍出版社 1983 年版，第 613 页。

[2] 顾炎武著，黄汝成集释：《日知录集释》卷二十六，上海古籍出版社 2006 年版，第 1429 页。

[3] 《史记》卷一〇一《袁盎晁错列传》，中华书局 1959 年版，第 2747—2748 页。

的许多篇章都体现了这一特点。如《淮阴侯列传》篇末载汉高祖欲杀蒯通，蒯通为自己辩驳之事：

> 蒯通至，上曰："若教淮阴侯反乎？"对曰："然，臣固教之。竖子不用臣之策，故令自夷于此。如彼竖子用臣之计，陛下安得而夷之乎！"上怒曰："亨之。"通曰："嗟乎，冤哉亨也！"上曰："若教韩信反，何冤？"对曰："秦之纲绝而维弛，山东大扰，异姓并起，英俊乌集。秦失其鹿，天下共逐之，于是高材疾足者先得焉。跖之狗吠尧，尧非不仁，狗因吠非其主。当是时，臣唯独知韩信，非知陛下也。且天下锐精持锋欲为陛下所为者甚众，顾力不能耳。又可尽亨之邪？"高帝曰："置之。"乃释通之罪。

这一段就是司马迁借蒯通的辩驳之言说明韩信因未听从蒯通的计谋及早反汉，终因刘邦畏忌他的才能而被诛杀，其实是在表达对刘邦猜忌、诛杀功臣的不满。这里写刘邦审问蒯通之事本是符合历史事实的，司马迁就是在这看似自然平实的叙述之中表达了自己对韩信之死的痛惜。对于《史记》的"寓论断于序事"的特点，白寿彝先生曾评价说："司马迁结合具体的史事，吸收当时人的评论或反映，不用作者出头露面，就给一个历史人物作了论断。更妙在，他吸收的这些评论或反映都是记述历史事实发展过程中不可分割的部分，它们本身也反映了历史事实。这样写来，落墨不多，而生动、深刻。作者并没有勉强人家接受他的论点，但他的论点却通过这样的表达形式给人以有力的感染。"[1]

其实，这种"寓论断于序事"的笔法在《左传》中就已经有所体现了。如僖公三十二年（前628年）记载蹇叔哭师之事。在秦军出征之前，秦穆公去拜访蹇叔，《左传》记录了当时蹇叔劝谏穆公的言辞："劳师以袭远，非所闻也。师劳力竭，远主备之，无乃不可乎？师之所为，郑必知之。勤而无所，必有悖心。且行千里，其谁不知？"然而穆公没有听从。等到秦军出师，蹇叔又去送自己参军的儿子，并哭诉道："孟子！吾

[1] 白寿彝：《司马迁寓论断于序事》，载白寿彝：《白寿彝史学论集》（下），北京师范大学出版社1994年版，第697页。

见师之出，而不见其入也！”[1]《左传》在这里就是以蹇叔的言论来说明秦军东征的错误，同时也预示了战事的失败，相当于借蹇叔之口对秦穆公的做法加以批评。蹇叔哭师一事既是当时的历史事实，又作为历史评论侧面表达了作者的观点，可以说是将史论与叙事融为一体。

除了“寓论断于序事”，《史记》对《左传》中“君子曰”的史论形式也有继承。《史记》中有直接引用《左传》“君子曰”的内容，《秦本纪》、《吴太伯世家》、《鲁周公世家》和《晋世家》中都有体现。如《秦本纪》记载了对秦穆公的评价：

> 君子曰：“秦缪公广地益国，东服强晋，西霸戎夷，然不为诸侯盟主，亦宜哉。死而弃民，收其良臣而从死。且先王崩，尚犹遗德垂法，况夺之善人良臣百姓所哀者乎？是以知秦不能复东征也。”[2]

这一段话与《左传》文公六年所载“君子曰”的文意基本相同。

从史学史的角度来讲，《史记》“太史公曰”对《左传》“君子曰”是有所发展的。关于“太史公曰”和“君子曰”，有的学者认为二者主旨不同。如郑樵《通志·总序》说：“凡《左氏》之有‘君子曰’者，皆经之新意；《史记》之有‘太史公曰’者，皆史之外事，不为褒贬也。”他认为《史记》的“太史公曰”是“史之外事”，不是司马迁对史实的褒贬评论，与《左传》“君子曰”解释经义不同。其实，不论是从形式还是从内容上看，二者还是有很多相通之处的。在先秦和秦汉时期，除《左传》之外，还有许多典籍也有“君子曰”这样的论述，例如《国语》、《韩非子》、《荀子》、《公羊传》、《穀梁传》等。其中《国语》中的“君子曰”有许多是包含在人物言论之中的，或是对相关言论的补充；《韩非子》、《荀子》的“君子曰”往往是引用了《左传》的内容来阐发其思想；《公羊》、《穀梁》二传的“君子曰”则更多的是在解释经义。相比之下，《左传》的“君子曰”才是对历史事实的评述，杨向奎先生称之为“作者对

[1]《春秋左传正义·僖公三十二年》，《十三经注疏》本，中华书局1980年版。

[2]《史记》卷五《秦本纪》，中华书局1959年版，第194—195页。

于某事某人所下之论断”[1]。例如《左传·隐公元年》记载郑伯克段于鄢一事，写郑庄公与母亲关系破裂，颍考叔为郑庄公出主意，从而使庄公与母亲姜氏再次相见。在此之后就附有一条“君子曰”：“颍考叔，纯孝也，爱其母，施及庄公。《诗》曰：‘孝子不匮，永锡尔类。’其是之谓乎！”[2] 这一条“君子曰”是对颍考叔的评论，赞扬了他的孝行。同时也表明，郑庄公受到了颍考叔孝行的感染，说明他虽然最初与母亲不和，但其孝心并未完全失却。由此可见，《左传》中“君子曰”的内涵还是很丰富的，寥寥数语便可展现作者的褒贬之意。而且从总体上看，《左传》的“君子曰”基本是在叙述一件较为完整的历史事件之后，对这件事或其中人物的评论，这种篇末评论的形式可以说是后代正史论赞的雏形。

司马迁就是在《左传》“君子曰”的基础之上创立了“太史公曰”这种史论形式，成为后世纪传体史书史论的典范。与“君子曰”一样，《史记》的“太史公曰”也是对史事和人物的评论，且更为系统，列于每篇篇末，使得史事与史论相结合的这种史书书写形式更加严整。如果说“君子曰”还只是《左传》作者借“君子”之口的论述，那么“太史公曰”的史家主观性则表现更强，它表达了司马迁对历史盛衰、人物成败的看法。如《淮阴侯列传》的“太史公曰”：

> 吾如淮阴，淮阴人为余言，韩信虽为布衣时，其志与众异。其母死，贫无以葬，然乃行营高敞地，令其旁可置万家。余视其母冢，良然。假令韩信学道谦让，不伐己功，不矜其能，则庶几哉，于汉家勋可以比周、召、太公之徒，后世血食矣。不务出此，而天下已集，乃谋畔逆，夷灭宗族，不亦宜乎！

这段话写淮阴人对太史公讲述韩信葬母之事，看似与史评无关，实际上，司马迁想借此表现韩信为布衣时便与众不同，如果他能学道谦让，他的功勋就可与周公、召公相比，也可造福其后世。司马迁从侧面赞扬了韩

[1] 杨向奎：《论〈左传〉之性质及其与〈国语〉之关系》，载《绎史斋学术文集》，上海人民出版社 1983 年版，第 193 页。

[2] 《春秋左传正义·隐公元年》，《十三经注疏》本，中华书局 1980 年版。

信为汉朝建立功业，同时也批评他居功自傲，终被灭族，表达了对韩信的惋惜之情。可见，《史记》中的“太史公曰”并非像郑樵所说的是“史之外事，不为褒贬”，而是同《左传》的“君子曰”一样，用简单平实的语言展现了史家的褒贬之义，可谓史事出于言中，褒贬发乎言外。所以章学诚曾推断：“若马、班诸人论赞，虽为《春秋》之学，然本《左氏》假说君子推论之遗。其言似近实远，似正实反，情激而语转平，意严而说更缓……使人寻味行中，会心言外。”[1]

（三）《史记》述《左传》之史义

《史记》在史义，即史学思想上也与《左传》有相通之处。其一，《史记》与《左传》都从史学的角度来看待《春秋》。《春秋》三传中，《公羊传》和《穀梁传》基本都是以经义来解《春秋》，尤其是《公羊传》，强调《春秋》的微言大义。《左传》则与之不同，它是用史事来解释《春秋》。《史记》虽然一方面受到了董仲舒公羊学的影响，但是另一方面，尤其是对《春秋》的看法，在很大程度上还是与《左传》相一致，即以史学的观点看《春秋》。如《太史公自序》中上大夫壶遂问司马迁孔子为何要作《春秋》。司马迁先引董仲舒之言，说明孔子“知言之不用，道之不行”，所以著《春秋》来阐发自己的王道思想，即所谓“是非二百四十二年之中，以为天下仪表，贬天子，退诸侯，讨大夫，以达王事”。但是司马迁紧接着又引孔子的话：“我欲载之空言，不如见之于行事之深切著明也。”这说明在司马迁看来，孔子的明王道、辨是非是通过书写春秋时期的史事来实现的。而且，司马迁在《史记》中也多次强调孔子是因记史而作《春秋》，如《十二诸侯年表》中载：“是以孔子明王道，干七十余君，莫能用，故西观周室，论史记旧闻，兴于鲁而次《春秋》，上记隐，下至哀之获麟，约其辞文，去其烦重，以制义法，王道备，人事浃。”这些论述都强调了《春秋》与史学的关系。此外，司马迁在《十二诸侯年表》中还写道：“儒者断其义，驰说者骋其辞，不务综其终始；历人取其年月，数家隆于神运，谱谍独记世谥，其辞略，欲一观诸要难。于是谱十二诸侯，自共和讫孔子，表见《春秋》、《国语》学者所讥盛衰

[1] 章学诚：《章学诚遗书·与乔迁安明府论初学课业三简》，文物出版社1985年版，第89页。

大指著于篇，为成学治古文者要删焉。”司马迁认为众家对《春秋》的解释，都有片面性。儒者对它断章取义，善于游说的人只看重它的言辞，都不能综览其终始；制定历法的人采取它的年月，术数家发挥它的神运，撰写谱牒的人只记录世系，这些都不能使读者观其要旨。而在司马迁看来，要想领会《春秋》之要旨，就应该综其终始，观春秋之史的盛衰治乱。可见，司马迁是从史学的角度来看《春秋》的。

其二，《史记》与《左传》都体现了史学的原始察终思想。所谓“原始察终”，就是注重考察事物发展的起源和结果。在中国古代，原始察终的思想应当源于《周易》，但是后来的史家将这种思想运用于史书撰写之中，即在历史编纂过程中注重历史发展的前后关联，从整体去考察历史发展的趋势和特点。《左传》虽然是一部编年体的史书，但是它在记述历史时就已经注意到了各个历史事件之间的联系。杜预在《春秋左传集解序》中论《左传》“或先经以始事，或后经以终义”，白寿彝也认为在《史记》之前的《左传》，其体裁已经出现了综合体的特征，加入了纪事本末体的叙事方法。[1] 如《左传·宣公二年》记载：晋灵公请赵盾饮酒，在殿内埋伏了兵甲，想要趁机攻杀赵盾。晋灵公的一位名叫灵辄的甲士倒戈，保护赵盾并使之脱险。《左传》在写这件事的过程中，专门插叙了一段话用以介绍灵辄的身世。原来赵盾曾经在首阳山打猎时，见到灵辄十分饥饿，就把食物馈赠给他，所以在赵盾有难时，他为了报答赵盾而挺身相助。《左传》对灵辄身世的考察就使得整个事件的前因后果十分清晰完整，体现了原始察终的历史编纂思想。又如《左传·僖公二十三年》记载了晋文公重耳出亡并且在卫、齐、宋、郑、曹、秦等国周游十八年的历史，这也充分体现了《左传》在编年体叙述中强调历史事件的连续性。如果说在《左传》中这种原始察终的思想还只是体现在一些具体史事的编纂上，那么司马迁则是将这种思想上升为他作《史记》的宗旨。《太史公自序》说：“罔罗天下放失旧闻，王迹所兴，原始察终，见盛观衰，论考之行事。”司马迁的原始察终思想在《史记》的十二本纪和十表当中体现得十分明显，其中十二本纪考察了历代王迹的兴衰变化，十表则是对从三代到秦汉的各个历史阶段的政权发展进行梳理。如上所

[1] 白寿彝：《〈史记〉新论》，求实出版社1981年版，第17页。

述，司马迁认为众家解《春秋》之作都有失偏颇，不务综其终始，而他作《十二诸侯年表》就是本着原始察终的原则，想要使读者对春秋之史的发展脉络一目了然。又如《高祖功臣侯者年表》和《惠景间侯者年表》都提到“谨其终始”、“咸表终始”。由此可见，原始察终的思想是司马迁修撰《史记》的重要宗旨。

其三，《史记》与《左传》的历史思想也有相通之处。如在天人观上，二者都在承认天命的同时，表现出重人事的思想。《左传》当中有许多关于占卜、灾祥的记载，往往是诸侯国史官根据《周易》的占筮或者一些灾祥现象来预测事物发展的结果。一方面，《左传》的作者的确认可天命的合理性，并且通过历史事实来说明占卜预测的准确性；另一方面，《左传》已经开始注重人在历史发展中的作用。如《左传·僖公十六年》记载了宋国有陨石坠落的事情，宋襄公向周之内史叔兴询问陨石象征的吉凶，叔兴表面上根据陨石作出预测，实际从朝堂退下后对他人说：“君失问，是阴阳之事，非吉凶所生也。吉凶由人。”在叔兴看来，陨石的出现只是阴阳变化的自然现象，这不能成为预测吉凶的标准，真正决定吉凶的是人而非天。司马迁的天人观念也是在承认天命的基础之上，突出了人事的作用。在《殷本纪》、《周本纪》、《秦本纪》和《高祖本纪》中，司马迁宣扬了天命王权思想。而对于具体的历史盛衰、个人成败，司马迁则认为是人而非天起到了重要的作用。如司马迁评价项羽说：“自矜功伐，奋其私智而不师古，谓霸王之业，欲以力征经营天下，五年卒亡其国，身死东城，尚不觉寤而不自责，过矣。乃引‘天之亡我，非用兵之罪也’，岂不谬哉！”[1] 他认为项羽的失败不在于天，而在于他自身的过失。《史记》中从人事去总结成败的例子在在皆是。由此可见，《史记》的历史思想不但与《左传》相通，而且有进一步发展。

[1] 《史记》卷七《项羽本纪》，中华书局1959年版，第339页。

第五章 《史记》与西汉的五经之学（下）

西汉的五经之学，除《尚书》学和《春秋》学对司马迁《史记》有重要影响之外，易学与诗学同样也给予《史记》以重要影响。“易学是司马迁家学渊源之一，也是他的史学基石的组成部分。”[1] 司马迁重视以《周易》解史，在一定程度上，《史记》即是“正《易传》”的产物。《诗经》则不但为《史记》的撰述提供史料，而且西汉诗学所蕴含的历史盛衰观和天命观，对于《史记》的历史观也有着直接的影响。

第一节 《史记》与西汉易学

汉代是易学主要范畴与观念的形成时期，也是义理与象数两派易学的形成时期，在中国古代易学发展史上占有重要地位。西汉前期易学的传承与发展，对于司马迁史学产生了重要影响。由于易学与史学的密切关系以及家学原因，司马迁对《周易》十分熟悉，在《史记》中频繁地引用和评述《周易》，以易解史成为《史记》的重要特点，其认识成为汉代易学成果的重要组成部分。同时，《周易》的天人思维、古今思维与“一致百虑”思维，直接促成了《史记》撰述旨趣的确立。

---

[1] 吴怀祺：《易学与中国史学》，《南开学报》1997 年第 6 期。

一、西汉前期易学的发展

《周易》因其所具有的卜筮功能而幸免于秦火，得以传授不绝，从而为汉代易学发展保存了坚实的文本基础和良好的学术传统。西汉前期百废待兴，在文化复兴的过程中，易学也得以发展，其中杨何在汉武帝时期被立为《易经》博士。纵观西汉前期易学的发展，其显著特点是重视服务现实政治，由此也逐渐形成了今文经学重视阐发《周易》之微言大义的传统。

首先，治《周易》主体分为士大夫和学者。士大夫研究主体多有官职在身，他们虽然不是以治《周易》为业，也没有专门的研究成果，但在自己的著作中多处引用《周易》之文，并以易理作为理论阐发的根据，在此基础上结合现实对《周易》思想进行发挥。他们对易学发展的主要贡献，一是利用自身政治地位扩大易学的影响，为易学发展争取到良好的政治资源；二是在易学理论构建方面开展有益的尝试。前一方面为之后易学和政治结合，并被立为官学开辟了良好的通道；后一方面则为后世易学讨论的深化奠定了一定的基础。在具体的治《易》实践中，他们利用《周易》经传为干预现实的政治秩序提供理论依据。例如，陆贾在《新语》中大量引用《易传》中的话语来解说现实社会中的秩序和道理："于是先圣乃仰观天文，俯察地理，图画乾坤，以定人道，民始开悟，知有父子之亲，君臣之义，夫妇之别，长幼之序。于是百官立，王道乃生。"[1] 在贾谊所作《新书》中，也有大量《周易》经传思想的反映，贾谊把《周易》中所蕴含的理论与规则当成解决现实社会问题的重要工具和指导，并通过对《周易》的理论发挥、阐释为现实的一些政治行为提供有力的理论支撑。汉初士大夫们在反思秦朝弊政的基础之上，选择性地吸收《周易》经传的部分内容，为解决迫在眉睫的治国问题建构良好的政治理念。陆贾说："《易》曰：'丰其屋，蔀其家，窥其户，阒其无人。'无人者，非无人也，言无圣贤以治之耳。"[2] 这是借用《周易》中

[1] 陆贾著，王利器校注：《新语校注》卷上《道基》，中华书局1986年版，第9页。
[2] 陆贾著，王利器校注：《新语校注》卷下《思务》，中华书局1986年版，第171页。

的话语引申阐述维护和稳固统治离不开贤能人才的辅弼，对西汉一朝树立尚贤的政治理念有着非常积极的意义。贾谊说："《易》曰：'鸣鹤在阴，其子和之。'言士民之报也。"[1] 这是引《周易》第六十一卦《中孚》的九二爻辞用以说明君主只认识到民心向背的重要性是不够的，还要以自己的德行吸引百姓的拥护。西汉诗学的创始人之一韩婴为文帝时博士，既治《诗》又治《易》。所作《韩诗外传》卷八说："官怠于有成，病加于小愈，祸生于懈惰，孝衰于妻子。察此四者，慎终如始。"这是借用《系辞下》"惧以终始，其要无咎"的训诫，体现一种居安思危的忧患意识。这些都是利用《周易》为现实服务的例子。同时，士大夫在治《易》实践中还提出了一些新的主张和看法，其中最为突出者，当属陆贾发挥《系辞》中有关"先圣"、"中圣"的论述发展而成的"三圣"说。"三圣"说见于《新语·道基》。该篇认为远古历史的发展，经历了一个从先圣到中圣再到后圣的过程，虽然行文中并未明言此三圣何所指，实际即是指伏羲、文王、孔子。《汉书·艺文志》提到圣人作《易》的过程时，说是"《易》道深矣，人更三圣，世历三古"。韦昭释"三圣"为伏羲、文王、孔子，解"三古"以"伏羲为上古，文王为中古，孔子为下古"。王利器认为此三圣，"即陆氏所谓先圣、中圣、后圣也"[2]。从《新语》的相关论述可知，王利器的说法是符合陆氏本意的。如《新语》的《道基》篇说"先圣乃仰观天文，俯察地理，图画乾坤"，显然是指伏羲作八卦之事；"中圣乃设辟雍庠序之教，以正上下之仪"，显然是指文王设立学校，推行礼义教化之事；"后圣乃定五经，明六艺，承天统地，穷事察微，原情立本，以绪人伦"，显然是指孔子作六经以明人伦之事。陆贾由《周易》推衍出的"三圣"历史发展阶段论，不但是汉代一种重要的历史变易理论，而且对后世关于易学发展史的看法产生了非常大的影响。

学者则是把《周易》作为专门的学问来加以研讨，这为后世易学发展夯实了学术根基。和汉代中后期的治《易》学者群相比，汉初这一类

---

[1] 贾谊著，王洲明、徐超校注：《贾谊集校注》，人民文学出版社 1996 年版，第 288 页。

[2] 陆贾著，王利器校注：《新语校注》卷上《道基》注语，中华书局 1986 年版，第 9 页。

型的人数相对较少，主要是在少数学者之间流传。有研究者主张将这一形态的易学称之为“祖师《易》”，理由是为数不是很多的治《易》者大都著有《易传》，其传授方式主要是在师生之间相传，但它们为西汉中后期“经学《易》”的成立和发展奠定了基础。[1] 汉初学者治《易》的主要代表是田何一系，所谓“要言《易》者本之田何”[2]。田何一系是汉初易学传承的主流，其在学术渊源方面即是上承孔子的。田何的直传弟子有王同、周王孙、丁宽、服生、项生等，这些弟子又各自教授自己的传人，如此就慢慢形成了规模庞大的传习系统，后来的杨何、司马谈、施雠、孟喜、梁丘贺都是承自这一系统的。这一时期易学发展中另一个需要注意的情况，就是易古义的地位开始显现，这是有别于田何易学的另一种易学样态。例如，田何的弟子丁宽不仅向田何学习，还向田何的另一位弟子周王孙学习易古义。

其次，义理易学的传承及其官学地位的确立。由于西汉前期主要聚焦的是迫切需要解决的现实社会问题，治《易》者期待从理论上分析这些问题的根源并寻找解决之道，加之当时自然科学方面尤其是天文历法领域未能实现较大突破，而后者是象数易学兴起的重要基础，所以西汉前期在易学领域占据主要统治地位的是义理之学。从义理之学传统延续的维度来梳理这一时期的易学发展，就不能不提到田何一系的传承。田何弟子王同传《易》于杨何，汉武帝在建元五年（前 136 年）立五经博士时，所立的《易经》博士就是杨何，他是第一个《易经》博士。这一事件对西汉易学产生了较大的影响：一则，从整体学术状况来看，它表明易学开始为官方所公认，从此因为得到官方的支持而呈现出迅猛发展的势头；二则，从内部的派系结构来看，田何易学一系由此便逐渐成为西汉易学的正统和正宗，占据了优势地位。司马迁的父亲司马谈即学《易》于杨何。另外，田何一系除王同一支外还有一个比较有影响的传授支派，就是丁宽一支。据《后汉书·儒林列传》所载，同为田何弟子的丁宽授《易》于田王孙，而后者在当时也有较高的地位。他们所秉承的都是“汉初易学切义理，主人事”的传统，即是借助《周易》这样一种

[1] 丁四新：《西汉易学的主要问题及其解释旨趣的转变》，《周易研究》2014 年第 3 期。
[2] 《汉书》卷八十八《儒林列传》，中华书局 1962 年版，第 3597 页。

诠释体系来阐发对人生和社会现象的认识。这一倾向不但在学派内部被逐渐强化为制度性的规定，而且也得到了官方的认可，不得随意变动。所以，当宣帝时，“博士缺，众人荐喜”，宣帝“闻喜改师法，遂不用喜”[1]。在易学传承体系方面，出于丁宽一支的田王孙又“授沛人施雠、东海孟喜、琅邪梁丘贺，由是《易》有施、孟、梁丘之学”[2]。三人各自成一家之学，其中的施氏上承田何、丁宽之学，属谨守师说一派，[3]延续了西汉前期易学的重义理特点。

二、天人合一思维与“究天人之际”

司马迁《史记》以“究天人之际”为撰述旨趣之一。司马迁重视探究天人关系，既有时代与史官职守等因素，也有其易学理论渊源。从时代因素来讲，当时的统治者迫切需要认识天人之间究竟存在着什么关系。汉武帝在给贤良学士们的策问中就说：“天人之道，何所本始？吉凶之效，安所期焉？禹汤水旱，厥咎何由？仁义礼知四者之宜，当安设施？属统垂业，物鬼变化，天命之符，废兴何如？”[4]在此，汉武帝就天人关系问题一连发出五个疑问，希望学士们给予回答，可见这是一个让统治者颇为困扰的问题。董仲舒的《天人三策》正是针对汉武帝“垂问乎天人之应”而作的，他从公羊学的立场对天人关系作出了自己的解答。作为史学家，司马迁自然也需要对这一现实理论问题作出自己的回答。同时，司马迁关注天人问题，也与史官职守有一定的关系。司马迁出生在一个史官世家，中国古代史官的职责除记时书事外，还有观测天象与制定历法，这也很容易使其接受这种天人一体的思维方式，史官往往善于从四时、天象的往复变动中悟出社会人事的变化，同时将天道与人事联系起来解说各种社会现象。

从易学理论渊源来讲，《周易》明显具有天人合一思维。如前所述，

---

[1] 《汉书》卷八十八《儒林列传》，中华书局1962年版，第3599页。

[2] 《后汉书》卷七十九上《儒林列传》，中华书局1965年版，第2548页。

[3] 张文智：《从施、孟、梁丘易学之关系看西汉易学之转型》，《社会科学战线》2014年第4期。

[4] 《汉书》卷五十八《公孙弘传》，中华书局1962年版，第2613页。

《周易》的卦画结构蕴含有天地人“三才”一体的思维。在《易传》看来，易道广大，有天道、地道、人道，“三才”之道各分两面，所谓“立天之道，曰阴与阳。立地之道，曰柔与刚。立人之道，曰仁与义”，而《周易》六爻而成卦，实为“兼三才而两之”，“六位而成章”。[1] 在六爻当中，上二爻是天位，下二爻是地位，中二爻是人位。在天地人“三才”中，《周易》主张人道效仿天道，“推天道以明人事”[2]。《系辞上》说：“崇效天，卑法地。”意指崇高的智慧效仿上天，谦卑的礼节效仿大地。当然，人道效仿天道并非是被动的，而是积极、主动的。所谓“天地设位，圣人成能”[3]。肯定促成天地造化的是人。诚如学者所言：“《易传》特别重视人的忧患意识，迁善改过意识，与时偕行意识，穷理尽性意识等，都分明是要人以自己特有的价值、能力，来呼应天道。”[4]

司马迁父亲司马谈曾学《易》于杨何，易学作为司马迁的家学，其内蕴的天人合一思维对司马迁的天人观自然有着重要影响。在《史记》中，司马迁将《周易》与《春秋》作比，说道：“《春秋》推见至隐，《易》本隐之以显。”[5] 他认为，《春秋》立足于人事，主要是通过史实的记述来反映其中隐含的微言大义；而《周易》本于天道，是依据普遍的思想原理来推导出具体实践所应该遵循的规律和准则。[6] 《易》道“隐之以显”的思维特点，启发了司马迁重视对于天人关系的探究。

首先，《史记》以天人理路来构建史书的编纂体系。《太史公自序》在论述《史记》“五体”的撰述旨趣时，关于“八书”已直接提到了“天人之际”：“礼乐损益，律历改易，兵权山川鬼神，天人之际，承敝通变，作八书。”而关于“三十世家”则与天象进行了比附：“二十八宿环北辰，三十辐共一毂，运行无穷，辅拂股肱之臣配焉，忠信行道，以奉主上，作三十世家。”[7] 学者对于《史记》五种体例之数理是否蕴含天人合一

---

[1] 《周易正义·说卦》，《十三经注疏》本，中华书局 1980 年版。

[2] 永瑢等：《四库全书总目》卷一《易类》小序，中华书局 1965 年版，第 1 页。

[3] 《周易正义·系辞下》，《十三经注疏》本，中华书局 1980 年版。

[4] 杨庆中：《周易经传研究》，商务印书馆 2005 年版，第 273 页。

[5] 《史记》卷一百一十七《司马相如列传》，中华书局 1959 年版，第 3073 页。

[6] 张涛、袁江玉：《汉代的易学与史学》，《南都学坛》2007 年第 1 期。

[7] 汪高鑫：《〈周易〉与传统史学的历史思维》，《学习与探索》2012 年第 8 期。

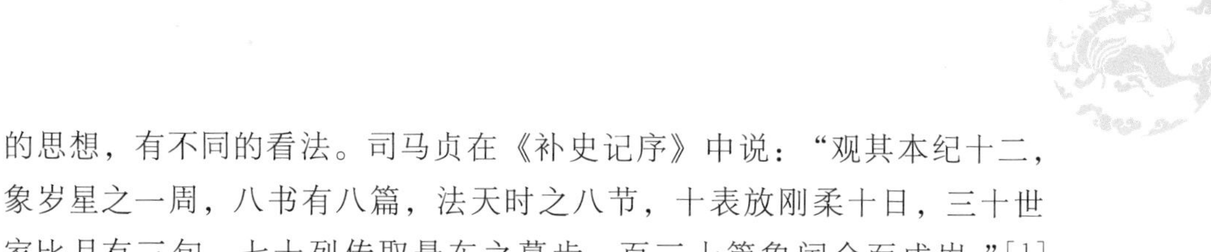

的思想，有不同的看法。司马贞在《补史记序》中说："观其本纪十二，象岁星之一周，八书有八篇，法天时之八节，十表放刚柔十日，三十世家比月有三旬，七十列传取悬车之暮齿，百三十篇象闰余而成岁。"[1]张守节也认为："作本纪十二，象岁十二月也。作表十，象天之刚柔十日，以记封建世代终始也。作书八，象一岁八节，以记天地日月山川礼乐也。作世家三十，象一月三十日，三十辐共一毂，以记世禄之家辅弼股肱之臣忠孝得失也。作列传七十，象一行七十二日，言七十者举全数也，余二日象闰余也，以记王侯将相英贤略立功名于天下，可序列也。合百三十篇，象一岁十二月及闰余也。而太史公作此五品，废一不可，以统理天地，劝奖箴诫，为后之楷模也。"[2]他们都肯定《史记》五体之数蕴含了天人合一的思想。当然也有否定或质疑者，如金人王若虚就直斥司马贞述《史记》五体"妄意穿凿，乃敢如此，不已甚乎"[3]。清人沈涛也提出"史公作《自序》，惟于三十世家有'二十八宿环北辰，三十辐共一毂'之语，其他篇数，初不自言其例，不知两家之言何所据也"的疑问。[4]然而，迄今为止，相关驳论都没能拿出有力的证据。

其次，《史记》重视宣扬天命王权思想。《史记》中的"天"，包含有意志、命运、趋势、本然和物质等多重含义。所谓命运之天，是指人力无法左右的，决定着人的成败祸福的力量。如《李将军列传》借助李广之口，指出李广难封确有命运不济的因素，也就是天意。所谓趋势之天，是指历史发展之"势"，亦即必然性。如《高祖本纪》就认为"汉兴，承敝易变，使人不倦，得天统矣"。这里所谓"天统"，自然有上天眷顾的含义。所谓本然之天，是指自然规律和人伦道德。《史记》重视顺应自然规律，《货殖列传》提出"礼生于有而废于无"的重要观点。《史记》中的"天"，更多的则是将其作为一种物质之天来看待的，如关于天象变化、自然变迁及其对于人事影响的记述等等。当然，《史记》天论中最能彰显天人合一思维的，还是对天有意志、天命王权观念的宣扬，肯定意

---

[1] 司马贞：《补史记序》，载董诰等编《全唐文》卷四百二，中华书局 1983 年版，第 4109 页。

[2] 张守节：《史记正义·论史例》，载《史记》附录，中华书局 1959 年版，第 13 页。

[3] 王若虚：《滹南遗老集》卷三十一《著述辨惑》，《四部丛刊》本。

[4] 沈涛：《铜熨斗斋随笔》卷三《史记篇例》，中华书局 1965 年版。

志之天对于人事的影响。其主要体现，一是宣扬圣人感生说。《史记》的《殷本纪》和《周本纪》在描述商周部族起源时，分别记述了简狄吞卵生契和姜嫄履迹生弃的故事。《秦本纪》和《高祖本纪》则套用了这种感生说，说秦的祖先大业乃女修吞卵而生，汉高祖刘邦则是刘母与赤龙交感而生。感生说宣扬的是一种天命史观，天神赋予圣人肉体的同时，也就同时赋予了其治理万民的权力。同时《史记》还宣扬了圣人同祖说，《五帝本纪》以黄帝为百王先，“自黄帝至舜、禹，皆同姓而异其国号”。这种“祖黄帝”的思想同样也是一种天命王权思想，“黄帝策天命而治天下，德泽深后世，故其子孙皆复立为天子，是天之报有德也”[1]。不过，《史记》对这种报德说也有过质疑，如《伯夷列传》就以善人伯夷、叔齐、颜渊和恶人盗跖为例，对“天之报施善人”说加以怀疑。二是以五德相胜解说王权天授。如前所述，邹衍的五德相胜说是司马迁《史记》天命王权思想的重要来源之一。如《五帝本纪》说黄帝“有土德之瑞，故号黄帝”。《殷本纪》说“汤乃改正朔，易服色，上白，朝会以昼”。色尚白，显然是说商为金德。《秦始皇本纪》说：“始皇推终始五德之传，以为周得火德，秦代周德，从所不胜。”司马迁参与修订的《太初历》，最终确定了汉朝的“黄德”。《史记》如此不厌其烦地引述和运用邹衍的五德相胜说，旨在解说自黄帝至汉朝的王权变更都是天命所归。

再次，《史记》强调人道需能动地效仿天道。司马迁认为，人生在天地之间，必须要遵循天地的法则，并以自身的行为积极地呼应天道，这样就能与外在环境形成一个互动的有机整体。司马迁曾以统治者为例，劝诫其应该“日变修德，月变省刑，星变结和”[2]，即是要根据日月星的变化来加强修德、减少刑罚、结和人心。然而，人效仿天地不是完全被动地顺应，而是要发挥主观主动性。《史记》肯定人为对于历史发展的重要作用，主要体现在以下两个方面。

其一，《史记》以纪传体形式论载历史，彰显了以人为中心、重视记载人事的思想。《史记》的主体是记述人物的本纪、世家和列传，其中的十二本纪记述“王迹所兴”，主要是历代帝王传记；三十世家的记述对象

---

[1] 《史记》卷十三《三代世表》，中华书局 1959 年版，第 505 页。

[2] 《史记》二十七《天官书》，中华书局 1959 年版，第 1351 页。

为诸侯王和历代圣贤；七十列传的记述对象是“立功名于天下”的将相和杰出人物。至于书、表，前者记述典章制度，后者明晰年差，其间不乏历史人物事迹的记述。所以赵翼说：“本纪以序帝王，世家以记侯国，十表以系时事，八书以详制度，列传以志人物，然后一代君臣政事，贤否得失，总汇于一编之中。”[1] 非常清楚地说明了《史记》作为纪传体史书以记述人物为中心的显著特点。

其二，《史记》的记述内容充分体现了重视人为的思想。如在谈论夏、商、周、秦相继更替这一历史发展大势时，司马迁说：“昔虞、夏之兴，积善累功数十年，德洽百姓，摄行政事，考之于天，然后在位。汤、武之王，乃由契、后稷修仁行义十余世。不期而会孟津八百诸侯，犹以为未可，其后乃放弑。秦起襄公，章于文、缪，献、孝之后，稍以蚕食六国，百有余载，至始皇乃能并冠带之伦。以德若彼，用力如此，盖一统若斯之难也。”[2] 在此，司马迁充分肯定了夏、商、周、秦之王天下，都是修仁行义、积德用力的结果，是人为而非天意。同样，司马迁在分析夏、商、周、秦灭亡的原因时，也都认为是人为造成的。如夏桀的灭亡在于“桀不务德而武伤百姓，百姓弗堪”[3]。商纣的灭亡在于亲小人，远贤臣，自以为“我生不有命在天乎”而胡作非为，“淫乱不止”。[4] 西周的衰败，在于周厉王“暴虐侈傲”和周幽王的荒淫无度，导致犬戎攻破镐京的惨剧。[5] 秦朝“以六合为家，崤函为宫”，结果却二世而亡，原因正如贾谊《过秦论》所言，是“仁义不施而攻守之势异也”。[6]《史记》对于个人的奋发有为也给予充分肯定。如《齐太公世家》肯定齐桓公的霸业是通过“修善政”取得的；《越王勾践世家》认为越国之所以能最终灭掉强吴、称霸中原，是勾践“苦身焦思”、励精图治的结果；《孔子世家》称赞孔子说：“孔子布衣，传十余世，学者宗之。自天子王侯，

[1] 赵翼著，王树民校证：《廿二史札记校证》卷一《各史例目异同》，中华书局 1984 年版，第 3 页。

[2] 《史记》卷十六《秦楚之际月表》，中华书局 1959 年版，第 759 页。

[3] 《史记》卷二《夏本纪》，中华书局 1959 年版，第 88 页。

[4] 《史记》卷三《殷本纪》，中华书局 1959 年版，第 107、108 页。

[5] 《史记》卷四《周本纪》，中华书局 1959 年版。

[6] 《史记》卷六《秦始皇本纪》，中华书局 1959 年版，第 282 页。

中国言六艺者折中于夫子，可谓至圣矣!"《陈涉世家》将陈涉发迹与汤武革命、孔子作《春秋》相提并论，充分肯定了陈涉在推翻暴秦统治过程中的首创精神。如此等等，不一而足。司马迁对历史上那些将人事的成败归之于天的做法持否定态度。如在《项羽本纪赞》中，他否定项羽"天之亡我"的说法，认为项羽的败亡乃是咎由自取，却至死"尚不觉寤而不自责"；《蒙恬列传》对蒙恬将自己的死因归于绝地脉而违忤天意的说法提出批评，认为他的败亡在于"不以此时强谏，振百姓之急，养老存孤，务修众庶之和，而阿意兴功"。由此可见，《史记》从编纂结构到记述内容，无不充分肯定了重人事的思想。[1]

三、"易穷则变"与"通古今之变"

"变"是《周易》的核心概念，《系辞上》说："爻者，言乎变者也。"学者在解说《周易》的名称时，无不围绕"变"来展开。孔颖达在《周易正义序》中明确指出："夫易者，变化之总名，改换之殊称。自天地开辟，阴阳运行，寒暑迭来，日月更出，孚萌庶类，亭毒群品，新新不停，生生相续，莫非资变化之力，换代之功。"[2] 司马迁对于《周易》的变易思维是心领神会的，故而他说："《易》著天地阴阳四时五行，故长于变。"[3]《周易》的变易思维主要呈现出两个维度：一是变易的普遍性和永恒性。如《丰·彖辞》说："日中则昃，月盈则食，天地盈虚，与时消息，而况于人乎？况于鬼神乎?"世间没有事物是不变的。二是万物恃变才能久存。《恒·彖辞》说："日月得天而能久照，四时变化而能久成。圣人久于其道，而天下化成；观其所恒，而天地万物之情可见矣。"这里是说世界万物都是在持续不断的变化中获得永恒的。

《周易》的变易思维，直接启发了司马迁"通古今之变"的思想。在《周易》的影响下，司马迁提出了"承敝通变"的历史变易发展观。《系

[1] 以上关于司马迁对天人关系的论述，参见汪高鑫：《传统史学天人合一思维的形成与演变》，《史学史研究》2016 年第 4 期。

[2] 《周易正义·序》，《十三经注疏》本，中华书局 1980 年版。

[3] 《史记》卷一百三十《太史公自序》，中华书局 1959 年版，第 3297 页。

辞下》说："易穷则变，变则通，通则久。"这是《周易》关于万物变易规律的总结。在《易传》看来，事物发展到尽头时，就必须进行变易，只有经过变易，事物的发展才能重新畅通无阻，只有事物的发展畅通无阻，它才能保持持续发展势头。这是《周易》通变思维的经典表述。受《周易》"易穷则变"思维的启发，司马迁提出了"承敝通变"的历史变易发展观。在司马迁看来，一个政权的覆灭，必然是这个政权在制度上出现了种种弊端，因此，代之而起的新兴政权就必须要针对前朝制度的种种弊端进行变易，只有这样，新兴的政权才能得到稳定。基于这一认识，司马迁在《史记·太史公自序》中明确提出了他修作八书的旨趣就是为了"承敝通变"。在比较了秦、汉建国之后的改制情况后，司马迁说："周秦之间，可谓文敝矣。秦政不改，反酷刑法，岂不缪乎？故汉兴，承敝易变，使人不倦，得天统矣。"[1] 认为秦朝继周而建，却没有针对周朝制度的种种弊端进行变易，相反，却实行严刑酷法，这是导致秦朝迅速败亡的原因所在；汉朝继秦而建，却能够一反秦的严刑酷法，而实行与民休息的治国政策，从而使政权得到稳定。

《史记》重视对于变革历史的记述，而略于和平时期的历史记述。据统计，《史记》关于黄帝以来三千年的历史记述总共有五十二万余字，而关于周初、战国、秦汉之际和武帝建元后四个主要变革时期的历史记述，却有四十余万字数，由此可见其重视变革历史记述之一斑。张大可先生称这种撰述原则为"详变略渐"。[2] 司马迁重视记述变革之史，当然也重视记述和评论那些变革时代的风云人物——变革家们的事迹。《平准书论赞》说："汤武承弊易变，使民不倦，各兢兢所以为治，而稍陵迟衰微。"《商君列传》说商鞅之法"行之十年，秦民大说，道不拾遗，山无盗贼，家给人足。民勇于公战，怯于私斗，乡邑大治"。《管晏列传》说："管仲既任政相齐，以区区之齐在海滨，通货积财，富国强兵"；"其为政也，善因祸而为福，转败而为功"；"齐桓公以霸，九合诸侯，一匡天下，管仲之谋也"。《越王勾践世家》说："苗裔勾践，苦身焦思，终灭强吴，北观兵中国，以尊周室，号称霸王。勾践可不谓贤哉！"《史记》对历史

[1] 《史记》卷八《高祖本纪》，中华书局 1959 年版，第 394 页。
[2] 张大可：《司马迁评传》，南京大学出版社 1994 年版，第 194 页。

上著名改革家如李悝、吴起、赵武灵王等人的变革业绩都作了详细记述。

当然，“易穷则变”之“变”，在《易传》的作者看来，虽主要是指一种变革，但也不排除在特殊情况下需要进行革命。如《革·彖辞》就说：“革，水火相息；二女同居，其志不相得，曰革。巳日乃孚，革而信之。文明以说，大亨以正。革而当，其悔乃亡。天地革而四时成，汤武革命，顺乎天而应乎人。革之时大矣哉！”《易传》所宣扬的这一革命思想，司马迁同样也有所继承，最典型的例子莫过于列陈胜入世家，将陈胜首义与汤武革命和孔子作《春秋》相提并论。《太史公自序》说：“桀、纣失其道而汤、武作，周失其道而《春秋》作。秦失其政，而陈涉发迹，诸侯作难，风起云蒸，卒亡秦族。天下之端，自涉发难。作《陈涉世家》第十八。”在司马迁看来，秦朝的统治已是天怒人怨，已到穷尽之时，只有通过革命的手段，才能使封建统治重新稳固下来。而暴虐的秦朝最终被推翻，陈胜有首义之功。司马迁是将陈胜当作秦汉之际社会大变革时期的重要历史人物加以称颂并载入史册的。

司马迁还提出了“原始察终，见盛观衰”的历史变易方法论。《系辞下》说：“《易》之为书也，原始要终，以为质也。”又说：“惧以终始，其要无咎，此之谓易之道也。”这里所谓“原始要终”，即是要人们观察万物必须要具有从始到终的贯通意识。在《易传》看来，只有“原始要终”，才能真正了解事物的发展与变化过程，从而把握事物发展及其变化的规律。只有具有终始意识，慎重地对待终始，才能做到“无咎”。受《易传》“原始要终”思维的启发，司马迁在《太史公自序》中明确指出，观察历史要“罔罗天下放失旧闻，王迹所兴，原始察终，见盛观衰”。很显然，“原始察终，见盛观衰”是司马迁“通古今之变”的方法论。其中“原始察终”的思想无疑是来自于《易传》的思维，而“见盛观衰”的思想则是对《易传》变易思维方法的发展。

《史记》撰述的整体构思，充分体现了“原始察终”的原则。如十二本纪的撰述主旨是考察王迹的兴衰，通过对黄帝以来历史发展大势的记述，集中表述了一种德力转换的思想。其中《五帝本纪》和夏、商、周三个本纪主要表述的是先王德政的兴衰；《秦本纪》、《秦始皇本纪》和《项羽本纪》则主要表述了诸侯霸政的兴衰；而刘邦以下汉朝诸帝本纪又集中表述了汉朝无为而治的盛德政治。因此，自黄帝以来的政治史，实

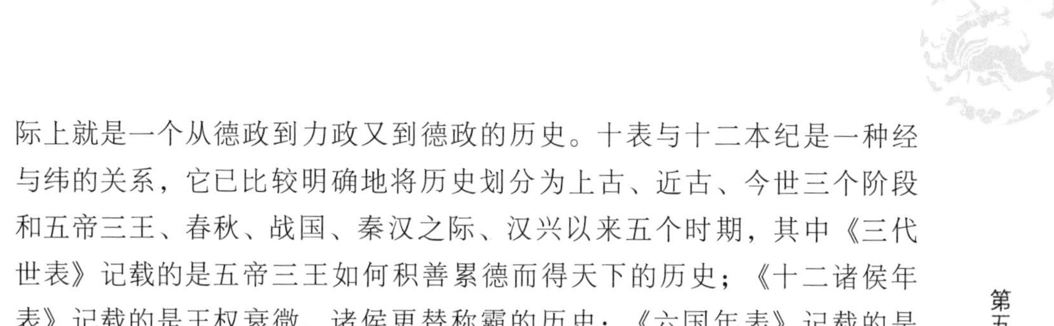

际上就是一个从德政到力政又到德政的历史。十表与十二本纪是一种经与纬的关系，它已比较明确地将历史划分为上古、近古、今世三个阶段和五帝三王、春秋、战国、秦汉之际、汉兴以来五个时期，其中《三代世表》记载的是五帝三王如何积善累德而得天下的历史；《十二诸侯年表》记载的是王权衰微、诸侯更替称霸的历史；《六国年表》记载的是“陪臣秉政，强国相王”的历史；《秦楚之际月表》记载的是秦汉之际从陈胜作难到项氏灭秦再到刘邦建汉“五年之间，天下三嬗”的剧烈变革的历史；汉兴以来六表记载的是“诸侯废立分削”、海内混为一统的历史。十表分开来看，各自表述的是一个历史时期的历史变化及其特点；合起来看，则整体反映了自黄帝以来三千年历史发展变化之大势。八书记述的是历代制度的演变情况，但由于已残缺不全，难以看出司马迁完整的“原始察终”思想。不过从《平准书》对汉兴以来社会经济的记述可知，司马迁对汉兴以来社会经济变易的考察，是非常重视运用“原始察终”的方法的。三十世家和七十列传则主要叙述了各类历史人物在历史变易过程中所起的作用。同时，《史记》对具体历史的评述也非常重视运用“原始察终”的方法。如《六国年表序》认为，秦虽多暴短祚，“然世异变，成功大”，对于秦史的评述应该要察其终始。《秦楚之际月表序》则对秦形成一统天下之势的过程作出了整体考察，曰：“秦起襄公，章于文、缪，献、孝之后，稍以蚕食六国，百有余载，至始皇乃能并冠带之伦。”此外，在诸篇表、书的序文中，司马迁都反复强调了要用“原始察终”的方法来考察历史。如《高祖功臣侯者年表》和《惠景间侯者年表》的序文说明了司马迁作此二表的目的是“谨其终始，表其文”，“咸表始终，当世仁义成功之著者也”。《天官书》认为，“为天数者，必通三五。终始古今，深观时变，察其精粗，则天官备矣”。司马迁在此是以古今为终始来把握天时变异的规律的。《平准书》则说：“一质一文，终始之变也。”这是司马迁对终始之变特点所作的表述。

司马迁认为，历史的变易不仅是一种终始之变，而且还是一种盛衰之变，故而要用一种“见盛观衰”的观点或方法来考察历史的变易及其特点。《周易》中所谓“物极必反”的思维，其实就是一种盛衰之变的思想。《丰・彖辞》所谓“日中则昃，月盈则食”，《乾・象辞》所谓“亢龙有悔，盈不可久也”，都是表达了物极必反的含义。司马迁的“见盛观衰”思想，一方面汲取了《周易》物极必反的思维，肯定历史变易是一种盛衰之变；另一方面，在此基础上进一步提出历史的盛衰之变是盛衰互包的，当事物发展到兴盛时期，需要注意察觉其向衰败的方向转变的可能性，这是对《周易》物极必反思维的发展。

司马迁认为，历史的变易过程，其实就是一个盛衰变动的过程。《五帝本纪》和夏、商、周三本纪，其实表述的就是上古圣王盛德政治的兴衰过程。同样，如果将《秦本纪》与《秦始皇本纪》合在一起，我们便很容易看出秦是怎样由割据一方到一统天下再到二世而亡的由弱小到强盛再到灭亡的全过程。《十二诸侯年表》集中概述了各诸侯势力此消彼长、更替称霸的全过程。当然，历史盛衰之变是很复杂的，如《殷本纪》所记商王朝的历史便是经历了一个衰、兴、复衰、复兴的错综交替的过程。《史记》所记从春秋到战国的历史发展，也是一个错综复杂的兴衰变易过程。这其中既有早期周王室不断衰败和诸侯国势力迅速崛起的盛衰之变，又有稍后各诸侯国势力此消彼长的盛衰之变。当然，后一种盛衰之变的最终结果是秦的一统天下和各诸侯国的被灭。因此，诸侯国之间的盛衰之变，其实又蕴含着一种秦国与各诸侯国之间的盛衰之变。

如何避免历史变易由盛转衰？这就必须要具有见盛观衰的意识。道理很简单，历史的盛衰之变从来都不是不期而至、突然形成的，而是有一个从量变到质变的过程。因此，当历史发展处于鼎盛时期，人们必须要观察其可能会转向衰亡的一些因素。如《平准书》中对汉兴以来七十余年的繁荣景象作了详细描述和热情讴歌，然而，司马迁却没有陶醉于这种繁荣景象的表象之中，而是透过这种表象，敏锐地觉察到在这种繁荣景象之后已经蕴含着衰败的迹象。例如当时社会出现奢侈腐化之风，“役财骄溢”、“争于奢侈”、僭越礼制，便是这种奢侈腐化风气的具体表现。在司马迁看来，奢侈腐化之风的兴起，无疑是社会由盛转衰的一种标志。当然，在盛世中发现衰机的目的，是要及时进行变革，排除掉这些不利于历史发展的因素。由此来看，历史变革不只是弊端丛生的衰世或者“承敝”而建的新朝的需要，同时也是出现衰机的盛世时代的需要。“见盛观衰”的目的，就是要及时发现盛世政治的弊政，从而及时加以革除，防微杜渐，使良好的历史发展态势得以保持和延续。这种“见盛观衰”的思想，体现在《周易》中就是其所具有的强烈的忧患意识。《系辞

下》说："《易》之兴也，其于中古乎！作《易》者，其有忧患乎！"商周之际社会巨变，天命转移，政权更替，《易》的作者为此而忧患。在《易传》作者看来，人们要"惧以终始"，做到"其要无咎"。《史记》对历史上一些盛世时期出现的弊端的揭露和对积极改革举动的肯定，便是史家历史忧患意识的体现。

四、"一致百虑"思维与"成一家之言"

"一致百虑"出自《系辞下》，其文曰："《易》曰：'憧憧往来，朋从尔思。'子曰：'天下何思何虑？天下同归而殊涂，一致而百虑。'"是对《咸卦》九四爻辞"憧憧往来，朋从尔思"所作的发挥和阐释。意思是说，目的虽然相同，却有各种考虑。孔颖达随文疏曰："'一致而百虑'者，所致虽一，虑必有百。言虑虽百种，必归于一致也。"朱熹则解释说："'天下何思何虑'一句，便是先打破那个'思'字，却说'同归殊涂，一致百虑'。"[1] 诸家解释大意相同。"一致百虑"思维，表达了《易传》作者心目中应然的学术发展规律，即追求学术发展不能用一种学术思想去消灭另外一种学术思想，或者是用一种思想替代其他各家各派的思想。它所传递出的信息是，《易传》的作者在特定的历史背景之下试图弥纶天地之道、包容百家学说的一种学术观念和理想的学术追求。《周易》一书本身就囊括了丰富的知识内容，这样的特点也有利于它对各种学说的兼收并蓄。《易传》认为《周易》为一切义理之源，所有的学术都应该在它的视野之中。从实践的成果来看，《易传》的确是总结了多个学派的理论成果，并利用《易经》的形式系统、框架结构，建立了一个兼容并蓄的思想体系。

司马迁父亲司马谈作《论六家要指》，开篇即说："《易大传》：'天下一致而百虑，同归而殊涂。'夫阴阳、儒、墨、名、法、道德，此务为治者也，直所从言之异路，有省不省耳。"[2] 在此，司马谈首先肯定了"一致百虑"是《易传》的一种思维；其次，他以"一致百虑"的思想来

[1] 黎靖德编：《朱子语类》卷七十六，中华书局1986年版，第1945页。

[2] 《史记》卷一百三十《太史公自序》，中华书局1959年版，第3288—3289页。

评述先秦诸子学术，肯定诸子各家的学术价值和存在的合理性。针对除道家以外的其余五家，司马谈对各自学术思想的长短得失都一一作了批评。他一方面指出这些学派学术思想的不足之处，一方面也对其学术思想的合理性给予充分肯定。如他认为阴阳家的短处是讲禨祥，长处是重春夏秋冬四时大顺；儒家的短处是繁而不得要领，长处是重君臣父子之礼和夫妇长幼之别；墨家的短处是过重俭朴，长处是重强本节用；法家的短处是严酷少恩，长处是重君臣上下之分；名家的短处是专决于名而失人情，长处是重名实相符。司马谈对各家学术思想基本特征的把握应是较为准确的，对其学术思想的批评大体上也是公允的。除道家外，他对其他诸家学术思想的批评，从方法论来讲也是一分为二的。他还注重从政治的高度来看待学术问题，认为诸家学术都是为政治而立的，殊途同归，因此不可偏废。"不可失"、"不可易"、"不可废"、"不可改"和"不可不察"，体现了司马谈对阴阳、儒、墨、名和法家的一个基本态度。值得注意的是，司马谈以《易传》"一致百虑"思维肯定先秦六家学术的同时，也隐含了自己希望效仿《周易》，通过兼收诸家学术而成一家之言的学术抱负，诚如白寿彝先生所言，司马谈评论六家学术，"恐怕应该说是司马谈要吸收各家之长，而自成一家之言的企图，至少可以说是潜意识的企图"[1]。从《论六家要指》的思想内涵而言，司马谈"企图"成就的，应该是以黄老道家思想为根基，同时兼收诸家思想的一家言。

由《易传》"一致百虑"思维，到司马谈受此启发而产生的成一家之言的"企图"，再到司马迁在《史记》中"整齐百家杂语"，存在着一种理论思维发展的内在理路。司马迁提出"成一家之言"，既受到《易传》"一致百虑"思维的启发，也是对司马谈《论六家要指》中潜藏的兼收各家之长的"企图"的继承和发展。

（一）"厥协六经异传，整齐百家杂语"

这是司马迁融通、综合先秦学术，在此基础上"成一家之言"的具体方法。《史记》"厥协六经异传"，与汉武帝时期"罢黜百家，独尊儒

[1] 白寿彝：《说"成一家之言"》，载《白寿彝史学论集》（下），北京师范大学出版社1994年版，第690页。

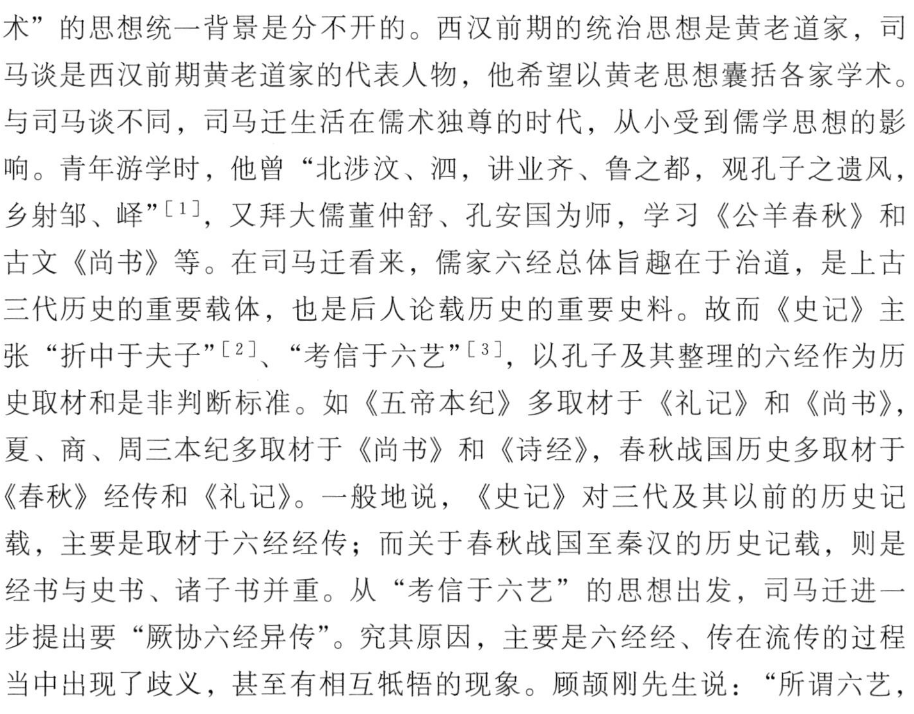

术”的思想统一背景是分不开的。西汉前期的统治思想是黄老道家，司马谈是西汉前期黄老道家的代表人物，他希望以黄老思想囊括各家学术。与司马谈不同，司马迁生活在儒术独尊的时代，从小受到儒学思想的影响。青年游学时，他曾“北涉汶、泗，讲业齐、鲁之都，观孔子之遗风，乡射邹、峄”[1]，又拜大儒董仲舒、孔安国为师，学习《公羊春秋》和古文《尚书》等。在司马迁看来，儒家六经总体旨趣在于治道，是上古三代历史的重要载体，也是后人论载历史的重要史料。故而《史记》主张“折中于夫子”[2]、“考信于六艺”[3]，以孔子及其整理的六经作为历史取材和是非判断标准。如《五帝本纪》多取材于《礼记》和《尚书》，夏、商、周三本纪多取材于《尚书》和《诗经》，春秋战国历史多取材于《春秋》经传和《礼记》。一般地说，《史记》对三代及其以前的历史记载，主要是取材于六经经传；而关于春秋战国至秦汉的历史记载，则是经书与史书、诸子书并重。从“考信于六艺”的思想出发，司马迁进一步提出要“厥协六经异传”。究其原因，主要是六经经、传在流传的过程当中出现了歧义，甚至有相互牴牾的现象。顾颉刚先生说：“所谓六艺，是包括经和传而言的，然而这些文字来路非一，时代又非一，经和传已常相牴牾，经和经又自相牴牾。”[4]既然出现分歧甚至牴牾，那就必须加以统合，这是统一学术思想的需要，同时也便于历史撰述。

《史记》“厥协六经异传”的基本原则有二：一是六经异传对历史事实的评述只有一家观点，则信从；如有多家论述但观点一致，则综合加以采纳。如商、周始祖契和后稷的事迹，只有《诗》有论载，《史记》自然信从。又如关于“汤武革命”问题，《周易·革卦》，《尚书》的《汤誓》、《泰誓》和《牧誓》诸篇，《诗经》的《商颂》和《大雅》诸篇，《春秋繁露》的《尧舜不擅移、汤武不专杀》篇等都对此作了肯定，《太史公自序》因此写道：“桀、纣失其道而汤、武作。”二是六经异传对历史事实评述不一，则取一家之说。由于家传、师承不一，学者对历史事

---

[1] 《史记》卷一百三十《太史公自序》，中华书局1959年版，第3293页。

[2] 《史记》卷四十七《孔子世家》，中华书局1959年版，第1947页。

[3] 《史记》卷六十一《伯夷列传》，中华书局1959年版，第2121页。

[4] 顾颉刚：《战国秦汉间人的造伪与辨伪》，《古史辨》第七册（上编），上海古籍出版社1982年版，第49页。

实的评述自然也不一致。司马迁师承今文学家董仲舒，故《史记》采纳今文家的观点较多。但是，司马迁又是一位大史学家，重视历史事实，故往往又能根据自己的理解而选取别家说法。如关于“赵盾弑君”之事，《春秋繁露·玉杯》认为“臣不讨贼，故加之弑君”，“所以示天下废臣子之节”。《左传·宣公二年》记载此事时，借用孔子的话说：“赵宣子，古之良大夫也，为法受恶。惜也，越境乃免。”《史记·晋世家》记载此事时，没有采用其师董仲舒的说法，而是学《左传》的做法，借用了孔子之语来作评述。

《史记》“整齐百家杂语”，则是对先秦诸子学说所进行的统一工作。如前所述，《史记》关于春秋战国以后历史的论载，除采纳经传的说法外，尚利用了史书与诸子书。与经传相比，诸子百家关于历史的评述更是异说纷呈。顾颉刚先生说：“经传的材料不够用，他毕竟要登用诸子百家之言，又要采取传说；这里边矛盾冲突之处当然不知有多少。”[1] 正因此，司马迁才要“整齐百家杂语”。司马迁关于先秦诸子学说的认识，深受乃父司马谈《论六家要指》的影响。《太史公自序》全文征引司马谈《论六家要指》，说明该文关于先秦六家的认识，得到了司马迁的认可与推重。从一定程度而言，《论六家要指》的思想与司马迁是一致的。如在东汉史家班彪、班固所提出的“史公三史论”中，《论六家要指》即是被当作司马迁的思想来加以评论的，班氏由此得出了司马迁“论大道则先黄老而后六经”[2]，“其论学术，则崇黄老而薄五经”[3] 的结论。正是有了司马谈《论六家要指》作指导，司马迁才创立了一系列关于先秦诸子的人物传记，如《孔子世家》、《仲尼弟子列传》、《孟子荀卿列传》、《老子韩非列传》、《孙子吴起列传》、《商君列传》、《屈原贾生列传》和《儒林列传》等，并对先秦及汉初百家之学作了比较中肯的评述。从《史记》对于先秦诸子学术的具体评述来看，司马迁在相当程度上受到了《论六家要指》的影响。如关于阴阳家，《论六家要指》认为其“大祥而众忌

[1] 顾颉刚：《战国秦汉间人的造伪与辨伪》，《古史辨》第七册（上编），上海古籍出版社 1982 年版，第 49—50 页。

[2] 《汉书》卷六十二《司马迁传》，中华书局 1962 年版，第 2738 页。

[3] 《后汉书》卷四十上《班彪列传》，中华书局 1965 年版，第 1325 页。

讳，使人拘而多所畏”；《史记·孟子荀卿列传》则说阴阳家邹衍的学说“其语闳大不经，必先验小物，推而大之，至于无垠”。《封禅书》也说：“邹衍以阴阳主运显于诸侯，而燕齐海上之方士传其术不能通，然则怪迂阿谀苟合之徒自此兴，不可胜数也。”两者看法大致相同。关于法家，《论六家要指》认为其“严而少恩”；《史记》对法家代表吴起、商鞅等人，既肯定他们的变法革新精神、历史发展观以及廉洁作风，同时也批评其“刻暴少恩”。相比较而言，司马迁父子关于儒、道两家的评述则有一定的差异。关于黄老道家，作为其代表的司马谈在《论六家要指》中充分肯定“无为而无不为”的思想。司马迁《史记》一方面肯定黄老道家理民以静的思想，如《平准书》对西汉前期与民休息取得的“人给家足”局面给予赞扬，《循吏列传》对“奉职循理”的吏政给予肯定；另一方面则对黄老道家缺乏进取精神给予否定，他重视人为，质问天道，肯定追求财富是“人之情性”，表现出了一种积极进取的精神。关于儒家，司马谈肯定其伦理道德思想的合理性，却认为其学术“博而寡要，劳而少功”，缺乏实用价值；司马迁则不尽然，《史记》推崇儒学和孔子，肯定儒家的仁义治国与以民为本的思想，甚至以儒家孔子作为历史评判的是非标准，给予儒家以崇高的地位。

总体来看，司马迁“厥协六经异传，整齐百家杂语”从而形成“一家之言”，一方面确立了儒家思想的主导地位，一方面也对诸子学术作了一定的认可和融通。换言之，即是超越学派之争，博采众长、兼容并蓄，在整合协调各家学说的过程中，将立论各异的各种学术思想整合成一个统摄在儒学之下的互相协调的学术体系。

（二）成就史家“一家言”

司马迁不但要在学术思想上以儒家思想融通诸子学术而“成一家之言”，更要在史学上成就史家的“一家言”。白寿彝先生认为，司马迁“‘成一家之言’，是在史学领域里第一次提出了‘家’的概念。司马迁的工作，他自认为是继《春秋》以后的有关工作，是以史学成家的”[1]。

[1] 白寿彝：《说“成一家之言”》，载《白寿彝史学论集》（下），北京师范大学出版社1994年版，第685页。

这就是说，司马迁的“成一家之言”，更重要的是要成就有别于诸子百家的史家“一家言”。这样的“一家之言”，主要包含以下三层含义：

第一，创立纪传体通史，在历史编纂上“成一家之言”。先秦史籍，既有出于史官撰修，也有不少私家著述，如《尚书》、《春秋》、《左传》、《国语》、《竹书纪年》、《世本》和《战国策》等，便是其中的代表。其中《竹书纪年》和《世本》二书属于通史撰述。《竹书纪年》为编年体通史，记载内容上自夏、商、周三代，下迄战国后期。不过该书自战国后期就作为魏襄王的随葬品被埋入地下，至西晋时期才出土，期间世人并不知晓。《世本》记载内容上自黄帝，下迄战国末年，在编纂上采用了帝系、纪、世家、传、谱、氏姓、居、作等多种体裁，具有综合性。应该说，司马迁的纪传体通史撰述，在一定程度上是对先秦历史编纂学的继承和发展。司马迁在历史编纂上的“成一家之言”，体现在两个方面。其一体现在纪传体体裁的创立上。《史记》纪传体体裁的创立，可以从先秦历史编纂中找寻出一些线索。也就是说，《史记》的纪传体体裁不是凭空创立的，而是对先秦历史编纂的继承与发展的结果。但是，这种继承与发展，是经过匠心独运之后的再创造。相较于先秦历史编纂，《史记》的五种体例本纪、世家、列传、书、表的记述对象更为明确，体例更加严明；同时，五体之间的相互配合更加合理，更能清晰而全面地反映历史。其二体现在历史记述内容上。《史记》记述的内容，从时间跨度而言，上自黄帝，下迄汉武帝太初年间，包含上下三千年历史；从记述对象而言，包含三千年间汉族与各少数民族的历史，第一次真正意义上对中国统一多民族国家的历史作出了系统反映，具有无比恢弘的气势，这是之前的历史撰述从未有过的。

第二，究天人、通古今，在历史思维上“成一家之言”。司马迁在《报任安书》中提出撰述《史记》的旨趣，是“欲以究天人之际，通古今之变，成一家之言”[1]。吴怀祺先生说：“史学成为大宗，在于有独到的思维形态。《史记》形成中国民族三大历史思维，这就是司马迁在《报任少卿书》中所说的，‘亦欲以究天人之际，通古今之变，成一家之言’。”[2] 直言司

[1] 《汉书》卷六十二《司马迁传》，中华书局 1962 年版，第 2735 页。

[2] 吴怀祺：《中国史学思想通论·总论卷　历史思维卷》，福建人民出版社 2011 年版，第 169 页。

马迁的三大撰史旨趣为“三大历史思维”。“究天人之际”，即是将天人联结为一个整体，属于历史研究的空间范围；“通古今之变”，即是将古今联结成为一个整体，属于历史研究的时间范围。二者共同构成了历史研究的对象，这是司马迁在历史思维上的“成一家之言”。由于前文已经对司马迁“究天人之际”与“通古今之变”的历史思维作了系统论述，此不赘言。

第三，求真与稽理相结合，在历史研究方法上“成一家之言”。在《报任安书》中，司马迁不但提出了三大历史思维，而且还提出了历史研究方法的三层境界，即“罔罗天下放失旧闻，考之行事，稽其成败兴坏之理”。第一层境界“罔罗天下放失旧闻”，是要充分地占有历史资料，这是进行历史研究和撰述的前提条件。司马迁写作《史记》，非常重视历史资料的收集工作。从司马迁所收集的各种历史资料来看，其中既有六经异传、百家杂语和汉初百年间“莫不毕集于太史公”的天下遗文故事等文字资料，更有司马迁巡游各地所见所闻的各种自然资料、口碑资料等，如《史记·淮阴侯列传》便是主要依靠口碑资料而写成的名篇佳作。第二层境界“考之行事”，是指对于收集的“旧闻”并不是简单地当作可信的资料加以使用，还必须要进行考实，以期揭示历史真相。而只有一一对个体的历史真相加以揭示，才能最终达到对整体历史或历史全程真相的揭示，从而求得对整体历史过程的真实认识。由此看来，“考之行事”是比“罔罗天下放失旧闻”更高一层的境界。《史记》的编撰是非常重视考实史事的。如前所说，司马迁考史的基本原则是“考信于六艺”、“折中于夫子”，而对真假难辨的史事则“疑者传疑”、“疑者缺焉”。如《史记》记载传说的五帝之事，便是以孔子的著作和有关文献记载以及自己巡游各地的见闻相验证的。《五帝本纪》云：“学者多称五帝，尚矣。然《尚书》独载尧以来，而百家言黄帝，其文不雅驯，荐绅先生难言之。孔子所传宰予问《五帝德》及《帝系姓》，儒者或不传。余尝西至空桐，北过涿鹿，东渐于海，南浮江淮矣，至长老皆各往往称黄帝、尧、舜之处，风教固殊焉，总之不离古文者近是。”《史记·老子韩非列传》对老子和老莱子究竟是两人还是同一人分辨不清，故其记载持“疑者传疑”的态度，并书二人。对于无法确信的史事，《史记》则采取“疑者缺焉”的态度，《仲尼弟子列传》说：“余以弟子名姓文字悉取《论语》弟子问并次为篇，疑者缺焉。”最高境界是“稽其成败兴坏之理”，这是历史认识的目的，也是历史研究的目的，当然还是历史撰述的目的。司马迁认为，历史研究的终极目的不只是去发现历史真相，更是去求得其中的真理，即要在揭示历史全过程的基础上，发现和认识历史发展及其演变的规律。因此，这是历史撰述的最高境界。《史记》对历史成败与兴衰问题，提出了很多真知灼见。如在统治方式上，提倡德治，强调与民休息，反对一味严刑酷法与苛政，《汉武帝本纪》、《陈涉世家》等篇都体现了司马迁反暴政、反酷政的思想，而《平准书》、《循吏列传》等篇则反映了其重民安民的思想。在社会发展观上，《货殖列传》肯定追求财富是人的本性，“富者，人之情性”，提出“礼生于有而废于无”的思想，明确指出统治者对于百姓追求财富的态度应该是“善者因之，其次利道之，其次教诲之，其次整齐之，最下者与之争”。在人才观上，《楚元王世家》提出“存亡在所任”的观点，《刘敬叔孙通列传》赞语说：“语曰‘千金之裘，非一狐之腋也；台榭之榱，非一木之枝也；三代之际，非一士之智也’。信哉!”肯定才智不可能专有，国家治理离不开对于人才的使用。总体来说，司马迁在历史研究方法上的“成一家之言”，是将历史求真与探求真理相结合的。其前二层次的主旨是求真，回答的是如何从事历史研究；后一层次的主旨是求理，回答的是历史研究的目的究竟何在。司马迁关于历史研究的境界，其层次虽然有高低之分，但在不同等次的境界之间是存在着内在逻辑关系的，实为一个不可分割的整体。

综上所述，有着易学家学渊源的司马迁，不但在《太史公自序》中标榜其撰述《史记》是要“正《易传》”，而且《史记》通篇都体现了司马迁重视以《易》解史的思想。司马迁的“究天人之际，通古今之变，成一家之言”三大历史思维，都与《周易》的思想密不可分，司马迁关于历史的解说，常常也以易理为依据。毫无疑问，《史记》蕴含的易学思想，是西汉易学的重要组成部分，继承和发展了汉初义理之学。

第二节　《史记》与西汉诗学

《诗经》经过秦火之后，大部分篇章都通过口耳相传的形式保存下来，西汉学者对《诗经》的传承和研习一直延续着。齐、鲁、韩三家

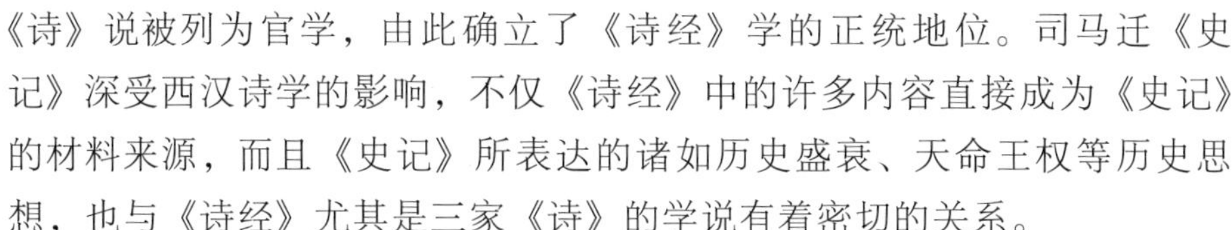

《诗》说被列为官学，由此确立了《诗经》学的正统地位。司马迁《史记》深受西汉诗学的影响，不仅《诗经》中的许多内容直接成为《史记》的材料来源，而且《史记》所表达的诸如历史盛衰、天命王权等历史思想，也与《诗经》尤其是三家《诗》的学说有着密切的关系。

一、《史记》与西汉诗学的渊源

司马迁作《史记》，不但许多内容参考了《诗经》，而且引用了不少《诗经》中的诗句来论证他的历史观点。由此可见，《史记》的修撰与西汉诗学有着深厚的渊源关系。

（一）西汉诗学的传承

西汉诗学的传承，主要体现在两个方面，一是传承者主要为齐、鲁、韩、毛四家，其中齐、鲁、韩三家《诗》说为当时研习《诗经》的主流学说，列入官学；二是当时君臣的政论以及学者的著作都对《诗经》有所引用。西汉诗学的传承与运用为司马迁作《史记》时引用《诗经》内容、发挥《诗经》思想奠定了基础。

自孔子删定《诗经》以后，后世学者对其《诗》说一直有所传承。虽然秦始皇曾下令焚烧《诗》、《书》，但是因为当时《诗经》的传诵还较为广泛，很多篇章都是口耳相传，所以绝大部分内容都保存了下来。正如《汉书·艺文志》所说："（《诗经》）遭秦而全者，以其讽诵，不独在竹帛故也。"汉初兴起的齐、鲁、韩三家《诗》也基本上是通过这样的方式传承下来的。所谓齐、鲁、韩三家《诗》，具体是指齐国辕固、鲁国申培以及燕国韩婴所分别传授的三派《诗》说。[1] 关于三家《诗》的学术渊源，史书的记载比较模糊。《齐诗》和《韩诗》的源头已不可考，《鲁诗》的代表人物申培则受学于浮丘伯。《汉书·楚元王传》记载："（元王）少时尝与鲁穆生、白生、申公俱受《诗》于浮丘伯。伯者，孙卿门人也。及秦焚书，各别去。……高后时，浮丘伯在长安，元王遣子郢客与申公俱卒业。……元王好《诗》，诸子皆读《诗》，申公始为《诗》传，

[1] 《毛诗》是由毛亨、毛苌所传的诗学，西汉初期主要在民间流传，其地位自然不能与列为官学的三家《诗》相提并论，所以本文重点论述三家《诗》。

号《鲁诗》。”颜师古注引服虔曰：“浮丘伯，秦时儒生。”[1] 由此可知，申培师从浮丘伯，而浮丘伯又是荀子的门人，所以《鲁诗》的学术渊源可追溯到荀子。另外，根据马宗霍、马巨所撰《经学通论》推测，《齐诗》和《韩诗》的形成也很可能与荀子有关，辕固与韩婴或许都受到了荀子学说的影响。[2] 可见，三家《诗》应当都是本于先秦《诗经》学，是同源而异流的关系。

齐、鲁、韩三家《诗》在西汉时期影响较大，从学者有很多，其学说也受到了当时统治者的关注。据《史记》记载，申培曾“以弟子从师入见高祖于鲁南宫”，吕太后当政时，他到长安游学，与刘郢同师。刘郢为楚王后，令申培“傅其太子戊”，后来太子刘戊为楚王，申培因不堪驱使，回到鲁国，“退居家教”，“弟子自远方至受业者百余人”。[3] 在他的弟子当中，较为著名的有王臧和赵绾。王臧在汉景帝时为太子少傅，武帝即位后又为郎中令。赵绾在武帝时为御史大夫。王臧和赵绾曾向汉武帝建议“立明堂以朝诸侯”，“不能就其事，乃言师申公”。[4] 于是汉武帝派人专门将申培接来，并向他询问治乱之事。齐人辕固在汉景帝时被立为博士，后来拜为清河太傅，他还曾在汉景帝面前与黄生争论汤武革命是否是受命的问题。《史记》记载说：“诸齐人以《诗》显贵，皆固之弟子也。”[5] 燕人韩婴在汉文帝时就被立为博士，汉景帝时为常山王太傅。《史记·儒林列传》称他“推《诗》之意而为内外传数万言”。《汉书》中也记载说：“武帝时，婴尝与董仲舒论于上前，其人精悍，处事分明，仲舒不能难也。”[6] 由此可见，三家《诗》说不论是对当时的学术还是政治都产生了影响。

在诗学传承的过程中，《诗经》得到了普遍引用。如汉文帝时，淳于意之女缇萦请求免去父亲的刑罚，由自己替父亲赎罪。汉文帝“怜悲其意”，于是下诏：

---

[1] 《汉书》卷三十六《楚元王传》，中华书局 1962 年版，第 1921—1922 页。

[2] 参见马宗霍、马巨：《经学通论》，中华书局 2011 年版，第 96—97 页。

[3] 《史记》卷一百二十一《儒林列传》，中华书局 1959 年版，第 3120—3121 页。

[4] 《史记》卷一百二十一《儒林列传》，中华书局 1959 年版，第 3121 页。

[5] 《史记》卷一百二十一《儒林列传》，中华书局 1959 年版，第 3124 页。

[6] 《汉书》卷八十八《儒林传》，中华书局 1962 年版，第 3613 页。

盖闻有虞氏之时，画衣冠异章服以为僇，而民不犯。何则？至治也。今法有肉刑三，而奸不止，其咎安在？非乃朕德薄而教不明欤？吾甚自愧。故夫驯道不纯而愚民陷焉。《诗》曰“恺悌君子，民之父母”。今人有过，教未施而刑加焉，或欲改行为善而道毋由也。朕甚怜之。夫刑至断支体，刻肌肤，终身不息，何其楚痛而不德也，岂称为民父母之意哉。其除肉刑。[1]

在这篇诏书中，汉文帝引用了《诗经·大雅·泂酌》篇中的诗句“恺悌君子，民之父母”，这是赞颂品德高尚的君子就如同百姓的父母。汉文帝借此来反思自己，他认为自己作为君主没有很好地施行教化，不配做“民之父母”。又如贾山曾向汉文帝“言治乱之道”，其中说道：

秦皇帝居灭绝之中而不自知者何也？天下莫敢告也。其所以莫敢告者何也？亡养老之义，亡辅弼之臣，亡进谏之士，纵恣行诛，退诽谤之人，杀直谏之士，是以道谀媮合苟容，比其德则贤于尧舜，课其功则贤于汤武，天下已溃而莫之告也。《诗》曰：“匪言不能，胡此畏忌”，“听言则对，谮言则退”，此之谓也。又曰：“济济多士，文王以宁。”天下未尝亡士也，然而文王独言以宁者何也？文王好仁则仁兴，得士而敬之则士用，用之有礼义。[2]

贾山在这段话中所引的三句诗，分别出自《诗经》的《大雅·桑柔》、《小雅·雨无正》和《大雅·文王》。其中，前两句诗讽刺周王退谏言而听信顺耳的阿谀之言，限制人们的言论，以至于国人都不敢议论。贾山以此来说明秦皇帝灭亡却不自知就是因为“退诽谤之人，杀直谏之士”，使得朝中无人敢进谏言。而最后贾山以周文王作为君王的典范，认为《诗经》称“文王以宁”，就是因为文王敬重贤士。

除了君臣论政引用《诗经》，一些著作中也会出现《诗经》的内容。

[1] 《史记》卷十《孝文本纪》，中华书局1959年版，第427—428页。

[2] 《汉书》卷五十一《贾邹枚路传》，中华书局1959年版，第2333—2334页。标点略有改动。

如陆贾的《新语》就多次引用《诗经》。该书的《道基》篇对《诗经》有一个总体的概述："《鹿鸣》以仁求其群，《关雎》以义鸣其雄……《诗》以仁义存亡。"《鹿鸣》和《关雎》都是《诗经》中的篇目，在陆贾看来，《诗经》所表达的核心就是仁义。《新语》的一些篇目重视引用《诗经》来说明政治理念。如《术事》篇说："夫进取者不可不顾难，谋事者不可不尽忠；故刑立则德散，佞用则忠亡。《诗》云：'式讹尔心，以蓄万邦。'言一心化天下，而□□国治，此之谓也。"陆贾引用的这句诗出自《小雅·节南山》，意思是作为君王要端正自己的本心，才能安抚四方。陆贾在此是想借《诗经》的内容来说明君王修养德性对治理国家的意义。又如《辅政》篇说："夫据千乘之国，而信谗佞之计，未有不亡者也。故《诗》云：'谗人罔极，交乱四国。'众邪合心，以倾一君，国危民失，不亦宜乎！"这一篇重点说的是辅政之臣在治国中所起的重要作用。"谗人罔极，交乱四国"是《小雅·青蝇》中的诗句，这首诗主要表达了作者对进谗言之人的憎恨。陆贾借此强调君王用人的重要性，他认为即使是千乘之国，若国君听信谗言，最终也会灭亡。

与《史记》几乎同时的《淮南子》也有多个篇目，如《俶真训》、《缪称训》、《诠言训》、《泰族训》等引用了《诗经》中的诗句，借以论证、表达作者的观点和思想。如《俶真训》中说：

> 古之圣人，其和愉宁静，性也；其志得道行，命也。是故性遭命而后能行，命得性而后能明。乌号之弓、谿子之弩，不能无弦而射。越舲蜀艇，不能无水而浮。今矰缴机而在上，网罟张而在下，虽欲翱翔，其势焉得？故《诗》云："采采卷耳，不盈倾筐。嗟我怀人，寘彼周行。"以言慕远世也。

这段话是在强调圣人之道在施行过程中，"势"的重要性，也就是说圣人所处的环境会对其思想主张的推行产生重要影响。对此，作者引用《诗经·周南·卷耳》中的诗句，认为这首诗表达的就是对远古美好社会的思慕。再如《缪称训》有三处引用《诗经》：

> 《诗》云："媚兹一人，应侯慎德。"慎德大矣，一人小矣，能善

> 小，斯能善大矣。
>
> ……
>
> 圣人在上，化育如神。太上曰："我其性与？"其次曰："微彼其如此乎？"故《诗》曰："执辔如组。"
>
> ……
>
> 文王闻善如不及，宿不善如不祥，非为日不足也，其忧寻推之也。故《诗》曰："周虽旧邦，其命维新。"

作者的这三处引用，都是为了说明圣人以德治国的理念。

对司马迁史学思想有着重要影响的董仲舒，也在所撰《春秋繁露》中引用了不少《诗经》的内容。如《楚庄王》篇说：

> 《春秋》曰："晋伐鲜虞。"奚恶乎晋而同夷狄也？曰：《春秋》尊礼而重信，信重于地，礼尊于身。何以知其然也？宋伯姬疑礼而死于火，齐桓公疑信而亏其地，《春秋》贤而举之，以为天下法，曰礼而信。礼无不答，施无不报，天之数也。今我君臣同姓适女，女无良心，礼以不答。有恐畏我，何其不夷狄也。公子庆父之乱，鲁危殆亡，而齐侯安之。于彼无亲，尚来忧我，如何与同姓而残贼遇我。《诗》云："宛彼鸣鸠，翰飞戾天。我心忧伤，念彼先人。明发不昧，有怀二人。"人皆有此心也。今晋不以同姓忧我，而强大厌我，我心望焉。故言之不好。谓之晋而已，婉辞也。

董仲舒在这里引用的诗句出自《诗经·小雅·小宛》，表现了兄弟遭逢祸乱而怀念先祖父母。董仲舒引用它是要说明鲁国危亡之时，作为同姓的兄弟之国晋国不但没有分担忧愁，反而以强大之势压制鲁国，所以《春秋》"恶乎晋而同夷狄"。又如《天道无二》篇的篇末写道：

> 是故古之人物而书文，心止于一中者，谓之忠；持二中者，谓之患。患，人之中不一者也。不一者，故患之所由生也。是故君子贱二而贵一。人孰无善？善不一，故不足以立身。治孰无常？常不一，故不足以致功。《诗》云："上帝临汝，无二尔心。"知天道者之

言也。

“上帝临汝，无二尔心”，出自《诗经·大雅·大明》，本来是武王伐纣誓师时说的话，董仲舒借此说明“天道无二”的道理。

(二)《史记》对《诗经》的引用与司马迁的诗学修养

西汉初年诗学的传承和人们对《诗经》较为广泛的运用，为司马迁作《史记》引用《诗经》以及运用诗学思想叙述、解释历史做了铺垫。从司马迁对《诗经》的运用和理解来看，他的修养应当是来自当时流行的三家《诗》，尤其是《鲁诗》。

《诗经》是司马迁撰写商周至春秋时期历史的重要参考文献。《史记》的《殷本纪》、《周本纪》，以及《秦本纪》、《齐太公世家》等篇的部分内容都来自《诗经》。如《殷本纪》论赞：“余以《颂》次契之事，自成汤以来，采于《诗》、《书》。”具体来看，《诗经·商颂·长发》写汤伐昆吾、夏桀的事情：“武王载旆，有虔秉钺。如火烈烈，则莫我敢曷。苞有三蘖，莫遂莫达，九有有截。韦顾既伐，昆吾夏桀。”而《史记·殷本纪》则叙述说：“当是时，夏桀为虐政淫荒，而诸侯昆吾氏为乱。汤乃兴师率诸侯，伊尹从汤，汤自把钺以伐昆吾，遂伐桀。……于是汤曰‘吾甚武’，号曰武王。”《长发》所说的“武王”指的就是汤，《殷本纪》解释说，汤“甚武”，所以才称“武王”。《长发》中“有虔秉钺”的意思是汤在讨伐昆吾、夏桀时手持大斧，刚强勇武。《殷本纪》也同样写到了汤“把钺以伐昆吾”这一细节。由此可见，司马迁在这里对汤的描述很可能参考了《诗经》的内容。

又如《周本纪》写周之先祖公刘的事迹：“公刘虽在戎狄之间，复修后稷之业，务耕种，行地宜，自漆、沮度渭，取材用，行者有资，居者有畜积，民赖其庆。百姓怀之，多徙而保归焉。周道之兴自此始，故诗人歌乐思其德。”司马迁这里所说的“诗人歌乐思其德”，指的就是《诗经·大雅·公刘》之诗，诗中写道：

> 笃公刘，匪居匪康。乃埸乃疆，乃积乃仓。乃裹糇粮，于橐于囊，思辑用光。弓矢斯张，干戈戚扬，爰方启行。
>
> ……

笃公刘，于豳斯馆。涉渭为乱，取厉取锻。止基乃理，爰众爰有。夹其皇涧，溯其过涧。止旅乃密，芮鞫之即。

仔细比较可以发现，司马迁对公刘务耕种、渡渭水等功业的叙述与《公刘》中的说法相似，说明司马迁在撰写时借鉴了其中的内容。

再如《周本纪》中说：“（文王）伐崇侯虎，而作丰邑，自岐下而徙都丰。”《齐太公世家》中也写道：“诗人称西伯受命曰文王，伐崇、密须、犬夷，大作丰邑。天下三分，其二归周者，太公之谋计居多。”这与《诗经·大雅·文王有声》中“文王受命，有此武功。既伐于崇，作邑于丰”的说法是一致的。还有，《秦本纪》中写道：“三十九年，缪公卒，葬雍，从死者百七十七人。秦之良臣子舆氏三人名曰奄息、仲行、鍼虎，亦在从死之中。秦人哀之，为作歌《黄鸟》之诗。”此处所说的《黄鸟》就是指《诗经·秦风·黄鸟》这首诗。除此之外，《殷本纪》和《周本纪》中对商周民族始祖诞生的叙述，司马迁采用的也是《诗经》中圣人感生的说法，具体内容与《诗经》中《生民》、《閟宫》、《玄鸟》、《长发》的记载基本一致，应当说司马迁就是化用了《诗经》的相关描述。对此本章后有详细论述。

除了对《诗经》具体内容的参考和化用，司马迁还在《史记》中或引用《诗经》的语句，或借用《诗经》篇章所表达的含义，从而论证、说明他的历史观点。如《史记·孔子世家》中写道：“太史公曰：《诗》有之：‘高山仰止，景行行止。’虽不能至，然心乡往之。”这里引用的诗句出自《诗经·小雅·车舝》。景行，是指大道。司马迁将孔子比喻成高山和大道，是要借此表明孔子品格高尚，为世人所仰慕和效法。再如，《淮南衡山列传》写道：

太史公曰：《诗》之所谓“戎狄是膺，荆舒是惩”，信哉是言也。淮南、衡山亲为骨肉，疆土千里，列为诸侯，不务遵蕃臣职以承辅天子，而专挟邪僻之计，谋为畔逆，仍父子再亡国，各不终其身，为天下笑。此非独王过也，亦其俗薄，臣下渐靡使然也。夫荆楚僄勇轻悍，好作乱，乃自古记之矣。

"戎狄是膺，荆舒是惩"出自《诗经·鲁颂·閟宫》，本意是鲁僖公能够痛击戎狄，让作乱的荆舒两国受到惩戒。司马迁借此来类比淮南王和衡山王的叛乱，说明荆楚之人好作乱。

关于司马迁如何学习《诗经》，史籍并无详细记载。《史记·太史公自序》说："先人有言：'自周公卒五百岁而有孔子。孔子卒后至于今五百岁，有能绍明世，正《易传》，继《春秋》，本《诗》、《书》、《礼》、《乐》之际？'意在斯乎！意在斯乎！小子何敢让焉。"这段话写的是司马迁的父亲司马谈对他的期许，希望司马迁能述前人之业，以《诗》、《书》、《礼》、《乐》为本，其中就提到了《诗经》。由此可见，从学术传承的角度来看，《诗经》的内容和思想对司马迁修《史记》是有重要意义的。而且，《史记》中的《儒林列传》较为详细地记载了汉初申培、辕固和韩婴三人的生平事迹以及他们所代表的三家《诗》的流传状况，这同样可以说明司马迁对诗学的渊源传承是比较熟悉的。

从《史记》中涉及《诗经》的内容看，司马迁所接触和学习的应当就是当时所流行的三家《诗》，他的观点与三家《诗》尤其是《鲁诗》的观点是基本一致的，而与后来的《毛诗》差别很大。皮锡瑞评述道：

> 太史公书成于汉武帝时经学初昌明、极纯正时代，间及经学，皆可信据……既云"《关雎》为《风》始，《鹿鸣》为《小雅》始"；而又云"周道缺，诗人本之衽席，《关雎》作；仁义陵迟，《鹿鸣》刺焉。"本《鲁诗》，以《关雎》、《鹿鸣》为陈古刺今，则毛、郑以下皆以《关雎》属文王，又以为后妃求淑女，非矣。[1]

可见，皮锡瑞认为司马迁《史记》引《诗经》本于《鲁诗》说。另外，王先谦《诗三家义集疏》也将司马迁的《诗》说归于《鲁诗》。如司马迁认为《关雎》是为刺衰世而作，《史记·儒林列传》说："夫周室衰而《关雎》作。"由于《鲁诗》现已不存，其对《关雎》的解说只能从后世零散的文献中寻找。《汉书·杜钦传》说："迹三代之季世，览宗、宣之

[1] 皮锡瑞著，周予同注释：《经学历史》三《经学昌明时代》，中华书局 2008 年版，第 92 页。

飧国，察近属之符验，祸败曷常不由女德？是以佩玉晏鸣，《关雎》叹之。”颜师古注引李奇曰：“后夫人鸡鸣佩玉去君所，周康王后不然，故诗人叹而伤之。”引臣瓒曰：“此《鲁诗》也。”《后汉书·皇后纪》说：“康王晚朝，《关雎》作讽。”《杨赐传》说：“康王一朝晏起，《关雎》见几而作。”对此，李贤的注解都称为《鲁诗》之说。[1] 从这些文献中可以看出，《史记》对《关雎》的解读是以《鲁诗》为本的。再如司马迁认为《鹿鸣》是讽刺“仁义陵迟”之作，习《鲁诗》的蔡邕在《琴操》中写道：

> 《鹿鸣》者，周大臣之所作也。王道衰，君志倾，留心声色，内顾妃后，设酒食嘉肴，不能厚养贤者，尽礼极欢，形见于色。大臣昭然独见，必知贤士幽隐，小人在位，周道陵迟，自以是始。故弹琴以讽谏，歌以感之，庶几可复。歌曰：“呦呦鹿鸣，食野之苹。我有嘉宾，鼓瑟吹笙。吹笙鼓簧，承筐是将。人之好我，示我周行。”此言禽兽得美甘之食，尚知相呼，伤时在位之人不能，乃援琴而刺之，故曰《鹿鸣》也。[2]

从《琴操》的这段话可以推断出，《鲁诗》也认为《鹿鸣》的作者是有感于仁义王道的衰败而作此诗。

从以上的分析可以看出，司马迁有较好的《诗经》学素养，并且是从史学的角度来看待《诗经》的，《史记》中的许多记载都来源于《诗经》。可以说，西汉《诗经》学对司马迁修撰《史记》产生了重要影响。

二、《诗经》与《史记》的历史盛衰观

历史盛衰观是史家在修史时最为基本的历史思想，它是指对历史发展的兴盛和衰败之势进行整体性的叙述和分析。上一章已经论述过，《史

[1] 此篇诗义详见王先谦：《诗三家义集疏》卷一《关雎》，中华书局 1987 年版，第 5—6 页。

[2] 转引自王先谦：《诗三家义集疏》卷十四《鹿鸣》，中华书局 1987 年版，第 551 页。

记》"原始察终，见盛观衰"的历史变易方法论来源于《周易》"原始要终"、"物极必反"的思想。除《周易》外，这种历史盛衰观在《诗经》中也有明显的体现。如果说《周易》为司马迁论述历史盛衰提供了理论依据，《诗经》则对《史记》的历史盛衰撰述产生了更为具体的影响。

（一）《诗经》对商周部族先祖事迹的追述体现了原始察终的历史意识

《诗经》的这一历史叙述形式深刻影响了司马迁对王朝和诸侯国的兴衰发展以及历史人物生平的撰述。如《商颂》中的《玄鸟》和《长发》篇，具体叙述了商部族从兴起到建立政权的历史。《玄鸟》篇首先介绍了商民族的起源："天命玄鸟，降而生商，宅殷土芒芒。"接着又说到成汤征伐四方，建立政权的历史："古帝命武汤，正域彼四方。方命厥后，奄有九有。"最后则叙述了武丁对先祖事业的继承："商之先后，受命不殆，在武丁孙子。武丁孙子，武王靡不胜。"《长发》篇则歌颂了商民族先祖契、相土、成汤的丰功伟绩。《大雅》中的《生民》、《公刘》、《绵》、《皇矣》、《大明》等篇，可以说是周部族的民族史诗。如《生民》篇详细叙述了周部族的始祖后稷诞生的历史，《公刘》、《绵》、《皇矣》、《大明》等篇则追述了自公刘到太王、王季，一直到文王、武王的周部族的兴起、迁徙直至取得政权的发展过程。这说明当时人们就已经有了追溯自己部族先祖历史的自觉意识，已经能够从整体上把握历史的发展脉络。除了商、周部族的兴起、壮大以及王朝的建立，关于商、周王朝的衰亡，在《诗经》当中也有所体现。例如，《小雅》中的《节南山》、《正月》、《十月之交》、《雨无正》等篇，《大雅》中的《板》、《荡》、《抑》、《桑柔》、《瞻卬》等篇，都反映了西周王朝后期政治的腐败和社会的动荡。由此可见，《诗经》较为完整地展现了商、周时期历史盛衰变化的过程，体现出原始察终的历史意识。

对于《诗经》原始察终的历史意识，司马迁有着比较明确的认识。他在《史记·孔子世家》中记载孔子删诗"上采契、后稷，中述殷周之盛，至幽厉之缺"，司马迁在此想要说明，经孔子删裁后的《诗经》要体现从契、后稷诞生到殷、周之盛再到幽、厉之衰的商、周部族的历史发展全过程。司马迁的这一说法与《诗经》所体现的原始察终的历史意识是相符合的。司马迁撰写《史记》，继承了《诗经》的这种原始察终的思想，并且对其作了进一步的发挥。如前所述，《史记》的《殷本纪》和《周本纪》多取材于《诗经》，司马迁在作这两篇本纪时，也继承了《诗经》对商、周部族兴衰史的叙述方式。如叙述周王朝的衰亡，《周本纪》说：

> 夷王崩，子厉王胡立。厉王即位三十年，好利，近荣夷公。大夫芮良夫谏厉王曰："王室其将卑乎？夫荣公好专利而不知大难。夫利，百物之所生也，天地之所载也，而有专之，其害多矣。天地百物皆将取焉，何可专也？所怒甚多，不备大难。以是教王，王其能久乎？夫王人者，将导利而布之上下者也。使神人百物无不得极，犹日怵惕惧怨之来也。故《颂》曰'思文后稷，克配彼天，立我蒸民，莫匪尔极'。《大雅》曰'陈锡载周'。是不布利而惧难乎，故能载周以至于今。今王学专利，其可乎？匹夫专利，犹谓之盗，王而行之，其归鲜矣。荣公若用，周必败也。"厉王不听，卒以荣公为卿士，用事。

这段话写的是周厉王即位后为贪图财利而任用荣夷公，大夫芮良夫劝谏厉王。《诗经》的《桑柔》一篇就反映了芮良夫哀伤周厉王暴虐昏庸、任用小人的历史事实。关于这首诗，东汉的王符说："昔周厉王好专利，芮良夫谏而不入，退赋《桑柔》之诗以讽。"[1] 王符的说法一般被认为是《鲁诗》说。从内容上看，《史记》的描述与王符的说法是一致的，可以推测，司马迁很有可能参考了当时《鲁诗》的观点。在《周本纪》的这段话中，司马迁借芮良夫劝谏厉王之事表现出周王朝在厉王统治时期的衰败之势，而且其中还专门记载了芮良夫对《诗经》中《思文》和《文王》这两首诗的引用，以此说明周之先祖广施财利于民众，周王朝才得以延绵至今，而周厉王垄断钱财，王朝则必定走向衰败。

除了对历朝历代从兴起、发展到衰亡的过程进行整体性的叙述和评论，对于诸侯国的兴衰变化以及一些历史事件和历史人物，司马迁也注重考察其"终始"，并且通过这种原始察终的历史叙述方式来揭示历史发

---

[1] 王符著，汪继培笺，彭铎校正：《潜夫论笺校正》卷三《遏利》，中华书局 1985 年版，第 27 页。

展中的因果关系。如《六国年表序》说：

太史公读《秦记》，至犬戎败幽王，周东徙洛邑，秦襄公始封为诸侯，作西畤用事上帝，僭端见矣。《礼》曰："天子祭天地，诸侯祭其域内名山大川。"今秦杂戎翟之俗，先暴戾，后仁义，位在藩臣而胪于郊祀，君子惧焉。及文公逾陇，攘夷狄，尊陈宝，营岐雍之间，而穆公修政，东竟至河，则与齐桓、晋文中国侯伯侔矣。

从这段话可以看出，秦国的称霸在秦襄公刚封为诸侯时就已见端倪。因为按照礼法，只有天子可以祭祀天地，然而秦襄公作为诸侯却祭祀上天，可见他的僭越之心。而经过后来文公、穆公的治理，秦国终于与中原的齐、晋等国同入强国之列。可见，司马迁对秦国的兴起和发展壮大做了详细的考察，从而揭示出秦国行僭越之事以称霸的根源。又如《鲁周公世家》中记载了这样一段话：

鲁公伯禽之初受封之鲁，三年而后报政周公。周公曰："何迟也？"伯禽曰："变其俗，革其礼，丧三年然后除之，故迟。"太公亦封于齐，五月而报政周公。周公曰："何疾也？"曰："吾简其君臣礼，从其俗为也。"及后闻伯禽报政迟，乃叹曰："呜呼，鲁后世其北面事齐矣！夫政不简不易，民不有近；平易近民，民必归之。"

这段话讲述了姜太公与伯禽分别受封于齐鲁二地后向周公报政之事。伯禽在鲁国变俗制礼，所以三年才报政；而姜太公则在齐国简政从俗，所以五个月就报政周公。周公感叹日后鲁国将不敌齐国，因为为政简约易行，民众才容易归附。后来的事实证明，周公的预想是正确的。司马迁记载这段话其实也是想表明鲁国和齐国在最初封国时为政的方式就不同，这就造成了日后两国不同的发展状况。《项羽本纪》中对鸿门宴这一事件的叙述也充分体现了司马迁原始察终的历史思想。司马迁首先叙述了鸿门宴之前楚汉双方的情况：

（楚军）行略定秦地。函谷关有兵守关，不得入。又闻沛公已破咸阳，项羽大怒，使当阳君等击关。项羽遂入，至于戏西。沛公军霸上，未得与项羽相见。沛公左司马曹无伤使人言于项羽曰："沛公欲王关中，使子婴为相，珍宝尽有之。"项羽大怒，曰："旦日飨士卒，为击破沛公军！"当是时，项羽兵四十万，在新丰鸿门，沛公兵十万，在霸上。范增说项羽曰："沛公居山东时，贪于财货，好美姬。今入关，财物无所取，妇女无所幸，此其志不在小。吾令人望其气，皆为龙虎，成五采，此天子气也。急击勿失。"

从这一段话何以看出，司马迁十分清楚地交代了鸿门宴这一事件发生的原因。项羽听闻刘邦破咸阳，已然大怒；而刘邦的左司马曹无伤又派人告诉项羽，说刘邦有称王之心，这更是激怒了项羽。加之范增见刘邦志向不小，也建议"急击勿失"。这一切就为鸿门宴的发生拉开了序幕。而在最后，司马迁不仅叙述了刘邦成功逃脱的结局，还交代了刘邦对曹无伤的处置："沛公至军，立诛杀曹无伤。"由曹无伤起，最终又以曹无伤止，这样的叙述使得整个事件自始至终的发展脉络完整清晰，可见司马迁对鸿门宴从起因到结局进行了细致的考察，并且将其中的因果关系叙述得十分清楚。

作为纪传体史书，人物列传在《史记》中是十分重要的部分。司马迁对各类人物生平事迹的介绍也体现出了他原始察终的历史思想。如《淮阴侯列传》的开头写韩信从下乡南昌亭长寄食、受漂母食以及受胯下之辱的事情。而等到韩信助刘邦击败项羽，成为楚王后，《史记》中又写道：

信至国，召所从食漂母，赐千金。及下乡南昌亭长，赐百钱，曰："公，小人也，为德不卒。"召辱己之少年令出胯下者以为楚中尉。告诸将相曰："此壮士也。方辱我时，我宁不能杀之邪？杀之无名，故忍而就于此。"[1]

司马迁这样前后照应的记述方式，使得整个列传更为完整，韩信经历中

[1] 《史记》卷九十二《淮阴侯列传》，中华书局1959年版，第2626页。

的前因后果显得十分清楚，从而使韩信的人物形象更加突出。

（二）《鲁诗》的见盛观衰思想影响了司马迁对历史盛衰的认识

见盛观衰有两重含义：一是肯定历史变化是一种盛衰之变；二是要在事物发展的兴盛时期，注意观察其向衰败的方向转变的可能性，因为事物的盛与衰是相互包含的。关于历史的盛衰之变，《诗经》中就已经有所体现。前文也已提到，《大雅》中的《文王》、《大明》、《皇矣》，《周颂》中的《执竞》、《武》、《桓》、《赉》等篇，反映的是西周王朝的兴盛；《小雅》中的《节南山》、《正月》、《十月之交》、《雨无正》，以及《大雅》中的《桑柔》、《瞻卬》等篇，则描述了西周王朝后期政治昏暗、国家衰败的景象。而《史记》也同样体现了这种历史的盛衰之变。合观《武帝本纪》和夏、商、周三代本纪，其实表述的就是上古圣王盛德政治的兴衰过程，尤其是其中《殷本纪》和《周本纪》的内容还参考了《诗经》中的相关篇章。

见盛观衰思想更重要的表现还是它的第二种含义，即在历史兴盛之时洞察其向衰败方向发展的迹象。在西汉的《诗》说中，这样的历史思想，《鲁诗》体现得十分明显，而司马迁修《史记》时又将这样的思想做了进一步发挥。根据《鲁诗》的说法，《诗经》中的《关雎》一篇是刺康王之作。然而周康王当政之时，周代正处于安宁盛世。《史记·周本纪》记载："康王即位，遍告诸侯，宣告以文武之业以申之，作《康诰》。故成康之际，天下安宁，刑错四十余年不用。"《鲁诗》认为《关雎》的作者正是在这种盛世太平之中看到了王朝的危机，即康王耽于淫乐，所以作《关雎》以刺康王。对于《鲁诗》的观点司马迁是十分认同的，《史记》当中多次提到《关雎》讽刺周道之衰的问题。如《孔子世家》中写道："古者《诗》三千余篇，及至孔子，去其重，取可施于礼义，上采契、后稷，中述殷周之盛，至幽厉之缺，始于衽席，故曰'《关雎》之乱以为《风》始，《鹿鸣》为《小雅》始，《文王》为《大雅》始，《清庙》为《颂》始'。"《十二诸侯年表序》中也说道："周道缺，诗人本之衽席，《关雎》作。"所谓"衽席"，就是指康王沉溺于男女淫乐之事。

司马迁不仅在对《关雎》的认识上与《鲁诗》观点一致，他还将《鲁诗》的这种见盛观衰的思想运用到《史记》其他篇章的写作中。例如，春秋五霸之一的秦穆公招贤纳士，称霸一方，但司马迁在看到秦国

强盛的同时也指出了秦的不足。《秦本纪》中写到了秦穆公死而良臣从葬的事，《诗经》中的《黄鸟》一诗即为哀悼良臣所作。司马迁借“君子曰”表达了他对秦国历史发展的看法：

> 秦缪公广地益国，东服强晋，西霸戎夷，然不为诸侯盟主，亦宜哉。死而弃民，收其良臣而从死。且先王崩，尚犹遗德垂法，况夺之善人良臣百姓所哀者乎？是以知秦不能复东征也。

虽然这段话并非司马迁原创，但这个记载本身足以说明他认识到尽管秦国正处于强盛之时，却仍然有其局限。从秦穆公“死而弃民，收其良臣而从死”就可以看出其缺少厚德爱民之心，这也是他“不为诸侯盟主”和“不能复东征”的原因。

见盛观衰思想在《史记》中体现得最明显的，还是司马迁对西汉前期尤其是武帝时期历史的叙述和评论。汉武帝时期，汉朝的社会发展正处于繁荣鼎盛的阶段。在《太史公自序》中，司马迁写到其父司马谈在弥留之际嘱咐他：“今汉兴，海内一统，明主贤君忠臣死义之士，余为太史而弗论载，废天下之史文，余甚惧焉，汝其念哉！”而司马迁在回答壶遂的提问时也说：“汉兴以来，至明天子，获符瑞，封禅，改正朔，易服色，受命于穆清，泽流罔极，海外殊俗，重译款塞，请来献见者，不可胜道。臣下百官力诵圣德，犹不能宣尽其意。且士贤能而不用，有国者之耻；主上明圣而德不布闻，有司之过也。且余尝掌其官，废明圣盛德不载，灭功臣世家贤大夫之业不述，堕先人所言，罪莫大焉。”这样看来，司马迁写汉代历史似乎就是为了歌颂主圣臣贤，然而从《史记》的具体内容看，司马迁所要表达的主旨并非这样简单。一方面，他的确记载了汉兴以来社会发展的盛况；而另一方面，他在这种盛世之中也看到了潜在的危机。

如对于文景之治的评述，司马迁在《史记》的本纪之中肯定了汉文帝和汉景帝对汉代社会的稳定发展所做出的贡献，歌颂了他们的仁德。但是在后面的列传中，却又暴露了他们的不足。其中《屈原贾生列传》就对汉文帝用人提出批评。该传写到贾谊本以其过人的才能获得了汉文帝的赏识，却因受到他人非议而渐被疏远。后来虽又被征见，但汉文帝只是询问他鬼神之事。司马迁还写道："文帝复封淮南厉王子四人皆为列侯。贾生谏，以为患之兴自此起矣。贾生数上疏，言诸侯或连数郡，非古之制，可稍削之。文帝不听。"这些都说明汉文帝不能很好地任用贾谊这样的贤臣，而且事实证明，贾谊劝谏文帝削弱诸侯势力的做法是正确的，文帝未能听从他的意见，这也就促使了后来七国之乱的发生。可以说，司马迁在这里为后来历史发展的叙述埋下了伏笔，可见他对历史盛衰之势有着十分敏锐的洞察力。

再如对于汉武帝的评述，从《史记》中可以看出，汉武帝时期看似国家强盛，但在强盛的背后却隐藏着许多政治统治方面的问题。《封禅书》说：

> 今天子所兴祠，泰一、后土，三年亲郊祠，建汉家封禅，五年一修封。薄忌泰一及三一、冥羊、马行、赤星，五，宽舒之祠官以岁时致礼。凡六祠，皆太祝领之。至如八神诸神，明年、凡山他名祠，行过则祀，去则已。方士所兴祠，各自主，其人终则已，祠官弗主。他祠皆如其故。今上封禅，其后十二岁而还，遍于五岳、四渎矣。而方士之候祠神人，入海求蓬莱，终无有验。而公孙卿之候神者，犹以大人迹为解，无其效。天子益怠厌方士之怪迂语矣，然终羁縻弗绝，冀遇其真。自此之后，方士言祠神者弥众，然其效可睹矣。

其实对于封禅本身，司马迁还是比较赞同的。而且帝王封禅是国之大事，往往盛世之君才可行封禅之事，意在将自己的功业昭告天地，司马迁作为史官理应对此详细记录。可是他在《封禅书》中却记载了不少汉武帝求仙拜神之举，并且用事实说明这些方士之术没能起到任何功效。这说明司马迁在汉武帝的盛世统治之中看到了帝王的昏庸。而在《平准书》中，司马迁则洞见了汉武帝时期社会经济的衰败之象：

> 至今上即位数岁，汉兴七十余年之间，国家无事，非遇水旱之灾，民则人给家足，都鄙廪庾皆满，而府库余货财。京师之钱累巨万，贯朽而不可校。太仓之粟陈陈相因，充溢露积于外，至腐败不可食。众庶街巷有马，阡陌之间成群，而乘字牝者傧而不得聚会。

> 守闾阎者食粱肉，为吏者长子孙，居官者以为姓号。故人人自爱而重犯法，先行义而后绌耻辱焉。当此之时，网疏而民富，役财骄溢，或至兼并豪党之徒，以武断于乡曲。宗室有土公卿大夫以下，争于奢侈，室庐舆服僭于上，无限度。物盛而衰，固其变也。

司马迁认为汉武帝时期国家经济表面上看很是繁荣，但也正是由于货财的富足，使得豪强称霸一方，公卿大夫奢侈僭越的现象严重。最后，司马迁还总结说这是“物盛而衰”的表现。

司马迁的见盛观衰思想是对《诗经》尤其是《鲁诗》的历史盛衰思想的继承和发展，他将《鲁诗》中仅针对《关雎》的见盛观衰意识扩展到对历史发展的整体认识之中，《史记》的许多篇目中都以这样的思维方式去考察历史的兴衰变化。

三、《诗经》与《史记》的天命王权思想

天命王权思想是《诗经》中十分突出的历史思想，其主要内涵就是认为王权是由上天赋予的，王朝的更迭也是由上天主宰的。天命王权思想最为突出的表现就是宣扬“圣王感生”，这种理论在《诗经》中具体表现在对商、周部族始祖降生过程的叙述上。司马迁继承了《诗经》的天命王权思想，将这一思想运用到《史记》的历史叙述中，并对其作了进一步的发挥。

（一）《诗经》的天人观念与司马迁的“究天人之际”

如前所述，在《诗经》中，天人观念是一个十分突出的思想观念，它反映了当时人们对自然以及社会历史发展的认识。尤其是在社会历史发展这一方面，天人观念是其中十分重要的影响因素。当时人们认为上天具有至高无上的权威性，能够主宰以王朝更迭为代表的社会历史的发展，天命王权的思想已经深入人心。但同时，人们也已经意识到，人，尤其是君王的个人品质在历史发展中所起的作用，也就是说王权要靠上天赋予，而要一直保有王权，还需要统治者自身之“德”来匹配上天之“命”，因此提出了君王要“以德配天”的理念。司马迁作《史记》，继承了《诗经》的天人思想，加之董仲舒“君权神授”的天人感应理论的影

响，天人观念就充分表现在了《史记》的历史叙述之中。司马迁在《报任安书》中提出修史是为了“究天人之际，通古今之变，成一家之言”，其中的“究天人之际”就是要探求历史发展过程中天人关系所起的作用。

从《诗经》中可以看出，当时人们认为商、周部族取得政权都是因为他们获得了天命，受到了上天的庇佑，天命也就成为他们政权合法性的最有力的证明。司马迁的《史记》也时常用天命来解释统治者为何获得政权，尤其是将秦汉两代政权的取得归结于天命。如《六国年表》说：“论秦之德义不如鲁卫之暴戾者，量秦之兵不如三晋之强也，然卒并天下，非必险固便形势利也，盖若天所助也。”司马迁认为不论德义还是兵力，秦国都不如他国，但最终却能够灭六国而统一天下，这就如有天助一般。又如《魏世家》评论道：

> 吾适故大梁之墟，墟中人曰：“秦之破梁，引河沟而灌大梁，三月城坏，王请降，遂灭魏。”说者皆曰魏以不用信陵君故，国削弱至于亡，余以为不然。天方令秦平海内，其业未成，魏虽得阿衡之佐，曷益乎？

司马迁认为，魏国被秦国灭亡并非如他人所说，因为不任用信陵君而导致国力衰弱，而是有更为深层的原因，那就是天命。上天要帮助秦国完成统一大业，纵使魏国有伊尹这样的贤臣辅佐，恐怕也无法挽回被秦灭亡的结果。对于高祖刘邦建汉，司马迁更是用天命来作为历史依据。《秦楚之际月表》说：

> 秦既称帝，患兵革不休，以有诸侯也，于是无尺土之封，堕坏名城，销锋镝，鉏豪桀，维万世之安。然王迹之兴，起于闾巷，合从讨伐，轶于三代，乡秦之禁，适足以资贤者为驱除难耳。故愤发其所为天下雄，安在无土不王。此乃传之所谓大圣乎？岂非天哉，岂非天哉！非大圣孰能当此受命而帝者乎？

刘邦作为一位从民间起家最终统一天下的帝王，他的出身和经历与之前的君王有所不同。司马迁要为汉家政权的建立做出合理的解释和说明，

于是他就用天命这一在当时依然具有很大说服力的理论来解释这个问题。司马迁指出，秦朝建立以后，没有对功臣、宗亲进行分封，而且铲除各地的豪强势力，以求政权的稳固。然而汉高祖的功业兴起于民间，与天下的英豪相互联合，讨伐暴秦，其兴起的气势甚至超过了三代。当初秦废除分封制的举措恰好为高祖起兵反抗扫除了障碍。司马迁从这样的历史经验得出，没有封地的平民未必不能成为帝王，但对于其中的原因，司马迁只能解释为天命使然。

然而，司马迁在强调天命的同时，也十分注重人事在历史发展中的作用。从这个角度而言，他继承了《诗经》注重统治者德行的观念。如《周本纪》中写到了古公亶父（太王）的事迹：

> 古公亶父复修后稷、公刘之业，积德行义，国人皆戴之。薰育戎狄攻之，欲得财物，予之。已复攻，欲得地与民。民皆怒，欲战。古公曰："有民立君，将以利之。今戎狄所为攻战，以吾地与民。民之在我，与其在彼，何异。民欲以我故战，杀人父子而君之，予不忍为。"乃与私属遂去豳，度漆、沮，逾梁山，止于岐下。豳人举国扶老携弱，尽复归古公于岐下。及他旁国闻古公仁，亦多归之。于是古公乃贬戎狄之俗，而营筑城郭室屋，而邑别居之。作五官有司。民皆歌乐之，颂其德。

这段话讲的是古公亶父继承了后稷、公刘的功业，积德行善，国人都爱戴他。而戎狄部族的人攻打他，想要获得财物，古公亶父就把财物给了他们。不久之后，戎狄又来攻打，想要得到土地和民众。面对这样的情况，国人想要迎战。然而，古公亶父却不忍心让自己的国人为自己做出牺牲，所以带着左右亲信离开，迁居到了岐山。而以前的国人也扶老携幼，追随古公亶父而来，四方民众也都自愿归附于他。古公亶父于是在当地建城盖屋，移风易俗，因而受到了民众的赞扬。司马迁认为古公亶父具有仁德之心，所以民众都愿意归顺、拥护他。也正因如此，在古公亶父统治时，周的实力逐渐壮大。可见，古公亶父个人的品质对周部族的发展起到了重要的推动作用。司马迁在这里讲的正是《诗经·大雅·绵》中所记载的古公亶父前往岐山的事迹。司马迁的叙述比《诗经》的记载更为详细具体，他很有可能参考了当时的《鲁诗》说。《鲁诗》学者蔡邕在《琴操》中就写道：

> 《岐山操》者，周太王之所作也。太王居豳，狄人攻之，仁思恻隐，不忍流血，选练珍宝犬马皮币束帛与之。狄侵不止，问其所欲得土地也。太王曰："土地者，所以养万民也，吾将委国而去矣，二三子亦何患无君！"遂杖策而出，逾乎梁而邑乎岐山。自伤德劣，不能化夷狄，为之所侵，喟然叹息，援琴而鼓之云："戎狄侵兮土地移，迁邦邑兮适于岐，蒸民不忧兮谁者知，嗟嗟奈何予命遭斯。"[1]

蔡邕在《琴操》中的说法应该可以代表《鲁诗》的观点，可见司马迁在《史记》中的叙述与《鲁诗》的说法是十分相似的，都突出了古公亶父的仁德。

而在谈论夏、商、周、秦相继更替这一历史发展大势时，司马迁说：

> 昔虞、夏之兴，积善累功数十年，德洽百姓，摄行政事，考之于天，然后在位。汤、武之王，乃由契、后稷修仁行义十余世，不期而会孟津八百诸侯，犹以为未可，其后乃放弑。秦起襄公，章于文、缪，献、孝之后，稍以蚕食六国，百有余载，至始皇乃能并冠带之伦。以德若彼，用力如此，盖一统若斯之难也。[2]

在此，司马迁充分肯定了夏、商、周、秦之王天下，都是契、后稷等先祖修仁行义、积德用力的结果。说到虞、夏之兴时，还明确提到统治者一方面"德洽百姓"，另一方面要"考之于天"，才可"在位"，这说明司马迁认为统治者的德行与上天的认可同样都是获得政权的重要因素。而且，司马迁在分析夏、商、周、秦灭亡的原因时，也强调了其中的人为因素。如《秦始皇本纪》中就写到统一天下后的秦朝"以六合为家，崤函为宫"，结果却二世而亡，原因正如贾谊《过秦论》所言，是"仁义不

[1] 转引自王先谦《诗三家义集疏》卷二十一《绵》，中华书局1987年版，第834页。
[2] 《史记》卷十六《秦楚之际月表》，中华书局1959年版，第759页。

施而攻守之势异也”。这说明，统治者只有时时修仁行义，才能统治长久，永保天命。

司马迁将这种在天人关系中注重人事的思想传统充分运用到了他的历史书写与评论之中，他认为不应把人事的成败都归咎于上天，还应寻找其历史的、现实的原因。如《项羽本纪》记载，项羽最后被汉军追杀时说：“吾起兵至今八岁矣，身七十余战，所当者破，所击者服，未尝败北，遂霸有天下。然今卒困于此，此天之亡我，非战之罪也。今日固决死，愿为诸君快战，必三胜之，为诸君溃围，斩将，刈旗，令诸君知天亡我，非战之罪也。”对于项羽一再强调自己陷入困窘是“天之亡我”，司马迁认为不然。他在篇末评论道：“及羽背关怀楚，放逐义帝而自立，怨王侯叛己，难矣。自矜功伐，奋其私智而不师古，谓霸王之业，欲以力征经营天下，五年卒亡其国，身死东城，尚不觉寤而不自责，过矣。乃引‘天亡我，非用兵之罪也’，岂不谬哉!”司马迁指出，项羽的败亡是咎由自取，他放逐义帝，自立为王，自夸战功，企图以武力征服天下，最终失败，却仍不悔悟，归咎于天。又如《蒙恬列传》中记载蒙恬被秦二世赐死，感到十分委屈，他感叹道：“我何罪于天，无过而死乎?”又说道：“恬罪固当死矣。起临洮属之辽东，城堑万余里，此其中不能无绝地脉哉？此乃恬之罪也。”蒙恬认为自己可能是因为修筑长城断绝地脉，违忤了天意才遭此下场。对此，司马迁评论说：“吾适北边，自直道归，行观蒙恬所为秦筑长城亭障，堑山堙谷，通直道，固轻百姓力矣。夫秦之初灭诸侯，天下之心未定，痍伤者未瘳，而恬为名将，不以此时强谏，振百姓之急，养老存孤，务修众庶之和，而阿意兴功，此其兄弟遇诛，不亦宜乎？何乃罪地脉哉?”司马迁认为，并非蒙恬触怒上天而遭到惩罚，而是他自身的错误导致了最终的下场。蒙恬修筑长城，劳民伤财，而当时天下人心未定，蒙恬作为名将，不在此时极力劝谏君王赈济百姓，反而迎合秦皇心意，大规模修筑长城，最终遭到杀身之祸，确属咎由自取。由此可见，司马迁在评论历史人物的功过得失时，注重挖掘其自身的现实的原因，而不是一味地将之归为天命使然。这说明，在司马迁对天人关系的认识中，人的作用是十分重要的。这种重人事的思想，应当说也是继承和发扬了《诗经》中天人思想的传统。

综上所述，司马迁对天人关系，以及天人关系在社会历史发展进程中所起作用的认识，都多少受到了《诗经》所表达的天人观念的影响，他将《诗经》中尊天命与重人事相结合的天人思想运用到历史撰述之中，并以此来表达自己的历史观点。

（二）圣人感生与圣王同祖

在天人思想中，圣王降生理论是十分重要的内容。前文已经叙及《诗经》对商、周部族起源与始祖降生的记述，从中可知，商、周的始祖契与后稷都是无父感天而生，这一过程充满了神秘色彩。司马迁作《史记》时，一方面继承了这种圣人感生说；另一方面，他又保存了与之相反的圣王同祖的说法。司马迁的“两言之”，反映了他撰史过程中客观、求真的特点，也体现了他对经学思想的继承以及历史化、理性化的改造。

圣人感生说最早源于《诗经》中商、周部族的史诗，到了西汉时期，以董仲舒为代表的今文经学家继承了这一说法，并加以强调和发挥。董仲舒在《春秋繁露·三代改制质文》中写道：

> 天将授汤，主天法质而王，祖锡姓为子氏。谓契母吞玄鸟卵生契，契先发于胸。性长于人伦。至汤，体长专小，足左扁而右便，劳右佚左也。性长于天光，质易纯仁。天将授文王，主地法文而王，祖锡姓姬氏。谓后稷母姜原履天之迹而生后稷。后稷长于郃土，播田五谷。至文王，形体博长，有四乳而大足，性长于地文势。

从这段话可以看出，董仲舒沿用了《诗经》圣人感生的说法，认为圣王的祖先是天与人合生，当上天赋予其生命之时，也就注定了他的后人必然会称王天下。

司马迁深受《诗经》以及西汉今文学家圣人感生说的影响，他在作《史记》的《殷本纪》、《周本纪》时，基本上是按照《诗经》的记载进行叙述的。如《殷本纪》描述商部族起源时，认为商的始祖契是他的母亲吞卵有孕而生：“殷契，母曰简狄，有娀氏之女，为帝喾次妃。三人行浴，见玄鸟堕其卵，简狄取吞之，因孕生契。”契的母亲简狄是有娀氏之女，在沐浴时看见玄鸟坠卵，她就将卵取来吞下，因而怀孕，生下了契。又如《周本纪》说周的始祖后稷也是其母姜原履巨人迹有孕而生：

> 周后稷，名弃。其母有邰氏女，曰姜原。姜原为帝喾元妃。姜原出野，见巨人迹，心忻然说，欲践之，践之而身动如孕者。居期而生子，以为不祥，弃之隘巷，马牛过者皆辟不践；徙置之林中，适会山林多人，迁之；而弃渠中冰上，飞鸟以其翼覆荐之。姜原以为神，遂收养长之。初欲弃之，因名曰弃。

后稷的母亲姜原是有邰氏之女，她踩上巨人的足迹以后就怀孕了。一年后生下后稷，认为是个不祥的孩子。姜原把后稷抛弃在狭窄的小巷中，牛马走过都不去践踏他；把他放在山林之中，又恰逢林中人多，将他迁到了别处；把他放在冰上，飞鸟就用翅膀盖在他身上。姜原觉得这很神奇，就又把他抱回来养大成人。由此可见，《史记》关于商、周部族的起源说，与西汉《诗经》学以及公羊家的说法如出一辙，显然是司马迁对后者的因袭。

如果说司马迁关于商、周部族起源的记载是直接来自《诗经》和汉代《诗》说，那么《史记》的《秦本纪》和《高祖本纪》关于秦人始祖和汉高祖刘邦出生的记载，则是对这一说法的套用和发展。如《秦本纪》中记载："秦之先，帝颛顼之苗裔孙曰女修。女修织，玄鸟陨卵，女修吞之，生子大业。"秦的祖先是颛顼帝的后代，名叫女修。当女修织布时，玄鸟坠下一颗卵，女修吞下了卵，就生了儿子大业，秦部族由此诞生。司马迁的这段叙述显然是模仿了《诗经》中关于简狄吞卵生契的记载。又如《高祖本纪》说："高祖，沛丰邑中阳里人，姓刘氏，字季。父曰太公，母曰刘媪。其先刘媪尝息大泽之陂，梦与神遇。是时雷电晦冥，太公往视，则见蛟龙于其上。已而有身，遂产高祖。"这段话描述了汉高祖刘邦降生的经过。高祖的母亲在大泽的坡上休息，梦见和神相遇。正在此时，天空晦暗，电闪雷鸣，高祖的父亲看到一条蛟龙盘踞于高祖母亲之上。不久之后，高祖母亲怀孕，生下了高祖。从这段描述也可以看出，汉高祖的降生与商周始祖的降生一样，都具有神秘性。但司马迁在这里的描述与《诗经》中的圣人感生说有些许的差别：其一是刘邦的出生，乃刘母与蛟龙直接相交的结果，而非吞卵、履迹；其二是刘媪与蛟龙相交，乃刘父太公亲眼所见，更具真实性；其三是第一次将龙与帝王的出生联系在一起。尽管有这些差别，刘邦的降生说与之前的圣人感生说实质是一样的，都是在上天的旨意之下降生的，只是具体的形式有所不同，这也可以看作是司马迁对圣人感生说的改造和发展。

司马迁对秦人始祖和汉高祖刘邦降生的叙述继承了《诗经》以来的天命王权思想。在他看来，历史上商、周、秦、汉的开国，全部都是上天的旨意。当上天赋予圣王或者他们的始祖以肉体之时，也同时赋予了这个部族或者家族治理万民的权力。从这四朝的建立来看，商、周和秦的天命所归已是由来已久，商汤能够建国是因其始祖契，周文王、周武王能成功灭商称王是因其始祖后稷，秦统一天下则在其始祖大业降生时就已见端倪。同样，汉王朝的建立也是取决于高祖刘邦是龙子。

然而，《史记》中不仅有圣人感生说，同时还有圣王同祖说。其实，从《殷本纪》、《周本纪》的叙述中就可见一斑。《殷本纪》中虽然记载简狄吞玄鸟卵而生契，但与《诗经》描写不同的是，《殷本纪》中还记载简狄为帝喾次妃。同样，《周本纪》也交代说姜原为帝喾元妃。这些都可以说明“圣人有父”，而且从这个意义上讲，商、周部族的始祖应当同为帝喾之后。《三代世表》对商、周世系的记载也印证了这一说法，如商的世系是“黄帝生玄嚣，玄嚣生蟜极，蟜极生高辛，高辛生卨，卨为殷祖”；周的世系是“黄帝生玄嚣，玄嚣生蟜极，蟜极生高辛，高辛生后稷，为周祖”。这里的高辛即为帝喾，卨即为契。《三代世表》的记载不仅说明了契与后稷同为帝喾所生，而且将他们的始祖均追溯到黄帝。《五帝本纪》中也说：“自黄帝至舜、禹，皆同姓而异其国号，以章明德。”这就说明，黄帝之后的帝王都是黄帝的后代。

其实，司马迁的圣人有父同祖是对之前《诗经》中表现为圣人感生的天命王权思想的历史化、理性化的改造。在《诗经》时代，一方面，天命思想盛行；另一方面，人们的认知水平有限，对很多现象无法做出理性的分析和判断，所以产生了圣人感生这样具有神秘性的说法。而到了司马迁修《史记》时，他对社会历史的发展变化有了更为理性的思考。他将上古时期的帝王始祖都追溯到黄帝，其实是为了建立一种历史的社会发展谱系；他将天命王权思想与当时的历史理性相结合，使得历史发展的脉络更符合当时人们对社会发展、民族延续的认知。

而且，对于圣人感生和圣王同祖这两种矛盾说法，《鲁诗》学者褚少孙的解释是“信以传信，疑以传疑，故两言之”[1]。司马迁面对圣人有父和圣人无父这两种不同的说法，他只能选择将二者都记录下来。这体现了司马迁作为一位史学家求实的精神，这种“信以传信，疑以传疑”的历史记述，也可以说是他的一种史家笔法，即当同一历史事件有不同的叙述时，便将不同的叙述都记入史书，以此来彰显历史书写的真实性。其实，从思想深层而言，无父和有父都蕴含着一种“报德”的天命思想。从司马迁的有父说来看，他其实是提出了一个“圣人同祖黄帝”的思想。对此褚少孙看得很清楚，他说：“黄帝策天命而治天下，德泽深后世，故其子孙皆复立为天子，是天之报有德也。”[2] 司马迁记载圣王有父，也是为了建立一种王权的历史谱系，突显王权的崇高地位。既然要建立王权谱系，就需要用圣王有父的理论将历史上的圣王串联起来。由此看来，司马迁的圣人感生说和圣王有父同祖说看似矛盾对立，其实都服务于自《诗经》时代就已形成的天命王权这一理论。值得注意的是，司马迁宣扬圣人有父、圣王同祖，后来的古文经学家也大力宣扬这一观念，从这个角度而言，正如王葆玹所说的：“《史记》关于五帝三王世系的记载便可说是古文经学‘圣人皆同祖’一说的先声。”[3]

[1] 《史记》卷十三《三代世表》，中华书局 1959 年版，第 505 页。

[2] 《史记》卷十三《三代世表》，中华书局 1959 年版，第 505 页。

[3] 王葆玹：《今古文经学新论》，中国社会科学出版社 1997 年版，第 431 页。

第六章 《汉书》与董仲舒的今文经学

董仲舒是西汉儒学宗师、今文经学大家，其经学思想对于汉代社会与学术都有着非常重要的影响。从史学史的角度而言，董仲舒的经学思想直接影响了汉代史学与史学思想的发展及演变。班固是中国古代正统史学的代表，作为史学家兼思想家，他清楚地认识到董仲舒经学思想的时代价值和历史地位。与司马迁《史记》将董仲舒置于类传之中的做法不同，《汉书》为董仲舒做了专传，以此凸显董仲舒的学术思想与地位。具体到董仲舒经学思想之于班固史学的影响，主要表现为三个方面：其一，董仲舒的天人感应论对于班固天人观的影响；其二，董仲舒的德主刑辅思想对于班固礼法观的影响；其三，董仲舒的大一统说对于班固大一统观的影响。

第一节 董仲舒的天人感应论与班固的天人观

重视阐发天人关系，是董仲舒学术思想的显著特点。纵观董仲舒的天人观，主要是在前人天人思想的基础上，系统阐发天人感应论。董仲舒认为天有十端，作为天之两端的天与人之间存在着感应的关系；天与人之所以能相互感应，根源在于人副天数，天人同类；天降灾异以谴告人间君主，回应政治得失；天人感应的本质则是神道设教，“言天道而归于人道”。董仲舒的神学色彩浓厚的天人感应论，对东汉初年史家班固的天人观有重要影响，《汉书》本传系统载录董仲舒的《天人三策》，高度重视董仲舒的天人思想；《汉书》对董仲舒的五行灾异论作了汲取，对董

仲舒的天命王权思想作了继承；班固所整理的《白虎通》也对天人感应思想作了宣扬。

一、董仲舒的天人感应论

(一) 董仲舒天人感应论的理论基础

董仲舒天人感应论的理论基础，无疑是先秦以来天人感应思想的提出与发展。春秋战国时期，诸子百家在探讨天人关系的过程中，对天人感应思想作出了最初的探讨和表述。《易传·文言》释《乾卦》“飞龙在天，利见大人”，就引孔子语曰：“同声相应，同气相求。水流湿，火就燥，云从龙，风从虎，圣人作而万物睹。本乎天者亲上，本乎地者亲下，则各从其类也。”按照《易传》的说法，春秋时期的孔子已经明确提出了“同声相应，同气相求”的同类感应思想。《春秋》一书也反映了孔子的灾异思想。通观《春秋》所记242年史事，其中灾异之事多达122条。这固然是史家纪实手法的一种体现，同时也是孔子畏天命思想的一种体现，所以《论语·八佾》说：“获罪于天，无所祷也。”儒家重要文献《中庸》也说：“国家将兴，必有祯祥；国家将亡，必有妖孽。”把上天布祥降灾与国家治乱兴亡联系到一起。墨家创始人墨子言天志，其中的重要内容之一就是灾祥。墨子认为天志不可违，人若顺从天志，天就会“为寒热也节，四时调，阴阳雨露也时，五谷熟，六畜遂，疾灾戾疫凶饥则不至”[1]。相反，若违逆天志，天就会“下疾病祸福，霜露不时”[2]。邹衍的五德终始说提出了更为系统的天人感应思想。邹衍认为，黄帝得土德是“天先见大螾大蝼”，大禹得木德是“天先见草木秋冬不杀”，商汤得金德是“天先见金刃生于水”，文王得火德是“天先见火赤乌衔丹书集于周社”；肯定“类固相召，气同则合，声比则应”，认为“物类相召”具有普遍性，其表现形式便是天降灾布祥，认为自黄帝以来的历史都反映了“天人相召”、“相互感应”的必然性和规律性。[3]

---

[1] 《墨子·天志中》，《诸子集成》本，中华书局1954年版。

[2] 《墨子·天志下》，《诸子集成》本，中华书局1954年版。

[3] 《吕氏春秋·应同》，《诸子集成》本，中华书局1954年版。

西汉初年，学者们对于神秘的“物类相召”、“天人感应”学说更是乐此不疲，精心探究。著名思想家陆贾就讲天人感应。他说：“恶政生恶气，恶气生灾异。螟虫之类，随气而生；虹蜺之属，因政而见。治道失于下，则天文变于上；恶政流于民，则螟虫生于野。”[1] 这种说法比起《中庸》有了发展，肯定恶政在先，灾异在后，因果关系很明确。这一时期人们还试图对天人能相互感应的原因作出解说。如西汉前期成书的《黄帝内经》就认为，天人能相互感应是因为天人是相类的。《灵枢·邪客篇》说：“天有日月，人有两目；地有九州，人有九窍；天有风雨，人有喜怒；天有雷电，人有音声；天有四时，人有四肢；天有五音，人有五脏；天有六律，人有六腑……岁有三百六十五日，人有三百六十五节。”《淮南子·精神训》也说，人“头之圆也象天，足之方也象地。天有四时、五行、九解、三百六十六日，人亦有四支、五藏、九窍、三百六十六节。天有风雨寒暑，人亦有取与喜怒。故胆为云，肺为气，肝为风，肾为雨，脾为雷，以与天地相参也，而心为之主。是故耳目者日月也，血气者风雨也。”值得注意的是，《淮南子》还对天人感应的方法作了解说，认为是“以阴阳之气相动也”。也就是说，阴阳之气是天人感应的中介物：“圣人者怀天心，声然能动化天下者也。故精诚感于内，行气动于天，则景星见，黄龙下，祥凤至，醴泉出，嘉谷生。”[2]

上述春秋以来的天人感应论，虽然解说不够系统，甚至将物类相感看作是一种神秘难知、玄妙而不能论解的东西[3]，却为董仲舒天人感应论的构建提供了素材。

（二）董仲舒天人感应论的基本内涵

一是构建了一个“十端”之天的系统。董仲舒认为，天地人与阴阳五行十者构成天之十端。他说：“天有十端，十端而止已。天为一端，地为一端，阴为一端，阳为一端，火为一端，金为一端，木为一端，水为

[1] 陆贾著，王利器校注：《新语校注》卷下《明诫》，中华书局1986年版，第155页。

[2] 刘安编，刘文典集解：《淮南鸿烈集解》卷二十《泰族训》，中华书局1989年版，第664页。

[3] 如《淮南鸿烈·览冥训》所说的那样，“夫物类之相应，玄妙深微，知不能论，辩不能解”。

一端，土为一端，人为一端，凡十端而毕，天之数也。"[1] 十端之天"起于天，至于人而毕"[2]，天人之间则是阴阳五行之气。十端中的天与人，存在着两种关系：一方面并列为天之一端；一方面又存在着授受关系，天授命于人，人受命于天。前者是一种物质性的天，后者则是一种意志性的天。与这种天人关系的双重性相一致，天人之间的感应也具有双重性。一方面是作为物质的天人之间的相互感应，而天地间的阴阳之气便是这种感应的中介物。董仲舒说："天地之间，有阴阳之气，常渐人者，若水常渐鱼也。所以异于水者，可见与不可见耳，其澹澹也。"[3] 人生活在阴阳之气中，就如同鱼生活在水中一样，阴阳之气与水的区别，只是在于水可见而阴阳之气不可见。正是这种阴阳之气，将人与天相连，起到天人感应的传导作用。另一方面，董仲舒又将天命论纳入到他的天人感应论当中，肯定君权为上天赋予。董仲舒认为，从历史上看，"王者必受命而后王"。历代君主都是从上天那里得到授命，然后才得以称王的。如"汤受命而王"、"文王受命而王"，后继者皆是如此。[4]

二是以"人副天数"说对天人感应作出论证。董仲舒认为，天人之间何以能相互感应，根源在于天人同类。其"人副天数"说的具体内涵有四层：其一，天人形体同类。董仲舒说："唯人独能偶天地……天以终岁之数，成人之身，故小节三百六十六，副日数也；大节十二分，副月数也；内有五藏，副五行数也；外有四肢，副四时数也；乍视乍瞑，副昼夜也；乍刚乍柔，副冬夏也；乍哀乍乐，副阴阳也；心有计虑，副度数也；行有伦理，副天地也。"[5] 其二，天人性情同类。董仲舒说："喜怒之祸，哀乐之义，不独在人，亦在于天，而春夏之阳，秋冬之阴，不

[1] 董仲舒著，苏舆义证：《春秋繁露义证》卷第七《官制象天》，中华书局 1992 年版，第 216—217 页。

[2] 董仲舒著，苏舆义证：《春秋繁露义证》卷第十七《天地阴阳》，中华书局 1992 年版，第 465 页。

[3] 董仲舒著，苏舆义证：《春秋繁露义证》卷第十七《天地阴阳》，中华书局 1992 年版，第 467 页。

[4] 董仲舒著，苏舆义证：《春秋繁露义证》卷第七《三代改制质文》，中华书局 1992 年版，第 185—187 页。

[5] 董仲舒著，苏舆义证：《春秋繁露义证》卷第十三《人副天数》，中华书局 1992 年版，第 356—357 页。

独在天，亦在于人。人无春气，何以博爱而容众？人无秋气，何以立严而成功？人无夏气，何以盛养而乐生？人无冬气，何以哀死而恤丧？天无喜气，亦何以暖而春生育？天无怒气，亦何以清而秋杀就？天无乐气，亦何以疏阳而夏养长？天无哀气，亦何以激阴而冬闭藏？”[1] 在董仲舒看来，人有喜怒哀乐，天亦有喜怒哀乐。其三，天人道德同类。董仲舒说：“君臣、父子、夫妇之义，皆取诸阴阳之道。君为阳，臣为阴；父为阳，子为阴；夫为阳，妻为阴。……王道之三纲，可求于天。”[2] 人间的纲常伦理是取法于天的。其四，天人政时同类。董仲舒说：“圣人副天之所行以为政，故以庆副暖而当春，以赏副暑而当夏，以罚副清而当秋，以刑副寒而当冬。……庆赏罚刑与春夏秋冬，以类相应也，如合符。”[3] 同时，农业生产必须依照春夏秋冬四时之序进行，所谓春生、夏长、秋收、冬藏。

三是宣扬以布祥降灾为内涵的天人谴告说。天命王权，是希望君王能够按照天的意志来统治人间；而人间君王统治如何，天会通过布祥降灾作出回应。天降灾祥，也就成为天人谴告的具体体现。这里所谓天降祥瑞，是对人间君主美政的褒奖；而天降灾异，则是对人间君主荒政的警告。董仲舒以史为证，说上天为了奖赏五帝三王的德政，“为之下甘露，朱草生，醴泉出，风雨时，嘉禾兴，凤凰麒麟游于郊”，而对夏桀商纣的“骄溢妄行”，则收回授命，遂使他们“大亡天下”；对周代衰乱政治也是频降灾异，“日为之食，星贯如雨，雨螽，沙鹿崩”。[4] “灾”与“异”的含义又有所区别，“灾”是指灾害，“异”是指怪异，二者有轻重之分。《春秋繁露》说：“灾者，天之谴也；异者，天之威也。谴之而不知，乃畏之以威……国家之失乃始萌芽，而天出灾害以谴告之；谴告之

[1] 董仲舒著，苏舆义证：《春秋繁露义证》卷第十一《天辨在人》，中华书局 1992 年版，第 335—336 页。

[2] 董仲舒著，苏舆义证：《春秋繁露义证》卷第十二《基义》，中华书局 1992 年版，第 350—351 页。

[3] 董仲舒著，苏舆义证：《春秋繁露义证》卷第十三《四时之副》，中华书局 1992 年版，第 353 页。

[4] 董仲舒著，苏舆义证：《春秋繁露义证》卷第四《王道》，中华书局 1992 年版，第 102—108 页。

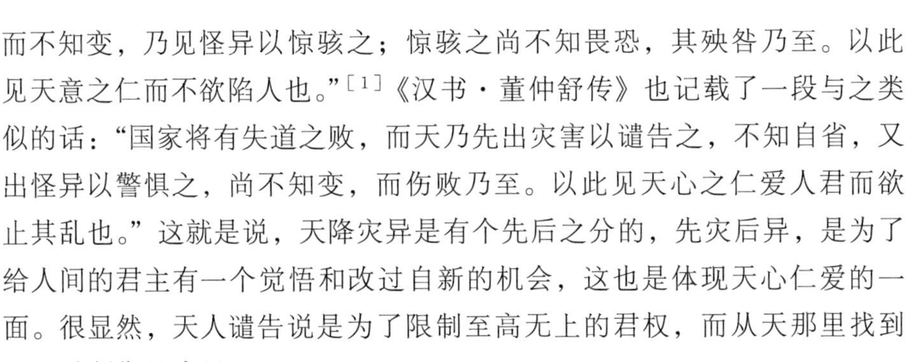

而不知变，乃见怪异以惊骇之；惊骇之尚不知畏恐，其殃咎乃至。以此见天意之仁而不欲陷人也。”[1]《汉书·董仲舒传》也记载了一段与之类似的话：“国家将有失道之败，而天乃先出灾害以谴告之，不知自省，又出怪异以警惧之，尚不知变，而伤败乃至。以此见天心之仁爱人君而欲止其乱也。”这就是说，天降灾异是有个先后之分的，先灾后异，是为了给人间的君主有一个觉悟和改过自新的机会，这也是体现天心仁爱的一面。很显然，天人谴告说是为了限制至高无上的君权，而从天那里找到的一种制衡的力量。

（三）董仲舒天人感应论的精神实质

董仲舒天人感应论具有浓厚的神学色彩，然从精神实质而言，他是“言天道而归于人道”，旨在表达自己的政治观与历史观，因而是“神道设教”。

纵观董仲舒天人感应论的精神实质，一是通过宣扬天命王权思想，以适应汉武帝时期政治大一统的需要。西汉初年，满目疮痍的社会经济，屡屡犯边的匈奴之患，强大难驭的封国势力，都对王权构成了威胁。也就是说，这一时期的王权，其实代表着一种统治秩序，是影响着社会稳定的重要因素。因而，加强王权，意味着大一统政治得到巩固。也就是说，这个时代的王权是国家统一和政治有序的一种象征，当时社会政治危机不是由于王权的强化，恰恰相反，而是由于王权的弱化。因此，当时思想界所面临的任务，无疑是要颂扬王权，鼓吹王道一统。董仲舒正是在这样一种历史背景下，出于维护和强化王权的需要，构建了这样一套天人感应论，用以宣扬天命王权思想，旨在让天下臣民敬畏王权，拥护王权。由此来看，我们对于董仲舒的天命王权思想，在否定其神学一面的同时，又应该充分肯定这一理论对于强化王权的现实用意和实际政治效用。换言之，在汉武帝时代，强化王权在一定程度上是有利于巩固大一统政治统治的，是大一统政治的一种要求。

二是通过宣扬天人谴告，以对极端王权做出限制和约束。如果说宣扬天命王权思想是出于神化王权的需要，那么鼓吹天人谴告则是出于限

[1] 董仲舒著，苏舆义证：《春秋繁露义证》卷第八《必仁且智》，中华书局1992年版，第259页。

制王权的一种需要。出于现实的需要，董仲舒需要通过神话王权以加强王权；出于儒家王权理论建构的需要，董仲舒又需要寻找制约王权的力量。实际上董仲舒的天人感应论可以概括为“屈民而伸君，屈君而伸天”，或者说是“以人随君，以君随天”。[1] 也就是说，他出于“屈民”的需要而神化王权，同时出于“屈君”的需要又宣扬天人谴告以限制王权。董仲舒清醒地认识到，强化王权对于西汉政治有着重要的积极作用，但是王权过于强大又必然会导致君主的为所欲为，从而又不利于社会的长治久安。然而，在封建统治体制当中，并没有一种制约王权的机制。要限制王权，唯有抬出高高在上的天来。董仲舒的天命王权思想既可以使民众畏惧而服从于君王的统治，又可以使君王畏惧而服从于上天的意志。上天的意志是什么？董仲舒说：“天之生民，非为王也，而天立王以为民也。故其德足以安乐民者，天予之；其恶足以贼害民者，天夺之。”[2]“天夺之”的方式便是民众起来推翻暴君的统治。董仲舒将之称作“有道伐无道”，认为历史上的改朝换代都是通过有道伐无道而得以实现的，如“夏无道而殷伐之，殷无道而周伐之，周无道而秦伐之，秦无道而汉伐之。有道伐无道，此天理也，所从来久矣”[3]。由此看来，董仲舒所言“天志”是以安乐民众为主要内容的。君主顺从“天志”而治，就是要让民众能过上安居乐业的生活。毫无疑问，董仲舒所谓的“天志”，其实也就是“民志”，它是反映民的意愿和要求的。

由上可知，董仲舒构建的这套天人感应神学理论体系，所表述的显然不是一种宇宙哲学、神学哲学，而是一种政治哲学、历史哲学。它所宣扬的天命王权说和天人谴告说，都是和政治紧密相连的，旨在借助于这种神学的形式来表达自己的政治观和历史观。在董仲舒看来，现实政治关系，应该是一种以民随君、以君随天、以天随民的关系。通过以民随君，建立起君主专制统治；通过以君随天，对高高在上的王权进行制

[1] 董仲舒著，苏舆义证：《春秋繁露义证》卷第一《玉杯》，中华书局1992年版，第31—32页。

[2] 董仲舒著，苏舆义证：《春秋繁露义证》卷第七《尧舜不擅移·汤武不专杀》，中华书局1992年版，第220页。

[3] 董仲舒著，苏舆义证：《春秋繁露义证》卷第七《尧舜不擅移·汤武不专杀》，中华书局1992年版，第220页。

约；通过以天随民，实现一种民本政治的理想。由此来看，董仲舒的天人感应论之君、天、民三者的相互制约，构成一个天人和谐、上下和谐的社会。[1]

二、班固对董仲舒天人感应论的宣扬

董仲舒的天人感应论对汉代史学的天人观念有普遍影响，史家司马迁深受董氏学说的影响，通过撰述《史记》以“究天人之际”，系统阐发其天人观念。班固史学也表现出重视探讨天人关系的特点，并且明显表现出深受董氏天人观影响的痕迹。具体来说，班固受董氏天人观念的影响具体表现在如下三个方面。

（一）确定董仲舒的儒学正宗地位

在中国儒学发展史上，董仲舒有“汉代孔子”之称。作为一代大儒，董仲舒博通经籍，却又能“专精一思”，是西汉《春秋》公羊学的代表人物。司马迁称赞说：“汉兴至于五世之间，唯董仲舒名为明于《春秋》。”并说“公孙弘治《春秋》不如董仲舒”。[2] 关于董仲舒公羊学师承情况，史无确载，清凌曙《春秋繁露注自序》说：“（公羊）寿乃一传而为胡毋生，再传而为董仲舒。”但据《史记·儒林列传》载：“言《春秋》于齐鲁自胡毋生，于赵自董仲舒。”似乎他们并无师承关系，很可能是与胡毋生同师于公羊寿。如果说公羊寿只是将口传《公羊传》著于竹帛之人，胡毋生是《公羊传》的重要传人，那么董仲舒则是将《公羊传》发展成为公羊学的关键人物。早在汉景帝时，董仲舒的学术声望就已经很高了，他不但被景帝立为博士，而且还“下帷讲诵”。据《汉书·董仲舒传》载，董仲舒的受学弟子很多，“弟子传以久次相授业，或莫见其面”。汉武帝重视儒学，曾令董仲舒与治《穀梁春秋》的瑕丘江公议事，结果瑕丘江公不及董仲舒。于是汉武帝“尊《公羊》家，诏太子受《公羊春

---

[1] 以上关于董仲舒天人感应论的论述，参见汪高鑫：《董仲舒天人感应论述评》，《安徽教育学院学报》2001 年第 4 期。

[2] 《史记》卷一百二十一《儒林列传》，中华书局 1959 年版，第 3128 页。

秋》，由是《公羊》大兴”[1]。由此看来，西汉公羊学的兴盛是与董仲舒分不开的。

班固是东汉初年史家，从经学而言，董仲舒是今文经学家，班固属于古文经学家，然而班固却充分肯定了董仲舒的儒学史地位。一是为董仲舒设立专传，在历史编纂上肯定其地位。最早记述董仲舒事迹的是司马迁《史记》。司马迁曾闻学于董仲舒，而且推崇董仲舒，《史记》受董仲舒今文经学思想影响可谓至深。然而，由于时代的局限，司马迁对于董仲舒学术之于汉代历史发展的影响还认识不够，故而《史记》并未给董仲舒单独立传，而是将其置于《儒林列传》的合传之中。到了东汉初年的班固，已经充分认识到董仲舒学术思想广泛而深远的影响，他不囿于经学门户，而是以史家的求真精神，如实看待董仲舒学术思想的价值与影响，所作《汉书》一改《史记》合传的做法，为董仲舒单独立传。《汉书》为西汉断代史，字数也较《史记》多，设立的汉代历史人物专传自然也更多。但是从所记人物来看，能够被《汉书》立为专传的，基本上都是有政绩之人，纯粹的学者则比较少，只有司马相如、司马迁等少数人。而像西汉大儒伏生、孔安国、辕固生、韩婴、毛公、胡毋生、瑕丘江公等，都是被置于《儒林列传》之中的。董仲舒一生两相骄王，并未做出重要政绩，班固之所以为他立专传，当然是因为他作为一代大儒的身份和地位。

二是确定董仲舒“儒者宗”的地位。对于董仲舒的一生，班固虽然肯定了他的政绩，如《汉书》本传说他“凡相两国，辄事骄王，正身以率下，数上疏谏争，教令国中，所居而治”，但主要还是从学术思想去评价的。《汉书》本传说他“及去位归居，终不问家产业，以修学著书为事”，认为他对于汉代儒学的兴起和发展做出了重要贡献：“及仲舒对册，推明孔氏，抑黜百家。立学校之官，州郡举茂材孝廉，皆自仲舒发之。”正是董仲舒的这些兴儒举措，促成了汉朝儒学的兴起。因此，《汉书·五行志上》说：“汉兴，承秦灭学之后，景、武之世，董仲舒治《公羊春秋》，始推阴阳，为儒者宗。”“儒者宗”便是班固对董仲舒儒学地位的评价和定位。在《汉书·董仲舒传赞》中，班固还列举了刘向、刘歆和刘

[1] 《汉书》卷五十八《儒林传》，中华书局1962年版，第3617页。

向曾孙刘龚等人对董仲舒的评价。其中刘向的评价最高，认为董仲舒有“王佐之材”；而刘歆、刘龚则不认可刘向的说法，认为“仲舒遭汉承秦灭学之后，六经离析，下帷发愤，潜心大业，令后学者有所统壹，为群儒首”，至于刘向所谓“筦晏弗及，伊吕不加，过矣”。《汉书》援引三刘的评价，自然是认同他们的说法的。对照三刘与班固的说法，显然刘向主要是从政绩来评述董仲舒的，而刘歆、刘龚则主要是从儒学地位上作出评价的。班固肯定董仲舒的政绩，但也主要是从儒学地位去评价他的，其对董仲舒之“儒者宗”的定位，与二刘“群儒首”的论调较为接近。

（二）高度重视董仲舒的天人对策

班固与司马迁记述董仲舒事迹的区别，不仅表现在记述形式上，更表现在记述内容上。《史记》在《儒林列传》中给董仲舒撰写的传文不长，只有318字，政治上叙其两相骄王，推阴阳求雨止雨，恤贫救灾；学术上则记录了他下帷讲诵，以著述为事，不治产业，以公羊学显名于世等事迹。与《史记》相比，《汉书》不但作了董仲舒专传，而且传文多达7300余字，是《史记》的20多倍。通观《汉书·董仲舒传》，除去对董仲舒生平学术政绩、为人性格以及对儒学发展的贡献等作了简要叙述，传尾对董仲舒历史地位作出评述之外，绝大部分篇幅是围绕着董仲舒的《天人三策》进行叙述的。据统计，《董仲舒传》中关于《天人三策》的内容，多达6400余字。也就是说，除去《天人三策》，传文仅有900余字。由此可见，《董仲舒传》记述的主要内容是《天人三策》，而这恰恰是《史记》传文所没有提及的，这是《汉书》与《史记》关于董仲舒传文最明显的区别。《史记》没有记述《天人三策》，这当然不是司马迁的疏忽，之所以如此，只能从认识角度去作出说明。司马迁和董仲舒为同时代人，董仲舒的天人观念虽然对汉武帝时期的政治有重要影响，但是对此后汉代政治与学术思想的巨大影响还没有显示出来，致使司马迁对董仲舒的天人观还无法作出充分的认识。而《汉书》之所以会全文载入《天人三策》，是因为董仲舒的天人观念对于汉武帝及之后汉代政治与学术思想的影响已经得到充分显现，而且这一天人观念也得到了班固本人的充分认识与认可。

《天人三策》作为系统反映董仲舒天人观念的重要文献，其产生的背景是董仲舒作为举首应汉武帝“欲闻大道之要，至论之极”而作。《汉书》本传说："武帝即位，举贤良文学之士前后百数，而仲舒以贤良对策焉。"针对汉武帝的连续三次策问，董仲舒前后上了三次对策，集中围绕天人问题展开，故称"天人三策"。汉武帝的第一次策问是："三代受命，其符安在？灾异之变，何缘而起？"很显然，问的是灾异之变与人事之间的关系。董仲舒的对策有1900余字，对汉武帝的策问做了详细回答。一是提出天人谴告说，指出国家失道，上天就会降下灾异，如果不知道改革政治，则"伤败乃至"。二是认为治乱在人不在天，积善累德而天下归心，则祥瑞至；废德教而阴阳失和，则灾异起。三是认为"天道之大者在阴阳"，阳为德而阴为刑，故王道之正者在于"任德不任刑"。四是强调正本，君心正，则朝廷、百官、万民、四方皆正。五是认为教化不立则万民不正，祥瑞不至，肯定教化对整齐风俗的重要性。六是主张继乱世者其道变，汉朝继秦乱世而建，要想得到善治，就必须要进行更化。汉武帝的第二次策问是："帝王之道，岂不同条共贯与？"董仲舒的对策有1300多字，也是从几个方面作了回答。一是直接回答了汉武帝所问古今帝王是否同道的问题，认为"帝王之条贯同，然而劳逸异者，所遇之时异也"，并以尧、舜、文王为据，对此进行了解说，指出所谓"条贯同"，即是推行儒家德政。二是强调受命改制的重要性，认为治国需行教化，教化需靠贤士，养士需兴太学。汉武帝的第三次策问比较具体，董仲舒针对每个具体问题作了对答，多达2100余字。一是针对汉武帝所问"善言天者必有征于人，善言古者必有验于今"，董仲舒回答说，《春秋》之制，"上揆之天道，下质诸人情，参之于古，考之于今"，君主必须"上谨于承天意，以顺命也；下务明教化民，以成性也；正法度之宜，别上下之序，以防欲也"。二是针对汉武帝所问"上嘉唐虞，下悼桀纣，寖微寖灭寖明寖昌之道，虚心以改"，董仲舒阐明了"尽小者大，慎微者著"的道理，由此肯定君主慎行的重要性。三是针对汉武帝所问"三王之教所祖不同，而皆有失，或谓久而不易者道也，意岂异哉"，董仲舒明确认为，三王遵循的治国之道万世不变，但是推行的制度会出现偏颇，因此君王"有改制之名，亡变道之实"。最后，董仲舒以"罢黜百家，独尊儒术"的建议结束了自己的对策。

《汉书·董仲舒传》如此详细地载录董仲舒的《天人三策》，不但是对董仲舒天人观念的系统宣扬，在一定程度上也是班固借助于董仲舒的

天人论来表达自己的思想，就如同司马迁通过在《史记》中记载贾谊的《过秦论》来表达自己的“过秦”思想。

（三）重视阐发天人感应论

班固重视宣扬董仲舒的天人感应思想，还具体表现在对天人感应论的阐发上。第一，作《汉书·五行志》，对董仲舒以来的灾异思想作了宣扬。董仲舒天人感应论的一个重要内涵，是通过宣扬祥瑞灾异以影响现实政治，所谓“言天道而归于人道”。西汉末年，随着政治的衰败，刘向借灾异言政治，对董仲舒的灾异说作了进一步发挥。班固宣扬天人感应思想，也表现出重视阐发灾异思想的特点，其阐发主要是通过借助于董仲舒、刘向的灾异思想进行的，这集中体现在《汉书·五行志》中。班固的《汉书·五行志》实际上就是通过大量记载董仲舒、刘向和刘歆等人的灾异理论，间杂着表述自己的灾异观点，从而加以编成的。对此，班固在《五行志》中有一个系统说明：

> 汉兴，承秦灭学之后，景、武之世，董仲舒治《公羊春秋》，始推阴阳，为儒者宗。宣、元之后，刘向治《穀梁春秋》，数其祸福，传以《洪范》，与仲舒错。至向子歆治《左氏传》，其《春秋》意亦已乖矣；言《五行传》，又颇不同。是以揽仲舒，别向、歆，传载眭孟、夏侯胜、京房、谷永、李寻之徒所陈行事，讫于王莽，举十二世，以传《春秋》，著于篇。

班固说刘向“与仲舒错”，主要是就五德终始说而言的。董仲舒的五德终始说是一种五行相胜说，《春秋繁露》中虽也讲五行相生，但主要表示方位和气候等，而非用于历史变易。至于刘向，后人视他与刘歆同为五德相生说的创立者，但据文献记载和刘向的思想倾向来看，他不可能会提出系统的五德相生说，只会根据某一时期的政治需要而提出一些相关的看法。[1] 重要的是，刘向和董仲舒都重视以灾异说政治，在天人观上表现出了很大的相同性。我们从班固《五行志》的引述也可以看出，刘向和董仲舒的灾异理论在大多数问题上的看法是一致的，只是刘向更重视

[1] 参见汪高鑫：《中国史学思想通史·秦汉卷》第六章第三节，黄山书社2002年版。

将政事与灾异相结合，从而表现出作为衰世时期的思想家所特有的一种强烈的忧患意识。至于刘歆，他不但是五德相生说的创立者，而且其灾异说与其父刘向的灾异说也有着很大的区别。班固作《五行志》，其中一个目的便是“别向、歆”，也是肯定刘向、刘歆的灾异论是有很大区别的。这段话还告诉我们，西汉末年倡言灾异的学者还有眭孟、夏侯胜、京房、谷永、李寻等人，也就是说，以灾异言政治，是西汉末年衰世政治的一种风气。《汉书·五行志》的编纂，实际上就是对董仲舒、刘向、刘歆等人灾异思想的总结，正是在这种“揽”、“别”和“传载”的过程中，班固也将自己的五行灾异思想作了表述。

第二，编纂《白虎通》，对天人感应思想做了宣扬。建初四年（79年），汉章帝接受杨终的建议，召开了以统一经义为目的的白虎观会议。班固根据会议结果，奉旨编撰成《白虎通》一书。由于《白虎通》是依据会议结果撰成的，故而不能将之完全看作是班固个人的经学观点，但又不能说与班固的经学思想毫无关系，作为编撰者，《白虎通》也打上了班固的思想烙印。仅从《白虎通》天人相关理论来看，它既是对董仲舒天人感应论的继承，也与班固的天人观相一致。一是重视神化君主。任继愈先生说：“《白虎通》不可能象黑格尔那样，用精致的哲学概念把君主说成理念的真正化身，但是，把君主说成真正的神人，从当时的思想发展状况来看，却比黑格尔有更为方便的条件。”[1] 任先生在此所说的“更为方便的条件”，是指神学化的经学和谶纬神学长期以来对君权的神化，从而为《白虎通》神化君权提供了充分的依据。也正是长期以来对君权的神化，从而使《白虎通》无须通过逻辑论证，便可将君主抬高到神的位置。如《爵》篇说：“爵所以称天子者何？王者父天母地，为天之子也。”《瑞贽》篇说：“受命之君，天之所兴，四方莫敢违，夷狄咸率服。”二是宣扬天人谴告。《白虎通》认为，天降符瑞是褒奖君主的治国，而天降灾异则是对君主失政所作的警告。所以《白虎通》说：“天下太平，符瑞所以来至者，以为王者承天统理，调和阴阳，阴阳和，万物序，休气充塞，故符瑞并臻，皆应德而至。”[2] 反之，“天所以有灾变何？所

[1] 任继愈：《中国哲学发展史（秦汉）》，人民出版社1985年版，第494页。
[2] 班固整理，陈立疏证：《白虎通疏证》卷六《封禅》，中华书局1994年版，第283页。

以谴告人君，觉悟其行，欲令悔过修德，深思虑也。”[1]《白虎通》的天人谴告思想与董仲舒的说法完全一致。三是神化三纲五常。对于三纲五常的神化，始于董仲舒。在董仲舒看来，君臣、父子和夫妇关系的建立，都是取法于阴阳五行的结果，三纲五常是“百王不易之道”。纬书对此的解说更为直截了当。《春秋纬·感精符》说：“三纲之义，日为君，月为臣也。”《乐纬·稽耀嘉》也说：“君臣之义生于金，父子之仁生于木，兄弟之叙生于火，夫妇之别生于水，朋友之信生于土。”《白虎通》神化三纲五常的理论基本上是承袭董仲舒和谶纬学说的，但在具体说法上有所改变，如将五行配为二阳三阴：火为阳，水为阴，共成一对；木为少阳，金为少阴，共成一对；土为最大之阴。《白虎通》又将土这一最大之阴与天这一最大之阳配成一对，于是又成为三阳三阴。在三阳三阴中，所奉行的原则是阳尊阴卑。[2]三阳三阴相配，与人间的君臣、父子、夫妇相对应。在《白虎通》看来，有了这种对应关系，似乎更易于解说三纲五常之间的关系。故而《三纲六纪》篇说：“君臣、父子、夫妇，六人也。所以称三纲何？一阴一阳谓之道，阳得阴而成，阴得阳而序，刚柔相配，故六人为三纲。”任继愈先生认为：“就‘君臣之正义’和‘父子之纪纲’这两条来说，《白虎通》比董仲舒强调得更为严峻，就对这两条的论证来说，《白虎通》的神学色彩比董仲舒更为浓厚。”[3]

第二节 董仲舒的德主刑辅思想与班固的礼法观

儒家学说从根本上说，是一种内圣外王之学。作为汉代大儒，董仲舒传承并发展了这一学说。对于如何实现儒家的外王理想，董仲舒从治国者的角度提出了德主刑辅的思想。这一思想的基本要求，是主张德与刑并用，但以施行仁义教化的德政为主。班固的政治思想深受董仲舒德主刑辅说的影响，也强调礼乐与刑法并用的重要性，在积极宣扬德政思

[1] 班固整理，陈立疏证：《白虎通疏证》卷六《灾变》，中华书局1994年版，第267页。
[2] 参见班固整理，陈立疏证：《白虎通疏证》卷四《五行》，中华书局1994年版。
[3] 任继愈：《中国哲学发展史（秦汉）》，人民出版社1985年版，第472页。

想的同时，也肯定刑法治民的辅助作用。

一、董仲舒的德主刑辅思想

（一）德主刑辅思想的理论基础：阴阳学说

在董仲舒的天有十端论中，包含着阴与阳，阴、阳既是天之二端，也是天道的常态，所谓“天地之常，一阴一阳”[1]。从天道阴阳的存在形式而言，董仲舒认为，阴阳是“相反之物”，“天之常道，相反之物也，不得两起，故谓之一。一而不二者，天之行也。阴与阳，相反之物也”[2]。相反之阴阳，“不得俱出”，“春出阳而入阴，秋出阴而入阳，夏右阳而左阴，冬右阴而左阳。阴出则阳入，阳出则阴入；阴右则阳左，阴左则阳右”。它们既不同道，也不同理，但却是“并行而不相乱，浇滑而各持分”的。[3] 也就是说，世界万物都是由阴阳这对“相反之物”构成的，阴阳既是世界万物的存在形式，也是世界万物的运行规律。

同时，阴阳之道也是人类社会政治与伦理的基本规范，政治统治与伦理道德需要遵循阴阳之义。董仲舒从“百物皆有合偶”[4] 的观点出发，认为天地万物与人类社会皆有“合偶”，而最基本的“合偶”则是阴阳之合。董仲舒说：“阴者阳之合，妻者夫之合，子者父之合，臣者君之合。物莫无合，而合各有阴阳。”[5] “合”从哲学上讲就是对待、对应，阴与阳是天地万物与人类社会最基本的对待、对应。董仲舒进一步指出，人类社会的纲常秩序与社会关系，皆效仿阴阳之道，所谓“君臣、父子、

---

[1] 董仲舒著，苏舆义证：《春秋繁露义证》卷第十二《阴阳义》，中华书局 1992 年版，第 341 页。

[2] 董仲舒著，苏舆义证：《春秋繁露义证》卷第十二《天道无二》，中华书局 1992 年版，第 345 页。

[3] 董仲舒著，苏舆义证：《春秋繁露义证》卷第十二《阴阳出入上下》，中华书局 1992 年版，第 342 页。

[4] 董仲舒著，苏舆义证：《春秋繁露义证》卷第一《楚庄王》，中华书局 1992 年版，第 11 页。

[5] 董仲舒著，苏舆义证：《春秋繁露义证》卷第十二《基义》，中华书局 1992 年版，第 350 页。

夫妇之义，皆取诸阴阳之道”[1]。这里所谓的“君臣、父子、夫妇之义”，指的是君为臣纲、父为子纲和夫为妻纲之王道“三纲”，它代表了社会的等级与秩序。董仲舒认为“王道之三纲，可求于天”，因为天道的常态是一阴一阳，而君臣、父子、夫妇之间的关系存在着一种阴阳之合，所谓“君为阳，臣为阴；父为阳，子为阴；夫为阳，妻为阴”[2]。人道三纲之义符合天道阴阳之理，所以说三纲“可求于天”。

在天道阴阳的关系中，董仲舒认为二者存在着“亲阳而疏阴”[3]、“近阳而远阴”[4]、“任阳不任阴”[5]的特点。也就是说，在阴阳二者中，阳居主导地位，阴居次要地位，“阳贵而阴贱，天之制也”[6]。何以见得？从顺逆而言，“阳行于顺，阴行于逆。逆行而顺（者阳），顺行而逆者，阴也。是故天以阴为权，以阳为经。阳出而南，阴出而北。经用于盛，权用于末。以此见天之显经隐权”[7]。从虚实亲疏而言，“阳气暖而阴气寒，阳气予而阴气夺，阳气仁而阴气戾，阳气宽而阴气急，阳气爱而阴气恶，阳气生而阴气杀。是故阳常居实位而行于盛，阴常居空位而行于末。天之好仁而近，恶戾之变而远”[8]。“阳之出也，常县于前而任事；阴之出也，常县于后而守空处。此见天之亲阳而疏阴”[9]。从四时

[1] 董仲舒著，苏舆义证：《春秋繁露义证》卷第十二《基义》，中华书局1992年版，第350页。

[2] 董仲舒著，苏舆义证：《春秋繁露义证》卷第十二《基义》，中华书局1992年版，第350页。

[3] 董仲舒著，苏舆义证：《春秋繁露义证》卷第十二《基义》，中华书局1992年版，第351页。

[4] 董仲舒著，苏舆义证：《春秋繁露义证》卷第十一《阳尊阴卑》，中华书局1992年版，第327页。

[5] 董仲舒著，苏舆义证：《春秋繁露义证》卷第十二《天道无二》，中华书局1992年版，第345页。

[6] 董仲舒著，苏舆义证：《春秋繁露义证》卷第十一《天辨在人》，中华书局1992年版，第337页。

[7] 董仲舒著，苏舆义证：《春秋繁露义证》卷第十一《阳尊阴卑》，中华书局1992年版，第327页。

[8] 董仲舒著，苏舆义证：《春秋繁露义证》卷第十一《阳尊阴卑》，中华书局1992年版，第327页。

[9] 董仲舒著，苏舆义证：《春秋繁露义证》卷第十二《基义》，中华书局1992年版，第351页。

寒暑而言，“夏出长于上、冬入化于下者，阳也；夏入守虚地于下，冬出守虚位于上者，阴也。阳出实入实，阴出空入空，天之任阳不任阴”[1]。由此来看，天之阴阳既是一种对待关系，又是一种不对等关系。

由“阳贵阴贱”的天道思想出发来关照人道，董仲舒提出了贵德贱刑的思想。董仲舒说：“天道之大者在阴阳。阳为德，阴为刑；刑主杀而德主生。”[2] 既然天道阴阳对应人道刑德，天道阳贵阴贱，人道自然应当贵德贱刑，“任德不任刑”。这便是董仲舒德主刑辅说的内在逻辑。《春秋繁露》很多篇目都阐发了这种贵德贱刑的思想，如《阴阳位》篇说：“天之任阳不任阴，好德不好刑。”《天道无二》篇也说：“天之任阳不任阴，好德不好刑。”《基义》篇说：“圣人多其爱而少其严，厚其德而简其刑，以此配天。”如此等等，董仲舒从天道贵阳贱阴出发，反复阐述了人道贵德贱刑的重要性。

（二）董仲舒的贵德思想

董仲舒所谓的“德”，当然是指君王之德，指君王推行的德政。前述董仲舒的天道观，其中一个重要思想，就是宣扬天志即为民志，“天立王以为民”，只有“安乐民者”的君王才会受到天的庇佑，即所谓“天予之”。否则，就必然会“天夺之”。也就是说，能安乐民众的君王，便是有德的君王。纵观董仲舒的贵德思想，其核心旨趣是强调仁爱民众。仁爱思想是先秦孔孟儒学的核心思想，也是儒家德政思想的具体体现。董仲舒继承了儒家的仁爱思想，将此作为其贵德论的重要内涵。董仲舒说：“《春秋》之所治，人与我也。所以治人与我者，仁与义也。”这里所谓“人”指民众，所谓“我”指君王。在董仲舒看来，君主是国家治理者，而民众是被治理者，君主要以义来要求自己，而以仁来对待民众。所以他说：“《春秋》为仁义法。仁之法在爱人，不在爱我。义之法在正我，不在正人。”[3] 当然，仁义之于人我，二者是不可分的，如果君主不能以义正己，也就不可能做到以仁待人，这样的君主必然是“不爱人”而

[1] 董仲舒著，苏舆义证：《春秋繁露义证》卷第十一《阴阳位》，中华书局 1992 年版，第 337 页。

[2] 《汉书》卷五十六《董仲舒传》，中华书局 1962 年版，第 2502 页。

[3] 董仲舒著，苏舆义证：《春秋繁露义证》卷第八《仁义法》，中华书局 1992 年版，第 250 页。

"厚自爱"的人。董仲舒以历史上的晋灵公为例，认为他就是一个"厚自爱"的君主："昔者晋灵公杀膳宰以淑饮食，弹大夫以娱其意，非不厚自爱也，然而不得为淑人者，不爱人也。……不爱，奚足谓仁?"[1] 董仲舒还进一步认为，君主不但要仁爱民众，还应该要爱及四夷，爱及鸟兽昆虫。他说："王者爱及四夷，霸者爱及诸侯，安者爱及封内，危者爱及旁侧，亡者爱及独身。"认为仁爱所达范围越广，则越贤能，所以王天下的人"爱及四夷"，称霸诸侯的人"爱及诸侯"，安于封地的人"爱及封内"，倾危之人"爱及旁侧"，而败亡之人则只"爱及独身"。又说："质于爱民，以下至于鸟兽昆虫莫不爱。"[2] 君主不但要博爱民众，对一切鸟兽昆虫都要本着一颗仁心。只有具有博爱精神的人，才会得到天下万民的拥护。

如何仁爱民众？董仲舒提出了一些具体举措。第一，养育民力。董仲舒说："《春秋》之法，凶年不修旧，意在无苦民尔。苦民尚恶之。况伤民乎？伤民尚痛之，况杀民乎?"灾荒之年"不修旧"，是为了体恤民情，养育民力，所以董仲舒说："凶年修旧则讥。造邑则讳。"认为战争是伤、杀民众的做法，"不任德而任力，驱民而残贼之"，故而《春秋》无义战，"《春秋》爱人，而战者杀人，君子奚说善杀其所爱哉"。[3] 董仲舒认为，仁爱民众还应该让百姓多畜产业，以使其"内足以养老尽孝，外足以事上共税，下足以畜妻子极爱"[4]。第二，政令与五行、四时相配。董仲舒认为，君主仁爱民众，必须按照五行、四时之序来推行政令。他说，木为春，君主当"劝农事，无夺民时"；火为夏，君主当"举贤良，进茂才"；土为夏中，君主当"循宫室之制，谨夫妇之别，加亲戚之恩"；金为秋，乃杀气之始，君主当"诛贼残，禁暴虐"，"动众兴师，必应义理"；水为冬，冬至为宗庙祭祀之始，君主当"敬四时之祭，禘祫昭

---

[1] 董仲舒著，苏舆义证：《春秋繁露义证》卷第八《仁义法》，中华书局1992年版，第251页。

[2] 董仲舒著，苏舆义证：《春秋繁露义证》卷第八《仁义法》，中华书局1992年版，第251页。

[3] 董仲舒著，苏舆义证：《春秋繁露义证》卷第二《竹林》，中华书局1992年版，第48—49页。

[4] 《汉书》卷二十四上《食货志上》，中华书局1962年版，第1137页。

穆之序”。[1] 第三，重视教化。董仲舒认为，教化是政治的根本，“教，政之本也”。教化的具体内涵有三：“父子不亲，则致其爱慈；大臣不和，则敬顺其礼；百姓不安，则力其孝弟。”教化的具体方法是：“先之以博爱，教以仁也；难得者，君子不贵，教以义也。虽天子必有尊也，教以孝也；必有先也，教以弟也。此威势之不足独恃，而教化之功不大乎？”[2] 认为仅仅从物质上满足百姓的利益是不够的，还必须要施以教化，使百姓“贵孝弟而好礼义，重仁廉而轻财利”[3]。董仲舒还以堤防作比喻，肯定教化的重要性。他说：“夫万民之从利也，如水之走下，不以教化堤防之，不能止也。是故教化立而奸邪皆止者，其堤防完也；教化废而奸邪并出，刑罚不能胜者，其堤防坏也。”[4] 第四，贯彻“分予”原则。“分予”的目的是不与民争利。董仲舒说：“夫天亦有所分予，予之齿者去其角，傅其翼者两其足，是所受大者不得取小也。古之所予禄者，不食于力，不动于末，是亦受大者不得取小，与天同意者也。”既然“分予”是天意和古圣王之意，统治者就应该按照“分予”的原则来建立制度，“受禄之家，食禄而已，不与民争业，然后利可均布，而民可家足”。[5] 如果食禄的官吏之家还要织帛种菜，就是“夺园夫红女利”，与民众争抢时利。董仲舒又说：“使诸有大奉禄亦皆不得兼小利，与民争利业，乃天理也。”[6] 反对官吏兼下民之利，其实是直接针对西汉地方官僚“乘富贵之资力”，肆意兼并农民土地而言的。

毫无疑问，董仲舒的贵德思想是对先秦孔孟重德思想的继承和发展。孔子的仁爱思想，就包含了统治者须实行德政的内容，所谓“富之”、“教之”，即是让百姓富裕起来，对百姓实行道德教化，这是君王德政的

[1] 董仲舒著，苏舆义证：《春秋繁露义证》卷第十三《五行顺逆》，中华书局 1992 年版，第 371—377 页。

[2] 董仲舒著，苏舆义证：《春秋繁露义证》卷第十一《为仁者天》，中华书局 1992 年版，第 319—320 页。

[3] 董仲舒著，苏舆义证：《春秋繁露义证》卷第十一《为仁者天》，中华书局 1992 年版，第 320 页。

[4]《汉书》卷五十六《董仲舒传》，中华书局 1962 年版，第 2503 页

[5]《汉书》卷五十六《董仲舒传》，中华书局 1962 年版，第 2520—2521 页。

[6] 董仲舒著，苏舆义证：《春秋繁露义证》卷第八《度制》，中华书局 1992 年版，第 230 页。

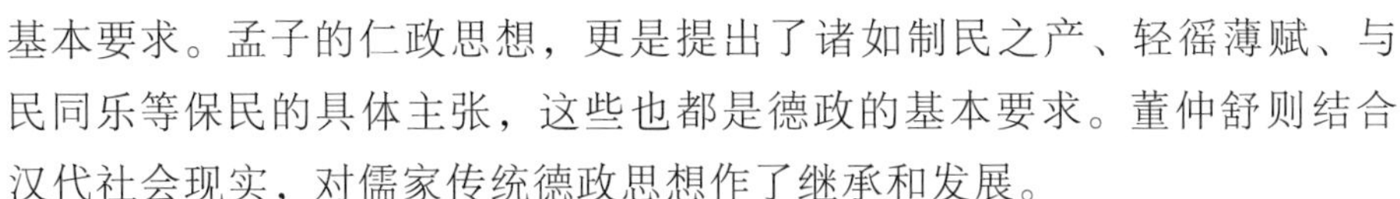

基本要求。孟子的仁政思想，更是提出了诸如制民之产、轻徭薄赋、与民同乐等保民的具体主张，这些也都是德政的基本要求。董仲舒则结合汉代社会现实，对儒家传统德政思想作了继承和发展。

（三）董仲舒的“刑者德之辅”思想

董仲舒倡导贵德，提出贵德贱刑的主张，但这并不意味着现实政治生活中刑罚无足轻重、可有可无。既然天道分阴阳，有阳必有阴。与之相对应，人道也必然分德刑，有德必有刑。只是在德与刑的关系中，需效仿天道阳尊阴卑、阳贵阴贱的原则，以德为主、以刑为辅罢了。董仲舒对贵德思想做过系统阐发，同样，他对以刑为辅的思想也有很多论述。《春秋繁露》中很多篇章都论及以刑为辅思想，如《阳尊阴卑》篇说：“阳常居实位而行于盛，阴常居空位而行于末。天之好仁而近，恶戾之变而远，大德而小刑之意也。”《天变在人》篇也说：“天之志，常置阴空处，稍取之以为助。故刑者德之辅，阴者阳之助也。”这里所谓“大德小刑”、“刑者德之辅”，便是从阳居实而阴居空的角度进行阐发的。如《基义》篇对德与刑在政治治理中的比例作了说明，认为德与刑之间的比例当为百与一，好比天道“暖暑居百而清寒居一。德教之与刑罚犹此也。故圣人多其爱而少其严，厚其德而简其刑，以此配天”。当然，刑罚在政治统治中运用的比重虽然很小，不过“简其刑”不等于不要刑，刑罚依然是一种不可或缺的辅助。《威德所生》篇则从天有和德平威，来论说刑罚的不可或缺性。该篇说：“天有和有德，有平有威……春者，天之和也；夏者，天之德也；秋者，天之平也；冬者，天之威也。”董仲舒认为春夏秋冬四季分别体现了天道和德平威之性。以此关照人道，也必须要和心立德和平心立威。“我虽有所愉而喜，必先和心以求其当，然后发庆赏以立其德。虽有所忿而怒，必先平心以求其政，然后发刑罚以立其威。”这就是说，人道德政符合春夏和德之义，而刑罚则符合秋冬平威之义。该篇还直接指出，君主虽然要推行德政，却也不可失去自己的威权，不可当刑而不刑。“为人主者，居至德之位，操杀生之势，以变化民。……当喜而不喜，犹当暑而不暑；当怒而不怒，犹当寒而不寒也；当德而不德，犹当夏而不夏也；当威而不威，犹当冬而不冬也。”这就是说，政治治理中德与刑并用，当时而发，就如同四时运行的自然规律，是天经地义的。

二、班固对德主刑辅思想的汲取

董仲舒的德主刑辅思想，对班固的史学思想有着直接的影响。《汉书》的《礼乐志》和《刑法志》集中体现了班固的礼法观念。

(一) 肯定礼法并用的重要性

班固说：

> 爱待敬而不败，德须威而久立，故制礼以崇敬，作刑以明威也。圣人……制礼作教，立法设刑，动缘民情，而则天象地。故曰先王立礼，“则天之明，因地之性”也。刑罚威狱，以类天之震曜杀戮也；温慈惠和，以效天之生殖长育也。《书》云“天秩有礼”，“天讨有罪”。故圣人因天秩而制五礼，因天讨而作五刑。[1]

这段话肯定了礼与刑在政治治理中的不同作用，“制礼以崇敬，作刑以明威”；指出礼与刑的设立，依据的是“天秩”和“天讨”，是“则天之明，因地之性”。班固指出：“礼教不立，刑法不明，民多贫穷，豪杰务私，奸不辄得，狱犴不平之所致也。”[2] 将社会诸多问题的出现，都归结为“礼教不立，刑法不明”的结果。班固还直接继承了董仲舒的德主刑辅说，肯定刑之于德的辅助作用。如《刑法志》说：“文德者，帝王之利器；威武者，文德之辅助也。”《礼乐志》说：“教化，所恃以为治也，刑法所以助治也。”这些说法跟董仲舒如出一辙。该篇还直接引用董仲舒对策之文，认为“阳为德，阴为刑”，“阳出布施于上而主岁功，阴入伏藏于下而时出佐阳。阳不得阴之助，亦不能独成岁功”。以天之阴助阳为喻，肯定政治治理中刑法辅助德政的重要性。

(二) 大力宣扬董仲舒的德政思想

第一，《汉书·董仲舒传》对董仲舒德政思想做了系统记述。《董仲舒传》的中心内容是《天人三策》，对策的内容主要是董仲舒的天人观，

[1] 《汉书》卷二十三《刑法志》，中华书局1962年版，第1079页。
[2] 《汉书》卷二十三《刑法志》，中华书局1962年版，第1109页。

却也蕴含了大量的德政思想。如在第一策中，董仲舒说：“道者，所繇适于治之路也，仁义礼乐皆其具也。故圣王已没，而子孙长久安宁数百岁，此皆礼乐教化之功也。”这就是说，仁义礼乐是政治统治的必由之路。董仲舒以天道任阳不任阴，以说明人道“任德不任刑”的道理：“王者承天意以从事，故任德教而不任刑。刑者不可任以治世，犹阴之不可任以成岁也。”董仲舒还将教化比作堤防：“是故教化立而奸邪皆止者，其隄防完也；教化废而奸邪并出，刑罚不能胜者，其隄防坏也。”在第三策中，董仲舒提出了反对与民争利的思想：“受禄之家，食禄而已，不与民争业，然后利可均布，而民可家足。”“乘富贵之资力，以与民争利于下，民安能如之哉!”

第二，强调以礼乐治国的重要性。《礼乐志》说：“治身者斯须忘礼，则暴嫚入之矣；为国者一朝失礼，则荒乱及之矣。”这就是说，礼是个人立身之本，也是国家立国之本。班固还对礼在社会生活与国家政治中的具体作用作了详细论说：

> 故婚姻之礼废，则夫妇之道苦，而淫辟之罪多；乡饮之礼废，则长幼之序乱，而争斗之狱蕃；丧祭之礼废，则骨肉之恩薄，而背死忘先者众；朝聘之礼废，则君臣之位失，而侵陵之渐起。[1]

在班固看来，礼乐政刑四者兼备，就是王道政治，《礼乐志》说：“礼节民心，乐和民声，政以行之，刑以防之。礼乐政刑四达而不悖，则王道备矣。”班固认为礼和乐同为德政的体现，二者又有区别：“乐以治内而为同，礼以修外而为异；同则和亲，异则畏敬；和亲则无怨，畏敬则不争。揖让而天下治者，礼乐之谓也。”[2] 显然，礼与乐在治国当中是缺一不可的。班固还特别强调乐具有移风易俗的效用：“乐者，圣人之所乐也，而可以善民心。其感人深，其移风易俗易，故先王著其教焉。”[3] 所以《礼乐志》引孔子曰：“安上治民，莫善于礼；移风易俗，莫善于

---

[1] 《汉书》卷二十二《礼乐志》，中华书局1962年版，第1028页。
[2] 《汉书》卷二十二《礼乐志》，中华书局1962年版，第1028页。
[3] 《汉书》卷二十二《礼乐志》，中华书局1962年版，第1036页。

乐。”礼乐可以“通神明，立人伦，正情性，节万事”，故而“治道非礼乐不成”。

第三，对汉代德政作出评述。这表现在两个方面，一方面，《汉书》通过揭露西汉暴政，对百姓疾苦寄予同情。西汉很长一段时间实行郡国并行制，一些诸侯王独霸一方，为非作歹，穷凶极恶，《景十三王传》对此作了如实记载。如记载江都易王刘建一贯肆意淫乱，任意草菅人命，“凡杀不辜三十五人”；广川王刘去也是个嗜杀成性之徒，他杀人的手段极其狠毒，对于这样一个悖虐之徒，议者皆主张治其罪，然而天子却“不忍致王于法”。西汉一朝诸侯王的暴虐绝不仅此二例，正如班固在传后所说：“汉兴，至于孝平，诸侯王以百数，率多骄淫失道。”西汉后期政治昏暗，民不聊生。在《贡禹传》中，班固借贡禹奏言元帝述百姓因大饥荒而饿死的惨状，以此揭露了统治者对待老百姓的麻木不仁的态度。贡禹说：“天下之民所为大饥饿死者，是也。今民大饥而死，死又不葬，为犬猪（所）食。人至相食，而厩马食粟，苦其大肥，气盛怒至，乃日步作之。王者受命于天，为民父母，固当若此乎!”老百姓因大饥而死，统治者却“厩马食粟”，贡禹的奏言无疑是对元帝统治的一种莫大的讽刺，同时也把罪责直接指向了这个“受命于天”的君主。班固记录诸侯王的暴行和贡禹的指责，其实也表达了自己对于西汉暴政、昏政的极度不满，同时寄予了对处于水深火热之中的西汉百姓的同情。

另一方面，《汉书》提出了一些具体的德政主张。一是要解决土地问题。在《食货志》中，班固赞同董仲舒关于土地问题的看法，认为秦朝的灭亡，与其“除井田，民得卖买，富者田连阡陌，贫者亡立锥之地”有着密切的关系，而汉朝建立后，却对此“循而未改”，结果土地问题依然严重，直接影响了政治稳定。要解决农民土地问题，就必须要“限民名田，以澹不足，塞并兼之路”。然而西汉的土地问题始终没有得到很好解决，到了后期，随着统治的腐败，土地兼并情况日益严重，一些有见识的大臣又重新开始提出限田的主张。如哀帝时的大臣师丹就认为“今累世承平，豪富吏民訾数钜万，而贫弱俞困”。要改变这种局面，必须改作政治，实行限田。二是要轻徭薄赋，养育民力。《食货志》肯定汉初以来劝民农桑、轻徭薄赋的政策，认为正是这样一种养育民力的政策，造就了文景盛世。而汉武帝却“外事四夷，内兴功利，役费并兴，而民去

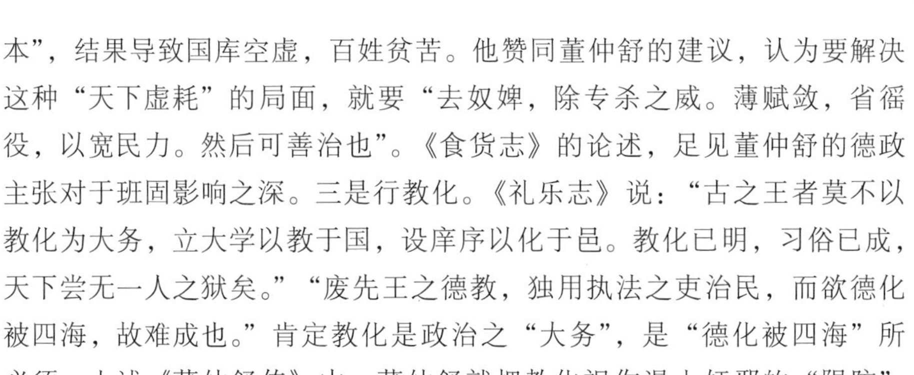

本”，结果导致国库空虚，百姓贫苦。他赞同董仲舒的建议，认为要解决这种“天下虚耗”的局面，就要“去奴婢，除专杀之威。薄赋敛，省徭役，以宽民力。然后可善治也”。《食货志》的论述，足见董仲舒的德政主张对于班固影响之深。三是行教化。《礼乐志》说：“古之王者莫不以教化为大务，立大学以教于国，设庠序以化于邑。教化已明，习俗已成，天下尝无一人之狱矣。”“废先王之德教，独用执法之吏治民，而欲德化被四海，故难成也。”肯定教化是政治之“大务”，是“德化被四海”所必须。上述《董仲舒传》中，董仲舒就把教化视作遏止奸邪的“隄防”，班固重视教化的思想跟董仲舒是完全一致的。

（三）班固的刑法思想

德主刑辅，说明政治治理既要尊崇仁德，也离不开刑法。《刑法志》集中体现了班固的刑法思想。其一，“刑罚不可废于国”。作为德政的辅助手段，刑法在治国当中发挥着重要作用。《五行志》说：“鞭扑不可弛于家，刑罚不可废于国，征伐不可偃于天下。”认为治家需要用鞭扑，治国需要用刑罚，治天下不能废除征伐。当然，在文德与刑法之间，“用之有本末，行之有逆顺耳……文之所加者深，则武之所服者大；德之所施者博，则威之所制者广”。这就是说，文德与威武是相辅相成的，文德政治推行得越得力，威武的作用就越大，但这绝不是完全以文德取代威武，以德政取代刑法。其二，历代皆重视刑法。班固认为，自黄帝以来的统治者都普遍重视刑法的作用。《刑法志》说：“唐虞之际，至治之极，犹流共工，放讙兜，窜三苗，殛鲧，然后天下服。夏有甘扈之誓，殷、周以兵定天下矣。天下既定，戢臧干戈，教以文德，而犹立司马之官，设六军之众，因井田而制军赋。”[1] 认为唐虞三代虽然是圣王统治时期，以文德教化天下，却依然离不开刑罚。值得注意的是，班固所谓刑罚，分大中小三类，“大刑用甲兵，其次用斧钺；中刑用刀锯，其次用钻凿；薄刑用鞭扑。”[2] 在班固看来，动乱时期离不开兵刑，即使天下安定后，也还是需要军队，因此无论是乱世还是治世，刑法都是不可或缺的。春秋时期虽然法度遭到破坏，但一些有作为的诸侯国，依然重视刑法治国，

[1] 《汉书》卷二十三《刑法志》，中华书局 1962 年版，第 1081 页。

[2] 《汉书》卷二十三《刑法志》，中华书局 1962 年版，第 1079—1080 页。

如齐桓公修军令、定卒伍军政，晋文公“作被庐之法”，先后称霸诸侯，虽然不合王道，也是一时之需。战国时期，“雄桀之士因势辅时，作为权诈以相倾覆，吴有孙武，齐有孙膑，魏有吴起，秦有商鞅，皆禽敌立胜，垂著篇籍”。汉朝立国，“京师有南北军之屯”，汉武帝时更是“岁时讲肄，修武备”。[1] 除军队外，历代也普遍重视制定法律，以刑罚治民。如“夏有乱政而作禹刑，商有乱政而作汤刑，周有乱政而作九刑”[2]。由此可见，历代统治者都很重视刑法的制定，以作为规范百姓的法律依据。

第三节　董仲舒的大一统说与班固的大一统观

西汉武帝时代是大一统政治巩固时期。作为这一时期的经学大师，董仲舒迎合大一统政治的需要，积极阐发大一统思想。董仲舒大一统学说的内涵十分丰富，主要包含立元正始的政治大一统、“独尊儒术”的思想大一统和德化四夷的民族大一统等思想。班固作为大一统时代的史家，受到了大一统政治形势和董仲舒大一统理论的影响。《汉书》的断汉为史也蕴含了丰富的大一统思想，具体表现为重视歌颂西汉大一统功业，认同董仲舒提出的“独尊儒术”的思想大一统主张，民族史撰述上蕴含民族大一统思想。

一、董仲舒的大一统说

所谓大一统，“大”是推崇、张大之义，“一统”则是指国家统一。推崇国家统一是董仲舒今文经学的重要思想之一。从理论路径而言，董仲舒的大一统说直接承袭自西汉公羊学的大一统理论，同时也受到先秦诸子天下统一观念的影响。从思想内涵而言，董仲舒的大一统说包含了“立元正始”的政治大一统、“独尊儒术”的思想大一统和“王者爱及四

[1] 《汉书》卷二十三《刑法志》，中华书局 1962 年版，第 1083—1085、1090 页。
[2] 《汉书》卷二十三《刑法志》，中华书局 1962 年版，第 1093 页。

夷”的民族大一统等思想主张。

(一) 董仲舒大一统说的理论路径

早在春秋战国时期，面对社会的混乱，诸子就开始思考天下统一的问题。儒家创始人孔子面对春秋时期的乱世，就说：“天下有道，则礼乐征伐自天子出；天下无道，则礼乐征伐自诸侯出。”[1] 期望天下安定，上下尊卑有序。孟子在回答梁惠王如何才能安定天下的问题时，明确提出了“定于一”的思想，[2] 肯定天下统一才能安定。荀子也提出了“四海之内若一家”[3]、“天下为一，诸侯为臣”[4] 的主张。墨子提出“尚同”主张，希望建立一个以君主的意志为天下人意志的统一政治格局。法家倡导高度的君主专制集权，希望君主通过法律、权术和势位，建立起“政在四方，要在中央”的政治统一秩序。先秦诸子特别是儒家关于天下统一的思考，对于董仲舒大一统说的产生是有影响的。不过，先秦诸子虽然提出了天下统一的主张，却没有从理论上对“大一统”作出具体阐述。

最早对“大一统”作出理论阐述的是《公羊传》。《春秋·隐公元年》开篇说：“元年，春，王正月。”《公羊传》认为经文“王正月”体现了“大一统”之义：“王者孰谓？谓文王也。曷为先言王而后言正月？王正月也。何言乎王正月？大一统也。”将“王正月”与“大一统”联系在一起，这是《公羊传》的首创，《公羊传》的大一统思想正是由此生发的。《公羊传》认为，“王正月”中的“王”指的是周文王，《春秋》把“正月”写在“王”的后面，是为了表明这里的“正月”采用的是周文王所定的历法，这样的书写原则包含着对周文王和周朝天子的尊崇。《春秋》作为当时诸侯国鲁国的国史，采用周文王的历法，当然是一种尊崇周天子，拥护天下一统的举动。《公羊传》的这一番推论并不是空穴来风，而是有一定历史依据的。春秋时期，周天子还是名义上的天下共主，各诸侯国理应采用周朝历法。可是事实上，当时各诸侯国不但在政治上各自

[1] 《论语·季氏》，《诸子集成》本，中华书局 1954 年版。

[2] 《孟子·梁惠王上》，《诸子集成》本，中华书局 1954 年版。

[3] 《荀子·议兵》，《诸子集成》本，中华书局 1954 年版。

[4] 《荀子·正论》，《诸子集成》本，中华书局 1954 年版。

为政，而且所使用的历法也不尽相同。如《春秋》记述鲁国历史采用的是周历，而《左传》记述晋国历史采用的则是夏历。实际上，当时夏、商、周三代历法都在使用。在《公羊传》的作者看来，既然周天子是天下共主，《春秋》书写“王正月”，主张用周朝历法，显然是为了表达一种天下一统的思想。《公羊传》开篇就着力阐发《春秋》的大一统之义，由此可知它视大一统思想为《春秋》及《公羊传》自身的主旨思想。

董仲舒的大一统论是沿着《公羊传》的思路展开的，其切入点也是由“王正月”到“大一统”。但在对大一统内涵的理解上，二者有着较大的出入，《公羊传》主张一统于周文王，而董仲舒则认为应一统于受命于天、改制作科的新王。董仲舒《春秋繁露·三代改制质文》说：

> 何以谓之王正月？曰：王者必受命而后王。王者必改正朔，易服色，制礼乐，一统于天下，所以明易姓，非继人，通以己受之于天也。王者受命而王，制此月以应变，故作科以奉天地，故谓之王正月也。[1]

由上可见，与《公羊传》主张一统于周文王不同，董仲舒认为应一统于新王，新王改正朔、易服色、制礼乐，目的是表明受命于天。这使得董仲舒的大一统思想又有了王一统于天的内蕴，天人关系由此而得以打通。在《天人三策》中，董仲舒也对“春”、“王”、“正月”三者之间的关系作了说明，他说：“正次王，王次春。春者，天之所为也；正者，王之所为也。其意曰，上承天之所为，而下以正其所为，正王道之端云尔。”[2]认为“王”之所以次于“春”，因为“春”是天事；“正月”之所以次于“王”，因为“正月”是王事。同时，王必须上承天之所为而进行改正朔、易服色、制礼乐之事，以此报答上天。很显然，《天人三策》的说法和《三代改制质文》的论述是相一致的。

---

[1] 董仲舒著，苏舆义证：《春秋繁露义证》卷第七《三代改制质文》，中华书局 1992 年版，第 185 页。

[2] 《汉书》卷五十六《董仲舒传》，中华书局 1962 年版，第 2501—2502 页。

（二）董仲舒大一统说的基本内涵

纵观董仲舒的大一统说，其主要思想内涵有三个方面。第一，“立元正始”的政治大一统。“元”在董仲舒大一统论中具有本体论的意义。董仲舒认为，在《春秋》“元年春王正月”中，不但“王正月”具有大一统之义，而且“元年”也并非虚置之辞，其间必然蕴含了大一统之义。《春秋繁露》中多处对“元”的含义作了论述，如《玉英》篇说：“谓一元者，大始也。”《重政》篇说：“《春秋》变一谓之元，元犹原也，其义以随天地终始也。”《王道》篇说：“《春秋》何贵乎元而言之？元者，始也，言本正也。”《天人三策》也对“元”的含义作了阐释，认为：“《春秋》谓一元之意，一者万物之所从始也，元者辞之所谓大也。谓一为元者，视大始而欲正本也。”总体来看，董仲舒所谓的“元”，具有两种含义：其一，元是先于万物的本体，因此是天地万物之“始”；其二，天地万物虽然千差万别，究其根源则归于“一”，所谓“一者万物之所从始也”。但是，这个作为万物源头的“一”是一种“大一”，它不等于具体的“一”。为区别起见，《春秋》称这个作为万物之源的“大一”为“元”，此所谓“元者辞之所谓大也”。由此可见，董仲舒视元为天地万物之始，这就将其“王正月”所体现的天下统一于王（新王）、王统一于天的大一统思想往上做了进一步追究，从而得出了天统一于元的大一统思想。

董仲舒的“元”论并非只是一种玄学式的形上论，而是要落实到现实社会中成为一种政治论。在董仲舒看来，在现实政治中，君王即是国之元始，所谓“君者元也”[1]，天下应该统一于君王。理由有三：其一，天子受命于天。《为人者天》篇说：“传曰：唯天子受命于天，天下受命于天子，一国则受命于君。君命顺，则民有顺命；君命逆，则民有逆命。故曰：‘一人有庆，兆民赖之。’此之谓也。”其二，君王乃国家之“元”，万物之“枢机”。《立元神》篇说：“君人者，国之元，发言动作，万物之枢机。”其三，“君”之名号蕴含本始大义。《深察名号》篇说：“深察君号之大意，其中亦有五科：元科、原科、权科、温科、群科。合此五科，以一言谓之君。”认为“君”号蕴含有五科之义，它是大始、是本原、是

[1] 董仲舒著，苏舆义证《春秋繁露义证》卷第十《深察名号》，中华书局1992年版，第290页。

权威、是温和、是群首。其四，君与臣是心与体之关系。《天地之行》篇说："是故君臣之礼，若心之与体，心不可以不坚，君不可以不贤；体不可以不顺，臣不可以不忠。"君为主为贵，臣为辅为下。

当然，确定君王的元始地位，这是政治大一统的先决条件，而要真正实现政治大一统，还必须要"正始"，即强调君王要以义正己，以仁待民。以义正己，是强调君王要养心修德；以仁待民，是强调君王要推行仁政。《仁义法》篇说："《春秋》之所治，人与我也。所以治人与我者，仁与义也。……仁之法在爱人，不在爱我。义之法在正我，不在正人。"君王内在的道德修养，是要通过外在的治民而得以体现的。因此，王正与不正，归根到底是由其对待民众的态度和推行的治民之策所决定的。也就是说，如果君王推行爱民的仁政，就是正；如果君王推行虐民的暴政，就是不正。在董仲舒看来，要真正实现王者一统，就必须要推行仁德政治。前文所谓养育民力、政令与时令统一、注重教化和贯彻"分予"原则等，便是这种仁德政治的具体体现，此不赘述。

第二，"独尊儒术"的思想大一统。独尊儒术是董仲舒在《天人三策》中提出来的。其中第三策对曰："《春秋》大一统者，天地之常经，古今之通谊也。今师异道，人异论，百家殊方，指意不同，是以上亡以持一统；法制数变，下不知所守。臣愚以为诸不在六艺之科孔子之术者，皆绝其道，勿使并进。邪辟之说灭息，然后统纪可一而法度可明，民知所从矣。"[1] 这段话清楚地告诉人们，政治大一统必须思想大一统，而思想大一统则必须统一到儒家学说上来。

所谓政治大一统必须思想大一统，这是因为思想意识都是与政治紧密相连并为政治统治服务的。春秋战国时期政治分裂，国家动乱，政治统一成为当时最大的诉求。为适应这种政治需要，诸子各执其说，旨在宣扬结束动乱的思想主张。伴随着政治统一进程的加速，学术思想争鸣也逐渐呈现出一种趋同性，诸子对于天下统一的认识日益接近，如儒家荀子的"隆礼重法"思想、《吕氏春秋》为代表的东家对于诸子思想的兼收并蓄等，便是这种学术思想趋同性的具体体现。秦、汉两朝都是大一统王朝，为适应政治统一的需要，秦朝采取了"独尊法术"的做法，以

[1]《汉书》卷五十六《董仲舒传》，中华书局1962年版，第2523页。

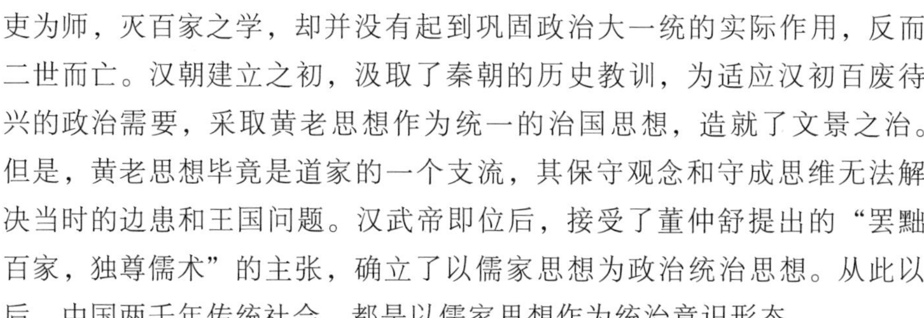

吏为师，灭百家之学，却并没有起到巩固政治大一统的实际作用，反而二世而亡。汉朝建立之初，汲取了秦朝的历史教训，为适应汉初百废待兴的政治需要，采取黄老思想作为统一的治国思想，造就了文景之治。但是，黄老思想毕竟是道家的一个支流，其保守观念和守成思维无法解决当时的边患和王国问题。汉武帝即位后，接受了董仲舒提出的“罢黜百家，独尊儒术”的主张，确立了以儒家思想为政治统治思想。从此以后，中国两千年传统社会，都是以儒家思想作为统治意识形态。

那么，为何思想大一统必须要统一到儒家学术上来？换言之，汉武帝为何会接受董仲舒独尊儒术的建议，以儒家思想作为国家的统一思想？这需要从两方面作出解说：一是历史的必然选择。如果说春秋战国时代是一个学术思想被自由选择的时代，那么秦与汉初则是一个统治思想不断被否定的时代。在春秋战国时期，诸子百家提出各种结束分裂、实现统一的思想，而各诸侯国则对这些学术思想进行选择。可以说，诸子百家的思想主张都在不同程度上受到了采纳，其中影响最大者当属法家，它对加速战国政治统一进程产生了重大影响。秦与汉初，伴随着大一统政治的建立而产生了大一统思想。只是秦的二世而亡，使得法家思想遭到否定；而汉初黄老政治的无为守成难以面对各种社会危机，也最终被儒家思想所取代。由此可见，儒家思想获取独尊地位，具有历史的必然性。二是时代的需要。汉武帝之所以以儒家思想作为统治思想，这与儒家思想中积极进取的精神是分不开的。汉武帝时期，于内有诸侯王国对中央集权的威胁，于外则有匈奴之患，为应对这些问题，汉武帝需要有一种积极进取的思想来取代消极无为的黄老思想，而儒家思想正好迎合了汉武帝积极有为的政治需要。儒家思想从服务于大一统政治而言，其核心思想是强调“尊王攘夷”和“大一统”，而这正是汉武帝时代巩固大一统政治所需要的治国思想。

第三，“王者爱及四夷”的民族大一统。儒家传统夷夏观讲“异内外”，孔子称赞春秋时期的攘夷霸业，孟子认为“南蛮鴃舌之人，非先王之道”[1]，《公羊传》重视宣扬“《春秋》内其国而外诸夏、内诸夏而外

[1]《孟子·滕文公上》，《诸子集成》本，中华书局1954年版。

夷狄"[1]的思想。然而，儒家传统夷夏观又普遍重视以礼义辨别夷夏，主张以夏统夷、德化四夷。孔子认为"居处恭，执事敬，与人忠，虽之夷狄，不可弃也"[2]。孟子强调以夏化夷，说："吾闻用夏变夷者，未闻变于夷者也。"[3]《公羊传》的夷夏观念更为开明，认为夷夏之辨的本质在于礼义文化，故而"退于夷狄则夷狄之，进于中国则中国之"[4]。

董仲舒继承了先儒与《公羊传》的夷夏观念，具体表现在两个方面。其一，重视以礼义文化来分辨夷夏。相较于儒家先贤，董仲舒的夷夏之辨更为精密。如《春秋繁露》的《精华》篇一方面认为《春秋》重视通过遣词来明辨夷夏之别；另一方面则将夷夏之别区分为中国、大夷和小夷三等，强调小夷避大夷、大夷避中国、中国避天子；并指出如此明辨的目的是使"大小不逾等，贵贱如其伦"，即是为了维护纲常等级秩序。《王道》篇对《春秋》"内诸夏而外夷狄"的原因作了论述。该篇说："亲近以来远，未有不先近而致远者也。故内其国而外诸夏，内诸夏而外夷狄，言自近者始也。"在此，董仲舒完全接受了《公羊传》的思想，认为《春秋》是以"亲近来远"之义来辨别夷夏关系，其目的是为了说明王道教化的原则是由近而远、由亲而疏、由夏而夷的。同时，董仲舒强调夷夏之辨必须"从变从义"。《精华》篇说："《春秋》无达辞，从变从义，而一以奉天。"这就是说，夷夏之别不但要以礼义为标准，而且是从变而移的。也就是说，无论是夷还是夏，当其行为违背礼义时，就得夷狄之；反之，当其行为符合礼义时，就得中国之，这就叫作"从变从义"。《竹林》篇说"《春秋》无通辞，从变而移"，以《春秋》"从变而移"的思想来评判晋、楚两国的行事，认为晋国虽然是中原之国，但由于其穷兵黩武，无善善之心和救民之意，所以"不予之"；而楚国虽然是蛮夷之国，由于其有可贵之美和救民之意，所以要"予之"。该篇还对郑国侵略诸侯国、背弃盟约的行为给予否定，而以夷狄视之。相反，对于向慕中原礼

[1]《春秋公羊传注疏・成公十五年》，《十三经注疏》本，中华书局1980年版。

[2]《论语・子路》，《诸子集成》本，中华书局1954年版。

[3]《孟子・滕文公上》，《诸子集成》本，中华书局1954年版。

[4]参见韩愈《原道》，原文为"孔子之作《春秋》也，诸侯用夷礼，则夷之；进于中国，则中国之"。载韩愈著，马其昶校注：《韩昌黎文集校注》，上海古籍出版社2014年版，第19页。

义文化的蛮夷之国，董仲舒则采取肯定态度，而以“中国之”。如赤狄潞子由于仰慕华夏文化，主动归化，《春秋》许之，董仲舒赞之。《仁义法》篇说：“潞子之于诸侯，无所能正，《春秋》予之有义，其身正也，趋而利也。”《观德》篇也说：“潞子离狄而归，党以得亡，《春秋》谓之子，以领其意。”由此可见，董仲舒的夷夏之辨是坚持以礼义作为分辨标准的。

其二，强调“王者爱及四夷”。董仲舒夷夏之辨的标准是礼义文化，而不是种族血缘，因此，四夷与华夏的区别主要是地域和礼义文化。从天下一统的角度而言，华夏臣民和四方夷狄都是君王的子民，君王都应该用仁爱之心对待他们。所以《仁义法》篇说：“故王者爱及四夷，霸者爱及诸侯，安者爱及封内，危者爱及旁侧，亡者爱及独身。独身者，虽立天子诸侯之位，一夫之人耳，无臣民之用矣。”肯定王天下者必须“爱及四夷”。由此可见，君王的仁爱之心是王天下、统夷夏的基础。即使是对那些不愿归化、不遵守礼义道德的夷狄，也应该尽可能地与他们立盟结交，维系一种友好的关系。汉代时期，匈奴是最不愿意归化、军事实力最强的夷狄，汉匈双方矛盾尖锐，最终诉诸战争。董仲舒认为，即使像匈奴这样的夷狄，也应该用仁爱之心对待。只是在无法用仁义去说服他们的情况下，才可以“与之厚利以没其意，与盟于天以坚其约，质其爱子以累其心”[1]。当然，这种做法与其德化夷狄、王道一统的主张有差距，只是一种不得已而为之的做法。但是换个角度来看，作为一种权宜之计，用这种办法来维持与夷狄的友好关系，对于维护和稳定大一统政治也是有积极作用的。

二、班固对董仲舒大一统思想的汲取

董仲舒是西汉武帝时期大一统政治的理论设计师，其大一统思想对于两汉史学都产生了重要影响。班固不但受到董仲舒天人观、政治观的影响，而且也汲取了董仲舒的大一统思想。这主要表现在如下三个方面：一是积极颂扬西汉大一统功业，二是认同“独尊儒术”之思想大一统的

[1]《汉书》卷九十四下《匈奴传》，中华书局1962年版，第3831页。

必要性，三是民族史撰述蕴含了德化四夷的思想。

(一) 积极颂扬西汉大一统功业

这主要体现在两个方面：第一，断汉为史是为了“宣汉”的需要。历史处于不断运动中，人们囿于认知的局限，往往很难对自身所处的历史阶段作出恰如其分的评价。如果说西汉人出于这一原因尚未对西汉历史中的大一统政治有足够认识的话，那么到了东汉，一些具有历史眼光的思想家和史学家则已经充分认识到了其历史地位。如东汉初年的思想家王充就明确认为“汉盛于周”，西汉是历史上最强盛的朝代。为此他写了《宣汉》、《须颂》等一系列文字，对汉朝的丰功伟业进行讴歌。

班固与王充是同时代人，其作《汉书》，也是为了追述西汉的功业。《汉书·叙传下》说：

> 固以为唐虞三代，《诗》、《书》所及，世有典籍，故虽尧舜之盛，必有典谟之篇，然后扬名于后世，冠德于百王，故曰：“巍巍乎其有成功，焕乎其有文章也！”汉绍尧运，以建帝业，至于六世，史臣乃追述功德，私作本纪，编于百王之末，厕于秦、项之列。太初以后，阙而不录，故探纂前记，缀辑所闻，以述《汉书》……

这段话蕴含了如下三方面思想：一是历史上的盛世功业都需要典籍载录以闻名后世。像儒家心目中的尧、舜盛世时代，也必须要依靠六经典籍的载录，才能使其“扬名于后世，冠德于百王”。二是汉朝的盛世功业也要依靠典籍加以载录。汉朝作为帝尧之后，功业超过以往任何一个时代，需要史家们载记汉朝大一统政治的丰功伟绩，以此确定汉朝的重要历史地位。三是已有的汉史撰述没有承担起“宣汉”的历史责任。其中《史记》叙述汉史不但将其“编于百王之末，厕于秦、项之列”，而且太初以后的史实“阙而不录”；《史记》之后，自褚少孙至班彪十余家《史记》续作，更是未能肩负起“宣汉”的历史重任。基于此种认识，班固断汉为史，著《汉书》，自觉载记汉朝功业，颂扬大汉之德。由此看来，《汉书》改《史记》通史纪传为断代纪传，绝不仅仅只是一种体裁的简单变通，其中蕴含着深刻的“宣汉”思想。

第二，《汉书》对汉朝大一统功业的记述。《汉书·叙传上》对汉朝

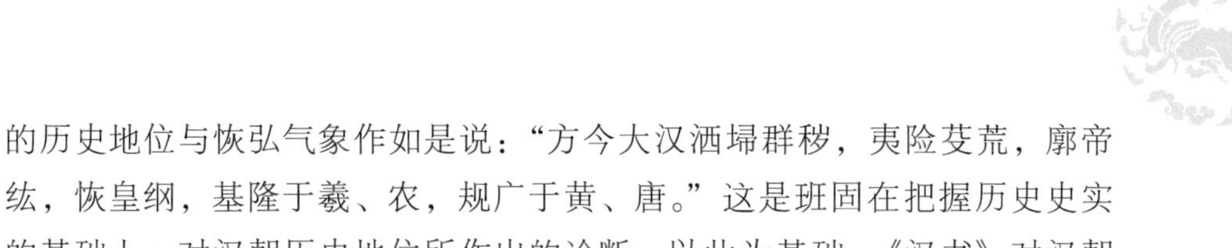

的历史地位与恢弘气象作如是说："方今大汉洒埽群秽，夷险芟荒，廓帝纮，恢皇纲，基隆于羲、农，规广于黄、唐。"这是班固在把握历史史实的基础上，对汉朝历史地位所作出的论断。以此为基础，《汉书》对汉朝大一统功业作出了具体记述，主要表现在如下两个方面：

一是体现在人物传记与典章制度的记述上。在《汉书》的四种体例中，本纪为帝王谱系，表为明晰史实，而最能反映大汉气象与大一统功业的，当属传和志。《汉书》传的部分分量很大，主要是记述历史人物的，包括汉室宗亲、将相名臣，以及儒林、循吏、酷吏、货殖、游侠、佞幸和外戚等各色人物，以及《匈奴传》、《西南夷两粤朝鲜传》和《西域传》三个少数民族史传。《汉书》人物传记内容丰富，便是从人才上反映了汉朝的盛世局面。如《刑法志》记曰："汉兴，高祖躬神武之材，行宽仁之厚，总揽英雄，以诛秦、项。任萧、曹之文，用良、平之谋，骋陆、郦之辩，明叔孙通之仪，文武相配，大略举焉。"《高帝纪下》记曰："天下既定，命萧何次律令，韩信申军法，张苍定章程，叔孙通制礼仪，陆贾造《新语》。又与功臣剖符作誓，丹书铁契，金匮石室，藏之宗庙。虽日不暇给，规摹弘远矣。"从中可见，高祖初定天下之时，文武人才汇集于朝，开国景象气势恢弘，不同凡响。这是《汉书》对西汉大一统王朝规模气度的准确反映，也是对西汉政权长治久安原因的间接交代。《汉书》共有十志，系统反映各类典章制度。其中反映政治制度的有《礼乐志》、《刑法志》、《郊祀志》、《地理志》和《沟洫志》，反映经济制度的有《食货志》，反映文化制度的有《律历志》、《天文志》、《五行志》和《艺文志》，在具体叙述上，注意各项典章制度的演变与发展变化。班固正是通过"上下洽通"，对汉代社会的政治、经济、文化进行了全面叙述，从而对汉代社会的整体面貌做出了把握。

二是体现在对汉朝开疆拓土与大一统地域的记述上。汉朝大一统政治与其开疆拓土的功业分不开。汉武帝利用文景时期休养生息所积聚的经济力量，改守为攻，在对匈奴的战争中取得了重大胜利。汉朝在对民族地区的开发、统治管理或征服上也有了很大进展，这对以汉族为主体的中华民族的形成与发展有着重大影响，也基本奠定了中国广袤领土的四至规模，其历史意义是相当重大的。对此，《汉书》在《武帝纪》、《李广苏建传》、《卫青霍去病传》、《张骞李广利传》、《匈奴传》、《西域传》、

《西南夷两粤朝鲜传》等传中作了详细记述。《地理志》对由此奠定的汉朝大一统政权的疆域作了记述："至武帝攘却胡、越，开地斥境，南置交阯，北置朔方之州。"

(二) 认同独尊儒术之思想大一统的必要性

如前所述，董仲舒"罢黜百家，独尊儒术"的思想不见于《史记》，《汉书·董仲舒传》所记述的《天人三策》则系统地载录了这一思想内容，基本主张是政治大一统必须思想大一统，思想大一统必须统一到儒家学说上来。很显然，独尊儒术是董仲舒迎合汉武帝政治大一统的需要而提出的，成为汉武帝政治大一统的思想基础。《汉书》虽然只是载录董仲舒的思想主张，却既是一种历史纪实，也是一种思想共鸣。作为记述汉朝历史的著作，《汉书》一方面要如实反映汉朝思想大一统主张的提出情况和基本思想，另一方面从中也体现了班固对儒家思想的认识。

第一，《汉书》重视反映儒学独尊的历史过程。《汉书》通过《武帝纪》、《董仲舒传》、《儒林传》等篇章，详细叙述了汉代儒家思想逐步抬头，取代黄老道家，乃至定于一尊的历史过程。如《董仲舒传》详细载录了董仲舒关于"罢黜百家，独尊儒术"的建议，并通过董仲舒的具体对策系统反映了他的儒学思想。又如《武帝纪》，记述了汉武帝刚即位的建元元年（前 140 年），丞相卫绾奏言"所举贤良，或治申、商、韩非、苏秦、张仪之言，乱国政，请皆罢"。汉武帝采纳了这一建议，这可以被视为汉武帝改变统治思想的开始。建元五年，汉武帝设置五经博士，教授儒家经典，开始兴儒。元光元年（前 134 年），汉武帝下诏对策，表示要"上参尧舜，下配三王"，认为"贤良明于古今王事之体"，察问的结果，董仲舒、公孙弘等大儒被受到重视。这一切，都昭示着自汉初以来推行的黄老治国思想逐渐被儒家思想所取代。再如《儒林传》是关于汉代儒者的类传，其所列述的汉代儒家人物有 27 人之多。在该传中，班固对儒者及其与政治的关系作如是说："古之儒者，博学乎六艺之文。六艺者，王教之典籍，先圣所以明天道，正人伦，致至治之成法也。"对于汉朝儒学兴起的过程作了详细叙述："叔孙通作汉礼仪……然尚有干戈，平定四海，亦未皇庠序之事也。孝惠、高后时，公卿皆武力功臣。孝文时颇登用，然孝文本好刑名之言。及至孝景，不任儒，窦太后又好黄老术，故诸博士具官待问，未有进者。""及窦太后崩，武安君田蚡为丞相，黜

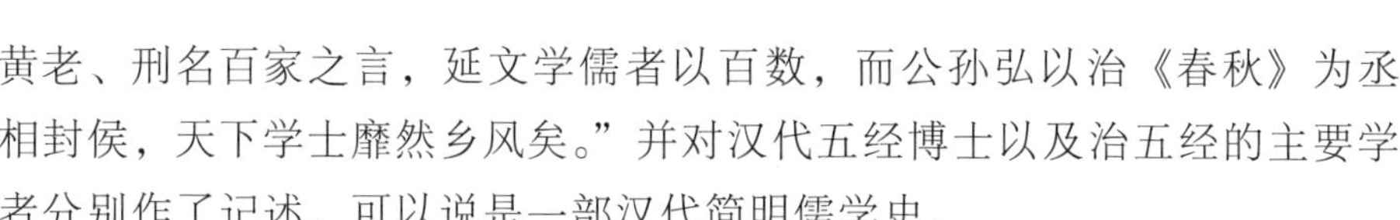

黄老、刑名百家之言，延文学儒者以百数，而公孙弘以治《春秋》为丞相封侯，天下学士靡然乡风矣。”并对汉代五经博士以及治五经的主要学者分别作了记述，可以说是一部汉代简明儒学史。

第二，《汉书》彰显了儒学正统思想。班固是中国古代正统史学的代表，其史学与史学思想是以儒家思想为统帅的。班彪、班固父子有一个著名的“史公三失”论，是讲司马迁史学所谓的三个过失。两人表述相近，用班固的话来说，是“是非颇缪于圣人，论大道则先黄老而后六经，序游侠则退处士而进奸雄，述货殖则崇势利而羞贱贫，此其所蔽也”[1]。“三失”中最关键的一条是“论大道则先黄老而后六经”，其他两条都由此派生。黄老思想是司马迁家学，据《史记·太史公自序》言，司马谈“习道论于黄子”，汉初黄老道家人物黄生是司马谈的业师。司马谈所作《论六家要指》，是一篇汉初黄老道家的纲领性文献，集中体现了黄老道家兼收并蓄的学术思想特征。司马迁自然会受到黄老道家的影响，这在《史记》中确实有很多体现。如他赞成黄老道家的治国思想，主张理民以静。《平准书》对汉初六七十年推行黄老思想治国，采取与民休息政策所取得的成就给予赞扬；对汉武帝多事扰民的举措给予否定。司马迁在吏治上肯定“奉职循理”的官吏，特为他们作《循吏列传》。他还称赞奉行黄老思想治国的曹参“为汉相国，清静极言合道。然百姓离秦之酷后，参与休息无为，故天下俱称其美矣”，并借百姓之口歌之曰：“萧何为法，顜若画一；曹参代之，守而勿失。载其清净，民以宁一。”[2] 很显然，司马迁理民以静的政治观，源于黄老道家。但是司马迁更推崇儒家也是事实。他早年游学，曾经到曲阜感受儒风；他问学于汉代今文经学宗师董仲舒，深受其公羊学的影响，又问学于孔安国，得到了古文经学的熏陶；他在《史记》中将儒家创始人孔子列为世家，称赞其学“传十余世，学者宗之”，是“高山仰止，景行行止”的万众景仰式的人物；他作《史记》，以“继《春秋》”为己任，以“折中于夫子”、“考信于六艺”为原则，等等。然而班固却依然说司马迁“是非颇缪于圣人”，究竟何因？我们知道，司马迁所处的时代，儒学才逐渐取得独尊地位，司马迁虽然推

---

[1] 《汉书》卷六十二《司马迁传》，中华书局 1962 年版，第 2737—2738 页。

[2] 《史记》卷五十四《曹相国世家》，中华书局 1959 年版，第 2031 页。

崇儒学，却仍是将其作为一种学术思想。到了东汉初年，儒家学说早已成为一种统治思想，已经逐渐走向神学化、谶纬化和法典化，成为时代所迷信的绝对权威。班固是以自己所信奉的神学化、绝对化的儒学来对照司马迁并不纯粹的儒学，由此得出“是非颇缪于圣人”的结论。班固的这种儒学，便是对董仲舒独尊儒学、神化儒家思想的一种继承。

（三）民族史撰述蕴含的民族大一统思想

《汉书》继承了《史记》的民族史撰述思想与方法，所作三篇民族史传《匈奴传》、《西南夷两粤朝鲜传》和《西域传》，记述范围大致囊括了汉代中国境内各民族（部分属于今天的外国），因此，《汉书》反映的是汉代中国统一多民族国家的历史，体现了各民族大一统的思想。《汉书》的民族史撰述当然不局限于三篇列传，还有大量的论述散见于其他篇章。《汉书》民族史撰述蕴含的民族观念，既有对董仲舒德化四夷思想的继承，也有班固自己的见解。

第一，民族政策与民族关系记述的大一统视角。《汉书》设置三篇民族史传，说明班固对中国统一多民族国家的大一统政权特点有着充分的认识。在将民族区域历史纳入大一统政权之中加以记载的同时，班固还非常注意民族政权与中央政权之间的密切关系。换言之，《汉书》的民族史撰述往往是以其与中央政权关系的紧密程度来决定的。具体表现：一是注意交代中央政权对少数民族地方政权实施的有效管理。《汉书》注重宣扬汉朝处理民族事务的成就，也注重宣传少数民族向往和依附中央朝廷的诚意；注重表彰中央与少数民族地方政权协调关系的事例，也注重披露民族关系中不和谐的因素，总结处理不当的后果和教训。二是重视记述中央政权对少数民族政权的统辖关系。《汉书》把中央政府在少数民族地区管理机构的设置情况，包括设置过程、所辖区域、沿革变化和职官、职能实施等作为记述的重要内容，肯定中国对这些地区的主权及大一统政权经营四方的成就。如《西域传》的开头，概述西域总貌后，就细致地交代了从通西域到定西域的历史过程，肯定了这是汉朝超迈往古的历史成就。三是重视交代少数民族政权与中央政权的关系。如《西域传》在介绍西域各国时，注意交代其与汉都长安及汉在西域都护治所的地域关系：“且末国，王治且末城，去长安六千八百二十里。……西北至都护治所二千二百五十八里……莎车国，王治莎车城，去长安九千九百

五十里。……东北至都护治所四千七百四十六里。”体现了两者在政治上的联系和统属关系。又如《西南夷两粤朝鲜传》，班固收录了汉文帝赐南越王赵佗书和赵佗所上书，也是为了说明中央政权与地方政权的紧密关系。四是重视记述处理民族事务的杰出人物。如《卫青霍去病传》、《赵充国辛庆忌传》、《傅常郑甘陈段传》等，可谓是以威德定边陲的群英谱。《郑吉传》肯定了郑吉扬威西域，首置都护之功，认为“汉之号令班西域矣，始自张骞而成于郑吉”。《段会宗传》则表扬了传主有勇有谋有德，既能诛叛逆而立威，又能宣汉德而徕众，多次承担安抚西域的重任，圆满完成朝廷的使命，赢得西域各族的拥戴。段会宗晚年死于乌孙，“城郭诸国为发丧立祠焉”。

第二，《汉书》的德化四夷思想。德化四夷是儒家的传统民族观，班固作为汉代正统史家，继承了儒家的这一民族观念。如在《西南夷两粤朝鲜传》中，班固肯定汉文帝以恩德安抚尉佗的做法，明确主张对于夷狄应该实行“招携以礼，怀远以德”的政策，而这种德化思想与董仲舒的民族观是一致的。同时，在该传中，班固也充分肯定了各民族相互交往的意义，认为巴蜀之民正是由于与各地进行商贸往来，才“以此巴蜀殷富”的。在《西域传》中，班固对德化夷狄之策作出了肯定。他一方面肯定文景盛世少生边事的做法：“文、景玄默，养民五世，天下殷富，财力有余，士马强盛。”一方面则指出武帝由于连年征伐，晚年“下哀痛之诏，岂非仁圣之所悔哉”。班固对匈奴存在民族偏见，但从维护大一统政治出发，他对于匈奴主动归化还是给予充分肯定的。如《汉书·萧望之传》就肯定了汉朝天子对待来朝的呼韩邪单于以位在诸侯王之上之礼的做法，认为这是一种有利于四夷向风慕化之举，是国家“万世之长策”。

第三，《汉书》的民族羁縻主张。与董仲舒的民族观相较，班固显得更为消极一些。他主张德化四夷，但也主张对不愿意被感化的少数民族实行羁縻政策。这在其对汉匈关系的认识上表现得非常明显。在《匈奴传赞》中，班固认为西汉一代对匈奴之策不出二途：或和亲，或征伐。不过，他认为这两种政策都是“偏见一时之利害，而未究匈奴之终始”，单独推行其中任何一种政策都是不妥的。相比较而言，班固赞赏汉宣帝推行的“威德并重”政策。同时，他明确提出自己对付匈奴的策略：“来则惩而御之，去则备而守之。其慕义而贡献，则接之以礼让，羁靡不绝，使曲在彼，盖圣王制御蛮夷之常道也。”由此可见，班固的匈奴政策是一种羁縻之策。班固对东汉光武帝建武以来推行羁縻政策，致使西域诸国慕汉之威德而乐于内属大加赞赏。他说：“自建武以来，西域思汉威德，咸乐内属。……圣上远览古今，因时之宜，羁縻不绝，辞而未许。虽大禹之序西戎，周公之让白雉，太宗之却走马，义兼之矣，亦何以尚兹!”[1] 班固视西域的“内属”为汉代“羁縻不绝”的结果，认为这样的功业堪比历史上圣王的攘夷业绩。

应该说，班固与董仲舒的民族观倾向性有所不同，前者强调以羁縻对待夷狄，后者则重视德化四夷的重要性。就汉代民族关系而言，班固的羁縻政策也不失为一种现实之举，它可以使中央政权统御夷狄时，能够做到伸缩自如、进退有据。同时，班固也在一定程度上继承了董仲舒的德化四夷思想。他主张对夷狄推行羁縻政策，却也肯定民族之间的友好往来，赞赏夷狄的主动归化，强调对夷狄实行德化的重要性。如果说羁縻是一种被动的举措，那么，“招携以礼，怀远以德”则无疑是一种主动的策略。也就是说，在班固的民族观中，这两种思想是并存的。当然，与董仲舒一样，在班固的民族观中，一贯到底的还是他的大一统思想。班固对汉代民族政策的评价，他所提出的具体主张和观点，都是出于维护西汉大一统王朝政治统治这一根本宗旨的。

[1] 《汉书》卷九十六《西域传下》，中华书局 1962 年版，第 3930 页。

第七章　《汉书》与刘歆的古文经学

刘歆是西汉末年的古文经学家，他请立《左传》、《毛诗》、《逸礼》和古文《尚书》等古文经，由此发起今古文之争。作为古文经学家，刘歆的学术成就是多方面的。他撰写的我国第一部系统的目录学著作《七略》，在古代历史文献学上有重要地位；他的《三统历谱》宣扬的五行相生之五德终始说，成为历代解说王朝更替、论证政权合法性的重要理论；他作《洪范五行传》宣扬天人感应思想，成为汉代天人感应理论的重要组成部分。刘歆的古文经学思想，对东汉史家班固作《汉书》有着重要影响。前文已经述及《汉书》通过“别向、歆”的形式阐发刘歆的天人感应思想，本章则主要探讨刘歆的《七略》之于《汉书·艺文志》的编纂，五德相生说之于《汉书》历史思想的具体影响。

第一节　刘歆的《七略》与《汉书·艺文志》的编纂

刘歆在其父刘向编纂《别录》的基础上“撮其指要”而成《七略》一书，在中国古代目录学史上占有非常重要的地位。该书包含的书籍与学派分类思想、学术源流的考镜与评述以及古文经学思想等，对中国古代学术发展影响深远。班固著《汉书》，通过对《七略》“删其要”而成《艺文志》，不但沿用了《七略》的内容，开创了正史编纂艺文志的先河，而且继承和发展了刘歆的目录学思想。

一、《七略》的编纂及其目录学思想

刘向、刘歆父子相继编纂《别录》与《七略》，是在西汉末年大规模整理文献的背景下进行的。这次文献整理工作得以开展，与汉初以来重视文化建设、历史资料不断积累密不可分。由于秦火之厄，先秦典籍遭遇了前所未有的毁弃。西汉立国之初，百废待兴，尚未顾及文化建设。汉惠帝四年（前191年），正式“除挟书律”，“秦律敢有挟书者族”的规定得以废止。[1] 文、景之时，朝廷“大收篇籍，广开献书之路”[2]。武帝时“建藏书之策，置写书之官，下及诸子传说，皆充秘府”[3]。《太平御览》卷八十八引刘歆《七略》语称：“百年之间，书积如丘山。故外有太常、太史、博士之藏，内有延阁、广内、秘室之府。”文献不断增多，必然会出现文字不同、错讹缺佚乃至真伪相参等情况，使得对文献进行整理变得非常迫切。正是在这样一种背景下，汉成帝“使谒者陈农求遗书于天下”的同时，于河平三年（前26年）正式下诏校书。据《汉书·艺文志序》载，此次校书的具体分工是：“光禄大夫刘向校经传诸子诗赋，步兵校尉任宏校兵书，太史令尹咸校数术，侍医李柱国校方技。”每撰成一书，则由刘向“条其篇目，撮其指意，录而奏之”。很显然，这次校书工作是分工合作，并由刘向总揽其成的。刘歆是前期书籍整理的助手之一，并在刘向去世后奉诏承继父业。汉哀帝建平元年（前6年），历时20年的校书任务最终完成，统共著录的书籍为13000余卷。由刘向、刘歆父子先后总揽的这次大规模的古籍整理活动，使中国古代典籍在西汉成哀年间得到了一次全面的整理，也为后世文献整理提供了范例。正是在整理文献的基础上，刘向、刘歆通过辨章学术，考镜源流，对已经校雠勘定的文献进行分类，编制目录，从而有了刘向《别录》和刘歆《七略》的问世，二书也成为后世目录学之圭臬。

[1] 《汉书》卷二《惠帝纪》及张晏注，中华书局1962年版，第90页。
[2] 《汉书》卷三十《艺文志序》，中华书局1962年版，第1701页。
[3] 《汉书》卷三十《艺文志序》，中华书局1962年版，第1701页。

(一) 刘向《别录》的撰写

《别录》是各书单篇叙录（又称“书录”）的合集，为各书的内容提要。这次校书活动虽然是分工进行的，但是各书的叙录撰写工作主要是由刘向完成的。刘向非常重视叙录的撰写，将它与书籍的校雠勘定视为文献整理工作的一个有机整体。撰写叙录是与书籍的校雠勘定同时进行的，它们共同构成了文献整理的有机整体。为了突出叙录的重要性，刘向又将各书叙录另备一份，独自编定成书，与原书别行，故而称作《别录》。《别录》涉及的内容主要有书籍篇目、内容大意、存佚及流传情况，书籍的作者及其生平情况，以及对书籍的评述和学术源流叙述等。纵观《别录》的目录学思想，主要体现在如下方面：

一是重视辨章学术，考镜源流。辨章学术是指对学术流派或书籍特点的辨明，而考镜源流是指对书籍源流和学派源流的考辨。仅从留存的诸篇叙录来看，刘向是非常重视对学术流派和学术源流的考辨工作的。换言之，重视对学术流派和学术源流的考辨是《别录》蕴含的重要思想之一。如《列子书录》曰：

> 列子者，郑人也，与郑缪公同时，盖有道者也。其学本于黄帝、老子，号曰道家。道家者，秉要执本，清虚无为。及其治身接物，务崇不竞，合于六经。而《穆王》、《汤问》二篇，迂诞恢诡，非君子之言也。至于《力命》篇一推分命，《杨子》之篇唯贵放逸，二义乖背，不似一家之书。然各有所明，亦有可观者。孝景皇帝时贵黄老术，此书颇行于世。及后遗落，散在民间，未有传者。且多寓言，与庄周相类，故太史公司马迁不为列传。[1]

从这段叙录可以看出，刘向一方面为列子作了学派归类，认为他“学本于黄帝、老子，号曰道家”；一方面对其学说的学术特点作了评介，认为主要是“秉要执本，清虚无为”。由此可见刘向对辨章学术之重视。同时，刘向也重视考察学术源流，叙录在此不但说明了列子的学派源流情

[1] 《全汉文》卷三十七《列子书录》，严可均校辑：《全上古三代秦汉三国六朝文》，中华书局1958年版，第333—334页。

况，而且还对《列子》一书的流传情况及其盛衰原因一一作了说明。对于刘向辨章学术、考镜源流的目录学思想，清代史学家章学诚给予了很高的评价，认为“非深明于道术精微、群言得失之故者，不足与此”[1]。刘向《别录》为后来刘歆撰写《七略》，对学术进行系统分类打下了坚实的基础。

二是以“合于六经”作为书籍评论的标准。刘向是西汉穀梁学大师，一代名儒。因此，其所撰叙录不但重视对书籍进行评论，而且从儒家观点出发，以是否合于六经作为书籍评论的标准。如说《管子》“务富国安民，道约言要，可以晓合经义”；《晏子》“皆忠谏其君，文章可观，义理可法，皆合六经之义”；《列子》“及其治身接物，务崇不竞，合于六经”。[2] 应该说，刘向以学术思想是否合于六经作为书籍评论的标准，这是有失偏颇的。但是，刘向在运用这一标准的同时，却并没有对其他诸家采取排斥的态度。如上引列子便属道家，而刘向却说其学术思想有合于六经之处，给予肯定。刘向甚至认为法家的申不害，其学术思想也有合于六经的。他说：“申子学号曰刑名。刑名者循名以责实，其尊君卑臣，崇上抑下，合于六经也。”[3] 刘向对除儒家外其余诸家的学术并不排斥，这恰恰说明了自董仲舒之后，西汉的儒家实际上已经大量吸收了其他诸家的思想。同时，刘向撰写叙录以是否合于六经为书籍的评论标准，也说明了刘向希望借助文献整理的机会，用儒家思想来统一学术的愿望。

三是重视史料考证。历史文献在流传过程中，必然会出现各种相互矛盾、真伪难辨的现象，这就需要在文献整理过程中认真加以考辨，以期去伪存真。刘向撰写叙录，也非常重视史料的考证工作。从现有叙录来看，最典型的例子莫过于《邓析书录》考证邓析子之死一事。文曰：

> 邓析者，郑人也。好刑名，操两可之说，设无穷之辞。当子产

[1] 章学诚：《校雠通义叙》，载《章学诚遗书》，文物出版社 1985 年版，第 95 页。

[2] 分别见《全汉文》卷三十七《管子书录》、《晏子叙录》、《列子书录》，严可均校辑：《全上古三代秦汉三国六朝文》，中华书局 1958 年版，第 332—333 页。

[3] 《全汉文》卷三十八《别录》，严可均校辑：《全上古三代秦汉三国六朝文》，中华书局 1958 年版，第 338 页。

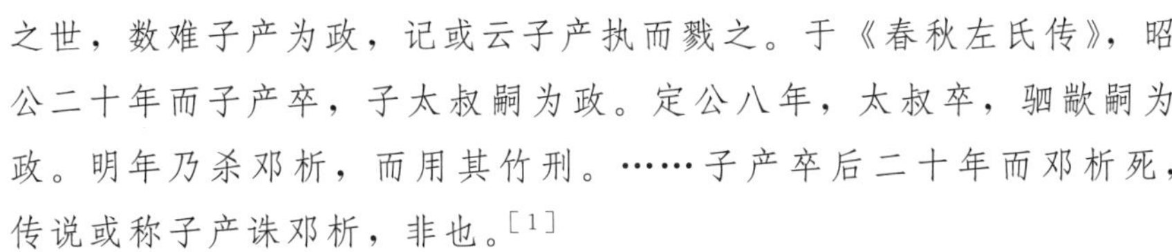

> 之世，数难子产为政，记或云子产执而戮之。于《春秋左氏传》，昭公二十年而子产卒，子太叔嗣为政。定公八年，太叔卒，驷歂嗣为政。明年乃杀邓析，而用其竹刑。……子产卒后二十年而邓析死，传说或称子产诛邓析，非也。[1]

从这段记载可以看出，刘向运用《左传》的材料来考证“邓析被子产所戮”之陈说，其引证详实，说理透彻，从而使陈说被否定。

各书叙录的撰写，以及在此基础上别集而成的《别录》，无疑是刘向文献整理的一大创举。《别录》作为我国历史上第一部书目题解，不但为随后刘歆编纂《七略》奠定了基础，而且也直接为后世学者编写书目题解或书籍评介提供了一种范式。

（二）刘歆《七略》的撰写

如果说《别录》的撰写基本上成于刘向之手，那么《七略》则是刘歆在刘向《别录》的基础上“撮其指要”而成的。说《别录》只是基本上成于刘向之手，是因为在现存的叙录当中，遗留有刘歆撰写的《山海经叙录》，由此可见刘向校书和撰写叙录的工作并没有最终完成。但是，刘向未校的书籍和未编成的叙录肯定为数已不多，因为从刘向之死到刘歆完成《七略》的编写，其间统共只有二三年时间。[2] 而在这期间，刘歆还要集中主要精力编纂《七略》，可见刘向卒时，校书和编写叙录的工作已进入尾声。有学者认为：“如果说校书主要完成于刘向，编目主要完成于刘歆，不会偏离事实太远。”[3] 这个说法是有道理的。不过，《七略》虽然成于刘歆之手，但他确是在刘向《别录》的基础上“撮其指要”而成的。对于《七略》与《别录》之间的关系，阮孝绪在《七录序》中已作了明确说明：“（刘向）又别集众录，谓之《别录》，即今之《别录》是也。子歆撮其指要，著为《七略》，其一篇即六篇之总最，故以《辑

[1] 《全汉文》卷三十七《邓析书录》，严可均校辑：《全上古三代秦汉三国六朝文》，中华书局1958年版，第334页。

[2] 刘向卒于汉成帝绥和元年（前8年），而刘歆于汉哀帝建平元年（前6年）就因《移让太常博士书》得罪权贵而避祸出外任官，故而刘歆承父典领五经的时间统共不足三年。

[3] 曾贻芬、崔文印：《两汉时期历史文献学的初步形成》，《史学史研究》1988年第1期。

略》为名，次《六艺略》，次《诸子略》，次《诗赋略》，次《兵书略》，次《数术略》，次《方技略》。”曾贻芬、崔文印也认为“‘七略’就是每个部类皆略取《别录》而来”[1]。

《七略》作为我国第一部系统的目录学著作，第一次对我国古代的书籍进行了全面、系统的分类，从而为后世书籍分类提供了范式。中国古代学术分类发轫于先秦，像《庄子·天下》、《荀子·非十二子》、《韩非子·显学》、《吕氏春秋·不二》等篇，诚可谓是这方面的先驱之作。司马谈《论六家要指》第一次对先秦学术思想进行了系统总结和分类。刘向、刘歆父子的书籍分类与此不同，不但包含了传统意义上的学术思想分类（诸子学术分类），而且是对所有文献的全面而系统的分类。因此，刘歆的《七略》可以称得上是中国古代第一次书籍大分类。《七略》一书今已不存，然班固《汉书·艺文志》却是“删其要”而成的，我们完全可以从中管窥刘氏分类思想之大要。

其一，首倡书籍六分法。《七略》一书共分《辑略》、《六艺略》、《诸子略》、《诗赋略》、《兵书略》、《数术略》和《方技略》等七个“略”，而实际上《辑略》只是对全书的总体说明，不属于书籍分类。因此，《七略》的书籍分类是一种六分法，亦即将书籍分成六艺、诸子、诗赋、兵书、数术和方技六大门类。大类之下有小类，亦称种，《七略》共分书籍为 38 种。小类（即种）之下有家，《七略》共著录图书 603 家，13000 余卷。《七略》六分法已经在司马谈《论六家要指》学术分类的基础上大大向前发展了。司马谈的学术分类只是将先秦诸子学术分为六家，而刘歆的学术分类则在诸子之外又划分了五大类，因而是一种囊括了各种学术的分类。刘歆六分法对后世目录分类有着重要影响，此后各时代的书籍分类，其实都是在此基础上所作的不同整合而已。如王俭的《七志》、阮孝绪的《七录》，顾名思义，即知乃刘氏《七略》之仿作。即使在中国目录学史上有着重要影响的经、史、子、集四分法，其基本因子也已尽在《七略》之中。由此可见，《七略》的六分法不但对中国目录分类有开创之功，而且对中国目录学的发展也有着深远的影响。同时，《七略》的撰写以及六分法的提出，对于正史的编写也有莫大的影响。中国第一个古

[1] 曾贻芬、崔文印：《两汉时期历史文献学的初步形成》，《史学史研究》1988 年第 1 期。

代正史的艺文志——班固的《汉书·艺文志》，便是直接对《七略》“删其要”而成的。因此，《七略》之于中国学术和中国史学居功至伟。范文澜先生对《七略》之于史学的贡献给予了很高的评价，将其与《史记》相提并论。他说：“它（《七略》）不只是目录学校勘学的开端，更重要的还在于它是一部极可珍贵的古代文化史。西汉有《史记》、《七略》两大著作，在史学史上是辉煌的成就。”[1]

其二，提出十家九流说。十家九流是《七略·诸子略》的学术分类，它是在司马谈六家说的基础上发展起来的。所谓九流，即是在司马谈所论阴阳、儒、墨、法、名、道六家的基础上补上纵横、杂、农三家。不过，《七略》之九流虽然也将司马谈所论六家置于最前，但对于六家本身的排序却与司马谈不同，《七略》前六家依次是儒、道、阴阳、法、名、墨。九流以儒贯首，这自然体现了刘氏之儒家本色，同时也是与汉代诸子学术之地位相符的。而十家，则是在九流之后附以小说家。《七略》提出的十家九流说，一方面充分肯定了司马谈关于先秦诸子学术已有的六家分类的思想和方法，一方面又在此基础上作了进一步的补充。我们认为，从诸子学术分类而言，司马谈划定诸子学术为六家，实为千古不易之论。但是，刘歆的十家九流之分类，其目的一方面是为了更加全面地囊括诸子学术之流派，一方面则是出于著录书目，为全面评述诸子学术提供方便的一种需要。因此，十家九流说的主要意义在于其提供了一种目录学上的便利。对于十家九流说之于诸子学术的目录分类上的意义，即使如对此划分颇有微词的梁启超也是予以肯定的，他说：“学派既分，不为各赋一名以命之，则无所指目以为论评之畛畔，况校理书籍，尤不能不为之类别以定编录之所归，故《汉志》以‘流’分诸子，在著述方法上不能不认为适当。”[2] 而梁启超对十家九流说有微词，主要是认为《七略》所补四家在学术思想和性质上与前六家非为同类，不可并列。尽管如此，他也不得不承认“分诸子为九家十家，不过目录学一种利便”[3]，

[1] 范文澜：《中国通史简编》（修订本）第二编，人民出版社1958年版，第126页。

[2] 梁启超：《饮冰室合集·专集》之八十四《汉书艺文志诸子略考释》，中华书局1989年版。

[3] 梁启超：《饮冰室合集·专集》之八十四《汉书艺文志诸子略考释》，中华书局1989年版。

肯定十家九流说之目录分类的必要性。

其三，提出“诸子出于王官”论。“诸子出于王官”是刘氏在《七略·诸子略》中提出的一个重要理论。如果说司马谈《论六家要指》主要是通过辨章学术而将诸子分为六家，那么刘氏以“诸子出于王官”论来探本诸子（即十家九流）学术则体现了考镜源流的旨趣。“诸子出于王官”论详见于《汉书·艺文志》，如说：

> 儒家者流，盖出于司徒之官，助人君顺阴阳明教化者也。游文于六经之中，留意于仁义之际，祖述尧舜，宪章文武，宗师仲尼，以重其言，于道最为高。
>
> 道家者流，盖出于史官，历记成败存亡祸福古今之道，然后知秉要执本，清虚以自守，卑弱以自持，此君人南面之术也。
>
> 阴阳家者流，盖出于羲和之官，敬顺昊天，历象日月星辰，敬授民时，此其所长也。及拘者为之，则牵于禁忌，泥于小数，舍人事而任鬼神。
>
> 墨家者流，盖出于清庙之守。茅屋采椽，是以贵俭；养三老五更，是以兼爱；选士大射，是以上贤；宗祀严父，是以右鬼；顺四时而行，是以非命；以孝视天下，是以上同：此其所长也。及蔽者为之，见俭之利，因以非礼，推兼爱之意，而不知别亲疏。

如此等等。对于《七略》“诸子出于王官”之论，梁启超提出了批评。梁氏说：“其述各派渊源所自，尤属穿凿附会，吾侪虽承认古代学术皆在官府，虽承认春秋战国间思想家学术渊源多少总蒙古代官府学派之影响，但断不容武断某派为必出于某官。”[1] 在此，梁启超并不反对王官学对诸子学术的助益和影响，但他批评《七略》断定某家一定出于某官的说法。应该说，梁启超的这一批评是较为中肯的。值得注意的是，《七略》在提出“诸子出于王官”的同时，还肯定了十家九流学术各有所长（当然刘歆对诸子学的评论是以儒家为本位的）。刘歆认为，诸子之学都是服

[1] 梁启超：《饮冰室合集·专集》之八十四《汉书艺文志诸子略考释》，中华书局1989年版。

务于政治的，是出于治政需要而产生的，因此，诸子学术与治政之间的关系，诚如《易传》所说，是“天下同归而殊途，一致而百虑”。既然诸子学术都是为了治政的需要，因此，刘歆认为人们应该在尊崇儒术的前提下，积极吸取诸家学术之长。他说：“若能修六艺之术，而观此九家之言，舍短取长，则可以通万方之略矣。”[1] 应该说，刘歆兼收诸子学术的思想是对司马迁学术思想和精神的一种继承，如果联系到刘歆所处的西汉末年已是儒术独尊、谶纬神学泛滥，他有这样一种开放的学术思想就更加难能可贵了。

二、《汉书·艺文志》删取《七略》及其目录学成就

刘歆的《七略》是对刘向《别录》“撮其指要”而成的，而班固的《汉书·艺文志》(以下简称“《汉志》”)则是对刘歆《七略》“删其要”而成的。《汉志》不但保存了《七略》的基本内容，而且做了一定的删改，在历史编纂与目录学思想上都有重要意义。

(一)《汉志》对《七略》的删取与整理

对于《汉志》删取《七略》，史家刘知幾、郑樵多有批评。刘知幾《史通·书志》认为班固《汉书》十志多为“因人成事”之作：“缀孙卿之词以序《刑法》，探孟轲之语用裁《食货》，《五行》出刘向《洪范》，《艺文》取刘歆《七略》，因人成事，其目遂多。”其中就包括删取刘歆《七略》而成的《艺文志》。郑樵更是因为与班固《汉书》断代为史的作史理念不同，而直斥班固为“浮华之士也，全无学术，专事剽窃”[2]。他针对《汉志》删取《七略》之事评论道：“班固《艺文志》，出于《七略》者也。《七略》虽疏而不滥，若班氏步步趋趋不离于《七略》，未见其失也。间有《七略》所无，而班氏杂出者，则踬矣。”随后举出一些具体事例，以证明班固只是“胸中元无伦类”之人。[3] 诚如章学诚所言：“郑樵《校雠》诸论，于《汉志》尤所疎略。盖樵不取班氏

[1] 《汉书》卷三十《艺文志》，中华书局1962年版，第1746页。
[2] 郑樵：《通志·总序》，中华书局1987年版。
[3] 郑樵：《通志》卷七十一《校雠略·编次不明论》，中华书局1987年版，第836页。

之学故也。”[1] 实际上，《汉志》虽然是删取《七略》而成，却绝不只是简单承袭，在结构、分类以及辨伪等方面，是颇为用心和讲究的，蕴含了班固对目录学的理解。

一是结构调整。前已述及，刘歆的《七略》，顾名思义，包含七个部分，分别是《辑略》、《六艺略》、《诸子略》、《诗赋略》、《兵书略》、《数术略》和《方技略》，其中《辑略》是说明各派学术源流、内涵与特点的。《汉志》从形式上取消了《辑略》，却保留了其内容，将其拆散，作为序文并入各篇当中，使得图书著录与相关学派学术说明结合得更为紧密，使读者在了解图书典籍的同时，也加强了对各派学术及其流变的认识。

二是分类调整。《汉志》在大体保留《七略》书目分类的基础上，进行了一定程度的调整，从而使书籍分类更为合理。《汉志》分类调整奉行的基本原则是“入”、“出”、“省”。所谓“入”，颜师古注云：“凡言入者，谓《七略》之外班氏新入之也。”其实“入”还有一种情况，就是书目原来《七略》中就有，只是出于合理性考虑，而从一类中移至另一类中。其中“新入”者，如《六艺略》中有《书》“入刘向《稽疑》一篇”，小学“入扬雄、杜林二家二篇（一说三篇）”；《诸子略》中有儒家“入扬雄一家三十八篇”；《诗赋略》“入扬雄八篇”等。“移入”者，如《六艺略》中有《礼》“入《司马法》一家，百五十五篇”；《诸子略》中有杂家“入兵法”；《兵书略》“入蹴鞠一家二十五篇”等。“出”即是移出的意思，说明原有内容不适合分在此类。如《六艺略》中《乐》“出淮南刘向等《琴颂》七篇”；《诸子略》“出蹴鞠一家，二十五篇”；《兵书略》“出《司马法》百五十五篇入礼也”等。“省”通常是因为书目重复出现在几类当中，保留一处而省去他处的做法。如《六艺略》中《春秋》“省《太史公》四篇”；《兵书略》“省十家二百七十一篇重”等。《汉志》删取《七略》，补充的书籍很少，主要还是对书籍进行分类调整，以使分类更趋合理化，集中表现在“出”和“省”上。其中的“出”，主要是针对《七略》原来归类的不合理上，如《七略》将蹴鞠一家置于《诸子略》

[1] 章学诚：《校雠通义·补校汉艺文志》，载《章学诚遗书》，文物出版社1985年版，第99页。

中，《汉志》认为其属于军事训练技巧，应该调整到《兵书略》中；《七略》将《司马法》置于《兵书略》，《汉志》考虑到该书主要讲军礼而非兵法，所以将其调整到《六艺略》的《礼》中。这样的调整，无疑使书籍与类别更为贴切。“省”则主要是针对《七略》出现的重复收录现象所做出的调整，如《兵书略》所省十家，《七略》中的《诸子略》和《兵书略》都作了收录。之所以如此，一则十家兼具政治、哲学与军事内容；二则当初校书有分工，《诸子略》为刘向负责，《兵书略》为任宏负责，他们各自都选取了此十家。《汉志》根据这十家的主要思想内容，保留《诸子略》一处的收录，而在《兵书略》中予以注明，既避免了重复，又统一了体例。

三是书籍辨伪。《汉志》在删取《七略》书籍时，还做了书籍辨伪工作。班固作《汉志》，已经注意到了书籍真伪问题，通过辨伪，对其中的伪书作出明确标注。《汉志》在这些伪书下会注明“依托”、“托”、“增加”、“加”等字样，这是《汉志》的一个创造。纵观《汉志》的辨伪，主要有如下两个方面：其一是辨书籍伪。即书籍内容伪，又分书籍内容全伪和部分伪两种情况。全伪如《诸子略》杂家有《大禹》三十七篇，班固辨曰：“传言禹所作，其文似后世语。”小说家有《伊尹说》二十七篇，班固曰：“其语浅薄，似依托也。”《鬻子说》十九篇，班固曰：“后世所加。”《师旷》六篇，班固曰：“见《春秋》，其言浅薄，本与此同，似因托之。”《务成子》十一篇，班固曰：“称尧问，非古语。”《天乙》三篇，班固曰：“天乙谓汤，其言非殷时，皆依托也。”《黄帝说》四十篇，班固曰：“迂诞依托。”部分伪如《诸子略》道家有《太公》二百三十七篇，班固曰：“吕望为周师尚父，本有道者。或有近世又以为太公术者所增加也。”《文子》九篇，班固曰：“老子弟子，与孔子并时，而称周平王问，似依托者也。”其二是辨作者伪。即书籍真，但署名作者伪。如《诸子略》道家有《黄帝君臣》十篇，班固曰：“起六国时，与《老子》相似也。”《杂黄帝》五十八篇，班固曰：“六国时贤者所作。”《力牧》二十二篇，班固曰：“六国时所作，托之力牧。力牧，黄帝相。”阴阳家有《黄帝泰素》二十篇，班固曰：“六国时韩诸公子所作。”杂家有《孔甲盘盂》二十六篇，班固曰：“黄帝之史，或曰夏帝孔甲，似皆非。”农家有《神农》二十篇，班固曰：“六国时，诸子疾时怠于农业，道耕农事，托之神农。”《兵书略》兵阴阳有《封胡》五篇，班固曰：“黄帝臣，依托也。”《风后》十三篇，班固曰：“黄帝臣，依托也。”《力牧》十五篇，班固曰：“黄帝臣，依托也。《鬼容区》三篇，班固曰：“黄帝臣，依托。”从上可知，《七略》收录的书籍存在伪书，主要集中在《诸子略》和《兵书略》两个部分。经班固考辨，其中《诸子略》有道家五种、阴阳家二种、杂家一种、农家一种、小说家六种，合计十五种；《兵书略》主要是兵阴阳四种。其他四略除了少数作者不明外，不存在作伪现象。

由上可见，《汉志》删取《七略》，是有班固自己的思考的。《汉志》通过对《七略》总体结构作出调整，以“入”、“出”、“省”的方法调整具体文献的分类，以及对书籍进行辨伪等，不但使得文献目录分类更加合理，而且蕴含的文献目录学思想对后世目录学的发展影响深远。

(二)《汉志》的目录学价值

《汉志》作为现存最早的图书目录，它在中国古代目录学史上具有重要的学术价值。具体来讲，《汉志》的价值主要表现在以下几个方面：

1. 保存文献的作用

中国古代文献源远流长，从先秦六经到诸子著作，再到秦汉伴随学术发展而出现的各类图书，数量可谓众多。西汉末年刘向、刘歆等人校理群书，便是以汉代图书大发展为背景的。正是刘歆《七略》的编写，人们才得以了解先秦至汉代图书发展的情况；而《七略》的目录学价值，又是通过《汉志》得以体现的。特别是《七略》在唐末散佚之后，人们只能通过《汉志》来了解先秦两汉图书发展情况，《汉志》也因此显得更加宝贵了。纵观《汉志》著录的图书，一共包括六大类三十八种，它们分别是《六艺略》之《易》、《书》、《诗》、《礼》、《乐》、《春秋》、《论语》、《孝经》、小学等九种，《诸子略》之儒、道、阴阳、法、名、墨、纵横、杂、农、小说等十种，《诗赋略》之屈原赋之属、陆贾赋之属、孙卿赋之属、杂赋、歌诗等五种，《兵书略》之兵权谋、兵形势、兵阴阳、兵技巧等四种，《数术略》之天文、历谱、五行、蓍龟、杂占、形法等六种，《方技略》之医经、经方、房中、神仙等四种。上述六大门类三十八种图书，已经涵盖了先秦至西汉中国古代的基本图书。当然，这些图书只是先秦至西汉尚存的图书，并不包括已经散佚的历代图书。实际上，《汉志》编纂之前，由于战乱与政治等因素，已经有很多典籍遭到毁灭。

其中以秦朝焚书、秦末战乱和王莽之乱对图书的毁坏程度最大。仅秦朝焚书，就导致先秦私家所藏六国史书以及《诗》、《书》、百家语等被大量焚毁。中国古代史官制度产生很早，史籍数量众多，然而《汉志》中史籍却没有单独形成一大部类，即是秦火毁灭六国史籍导致的结果。也因此，我们从《汉志》当中已经无法了解到先秦时期史籍编纂的基本情况。从这个角度而言，《汉志》的编纂尤为可贵，它成为后人了解西汉以前中国古代典籍的不二途径，并且成为人们考证先秦秦汉古书的重要依据。诚如清代学者金榜所言："不通《汉·艺文志》，不可以读天下书。《艺文志》者，学问之眉目，著述之门户也。"[1] 此语充分肯定了《汉志》的图书著录价值。

2. 反映了先秦秦汉的学术发展

《汉志》不只是图书目录，也是反映先秦秦汉学术发展的重要文献。如果说《七略》的图书著录价值是通过《汉志》体现的，那么《七略》所反映的学术史价值也是通过《汉志》体现的。如前所述，在《汉志》之前，最早对古代学术史进行总结的是《庄子·天下》，该篇认为古代学术皆源于六经，后因天下大乱，道德不一，形成了墨翟、禽滑釐之学，宋钘、尹文之学，彭蒙、田骈、慎到之学，关尹、老聃之学和惠施之学等百家之学。此后，《荀子》的《非十二子》、《天论》和《解蔽》，《韩非子·显学》，《尸子·广泽》，《吕氏春秋·不二》和《淮南子·要略》等，都对先秦学术进行了分类评析。但从总体来看，它们都是将学术观点相同或相近的代表性学者作了归类，以人名标立学派，还未给这些学派冠以具体的名称。正如梁启超所说："庄荀以下论列诸子，皆对一人或其学风相同之二三人以立言。"[2] 司马谈《论六家要指》则第一次以阴阳、儒、墨、名、法、道德"六家"对先秦以来的学术思想进行了分类。从此以后，诸子百家的学术有了各自的名称。梁启超对此给予了高度的评价，他说："其檃栝一时代学术之全部而综合分析之，用科学的分类法，

---

[1] 参见王鸣盛：《十七史商榷》卷二十二"汉艺文志考证"引金榜语，上海古籍出版社 2013 年版，第 248 页。

[2] 梁启超：《饮冰室合集·专集》之八十二《司马谈论六家要指书后》，中华书局 1989 年版。

厘为若干派，而比较评骘，自司马谈始也。"[1] 同时认为以这六家来概括先秦以来的学术思想是很全面的，"此六家者实足以代表当时思想界六大势力圈"[2]。《汉志》承袭《七略》，将先秦以来的学术分为儒、道、阴阳、法、名、墨、纵横、杂、农、小说等十家，在司马谈六家基础上增加了纵横、杂、农和小说四家。同时，《诸子略》之外的其他各略，还起到了对十家分类的补充作用。如《兵书略》、《数术略》和《方技略》中就包含了兵法、天文、历数、五行、医方等诸子内容，但操作性更强，与《诸子略》重理论的特性互异互补。也就是说，《汉志》中《诸子略》与其他各略共同构成了先秦秦汉各家学派的历史图景。应该说，《汉志》通过图书分类，对先秦以来的学术进行了重新分类，也是继司马谈《论六家要指》以来对先秦秦汉学术所作的最为系统的反映。

值得注意的是，《汉志》的学术分类还对汉代今古文经学之争作了反映。汉代是经学兴起的时代，西汉今文经学被立于官学，处于独尊地位。自西汉末年刘歆请立古文经之后，出现了今古文之争。东汉古文经学兴盛，不过被立于官学的依然是今文经学。班固治学虽然"九流百家之言，无不穷究"[3]，但从经学立场而言，则属于古文学派。《汉志》的图书分类，在一定程度上反映了汉代今古文之争，同时也体现了班固自己的古文经学思想。

其一，重视著录古文经典。《汉志》在著录图书时注意到古文经典，反映汉代今古文并存的学术现象。《六艺略》著录经书，凡属于古文经，皆以"古"字加以注明。如《书》类有《尚书古文经》四十六卷，为五十七篇；《礼》类有《礼古经》五十六卷，《经》十七篇；《春秋》类有《春秋古经》十二篇，《经》十一卷；《论语》类有《论语》古二十一篇，出孔子壁中，两《子张》；《孝经》类有《孝经古孔氏》一篇，二十二章，《小尔雅》一篇，《古今字》一卷。《书》类序又称："《古文尚书》者，出

[1] 梁启超：《饮冰室合集·专集》之八十二《司马谈论六家要指书后》，中华书局 1989 年版。

[2] 梁启超：《饮冰室合集·专集》之八十二《司马谈论六家要指书后》，中华书局 1989 年版。

[3] 《后汉书》卷四十上《班彪列传》，中华书局 1962 年版，第 1330 页。

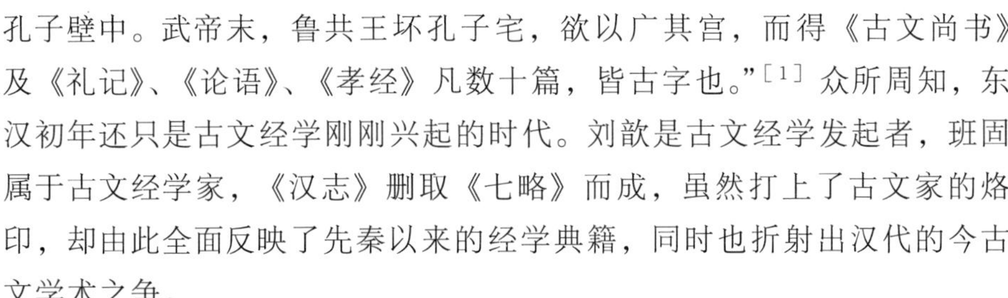

孔子壁中。武帝末，鲁共王坏孔子宅，欲以广其宫，而得《古文尚书》及《礼记》、《论语》、《孝经》凡数十篇，皆古字也。”[1] 众所周知，东汉初年还只是古文经学刚刚兴起的时代。刘歆是古文经学发起者，班固属于古文经学家，《汉志》删取《七略》而成，虽然打上了古文家的烙印，却由此全面反映了先秦以来的经学典籍，同时也折射出汉代的今古文学术之争。

其二，《周易》成为六经之首。关于六经的排序，是存在着今古文之别的。在古文经学兴起以前，今文经学排列六经，是依照《诗》、《书》、《礼》、《乐》、《易》、《春秋》之顺序的。这样的排列顺序，所依据的主要是经典的难易程度。古文经学对于六经的排列顺序，则依次为《易》、《书》、《诗》、《礼》、《乐》、《春秋》，这主要是依据经典出现的时代先后排列的。《周易》之所以成为六经之首，古文家以伏羲画八卦，自然年代最远。《汉志》对于六经的排列，体现了古文经学家对于六经的认识，成为此后古文经学不易之论，《周易》也因为《汉志》而居于六经之首。

3. 奠定了后世目录学四部分类的基础

众所周知，中国传统目录学的基本分类方法是经、史、子、集四分法，而四分法的基础则是由删取《七略》而成的《汉志》的六分法所奠定的。从六分法到四分法，中间经过了一个发展变化过程。根据《隋书·经籍志》（以下简称“《隋志》”）的记载，西晋秘书监荀勖在曹魏秘书郎郑默所作《中经》的基础上编纂《中经新簿》，最早采用四部图书分类法，它们分别是：“一曰甲部，纪六艺及小学等书；二曰乙部，有古诸子家、近世子家、兵书、兵家、术数；三曰丙部，有史记、旧事、皇览簿、杂事；四曰丁部，有诗赋、图赞、《汲冢书》。”[2] 荀勖的四分法对于《汉志》六分法图书分类体系是一个重要突破，而且将《汉志》中没有形成部类的史籍单列为丙部，成为一大部类。到了东晋时期，著作郎李充又用荀勖《中经新簿》核对当时所藏图书，撰成《晋元帝四部书目》，将荀勖《中经新簿》中的乙、丙两部类对调位置，形成甲部为五

---

[1] 参见《汉书》卷三十《艺文志》，中华书局 1962 年版，第 1706 页。

[2] 《隋书》卷三十二《经籍一》，中华书局 1973 年版，第 906 页。

经、乙部为史记、丙部为诸子、丁部为诗赋的四分法。史籍图书从此成为四部分类中的第二大部类，虽然李充仍以甲乙丙丁命名四部，但经史子集的排列次序则被确定下来。到了唐代编写《隋志》，便正式改甲乙丙丁四部名称为经、史、子、集，目录学上的经、史、子、集四分法由此最终确定。

通观《隋志》，经、史、子、集四部之下又各分若干小类，其中经部有十类：《易》、《书》、《诗》、《礼》、《乐》、《春秋》、《孝经》、《论语》、纬书、小学；史部有十三类：正史、古史、杂史、霸史、起居注、旧事、职官、仪注、刑法、杂传、地理、谱系、簿录；子部有十四类：儒家、道家、法家、名家、墨家、纵横家、杂家、农家、小说家、兵法、天文、历数、五行、医方；集部三类：楚辞、别集、总集。此外还附录道、佛经典，其中道经四类：经戒、饵服、房中、符录；佛经十一类：大乘经、小乘经、杂经、杂疑经、大乘律、小乘律、杂律、大乘论、小乘论、杂论、记。[1] 比较《隋志》四分法与《汉志》六分法，两者除去图书分类不同之外，最大的区别是关于史籍的归属问题。在《汉志》中，史籍没有形成为一个部类，而是附属于《六艺略》之《春秋》类下；而在《隋志》中，史籍已独立成为第二大部类。《汉志》“史附于经”现象出现的原因主要有二：一是秦火对先秦史籍的毁灭，致使汉代史籍稀少而形不成部类。二是经史关系密切，特别是《春秋》具有亦经亦史的特点，而汉代史学也有浓厚的崇经意识。随着汉代以降史学发展，到魏晋南北朝时期，史学已经成为显学，史籍的数量也大大丰富，这在西晋荀勖的目录学著作《中经新薄》中最早得到体现，史籍已经作为丙部并立于四部图书分类之中。

从《汉志》到《隋志》，图书分类虽然发生了重大变化，但不能因此忽视《汉志》对《隋志》目录分类的重要影响。《隋志》四分法实际上是从《汉志》六分法脱胎而来的，《汉志》六分法是《隋志》四分法的基础。从图书分类基本结构来看，《隋志》的经、史、子、集四部主要来源于《汉志》的“六艺”、“诸子”和“诗赋”，其中的史部则来源于《六艺略》之《春秋》类；《汉志》其他三略“兵书”、“数术”和“方技”，其

[1] 参见《隋书》卷三十二至三十五《经籍志》，中华书局 1973 年版。

基本内容则归入《隋志》的子部。具体来讲，《隋志》的经部基本上是完全沿袭了《汉志》的《六艺略》，《六艺略》共有《易》、《书》、《诗》、《礼》、《乐》、《春秋》、《论语》、《孝经》、小学九类，《隋志》只是增加了纬书而成十类，并将《孝经》置于《论语》之前，作了一点次序上的变化。《隋志》的子部基本来自《汉志》的《诸子略》，《诸子略》有儒、道、阴阳、法、名、墨、纵横、杂、农、小说十家，《隋志》共有十四类，其中前九类完全来自《诸子略》，只是去除了阴阳家，后五类兵法、天文、历数、五行、医方则来自《汉志》的“兵书”、“数术”和“方技”三略。《隋志》的集部则来自《汉志》的《诗赋略》，《隋志》对此有明确表述：“班固有《诗赋略》，凡五种，今引而伸之，合为三种，谓之集部。”[1] 由此可见，《隋志》的集部完全是对《汉志·诗赋略》的扩展。《汉志》不但在《六艺略》前作有总序，而且每大类、每小类后也都分别作有大序、小序，以明撰述旨趣与学术发展等，这样的做法也完全被《隋志》所继承。至于《隋志》中四部之后另有道、佛经典著录，这与汉末以来特别是魏晋南北朝佛、道的发展与兴盛，佛、道典籍不断增多的历史现象紧密相关，而诞生于东汉初年的《汉志》还不具有这样一种学术与图书发展的背景。

4. 开创了正史编纂艺文志的先河

纪传体史书的书志，记述的是各类典章制度。司马迁《史记》共设有礼、乐、律、历、天官、封禅、河渠、平准等八书，但没有设置专篇来记述学术史。班固《汉书》将《史记》八书扩大为律历、礼乐、刑法、食货、郊祀、天文、五行、地理、沟洫、艺文等十志，扩展了典章制度的内容，其中就包括艺文志的创立。所谓“艺文志”，即是将历代或当代的图书典籍汇编成目录。《汉志》以《七略》六分法分类方式，通过“删其要，以备篇籍”，记载了自先秦到西汉学术发展的状况，分类记录了当时存世的典籍，是中国现存最早的图书分类目录。《汉志》的编纂，对研究汉代及以前的图书情况，考订学术源流，都有重要的参考价值。《汉志》同时又是中国历代正史中第一个艺文志，开启了正史编纂艺文志或经籍志的先河。自《汉志》编纂以后，书籍目录由此成为正史的一个重

---

[1] 《隋书》卷三十五《经籍四》，中华书局 1973 年版，第 1091 页。

要组成部分。受《汉志》的影响，历代正史开始仿效《汉志》的体例，重视编纂艺文志或经籍志，以反映历代学术与图书发展情况。在二十四史中，除了《汉书》有艺文志之外，还有五部正史编纂了艺文志或经籍志，分别是《隋书·经籍志》、《旧唐书·经籍志》、《新唐书·艺文志》、《宋史·艺文志》、《明史·艺文志》，此外，《清史稿》也编纂有《艺文志》。历代正史艺文志或经籍志的编纂，不但反映了一代学术与图书发展情况，更从整体上展现了中国古代学术与图书发展的脉络，具有重要的学术史与目录学价值。

第二节　刘歆的五德终始说与班固的历史思想

西汉末年，古文经学家刘歆依据五行相生的原理，创立了一套解说王朝更替的新五德终始说。该学说不但构建了一套新的帝王系统，大力宣扬了古文经学圣王同祖的思想，而且开启了以五德言正闰的先河。刘歆的五德相生说对东汉初年的史家班固产生了很大的影响，《汉书》不但详细记载了这套学说，而且接受了其帝王系统和正统观念，将此贯彻到具体的历史叙述之中，成为解说历史的理论依据。

一、五德生胜之异趣

战国后期的邹衍最早创立以五德相胜之序解说王朝更替的五德终始说，这一学说对秦与西汉政治有普遍的影响。西汉末年的刘歆改为五德相生说，从此以后，以五德言王朝更替皆主相生之说，这一新的五德终始说对中国古代社会产生了重要影响。通过两种五德终始说的对比，有助于揭示刘歆五德终始说创立的动机、思想内涵及其学说本质。刘歆与邹衍五德终始说之异趣，主要表现在如下三个方面：

（一）论说王朝更替的原理不同

邹衍的五德终始说是一种相胜说，认为历代王朝的更替是循着土木金火水五行相胜之序进行的，以得土德的黄帝作为历史的开端。刘歆的五德终始说则是一种相生说，认为王朝更替是依循木火土金水五行相生

之序进行的，并依据《易传》“帝出乎震”的说法，认为震是东方之卦，东方于五行属木，因此最古的帝王当属木德，而这个最古的帝王便是伏羲，所谓“包羲氏始受木德”。[1]

邹衍的五德相胜说在秦与西汉时期非常流行。秦朝曾经据此建立起一套德运制度。《史记·秦始皇本纪》说：“始皇推终始五德之传，以为周得火德，秦代周德，从所不胜。方今水德之始，改年号，朝贺皆自十月朔。衣服旄旌节旗皆上黑。数以六为纪，符、法冠皆六寸，而舆六尺，六尺为步，乘六马。更名河曰德水，以为水德之始。刚毅戾深，事皆决于法，刻削毋仁恩和义，然后合五德之数。”秦始皇利用邹衍的五德终始说，为秦朝大一统政权的合法性作出了论证，同时也为秦朝建立起了一整套具体的水德制度。如果说邹衍是五德终始说的创立者，那么秦始皇就是这一学说的实践者。西汉文帝时因夏郊而发生德属之争，张仓以汉为水德，而公孙臣、贾谊则以汉为土德；武帝时修《太初历》，“遂顺黄德”，最终确定汉朝土德制度。[2] 由此可见，五德相胜之说在秦汉政治中产生过重要影响。

到了西汉末年，刘歆创立五德相生学说。新的五德终始说的出现，显然是与当时特定的时代背景分不开的。西汉末年，随着统治危机的加深，社会上开始出现“异姓受命”和同姓“更受命”的论调。汉哀帝改元易号，即是这种“更受命”的具体表现，说明刘家皇帝自身也认识到了统治难以持续下去。而随着汉末王莽外戚势力的崛起，逐渐形成代汉之势，社会上更是出现了刘汉禅位于王莽的呼声。这种王朝更替的社会舆论反映在五德终始说上，则是出现了新的五德相生说。如果说西汉前中期倡言五德相胜是为刘汉取代暴秦张本的，那么西汉末年倡言五德相生则是为王莽代汉张本的；相胜体现的政权更替形式是革命，相生体现的政权更替形式则是禅让。实际上，在刘歆之前，随着西汉末年统治危机的加深，人们已经开始运用五德相生之说来解说历史更替了。如汉成帝时期的甘忠可就伪造《天官历》、《包元太平经》作“赤精子”

[1] 《汉书》卷二十五下《郊祀志》，中华书局 1962 年版，第 271 页。
[2] 《汉书》卷二十五下《郊祀志》，中华书局 1962 年版，第 1270 页。

之谶，[1] 即是服务于其刘家得火德之“更受命”理论的；而谷永所谓“彗星，极异也，土精所生……兵乱作矣，厥期不久”[2]，则显然是说汉家之火德不久将要被得土德的人所取代。

上述五德相生之历史观念的出现，需要在理论上作出系统总结，刘歆的新五德终始说便是这种理论总结的产物。刘歆之所以会成为这一理论的总结者，一方面是时代使然。西汉末年王氏代汉已经成为一个无法逆转的事实，刘汉政权与其被革命推翻，不如和平禅让。刘歆鼓吹禅让，既可以说是为王莽代汉服务，也是为刘汉政权能实现和平过渡服务。其实，刘歆对待禅让的态度，也是西汉末年学者的一种普遍态度，他们“鼓吹禅让或不反对禅让的理由，是认识到汉朝的衰亡已不可避免，真正有意义的事情不过是在暴烈的‘革命’和温和的‘禅让’之间进行选择，大家都害怕剧烈的社会动荡，愿意通过不流血的方式来实现权力的转移。刘歆正是在这种背景下，创立了古文经学，编排了有利于重演尧舜禹禅让故事的帝王世系，并将‘五行相胜’的帝王运次改为‘五行相生’的运次”[3]。另一方面也有刘歆个人的因素。刘歆具有反传统的秉性，他在学术上独树古文经学大旗，挑起中国经学史上第一次今古文论战即是例证。而且刘歆步入政坛后得到过王莽的举荐和重用，这就决定了他不可能反对以王莽为首的外戚势力。

（二）构建的帝王系统不同

邹衍的五德相胜说只涉及黄帝土德、大禹木德、商汤金德和文王火德四朝，[4] 秦汉时人以秦得水德、汉得土德相接续，新的一轮循环才刚好开始。刘歆的五德相生说论述的历史要比邹衍的更长，罗列的王朝也更多。纵观刘歆这套以五德相生排列的帝王系统，主要包括木德太昊伏羲氏、火德炎帝神农氏、土德黄帝轩辕氏、金德少昊金天氏、水德颛顼高阳氏，木德帝喾高辛氏、火德帝尧陶唐氏、土德帝舜有虞氏、金德伯禹夏后氏、水德成汤、木德周武王、火德刘汉，古史五德循环已经到了

[1]《汉书》卷七十五《李寻传》，中华书局 1962 年版，第 3192 页。

[2]《汉书》卷八十五《谷永传》，中华书局 1962 年版，第 3468 页。

[3] 王葆玹：《今古文经学新论》，中国社会科学出版社 1997 年版，第 454 页。

[4]《吕氏春秋·应同》，《诸子集成》本，中华书局 1954 年版。

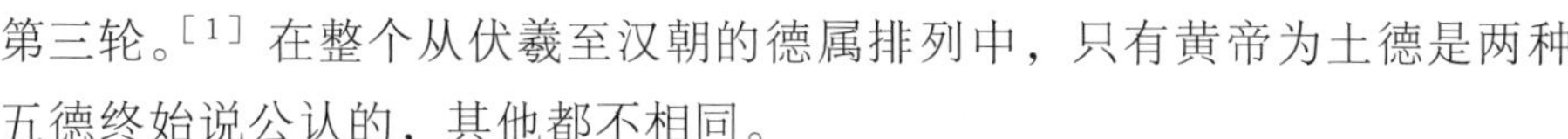

第三轮。[1] 在整个从伏羲至汉朝的德属排列中，只有黄帝为土德是两种五德终始说公认的，其他都不相同。

刘歆这套帝王系统的建立，与时人关于古史认识的不断丰富有密切关系。在邹衍之后问世的《吕氏春秋》，其古史认识就已经比较丰富了。该书的《古乐》篇提出了黄帝、颛顼、帝喾、帝尧和帝舜之五帝说；《情欲》、《必己》、《离俗览》、《上德》诸篇明确以神农、黄帝连称，显然认为在黄帝之前有神农；《用众》、《孝行》等篇以三皇五帝并称，三皇虽未确指是谁，但已明示在五帝之前。西汉经学家董仲舒的三统说，提出了一套“王帝皇民”历史运次说。其中有“三而复”，指夏、商、周三王循环；“五而复”，指黄帝、颛顼、帝喾、帝尧和帝舜五帝绌易；“九而复”，指九皇炎帝；九皇之前绌易为民。由于董仲舒论三统往往是以周为新王，因此，这个帝王系统包括了九皇炎帝，黄帝、颛顼、帝喾、帝尧、帝舜五帝，以及夏、商、周三王。[2] 史家司马迁著《史记》，以五帝、三代、秦汉构建了自己的帝王系统。而实际上司马迁对古史的认识也要比《史记》所构建的帝王系统更为丰富，《史记·封禅书》就曾借管仲之口提到了在黄帝之前尚有无怀氏、虙羲、神农和炎帝等古圣王。以上关于古史的认识，对刘歆创立帝王系统无疑有着重要影响。对照刘歆的帝王系统与董仲舒的“王帝皇民”论，两者已经非常接近。

刘歆创立这套帝王系统的本质是服务于王莽代汉的。王莽代汉，是这套帝王系统的逻辑起点。新莽政权建立时，王莽就在诏书中说自己是黄帝和虞舜的后代，刘汉乃“尧之后也”[3]。王莽以黄帝后裔自居，因为黄帝乃中华人文始祖；以虞舜之后自居，因为虞舜是最早接受唐尧禅让的帝王。王莽此说隐含有仿效尧舜故事，接受尧的后代刘汉禅位给自己的寓意。刘歆的五德相生说，则从德属上对王莽土德、刘汉火德作出解说，并在此基础上对帝王系统进行建构。关于黄帝土德说，这是邹衍五德终始说所确定下来的，得到了秦汉人的认同。至于虞舜土德说，并不见于邹衍五德相胜说，不过西汉前期问世的《淮南子》已经提到了虞

[1] 《汉书》卷二十一下《律历志》，中华书局 1962 年版。

[2] 参见汪高鑫：《董仲舒与汉代历史思想研究》第五章，商务印书馆 2012 年版。

[3] 《汉书》卷九十九中《王莽传》，中华书局 1962 年版，第 4105 页。

舜得土德。[1] 由此可见，刘歆五德说中以黄帝、虞舜为土德，只是继承了过往的说法。王莽在诏书中不但提到自己是黄帝、虞舜的后代，而且说汉为尧后。这包含了两重含义：其一，从德属上讲，汉为尧后，尧为火德，汉自然就是火德；其二，尧行禅让于舜，作为尧后的刘汉效仿祖先禅位于王莽本人。依据火生土的原理，尧后刘汉禅位于黄帝、虞舜之后新莽，是理所当然的事情。刘歆的五德相生说接受汉为尧后而为火德说，其实就等于承认了新莽土德。值得注意的是，汉为尧后并非王莽在诏书中的杜撰，而是西汉后期流行的一种说法。早在汉昭帝时，眭孟在上书中就已经有"汉家尧后，有传国之运"之说，[2] 这是汉人宣扬汉为尧后说之始。前述甘忠可作"赤精子"之谶，以汉为尧后而为火德；而谷永"彗星为土精所生"说，则是明示代汉者为土德。刘歆也只是掇拾了时人的说法而已。

众所周知，刘汉的土德制度是早已在汉武帝时就依据五行相胜说确定了的。刘歆创立五德相生说，构建新的帝王系统，宣扬汉为尧后而得火德，就必须要对传统德属作出新的解说。既然王莽代汉的事实无法改变，就只有通过修改历史理论以服务于现实政治。刘汉火德的符应何在？这便是《史记》的《高祖本纪》、《封禅书》都有记载的所谓"斩蛇著符，旗帜为赤"。实际上在刘邦起兵过程中，最初就是奉行火德的。《史记》记载赤帝子杀白帝子，即是刘邦依据五行相胜之理自视为火德，而以秦为金德的证据。只是此时刘邦以秦为金德、汉为火德依据的是五行方位，而不是五德相胜说，因为秦在西方，西方属金，尚白；而刘汉起于南方，南方属火，尚赤。[3] 有学者认为，汉家既然早已"斩蛇著符"，为何不在汉初即定下汉代火德制度，却要等到刘歆之时才重新以此符应确定汉的火德制度？并由此推定《史记》的"斩蛇著符，旗帜为赤"是刘歆造伪的产物。这种说法证据并不充分。因为西汉中期以前解说王朝更替的

[1] 刘安编，刘文典集解：《淮南鸿烈集解》卷十一《齐俗训》依次记载了虞、夏、商、周四代的礼乐服制，高诱注："《邹子》曰：'五德之次，从所不胜。'故虞土，夏木，殷金，周火。"中华书局 1989 年版，第 357—358 页。

[2] 《汉书》卷七十五《眭弘传》，中华书局 1962 年版，第 3154 页。

[3] 参见董仲舒著，苏舆义证：《春秋繁露义证》之《五行之义》、《五行相生》、《五行相胜》诸篇，中华书局 1992 年版。

理论是邹衍的五德相胜说，既然秦为水德，代之而起的王朝就只能是土德，这便是汉家最终确定土德制度的原因，这是其一。此外还有以刘汉为水德说，则是考虑到秦的短祚之故，而以汉上接周朝，周是火德，故而汉为水德，这是其二。至于刘邦的汉为火德说，是依据方位而定的，刘邦起于细微，并不了解王朝德属情况，这是其三。总之，刘歆以前的汉家德属，由于是建立在五行相胜说基础上的，故而它只能有水德（接周）和土德（接秦）两种制度，而不可能有第三种德属制度出现。

（三）宣扬的历史观不同

这主要表现在两个方面，其一是对于圣王同祖的认识，其二是对于正统观念的宣扬。

1. 对于圣王同祖的认识

邹衍的五德相胜说以黄帝为历史开端，从留存的材料来看，大禹、商汤、文王跟黄帝之间并不存在亲缘关系，而且其学说的目的是为了论述王朝依据五德相胜原理进行更替，因而这一学说并不具有圣王同祖的思想。与邹衍不同，刘歆的五德相生说在论说王朝依据五行相生原理进行更替的同时，还蕴含了一种圣王同祖的思想。刘歆说："炮牺继天而王，为百王先。"炎、黄诸帝为继之而起的帝王，"稽之于《易》，炮牺、神农、黄帝相继之世可知"。[1] "继天而王"的伏羲氏是百王之先，炎、黄诸帝继之而王，其帝王统系皆出自伏羲氏。不过，从这一表述来看，我们尚无法断定炎、黄与伏羲之间是否具有同宗同族的关系。黄帝以后的帝王统系，则明显与黄帝存在着一种同宗同族的关系。如少昊乃"黄帝之子清阳也"；颛顼乃"苍林昌意之子也"，而昌意为黄帝之子，故而颛顼亦即为黄帝之孙；帝喾乃少昊帝"清阳玄嚣之孙也"，亦即为黄帝之曾孙；唐尧，刘歆引《帝系》说"帝喾四妃，陈丰生帝尧，封于唐"，则尧乃帝喾之子；虞舜，刘歆引《帝系》说"颛顼生穷蝉，五世而生瞽叟，瞽叟生帝舜"，则虞舜乃颛顼之后；伯禹，刘歆引《帝系》说"颛顼五世而生鲧，鲧生禹"，则禹乃颛顼六世孙。[2] 至于成汤始祖契之母简狄为帝喾之妃，周族始祖后稷之母姜嫄为帝喾元妃，则为当时人所皆知，故

[1] 《汉书》卷二十一下《律历志》，中华书局 1962 年版，第 1011 页。

[2] 《汉书》卷二十一下《律历志》，中华书局 1962 年版，第 1011—1013 页。

刘歆未予叙述。由上可知，在刘歆看来，自黄帝以来的古圣王，都是属于同一宗族的，换言之，即都是黄帝的后代。

由此我们能否断定，刘歆的五德相生说是以伏羲为百王先，而以黄帝为百王祖的？从上所述可知，黄帝以下的帝王同祖于黄帝是毫无疑问的，问题的关键是炎帝、黄帝是否跟伏羲具有同宗同族的关系。如果我们对叙述五德相生的《世经》篇认真加以考察的话，还是能够觉察出这种宗族的相继关系的。第一，《世经》明确认为古帝王皆出自伏羲氏，伏羲“为百王先”。既然整个帝王系统都是按照五德相生排列的，黄帝以后帝王皆出自黄帝一族，伏羲以后的整个帝王系统理应也都是出自伏羲，这样才符合情理，才能使理论保持一贯性。第二，《世经》记有“郯子据少昊受黄帝，黄帝受炎帝，炎帝受共工，共工受太昊，故先言黄帝，上及太昊”[1]之语，少昊与黄帝是父子关系，《世经》中“黄帝受炎帝、炎帝受共工、共工受太昊”与“少昊受黄帝”为同一表述形式，似乎肯定了他们之间也应该是一种父子关系。如果这种观点能够成立的话，那么刘歆的圣王同祖说应该被理解为同祖于伏羲。在刘歆之前，西汉司马迁最早提出了圣王同祖于黄帝的思想，只是司马迁的同祖说并不纯粹，他还大力宣扬圣人感生说。[2]与司马迁不同，在刘歆的思想体系中没有感生思想，同时刘歆的圣王同祖是同祖于伏羲。刘歆的圣王同祖说是汉代古文经学的重要思想，对汉代以后经史之学都有重要影响。

2. 正统观念的宣扬

邹衍的五德相胜说，通过构建起黄帝—大禹—商汤—周文王这样一个帝王系统，已经隐含了一种正统意识。这种治统的确立，即是对其政权合法性的认可。与邹衍不同，刘歆五德相生说所构建的帝王系统，不但通过治统的确立以定立他们的合法性，而且将古帝王共工、帝挚和秦朝排除在历史统绪之外，开启了以五德言正闰的先河。

在刘歆的历史系统中，没有将古帝王共工、帝挚和秦朝排列其中。

[1] 《汉书》卷二十一下《律历志》，中华书局1962年版，第1011页。

[2] 司马迁“圣王同祖”思想详见《史记》的《五帝本纪》、“三代本纪”、《秦本纪》等，这些篇章详细记载了黄帝之后诸帝与黄帝之间的宗族血缘关系。司马迁的“圣人感生”说主要是受到西汉今文经学的影响，《殷本纪》、《周本纪》、《秦本纪》和《高祖本纪》等都宣扬了这一思想。

《世经》篇说："《祭典》曰：'共工氏伯九域。'言虽有水德，在火木之间，非其序也。任知刑以强，故伯而不王。秦以水德，在周、汉木火之间。""《春秋外传》曰，颛顼之所建，帝喾受之。清阳玄嚣之孙也。水生木，故为木德。天下号曰高辛氏。帝摯继之，不知世数。"[1] 在刘歆看来，处于太昊伏羲氏之后和炎帝神农氏之前的共工氏虽然得了水德，但这种水德却无法排序于得木德的太昊伏羲氏和得火德的炎帝神农氏之间，因此，他虽然"伯九域"，却只能被排除于古史统绪之外。同样的道理，帝摯介于得木德的帝喾与得火德的帝尧之间，却"不知世数"而得了水德，故而也被排除于古史统序之外。秦处于周、汉之间而得水德，同样无法排列于周之木德和汉之火德之间，因失其序被排除于王朝统绪之外。不过，刘歆正闰观的思想本质，是要宣扬摒秦思想。他之所以要将古代共工氏和帝摯归并到闰统之列，显然是觉得仅以秦朝为闰统，会让人感到他所编定的这个帝王系统过于偶然而不可信，实际上共工氏和帝摯是刘歆为说明秦朝得闰统而找来的两个陪衬。顾颉刚也认为，刘歆是"觉得木火之间但有一个秦，没有复现的形式，便不成其为走马灯式的历史，所以说：伏羲木和神农火之间有共工氏；帝喾木和帝尧火之间有帝摯；周木和汉火之间有秦：见得五德之运运转到这个地方时便非有一个闰统不可"[2]。

在刘歆之前，西汉董仲舒的三统说其实已经蕴含了摒秦的思想。该学说以汉朝上继周朝赤统而为黑统，等于将处于周、汉之间的秦朝排除于黑、白、赤三统循环之外了。[3] 然而董仲舒的摒秦论并不彻底，当他论及有道伐无道问题时，又说"夏无道而殷伐之，殷无道而周伐之，周无道而秦伐之，秦无道而汉伐之。有道伐无道"[4]，等于又承认了秦朝的政治统绪。之所以出现这种矛盾现象，根因就在于董仲舒倡导三统说

[1] 《汉书》卷二十一下《律历志》，中华书局 1962 年版，第 1012、1013 页。

[2] 顾颉刚：《汉代学术史略》，东方出版社 1996 年版，第 92 页。

[3] 董仲舒的摒秦论有两重含义：其一，《春秋繁露·三代改制质文》认为《春秋》为黑统，代汉制法；其二，《天人三策》提出汉代"用夏之忠者"，夏为黑统，汉自然当为黑统。

[4] 董仲舒著，苏舆义证：《春秋繁露义证》卷七《尧舜不擅移、汤武不专杀》，中华书局 1992 年版，第 220 页。

的同时，并没有放弃五德相胜说，这是他解说历史运次的两套系统。与董仲舒不同，刘歆只以五德言正闰，要在五德运次上将秦朝彻底排除于帝王系统之外。这不但是对董仲舒摒秦论的发展，而且也由此全面揭启了中国思想史和史学史上的正闰之辨。

二、《汉书》对五德相生说的汲取

班固“学无常师”，“博贯载籍”，[1] 为东汉著名史学家。在经学上，他兼采今古文，却更倾向于古文经学。《汉书》所受经学影响，既有来自董仲舒的今文经学，更有来自刘歆的古文经学。刘歆的五德终始说对于《汉书》论述帝王系统、宣扬汉为尧后和确立历史正统观等，都产生了重要影响。

(一)《汉书》对刘歆五德终始说的载录

刘歆五德终始说的基本内容见于其所著《三统历谱》，《汉书·律历志》详细记载了此文。《律历志》说：“至孝成世，刘向总六历，列是非，作《五纪论》。向子歆究其微眇，作《三统历》及《谱》以说《春秋》，推法密要，故述焉。”刘向所作《五纪论》今已不传，我们无法知晓其具体思想。但是对于刘歆作《三统历》及《谱》，颜师古注曰：“自此以下，皆班氏所述刘歆之说也。”这就明确告诉人们，《律历志》所述《三统历谱》的内容乃为刘歆的学说。而正是这部《三统历谱》中的《世经》篇，详细叙述了刘歆的五德相生说。《世经》篇所叙五德终始说的基本内容，其一，依据五行相生原理，构建了木德伏羲、火德炎帝、土德黄帝、金德少昊、水德颛顼、木德帝喾、火德唐尧、土德虞舜、金德大禹、水德成汤、木德武王、火德汉高祖之帝王系统，这个系统以伏羲为“百王先”、“百王祖”。其二，指明了建立帝王系统的文献依据。其中伏羲、炎帝、黄帝三世依据《易》，“《易》曰：‘炮牺氏之王天下也’”、“《易》曰：‘炮牺氏没，神农氏作’”、“《易》曰：‘神农氏没，黄帝氏作’”；少昊依据《考德》，“《考德》曰少昊曰清”；颛顼和帝喾的事迹依据《春秋外传》；唐尧、虞舜、大禹的事迹依据《帝系》；成汤、武王的事迹依

[1] 《后汉书》卷四十上《班彪列传》，中华书局1965年版，第1330页。

据《尚书》；高祖刘邦的事迹见于《史记》相关的纪。

《汉书·郊祀志》记载了西汉文帝至武帝时期的德属纷争，以及后期刘向、刘歆父子创立五德相生说的情况。《郊祀志赞》曰：

> 汉兴之初，庶事草创，唯一叔孙生略定朝廷之仪。若乃正朔、服色、郊望之事，数世犹未章焉。至于孝文，始以夏郊，而张仓据水德，公孙臣、贾谊更以为土德，卒不能明。孝武之世，文章为盛，太初改制，而兒宽、司马迁等犹从臣、谊之言，服色数度，遂顺黄德。彼以五德之传从所不胜，秦在水德，故谓汉据土而克之。刘向父子以为帝出于《震》，故包羲氏始受木德，其后以母传子，终而复始，自神农、黄帝下历唐虞三代而汉得火焉。故高祖始起，神母夜号，著赤帝之符，旗章遂赤，自得天统矣。

这段话告诉我们，西汉议定德属问题发生在汉文帝时期，由于当时出现土德与水德之争，汉朝的德属一时并没有确定下来。到了汉武帝时期修《太初历》，最终确立了汉朝土德制度。西汉后期，刘向、刘歆父子创立五德相生说，以木德伏羲作为历史的开端，以汉朝火德上继周朝木德。伏羲“始受木德”、“以母传子”、“汉得火德”，这是该学说的思想主旨。只是将五德相生说归为刘向、刘歆父子共同创立，并不符合客观实际。刘向作为西汉后期正统观念浓厚的思想家，并没有提出服务于王莽代汉的五德相生说的具体内容，只是提出过一些与五德相生相关的见解而已。[1]

《汉书·高帝纪》文尾的赞语，构建了一个从尧到刘邦的刘汉世袭，其目的只有一个，就是宣扬汉为尧后，这也是刘歆五德相生说的主旨思想之一。

> 《春秋》晋史蔡墨有言，陶唐氏既衰，其后有刘累，学扰龙，事孔甲，范氏其后也。而大夫范宣子亦曰：“祖自虞以上为陶唐氏，在夏为御龙氏，在商为豕韦氏，在周为唐杜氏，晋主夏盟为范氏。”范氏为晋士师，鲁文公世奔秦。后归于晋，其处者为刘氏。刘向云战

[1] 参见汪高鑫：《中国史学思想通史·秦汉卷》，黄山书社2002年版，第311—314页。

国时刘氏自秦获于魏。秦灭魏，迁大梁，都于丰，故周市说雍齿曰“丰，故梁徙也”。是以颂高祖云：“汉帝本系，出自唐帝。降及于周，在秦作刘。涉魏而东，遂为丰公。”丰公，盖太上皇父。其迁日浅，坟墓在丰鲜焉。及高祖即位，置祠祀官，则有秦、晋、梁、荆之巫，世祠天地，缀之以祀，岂不信哉！由是推之，汉承尧运，德祚已盛，断蛇著符，旗帜上赤，协于火德，自然之应，得天统矣。

赞语通过构建从唐尧到刘邦的刘氏世袭，旨在论证刘邦作为圣王尧的后代，“断蛇著符，旗帜上赤”，秉火德建朝，是“得天统”，由此论证了刘汉政权的合法性。

(二)《汉书》对刘歆五德终始说之帝王系统的接受

班固有感于《尧典》颂尧之德，而作《典引》篇以叙汉德。《典引》开篇粗略地勾勒出了一个自伏羲氏至刘汉的天命王权体系的轮廓：

太极之原，两仪始分，烟烟煴煴，有沈而奥，有浮而清。沈浮交错，庶类混成。肇命人主，五德初始，同于草昧，玄混之中。逾绳越契，寂寥而亡诏者，《系》不得而缀也。厥有氏号，绍天阐绎者，莫不开元于大昊皇初之首，上哉敻乎，其书犹可得而修也。亚斯之世，通变神化，函光而未曜。

若夫上稽乾则，降承龙翼，而炳诸《典》、《谟》，以冠德卓踪者，莫崇乎陶唐。陶唐舍胤而禅有虞，虞亦命夏后，稷契熙载，越成汤武。股肱既周，天乃归功元首，将授汉刘。[1]

这段话首先依据《易传·系辞》和《易乾凿度》来论述世界的起源问题，《系辞上》说“《易》有太极，是生两仪”，《系辞下》也说“天地絪缊，万物化醇”。而《易乾凿度》则说“清轻者为天，浊沈者为地”。接着班固论述历史发展的法则，则完全依照刘歆的五德终始说。他按照刘歆的说法，也以《易传》“帝出乎震”为依据，而以得木德而王天下的伏羲氏为人文始祖，故说王者“莫不开元于大昊皇初之首”。从得木德的伏羲开

[1]《后汉书》卷四十下《班彪列传》，中华书局1965年版，第1375—1376页。

始，帝王之位依据相生之序而依次下传于得火德的炎帝神农氏、得土德的黄帝轩辕氏，他们被合称为“三皇”。班固认为，亚斯之世的少昊、颛顼、高辛诸帝虽然“通变神化”，却由于《系辞》不载其事，致使他们的功业“函光而未曜”；而陶唐氏由于炳诸《典》、《谟》之故，遂使其德得以彰显。自陶唐之后，帝王统绪依次为虞舜、夏禹、成汤和武王，而继周之后，天命“将授汉刘”。

《汉书》断汉为史，却断而不断，断中有通，其中的志和表即是贯通古今的。在《汉书》贯通古今的论述中，所论历史王朝，便是以刘歆的五德终始说所建构的帝王系统为依据的。前述《律历志》详载了刘歆《三统历谱·世经》自伏羲至高祖的帝王系统，《郊祀志赞》也有所谓“包羲氏始受木德，其后以母传子，终而复始，自神农、黄帝下历唐虞三代而汉得火焉”之语。除此之外，《汉书》的《百官公卿表》、《古今人表》等，都有关于古今帝王系统的详细叙述。如《百官公卿表》所述的历代官制及其演变就反映了刘歆的帝王系统。该表开篇即说“《易》叙宓羲、神农、黄帝作教化民，而《传》述其官”，之后历述伏羲、神农、黄帝、少昊、颛顼以至王莽时期官制及其演变情况。又如《古今人表》讲述的是古今以帝王为中心的历史人物，该表中所谓“上上圣人”，基本就是历代帝王，其顺序依次为太昊宓羲氏、炎帝神农氏、黄帝轩辕氏、少昊金天氏、颛顼高阳氏、帝喾高辛氏、帝尧陶唐氏、帝舜有虞氏、帝禹夏后氏、帝汤殷商氏、文王周氏、武王、周公、仲尼。将此与《世经》帝王系统作一比较便知，表中除周朝列了文王、武王和周公三人，另增加了文圣孔子，两者其他的帝王系统是完全一致的。此外，还有一些志、表也涉及帝王系统的论述。如《刑法志》论述历代法治时说：“自黄帝有涿鹿之战以定火灾，颛顼有共工之陈以定水害。唐虞之际，至治之极，犹流共工，放讙兜，窜三苗，殛鲧，然后天下服。夏有甘扈之誓，殷、周以兵定天下矣。”这是结合黄帝以来的历史阶段来叙述刑法的形成与发展过程。《五行志上》说：“刘歆以为虙羲氏继天而王，受《河图》，则而画之，八卦是也。”说的是伏羲作八卦之事，却明确了伏羲王天下是来自于天，由此定立了百王之祖的地位。《地理志上》开篇叙述了黄帝“协和万国”、尧分天下十二州、大禹“更制九州”的情况。《异姓诸侯王表》开篇讲述了自虞夏至秦朝历史发展的德、力转换情况，认为舜禹受禅，

"积德累功"数十年，才得以巩固帝位；殷周之王"修仁行义"十余世，才至汤武开始"放杀"；秦国自襄公之后历经百有余年，至秦始皇时"乃并天下"。由此可见，帝王之业只有"以德若彼，用力如此"才可以建立起来。这些论述已经涉及舜禹以下各历史阶段，虽然涉及的帝王还不全面，却也是对这一帝王系统的一种叙述。由此可见，《汉书》的帝王系统是按照刘歆五德终始说中的帝王系统进行构建的。

(三)《汉书》对刘歆五德终始说之汉为尧后思想的汲取

如上所述，刘歆的五德相生说宣扬"汉为尧后"思想，其目的有二：一是肯定刘邦是圣王尧的后代，因此其建汉是天经地义的；二是以尧的火德来确立汉朝火德，火生土，通过效仿历史上尧舜禅让故事，以实现汉新禅让的王朝更替。班固接受了刘歆的汉为尧后说，然而二者的思想旨趣却有很大的不同。作为东汉具有浓厚正统主义思想的史家，班固宣扬汉为尧后自然不会为王莽代汉张本，他是要藉此对刘汉政权的合法性作出论证。众所周知，西汉的建立与秦以前各朝的建立有着很大的不同，之前的王朝建立者多为圣王之后，即使是秦朝也不例外。而刘邦起于闾巷，无尺土之封，却在秦末乱世之时，手持三尺剑而得以倒秦灭项，最终建立汉朝。正如班固所说："夫大汉之开原也，奋布衣以登皇极，繇数期而创万世，盖六籍所不能谈，前圣靡得而言焉。"[1] 刘邦"无土而王"，这是时人感到困惑不解的问题，却又是史家必须要作出解说的问题。西汉武帝时期的司马迁作《史记》，在充分肯定刘邦建汉的人为作用的同时，接受了今文经学家的圣人感生说，为刘邦缔造了"赤帝子"传说，对西汉的建立作出了神意的解说；西汉末年刘歆提出汉为尧后说，在宣扬汉新禅让的同时，首先也是肯定刘汉政权乃圣王之后，故而刘邦建汉是天经地义的，这是一种更为系统的天命王权学说；两汉之际班彪作《王命论》，提出"汉德承尧，有灵命之符，王者兴祚，非诈力所至"[2] 的观点，肯定了作为尧的后代，刘邦建汉"有灵命之符"，乃天命所归。班固在解说汉兴的原因时，一方面肯定有刘邦人为的因素，如《高祖本纪》说刘邦"宽仁爱人"，知人善任等，并借用群臣议定谥号之

[1]《后汉书》卷四十下《班彪列传》，中华书局1965年版，第1359页。
[2]《后汉书》卷四十上《班彪列传》，中华书局1962年版，第1324页。

语说："帝起细微，拨乱世反之正，平定天下，为汉太祖，功最高。"同时又大力宣扬汉为尧后说，更加重视以神意史观来解说汉朝的历史统绪。值得注意的是，班固大力宣扬汉为尧后说，除去解说刘邦建汉的需要之外，也有服务于刘汉中兴政权的需要。众所周知，班固处于东汉初年，当时刘汉政权失而复得，并出现中兴局面。当刘秀建立东汉政权之初，他的太学同学强华进献《赤伏符》，刘秀借用其中"刘秀发兵捕不道，四夷云集龙斗野，四七之际火为主"[1]的谶语，来为其皇权的合法性作出解说。从刘邦的"赤帝子"到刘秀的《赤伏符》，无非都是宣扬刘汉政权乃天命所归。班固大力宣扬汉为尧后说，应该还有这样一个时代背景。

纵观班固的汉为尧后思想，是贯穿于整个《汉书》当中的，集中表述则主要见诸《高帝纪赞》。赞文前已引述，班固在该篇中提出了一个具体而又系统的汉绍尧运的刘氏家族的世系。从理论渊源而言，班固的汉为尧后无疑主要是承继了刘歆的学说。然而刘歆五德终始说所论汉绍尧运，却没有如此一个详细的自尧至刘邦的刘汉世系。再往前追溯，西汉司马迁《史记》也没有汉为尧后的说法。那么，《汉书·高帝纪赞》所论刘汉世系的历史依据何在呢？考《高帝纪赞》所记刘氏自尧以来的世系，主要出自《左传》中的三条记载。《左传·文公十三年》的记载，主要是叙述了刘氏先人士会逃往到秦国，晋人当心秦国重用士会，便设计将他骗回。后来，留在秦国的部分家眷就改以刘为氏了。此处记载主要是交代了刘氏的来历。《左传·襄公二十四年》主要记载了士会之孙范宣子历数自己的世系情况。《左传·昭公二十九年》的记载则主要是借晋史蔡墨答魏献子的话，叙述自刘氏先人刘累到成为范氏的过程。《高帝纪赞》实际上就是对《左传》三处记载做了一番糅合而已，只是又外加了刘向之说，补上了士会留秦一支从秦至魏再迁至丰的整个过程，而高祖正是出自该支。照理说司马迁作《史记》是参考过《左传》的，如果《左传》有如此详细的关于刘氏世系的记载，司马迁是不可能不知晓的，合理的猜测便是司马迁所见的《左传》并无此记载。据清人考证，《左传》是一部经过刘歆整理并改头换面过的史书。而刘歆恰恰是汉为尧后的鼓吹者。为了使汉为尧后说得以成立，刘歆借助整理《左传》的机会添加进刘氏

[1]《后汉书》卷一上《光武帝纪》，中华书局1965年版，第22页。

世系的材料。值得注意的是，汉为尧后说仅见于《左传》和谶纬之书，并不见于先秦其他经书的记载，正如东汉古文经学家贾逵所说："五经家皆无以证图谶明刘氏为尧后者，而《左氏》独有明文。五经家皆言颛顼代黄帝，而尧不得为火德。《左氏》以为少昊代黄帝，即图谶所谓帝宣也。如令尧不得为火，则汉不得为赤。其所发明，补益实多。"[1] 贾逵说这段话是为了褒奖《左传》"其所发明，补益实多"，无意间却透露出了一个重要信息，那就是除《左传》和图谶之外，其他经书皆无汉为尧后的记载。因此，与其说这是《左传》的发明，倒不如说这是刘歆的杜撰。由于《汉书》为我国封建时代的正史，它对于刘汉世系与王朝统绪所作的神意解释，产生的影响自然是不同凡响的。

(四)《汉书》对刘歆五德终始说以五德言正闰正统思想的继承

前已述及，在刘歆五德终始说所构建的帝王系统中，我们没有看到大一统的秦朝。秦朝之所以未能排列于历史王朝统绪之内，是因为其以水德介于周（木德）、汉（火德）之间，未得五行相生之序，只能属于闰朝。其实在刘歆之前，关于秦朝的历史统绪问题就已经出现了纷争。据前述《汉书·郊祀志赞》载，汉文帝时期出现了汉朝的水德与土德之争，"张仓据水德，公孙臣、贾谊更以为土德"。张仓的汉为水德说，其实就蕴含了摒秦的思想。在张仓等人看来，汉朝之所以为水德，是因为秦过于短祚，构不成一个朝代，不能许之以水德，而由汉朝水德上接周之火德。这是刘歆之前最早否定秦朝历史统绪的历史记录。当然，汉武帝修《太初历》"遂顺黄帝"，最终确立了汉朝土德制度，所谓"彼以五德之传从所不胜，秦在水德，故谓汉据土而克之"。这等于还是承认了秦朝的水德和历史统绪。汉武帝时期的今文经学家董仲舒，一方面宣扬三统说，以《春秋》为汉制法，以汉接周，否定秦朝的历史统绪；一方面又以五德论历史运次，肯定历史古今之变是一个"夏无道而殷伐之，殷无道而周伐之，周无道而秦伐之，秦无道而汉伐之"的相克相胜过程，认可了秦朝的历史统绪。史家司马迁一方面接受董仲舒三统说，以忠、敬、文解说夏、商、周政治特点，认为秦政不改周末文弊，汉兴乃其"承敝易

[1] 《后汉书》卷三十六《贾逵列传》，中华书局1965年版，第1237页。

变，使人不倦”的结果，[1] 等于否定了秦朝的历史统绪。另一方面，据上述《汉书·郊祀志赞》的记载，司马迁以五德说解读历史时，又成了汉朝土德说的代表者；而且司马迁参与修定的《太初历》之“行夏之时”，显然在历法上又体现了“摒秦”之义。由此看来，董仲舒和司马迁对于秦朝历史统绪的看法是存在着矛盾的，他们都以三统说否定之，又以五德说肯定之。真正彻底在德运上对秦朝历史统绪进行否定的，是刘歆所宣扬的五行相生说。

《汉书》继承了刘歆以五德言正统的思想，在历史统绪上对秦朝予以否定。在上述《典引》篇所勾勒的帝王系统中，班固就明确认为“股肱既周，天乃归功元首，将授汉刘。俾其承三季之荒末”，肯定了汉承三代这样一个历史统绪。在《高帝纪赞》和《郊祀志赞》中，班固都明确指出了汉朝属于火德。《高帝纪赞》说：“汉承尧运，德祚已盛，断蛇著符，旗帜上赤，协于火德。”《郊祀志赞》也说：“自神农、黄帝下历唐虞三代而汉得火焉。”依据五德相生之原理，周朝木德，汉朝越过了秦朝而得火德，自然是否定了秦朝的历史统绪。班固所作的《古今人表》，所论历史人物其实只有古没有今，汉代人物没有表列其中。在这份列表中，班固将历史人物分成上上、上中、上下、中上、中中、中下、下上、下中、下下九等。如前文所言，位列上上等之人，除去周公、孔子之外，都是历代圣王、建国之君。然而，同为建国之君的秦始皇，却在这份名单中被列为中下等。按照班固的说法，“可与为善，可与为恶，是谓中人”，比如“齐桓公，管仲相之则霸，竖貂辅之则乱”。问题是，作为王朝的建立者，列表中只有秦朝建立者秦始皇是被列入中下之等的，其他建国者皆为上上等，秦始皇的等次甚至连秦朝的大臣吕不韦、淳于越（皆为中中等）都不如。很显然，这样来确定秦始皇的等次，其实就是否定他所建秦朝的历史地位和王朝统绪，这与《典引》篇三代授汉思想，《高帝纪赞》和《郊祀志赞》的汉为火德说是相一致的。

《汉书》的断汉为史，也隐含有对秦朝历史统绪的否定。从表面上讲，《汉书》的断汉为史是对之前汉史记述的不满，通过断汉为史，以期更好地实现宣汉的目的。班固说：

---

[1] 《史记》卷八《高祖本纪》，中华书局1962年版，第394页。

固以为唐虞三代，《诗》、《书》所及，世有典籍，故虽尧舜之盛，必有典谟之篇，然后扬名于后世，冠德于百王，故曰“巍巍乎其有成功，焕乎其有文章也！”汉绍尧运，以建帝业，至于六世，史臣乃追述功德，私作本纪，编于百王之末，厕于秦、项之列。太初以后，阙而不录，故探纂前记，缀辑所闻，以述《汉书》……[1]

在这段话中，班固认为，要想使帝王之业“扬名于后世，冠德于百王”，就必须要依靠历史记载。刘汉显赫的帝王之业，需要通过史家记载确定其历史地位。然而司马迁《史记》叙汉史，将其“编于百王之末，厕于秦、项之列”，加上太初以后的历史记载阙如，这便是他断汉为史的原因所在。毫无疑问，班固叙汉史的主要目的是为了宣汉，是要歌颂汉朝的丰功伟绩，突显汉朝的历史地位。不过他在论述汉朝能建立起帝王之业的原因时，给出的理由是汉绍尧运，圣王之后所建立的盛世王朝，岂有不歌颂的道理。“汉绍尧运”四字本身，就已经蕴含了作为尧的后代，汉朝是上继周朝而建立起的盛世王朝。正因此，他对司马迁通史撰述将刘邦置于百王之末、秦项之厕的做法，是根本无法接受的。可以这样说，《汉书》的断汉为史，是出于政治上“宣汉”和史学上确立正统主义的需要。他从这样一种正统观念出发，从历史编纂上对司马迁的通史作法提出批评，认为《史记》将刘汉“编于百王之末，厕于秦、项之列”的做法是贬低了汉朝的历史地位，与史家使当代君主“扬名于后世，冠德于百王”的作史旨趣完全背离；而从德属的角度来讲，“厕于秦、项之列”也违背了汉以火德上继周之木德的五德运次。班固断汉为史作《汉书》，由此开启了断代纪传体史书的先河，《汉书》也以其浓厚的正统观念而成为中国正统史学的代表。《汉书》作为正史开启的以五德言正闰的做法，对历代史学的正统观念都产生了重要影响，从此以后，五德相生说成为历代正史解说王朝更替、论证政权合法性的理论依据。

[1]《汉书》卷一百下《叙传》，中华书局1962年版，第4235页。

第八章　东汉史学的以易解史

东汉经学的发展呈现出两个显著的特点，一是古文经学的兴盛，一是今古文经学的融通。易学作为经学的重要组成部分，也明显具有这两个特点。东汉易学，一方面在今文易学继续传承的背景下，古文易学得到了重要发展；另一方面也出现了易学流派纷呈、今古文易学融通的趋向。在东汉易学大发展的背景下，东汉史学继承和发扬了过往史学以易解史的传统，重视探究易学的今古文之义，以易理来解说历史，其中班固的《汉书》与荀悦的《汉纪》，堪为这一时期史学以易解史的代表。

第一节　东汉易学的发展

东汉初年，在光武中兴的背景下，包括易学在内的经学重新走向繁荣。光武帝立十四家经学博士，其中易经博士就有四家。总体来看，东汉易学既继承了西汉易学的发展成果，延续了它的学术风格，又带有自身的鲜明特征。从易学流派而言，西汉末年民间流传的古文费氏易逐渐发展成为东汉后期易学的主流，道家与道教易学成为东汉易学中的一支力量；从今古文学而言，古文易与今文易在一定程度上实现了融通。从整个易学发展史来看，东汉易学连接了西汉象数易学和魏晋义理易学两种典型的易学形态，呈现出明显的过渡性特点。

一、西汉中后期易学的变化与转型

如前所述，西汉前期的易学出自田何，由田何下传王同、杨何一系形成义理汉易的主流，居于官学地位；而由田何下传丁宽、田王孙一系也属于义理易学。汉武帝独尊儒术以后，作为官方经学之一的易学获得了快速发展，加之这一时期社会矛盾的变化对学术提出新的需求，由此出现了易学内部的变革与分化；而汉代自然科学的进步所带来的对天文、历法、音律和阴阳灾异等领域学说认识的加深，以及《周易》本身所具有的丰富的象数因素，使得这一时期易学内部的变革与分化，在形式上主要表现为象数易学取代义理易学，逐渐占据主流地位，汉代易学由此发生了变化。

从学派而言，西汉易学的变化始于田王孙易学。在田王孙所传施雠、孟喜和梁丘贺三弟子中，只有施雠谨守师说；而孟喜易学好言“阴阳灾变”，已经初步具备了象数易学的基本特质；梁丘贺易学也与师说有较大差异。据《汉书·儒林传》记载，孟喜“得易家候阴阳灾变书”，从而改变师法。他以阴阳学说解说《周易》，以此推测气候变化，推断人事吉凶，是汉代卦气说的主要倡导者。他用六十四卦配四时、十二月、二十四节气和七十二候，以解释一年节气的变化。而梁丘贺则“专行京房法”，他本来是从杨何的弟子京房学易，“房出为齐郡太守，贺更事田王孙”。需要注意的是，这里的京房并不是通常与孟喜易学并称“孟京之易”的京房。[1] 与孟喜并称的京房“受《易》梁人焦延寿。延寿云尝从孟喜问《易》”[2]。京房师从焦延寿，问《易》孟喜，他的易学吸收阴阳五行说，进一步发展了孟喜的卦气说，建立起以占验为中心的象数思想，构建起包含卦气“六日七分”、八宫说、世应说、飞伏说和纳甲说等在内的庞大的易学体系。随着孟氏易学与京氏易学影响的不断扩大，他们的象数之学逐渐得到了官方认可。到了宣帝晚年，孟喜易学被立为官

[1] 孟喜师从的京房是汉初易学大师杨何的弟子，而与孟喜易学并称为“孟京之易”的京房，则是焦延寿的弟子。

[2] 《汉书》卷八十八《儒林传》，中华书局 1962 年版，第 3601 页。

学；元帝时，京氏易学也得立为官学，孟京象数易学由此成为汉代易学的主流形态，对汉代及后世易学起到了重要影响。

西汉末年，随着经学内部严格师法、家法的确立，学术内部可自由发挥的空间越来越小；而彼时西汉的社会危机逐步加重，需要有关学术研究给予适时的指导，这样在传统经学之外编造纬书在当时便成为一种可能。另外，弥漫于西汉中后期浓厚的神秘主义思想信仰和阴阳灾异感应学说也是促成纬书思潮出现的社会文化基础。六经皆有纬，它们都是以解释经书的面目出现的，而《易纬》就是对《周易》经传文所作的神秘主义解释。它在继承孟喜、京房易学思想的基础上，将卦气说和象数之学进一步理论化和神学化，对《周易》的性质、起源、卦爻结构、易数等有关问题进行了深入的探讨。此派易学认为乾坤两卦乃八卦和六十四卦的基础，乾坤卦象有形，乃从无形产生，中间经过“太易”、“太初”、“太始”、“太素”四个阶段；提出九宫说，以阴阳之数的变化说明一年节气的变化，论述阴阳二气运行同八卦的关系；以八卦方位说解释一年四季阴阳二气消长运行的过程和节气的变化；提出“易名有三义”说、爻辰说等，为阴阳灾变说炮制了一个体系。这些认识和主张在易学史上都产生了重大的影响。[1]

西汉末年易学发展的另一个变化则是以道家黄老之说解《易》。这方面以严遵和扬雄为代表，他们上承《淮南子》易学传统，将易学与道家黄老之学相结合来阐发相关理论。严遵《老》、《易》兼治，著有《老子指归》，善于运用《周易》的语言和思想观点来阐发《老子》中的相关理论。尤其是他利用自己所熟悉的《周易》的宗教巫术形式，以及宇宙天人框架结构和思想内容，来建构他的宇宙生成、阴阳变化及社会政治方面的理论体系。扬雄的易学思想与成就主要体现在《太玄》一书中。总体来看，《太玄》为一部仿《易》之作。它从体裁上来讲，几乎全部是模仿《周易》的，但是在思想内容方面，则可以说是汇通《易》、《老》而自成体系的。扬雄将源于老子的玄与元气说相结合，对《易传》中的太极说进行改造，把“玄”作为最高范畴，试图构筑一个贯通天地人三才

---

[1] 参见郑万耕：《易纬》，载朱伯崑主编：《周易通释》，昆仑出版社 2004 年版，第181—182 页。

之道的宇宙图式。他还将《太玄》八十一首分配到一年四季之中，以此显示一年四季中阴阳二气的消长；特别是他对黄老学派因循观念与《易传》革故鼎新思想加以结合创新，提出了因革相承的思想。[1]

以上所述的西汉中后期易学均属于官方易学的系统。西汉末年易学还有另外一个系统，即民间易学系统，其主要代表是费氏易学和高氏易学。前者属于古文易学，后者属于今文易学。费氏易学创始人是费直，据记载，费直生活于西汉成帝和哀帝年间。《汉书·儒林传》将其学术特征描述为“长与卦筮，亡章句，徒以《彖》、《象》、《系辞》十篇《文言》解说上下经”，开创了易学发展史上以传附经的先河。概括言之，费直易学可以说是承继了汉初的解《易》传统，即注重人事道理，它后来理所当然地发展成为义理学派。高氏易学创始人是高相，大致与费直处于同一时期，自言所学出于田何的门人丁宽。高氏易学起初也是流传在民间，后高相传子高康，高康因翟义起兵事被王莽所杀，“其学亦亡章句，专说阴阳灾异”[2]。总的来说，民间易学因为与官方易学交涉不多，所以在当时影响比较小，占据主流的还是官方易学一支。

二、东汉易学的发展与再度转型

东汉前期易学的发展主要表现在对西汉易学发展成果的继承和特征的延续上，最早被立为官学的也依然是在西汉时就已经立为官学的施、孟、梁丘、京氏四家易学。根据《后汉书》、《东观汉记》、《三国志》等记载，当时的治易者大多可以归属到这四家当中。

传承施雠易的主要有戴宾、刘昆、刘轶和景鸾等，前三者间有易学授受关系。戴宾传《易》于刘昆，刘昆弟子众多，在新莽时期和光武帝时期都有很大的影响，其子刘轶不但从刘昆受易学，而且也以施氏易教授门徒。据史书载，刘昆，字桓公，“陈留东昏人，梁孝王之胤也。少习容礼。平帝时，受施氏易于沛人戴宾。能弹雅琴，知清角之操。王莽世，教授弟子恒五百余人……子轶，字君文，传昆业，门徒亦盛。永平中，

[1] 参见张涛：《秦汉易学思想的发展》，《管子学刊》1998年第2期。

[2] 《汉书》卷八十八《儒林传》，中华书局1962年版，第3602页。

为太子中庶子。建初中，稍迁宗正，卒官，遂世掌宗正焉”[1]。景鸾，“字汉伯，广汉梓潼人也。少随师学经，涉七州之地。能理《齐诗》、施氏易，兼受《河》《洛》图纬，作《易说》及《诗解》，文句兼取《河》《洛》，以类相从，名为《交集》。又撰《礼内外记》，号曰《礼略》。又抄风角杂书，列其占验，作《兴道》一篇。及作《月令章句》。凡所著述五十余万言。数上书陈救灾变之术”[2]。景鸾学问的特点是《易》、《诗》、《礼》兼治，并且在易学方面以施氏易为主，兼修图纬易学。

传孟喜易者有洼丹、觟阳鸿、任安、王景、袁良、许慎、虞光、夏恭、梁竦等。其中，影响较大者有洼丹、觟阳鸿、任安等。洼丹，“字子玉，南阳育阳人也。世传孟氏易。王莽时，常避世教授，专志不仕，徒众数百人。建武初，为博士，稍迁，十一年，为大鸿胪。作《易通论》七篇，世号《洼君通》。丹学义研深，易家宗之，称为大儒”[3]。觟阳鸿，“字孟孙，亦以孟氏易教授，有名称，永平中为少府”[4]。任安，“字定祖，广汉绵竹人也。少游太学，受孟氏易，兼通数经。又从同郡杨厚学图谶，究极其术”[5]。值得一提的是袁良和虞光，二人都是世传孟氏易。袁良传袁安，袁安又传袁京和袁敞，袁京又传袁彭，四世传孟氏易。虞光则是五世传孟氏易，虞光传虞成，虞成传虞凤，虞凤传虞歆，虞歆传虞翻。

传梁丘易者有范升、杨政、祈圣元、吕羌、徐宣、梁恭、张兴等。杨政和祈圣元受《易》于范升，“范升字辩卿，代郡人也。少孤，依外家居。九岁通《论语》、《孝经》，及长，习梁丘易、《老子》，教授后生”[6]，是典型的儒道并修的学者。“杨政字子行，京兆人也。少好学，从代郡范升受梁丘易，善说经书”[7]。祈圣元在《后汉书》中无传。众多传梁丘易者中，张兴的影响较大。张兴，“字君上，颍川鄢陵人也。习

[1]《后汉书》卷七十九上《儒林列传》，中华书局 1965 年版，第 2549—2551 页。

[2]《后汉书》卷七十九下《儒林列传》，中华书局 1965 年版，第 2572 页。

[3]《后汉书》卷七十九上《儒林列传》，中华书局 1965 年版，第 2551 页。

[4]《后汉书》卷七十九上《儒林列传》，中华书局 1965 年版，第 2551 页。

[5]《后汉书》卷七十九上《儒林列传》，中华书局 1965 年版，第 2551 页。

[6]《后汉书》卷三十六《范升列传》，中华书局 1965 年版，第 1226 页。

[7]《后汉书》卷七十九上《儒林列传》，中华书局 1965 年版，第 2551 页。

梁丘易以教授。建武中，举孝廉为郎，谢病去，复归聚徒。后辟司徒冯勤府，勤举为孝廉，稍迁博士。永平初，迁侍中祭酒。十年，拜太子少傅。显宗数访问经术。既而声称著闻，弟子自远至者，著录且万人，为梁丘家宗”[1]。

传京房易者最多，有郎宗、戴凭、杨震、魏满、孙期、徐稚、郑玄、申屠蟠、陆绩、朱晖、崔朝、贾逵、樊英、杜乔、许峻等。其中有学术传人的有郎宗（宗传郎𫖮）、杨震（震传杨秉，秉传杨赐）、朱晖（晖传朱颉，颉传朱穆）、崔朝（朝传崔舒，舒传崔篆，篆传崔毅，毅传崔骃，骃传崔瑗）、樊英（英传陈寔和郤巡）、许峻（峻传许曼）等。其他较有影响者有戴凭、魏满、孙期等，据《后汉书·儒林列传》记载：“戴凭字次仲，汝南平舆人也。习京氏易。年十六，郡举明经，征试博士，拜郎中。”“时南阳魏满字叔牙，亦习京氏易，教授。永平中，至弘农太守。”“孙期字仲彧，济阴成武人也。少为诸生，习京氏易、《古文尚书》。”[2]

以上可以看出，东汉传施、孟、梁丘、京氏四家易者为数众多，但因为当时师法、家法森严，他们身上更多的是共性，即以易言灾异，缺少创新和发挥，只能在原有的学术框架内增添些许新内容，很难有大的作为。

易学的再度转型发生于东汉后期。在东汉易学发展中，如果从传易的主体来看，一直存在着官方易学和民间易学的区别；如果从今古文经角度来看，则有今文易学和古文易学之争。比如，象数易学中的孟氏易、梁丘易和京氏易既属今文易学，也属官方易学；而带有明显义理易学特质的费直易学则属于古文易学，也一直在民间传授，因而在影响方面处于弱势地位。这样的情形在东汉后期发生了变化，东汉易学在发展过程中出现了裂变和转型，具体表现为官方今文象数易学式微，而费直古文义理易学地位上升，并最终成为汉易主流，且学人传授不绝。

发生这一变化，有其内在原因。首先，今文易学内部各学派理论体系本就非常琐碎和复杂，它们又互相混杂在一起，既难以理解也难以应用，学说本身的驳杂和由此带来的理论之间的相互矛盾决定了其生命力

[1] 《后汉书》卷七十九上《儒林列传》，中华书局1965年版，第2552页。
[2] 《后汉书》卷七十九上《儒林列传》，中华书局1965年版，第2553—2554页。

的虚弱。其次，今文易学已经失去了自我更新的可能。在西汉创建成型的各种今文易学已经形成了较为完善的理论体系，加之当时种种学术体制的束缚和政治干预，给继承者的创新带来了困难。他们只能在既定的框架内进行理论阐发，所以往往只能是重复老调。另外，其他学派学者的驳难和批判也是今文易学衰落的一个重要原因。[1] 当然，古文费氏易能够取代前者，也是与其自身的学术特征密切联系在一起的。费氏易"其学无章句，惟以《彖》、《象》、《文言》等十篇解上下经；凡以《彖》、《象》、《文言》等参入卦中者，皆祖费氏"[2]。因为"传授皆不明"，在较长时期内一直未得到官方的承认。但它把孔子传授的《周易》经传保存下来，使得古文易学因此获得传经的权威；而"其学无章句"的特点，便于打破家法与师法，实现学术融通。这些因素都为费氏易的兴起提供了条件。

费氏易在东汉的发展与崛起有一个较为漫长的过程。自东汉古文经学与今文经学论争开始后，二者之间一直有着较为严格的界限与分歧。随着东汉时期师法、家法观念的淡化，今、古文经兼治逐渐成为一种风尚。在这种背景下，费氏易的发展渐趋兴盛。可是一些经学博士虽然也研习古文易学，但这只是他们兼修的一种学术，多数情况下并不以此名世。例如，东汉初年就涌现出古文易学家，代表者主要有陈元、郑众等。二人治经都以《左传》为主，只是兼通易学，其学术都不以费氏易为主，只是兼传。当范升攻击费氏易学与《左传》，陈元辩护的主要也是《左传》，并未提及费氏易学。他们对于同属古文经的费氏易学予以关注，可能是出于维护古文经学的目的，其所传费氏易学影响都不是很大。东汉费氏易学的迅速发展始于马融，马融、郑玄、荀爽是费氏易学的三个重要传习者，宋人晁公武认为"东京荀、刘、马、郑皆传其学"[3]，其学即费氏学。他们研习费氏易，开启了一代学术风气。马融不主一家，兼通今古文经，其治易"承费直之学，重视以儒理解《易》"，而且"解《易》皆由象数为切入点，而最终归本于人事"。在东汉古文易学发展史

---

[1] 吴怀祺：《易学与史学》，中国书店 2004 年版，第 79—84 页。

[2] 晁公武著，孙猛校证：《郡斋读书志校证》，上海古籍出版社 1990 年版，第 4 页。

[3] 晁公武著，孙猛校证：《郡斋读书志校证》，上海古籍出版社 1990 年版，第 4 页。

上，马融易学是承前启后的，“上承费直，使费氏之学得有传承；又下启郑玄易学，使费氏之学得以发扬光大”。[1] 郑玄治易“继承了费氏易学古文经学的传统，但又精通今文经学，以注纬书而闻名，所以也吸收了京房和《易纬》一些思想资料或观点”。其易学的主要特点是以爻辰说解释《周易》经传文，以五行学说解释《周易》筮法，或者以五行说解释《周易》中的象和数。[2] 在《周易》传播方面，郑玄的贡献在于使以传附经成为一种通行的惯例。以《易传》解《易经》上下篇始于费直，到郑玄时才真正实现了以传附经，为人们的阅读与理解带来了便利。荀爽也是古文费氏易学的重要传人。他虽然受到西汉今文易学的影响，以卦气说解易，却又不像京房今文易和《易纬》那样利用卦气说讲阴阳灾变，而是重视言明事理。如他在对策中说：“‘汉为火德，火生于木，木盛于火，故其德为孝，其象在《周易》之《离》’……温暖之气，养生百木，是其孝也。”[3] 认为汉为火德，《离》卦用事，当以温暖之气生养百物，故需提倡孝道，显然是借助易理以言事理，受到古文易的影响。荀爽易学的主要倾向无疑是古文易，其易学的主要学说是乾升坤降说。他以乾坤二卦作为基本卦，二卦爻位的互易升降，构成八卦与六十四卦的基础，旨在揭示象数本身的内在规律。同时，他“以《中庸》的‘中和’观念解释中爻的德性，具有儒家易学的特色”[4]。毫无疑问，荀爽易学在汉末象数易学向义理易学的过渡与转型中发挥了重要作用。

以上介绍东汉易学的发展主要是将视野定位在儒家易学内部。当然，就客观而言，东汉易学发展的整体状况也一直是以遵循传统的儒家经学为主流，但如果我们转换一个视角，从学派区分的角度来审视东汉易学的发展，可能会有更全面的认识。因为除以儒解《易》以外，还有道家和道教解《易》的系统。它们从不同于儒家的分析模式和思考维度入手，为易学打开了另外一个思路。前者在汉代有着悠久的传统，西汉初的《淮南子》，西汉末的严遵和扬雄等人，都曾进行过从黄老思想角度来解

[1] 潘斌：《马融易学探微》，《周易研究》2010年第4期。

[2] 郑万耕：《郑玄易学》，载朱伯崑主编：《周易通释》，昆仑出版社2004年版，第184页。

[3] 《后汉书》卷六十二《荀爽列传》，中华书局1965年版，第2051页。

[4] 朱伯崑：《易学哲学史》第一卷，华夏出版社1995年版，第210页。

读《周易》的尝试，并取得了良好的效果。东汉谶纬神学思想泛滥，为道教形成提供了大的文化氛围，而东汉后期频繁爆发的社会危机则为道教形成提供了现实条件。道教在大量吸收道家学说的基础上，到东汉末年得以创立。道家和道教对于《周易》都有着独特的解读。

从道家黄老角度来解读《周易》主要集中在东汉中前期，其中的代表人物主要有桓谭、王充等。桓谭推崇道家学说，他说："论天间莫明于圣人，庄周等虽虚诞，故当采其善，何云尽弃耶?"[1] 认为可择其善而取，故其易学思想中也融入黄老学说。桓谭在借鉴、吸收道家之说的基础上，主张以《周易》重德、尚贤以及追求和谐的精神为指导来解决东汉所出现的社会危机，为此提出了改革弊政、养贤爱民等主张，重视发挥易学的经世致用价值。桓谭在这一时期对易学的发展贡献颇多，并对王充、张衡的思想有重要的启迪作用。王充是东汉著名的思想家，他在建立自己理论体系的过程中，广泛吸收了包括儒家思想在内的各派学术成果，正如他自己说的，"怀先王之道，含百家之言"[2]，"于道术无所不包"[3]。尤其是道家黄老之说，"王充《论衡》时引《易》以证其说，亦常借《易》以发挥其义，观其易学多陈述人事之事理，兼取黄老自然之说"[4]。王充虽非易学专家，也没有留下专门的易学著作，但他关于《周易》和易学的一些见解，在易学史上有一定影响。

伴随着东汉日益严重的社会危机而迅速形成并发展起来的道教，其教义经典在当时的文化氛围中不可能不受到易学的影响。《太平经》和《周易参同契》作为早期的道教经典，其在成书过程中就以当时各种易学成果为资源来建构自己的理论，形成了较为独特的道教易学，成为易道融合的典范，同时对易学的转型和发展也起到了积极的推动作用。《太平经》作为早期道教典籍，极力推崇并多处称引《周易》，深受孟、京易学和《易纬》之学的影响。在借鉴、吸收易学资源的基础上，《太平经》形成了自己的理论系统。它承继《易传》中正、太和的观念，提出了太平

[1] 桓谭著，朱谦之校辑：《新辑本桓谭新论·本造》，中华书局 2009 年版，第 1 页。
[2] 王充著，黄晖校释：《论衡校释·效力》，中华书局 1990 年版，第 584 页。
[3] 王充著，黄晖校释：《论衡校释·别通》，中华书局 1990 年版，第 595 页。
[4] 徐芹庭：《易经源流——中国易经学史》（上册），中国书店 2008 年版，第 394 页。

社会政治理想；它吸收、改造《易传》的太极说，运用元气说解释宇宙生成、万物起源；它的丰富的感应思想，在一定程度上也是受易学影响的结果。炼丹家魏伯阳的《周易参同契》以宣扬炼丹可以成仙为主要目标，该书书名前冠以“周易”，“表明作者企图用《周易》的原理解释炼丹术，这是无疑的”[1]。在魏伯阳看来，炼丹术的原理与道家养生之道是一致的，该书《自序》也说“歌叙大易，三圣遗言……引内养性，黄老自然”，认为《周易》理论与养生之道是相一致的。纵观《周易参同契》一书的易学思想，一是提出坎离为易说，“把坎离两卦看成是六十四卦变易的依据”；一是提出月体纳甲说，“将汉易中的卦气说，发展为月体纳甲说，解释炼丹的火候”。[2] 毫无疑问，《太平经》和《周易参同契》的易学思想，对于汉末易学的转型有重要影响。

第二节　《汉书》的以易解史

班固的《汉书》是我国第一部纪传体断代史，也是中国封建正统史学的代表。《汉书》“旁贯五经”[3]，自觉以儒家思想作指导。在儒家六经中，《周易》在班固心目中占有重要地位。班固以六经为诸子之源，而视《易》为六经之首。《汉书·艺文志》首次将《周易》提到六经的首要地位，“《易》的尊崇地位的确立，班固是立了功的”[4]。正是基于这样一种认识，班固重视以易解史，《汉书》成为汉代史学以易解史的重要代表。

一、“一致百虑”与“通万方之略”

前已述及，“一致百虑”一语出自《系辞下》，是《易传》的重要思

[1] 朱伯崑：《易学哲学史》第一卷，华夏出版社 1995 年版，第 221 页。
[2] 参见朱伯崑：《易学哲学史》第一卷，华夏出版社 1995 年版，第 224 页。
[3] 《汉书》卷一百下《叙传》，中华书局 1962 年版，第 4235 页。
[4] 吴怀祺：《易学与史学》，中国书店 2004 年版，第 55 页。

维之一。这种思维认为，目的虽然一样，所思所虑则各有不同，强调过程的纷繁复杂性；反言之，思虑虽然各有不同，然其目的一定是趋同的，强调的是主观意愿的一致性。这一思维在一定程度上表达了在当时百家争鸣的文化氛围之下，《易传》作者心目中处理学术分歧和各学派关系的一种原则，它从“一致百虑”的角度肯定了诸子学术的价值，为妥善处理各学派之间关系提供了基础。因此，这既是一种学术思维，也是一种学术气度。

我们已经讨论了《易传》“一致百虑”思维对司马迁“成一家之言”的启发。毫无疑问，班固史学也在这个层面上受到了这一易学思维的启发和影响。然而，具体表现在对诸子学说的理解与评判上，司马迁和班固还是有着细微差别的。司马迁主要从创立“一家之言”的角度来对各家主张进行评价，侧重其对学术创新的意义；而班固则主要是强调在易学的统领下，各家学说相互间的关系和对于学术整合的意义，侧重学术总结的维度。相比之下，司马迁虽然也进行学术总结，但是其总结的主旨是为了建构起自己独特的史学理论、史书编纂方法和著史宗旨；班固则是从各家学术彼此补充、相互配合和符合易学原理的程度出发来对它们展开评判，虽然在评判中也有创新的成分，但其主旨和目标则在前者。

班固认为，从各家学说涵盖的领域来讲，它们都是“各引一端，崇其所善，以此驰说，取合诸侯”[1]，在学术视野方面都是有局限性的，如果只取用其中一家，肯定会有片面性。当然，出现这样的情况主要是“王道既微，诸侯力政，时君世主，好恶殊方”[2] 所致。周王室失去统摄天下的控制能力，时君世主各自为政，好恶不同，从而导致了这种学术分裂局面的出现。可以说，这也是从唯物的角度解释了文化和社会环境之间的关系，从而在各学派产生的基础上论述了其学术的合理性。由于各派学术都是从某一个角度反映社会，有其产生的合理性，所以班固主张把诸子学说的关系定位为“相反相成”，认为“其言虽殊，辟犹水火，相灭亦相生也。仁之与义，敬之与和，相反而皆相成也。《易》曰：

[1] 《汉书》卷三十《艺文志》，中华书局 1962 年版，第 1746 页。
[2] 《汉书》卷三十《艺文志》，中华书局 1962 年版，第 1746 页。

‘天下同归而殊涂，一致而百虑’”[1]。班固利用《周易》的原理，从各家学术的相互关系层面论述各自存在的必要性。他认为各家学术虽然观点看法不一样，但各有所长，亦各有所短，如果“使其人遭明王圣主，得其所折中，皆股肱之材已”[2]。班固在实际的治学实践中，也秉持着这种“折中”主义的态度。他“博贯载籍，九流百家之言，无不穷究。所学无常师，不为章句，举大义而已”[3]。在经学立场上班固虽然属于古文学派，但是他却高度重视今文家董仲舒的经学思想，为董仲舒做专传，详载其《天人三策》；《汉书·五行志》详载今文家董仲舒、刘向以及孟京之易等有关天人感应之论；编纂具有官方立场的《白虎通》，包含大量今文经学和谶纬之学的内容。由此看来，班固治学虽然持守古文家立场，却又不囿于此，实则秉持一种兼容并包的态度。

“一致百虑”是否意味着人们都必须学习和掌握所有的学术？班固的答案是否定的。他针对学术环境中的一些不良现象批评道：“博学者又不思多闻阙疑之义，而务碎义逃难，便辞巧说，破坏形体……后进弥以驰逐，故幼童而守一艺，白首而后能言；安其所习，毁所不见，终以自蔽。此学者之大患也。”[4] 为解决这个问题，班固主张按照《周易》“一致百虑”思维，紧紧抓住“一致”这个共性。他认为各家学说都属于“百虑”，要以“一致”为纲，掌握所有不同的知识系统中最主要的部分，所谓“舍短取长，则可以通万方之略矣”[5]。

在班固看来，要达到这样一种理想境界，就需抓住两个至关重要的关键点：首先是在各家学派中准确把握儒家和其他各派的关系。他认为，各家各派之间虽然是相反相成的关系，但在地位上并不是一样的。他把诸子看作是儒家六经的“支”与“流裔”，“今异家者各推所长，穷知究虑，以明其指，虽有蔽短，合其要归，亦六经之支与流裔”[6]。这也是诸子之学应该被保留的原因之一。儒家学说是诸子学术之源，从“一致”

[1]《汉书》卷三十《艺文志》，中华书局1962年版，第1746页。

[2]《汉书》卷三十《艺文志》，中华书局1962年版，第1746页。

[3]《后汉书》卷四十上《班彪列传》，中华书局1965年版，第1330页。

[4]《汉书》卷三十《艺文志》，中华书局1962年版，第1723页。

[5]《汉书》卷三十《艺文志》，中华书局1962年版，第1746页。

[6]《汉书》卷三十《艺文志》，中华书局1962年版，第1746页。

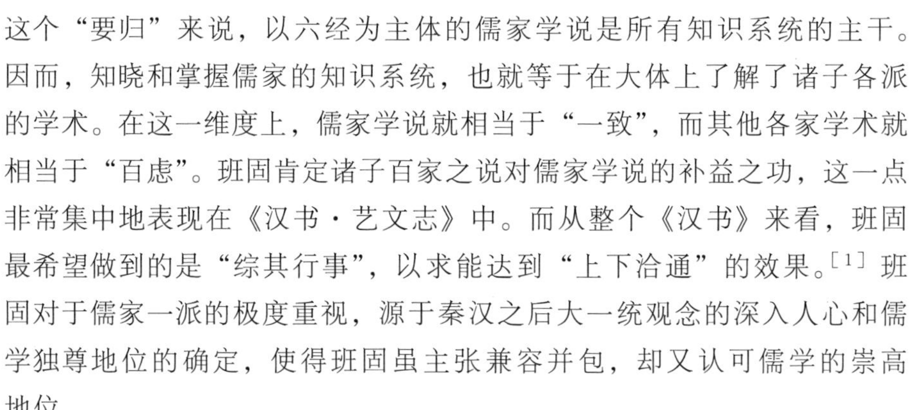

这个“要归”来说，以六经为主体的儒家学说是所有知识系统的主干。因而，知晓和掌握儒家的知识系统，也就等于在大体上了解了诸子各派的学术。在这一维度上，儒家学说就相当于“一致”，而其他各家学术就相当于“百虑”。班固肯定诸子百家之说对儒家学说的补益之功，这一点非常集中地表现在《汉书·艺文志》中。而从整个《汉书》来看，班固最希望做到的是“综其行事”，以求能达到“上下洽通”的效果。[1] 班固对于儒家一派的极度重视，源于秦汉之后大一统观念的深入人心和儒学独尊地位的确定，使得班固虽主张兼容并包，却又认可儒学的崇高地位。

其次是在儒家学说体系内部的关系定位和处理上，主要体现在六经之间。班固认为：“六艺之文：《乐》以和神，仁之表也；《诗》以正言，义之用也；《礼》以明体，明者著见，故无训也；《书》以广听，知之术也；《春秋》以断事，信之符也。五者，盖五常之道，相须而备，而《易》为之原。故曰‘《易》不可见，则乾坤或几乎息矣’，言与天地为终始也。”[2] 在知识含量方面，易理弥纶天地，无所不包；在学术主旨方面，《易》涉及宇宙人生之道，这是另一重意义上的“一致”。而其他五经只是侧重于某一领域或层面的阐释，它们最终聚合在一起，才能与《易》的知识含量相等。同时，相对于其他五经只是“相须而备”，而“《易》为之原”，是其他五经之本源。在《汉书·艺文志》各类书籍序录中，班固通常都是以易理来论其源流的，如论《书》，“《易》曰：‘河出图，洛出书，圣人则之’”；论《礼》，“《易》曰：‘有夫妇父子君臣上下，礼义有所错’”；论《乐》，“《易》曰：‘先王作乐崇德，殷荐之上帝，以享祖考’”，如此等等。另外，《易》居六经之首。《汉书·儒林传》有一段关于汉代经学传承的叙述，基本内容抄自《史记·儒林列传》，其曰：“汉兴，言《易》自淄川田生；言《书》自济南伏生；言《诗》，于鲁则申培公，于齐则辕固生，燕则韩太傅；言《礼》，则鲁高堂生；言《春秋》，于齐则胡毋生，于赵则董仲舒。”与《史记·儒林列传》相比照，这一叙述的主要变化是六经叙述的顺序。《史记》按照《诗》、

[1] 《汉书》卷一百下《叙传》，中华书局1962年版，第4235页。
[2] 《汉书》卷三十《艺文志》，中华书局1962年版，第1723页。

《书》、《礼》、《易》、《春秋》排列，而《汉书》则改为以《易》为首。这一改动看似简单，却颇具深意，它体现了《易》为六经之首的思想。在接下来介绍各种经典学术传授世系时，《汉书》不但首先叙述了自鲁商瞿子木受《易》孔子，至汉田何、丁宽、田王孙、施雠、孟喜、梁丘贺以及焦延寿、京房、费直、高相的传授世系，而且其详细程度超过了对《书》、《诗》、《礼》、《春秋》等经典学术的介绍。[1] 很明显，这种传授系统的叙述，同样体现了以《易》为六经之首的思想。

综上所述，《汉书》依据《周易》"一致百虑"思维，一方面肯定诸子百家学说（即所谓"百虑"）各有所长，相反相成，应该本着"舍短取长"的态度兼收并蓄，只有这样才能"通万方之略"；另一方面，"通万方之略"必须确定儒家六经之于诸子、《周易》之于儒家六经的"一致"地位，即是要确定儒家为诸子之源、《周易》为六经之首的学术地位。这是《汉书》对中国学术发展史的一个总体认识。

二、"《易》之别传"与神意史观

易学对传统史学影响的一个重要方面是历史观。吴怀祺先生说："易学的丰富的辩证的联系思维培育出古代史学家对自然、对社会历史认识的独特视角，使他们的历史观具有了哲理特性。"[2] 这一论断符合古代易史关系的实际。众所周知，我国传统史学在两汉时期取得了辉煌成就。其中一个重要原因，就是得益于易学在这一时期的迅速发展，后者为史学的发展提供了丰富的理论源泉。同时，易学之于史家历史观的影响也需要辩证地看待，由于易学本身的理论建构带有一定的时代局限性，这也会相应地投射到史学领域，在传统史学中有所体现。

《汉书》和《史记》一样，都受到了《周易》的深刻影响，由于所处时代氛围和文化环境的不同，具体情形却不尽相同。在司马迁时期，真正具有鲜明特色的汉易还处于酝酿阶段，当时能够对其他学术产生影响的主要是先秦发展起来的易学。而到了班固生活的时代，汉易不但已经

[1] 参见郑万耕：《〈汉书〉与〈周易〉》，《史学史研究》2006 年第 2 期。

[2] 吴怀祺：《易学与史学·自序》，中国书店 2004 年版。

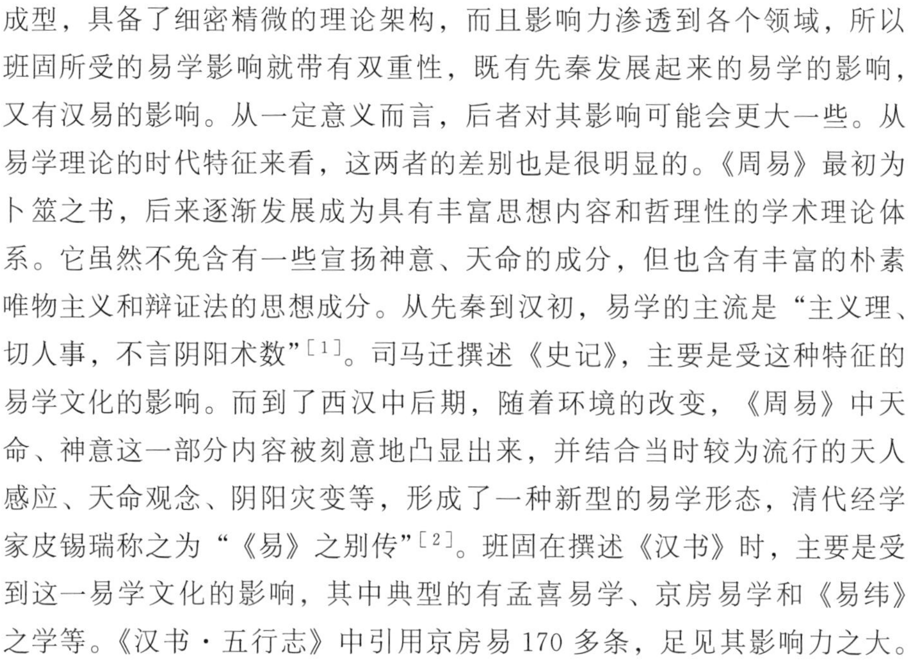

成型，具备了细密精微的理论架构，而且影响力渗透到各个领域，所以班固所受的易学影响就带有双重性，既有先秦发展起来的易学的影响，又有汉易的影响。从一定意义而言，后者对其影响可能会更大一些。从易学理论的时代特征来看，这两者的差别也是很明显的。《周易》最初为卜筮之书，后来逐渐发展成为具有丰富思想内容和哲理性的学术理论体系。它虽然不免含有一些宣扬神意、天命的成分，但也含有丰富的朴素唯物主义和辩证法的思想成分。从先秦到汉初，易学的主流是“主义理、切人事，不言阴阳术数”[1]。司马迁撰述《史记》，主要是受这种特征的易学文化的影响。而到了西汉中后期，随着环境的改变，《周易》中天命、神意这一部分内容被刻意地凸显出来，并结合当时较为流行的天人感应、天命观念、阴阳灾变等，形成了一种新型的易学形态，清代经学家皮锡瑞称之为“《易》之别传”[2]。班固在撰述《汉书》时，主要是受到这一易学文化的影响，其中典型的有孟喜易学、京房易学和《易纬》之学等。《汉书·五行志》中引用京房易 170 多条，足见其影响力之大。正是在这一意义上，可以说班固在《汉书》中是把《易》之“别传”当作《易》之“正传”了。

这样的易学理论资源和指导思想，对《汉书》神意史观的形成起到了重要作用。这种神意史观的主要特点，是以外于人事的神秘力量作为支配人类社会历史发展的决定因素，并且这种神秘力量对人类社会的支配具有一定的规律性。其中的核心观点就是奖善罚恶，但是它的显现又是间接和含蓄的，会通过某种媒介或某种暗示来实现自己的决定作用，最为常用的方式就是阴阳灾异的使用。在《汉书》中，班固把孟喜易学中的卦气说、京房易学中的五行说和阴阳二气说糅合在一起，还把《周易·说卦》篇中的卦象说与五行（水、火、木、金、土）、五事（貌、言、视、听、思）、五常（仁、义、礼、智、信）结合起来，认为以上各种要素相互之间的关系是有规律可循的，进而以此解说自然灾异与人事祸福之间的必然联系。这一特点在《五行志》中体现得尤为明显：

[1] 皮锡瑞：《经学通论·易经·论汉初说易皆主义理切人事不言阴阳术数》，中华书局 1954 年版，第 16 页。

[2] 皮锡瑞：《经学通论·易经·论阴阳灾变为易之别传》，中华书局 1954 年版，第 18 页。

孝武时，夏侯始昌通五经，善推《五行传》，以传族子夏侯胜，下及许商，皆以教所贤弟子。其传与刘向同，唯刘歆传独异。貌之不恭，是谓不肃。肃，敬也……于《易》，《巽》为鸡，鸡有冠距文武之貌。不为威仪，貌气毁，故有鸡祸。一曰，水岁鸡多死及为怪，亦是也……于《易》，《震》在东方，为春为木也；《兑》在西方，为秋为金也；《离》在南方，为夏为火也；《坎》在北方，为冬为水也。春与秋，日夜分，寒暑平，是以金木之气易以相变，故貌伤则致秋阴常雨，言伤则致春阳常旱也。至于冬夏，日夜相反，寒暑殊绝，水火之气不得相并，故视伤常奥，听伤常寒者，其气然也……刘歆貌传曰有鳞虫之孽，羊祸，鼻痾……于《易》，《兑》为羊，木为金所病，故致羊祸，与常雨同应。此说非是。春与秋，气阴阳相敌，木病金盛，故能相并，唯此一事耳。祸与妖痾祥眚同类，不得独异。[1]

在此，班固把汉代以《易》论灾异的各家各派都列出来，以此大力宣扬天人感应、天变灾异的思想。

在这样的历史观左右之下，《汉书》对于历史的梳理和解读充满了天命和神意的味道。《汉书·律历志》基本上是以三统、四时与大衍之数作为一个整体的理论系统，来撰述它所认为的《系辞》中所说的由伏羲氏、神农氏至黄帝、尧、舜的古代历史进程的，并且把整个春秋二百四十二年的历史都解读成是天意支配的历史。《汉书》用汉易的神秘主义思想为指导来叙述西汉社会历史，其落脚点是与现实政治紧密联系在一起的，实际用意是为了证明汉朝是承天命、得天统的政权。《汉书》叙述古史系统，以炮牺氏为木德，炎帝为火德，黄帝为土德，少昊为金德，颛顼为水德，帝喾又为木德，唐尧又为火德，最终的目的是要落实到汉朝因火德而兴上，所谓“伐秦继周。木生火，故为火德。天下号曰汉”[2]。从而为“汉承尧运，德祚已盛，断蛇著符，旗帜上赤，协于火德，自然之

[1] 《汉书》卷二十七中之上《五行志》，中华书局1962年版，第1353—1354页。

[2] 《汉书》卷二十一下《律历志》，中华书局1962年版，第1023页。

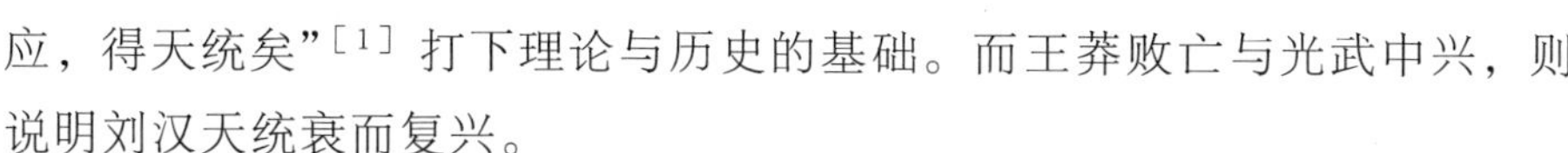

应，得天统矣”[1] 打下理论与历史的基础。而王莽败亡与光武中兴，则说明刘汉天统衰而复兴。

由于自然界的现象本身在客观上与人类社会领域的人事变动并不存在必然性的联系，所以《汉书》以神权史观为指导对人类社会历史变动的解说，就带有很强的主观随意性，其结果往往会造成各种说辞之间出现歧义或者相互矛盾的地方。正因此，唐代史评家刘知幾曾对《汉书·五行志》中宣扬天人感应、阴阳灾变等进行过尖锐的批评。他说，该志“所定多目，凡二十种。但其失既众，不可殚论。故每目之中，或时举一事。庶触类而长，他皆可知。又案斯志之作也，本欲明吉凶，释休咎，惩恶劝善，以戒将来。至如春秋已还，汉代而往，其间日蚀、地震、石陨、山崩、雨雹、雨鱼、大旱、大水，犬豕为祸，桃李冬花，多直叙其灾，而不言其应。此乃鲁史之《春秋》、《汉书》之帝纪耳，何用复编之于此志哉！……亦有穿凿成文，强生异义。如蜮之为惑，麋之为迷，陨五石者齐五子之征，溃七山者汉七国之象，叔服会葬，郕伯来奔，亢阳所以成妖，郑易许田，鲁谋莱国，食苗所以为祸。诸如此比，其类弘多。徒有解释，无足观采”[2]。从实际情况来看，刘知幾这个批评是有一定道理的。但是，如果我们考虑到汉代中后期至东汉前期儒学神意化倾向不断强化的现实状况，《汉书·五行志》依据“《易》之别传”大肆宣扬天变灾异的神意史观，也就不足为奇了。而从思想史的角度而言，汉代的天人感应论在本质上是“言天道而归于人道”，属于神道设教，因而是有一定的积极因素的。

三、天人一体与社会和谐

天人一体是《周易》的主要思维之一。在《易传》看来，宇宙万物虽然“广大悉备”，却可以划分为天道、地道、人道之所谓“三才”。[3]

---

[1] 《汉书》卷一下《高帝纪》，中华书局1962年版，第8页。

[2] 刘知幾著，浦起龙释：《史通通释》卷十九《汉书五行志错误》，上海古籍出版社2009年版，第518页。

[3] 《周易正义·系辞下》，《十三经注疏》本，中华书局1980年版。

天、地、人又各分两面，所谓“立天之道曰阴与阳，立地之道曰柔与刚，立人之道曰仁与义”，三才两两对应，“六画而成卦”，卦画因此生成。[1]每一卦独自成为一个系统，六十四卦共同构成一个大系统。在《周易》的物质与符号世界中，天、地、人三才之间是“一体”的关系，“天地设位，圣人成能”[2]。由天地确定万物秩序，圣人促成天地造化。而圣人促成天地造化的前提则是要效仿天道行事，所以《系辞上》说“崇效天，卑法地”，肯定人的崇高智慧效仿于上天，谦卑礼节效仿于大地。《易传》中有很多关于人法天地的叙述，如《乾卦·文言》说：“夫大人者，与天地合其德，与日月合其明，与四时合其序，与鬼神合其吉凶，先天而天弗违，后天而奉天时。天且弗违，而况于人乎，况于鬼神乎?”即要求大人要奉天行事，与天一致。《坎卦·彖辞》说：“天险不可升也，地险山川丘陵也。王公设险以守其国，险之时用大矣哉。”这是指王公大人要懂得天地自然之险，从而设险以守卫国家。《恒卦·彖辞》说：“日月得天而能久照，四时变化而能久成，圣人久于其道，而天下化成。”这是指圣人应该效仿自然变化，从而恒久地坚持人文化成的正道。毫无疑问，《易传》人法天地的思想，从本质而言，即是天人和谐的思想，所以《乾卦·彖辞》说：“乾道变化，各正性命，保合太和，乃利贞。”这种“太和”观念便是天人和谐的最高境界。

以孟、京易学为代表的汉代象数易学，继承了《周易》的天人一体思维，对天人关系作出了新的阐发。汉易通过图和数为媒介，演绎了世界变化的原理与规律，所关涉的因素包含了自然与人类社会各个领域，并且把自然和人类社会视同为一个联系紧密的整体。这样，汉易便以自己的方式展示了天人一体思维。像孟喜易学的卦气说，就是以六十四卦与一年的四时、十二月、二十四节气以及七十二候相配合，从而构成一个宏观的大系统。此外，它又以君、公、侯、卿、大夫与十二辟卦相配。这样，就把自然界与人类社会密切联系在了一起。京房易学则是用编排八宫卦图式的方法把自然变化作为一个大的系统。在这样一个大的体系中，不但阴阳变化联系在一起，而且自然变化与社会等级礼制也紧密相

[1]《周易正义·说卦》，《十三经注疏》本，中华书局1980年版。
[2]《周易正义·系辞下》，《十三经注疏》本，中华书局1980年版。

连。这样一种天人联系的编排，“论定了社会等级社会礼制与自然运行是一种先验的秩序，用自然天象变化的必然性说明封建社会等级制度的合理性”[1]。这样一来，汉易的天人理论更加广泛地对史学讨论所需要考虑的因素进行了规定。

《汉书》深受《周易》及汉易天人一体思维的影响，以易学思维为依据，以历史学的形式对天人关系作出了新的探讨，从中表达了对于社会和谐的向往与追求。

首先，“列人事而因以天时”。《四库全书总目》说：“《易》之为书，推天道以明人事者也。”[2]“推天道以明人事”一语，道出了《周易》或易学的本质所在。汉代孟、京易学尤其重视把所构建的自然与社会系统中的运行法则，看作是人所必须遵守的先验的存在。人必须努力去适应天道的基本原则，后者就是应然的规律，也是人调整自身行为的方向。《汉书》在天人关系上，明确认为人事需要顺应天道。《律历志上》说：

> 夫历《春秋》者，天时也，列人事而因以天时。传曰：“民受天地之中以生，所谓命也。是故有礼谊动作威仪之则以定命也，能者养以之福，不能者败以取祸。”故列十二公二百四十二年之事，以阴阳之中制其礼。故春为阳中，万物以生；秋为阴中，万物以成。是以事举其中，礼取其和，历数以闰正天地之中，以作事厚生，皆所以定命也。《易》金火相革之卦曰“汤武革命，顺乎天而应乎人”，又曰“治历明时”，所以和人道也。[3]

班固明确认为，“列人事而因以天时”，这是孔子作《春秋》的旨趣，也符合《易》的精神。这里所引“汤武革命，顺乎天而应乎人”和“治历明时”，分别出自《革卦》的彖辞与象辞，前者以汤武革命之事发论，肯定其乃顺天应人之举，所以取得成功；后者字面含义是整治历法以明四时之序，意为治理国事需要取象历法。二者其实都是强调人事需要取法

---

[1] 吴怀祺：《易学与史学》，中国书店 2004 年版，第 61 页。

[2] 永瑢等：《四库全书总目》卷一《易类一》序文，中华书局 1965 年版，第 1 页。

[3] 《汉书》卷二十一上《律历志》，中华书局 1962 年版，第 979—980 页。

天道，也只有取法天道才能成功。

其次，“财成辅相天地之宜”。人道仿效、顺从天道是促成人事的先决条件。如何仿效、顺从天道?《汉书》以《易传》为依据，提出了“财成辅相天地之宜”的思想。《汉书》的这一思想，集中见于《货殖传》的叙述：

> 于是辩其土地川泽丘陵衍沃原隰之宜，教民种树畜养；五谷六畜及至鱼鳖鸟兽雚蒲材干器械之资，所以养生送终之具，靡不皆育。育之以时，而用之有节。中木未落，斧斤不入于山林；豺獭未祭，罝网不布于野泽；鹰隼未击，矰弋不施于徯隧。既顺时而取物，然犹山不茬蘖，泽不伐夭，蝝鱼麛卵，咸有常禁。所以顺时宣气，蕃阜庶物，蓄足功用，如此之备也。然后四民因其土宜，各任智力，夙兴夜寐，以治其业，相与通功易事，交利而俱赡，非有征发期会，而远近咸足。故《易》曰“后以财成辅相天地之宜，以左右民”，“备物致用，立成器以为天下利，莫大乎圣人”，此之谓也。[1]

这段话集中阐发了“育之以时，而用之有节”的思想，说的是万物的养育与节用问题。《汉书》主张要“顺时宣气，蕃阜庶物，蓄足功用”，即是要顺应自然节气，养育积蓄万物，以足备功用。《汉书》这一认识的理论依据来自《易传》。其中“后以财成辅相天地之宜，以左右民”一语出自《泰卦·象辞》，原文是“后以财成天地之道，辅相天地之宜，以左右民”。这里“后”指圣人君主，“财”通裁。黄寿祺、张善文解释说：“君主因此裁节促成天地交通之道，辅助赞勉天地化生之宜，以此保佑天下百姓。”[2] 旨在强调君主对于天地自然和人类社会的节制作用。郑万耕认为，“‘裁成辅相’就是在遵循自然规律的基础上，对自然物的变化加以辅助、节制或调整，使之更加符合人类生活的需要，也即‘立功成器以为天下利’”[3]。“裁成辅相”，本质上是讲如何调整和节制天下万物

[1] 《汉书》卷九十一《货殖传》，中华书局1962年版，第3679页。
[2] 黄寿祺、张善文：《周易译注》，上海古籍出版社2007年版，第74页。
[3] 郑万耕：《〈汉书〉与〈周易〉》，《史学史研究》2006年第2期。

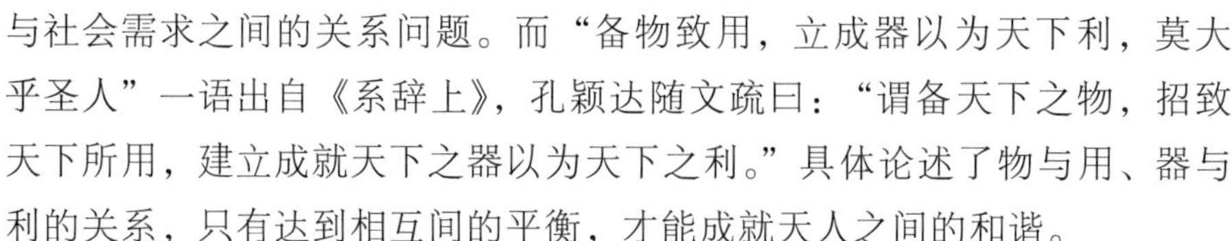

与社会需求之间的关系问题。而“备物致用，立成器以为天下利，莫大乎圣人”一语出自《系辞上》，孔颖达随文疏曰：“谓备天下之物，招致天下所用，建立成就天下之器以为天下之利。”具体论述了物与用、器与利的关系，只有达到相互间的平衡，才能成就天人之间的和谐。

再次，人与人之间的和谐。《汉书》不但强调天人、物我的和谐，而且重视人与人之间的和谐。其一，“上下序而民志定”，肯定上下、尊卑秩序的建立是达成社会和谐的基础。《货殖传》说：“昔先王之制，自天子公侯卿大夫士至于皂隶抱关击柝者，其爵禄奉养宫室车服棺椁祭祀死生之制各有差品，小不得僭大，贱不得逾贵。夫然，故上下序而民志定。”[1]《汉书》认为在社会关系中，必须“小不得僭大，贱不得逾贵”，只有这样，才能建立起社会秩序。而《汉书》所持的易学依据，便是“上下序而民志定”。此语源于《履卦·象辞》，原文是“上天下泽，‘履’。君子以辩上下，定民志。”意思是说只有辨明上下秩序，百姓才能安定其志。《汉书》据此肯定上下、尊卑秩序的建立对于社会和谐的重要性。其二，人主需“德配天地”，以德治民，以德服远。《公孙弘传》说：

> 臣闻之，气同则从，声比则应。今人主和德于上，百姓和合于下，故心和则气和，气和则形和，形和则声和，声和则天地之和应矣。故阴阳和，风雨时，甘露降，五谷登，六畜蕃，嘉禾兴，朱草生，山不童，泽不涸，此和之至也。故形和则无疾，无疾则不夭，故父不丧子，兄不哭弟。德配天地，明并日月，则麟凤至，龟龙在郊，河出图，洛出书，远方之君莫不说义，奉币而来朝，此和之极也。[2]

这段话强调“和”必有应，天降祥瑞是社会和谐的表现，而万邦来朝则是这种社会和谐的极致状态。社会和谐的前提则是君王“和德于上”、“德配天地”。《汉书》强调君德的思想依然来自于《易传》。所谓“德配天地，明并日月”，语出《乾卦·文言》，原话说：“夫‘大人’者，与天

[1]《汉书》卷九十一《货殖传》，中华书局1962年版，第3679页。
[2]《汉书》卷五十八《公孙弘传》，中华书局1962年版，第2616页。

地合其德，与日月合其明，与四时合其序，与鬼神合其吉凶，先天而天弗违，后天而奉天时。”这里所谓“大人”，当然是指统治者。《易传》希望统治者能德配天地，顺应天道。《汉书》以《易》为据，希望统治者和德于上，从而实现社会和谐、万邦和谐的理想。

四、忧患意识与史鉴理念

忧患意识是《周易》的重要思想之一。前已述及，《易传》充满着一种忧患意识。“《易》之兴也，其于中古乎？作《易》者，其有忧患乎？”[1] 这是从作《易》者的意图来论述忧患意识的。“《易》之兴也，其当殷之末世，周之盛德邪？当文王与纣之事邪？”[2] 这是从《易》的历史背景来论述忧患意识的。“是故其辞危。危者使平，易者使倾。其道甚大，百物不废。惧以终始，其要无咎。此之谓《易》之道也。”[3] 这是从卦爻辞的特征和忧患意识的作用角度来进行论述的。君子如何才能具有忧患意识以保国运长久？《易传》认为应该要做到“安而不忘危，存而不忘亡，治而不忘乱，是以身安而国家可保也”[4]。此外，《周易》对于这种忧患意识也有明确的表达，如《否卦》九五爻辞曰“其亡其亡，系于苞桑”，这是告诫统治者要始终保持警惕心理，时刻谨小慎微，只有这样才能避免危亡。

《周易》的忧患意识对传统史学的影响，集中体现在以史为鉴理念上。《周易》成书于商周革代之际，社会的动荡与巨变，使得作者心中充满了忧患。这种忧患意识的本质，是希望君子能“身安而国家可保”。正因此，《易传》对于《周易》功能的定位是彰明过去的事迹，察知未来的变化，即所谓“彰往而察来”[5]。很显然，彰往察来是《周易》内在忧患意识的一种外在体现，作者希望通过对过往历史作出考察，而为未来历史发展作出预判，这与传统史学以史为鉴思想是相一致的。传统史学

[1]《周易正义·系辞下》，《十三经注疏》本，中华书局1980年版。
[2]《周易正义·系辞下》，《十三经注疏》本，中华书局1980年版。
[3]《周易正义·系辞下》，《十三经注疏》本，中华书局1980年版。
[4]《周易正义·系辞下》，《十三经注疏》本，中华书局1980年版。
[5]《周易正义·系辞下》，《十三经注疏》本，中华书局1980年版。

的核心价值，就是通过对人类社会以往过程的记述和评说，来为未来的发展趋势作出准确的预测，并在此基础上调整和纠正人们的行为。易学与传统史学都存在一个如何总结过往历史的经验和教训，从而保持社会良性发展的问题。这在易学是一个忧患问题，而在史学就是一个历史借鉴问题。每一个史学家都会涉及这一问题，其具体的表达方式可能会有不同，但实质内容是一致的。《史记》以“居今之世，志古之道，所以自镜也”[1]来总结和说明，在《汉书》则被提炼成“是以究其终始强弱之变，明监戒焉”[2]。

事实上，《汉书》是非常重视《周易》的忧患意识的，《汉书·楚元王传》记载了刘向上疏成帝的话：“臣闻《易》曰：‘安不忘危，存不忘亡，是以身安而国家可保也。’故贤圣之君，博观终始，穷极事情，而是非分明。”[3]《陈汤传》也说：“且安不忘危，盛必虑衰，今国家素无文帝累年节俭富饶之畜，又无武帝荐延枭俊禽敌之臣，独有一陈汤耳！假使异世不及陛下，尚望国家追录其功，封表其墓，以劝后进也。”[4]这里所谓“安不忘危，存不忘亡，是以身安而国家可保也”一语，出自《系辞下》，只是较原文少了一句“治而不忘乱”。从以上两处表述可知，《汉书》每论及忧患意识，彰显的始终是居安思危的思想；而从史学角度而言，则是要“博观终始，穷极事情”。它们既体现了过去时空的理念，又含有较为明确的学习、借鉴的意蕴，可以说是忧患意识与史鉴思想的有机结合。

我们从秉承历史借鉴意识的角度来看待《汉书》，对《汉书》“改通为断”的做法就会有新的认识。从历史记述的角度而言，通史体裁的信息含量肯定会大于断代史，这也是很多人崇马抑班的重要原因之一。众所周知，《汉书》“断汉为史”的主要目的之一是为了“宣汉”，这在《汉书·叙传》中已经作了详细说明。出于“宣汉”的目的，班固需要论证西汉政权的合理合法性，由此大力宣扬“汉绍尧运”、“膺受天命”的神

[1]《史记》卷十八《高祖功臣侯者年表序》，中华书局1959年版，第878页。

[2]《汉书》卷十四《诸侯王表序》，中华书局1962年版，第396页。

[3]《汉书》卷三十六《楚元王传》，中华书局1962年版，第1950页。

[4]《汉书》卷七十《陈汤传》，中华书局1962年版，第3027页。

意思想。同时班固详细论载西汉一朝明君贤臣的历史事迹，系统反映西汉一朝的制度演变，努力彰显西汉王朝的大一统功业。毫无疑问，班固“宣”西汉的目的自然是为了“宣”东汉，是以此奠定东汉政权的法理基础。班固撰述《汉书》的另一个重要目的，则是为巩固东汉政权寻求历史经验教训，也就是历史借鉴。班固叙述西汉历史，自然是为东汉统治提供借鉴。从历史借鉴的有效性来看，通常需要满足两个条件：第一，借鉴的历史与当下的政治相似度越高，所达到的效果就会越好。由于社会的快速发展，以往历史与现实之间通常会出现巨大差异，从这一角度来看，距离现实越远的历史，其借鉴意义就越小。班固《汉书》所记载的西汉历史因为时间上与东汉较为接近，和东汉社会存在着密切联系，在各个领域和方面所碰到的问题也有很大的相似性，因而它的借鉴作用要远远大于其他历史时段。第二，得出的历史经验和教训必须是建立在丰富的史料基础上的。要做到历史记载的客观性，首先必须是史料的丰富性。西汉时代因为与东汉相较不远，满足这两个条件的便利性自然会远超于其他历史时段。正因此，司马迁的通史撰述，便会出现“录取较远历史相关资料的相对缺失，势必会造成其在历史横断面上愈古所记愈少的倾向”；而班固《汉书》断代为史则“可在一定程度上克服史料匮乏的问题”，从而更好地“奠定了史家对历史经验认识和运用的基础”。[1]由此可以得出结论，从历史借鉴的角度而言，班固断汉为史作《汉书》，是有时代联系性与资料丰富性之考虑的。

当然，《汉书》的忧患意识和以史为鉴思想，与班固的直书观也是密不可分的。以史为鉴所借鉴的历史必须是真实的历史，而真实的历史不仅需要充实可靠的史料，也需要史家主观上对于直书的追求；而史家直书观的形成，又是与史家的历史忧患意识不可分割的。《汉书》直书精神最直接、最重要的一种体现，就是“宣汉”而不为汉讳。众所周知，西汉文景时期统治清明，而《汉书》对文景时期的政治却多有批评。在《贾山传》中，《汉书》记述了贾山所作《至言》，对汉文帝居功荒政提出批评：“今功业方就，名闻方昭，四方乡风，今从豪俊之臣，方正之士，直与之日日猎射，击兔伐狐，以伤大业，绝天下之望，臣窃悼之。《诗》

[1] 陈金海：《略论〈汉书〉的“以史为鉴”思想》，《陕西理工学院学报》2013年第1期。

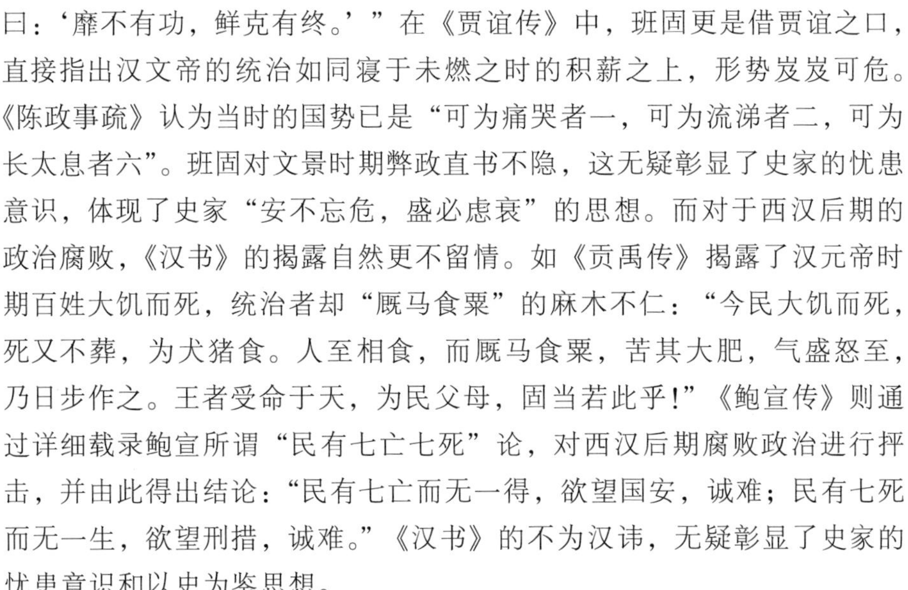

曰：‘靡不有功，鲜克有终。’”在《贾谊传》中，班固更是借贾谊之口，直接指出汉文帝的统治如同寝于未燃之时的积薪之上，形势岌岌可危。《陈政事疏》认为当时的国势已是“可为痛哭者一，可为流涕者二，可为长太息者六”。班固对文景时期弊政直书不隐，这无疑彰显了史家的忧患意识，体现了史家“安不忘危，盛必虑衰”的思想。而对于西汉后期的政治腐败，《汉书》的揭露自然更不留情。如《贡禹传》揭露了汉元帝时期百姓大饥而死，统治者却“厩马食粟”的麻木不仁：“今民大饥而死，死又不葬，为犬猪食。人至相食，而厩马食粟，苦其大肥，气盛怒至，乃日步作之。王者受命于天，为民父母，固当若此乎！”《鲍宣传》则通过详细载录鲍宣所谓“民有七亡七死”论，对西汉后期腐败政治进行抨击，并由此得出结论：“民有七亡而无一得，欲望国安，诚难；民有七死而无一生，欲望刑措，诚难。”《汉书》的不为汉讳，无疑彰显了史家的忧患意识和以史为鉴思想。

综上所述，班固《汉书》对于诸子学术的理解与价值判断、对神意史观的宣扬、对和谐社会的追求以及史鉴理念的形成，无不与易学的影响有关。《汉书》的易学思想渊源，有来自先秦“主义理、切人事”的易学和西汉好言灾异的象数易学两个方面，这些易学思维成为《汉书》解说历史的重要理论依据。

第三节　《汉纪》的以易解史

《汉纪》因和袁宏的《后汉纪》相对举，又称《前汉纪》，是我国第一部编年体断代史，内容主要涵盖西汉一朝，共30卷。著者荀悦，字仲豫，颍川颍阴（今河南许昌）人，东汉末年著名的史学家和思想家。《汉纪》的编纂，主要是因汉献帝阅览《汉书》，苦于其“文繁难省”，乃命荀悦依照《左传》的体例进行改编，书成30卷。荀悦精于易学，《汉纪》体现了以易解史的特点。荀悦的以易解史，一方面受汉代象数易学好言灾异的影响，宣扬天命史观；一方面又突破汉易，不专言灾异，而重视言事理；同时以《易》的彰往察来思想为依据，宣扬“综往昭来，永监后昆”的综往鉴来理念。

一、天命史观的易学哲理基础

荀悦身处汉末政局衰败、军阀割据的乱世时代，他受汉献帝之命改编班固《汉书》作《汉纪》，其现实目的即是要通过宣扬天命皇权、汉统永存，以此打消割据军阀们觊觎皇位的非分之想。因此，《汉纪》重视宣扬天命史观，一方面出于服务现实政治的需要，藉此维护刘汉正统；一方面从本体的高度来谈论天人关系，宣扬天人感应论和尽心“任天命”的思想。《汉纪》宣扬天命史观与荀悦的易学思想分不开，从一定程度而言，《汉纪》的天命史观是以易学为哲理基础的。

（一）宣扬汉为尧后说，维护刘汉正统

作为《汉纪》的母本，班固《汉书》就已经对汉为尧后作了系统的宣扬。《汉书·律历志》系统载录刘歆的五德相生说，宣扬汉为火德；《高帝纪赞》更是明确指出：“汉承尧运，德祚已盛，断蛇著符，旗帜上赤，协于火德，自然之应，得天统矣。”班固这一神意思想被荀悦所继承。《汉纪》开篇有一大段论述汉家发迹历史的话语，集中对刘歆系统阐发、班固大力宣扬的五德相生说作了详细叙述，旨在宣扬汉为尧后的思想。其曰：

汉兴，继尧之胄，承周之运，接秦之弊。汉祖初定天下，则从火德，斩蛇著符，旗帜尚赤，自然之应，得天统矣。其后张苍谓汉为水德，而贾谊、公孙弘以为土德，及至刘向父子，乃推五行之运，以子承母，始自伏羲，以迄于汉，宜为火德。其序之也，以为《易》称‘帝出乎震’，故太皞始出于震，为木德，号曰伏羲氏。共工氏因之为水德，居木火之间，霸而不王，非其序也。炎帝承木生火，固为火德，号曰神农氏。黄帝承之，火生土，故为土德，号曰轩辕氏。帝少昊灭，帝挚承之，土生金，故为金德，号曰金天氏。帝颛顼承之，金生水，故为水德，号曰高阳氏。帝喾承之，水生木，故为木德，号曰高辛氏。帝尧始封于唐，高辛氏衰，而天下归之，号曰陶唐氏，故为火德。即位九十载，禅位于帝舜，号曰有虞氏，故为土德。即位五十载，禅位于伯禹，号曰夏后氏，故为金德。四百四十

> 二年，汤伐桀，王天下，号曰殷，为水德。六百二十九年，武王灭纣，王天下，号曰周，为木德。七百六十七年，秦昭王始灭周，而诸侯未尽从，至昭王之曾孙政，遂并天下，是为始皇帝，有天下十四年，犹共工氏焉，非其序也。自周之灭及秦之亡，凡四十九年，而汉祖灭秦，号曰汉，故为火德矣。[1]

这段话虽然主要是祖述刘歆的五德相生说，却有两层含义值得注意：

其一，《汉纪》系统宣扬了五德相生、汉为尧后说。在邹衍的五德相胜说中，帝尧并没有单独秉承一德。《汉纪》所言"张苍谓汉为水德，而贾谊、公孙弘以为土德"之说，是针对秦朝水德发论的，承继的是邹衍五德相胜之说。西汉末年刘歆提出五德相生说，其古史系统中便有了得火德的尧的历史运次存在，而且明确提出刘汉是帝尧后裔，因而当以火德上继周之木德，即所谓"汉为尧后而得火德"之说。这套说法被《汉书·律历志》作了详细记述，并且成为班固论证刘汉政权合法性的重要依据。如果说刘歆宣扬汉为尧后主要是为了汉新禅让，那么班固《汉书》所宣扬的汉为尧后的主要目的则是为刘汉政权的合法性提供论证。[2] 从此以后，汉人讲五德，皆沿用五德相生的说法，汉为尧后说也因此得以固化。荀悦《汉纪》乃受汉献帝之命改编《汉书》而成，其目的是维护刘汉正统。故而引文一开始就明确"汉为尧后而得火德"，肯定刘汉建立是"自然之应，得天统矣"，也就是天命所归。接着便对自伏羲以来的中国历代王朝的德属，按照刘歆的五德相生理论进行了具体叙述，以此再次明确刘邦灭秦建汉的火德正统地位。由此来看，宣扬汉为尧后，确定汉朝合法地位，是《汉纪》采纳刘歆五德相生说的主要原因，也是《汉纪》承继班固神意史观而确定其撰述旨趣的根本所在。

其二，《汉纪》宣扬五德相生、汉为尧后说与荀悦的易学背景密不可分。荀悦是荀子十三世孙，东汉易学大师荀爽的侄儿，家学渊源深厚。荀爽易学在东汉有一定的学术地位，《汉纪》说："孝桓帝时，故南郡太守马融著《易解》，颇生异说。及臣悦叔父故司徒爽著《易传》，据爻象

---

[1] 荀悦：《汉纪》卷一《高祖皇帝纪》，《两汉纪》上，中华书局2002年版，第1—2页。

[2] 参见汪高鑫：《论刘歆的新五德终始历史学说》，《中国文化研究》2002年第2期。

承应阴阳变化之义，以十篇之文解说经意。由是兖、豫之言《易》者咸传荀氏学，而马氏亦颇行于世。”[1] 由此看来，西汉末年的荀爽易学是与马融易学齐名的易学流派。荀悦的主要学术成就在于史学，而不在易学，但是他的史学明显受到汉易特别是其叔父荀爽易学的影响，有学者认为“他解史还是看得出汉易卦气说的痕迹，也反映出他叔父荀爽易学对他的影响”[2]。《汉纪》开篇就宣扬五德相生、汉为尧后，明显打上了易学的烙印。

第一，从帝王系统而言，刘歆五德相生说缔造的古史系统是以《周易》为其依据的。邹衍五德相胜的古史系统是以黄帝作为历史开端，与《周易》没有瓜葛。与此不同，刘歆五德相生所构建的古史系统则以伏羲作为历史的开端，是受到了《周易》古史观的影响。刘歆说：“《易》曰：‘炮牺氏之王天下也。’言炮牺继天而王，为百王先，首德始于木，故为帝太昊。”[3] 这里炮牺即是伏羲，太昊乃是伏羲王天下之号。在刘歆看来，《周易》关于历史发展的描述，即是以伏羲为开端的，伏羲氏通过察天观地作八卦，“以通神明之德，以类万物之情”[4]，从而有了文明历史。由此刘歆叙述的五德相生的帝王系统，自然也是以伏羲作为历史开端、帝王之始的。《汉纪》全盘接受刘歆五德相生说所构建的以伏羲为历史开端的古史系统，等于完全认可了刘歆所采纳的《周易》古史观。这既有荀悦对历史的认知，也有荀悦对《易》的认知。

第二，从五德之序而言，刘歆五德相生说以木德为始，依据的是《说卦》“帝出乎震”的说法。邹衍五德相胜说以土德为始，依循“土木金火水”之序；与此不同，刘歆五德相生说以木德为始，依循“木火土金水”之序。从现有资料来看，邹衍的五德之序与易学没有瓜葛，而刘歆五德说以木德为始，其理论依据便是《说卦》的“帝出乎震”一语。《汉书·郊祀志赞》说：“刘向父子以为帝出于震，故包羲氏始受木德，其后以母传子，终而复始，自神农、黄帝下历唐虞三代而汉得火焉。”刘

[1] 荀悦：《汉纪》卷二十五《孝成皇帝纪》，《两汉纪》上，中华书局 2002 年版，第 438 页。

[2] 吴怀祺：《易学与史学》，中国书店 2004 年版，第 88 页。

[3] 《汉书》卷二十一下《律历志》，中华书局 1962 年版，第 1011—1012 页。

[4] 《周易正义·系辞下》，《十三经注疏》本，中华书局 1980 年版。

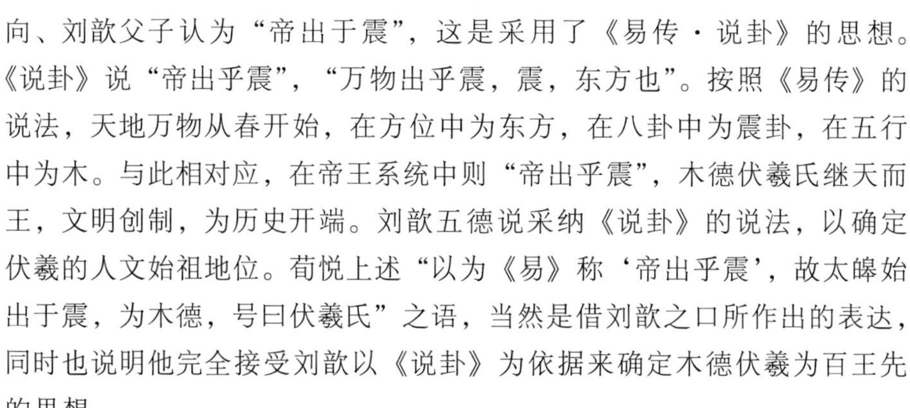

向、刘歆父子认为“帝出于震”，这是采用了《易传·说卦》的思想。《说卦》说“帝出乎震”，“万物出乎震，震，东方也”。按照《易传》的说法，天地万物从春开始，在方位中为东方，在八卦中为震卦，在五行中为木。与此相对应，在帝王系统中则“帝出乎震”，木德伏羲氏继天而王，文明创制，为历史开端。刘歆五德说采纳《说卦》的说法，以确定伏羲的人文始祖地位。荀悦上述“以为《易》称‘帝出乎震’，故太皞始出于震，为木德，号曰伏羲氏”之语，当然是借刘歆之口所作出的表达，同时也说明他完全接受刘歆以《说卦》为依据来确定木德伏羲为百王先的思想。

（二）宣扬天人感应论，主张“尽心力以任天命”

《高后纪》有一段话反映了荀悦对于天人关系的认识，其曰：

> 凡三光精气变异，此皆阴阳之精也。其本在地，而上发于天也。政失于此，则变见于彼，由影之象形，响之应声。是以明王见之而悟，敕身正己，省其咎，谢其过，则祸除而福生，自然之应也。[1]

这段话跟董仲舒宣扬的天人感应论如出一辙。在荀悦看来，天人之间是可以相互感应的，荒政必然带来天变，统治者应该从天变的警示中得到警醒。

为了消除人们对于灾祥之报说的疑惑，《汉纪》提出了“天人三势”论，其曰：

> 夫事物之性，有自然而成者，有待人事而成者，有失人事不成者，有虽加人事终身不可成者，是谓三势。凡此三势，物无不然。以小知大，近取诸身。譬之疾病，有不治而自瘳者，有治之则瘳者，有不治则不瘳者，有虽治而终身不可愈者……推此以及教化，则亦如之何哉？人有不教而自成者，待教而成者，无教化则不成者，有加教化而终身不可成者。[2]

---

[1] 荀悦：《汉纪》卷六《高后纪》，《两汉纪》上，中华书局2002年版，第85页。

[2] 荀悦：《汉纪》卷六《高后纪》，《两汉纪》上，中华书局2002年版，第85—86页。

在此，荀悦认为，大凡世间万物的存在形式不外乎以上三势，而事物的三势则是命中注定的。荀悦用以证明天人三势的论据，只是两个比喻。他以疾病的三种情形来比喻天人三势，这显然是混淆了疾病现象与历史现象之间的本质区别；他以人性三品来比喻天人三势，却无视了性三品说本身就是一种封建品级意识。然而，荀悦正是依据这种苍白无力的论证，用以证明他的天人三势论，而且还据此郑重宣告："是以推此以及天道，则亦如之，灾异之应，无所谬矣。"[1] 荀悦以这一理论来为时人对于灾祥之报说之疑惑进行解答，这种天命理论的表现形式是新颖别致的，而其理论依据则是苍白无力的，实际上并不能真正起到答疑解惑的作用。白寿彝先生认为荀悦的天人三势论"在理论上固然是要抬高了天的统治地位，实际上却是来了一个掩耳盗铃，自己也未尝不知道并不能解决问题，却装作没有看见"[2]。此语无疑是击中了天人三势论的虚弱本质。

既然天地万物存在着三势，乃人力无法左右，那么在三势面前，人究竟应该如何作为？荀悦说："凡三势之数，深不可识，故君子尽心力焉，以任天命。"[3] 这就是说，人在三势面前，只能是尽人事而任天命，因为最终决定结果的是天，而非人。

荀悦宣扬天人感应、尽心"任天命"思想的哲理基础依然是易学。荀悦说："《易》曰：'有天道焉，有地道焉，有人道焉。'言其异也。兼三才而两之，言其同也。故天人之道，有同有异。据其所以异而责其所以同，则成矣；守其所以同而求其所以异，则弊矣。"[4] 如前所述，《周易》具有系统的天人合一思想，《系辞下》以天地人三才涵盖万物，《说卦》以为"兼三才而两之，故《易》六画而成卦"，由此可见《易传》对于天人关系的认识。荀悦关于天人关系的理论依据，便是来自于《易传》。在荀悦看来，《易传》关于天地人三才的划分，是从天人的差异性上去说的；而"兼三才而两之"，则是从天人的一体性、相同性上去说的。这就是说，天人之间存在着相分又合一的关系。"据其所以异而责其

[1] 荀悦：《汉纪》卷六《高后纪》，《两汉纪》上，中华书局2002年版，第86页。

[2] 白寿彝：《司马迁与班固》，载白寿彝：《白寿彝史学论集》（下），北京师范大学出版社1994年版，第756页。

[3] 荀悦：《汉纪》卷六《高后纪》，《两汉纪》上，中华书局2002年版，第86页。

[4] 荀悦：《汉纪》卷六《高后纪》，《两汉纪》上，中华书局2002年版，第86页。

所以同，则成矣”，即是说人如果能依循天道行事，就能取得成功；反之，“守其所以同而求其所以异，则弊矣”，即是说过于“求异”，一味人为，无视天道，结果则必然会弊端丛生。实事求是地说，如果将所谓的天道理解为自然规律，荀悦的说法无疑是正确的。如果联系到荀悦的天人三势论，他的天道论却又呈现出一种不可知论，所谓“三势之数，深不可识”，显然是一种神秘主义。面对“深不可识”的天道，人们只能“尽心力”。荀悦认为《说卦》所谓“穷理尽性以至于命”，表达的就是这个意思。也就是说，在天人关系上，人为的作用只能是“尽心力焉，以任天命”。

二、突破汉易的重人事思想

汉末易学出现重要转型，以言灾异为特征的象数易学逐渐转向义理易学。荀悦以易解史，虽然重视对于天命史观的宣扬，然而又重视言明事理。吴怀祺先生认为，荀悦以易解史“不专在说灾异宣传天命观，更多的解说能体现出重人事的思想”[1]。

在上述荀悦的天人关系论中，荀悦一方面肯定天的决定性作用，一方面也没有完全忽视或者否定人的作用。只是认为天命“深不可识”，人们只能“尽心力”而“任天命”。其实这种天人关系论如果剔除其中的神秘主义因素，是大致符合《易传》思想的。在《易传》的作者看来，人道效仿天道，所谓“崇效天，卑法地”[2]。然而这种效仿又不是消极被动，而是积极能动的，所谓“天地设位，圣人成能”[3]，即肯定圣人可以成就促成天地造化之功。这就是说，《周易》在确定天的主导性、决定性作用的前提下，是具有重人事的思想的。不过《易传》所谓“圣人成能”，已经明确告诉人们成就天地造化之人是圣人，而非一般普通之人。《周易》中的“人”，有大人、君子、圣人、小人、百姓之分，能够效仿天地、促成天地造化的人，当然是指前三种人，因为“《易》为君子谋，

---

[1] 吴怀祺：《易学与史学》，中国书店2004年版，第89页。

[2] 《周易正义·系辞上》，《十三经注疏》本，中华书局1980年版。

[3] 《周易正义·系辞下》，《十三经注疏》本，中华书局1980年版。

不为小人谋"[1]。《易传》对伏羲、神农、黄帝、尧、舜等古圣人的文明创制与社会教化做了详细叙述和充分肯定，如《系辞下》讲述的远古社会进化的历史，实际上便是一部古圣人创制与教化的历史。《周易》对一般民众的重要性也有一定的认识，只是这种认识的出发点不是认为他们能够对国家社会发展起到引领作用，而只是把他们作为衡量圣人行为结果的重要标准，视其为一个被动的群体，这与我们现在所谓重视人民群众历史地位之性质是截然不同的。

受到这种易学天人观、历史观的影响，荀悦以易解史，一方面充分肯定人对于历史发展的重要作用，一方面又宣扬君主决定论。荀悦对于人为的作用是有充分认识的。《汉纪》开宗明义，提出了"立典有五志"的历史取材思想。其曰："夫立典有五志焉：一曰达道义，二曰彰法式，三曰通古今，四曰著功勋，五曰表贤能。于是天人之际、事物之宜，粲然显著，罔不备矣。"[2] 这里所谓"达道义"、"彰法式"与"通古今"，其主体都是历史的人与事。"达道义"要求历史撰述要以儒家纲常伦理道德为旨归，肯定历史人物的道德垂范价值；"彰法式"要求历史撰述要维护和宣扬封建王朝已经立定的法规制度，要多记"祖宗功勋、先帝事业、国家纲纪"[3]；"通古今"要求历史撰述要详载封建王朝治乱兴衰的整个过程，通过考察封建人事与政治的得失成败，为当今的封建统治提供历史借鉴。至于"著功勋"和"表贤能"，则更是直接通过历史撰述，来表彰统治阶级当中的代表性人物。具体而言，如"明主贤臣，命世立业，群后之盛勋，髦俊之遗事"[4] 等，都是史书应该记载的。在《汉纪·自序》中，荀悦将《汉纪》的记述对象概括为"祖宗功勋、先帝事业、国家纲纪、天地灾异、功臣名贤、奇策善言、殊德异行、法式之典"，所有这些无不与历史人物的作为有密切关系。也就是说，荀悦认为历史撰述的中心应该是历史人物，这等于肯定了历史发展中人的重要作用。

《汉纪》肯定人才对于国家治理的重要作用，对西汉用人政策不当提

[1] 张载：《正蒙·大易》，载《张载集》，中华书局 1978 年版，第 48 页。

[2] 荀悦：《汉纪》卷一《高祖皇帝纪》，《两汉纪》上，中华书局 2002 年版，第 1 页。

[3] 荀悦：《汉纪·自序》，《两汉纪》上，中华书局 2002 年版。

[4] 荀悦：《汉纪·自序》，《两汉纪》上，中华书局 2002 年版。

出批评。一般来说，大凡封建盛世的造就，往往与封建统治者重用人才是分不开的；反之，封建衰世的出现，则与统治者不能用贤相关。然而，在《汉纪》看来，封建衰世时期不用人才是自不待言的，而即使在所谓的封建盛世时代，统治者要真正做到知贤、用贤，其实也是很困难的。《汉纪》以汉文帝的用人情况为例，论证了即使是像文帝这样的贤君，在知人、用人上做得其实也是很不够的。如像杰出的政治家、思想家贾谊，就被贬逐于外，得不到重用。名臣张释之、冯唐的仕途也不通畅，张释之以骑郎事文帝，“十年不得调，亡所知名”[1]，后来还是中郎将爰盎知其贤、爱其才而极力荐举，才得以升迁；冯唐年过七十后才受到重用，之前一直只是屈居郎署长的官职。更有如名相周勃，是西汉有名的忠臣，以诛诸吕而有大功于汉室，却见疑于文帝，竟被下狱而遭狱吏之辱。于是，荀悦借冯唐七十余岁才困而后达，对文帝朝的用人之失评论道：“以孝文之明也，本朝之治，百僚之贤，而贾谊见逐，张释之十年不见省用，冯唐白首屈于郎署，岂不惜哉！夫以绛侯之忠，功存社稷，而犹见疑，不亦痛乎！”[2] 在荀悦看来，西汉一朝像文帝这样的明君，都如此难以知人善任，何况其他远在文帝之下的君主呢？由此看来，西汉统治者在用人上是存在着很大弊端的。

当然，在荀悦看来，历史发展的人为因素中，最根本的还是君王。《汉纪》的“帝纪赞”皆抄袭《汉书》旧文，唯有《高祖纪赞》是荀悦所作。在此赞语中，荀悦一方面宣扬天命史观，一方面也表达了对于高祖刘邦人为作用的肯定。其曰：

> 高祖起于布衣，奋剑而取天下，不由唐、虞之禅，不阶汤、武之王，龙行虎变，率从风云，征乱伐暴，廓清帝宇，八载之间，海内克定，遂荷天之衢，登建皇极，上古已来，书籍所载，未尝有也。非雄俊之才，宽明之略，历数所授，神祇所相，安能致功如此！夫帝王之作，必有神人之助，非德无以建业，非命无以定众。[3]

---

[1] 《汉书》卷五十《张释之传》，中华书局 1962 年版，第 2307 页。
[2] 荀悦：《汉纪》卷八《孝文皇帝纪》，《两汉纪》上，中华书局 2002 年版，第 119 页。
[3] 荀悦：《汉纪》卷四《高祖皇帝纪》，《两汉纪》上，中华书局 2002 年版，第 57 页。

在这段话中，荀悦对汉高祖起于布衣而建立帝王之业表示了由衷的赞叹，认为这是自书籍所载以来前无古人的事业。在具体分析汉高祖之所以能“致功如此”的原因时，荀悦一方面认为这是“历数所授，神祇所相”，“有神人之助”。《汉纪》以刘歆五德相生说开篇以宣扬汉为尧后思想，以班彪《王命论》结尾以宣扬“神器有命”，通篇都贯穿着一种天命史观。但在另一方面，荀悦也如实肯定汉高祖建汉与其本人素质密不可分，所谓“雄俊之才，宽明之略”、“以德建业”等语，即是对汉高祖人为作用的肯定。

《汉纪》的重人事思想，不仅受到易学天人观中肯定人道的影响，而且在很多具体的人事与制度的评论中，也非常重视以易学思想为依据。如对于汉高祖建汉的评述，《汉纪》曰：“夫帝王之作，必有神人之助，非德无以建业，非命无以定众，或以文昭，或以武兴，或以圣立，或以人崇，焚鱼斩蛇，异功同符，岂非精灵之感哉！《书》曰：‘天工，人其代之。’《易》曰：‘汤、武革命，顺乎天而应乎人。’其斯之谓乎！”[1] 荀悦从天命与人事两方面来说明汉高祖能建汉的原因。这里引用《周易》“汤、武革命，顺乎天而应乎人”之语，出自《革卦》彖辞。所谓“顺天应人”，即是在承认天命的前提下，肯定人为的作用。荀悦引用《易》说，是将其作为从天命与人事两方面总结汉高祖建汉原因的理论依据。再如昌邑王刘贺被废，《汉纪》也是引《易》作出评述的。昌邑王刘贺曾被授予天命，但因为其自身的不良行为，按照天道福善祸淫的原则，终被废黜，故而荀悦评述道：“昌邑之废，岂不哀哉！《书》曰‘殷王纣自绝于天’，《易》曰‘斯其所取灾’，言自取之也。”[2] “斯其所取灾”一语出自《旅卦》初六爻辞。在荀悦看来，昌邑王虽然得到天命，却因自己的行为违逆了天道，结果还是招致被废的命运，这在《易经》看来是自己“取灾”，也就是咎由自取。

在评述封建纲常伦理道德时，《汉纪》也体现了以易解史的特点。汉家尚公主之制，通常是“使男事女，夫屈于妇”。针对这一制度，荀悦评论道：“尚公主之制，人道之大伦也。昔尧厘降二女于妫汭，嫔于虞。

[1] 荀悦：《汉纪》卷四《高祖皇帝纪》，《两汉纪》上，中华书局2002年版，第57—58页。
[2] 荀悦：《汉纪》卷十六《孝昭皇帝纪》，《两汉纪》上，中华书局2002年版，第287页。

《易》曰：‘帝乙归妹，以祉元吉。’《春秋》称王姬归于齐，古之达礼也。男替女凌，则淫暴之变生矣。礼自上降，则昏乱于下者众矣。三纲之首，可不慎乎！夫成大化者必稽古立中，务以正其本也。”[1] 荀悦认为，尚公主之制是人伦大礼，必须合乎古礼古制，他给出的理论依据便是《周易》和《春秋》。《周易》“帝乙归妹，以祉元吉”一语出自《泰卦》六五爻辞，意思是说帝乙嫁出自己的妹妹，以此得福，大吉。荀悦以古说今，认为汉代尚公主制度“男替女凌”的做法违反古礼，逆阴阳之义，不符合纲常伦理。汉惠帝四年（前191年）十月，在吕后的授意下，汉惠帝立其姐鲁元公主的女儿张氏为皇后。对于这样一种婚配，荀悦评述道：“夫妇之际，人道之大伦也。《诗》称：‘刑于寡妻，至于兄弟，以御于家邦。’《易》称：‘正家道，家道正而天下大定矣。’姊子而为后，昏于礼而黩于人情，非所以示天下，作民则也。群臣莫敢谏，过哉！”[2] 荀悦认为汉惠帝立张氏为皇后的做法，既违反礼制，也有悖于人情，不是为民表率之作为。所引《周易》之语，出自《家人卦》彖辞，原话是“正家而天下定矣”。荀悦引《易》说的目的，是强调家庭伦理对于国家治理的重要性。

针对封建诸侯之制，荀悦也结合《周易》发表了自己的看法。众所周知，汉代前期为稳定统治，采取郡国并行制。一方面“承秦制”，继续在全国范围内实行郡县制度；另一方面又杂设封国于其间。荀悦对此评论道：

> 诸侯之制，所由来尚矣。《易》曰：‘先王建万国，亲诸侯。’孔子作《春秋》为后世法，讥世卿不改世侯。昔者圣王之有天下，非所以自为，所以为民也，不得专其权利，与天下同之，唯义而已，无所私焉。封建诸侯，各世其位，欲使亲民如子，爱国如家，于是为置贤卿大夫，考绩黜陟，使有分土而无分民，而王者总其一统，以御其政……故民主两利，上下俱便，是则先王之所以能永有其世

[1] 荀悦：《汉纪》卷十七《孝宣皇帝纪》，《两汉纪》上，中华书局2002年版，第303—304页。

[2] 荀悦：《汉纪》卷五《孝惠皇帝纪》，《两汉纪》上，中华书局2002年版，第64页。

> 也……至其末流，诸侯强大，更相侵伐，周室卑微，祸乱用作。秦承其弊，不能正其制以求其中，而遂废诸侯，改为郡县，以一威权，以专天下……汉兴，承周、秦之弊，故兼而用之。六王、七国之难作者，诚失之于强大，非诸侯治国之咎。其后遂皆郡县治民，而绝诸侯之权矣，当时之制，未必百王之法也。[1]

在这段话中，荀悦对治国体制应实行郡县还是分封作出了自己的评判：肯定分封，否定郡县。在荀悦看来，分封的好处是圣王“与天下同利”，诸侯“亲民如子”、公而无私，而前提则是“王者总其一统”，三代实行的就是这种体制。而郡县制则是一种威权政治，以天下为私，秦实行的即是这种体制。汉代实行郡国并行制，导致六王、七国之乱，问题不是出在诸侯治国，而在于皇权过弱。后来大削封国实行郡县，只是一种权宜之制，并非“百王之法”。荀悦倡导分封、反对郡县之论，一方面是出于史家对历史的一种自觉认识，另一方面又是以易学为其依据的。“先王建万国，亲诸侯”一语，出自《比卦》象辞，是《易》对于如何统理、协和万邦所提出的一种政治观，同时也成为《汉纪》肯定分封制的理论依据。

很显然，上述荀悦结合《周易》对历史人事所作的评述，已经脱离了汉易喜言灾异的传统，而是表现出明显的即事明理的解易特点。诚如学者所言，荀悦“对《易》的解说和汉代的孟、京之易有很大的不同”[2]。对义理探讨的重视，既是荀悦易学重义理的表现，也是其历史认识重人事的体现。

三、“综往昭来，永监后昆”的易理依据

“综往昭来，永监后昆”[3]是荀悦的历史目的论。荀悦认为，历史研究即是要通过“通古今”以“综往昭来”，总结过往历史的经验教训而

[1] 荀悦：《汉纪》卷五《孝惠皇帝纪》，《两汉纪》上，中华书局 2002 年版，第 72—73 页。
[2] 吴怀祺：《易学与史学》，中国书店 2004 年版，第 90 页。
[3] 荀悦：《汉纪》卷三十《孝平皇帝纪》，《两汉纪》上，中华书局 2002 年版，第 547 页。

为后世作借鉴。因此，“通古今”是前提，而“综往昭来，永监后昆”则是目的。荀悦的这一史学思想，同样是与易学思想相通的，《易》的“通其变”和“彰往而察来”思想，即是这一历史目的论的理论依据。

(一)“通其变”与《汉纪》的“通古今”思想

如前所述，“通变”是《周易》的中心观念。《系辞下》所谓“易穷则变，变则通，通则久”，堪称《周易》关于通变思想的经典表述。在《周易》看来，无论是自然界还是人类社会，变动和转化都是普遍存在的，比如日往月来、四季更迭、寒暑循环、人事得失、国家治乱等等，无不如此。从自然界来讲，万物盈虚消长是普遍的、永恒的，所谓“阖户谓之坤，辟户谓之乾。一阖一辟谓之变，往来不穷谓之通”[1]。从社会历史而言，远古以来的社会进化，都是古圣王“通其变，使民不倦”[2]的结果。

《周易》的通变思想对于荀悦《汉纪》的古今观有重要影响，《汉纪》提出“立典有五志”，第三即是“通古今”[3]。《汉纪》虽然是断代编年体史书，却是以“通古今”作为撰述旨趣之一的。《汉纪》的叙事，往往具有通贯意识。如上文关于“诸侯之制”的评述，《汉纪》并没有仅就汉代而论，而是对三代以来的诸侯之制进行了系统论述。正是通过对制度变迁的详细考察，荀悦由此得出分封为公天下之制，而郡县乃私天下之制的结论，并且指出周亡于分封在于周室卑微与诸侯强大，汉初出现诸侯之乱在于封国过于强大而非诸侯治国之制。这种分封与郡县之论，代表的是《汉纪》一家之言，无疑是荀悦贯通考察古今历史发展变化的结果，体现了其“通古今”的思想。当然，“通古今”不但是为了形成对历史的整体看法，而且还有“监前之弊”的作用，所谓“监前之弊，变而通之”[4]。也就是说，“通古今”是为了更好地总结历史经验教训，是改革前朝弊政的需要。如荀悦认为，三代推行分封制度，前期之所以成功，是因为王者一统、诸侯势弱的政治格局，周代后期之所以失败，是因为

[1]《周易正义·系辞上》，《十三经注疏》本，中华书局1980年版。

[2]《周易正义·系辞下》，《十三经注疏》本，中华书局1980年版。

[3]荀悦：《汉纪》卷一《高祖皇帝纪》，《两汉纪》上，中华书局2002年版，第1页。

[4]荀悦：《汉纪》卷五《孝惠皇帝纪》，《两汉纪》上，中华书局2002年版，第73页。

周室衰落、诸侯强大。秦朝继周之后，面对这样一种历史变化，却“不能正其制以求其中，而遂废诸侯，改为郡县”，结果导致败亡，这是“承弊”却不知道“救弊”所致。[1] 在分析“立策决胜之术”时，《汉纪》将其基本因素分为三种：“一曰形，二曰势，三曰情。形者，言其大体得失之数也；势者，言其临时之宜也，进退之机也；情者，言其心志可否之意也。故策同事等而功殊者何？三术不同也。”[2] 并以此为根据，分析楚汉之争具体战例，来论证“与时迁移，应物变化”的重要性。当然，《汉纪》也在通贯意识指导下，具体论述了不少西汉历史上通过改革弊政重新实现国家长治久安的事例，从正反两方面说明通其变以革除弊政对于促进社会发展的重要作用。

（二）“易彰往而察来”与《汉纪》的综往鉴来思想

《周易》所讲的“彰往而察来”[3]，即是指彰著往昔的变故而察辨将来的事态。韩康伯注曰：“易无往不彰，无来不察，而微以之显，幽以之阐。”孔颖达疏：“往事必载，是彰往也。来事豫占，是察来也”。[4] 注疏高度肯定了易学的这一功能。而钱澄之引吴幼清曰：“彰往，即藏往也，谓明于天之道，而彰明已往之理；察来，即知来也，谓察于民之故而觉知未来之事。”[5] 则是揭示了“往”和“来”之间的密切联系，肯定历史知识的价值和作用。其实，《易》本卜筮之书，不管通过什么样的形式进行占卜，也不管所得的是什么样的卦象，在逻辑思维不太发达的古代学术氛围中，人们在根据所卜得的卦象进行解卦时，所依赖的主要还是一些与所占卜事项有关联性的过往的经验性知识，在此基础上对正在实施或即将实施的行为的结局进行预测。在这一意义上，《周易》其实就是对以往各种占卜情况的一种记录。从另一视角看，这本身就是对远古时期人类历史活动的记录。如果将卜筮的视角进行宏观性的扩展，《周易》所卜筮的不是某一个人、某一件事，而是一个群体或一个民族、一个国家；而对于群体、民族或国家前途的关注，则是历史学的应有使命。

---

[1] 荀悦：《汉纪》卷五《孝惠皇帝纪》，《两汉纪》上，中华书局 2002 年版，第 73 页。

[2] 荀悦：《汉纪》卷二《高祖皇帝纪》，《两汉纪》上，中华书局 2002 年版，第 26 页。

[3] 《周易正义・系辞下》，《十三经注疏》本，中华书局 1980 年版。

[4] 《周易正义・系辞下》，《十三经注疏》本，中华书局 1980 年版。

[5] 钱澄之：《田间易学》，黄山书社 1998 年版，第 682 页。

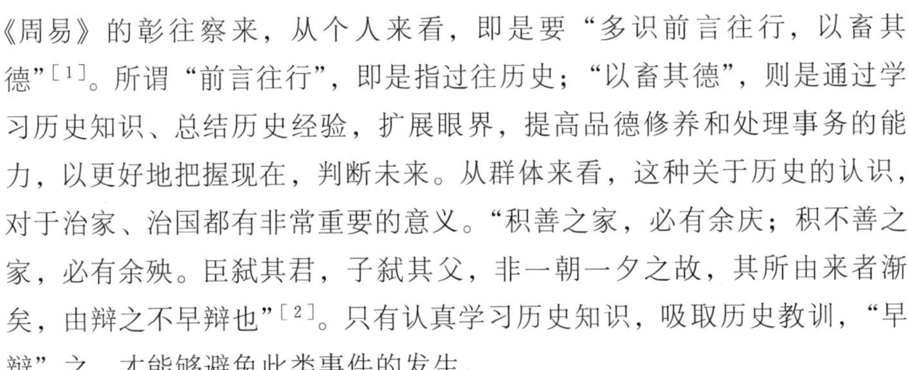

《周易》的彰往察来，从个人来看，即是要“多识前言往行，以畜其德”[1]。所谓“前言往行”，即是指过往历史；“以畜其德”，则是通过学习历史知识、总结历史经验，扩展眼界，提高品德修养和处理事务的能力，以更好地把握现在，判断未来。从群体来看，这种关于历史的认识，对于治家、治国都有非常重要的意义。“积善之家，必有余庆；积不善之家，必有余殃。臣弑其君，子弑其父，非一朝一夕之故，其所由来者渐矣，由辩之不早辩也”[2]。只有认真学习历史知识，吸取历史教训，“早辩”之，才能够避免此类事件的发生。

《周易》的彰往察来思想对荀悦有重要影响，《汉纪》以“综往昭来，永监后昆”为历史撰述目的，便是受这一易学思想影响的结果。《平帝纪》赞语说：“《易》称‘多识前言往行，以畜其德’。《诗》云‘古训是式’。中兴已前一时之事，明主贤臣，规模法则，得失之轨，亦足以监矣。撰《汉书》百篇，以综往事，庶几来者亦有监乎此。”在此荀悦以《易》、《诗》为据，肯定班固《汉书》综往监来的撰述旨趣，而在随后的史论中，荀悦明确指出了《汉纪》“综往昭来，永监后昆”的撰述目的。

这里所谓“综往昭来”，“综往”即是探究和认识过往的历史，“昭来”则是为未来发展做出正确的预判。很显然，正确把握过往历史是准确预判未来的先决条件，而这就对我们的历史认识提出了真实性的要求。《汉纪》崇尚“言必核其真，然后信之；物必核其真，然后用之；事必核其真，然后修之”[3]的作史态度，秉承了传统史学的直书精神。如在《汉纪》中，荀悦对西汉赋税繁重、民力凋敝的真实情况作了揭露。荀悦并不否定西汉实行轻徭薄赋的政策，故而他说：“古者什一而税，以为天下之中正也。今汉民或百一而税，可谓鲜矣。”[4]然而，《汉纪》却能透过这种历史表象，去反映历史的真实。荀悦认为，“百一而税”的政策只是反映了国家赋税的减轻，却并不代表百姓的负担也因此减轻了。实际上，西汉百姓的赋税负担依然是非常繁重的。造成这种现象的根本原因

---

[1] 《周易正义·大畜·象辞》，《十三经注疏》本，中华书局1980年版。

[2] 《周易正义·坤·文言》，《十三经注疏》本，中华书局1980年版。

[3] 荀悦：《汉纪》卷二十二《孝元皇帝纪》，《两汉纪》上，中华书局2002年版，第387页。

[4] 荀悦：《汉纪》卷八《孝文皇帝纪》，《两汉纪》上，中华书局2002年版，第114页。

在于土地问题，西汉王朝从立国之时起，就一直存在着严重的土地兼并现象。豪强广占土地，对百姓课以重赋，百姓的负担并没有因国家的轻徭薄赋政策而变轻。故而荀悦说："豪强富人占田逾侈，输其赋太半。官收百一之税，民收太半之赋。官家之惠优于三代，豪强之暴酷于亡秦。是上惠不通，威福分于豪强也。"[1] 再如前文关于汉文帝用人政策的批评，也是其直书精神的具体体现。值得注意的是，《汉纪》还重视对于历史认识真实性的检验，而"在检验历史认识正确与否的标准问题上，荀悦继承王充关于'效验'的思想，要求人们的主观认识必须与客观事实相参验，认为'真实'是认识与事功的根本所在，强调以'真实'作为检验认识的标准"[2]。

所谓"永监后昆"，则是指以史为鉴。人们总结历史经验教训，是为了给时人与后人以历史启示，作为借鉴，这既是历史撰述的目的论，也是历史撰述的价值论。《汉纪》乃受命编纂而成，故而其现实功用性很强，所以荀悦开篇即说："昔在上圣，唯建皇极，经纬天地，观象立法，乃作书契，以通宇宙，扬于王庭，厥用大焉。先王以光演大业，肆于时夏，亦惟翼翼，以监厥后，永世作典。"[3] 这里所谓上圣"乃作书契"、先王"永世作典"，旨在"以监厥后"，垂范后世。在《汉纪·自序》中，荀悦对于《汉纪》编纂的立意作了说明，其曰："凡《汉纪》有法式焉，有监戒焉；有废乱焉，有持平焉；有兵略焉，有政化焉；有休祥焉，有灾异焉。"将"监戒"作为历史撰述的重要旨趣和取材原则。上述《平帝纪》赞语中所谓"一时之事，明主贤臣，规模法则，得失之轨，亦足以鉴矣"、"《汉书》百篇，以综往事，庶几来者亦有监乎此"等语，也显然都是在谈历史借鉴问题。同样是在这篇赞语中，荀悦还详细叙述了《汉纪》的撰述动机："惟汉四百二十有六载，皇帝拨乱反正，统武兴文，永惟祖宗之洪业，思光启于万嗣，阐综大猷，命立国典，以及群籍，于是乃作考旧，通连体要，以述《汉纪》。"这里"启于万嗣"表达了荀悦希望汉朝盛业能够永传于后的愿望；而作其《汉纪》，所属意的即是历史对

[1] 荀悦：《汉纪》卷八《孝文皇帝纪》，《两汉纪》上，中华书局2002年版，第114页。
[2] 庞天佑：《论荀悦的历史认识论》，《史学月刊》2005年第2期。
[3] 荀悦：《汉纪》卷一《高祖皇帝纪》，《两汉纪》上，中华书局2002年版，第1页。

于后世的价值。

综上所述，荀悦《汉纪》的以易解史，主要体现在宣扬天命史观、重人事思想和综往鉴来的史学目的论三个方面。荀悦宣扬天命史观的哲理基础是《周易》的天道理论，其重人事思想是突破汉易好言灾异、转向义理易学讲究事理的体现，而综往鉴来的史学目的论则是以《易》的“通其变”、“彰往而察来”以及“多识前言往行，以畜其德”等思想为理论依据的。

第九章　东汉今古文经学的流变与史学

西汉末年刘歆倡立古文，由此揭开汉代今古文之争。东汉时期，今文经学依然居于官学地位，但古文经学却得到了大力发展，成为显学。在这样一种今古文经学持续纷争、古文经学大行其道的时代背景下，经史关系出现了新的变化。今文经学承继西汉经学传统，重视阐发经典义理以援经议政，重视探究历史发展及变化趋势；古文经学重视名物训诂，通过经籍笺注，既为历史研究提供史料，同时表达历史见解。

第一节　古文经学的兴起与重史理念

东汉经学的变化呈现出两种态势：一方面，今文经学依然处于官学地位，却并未在学理上取得重大发展；另一方面，古文经学得到长足的发展，逐渐成为学术主潮。伴随这一转变的是今古文经学的持续纷争与逐渐合流，汉末经学的发展明显呈现出趋同性的现象。古文经学注重名物训诂，这种治学特点使其具有重史的理念，与史学之间形成了深厚的渊源关系。

一、古文经学的兴起与今古文之争

东汉经学发展的一个突出特点就是古文经学的兴起。其实在西汉时期，经籍因文字书写的不同就已有今文经和古文经之分，官方所立五经博士均为今文经学，而像《毛诗》、古文《尚书》、《左传》这样的古文经书同样也在社会中流传。到了西汉末年，刘歆“欲建立《左氏春秋》及《毛诗》、《逸礼》、古文《尚书》皆列于学官”[1]，汉哀帝令刘歆与当时的五经博士讲论古文经义，诸博士却不肯置对。于是刘歆移书太常博士，批评五经博士专治今文经，抱残守缺，结果遭到了今文学派的攻击和弹劾。虽然这次论争的结果是刘歆触怒了今文学派的执政大臣，受到了排挤，但从中可以看出古文经学的学术地位在逐渐上升。王莽执政时，刘歆为国师，《周礼》、《左传》等古文经受到高度重视，《周礼》更是作为王莽改制的依据。

东汉初年，今文经学的发展延续了西汉的传统。《后汉书·儒林列传》记载，光武帝时，“立五经博士，各以家法教授，《易》有施、孟、梁丘、京氏，《尚书》欧阳、大小夏侯，《诗》齐、鲁、韩，《礼》大小戴，《春秋》严、颜”。可见，东汉初年的官学依然是今文经学。但古文经学同样也备受关注。《后汉书·儒林列传》说：“建初中，大会诸儒于白虎观，考详同异，连月乃罢。肃宗亲临称制，如石渠故事，顾命史臣，著为通义。又诏高才生受《古文尚书》、《毛诗》、《穀梁》、《左氏春秋》，虽不立学官，然皆擢高第为讲郎，给事近署，所以网罗遗逸，博存众家。”随着古文经学受到统治者越来越多的关注，东汉时期出现了许多博学多才的古文经学家。例如，精通《古文尚书》的杜林就是当时古文经学的重要代表人物。杜林，字伯山，扶风茂陵（今陕西兴平东北）人。据《后汉书·杜林列传》记载，杜林曾“于西州得漆书古文《尚书》一卷，常宝爱之，虽遭难困，握持不离身”。当时许多治古文经的学者纷纷前来向杜林学习《古文尚书》，“河南郑兴、东海卫宏等，皆长于古学。兴尝师事刘歆，林既遇之，欣然言曰：‘林得兴等固谐矣，使宏得林，且有以益之。’及宏见林，暗然而服。济南徐巡，始师事宏，后皆更受林学”。后来，杜林所传的古文《尚书》又有“贾逵为之作训，马融作传，郑玄注解”。在杜林及其弟子的带动下，古学大兴，古文经学的地位也随之不断上升。此外，东汉前期传古文《尚书》者还有孔僖，他是西汉经学家孔安国的后人，家中世传古文《尚书》。

除了古文《尚书》，其他古文经在东汉时期也广为传习。例如，卫宏

[1]《汉书》卷三十六《楚元王传》，中华书局1962年版，第1967页。

跟随谢曼卿学习《毛诗》，作《毛诗序》，“善得风雅之旨”[1]。此外，郑众、贾逵也传习《毛诗》。《周礼》自西汉末年至东汉初年，也是由古文经学的学者世代传习。据贾公彦《周礼正义序》附《周礼废兴》记载，河南缑氏杜子春传《周礼》，郑众、贾逵等经学大家皆前往受业。关于《周易》，西汉时期费直传古文易学，到了东汉，“陈元、郑众皆传费氏易”[2]。而《左传》在东汉前期有郑兴、郑众父子以及贾逵传习，“世言《左氏》者多祖于兴，而贾逵自传其父业，故有郑、贾之学”[3]。而且，光武帝建武年间又出现了立《左传》博士之争。据《后汉书·儒林列传》记载：“建武中，郑兴、陈元传《春秋左氏》学。时尚书令韩歆上疏，欲为《左氏》立博士，范升与歆争之未决，陈元上书讼《左氏》，遂以魏郡李封为《左氏》博士。后群儒蔽固者数廷争之。及封卒，光武重违众议，而因不复补。”从这段话可以看出，当时的古文经学与今文经学处在一种并立发展的状态。而且，在韩歆、陈元等古文派的建议下，光武帝立李封为《左传》博士，这说明古文经学也得到了统治者的认可。尽管在李封去世后，《左传》博士不复补，但从这次论争可以看出，与西汉时期古文经主要在民间流传的情况相比，东汉的古文经学受到了统治者的重视。

到了东汉中后期，政治腐败黑暗，宦官专权，出现了党锢之祸，许多士大夫遭到囚禁。但经学的发展仍然呈现较为繁荣的态势，出现了马融、卢植、郑玄等经学大家。马融，字季长，扶风茂陵人，曾担任校书郎，“诣东观典校秘书”，后来又历任郡功曹、议郎、大将军从事中郎及武都、南郡太守等职务。马融一生著述颇丰，《后汉书》记载他“注《孝经》、《论语》、《诗》、《易》、《三礼》、《尚书》、《列女传》、《老子》、《淮南子》、《离骚》，所著赋、颂、碑、诔、书、记、表、奏、七言、琴歌、对策、遗令，凡二十一篇”[4]。马融的经籍研习以古文经为主，同时也杂采他说。关于易学，他所传的是费直的《古文易》，郑

[1]《后汉书》卷七十九下《儒林列传》，中华书局1965年版，第2575页。
[2]《后汉书》卷七十九上《儒林列传》，中华书局1965年版，第2554页。
[3]《后汉书》卷三十六《郑兴列传》，中华书局1965年版，第1223页。
[4]《后汉书》卷六十上《马融列传》，中华书局1965年版，第1972页。

玄跟从马融学费氏易学，作《易注》，又有荀爽作《易传》，“自是费氏兴，而京氏遂衰”。[1] 对于古文《尚书》，他也曾为之作传。此外，他在《春秋》学方面也有著述，《后汉书》本传记载他“尝欲训《左氏春秋》，及见贾逵、郑众注，乃曰：‘贾君精而不博，郑君博而不精。既精既博，吾何加焉！’但著《三传异同说》”。除了注释经书，马融还授徒讲学，“融才高博洽，为世通儒，教养诸生，常有千数。涿郡卢植，北海郑玄，皆其徒也”。[2] 由此可见，马融对东汉古文经学的发展和传承起到了重要的作用。

在跟随马融学习经文的士人中，卢植和郑玄是十分重要的两位学者。卢植，字子幹，涿郡涿县（今河北涿州）人。他撰有《尚书章句》和《三礼解诂》，还曾上书颂扬古文经学并建议立古文经博士官。《后汉书·卢植列传》记载：

> 时始立太学《石经》，以正《五经》文字，植乃上书曰：“臣少从通儒故南郡太守马融受古学，颇知今之《礼记》特多回冗。臣前以《周礼》诸经，发起粃谬，敢率愚浅，为之解诂，而家乏，无力供缮写上。愿得将能书生二人，共诣东观，就官财粮，专心研精，合《尚书》章句，考《礼记》失得，庶裁定圣典，刊正碑文。古文科斗，近于为实，而厌抑流俗，降在小学。中兴以来，通儒达士班固、贾逵、郑兴父子，并敦悦之。今《毛诗》、《左氏》、《周礼》各有传记，其与《春秋》共相表里，宜置博士，为立学官，以助后来，以广圣意。”

这段话讲的是汉灵帝时设立太学石经，卢植上书言今之《礼记》重复混乱，并且希望能入东观研习《周礼》，校定《尚书》章句，考证《礼记》得失。而且卢植还指出，古文经所用文字为科斗文，更接近历史事实，只是被俗儒排抑，降为小学，中兴以来，班固、贾逵、郑兴、郑众等儒学大家都十分推崇古文经。所以，卢植建议将《毛诗》、《左传》、《周礼》

---

[1] 《后汉书》卷七十九上《儒林列传》，中华书局 1965 年版，第 2554 页。

[2] 《后汉书》卷六十上《马融列传》，中华书局 1965 年版，第 1972 页。

都立为学官，以推广圣人之意。与卢植一同随马融学习的还有经学大师郑玄，关于郑玄的经学成就后有专论，此不赘言。此外，在东汉中后期，还出现了许慎、延笃、服虔等一大批古文经学家。

总体来看，古文经学的兴起是东汉经学发展的一个十分突出的趋势。与一直处于官学地位的今文经学不同，古文经学有其自身的发展特点。今文经学讲求微言大义，注重从章句中挖掘义理；而古文经学则关注名物训诂，因此就导致古文学派与今文学派在对经书的认识以及经文的解释上有着明显的区别。例如，在光武帝建武年间的那场立《左传》博士的争论中，陈元与范升的奏言就充分体现了古文经学与今文经学对待《左传》的区别。古文家陈元认为“丘明至贤，亲受孔子，而《公羊》、《穀梁》传闻于后世”，所以他主张要立《左传》博士，从而“诵孔氏之正道，理丘明之宿冤”。而今文学派的范升则指出：“《左氏》不祖孔子，而出于丘明，师徒相传，又无其人，且非先帝所存，无因得立。”[1]这样一来，今、古文经两派渐成并立之势。皮锡瑞在《经学历史》中写道：

> 汉经学近古可信，十四博士今文家说，远有师承；刘歆创通古文，卫宏、贾逵、马融、许慎等推衍其说，已与今学分门角立矣。然今学守今学门户，古学守古学门户。今学以古学为变乱师法，古学以今学为“党同妒真”。相攻若雠，不相混合。杜、郑、贾、马注《周礼》、《左传》，不用今说；何休注《公羊传》，亦不引《周礼》一字；许慎《五经异义》分今文说、古文说甚晰。[2]

从这段话中可以看出，与最初今、古文经仅是文字有区别不同，经学发展到东汉时期，今古文两派因对经文的理解和阐发不同而形成的对立形势已经较为明确。所以皮锡瑞总结说，今学、古学各守门户，今文派的何休注解《公羊传》不引用古文经，贾逵、马融等古文学家也不用今文

[1] 《后汉书》卷三十六《范升列传》，中华书局 1965 年版，第 1228 页。

[2] 皮锡瑞著，周予同注释：《经学历史》五《经学中衰时代》，中华书局 2008 年版，第 148 页。

学说，许慎在其著作《五经异义》中明确区分了今文说与古文说。

也正因此，伴随着东汉古文经学的兴起，今古文经学之争一直持续着。西汉末年刘歆请立古文经为学官，最早发起了汉代的今古文之争。东汉时期，较为激烈的今古文之争还有三次，分别为前述汉光武帝时争立《左传》博士，汉章帝时期白虎观讲议五经异同，东汉末年古文家郑玄与今文家何休争论《公羊传》与《左传》孰优孰劣。值得注意的是，东汉今古文之争的结果不是造成今古文的完全对立，而是表现为经学学术思想方法的趋同性。今文家开始打破师法、家法的藩篱，而古文家也注意吸收今文学。如汉末今文经学家何休，其学术研究也涉及古文学。《后汉书》本传说他“与其师博士羊弼，追述李育意以难二传（指《穀梁传》与《左传》）”。羊弼《后汉书》无传，其事不详。而李育则是东汉前期著名的经学通家，《后汉书》本传载其“少习《公羊春秋》”，却又“颇涉猎古学”，被称作“最为通儒”。何休“追述李育意”，当然也包括其研习古文之意。何休所著《春秋公羊传解诂》，其间也采用了一些《左传》等古文经的说法。东汉古文经学家如贾逵、马融、郑玄等，被后人称为“通儒”，就是因为他们博采群经，融合今古。贾逵虽然治古文经学，但是《后汉书》记载他“以大夏侯《尚书》教授，虽为古学，兼通五家《穀梁》之说”[1]。前述马融曾作《春秋三传异同说》，说明他对属于今文经的《公羊传》和《穀梁传》也有所研究，而且他注释《周易》、《尚书》也兼采今、古文经说。正因此，有学者认为东汉“古文经学乃是通学”[2]。其实何止古文经学，何休等今文经学亦是如此。

二、古文经学的重史理念

东汉古文经学具有重史意识，从史家的经学立场、治学特点、史籍注释形式等多方面，都可以看出古文经学与史学之间的密切关系。[3]

---

[1] 《后汉书》卷三十六《贾逵列传》，中华书局 1965 年版，第 1235 页。

[2] 王葆玹：《今古文经学新论》，中国社会科学出版社 1997 年版，第 153 页。

[3] 关于东汉古文经学与史学之间的关系，胡宝国所著《汉唐间史学的发展》（北京大学出版社 2014 年版）第二章有详细论述。

（一）东汉史家的经学立场大多属于古文经学

东汉史家班彪、班固父子在经学立场上都倾向于古文经学，如前所述，班固《汉书》在历史系统构建、历史文献学以及正统观念等方面，都受到古文家刘歆的广泛影响。东汉官修史书《东观汉记》，参与修撰该书的史家中就有不少是古文经学家。关于《东观汉记》的修撰，《四库全书总目》称：

> 案范书《班固传》云："明帝始诏班固与睢阳令陈宗、长陵令尹敏、司隶从事孟异共成《世祖本纪》，固又撰功臣、平林、新市、公孙述事，作列传、载纪二十八篇。"此《汉记》之初创也。刘知幾《史通·古今正史》篇云："安帝诏史官谒者仆射刘珍、谏议大夫李尤杂作纪、表、名臣、节士、儒林、外戚诸传，起建武，讫永初。"范书《刘珍传》亦称邓太后诏珍与刘騊駼作建武以来名臣传，此《汉记》之初续也。《史通》又云："珍、尤继卒。复命侍中伏无忌与谏议大夫黄景作《诸王》、《王子》、《功臣》、《恩泽侯表》与《单于》、《西羌传》，《地理志》。元嘉元年复令大中大夫边韶、大军营司马崔寔、议郎朱穆、曹寿，杂作孝穆、崇二皇及顺烈皇后传。……寔、寿又与议郎延笃，杂作《百官表》，顺帝功臣孙程、郭愿、郑众、蔡伦等传，凡百十有四篇，号曰《汉记》。"……《史通》又云："熹平中，光禄大夫马日磾，议郎蔡邕、杨彪、卢植著作东观，接续纪传之可成者。"[1]

从《四库全书总目》的叙述来看，《东观汉记》的修撰经历了漫长的时间，班固、陈宗、尹敏、孟异、刘珍、李尤、崔寔、朱穆、曹寿、马日磾、蔡邕、杨彪、卢植等众多学者都先后参与其中。在这些人中，古文经学家或深受古文经学影响的学者居多，如上文提到的古文经学家卢植，以及推崇古文经学的班固都是参与修撰《东观汉记》的重要学者。此外，参与修史的尹敏、延笃、马日磾等人在经学立场上也都倾向于古文经学。《后汉书·儒林列传》记载尹敏最初习今文《尚书》，后来又受古文，对

[1] 永瑢等：《四库全书总目》卷五十《别史类》，中华书局1965年版，第446页。

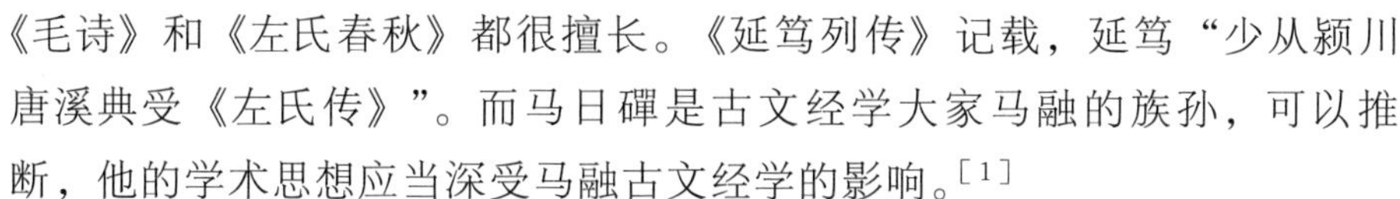

《毛诗》和《左氏春秋》都很擅长。《延笃列传》记载，延笃“少从颍川唐溪典受《左氏传》”。而马日磾是古文经学大家马融的族孙，可以推断，他的学术思想应当深受马融古文经学的影响。[1]

（二）古文经学家重视从史学角度看待经书

与今文经学将经书视为圣人为后世所立之法不同，古文经学家更注重经书的史学价值，他们相信经书中的记载为真实的历史情况。如古文经学家推崇《周礼》，认为《周礼》记载的是周代官制。又如古文家推崇的《左传》，与《公羊传》和《穀梁传》相比，更侧重记载《春秋》经文背后的历史事实，而非阐发其中的微言大义。古文经学的这种治学特点表明经学与史学在形成之时就有着密切的联系，许多古文经学家都重视从史的角度来看待经书。马融《广成颂》说：

> 臣闻孔子曰：“奢则不逊，俭则固。”奢俭之中，以礼为界。是以《蟋蟀》、《山枢》之人，并刺国君，讽以太康驰驱之节。夫乐而不荒，忧而不困，先王所以平和府藏，颐养精神，致之无疆。故戛击鸣球，载于《虞谟》；吉日、车攻，序于《周诗》。圣主贤君，以增盛美，岂徒为奢淫而已哉！[2]

这段话是想说明节俭和奢侈应当以礼为标准，马融列举了《诗经》中的《蟋蟀》和《山有枢》两首诗，指出这两首诗的主旨都是讽刺国君。马融在此采用的应当是《毛诗》的说法，《毛诗》认为，《蟋蟀》讽刺了晋僖公过于节俭而不合乎礼，而《山有枢》讽刺的是晋昭公“不能修道以正其国，有财不能用，有钟鼓不能以自乐，有朝廷不能洒扫”[3]。而且，马融还指出，《尚书·虞书》中记载了上古先王“戛击鸣球”的娱乐，《诗经》中也有周王田猎的事迹，这些都是符合礼的，并非奢侈淫乐。从马融这段话可以看出，他是从历史角度来看待经书记载的，并引用经书的内容作为历史鉴戒。

---

[1] 关于参与《东观汉记》修撰的古文经学家，胡宝国所著《汉唐间史学的发展》（北京大学出版社 2014 年版）第二章有考证。

[2] 《后汉书》卷六十上《马融列传》，中华书局 1965 年版，第 1954 页。

[3] 《毛诗正义·唐风·山有枢》小序，《十三经注疏》本，中华书局 1980 年版。

（三）古文经学立场的史家重视阐发经典的史学价值

如史家班彪曾“斟酌前史”论述道：

> 唐虞三代，《诗》、《书》所及，世有史官，以司典籍，暨于诸侯，国自有史，故《孟子》曰“楚之《梼杌》，晋之《乘》，鲁之《春秋》，其事一也”。定哀之间，鲁君子左丘明论集其文，作《左氏传》三十篇，又撰异同，号曰《国语》，二十一篇，由是《乘》、《梼杌》之事遂暗，而《左氏》、《国语》独章。……孝武之世，太史令司马迁采《左氏》、《国语》，删《世本》、《战国策》，据楚、汉列国时事，上自黄帝，下讫获麟，作本纪、世家、列传、书、表凡百三十篇，而十篇缺焉。……
>
> 夫百家之书，犹可法也。若《左氏》、《国语》、《世本》、《战国策》、《楚汉春秋》、《太史公书》，今之所以知古，后之所由观前，圣人之耳目也。……传曰：“杀史见极，平易正直，《春秋》之义也。”[1]

班彪认为上古三代的《诗》、《书》等经文典籍都是由当时的史官掌管的，说明经籍在形成之初就与史学有着深厚的渊源关系。他引用《孟子》中的话，将《春秋》与楚史《梼杌》、晋史《乘》并举，说明《春秋》的史学价值。而《左传》更是被班彪视为记录春秋史事的史书，并成为司马迁作《史记》时所采史料。在班彪看来，《春秋》、《左传》等经籍都是古之圣人的历史之作，是“今之所以知古，后之所由观前”的“圣人耳目”。又如受古文经学影响较大的东汉史家张衡曾上疏批评图谶，其中说道：

> 《尚书》尧使鲧理洪水，九载绩用不成，鲧则殛死，禹乃嗣兴。而《春秋谶》云“共工理水”。凡谶皆云黄帝伐蚩尤，而《诗谶》独以为“蚩尤败，然后尧受命”。《春秋元命包》中有公输班与墨翟，事见战国，非春秋时也。又言“别有益州”。益州之置，在于汉世。其名三辅诸陵，世数可知。至于图中讫于成帝。一卷之书，互异数

[1]《后汉书》卷四十上《班彪列传》，中华书局1965年版，第1325—1327页。

事，圣人之言，势无若是，殆必虚伪之徒，以要世取资。[1]

张衡批评谶纬之说多不符合历史事实，如《尚书》中记载尧命令鲧治理洪水，鲧治水不成被杀，禹接替他继续治水，然而《春秋谶》中记载的则是共工治水。多数谶纬之书都记载黄帝伐蚩尤，唯独《诗谶》却说蚩尤失败后，尧受命称制。纬书《春秋元命苞》中记载了公输班与墨翟之事，然而他们的事迹应发生在战国而非春秋之时；而且其中还提到益州，但益州的设置是在汉代。因此，张衡认为，这些谶纬之作是“虚伪之徒，以要世取资”。从张衡的这段话可以看出，不论是经书还是谶纬之书，他都是从历史的角度来看待其中记载的内容的，他对谶纬之说的抨击，其实也是以是否符合历史事实为标准的。

(四) 古文经学影响下的东汉史注

东汉时期还出现了对《史记》、《汉书》等史书的注释之作，这些注释的形式和体例与古文经学的经籍注释十分相似，这种史书注释之作的出现应当与当时古文经学兴起有着密切的联系。司马贞在《史记索隐后序》中说：“始后汉延笃乃有《音义》一卷，又别有《章隐》五卷，不记作者何人，近代鲜有二家之本。”[2] 根据司马贞的叙述，东汉时期出现了两部《史记》的注释著作，一是延笃的《史记音义》，二是作者不详的《史记章隐》。这两部著作今已不存，但是从著作的名称来看，应当都是对《史记》内容的音、义注解，这种注解方式与古文经学注重名物训诂的特点是一致的。而且，上文也已提到，延笃本人就是一位古文经学家，可以想见他的《史记音义》当与古文经学的治学方式相一致。《汉书》在东汉也有注释之作，据陈直《汉书新证》，最早注解《汉书》的就是东汉的延笃，他除了《史记音义》，可能还著有《汉书音义》。陈直考证《汉书·天文志》中“流星下燕万载宫极东去”一句，西晋的李奇注释说：“延笃谓之堂前楯也。”[3] 由此可见，延笃很有可能曾为《汉书》作注。东汉时期更为重要的《汉书》注应为应劭、服虔二家的注解。应劭与服

[1] 《后汉书》卷五十九《张衡列传》，中华书局 1965 年版，第 1912 页。

[2] 《史记》附司马贞《史记索隐后序》，中华书局 1959 年版，第 9 页。

[3] 参见陈直：《汉书新证·自序》，天津人民出版社 1979 年版。

虔都是东汉后期的古文经学家。应劭著有《风俗通义》，《后汉书》记载应劭作这部书“以辩物类名号，释时俗嫌疑”[1]，这种注重名物辨析的特点符合古文经学的治学方式。而服虔曾作《春秋左氏传解》，并以《左传》驳斥今文经学家何休所驳汉事六十条。应、服二人的注解以训释名物为主。例如，《汉书·文帝纪》记载文帝四年（前 176 年）“作顾成庙”，服虔注曰：“庙在长安城南，文帝作。还顾见城，故名之。”应劭注曰：“文帝自为庙，制度卑狭，若顾望而成，犹文王灵台不日成之，故曰顾成。”[2] 在此，服虔与应劭解释了汉文帝所建顾成庙名称的来历。再如，《汉书·史丹传》记载：“丹直入卧内，顿首伏青蒲上。”服虔曰：“青缘蒲席也。”应劭曰：“以青规地曰青蒲，自非皇后不得至此。”服虔与应劭在这里都注解了“青蒲”一词的含义，应劭还指出只有皇后可以伏于青蒲之上。这样的注释形式也是与经书的名物注释相一致的。

第二节　古文家郑玄经籍笺注的史学价值

郑玄作为东汉古文经学的集大成者，他的经学著述对东汉古文经学的繁荣有着重要的意义，对后世的经学发展也产生了深远的影响。郑玄遍注群经，他的众多经注采集群言，融合今、古文说，可以说是对东汉经学的总结之作。郑玄的经籍笺注除了对经学有重要贡献，史学价值也十分突出：一方面，其经籍笺注中保存了大量的史料，为考察上古三代的历史提供了依据；另一方面，其经籍笺注中还体现了他对历史发展的认识，天命观念、礼治思想等都是其中的重要内容。

一、学术经历与融合今古文的笺注特点

郑玄（127—200 年），字康成，北海高密（今山东高密）人。郑玄在年少时就表现出对钻研学术的强烈兴趣。《世说新语·文学》刘孝标注引

[1] 《后汉书》卷四十八《应奉列传》，中华书局 1965 年版，第 1614 页。

[2] 《汉书》卷四《文帝纪》，中华书局 1962 年版，第 121 页。

《郑玄别传》说："玄少好学书数，十三诵五经，好天文、占候、风角、隐术。年十七，见大风起，诣县曰：'某时当有火灾。'至时果然，智者异之。年二十一，博极群书，精历数图谶之言，兼精算术。"[1] 从郑玄早年的学习经历可以看出，他很早就已博览群书，且精通历数之学。郑玄曾担任乡啬夫，但他"不乐为吏"[2]，每逢休假就到当地的学官去学习，可见郑玄对学术研究的执着追求。

正是因为有着对学术的强烈兴趣和追求，郑玄前往太学受业。他先是师从京兆第五元，学习《京氏易》、《公羊春秋》、《三统历》、《九章算术》。其后又跟从东郡张恭祖学习《周官》、《礼记》、《左氏春秋》、《韩诗》、古文《尚书》。从郑玄这段时期所学的经书来看，其中既有《京氏易》、《公羊春秋》等属于今文经学的著作，也有《周官》、《左氏春秋》、古文《尚书》等古文经书，这些学习经历为他以后融通今古文经的经学著述打下了很好的基础。

此后，因为"山东无足问者"，于是郑玄西行入关在马融学生卢植的介绍下，拜马融为师。马融当时已是关中经学名家，"门徒四百余人，升堂进者五十余生"。郑玄入马融门下，三年未能亲受其学，只有马融的"高业弟子"向他传授学问。但郑玄"日夜寻诵，未尝怠倦"。等到郑玄在马融门下学成辞归时，马融"喟然谓门人曰：'郑生今去，吾道东矣。'"[3] 郑玄师从马融的这段经历对他日后的学术道路产生了深刻的影响，奠定了他以古文经学为主的学术立场。

郑玄辞别马融，回归乡里后，"客耕东莱，学徒相随已数百千人"。随后第二次党锢之祸发生，郑玄被卷入其中，"与同郡孙嵩等四十余人俱被禁锢"。[4] 虽然郑玄因此被监禁十余年，但就在这些年中，郑玄撰写了大量的经学著作。据王利器考证，郑玄在禁锢期间以注三礼为主，兼作《六艺论》。[5] 而且，在此期间，他还批驳了今文学家何休的经说。

[1] 刘义庆著，徐震堮校笺：《世说新语校笺》卷上《文学》引刘孝标注语，中华书局1984年版，第103—104页。

[2] 《后汉书》卷三十五《郑玄列传》，中华书局1965年版，第1207页。

[3] 《后汉书》卷三十五《郑玄列传》，中华书局1965年版，第1207页。

[4] 《后汉书》卷三十五《郑玄列传》，中华书局1965年版，第1207页。

[5] 王利器：《郑康成年谱》，齐鲁书社1983年版，第82页。

《后汉书》本传记载：

> 时任城何休好公羊学，遂著《公羊墨守》、《左氏膏肓》、《穀梁废疾》；玄乃发《墨守》，针《膏肓》，起《废疾》。休见而叹曰："康成入吾室，操吾矛，以伐我乎！"初，中兴之后，范升、陈元、李育、贾逵之徒争论古今学，后马融答北地太守刘瑰及玄答何休，义据通深，由是古学遂明。

当时何休好公羊学，排斥古文经学，因此写有《公羊墨守》、《左氏膏肓》、《穀梁废疾》等著作，专门抨击古文经学。郑玄则针对何休的著述，"发《墨守》，针《膏肓》，起《废疾》"，反驳何休的观点，最终使何休叹服。郑玄针对何休的这次辩驳也奠定了古文经学在东汉学术发展中的重要地位。

到了汉灵帝末年，党禁解除，郑玄虽然先后受到何进、袁隗的征辟和举荐，但他都极力拒绝，依然居于乡里研经讲学，注释了古文《尚书》、《毛诗》、《论语》，撰写了《毛诗谱》、《论语释义》、《仲尼弟子目》等著作。[1] 国相孔融十分敬重郑玄，亲自登门拜访，并且令高密县为郑玄特立一乡。他说：

> 昔齐置"士乡"，越有"君子军"，皆异贤之意也。郑君好学，实怀明德。昔太史公、廷尉吴公、谒者仆射邓公，皆汉之名臣。又南山四皓有园公、夏黄公，潜光隐耀，世嘉其高，皆悉称公。然则公者仁德之正号，不必三事大夫也。今郑君乡宜曰"郑公乡"。昔东海于公仅有一节，犹或戒乡人侈其门闾，矧乃郑公之德，而无驷牡之路！可广开门衢，令容高车，号为"通德门"。[2]

孔融指出，历史上有的地方专门为贤人设置乡里，例如齐国曾有"士乡"，越国也设过"君子军"，以郑玄的学识德行，应为他专设"郑公

[1] 参见王利器：《郑康成年谱》，齐鲁书社 1983 年版，第 99 页。

[2]《后汉书》卷三十五《郑玄列传》，中华书局 1965 年版，第 1208 页。

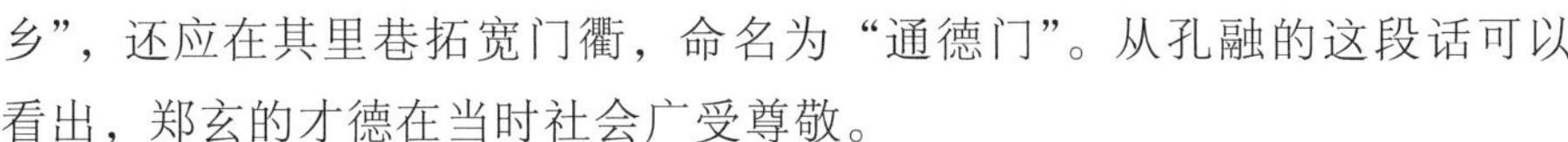

乡”，还应在其里巷拓宽门衢，命名为“通德门”。从孔融的这段话可以看出，郑玄的才德在当时社会广受尊敬。

东汉末年，黄巾军起，郑玄在徐州避难，受到徐州牧陶谦的礼遇。当他从徐州返回故里时，路遇黄巾军，“见玄皆拜，相约不敢入县境”。后来郑玄生病，在病中写下诫子书，回顾一生经历，其中说道：“遇阉尹擅势，坐党禁锢，十有四年而蒙赦令，举贤良方正有道，辟大将军三司府。公车再召，比牒并名，早为宰相。惟彼数公，懿德大雅，克堪王臣，故宜式序。吾自忖度，无任于此，但念述先圣之元意，思整百家之不齐，亦庶几以竭吾才，故闻命罔从。”[1] 郑玄多次拒绝进入官场，因为他毕生的志愿是钻研经籍，“述先圣之元意”，“整百家之不齐”。

建安年间，在冀州统领军队的袁绍还曾邀请郑玄并大会宾客。席间，郑玄与宾客展开辩论。《后汉书》本传记载：

> 绍客多豪俊，并有才说，见玄儒者，未以通人许之，竞设异端，百家互起。玄依方辩对，咸出问表，皆得所未闻，莫不嗟服。时汝南应劭亦归于绍，因自赞曰：“故太山太守应中远，北面称弟子何如?”玄笑曰：“仲尼之门考以四科，回、赐之徒不称官阀。”劭有惭色。

当时袁绍门下也多有才俊，开始并未将郑玄视为通儒，他们纷纷向郑玄发问，郑玄的回答展现了他丰富的学识，使这些宾客大为叹服。当时，经学家应劭也归于袁绍，向郑玄自荐，希望拜为弟子，他自称“故太山太守”。郑玄却指出，当初颜渊、子贡这些孔门弟子都不会自称官职。应劭听到郑玄的回答，深感惭愧。由此可见，郑玄在治学和德行方面都有着很高的追求。袁绍因此向朝廷举荐郑玄，但最终郑玄也未答应入朝为官。

建安五年（200 年），袁绍与曹操在官渡作战期间，袁绍迫使郑玄随军，郑玄带病到达元城县，“疾笃不进，其年六月卒，年七十四”。据王利器《郑康成年谱》以及杨天宇《郑玄生平事迹考略》，郑玄在病居元城

---

[1]《后汉书》卷三十五《郑玄列传》，中华书局 1965 年版，第 1209 页。

县时，还在注《周易》。[1]

郑玄一生专注于经籍的研习和注释，著述颇丰，尤其是在经籍笺注方面，可以说是遍注群经。《后汉书》本传说：

> 门人相与撰玄答诸弟子问五经，依《论语》作《郑志》八篇。凡玄所注《周易》、《尚书》、《毛诗》、《仪礼》、《礼记》、《论语》、《孝经》、《尚书大传》、《中候》、《乾象历》，又著《天文七政论》、《鲁礼禘祫义》、《六艺论》、《毛诗谱》、《驳许慎五经异义》、《答临孝存周礼难》，凡百余万言。

郑玄的经籍笺注中，以三礼注和《毛诗》笺对后世经学发展的影响最大。

除了注释经籍，郑玄还注重学术传承，培养了大批弟子。《后汉书》本传说："时年六十，弟子河内赵商等自远方至者数千。"又说："玄质于辞训，通人颇讥其繁。至于经传洽孰，称为纯儒，齐鲁间宗之。其门人山阳郗虑至御史大夫，东莱王基、清河崔琰著名于世。又乐安国渊、任嘏，时并童幼，玄称渊为国器，嘏有道德，其余亦多所鉴拔，皆如其言。"由此可见，他的学说在当时就有着很强的学术影响力。皮锡瑞说："郑君徒党遍天下，即经学论，可谓小一统时代，传云：'齐、鲁间宗之'；非但齐、鲁间宗之，传列郗虑等五人，《郑志》、《郑记》有赵商等十六人。"[2] 郑玄对后世经学发展的影响更是十分深远，他的学说被称为"郑学"，为不少学者所继承。《后汉书》本传评价说："郑玄括囊大典，网罗众家，删裁繁诬，刊改漏失，自是学者略知所归。"东汉以后许多经学家的经籍注疏都是以郑玄的笺注为本的。唐代孔颖达修《五经正义》，《毛诗正义》和《礼记正义》用的都是郑玄的笺注；贾公彦作《周礼疏》和《仪礼疏》，也是以郑玄的注释为本。顾炎武在《述古》一诗中写道："六经之所传，训诂为之祖。仲尼贵多闻，汉人犹近古。礼器与声

[1] 参见王利器：《郑康成年谱》，齐鲁书社 1983 年版，193—194 页；杨天宇：《郑玄生平事迹考略》，《河南大学学报（社会科学版）》2001 年第 5 期。

[2] 皮锡瑞著，周予同注释：《经学历史》五《经学中衰时代》，中华书局 2008 年版，第 151 页。

容，习之疑可睹。大哉郑康成，探赜靡不举。六艺既该通，百家亦兼取。至今三礼存，其学非小补。”[1] 从顾炎武的诗句中可以看出，郑玄的经学研究探赜索隐，融通百家之说，他的经籍笺注对后人探究六艺之学有很大的帮助，尤其是郑玄对三礼的注释，保存了许多上古礼制，于三礼之学“非小补”。

东汉时期的古文经学家大多为通儒，不专守一经，像贾逵、马融的著作都在一定程度上体现出了今、古文融合的特点。而郑玄的经籍笺注更是如此，皮锡瑞在《经学历史》中总结说：

> 案郑注诸经，皆兼采今古文。注《易》用费氏古文；爻辰出费氏分野，今既亡佚，而施、孟、梁邱《易》又亡，无以考其同异。注《尚书》用古文，而多异马融；或马从今而郑从古，或马从古而郑从今。是郑注《书》兼采今古文也。笺《诗》以毛为主，而间易毛字。自云：“若有不同，便下己意。”所谓己意，实本三家。是郑笺《诗》兼采今古文也。注《仪礼》并存今古文；从今文则注内叠出古文，从古文则注内叠出今文。是郑注《仪礼》兼采今古文也。《周礼》古文无今文，《礼记》亦无今古文之分，其注皆不必论。注《论语》，就《鲁论》篇章，参之《齐》、《古》，为之注，云：“《鲁》读某为某，今从古。”是郑注《论语》兼采今古文也。注《孝经》多今文说，严可均有辑本。[2]

从这段话可以看出，郑玄在注《尚书》、《仪礼》、《诗经》、《论语》等经籍时，兼采今、古文说。

具体来看，郑玄的经籍笺注中有很多内容体现了他对今、古文经说的兼收并蓄。就《诗经》而言，郑玄作《毛诗笺》，本之古文《毛传》，同时也采用齐、鲁、韩三家今文诗说。清人张汝霖曾指出，郑玄笺《诗》

---

[1] 顾炎武著，王冀民笺释：《顾亭林诗笺释》卷四《述古》其二，中华书局 1998 年版，第 763 页。

[2] 皮锡瑞著，周予同注释：《经学历史》五《经学中衰时代》，中华书局 2008 年版，第 142 页。

"宗毛者十之四，依韩鲁以乱毛者亦十之四，下己意以倍毛者又十之二"[1]。如《诗·周南·汝坟》："鲂鱼赪尾，王室如燬。"郑《笺》曰："君子仕于乱世，其颜色瘦病，如鱼劳则尾赤。所以然者，畏王室之酷烈。"[2] 王先谦指出，此与刘向《列女传》"生于乱世，不得道理，而迫于暴虐，不得行义，然而仕者，为父母在也"的说法相合。[3] 刘向传《鲁诗》，则郑玄此义与《鲁诗》说相同。

郑玄注《仪礼》时，针对今、古文经的不同用字，如同皮锡瑞所说，常常"从今文则注内叠出古文，从古文则注内叠出今文"。如《仪礼·士冠礼》说："筮人还，东面，旅占。"郑玄注曰："旅，众也。还与其属共占之。古文'旅'作'胪'也。"[4] 郑玄采用今文经的"旅"字，解释为众，同时也列出了古文经的用字。而在《周礼·秋官·司仪》"皆旅摈"一句的注释中，郑玄则采用了古文经的说法，读"旅"为"胪"，表示胪陈之义。胡承珙认为郑玄释"旅占"为"众占"是合理的，他在《仪礼古今文疏义》中说："案旅、胪以声近得通。……或谓古文作'胪'，义本训陈。胪占者，谓陈蓍占之。今按《尚书·洪范》云：'三人占则从二人之言。'《金縢》云：'乃卜三龟，一习吉。'《士丧礼》云：'占者，三人在其南。'是卜筮必用三人，上下同之。郑从今文作旅，训众，于义为允。"[5] 段玉裁在《仪礼汉读考》中也说："按古旅、胪通用……郑从今文不从古文者，郑释旅占为众占，故不用胪陈之义。《周礼·司仪》'皆旅摈'，郑意此时'陈摈而不传辞'，故易旅字为胪字，胪陈之也，皆各就其义之所近训之。"[6] 可以看出，郑玄的注释注重说明今、古文用字的不同，至于从今文还是从古文，郑玄根据经义来判断，

---

[1] 张汝霖：《学诗毛郑异同签》卷十四《大雅·文王之什下十二条》，《续修四库全书》本，上海古籍出版社2002年版，第130页。

[2]《毛诗正义·周南·汝坟》，《十三经注疏》本，中华书局1980年版。

[3] 王先谦：《诗三家义集疏》卷一《汝坟》，中华书局1987年版，第56页。

[4]《仪礼注疏·士冠礼》，《十三经注疏》本，中华书局1980年版。

[5] 胡承珙：《仪礼古今文疏义》卷一《士冠礼》，《续修四库全书》本，上海古籍出版社2002年版，第499页。

[6] 段玉裁：《经韵楼集》附《仪礼汉读考》卷一《士冠礼》，凤凰出版社2010年版，第1页。

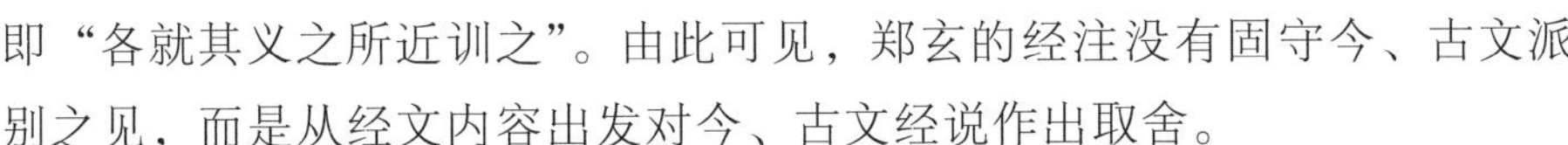

即“各就其义之所近训之”。由此可见，郑玄的经注没有固守今、古文派别之见，而是从经文内容出发对今、古文经说作出取舍。

郑玄的经籍笺注不仅依据经义选择今、古文经说，还有意调和二者之间的矛盾。例如，郑玄针对许慎的《五经异义》撰写了《驳五经异义》，其中关于《礼记》“刑不上大夫”的说法，许、郑二人意见不同。许慎的《五经异义》称：

> 异义：戴说：刑不上大夫。古《周礼》说：士尸肆诸市，大夫尸肆诸朝。是大夫有刑。
>
> 谨案：《易》曰：“鼎折足，覆公悚，其刑渥，凶。”无刑不上大夫之事。从《周礼》之说。

而郑玄则驳曰：

> 凡有爵者与王同族，大夫以上适甸师氏，令人不见，是以云“刑不上大夫”。[1]

关于大夫之刑，今、古文经说明显不同，今文《礼记》称大夫无刑，而古文《周礼》记载大夫有刑。许慎根据《周易》中“覆公悚，其刑渥”的记载，认为《周礼》大夫有刑的说法符合事实。而东汉今文家何休在注解《公羊传》时对此也有解说：“古者刑不上大夫。盖以为摘巢毁卵则凤凰不翔，刳胎焚夭则麒麟不至，刑之则恐误刑贤者，死者不可复生，刑者不可复属，故有罪放之而已。所以尊贤者之类也。”[2] 说明今文说认为没有针对大夫的刑罚，即使大夫犯罪，也只是将其流放而已。郑玄则认为，大夫的处刑是不公开的，要由专门负责贵族死刑的甸师氏执行，不为人所见，因而《礼记》称“刑不上大夫”。而且郑玄在《礼记·曲礼上》的注释中也称：“不与贤者犯法，其犯法则在八议轻重，不在刑书。”可以看出，郑玄作为古文经学的代表并没有同许慎一样直接否认“刑不

[1] 皮锡瑞：《驳五经异义疏证》卷四，中华书局2014年版，第359页。

[2] 《春秋公羊传注疏·宣公元年》，《十三经注疏》本，中华书局1980年版。

上大夫”，而是分析了这种说法产生的原因，既依古文说承认大夫及其以上的贵族可被处刑，又指出大夫与庶人之刑的区别，吸纳了今文说“不与贤者犯法”的尊贤之义。郑玄的观点是否与历史事实相符当另作别论，但他的注释明显是有意融合今、古文的异说，从而对经文作出他认为较为合理的注解。从这一点来看，郑玄可以说是真正做到了今、古文经学的融会贯通。

关于郑玄融合今古文的注经特点，皮锡瑞评价说：

> 郑君博学多师，今古文道通为一，见当时两家相攻击，意欲参合其学，自成一家之言，虽以古学为宗，亦兼采今学以附益其义。学者苦其时家法繁杂，见郑君闳通博大，无所不包，众论翕然归之，不复舍此趋彼。于是郑《易注》行而施、孟、梁丘、京之《易》不行矣；郑《书注》行而欧阳、大小夏侯之《书》不行矣；郑《诗笺》行而鲁、齐、韩之《诗》不行矣；郑《礼注》行而大小戴之《礼》不行矣；郑《论语注》行而齐、鲁《论语》不行矣。重以鼎足分争，经籍道息。汉学衰废，不能尽咎郑君；而郑采今古文，不复分别，使两汉家法亡不可考，则亦不能无失。故经学至郑君一变。
>
> 事有不可一概论者，非通观古今，不能定也。……郑君杂糅今古，使颛门学尽亡；然颛门学既亡，又赖郑注得略考见。今古之学若无郑注，学者欲治汉学，更无从措手矣！此功过得失互见而不可概论者也。[1]

正如皮锡瑞所说，郑玄融合今、古文经说的笺注方式突破了今、古文经学相互攻击、各守其说的局面，这对经学的融合、统一有着重要的意义，经学发展至此确实可称之为“一变”。虽然皮锡瑞同时也指出，郑玄经说一出，“使两汉家法亡不可考”，之前的众多经说，尤其是像施雠、孟喜、梁丘贺、京房的易学，欧阳生、大小夏侯的《尚书》学，齐、鲁、韩三家《诗》，大小戴的礼学等今文经说逐渐湮没无闻；但也正是郑玄的这些

[1] 皮锡瑞著，周予同注释：《经学历史》五《经学中衰时代》，中华书局 2008 年版，第 149—151 页。

融通今古、博采众家的经籍笺注为后来的学者考察汉代今、古文经学提供了重要的材料，没有郑玄的经籍笺注，后世学者要考察汉学的特点更是无从下手。所以，从经学史研究的角度而言，郑玄经学著述的学术价值是很高的。

二、经籍笺注的史料价值

郑玄的经籍笺注除了对中国古代的经学发展有重要的影响，其史学价值也是不容忽视的。首先值得注意的就是郑玄的经籍笺注具有重要的史料价值，这与他古文经学的学术立场有关。因为古文经学的主要特点就是重视名物训诂和史实考辨，所以郑玄的许多笺注都是从历史的角度出发的，他以历史的眼光考察经书的形成，阐释了经文背后的历史事实，其中包含了大量的古史材料，为后人了解上古三代的历史提供了依据。

（一）从历史角度阐释经书的形成，补充说明经传内容的历史背景

就《诗经》而言，郑玄所作的《毛诗谱》是《毛诗笺》的纲领之作，其主要内容就是介绍《诗经》的形成以及风、雅、颂的由来。郑玄在《诗谱序》中对《诗经》的形成过程作了历史的考察，将《诗经》所载的内容看作是对历史的叙述和反映。他先追述了《诗经》的产生，认为“诗之兴也，谅不于上皇之世”，而《尚书·虞书》中记载的“诗言志，歌永言”应当是诗义之源，但是虞、夏、商几代的文籍大多不存于世，那时的诗歌也就没有保留下来，至周代以后才有诗传世。之后，郑玄将《诗经》的主要内容分为“正经”和“变风变雅”两种，这种区分也体现出了他对《诗经》内容的历史性考察。如郑玄指出：“周自后稷播种百谷，黎民阻饥，兹时乃粒，自传于此名也。陶唐之末，中叶公刘，亦世修其业，以明民共财。至于大王、王季，克堪顾天。文、武之德，光熙前绪，以集大命于厥身，遂为天下父母，使民有政有居。其时《诗》，风有《周南》、《召南》，雅有《鹿鸣》、《文王》之属。及成王，周公致大平，制礼作乐，而有颂声兴焉，盛之至也。”所以，“《诗》之正经”便形成了。而到了西周后期，“政教尤衰，周室大坏”，出现了许多刺诗，如《十月之交》、《民劳》、《板》、《荡》；至春秋时期，礼制、纲纪不存，孔子重新整理、编订《诗经》，录入反映西周懿王、夷王时王室衰颓以至春

秋陈灵公淫乱之事的诗，称之为“变风变雅”。[1] 可见，郑玄是从历史发展的角度来阐述《诗经》的形成及其性质的，《诗》之“正经”与“变风变雅”反映的是周王朝的兴衰，是西周至春秋的历史变迁。

而在《毛诗谱》的具体内容中，郑玄同样也说明了《诗经》各部分形成的历史背景。如《周南召南谱》指出周、召为“《禹贡》雍州岐山之阳”，周先祖太王为躲避狄难迁居至此而“修德建王业”。周王朝建立后，周、召分别成为周公、召公的采地，他们“施先公之教于已所职之国”，所以《周南》、《召南》反映的是西周圣王、先贤的德政。[2] 再如，《鲁颂谱》介绍了鲁国的起源和建国历程，称鲁地为“少昊摯之墟”，“周公归政成王，封其元子伯禽于鲁”。至周惠王、襄王时，鲁国是僖公当政，执政期间恢复鲁国旧制，推崇礼教，会诸侯而伐淮夷，“国人美其功，季孙行父请命于周，而作其颂”。[3]

郑玄的《毛诗笺》对《毛传》所记载的历史内容也作了进一步的补充。如关于《诗经·王风·扬之水》，《毛诗序》称：“刺平王也。不抚其民，而远屯戍于母家，周人怨思焉。”由此可知，《扬之水》是一篇讽刺周平王长期使民戍边，致使民不聊生的诗。郑玄对此作了更为详细的解释：“怨平王恩泽不行于民，而久令屯戍，不得归，思其乡里之处者。言周人者，时诸侯亦有使人戍焉。平王母家申国，在陈、郑之南，迫近强楚，王室微弱而数见侵伐，王是以戍之。”[4] 郑玄针对当时的历史背景，说明了平王“远屯戍于母家”的原因。有时，郑玄还会征引其他史料来说明诗歌形成的背景。如《邶风·击鼓》一篇，《毛诗序》说：“怨州吁也。卫州吁用兵暴乱，使公孙文仲将而平陈与宋，国人怨其勇而无礼也。”郑玄《笺》：

> 将者，将兵以伐郑也。平，成也。将伐郑，先告陈与宋，以成其伐事。《春秋传》曰：“宋殇公之即位也，公子冯出奔郑，郑人欲

[1] 郑玄：《诗谱序》，见《毛诗正义》，《十三经注疏》本，中华书局1980年版。

[2] 郑玄：《诗谱·周南召南谱》，见《毛诗正义》，《十三经注疏》本，中华书局1980年版。

[3] 郑玄：《诗谱·鲁颂谱》，见《毛诗正义》，《十三经注疏》本，中华书局1980年版。

[4] 《毛诗正义·王风·扬之水》，《十三经注疏》本，中华书局1980年版。

> 纳之。及卫州吁立，将修先君之怨于郑，而求宠于诸侯，以和其民。使告于宋曰：'君若伐郑，以除君害，君为主，敝邑以赋与陈、蔡从，则卫国之愿也。'宋人许之。于是陈、蔡方睦于卫，故宋公、陈侯、蔡人、卫人伐郑。"是也。伐郑在鲁隐四年。[1]

郑笺十分详细地叙述了《击鼓》一篇背后四国伐郑的历史事实，其中还直接引用《左传》中的记载来说明这一事件。

郑玄对三礼的认识也是基于历史的考察。作为古文经学家，郑玄在三礼中最重古文经《周礼》，称"经礼谓《周礼》也，《周礼》六篇，其官有三百六十"；以《仪礼》为曲礼，"曲犹事也，事礼谓今礼也"；[2]《礼记》则为汉代学者戴圣所传之四十九篇传记。《周礼·天官·叙官》载："惟王建国。"郑玄注曰："建，立也。周公居摄而作六典之职，谓之《周礼》。营邑于土中。七年，致政成王，以此礼授之，使居雒邑，治天下。"可见，郑玄以《周礼》为周公之制，是周代统治者治理天下的政典，《仪礼》、《礼记》所记的则是具体的礼仪之事。郑玄的《三礼注》补充了许多古代的礼制资料，反映了上古时期的政治制度和社会生活。如《礼记·王制》说："制农田百亩，百亩之分，上农夫食九人，其次食八人，其次食七人，其次食六人，下农夫食五人。庶人在官者，其禄以是为差也。"郑玄进一步说明："农夫皆受田于公，田肥墽有五等，收入不同也。庶人在官，谓府史之属，官长所除，不命于天子、国君者。"[3]郑玄的注释是对经文的补充说明，指出周代农夫受田于公，根据土地质量的优劣而划分等级。又如关于士冠礼，贾公彦引郑玄的《三礼目录》说："童子任职居士位，年二十而冠。主人玄冠朝服，则是仕于诸侯。天子之士，朝服皮弁素积。古者四民世事，士之子恒为士。冠礼于五礼属嘉礼，大、小《戴》及《别录》此皆第一。"[4] 这段话介绍了行士冠礼的年龄以及诸侯、天子之士行冠礼的服饰，还指出了冠礼在吉、凶、宾、

---

[1] 《毛诗正义·邶风·击鼓》，《十三经注疏》本，中华书局1980年版。

[2] 《礼记正义·礼器》，《十三经注疏》本，中华书局1980年版。

[3] 《礼记正义·王制》，《十三经注疏》本，中华书局1980年版。

[4] 《仪礼注释·士冠礼》，《十三经注疏》本，中华书局1980年版。

军、嘉五礼之中属于嘉礼。郑玄在其他经书的注释中也十分注重诠释经文所涉及的礼制方面的内容。如据李鼎祚《周易集解》记载，郑玄注《震卦》卦辞“震惊百里，不丧匕鬯”一句说：“雷发声闻于百里，古者诸侯之象。诸侯出教令，能警戒其国，内则守其宗庙社稷，为之祭主，不亡匕与鬯也。人君于祭之礼，匕牲体、荐鬯而已，其余不亲也。升牢于俎，君匕之，臣载之。鬯，秬酒，芬芳条鬯，因名焉。”[1] 卦辞表明的是诸侯教令严明，不废祭祀之事。郑玄针对“匕鬯”特加说明，国君在祭祀时亲自以匕切割牲体，进献秬酒，则匕鬯不亡，意味着国君能保有宗庙社稷。

郑玄对《尚书》的注释也保存了十分珍贵的历史资料。如《尚书·盘庚》篇讲的是盘庚迁殷的过程，关于盘庚迁殷的历史原因，孔颖达引郑玄注曰：“祖乙居耿后，奢侈逾礼，土地迫近山川，尝圮焉。至阳甲立，盘庚为之臣，乃谋徙居汤旧都。”此外，关于盘庚迁殷时民众的生活状态，郑玄《书序》注说：“民居耿久，奢淫成俗，故不乐徙。”[2] 再如，郑玄在《尚书·西伯戡黎》注中说明商纣王名号的由来：“纣，帝乙之少子，名辛。帝乙爱而欲立焉，号曰受德。时人传声，转作纣也。”[3] 这些都为《尚书》的记载补充了历史资料。除《尚书》经文外，郑玄还为《尚书大传》作注，其中的内容也可作为考察历史事实的资料。如《尚书大传·虞夏传》：“维元祀，巡守四岳、八伯。”郑玄注曰：“祀，年也。元年，谓月正元日舜假于文祖之年也。巡，行也，视所守也。天子以天下为守。尧始得羲、和，命为六卿。其主春、夏、秋、冬者，并掌方岳之事，是为四岳，出则为伯。其后稍死，鹇吺、共工等代之，乃分置八伯。”[4] 郑玄在此考察了四岳八伯的来历，自尧命羲、和时，有了四岳之官；至鹇吺、共工等代羲、和之职，又分别设置为八伯。

（二）从历史角度对经传记载内容加以考辨，提出质疑

如关于《诗·小雅·十月之交》，《毛诗序》说：“大夫刺幽王也。”

[1] 李鼎祚：《周易集解》卷十《震》郑玄注，中华书局 2016 年版，第 314 页。

[2] 《尚书正义·商书·盘庚》引郑玄注，《十三经注疏》本，中华书局 1980 年版。

[3] 《尚书正义·商书·西伯戡黎》引郑玄注，《十三经注疏》本，中华书局 1980 年版。

[4] 皮锡瑞：《尚书大传疏证》卷二《虞夏传》郑玄注，《皮锡瑞全集》第一册，中华书局 2015 年版，第 53—54 页。

然而郑玄认为应当是刺厉王，是毛公作《故训传》时“移其篇第，因改之耳”。他说：“《节》刺师尹不平，乱靡有定，此篇讥皇父擅恣，日月告凶。《正月》恶褒姒灭周，此篇疾艳妻煽方处。又幽王时，司徒乃郑桓公友，非此篇之所云番也，是以知然。”[1] 郑玄指出，《节南山》和《正月》两诗都是刺幽王的，此篇从内容上看则与前者不同；而且周幽王时，司徒为郑桓公友，而不是诗中所写的“番维司徒”。

对于三礼，郑玄更是注重以历史事实来推断、辨析礼制内容。例如，关于历史上禘祫之礼的举行时间，历来众说纷纭，郑玄在《鲁礼禘祫义》中对此作了辨析，他说：

> 儒家之说禘祫也，通俗不同，或云岁祫终禘，或云三年一祫，五年再禘。学者竞传其闻，是用讻讻争论，从数百年来矣。窃念《春秋》者，书天子、诸侯中失之事，得礼则善，违礼则讥，可以发起是非，故据而述焉。从其禘祫之先后，考其疏数之所由，而粗记注焉。鲁礼，三年之丧毕，则祫于太祖，明年春禘于群庙。僖也，宣也，八年皆有禘、祫祭，则《公羊传》所云“五年而再殷祭”，祫在六年明矣。《明堂位》曰“鲁，王礼也”，以相准况，可知也。[2]

因为鲁国作为周公封地而行王室之礼，所以郑玄以鲁国禘祫之事来推断王礼中禘祫礼的时间。根据《春秋》记载，鲁闵公薨后，僖公二年（前658年）除丧，祫于大庙，三年春禘于群庙，又六年祫祭，八年禘祭。宣公的情况与此相似。两者皆符合禘后三年祫祭、五年再禘的情况，故郑玄用以佐证其禘祫说。可见，郑玄对禘祫之礼的考辨是试图以史实作为依据的。而且，皮锡瑞指出，在三礼之外，还有一些逸《礼》篇章，如《禘于太庙》也记载了有关禘祫之礼的情况，然而郑玄并没有采用，是因为逸《礼》“大都单辞碎义，实无关于宏旨”[3]。由此也可以说明，与空

---

[1] 《毛诗正义·小雅·十月之交》，《十三经注疏》本，中华书局1980年版。

[2] 见皮锡瑞：《鲁礼禘祫义疏证》，《皮锡瑞全集》第四册，中华书局2015年版，第544—546页。

[3] 皮锡瑞：《经学通论·三礼·论后仓等推士礼以致于天子乃礼家之通例郑注孔疏是其明证》，中华书局1954年版，第23页。

论经义相比，郑玄更注重经书记载的礼制与历史事实的联系。再如，《礼记·明堂位》记载："凡四代之服、器、官，鲁兼用之。是故鲁，王礼也，天下传之久矣，君臣未尝相弑也，礼乐、刑法、政俗未尝相变也。天下以为有道之国，是故天下资礼乐焉。"郑玄注："王礼，天子之礼也。传，传世也。资，取也。此盖盛周公之德耳。春秋时鲁三君弑；又士之有诔，由庄公始；妇人髽而吊，始于台骀。云'君臣未尝相弑'、'政俗未尝相变'，亦近诬矣。"[1]《礼记·明堂位》称鲁国没有弑君之事，礼乐、刑法、政俗也一直沿用王礼而没有改变过。郑玄则依据历史上鲁国弑君、变礼之事例对这一说法加以反驳，认为《礼记》这样记载是为了称赞周公之德，并不符合历史事实。

三、经籍笺注的历史思想

郑玄的经籍笺注除了保存了许多上古史史料，还反映出郑玄对历史发展的认识，其中包括他对天命王权思想的宣扬、对古史系统的构建以及对礼治思想的传承等。而且，郑玄对这些历史思想的阐发也充分体现了他融通今古文经说的学术特点。

（一）调停圣王无父、有父二说以宣扬天命王权思想

天命王权思想是中国古代重要的历史思想，其核心内涵是宣扬王权天授，以天命来解释王权的合法性。关于天命王权，先秦、秦汉时期的经学和史学文献都有相关记载和论述。就经学而言，今、古文经学都推崇天命王权思想，但二者观点有所不同，其主要区别在于对圣王降生的认识上，今文经学主张圣王无父感天而生，古文经学则认为圣王有父而同祖。

郑玄的经籍笺注也宣扬了天命王权的思想，尤其是对于圣王降生，郑玄有较为详细的阐述。如《诗·大雅·生民》开头记载了周之先祖姜嫄履大人迹有孕而生后稷的事迹，其中说："履帝武敏歆，攸介攸止。载震载夙，载生载育，时维后稷。"《毛传》称："履，践也。帝，高辛氏之帝也。武，迹。敏，疾也。从于帝而见于天，将事齐敏也。歆，飨。介，

[1]《礼记正义·明堂位》，《十三经注疏》本，中华书局1980年版。

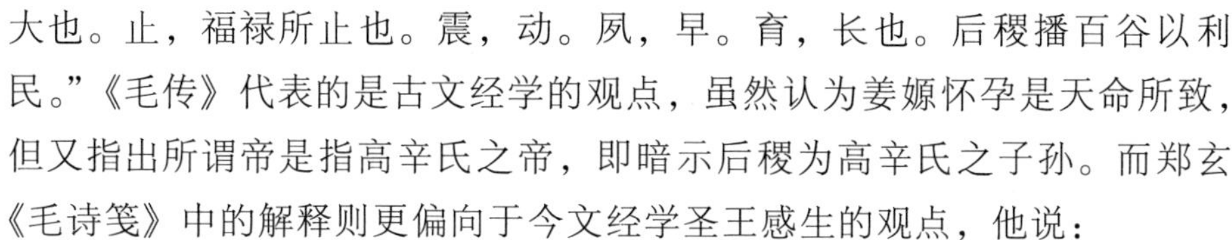

大也。止，福禄所止也。震，动。夙，早。育，长也。后稷播百谷以利民。”《毛传》代表的是古文经学的观点，虽然认为姜嫄怀孕是天命所致，但又指出所谓帝是指高辛氏之帝，即暗示后稷为高辛氏之子孙。而郑玄《毛诗笺》中的解释则更偏向于今文经学圣王感生的观点，他说：

> 帝，上帝也。敏，拇也。介，左右也。夙之言肃也。祀郊禖之时，时则有大神之迹，姜嫄履之，足不能满，履其拇指之处，心体歆歆然，其左右所止住，如有人道感己者也。于是遂有身，而肃戒不复御。后则生子而养长之，名曰弃。舜臣尧而举之，是为后稷。[1]

从这段话可以看出，郑玄认为帝指的是上帝，而非高辛氏之帝，而且姜嫄正是因为履“大神之迹”而感应有孕，最终生下后稷。

再如，《诗·商颂·玄鸟》记载了商之先祖契的降生，对于其中“天命玄鸟，降而生商”一句，《毛传》解释称：“玄鸟，鳦也。春分，玄鸟降。汤之先祖，有娀氏女简狄，配高辛氏帝，帝率与之祈于郊禖而生契。故本其为天所命，以玄鸟至而生焉。”郑笺则说：

> 降，下也。天使鳦下而生商者，谓鳦遗卵，娀氏之女简狄吞之而生契。为尧司徒，有功，封商，尧知其后将兴，又锡其姓焉。自契至汤八迁，始居亳之殷地而受命，国日以广大芒芒然。汤之受命，由契之功，故本其天意。[2]

对比《毛传》和郑玄的解释可以发现，《毛传》以简狄配高辛氏，认为是简狄与帝高辛氏“祈于郊禖”而生下了契，恰逢天降玄鸟，所以是“为天所命”；而郑玄采用了今文经《鲁诗》的圣王感生说，认为是简狄吞玄鸟卵而生契，所以后世汤之受命是因为其先祖契的降生就是本于天命。

从以上两个例子可以看出，郑玄虽为古文经学家，在解释商、周先

[1] 《毛诗正义·大雅·生民》，《十三经注疏》本，中华书局1980年版。
[2] 《毛诗正义·商颂·玄鸟》，《十三经注疏》本，中华书局1980年版。

祖降生时却又采纳了今文三家诗的感生说。但是，关于圣王是否有父，郑玄并没有完全同意今文经学的观点，而是调停今、古文经学的无父、有父两种圣王降生理论。许慎在《五经异义》中指出了三家诗和《公羊传》等今文经与古文经《左传》对圣人降生的不同观点，他以《尧典》“以亲九族”证明尧有九族，并非感天而生，从而否定了圣王感生之说。郑玄的《驳五经异义》则说：

> 诸言感生得无父，有父则不感生，此皆偏见之说也。《商颂》曰：“天命玄鸟，降而生商。”谓娀简吞乞子生契，是圣人感生，见于经之明文。刘媪是汉太上皇之妻，感赤龙而生高祖，是非有父感神而生者也？且夫蒲卢之气妪煦桑虫成为己子，况乎天气，因人之精，就而神之，反不使子贤圣乎？是则然矣，又何多怪。[1]

这段话表明，郑玄以《玄鸟》篇的记载力证圣王感生确有其事，同时又指出汉高祖之母刘媪感赤龙而生高祖，从而表明圣王有父亦可感生，二者并不矛盾。郑玄对圣王无父、有父二说的调停体现了他对今、古文经学的融合，皮锡瑞对此评述称：“今文似奇而塙，古文似正而非。郑《驳异义》从今文兼采古文圣人有父，以圆其说，其立义尤纯正无弊。”[2]这种调停圣王无父、有父的做法早在司马迁的《史记》中就已有体现，褚先生称之“一言有父，一言无父，信以传信，疑以传疑，故两言之”[3]，而且郑玄所举刘媪感赤龙而生汉高祖之事也出自《史记》。如果说司马迁在《史记》中还只是出于传信、传疑的想法对无父、有父二说并录之，郑玄则更加明确地将两种说法相结合，从而在一定程度上消解了今、古文经学在圣王降生问题上的矛盾。

(二) 以五德、三统说构建古史系统

郑玄在天命王权思想的基础上构建了上古帝王政权传承的谱系，并且运用五德终始说和三统说来解释历史变易的过程。

[1] 皮锡瑞：《驳五经异义疏证》卷六，中华书局 2014 年版，第 474 页。
[2] 皮锡瑞：《驳五经异义疏证》卷六，中华书局 2014 年版，第 475 页。
[3]《史记》卷十三《三代世表》，中华书局 1959 年版，第 505 页。

一方面，郑玄继承了古文经学家刘歆的五德相生的古史系统。刘歆的五德终始说按照木火土金水五行相生的顺序构建了自伏羲以来的帝王统绪，而郑玄在《六艺论》中也是以五行相生阐述古史的发展，其中写道：

> 遂皇之后，历六纪九十一代，至伏羲，始作十言之教，以厚君民之别。
>
> 燧人在伏牺之前，凡六纪，九十一代。
>
> 燧人至伏牺一百八十七代。
>
> 太昊帝包牺氏，姓风，蛇身人首，有圣德。燧人殁，伏羲皇生，其世有五十九姓。羲皇始序制，作法度，皆以木德王也，制嫁取之礼，受龙图，以龙纪官，故曰龙师。在位合一万一千一十二年。炎帝神农氏，姓姜，人身牛首，有火瑞，即以火德王。有七世，合五百年也。
>
> 轩辕皇，姓公孙，二十五月而生，有珠衡日角之相。以土德王天下，建寅月为岁首。生子二十五人，有十二姓。凡十三世，合治一千七十二年。梦受帝箓，遂与天老巡河而受之，得《河图》书。师于牧马小童，拜广成丈人于崆峒山。[1]

郑玄在此叙述了从遂皇（即燧人氏）至黄帝的古史系统，与刘歆的古史系统稍有不同的是，刘歆以伏羲为古史开端，郑玄则将古史追溯至更早的遂皇。但郑玄对古史统绪的解说依据的还是刘歆五行相生的原则，即伏羲为木德，神农为火德，黄帝为土德。而且，郑玄还列出了各朝所统治的世代之数，从而丰富了五德终始说的内容。

对于黄帝之后的帝王统绪，郑玄在其他的经籍注释中也有提及。例如，《周礼·春官·小宗伯》载："兆五帝于四郊，四望、四类亦如之。"郑玄注说："五帝，苍曰灵威仰，大昊食焉；赤曰赤熛怒，炎帝食焉；黄曰含枢纽，黄帝食焉；白曰白招拒，少昊食焉；黑曰汁光纪，颛顼食焉。

---

［1］ 皮锡瑞：《六艺论疏证·易论》，《皮锡瑞全集》第三册，中华书局2015年版，第524—533页。

黄帝亦于南郊。”[1]《礼记·大传》：“王者禘其祖之所自出，以其祖配之。”郑注：“大祭其先祖所由生，谓郊祀天也。王者之先祖皆感大微五帝之精以生，苍则灵威仰，赤则赤熛怒，黄则含枢纽，白则白招拒，黑则汁光纪，皆用正岁之正月郊祭之，盖特尊焉。《孝经》曰‘郊祀后稷以配天’，配灵威仰也。”[2]《孝经·圣治》：“昔者周公郊祀后稷以配天。”郑玄注：“后稷者，周公始祖。东方青帝灵威仰，周为木德，威仰木帝，以后稷配苍龙精也。”[3]天子以禘祭祭祀诞育始祖的天帝，并以自己的始祖配祭。根据郑玄的注释，太昊、炎帝、黄帝、少昊、颛顼以至周之始祖后稷等皆为感天而生。而其所由生的五天帝分别为苍、赤、黄、白、黑五色，恰好与五德所尚之色相合，其统绪传承也符合五行相生的原则。而且，郑玄在《孝经注》中明确提出周为木德，这与刘歆五德终始说中的观点也是一致的。

另一方面，郑玄对古史发展的认识也吸收了董仲舒三统说的内容。董仲舒的三统说以黑、白、赤三统循环来解释朝代更迭，认为凡受命称王者必须改正朔、易服色。郑玄在经籍注释中引用了这种三统说。如《尚书·舜典》载：“岁二月，东巡狩，至于岱宗，柴。望秩于山川，遂觐东后。协时月正日，同律度量衡。修五礼、五玉、三帛、二生、一死挚，如五器，卒乃复。”其中的“三帛”是祭祀时垫玉的丝织品，之所以有三种，《礼记正义》引郑玄注释称：“高阳氏之后用赤缯，高辛氏之后用黑缯，其余诸侯用白缯。”孔疏对此作了进一步说明：“如郑此意，却而推之，舜以十一月为正，尚赤；尧以十二月为正，尚白，故曰‘其余诸侯用白缯’；高辛氏以十三月[4]为正，尚黑，故云‘高辛氏之后用黑缯’；高阳氏以十一月为正，尚赤，故云‘高阳氏之后用赤缯’。”[5]参照孔颖达的话可以看出，郑玄对“三帛”的注释依据的正是黑、白、赤三统，其中高阳氏即颛顼，用赤统；高辛氏即帝喾，用黑统；则尧用白

[1]《周礼注疏·春官·小宗伯》，《十三经注疏》本，中华书局1980年版。

[2]《礼记正义·大传》，《十三经注疏》本，中华书局1980年版。

[3] 见皮锡瑞：《孝经郑注疏》，中华书局2016年版，第72页。

[4] “十三月”原作“十二月”，阮元《校勘记》称：“闽、监、毛本同。浦镗云：三误二。”据改。

[5]《礼记正义·檀弓上》，《十三经注疏》本，中华书局1980年版。

统。郑玄的这一解释与古文经说完全不同，《尚书》伪孔传称："三帛，诸侯世子执纁，公之孤执玄，附庸之君执黄。"陈乔枞在《今文尚书经说考》中也指出："考《史记正义》先引马融曰：'三帛，三孤所执也。'又引郑玄云云，与《公羊疏》同。马以三帛为三孤所执，此盖《古文尚书》说也。郑君解三帛与《含文嘉》谊同，是用今文家《尚书》说。"[1] 郑玄不用古文经说而采纳今文家《尚书》说，可见他对这种三统循环的历史变易学说是认同的。

董仲舒的三统说还认为，新朝建立后要封前二朝之后，并为之保留旧有的制度，以与新朝并存，这被称为"存三统"（又称"通三统"）。上文提到尧统治时的"高阳氏之后"与"高辛氏之后"即前朝后裔，所以他们还保留了旧朝的服色制度。关于"通三统"，郑玄在《驳五经异义》中也有提及。许慎的《五经异义》指出：

> 异义：《公羊》说：存二王之后，所以通天三统之义。引《郊特牲》云："天子存二代之后，犹尊贤也。尊贤不过二代。"古《春秋左氏》说：周家封夏、殷二王之后以为上公，封黄帝、尧、舜之后谓之三恪。
>
> 谨按：治《鲁诗》丞相韦玄成、治《易》施雠等说，引《外传》曰："三王之乐，可得观乎？"知王者所封三代而已。不与《左氏》说同。

郑玄则驳曰：

> 言所存二王之后者，命使郊天，以天子礼祭其始祖，受命之王自行其正朔服色，此之谓通天三统。三恪，尊于诸侯，卑于二王之后。恪者，敬也。敬其先圣而封其后，与诸侯无殊异，何得比夏、殷之后？[2]

[1] 陈乔枞：《今文尚书经说考》卷一下《尧典》，《续修四库全书》本，上海古籍出版社 2002 年版，第 110 页。

[2] 皮锡瑞：《驳五经异义疏证》卷八，中华书局 2014 年版，第 533 页。

郑玄在此解释了通三统的内涵，认为受命之王当存二王之后，并使其以天子之礼郊祭其始祖。但同时郑玄没有像许慎那样完全否定《左传》封三恪的说法，而是认为三恪的地位低于二王之后，“与诸侯无殊异”。郑玄的这一解释，在今文经通三统的基础上又糅合了古文经所载的三恪之说，可见他的古史观念也具有今古文融通的特点。

（三）以礼制因革和同今、古文礼制异说

郑玄的《三礼注》在其著作中有着突出的地位，其中所反映的礼治思想也是郑玄历史观的重要内容。郑玄十分重视礼仪在治国中的作用，在《礼记·冠义》注中称“国以礼为本”[1]，并且在《礼运》注中指出：“圣人则天之明，因地之利，取法度于鬼神，以制礼、下教令也。既又祀之，尽其敬也，教民严上也。”“民知严上，则此礼达于下也。”“民知礼则易教。”[2] 而且，郑玄的礼治思想强调礼仪制度的因革损益，从历史发展的角度看待礼制的演变。

首先，郑玄强调了礼的产生与社会历史发展的密切关系。例如，《礼记·礼运》中对大同和小康两种社会形态的描述，反映了社会历史的发展，同时也论述了礼的形成过程。对于从“大道之行”的大同社会到“大道既隐”的小康社会的转变，郑玄注释说：“以其违大道敦朴之本也，教令之稠，其弊则然。”他认为大道隐没之后，人们就失去了敦厚质朴的本质，需要繁多的教令来约束人的行为。因此，在小康的社会形态中，要“用礼义以成治”，礼由此产生。再如，《礼记·礼运》中写道：“夫礼之初，始诸饮食，其燔黍捭豚，汙尊而抔饮，蒉桴而土鼓，犹若可以致其敬于鬼神。”郑玄解释说：“言其物虽质略，有齐敬之心，则可以荐羞于鬼神，鬼神飨德不飨味也。中古未有釜甑，释米捭肉，加于烧石之上而食之耳，今北狄犹然。汙尊，凿地为尊也。抔饮，手掬之也。蒉读为凷，声之误也。凷，堛也，谓抟土为桴也。土鼓，筑土为鼓也。”[3] 从郑玄的注释中可以看出，礼最初的形式是十分质朴的，祭祀鬼神时，重要的是要有敬畏之心，而非礼的外在形式。远古社会物质匮乏，只能用

[1] 《礼记正义·冠义》，《十三经注疏》本，中华书局1980年版。
[2] 《礼记正义·礼运》，《十三经注疏》本，中华书局1980年版。
[3] 《礼记正义·礼运》，《十三经注疏》本，中华书局1980年版。

最为原始、简单的器物来举行礼仪活动。郑玄还以今之北狄的生活状态来比拟远古社会，由此也可以看出他对礼的本质以及礼与社会发展的认识。

其次，郑玄在经籍笺注中注重对古今礼制因革损益的阐释，张舜徽先生指出“郑氏注书，每遇名物礼俗，辄好推原本始，常云‘古者’以稽述之”[1]；“复好举汉时语言、习俗、礼制、器物以证说古义，每言‘如今’以比况之”[2]。对于经籍所记礼制的差异，郑玄将之归结为夏、商、周三代之礼的演变，以此弥缝文献歧异。如《礼记·王制》中写道：

> 天子之田方千里，公侯田方百里，伯七十里，子男五十里。不能五十里者，不合于天子，附于诸侯，曰附庸。天子之三公之田视公侯，天子之卿视伯，天子之大夫视子男，天子之元士视附庸。

这段话写的是自天子至公、侯、伯、子、男，以及天子畿内公卿，根据爵位的不同，所受的土地也有差别。郑玄的注释首先考察了夏、商、周乃至春秋时期爵位制度的演变，在这一演变过程中，礼制既有因袭，也有损益。他注释称：“此地，殷所因夏爵三等之制也。殷有鬼侯、梅伯。《春秋》变周之文，从殷之质，合伯、子、男以为一。则殷爵三等者，公、侯、伯也。异畿内，谓之子。”[3] 殷商延续了夏代的三等爵制，设公、侯、伯，而周初更立五等爵位，增设子、男。郑玄还指出了这一爵制变化具有质文递变的特点：殷为质，周为文，而春秋时期又改变周代之文，依从商代之质。

而且，值得注意的是，郑玄对《礼记·王制》这段话的注释还表明他想要尽力融合古文《周礼》和今文《礼记》对礼制的不同记载。《周礼·地官·大司徒》记载：“诸公之地，封疆方五百里，其食者半；诸侯之地，封疆方四百里，其食者参之一；诸伯之地，封疆方三百里，其食

---

[1] 张舜徽：《郑学丛著·郑氏经注释例》，华中师范大学出版社2005年版，第79页。

[2] 张舜徽：《郑学丛著·郑氏经注释例》，华中师范大学出版社2005年版，第82页。

[3] 《礼记正义·王制》，《十三经注疏》本，中华书局1980年版。

者参之一；诸子之地，封疆方二百里，其食者四之一；诸男之地，封疆方百里，其食者四之一。”[1] 可以看出，《周礼》所记公、侯、伯、子、男之封地明显大于《礼记》所载。于是，郑玄注释称：

> 周武王初定天下，更立五等之爵，增以子、男，而犹因殷之地，以九州之界尚狭也。周公摄政，致大平，斥大九州之界，制礼成武王之意，封王者之后为公，及有功之诸侯大者，地方五百里，其次侯四百里，其次伯三百里，其次子二百里，其次男百里。所因殷之诸侯，亦以功黜陟之，其不合者，皆益之地为百里焉。[2]

郑玄认为，《王制》所载封地较小，是因为周初武王分封时，是“因殷之地”，当时所统辖的九州之地还是比较狭小的；而到了周公摄政时，统治范围扩大了，所以周公制礼，分封的土地也就增多了。对此，皮锡瑞还以齐、鲁二国的封地为例对郑玄的说法加以印证，指出根据《史记》记载，齐、鲁二国的封地从武王始封至周公、成王之时均有扩大。[3] 虽然有学者对郑玄的这一解释是否符合历史事实有所质疑，[4] 但从郑玄的注释来看，至少可以说明两点：其一，郑玄试图以礼制的因革来弥合今、古文经说的差异；其二，郑玄对礼制因革的阐释反映出他对历史发展的认识，说明他较为自觉地从历史的角度来看待礼制的演变。

第三节　今文家何休经学蕴含的历史思想

何休是东汉今文经学的集大成者。东汉今文经学虽然持续居于官学

[1] 《周礼注疏·地官·大司徒》，《十三经注疏》本，中华书局 1980 年版。

[2] 《礼记正义·王制》，《十三经注疏》本，中华书局 1980 年版。

[3] 参见皮锡瑞：《经学通论·三礼·论郑君和同古今文于周官古文王制今文力求疏通有得有失》，中华书局 1954 年版，第 54 页。

[4] 杨天宇认为郑玄此处对今、古文经说的调和纯属臆说，因为《周礼》和《王制》并不能确切地记载周代的礼制，更不可能反映夏、商二代之礼。参见杨天宇：《郑玄三礼注研究》，中国社会科学出版社 2008 年版，第 165 页。

地位，但其影响已经不如后来兴起的古文经学，更不能与西汉一统天下的情形同日而语。然而，汉末何休的今文经学，可谓是东汉今文经学最耀眼的一颗明星。何休秉承西汉今文经学的传统，重视阐发儒家经典的义理，关注现实政治。在何休的经学思想体系中，他对历史发展、大一统政治和天人关系等诸多问题都进行了系统的探讨和阐述，蕴含了丰富的历史思想。可以说，何休的历史思想是其经学思想体系不可或缺的重要组成部分。

一、生平与学术经历

何休（129—182 年），字邵公，任城樊县（今山东济宁市东）人，东汉著名的经学家。据《后汉书·何休传》载，何休的父亲何豹曾任少府一职，为九卿重臣。作为官宦家庭子弟，何休早年受到了良好的教育。他为人质朴，不善言辞，却雅有心思。通过对经书的系统学习和用心思考，何休很快便成长为一名学有所成的青年学者，《后汉书》本传称其“精研六经，世儒无及者”。东汉时期的贵族子弟，成年之后即可受荫为郎，这是他们步入仕途的第一步。何休当然也不例外，当他成年以后，便“以列卿子诏拜郎中”。与一般贵族子弟所不同的是，何休的志趣不在官场，而在学斋，因此，他没有应诏就郎中一职，而是“辞疾而去”。何休主动辞官的举动，在社会上自然产生了一定的影响，加上他精心治学，学识渊博，从而赢得了较好的声誉，反而成为州郡重点征辟的对象。然而，何休辞去郎官一职，并不是为了沽名钓誉，他既然不愿受荫为郎，当然也不会入仕州郡。但是，何休毕竟是东汉一代名儒，他重视恪守“进退必以礼”这一儒家的处世哲学。因此，他既有“退而独善其身”的品行，又有“进而兼济天下”的大志。作为一名正直的学者，何休实在不愿意涉足昏暗而又险恶的官场，这便是他屡次拒绝应诏的原因；然而，当作为当时朝中正直势力的代表，深得太学生敬重的汉末名臣陈蕃征辟他时，他却毫不忧虑地“与参政事”了。不过，何休“与参政事”的时间很短暂。汉灵帝建宁二年（169 年），发生了东汉末年第二次党锢之祸，以陈蕃、窦武为首的朝中正直势力企图铲除宦官势力，结果失败。宦官集团藉此大兴党狱，“其死徙废禁者，六七百人”。[1] 由于何休曾为陈蕃所征辟，受到牵连自然在所难免，故本传说“蕃败，休坐废锢”。大约在灵帝光和二年（179 年）党禁初解之时，何休获得了朝廷重新征辟的机会。这时的何休已经是显赫的大学者，朝中大臣都认为应该让他充任中枢要职，“群公表休道术深明，宜侍帷幄”，然而“幸臣不悦之”，结果只被拜为议郎。何休“屡陈忠言”，很快又升迁做了谏议大夫。[2] 光和五年，何休病死于谏议大夫任上，享年仅有 54 岁。

关于何休的学术传授渊源，史书并无确载。清人唐晏、惠栋等认为何休当属公羊学中颜安乐一系，唐晏在《两汉三国学案》卷八中说“惠氏以《石经》考订何休为颜氏家言”。颜安乐为西汉大儒董仲舒三传弟子，与严彭祖同为眭孟两大高足，《春秋》公羊学正是至此时而形成了两大传授系统，即所谓公羊严氏学与公羊颜氏学。东汉今文学者恪守师法、家法，基本上都是分别传习这两家公羊学。然而，作为两汉今文经学的殿军人物，何休在传授颜氏学的同时，也注重兼采严氏学，王国维说：“余以《汉石经校记》考之，知何氏实兼用严、颜二家本也。”[3] 因此，何休的今文学，实际上是集当时今文经学之大成的。不但如此，从何休的著述和《后汉书》的记载来看，何休还涉足古文经学领域。《后汉书》本传说何休“与其师博士羊弼，追述李育意以难二传（指《穀梁传》与《左传》）”。羊弼《后汉书》无传，其事不详。李育则是东汉前期著名的经学通家，《后汉书》本传载其“少习《公羊春秋》”，却又“颇涉猎古学”，被称作“最为通儒”。何休“追述李育意”，当然也包括其研习古文之意。同时，从何休所著的《春秋公羊传解诂》等著作来看，其间也采用了一些《左传》等古文经的说法。由此来看，何休虽然主要传习今文经学，却也注重吸收古文经学的内容，是一位综合今文经学并兼涉古文经学的集大成式的学者。

何休一生治学勤奋，成果丰硕，著作等身，主要有《春秋公羊传解

[1] 《后汉书》卷六十七《党锢列传》，中华书局 1965 年版，第 2188 页。

[2] 《后汉书》卷七十九下《儒林列传》，中华书局 1965 年版，第 2583 页。

[3] 王国维：《观堂集林》卷四《书〈春秋公羊传解诂〉后》，河北教育出版社 2003 年版，第 80 页。

诂》、《公羊文谥例》、《公羊墨守》、《左氏膏肓》、《穀梁废疾》、《春秋汉议》、《孝经注》、《论语注》等，基本上都是他在党锢之祸后被废锢在家十余年中撰述的。其中绝大部分已经散佚，只有一些零星的记载散见于它书之中，而作为何休主要代表作的《春秋公羊传解诂》则得以完整地保存下来。据《后汉书》本传载，何休为了撰成此书，效法先师董仲舒"三年不窥园"的做法，"覃思不窥门，十有七年"，[1] 足见其治学之专注。何休的很多著作今天虽已无法窥其全貌，却都是其覃精研思所得，正如《后汉书》本传所说的，"皆经纬典谟，不与守文同说"。正是以《春秋公羊传解诂》为代表的著作奠定了何休在中国经学史上的地位。

二、"三世"历史发展学说

吕绍刚说："《春秋》'张三世'说，实非《公羊传》所固有，它是由董仲舒提出，经何休发挥完成的。应当说，'张三世'的思想是属于何休的。"[2] 这种说法是符合实际情况的。何休在前贤基础上所构建的三世说这一历史发展体系，其主要特色或成就是赋予三世说以全新的内容，明确将历史的发展划分为衰乱、升平和太平三个时期，体现了一种历史不断进化的观点。

(一) 三世说的理论渊源

三世说作为一种解释历史发展进化的学说，其理论渊源要追溯到孔子。《论语·雍也》说："齐一变，至于鲁；鲁一变，至于道。"对此，朱熹解释说："孔子之时，齐俗急功利，喜夸诈，乃霸政之余习。鲁则重礼教，崇信义，犹有先王之遗风焉，但人亡政息，不能无废坠尔。道，则先王之道也。"在朱熹看来，孔子视齐政为一种霸政，鲁政有先王之遗风，而王道政治则是一种最高理想。很显然，孔子在此将历史变易分成

---

[1] 何休《春秋公羊传解诂序》徐彦疏云："何邵公精学十五年，专以《公羊》为己业。"其实，《后汉书》十七年说与徐氏十五年说都只是一个约数，何休实际撰述的时间可能并没有这么长。据钱大昕《廿二史考异》卷十二《后汉书三·儒林传下》考证，何休自党锢之祸遭废锢至死，首尾才只有十五年，晚年又应公府征辟，"则著书杜门，大约不过十年耳"。

[2] 吕绍纲：《何休公羊"三科九旨"浅议》，《人文杂志》1986年第2期。

了“齐—鲁—道”三个不断进化的阶段（或曰等级），从而肯定了社会历史的发展和进化。清人康有为则更是以“据乱、升平、太平”之三世说来解说孔子的“齐—鲁—道”历史变易论，他说：“盖齐俗急功利，有霸政余习，纯为据乱之治。鲁差重礼教，有先王遗风，庶近小康。拨乱世虽变，仅至小康、升平；小康、升平能变，则可进至太平、大同矣。”[1]应该说，上述朱熹的解释是符合孔子本意的，而康有为的解释则是一种牵强附会。但两者有一点是相同的，那就是都肯定孔子的“齐—鲁—道”历史变易论蕴含了历史进化的思想。同时，孔子关于“齐—鲁—道”的历史变易论，虽然不能直接等同于康有为所说的“据乱—升平—太平”之三世说，但也不可否认，孔子所提出的这一历史变易模式，对于何休三世说的创立，无疑是有着重要启迪作用的。

《公羊传》的春秋三世论和董仲舒的春秋三等说，是何休创立三世说的逻辑起点。虽然如吕绍纲所言，“《春秋》‘张三世’说，实非《公羊传》所固有”，但这并不等于《公羊传》没有关于历史阶段划分的理论。实际上，《公羊传》在数处都有关于历史阶段划分的内容，即其所说的“所见异辞，所闻异辞，所传闻异辞”。《公羊传》明确将春秋242年历史划分为“所见”、“所闻”和“所传闻”三个阶段，历史阶段不同，历史撰述的书法也相应地不同，其基本准则则是亲近疏远、详今略古。显然，《公羊传》的春秋三世说是出于撰述历史的需要，而不是为了说明历史的变化和发展。董仲舒称三世为三等，《春秋繁露·楚庄王》对春秋十二公的历史作了具体划分：

> 《春秋》分十二世以为三等，有见，有闻，有传闻。有见三世，有闻四世，有传闻五世。故哀、定、昭，君子之所见也。襄、成、文、宣，君子之所闻也。僖、闵、庄、桓、隐，君子之所传闻也。所见六十一年，所闻八十五年，所传闻九十六年。于所见微其辞，于所闻痛其祸，于传闻杀其恩，与情俱也。

同《公羊传》的观点相一致，董仲舒认为《春秋》分十二世为三等，旨

[1] 康有为：《论语注》，中华书局1984年版，第82页。

在贯彻一种亲近疏远的历史撰述书法和历史批评原则。所不同的是，董仲舒的三等说比《公羊传》笼统的三世划分法要更为具体。何休的三世说正是借助于《公羊传》的春秋三世说和董仲舒的春秋三等说而加以发挥的，从这个角度而言，《公羊传》的春秋三世说和董仲舒的三等说确实是何休三世说的理论出发点。

（二）三世说的基本内涵

何休对其三世说的阐发，主要集中于《春秋公羊传解诂》一书。在该书中，最能系统而又集中地表述何休三世说思想的，当属对《春秋·隐公元年》传文“所见异辞，所闻异辞，所传闻异辞”的解释。何休说：

所见者，谓昭、定、哀，己与父时事也；所闻者，谓文、宣、成、襄，王父时事也；所传闻者，谓隐、桓、庄、闵、僖，高祖、曾祖时事也。异辞者，见恩有厚薄，义有浅深，时恩衰义缺，将以理人伦，序人类，因制治乱之法。故于所见之世，恩己与父之臣尤深，大夫卒，有罪无罪皆日录之，“丙申，季孙隐如卒”是也。于所闻之世，王父之臣恩少杀，大夫卒，无罪者日录，有罪者不日，略之，“叔孙得臣卒”是也。于所传闻之世，高祖、曾祖之臣恩浅，大夫卒，有罪无罪皆不日，略之也，公子益师、无骇卒是也。于所传闻之世，见治起于衰乱之中，用心尚粗觕，故内其国而外诸夏，先详内而后治外，录大略小，内小恶书，外小恶不书，大国有大夫，小国略称人，内离会书，外离会不书是也。于所闻之世，见治升平，内诸夏而外夷狄，书外离会，小国有大夫，宣十一年“秋，晋侯会狄于攒函”，襄二十三年“邾娄鼻我来奔”是也。至所见之世，著治大平，夷狄进至于爵，天下远近小大若一，用心尤深而详，故崇仁义，讥二名，晋魏曼多，仲孙何忌是也。所以三世者，礼，为父母三年，为祖父母期，为曾祖父母齐衰三月，立爱自亲始，故《春秋》据哀录隐，上治祖祢。所以二百四十二年者，取法十二公，天数备足，著治法式，又因周道始坏绝于惠、隐之际。主所以卒大夫者，明君当隐痛之也。君敬臣则臣自重，君爱臣则臣自尽。公子者，氏也，益师者，名也，诸侯之子称公子，公子之子称公孙。

据上引述，何休三世说的基本内涵可以条列为以下几个方面：其一，三世是何休关于春秋十二公 242 年历史的一种阶段划分，其划分方法则完全沿袭了董仲舒的春秋三等说，即以昭、定、哀三公为所见世，文、宣、成、襄四公为所闻世，隐、桓、庄、闵、僖五公为所传闻世。其二，何休完全遵循公羊先师的历史撰述书法，根据春秋三世历史远近亲疏之不同，分别采取了不同的书法，其基本原则是亲近疏远、详今略古。其三，将“异内外”与三世说相结合，寓夷夏之辨于三世说中，这是何休对公羊学先师三世说的一个重大发展。具体而言，所传闻之世则“内其国而外诸夏”，表现在书法上则是先详内而后治外，录大略小，内小恶书而外小恶不书，大国有大夫而小国略称人，内离会书而外离会不书；所闻世则“内诸夏而外夷狄”，表现在书法上则是书外离会，小国有大夫；所见世则“夷狄进至于爵，天下远近小大若一”，由于此时天下一家，无夷夏内外之别，故在书法上也无内外之分。最后，推陈出新，提出了“衰乱—升平—太平”新三世说，这是何休三世说中最具创意的部分。何休以“衰乱世—升平世—太平世”来对应公羊先师们所划分的春秋“所传闻世—所闻世—所见世”，从而对历史发展之走向作了明确表述，肯定它是一个从低级到高级、从衰乱到太平、从野蛮到文明的过程，换言之，它是一个不断发展和进化的过程。

（三）三世说的精神实质

何休认为春秋三世是一个由“衰乱”到“升平”再到“太平”的历史发展和进化的过程，而春秋三世历史变迁的实际情况却恰恰与之相反，从“所传闻世”到“所闻世”再到“所见世”，世道不但没有一世比一世兴盛，反而是一世比一世衰败。因此，究竟应该如何理解何休的这一新三世说呢？清人皮锡瑞认为是“借事明义”，他说：

> 春秋初年，王迹犹存；及其中叶，已不逮春秋之初；至于定、哀，骎骎乎流入战国矣。而论春秋三世之大义，《春秋》始于拨乱，即借隐、桓、庄、闵、僖为拨乱世；中于升平，即借文、宣、成、襄为升平世；终于太平，即借昭、定、哀为太平世。世愈乱而《春秋》之文愈治，其义与时事正相反。盖《春秋》本据乱而作，孔子欲明驯致太平之义，故借十二公之行事，为进化之程度，以示后人

> 治拨乱之世应如何，治升平之世应如何，治太平之世应如何，义本假借，与事不相比附。《公羊疏》于注“至所见之世，著治太平”云：“当尔之时，实非太平，但《春秋》之义，若治之太平于昭、定、哀也，犹如文、宣、成、襄之世，实非升平，但《春秋》之义，而见治之升平然。”《疏》之解此，亦甚明矣。昧者乃引当时之事，讥其不合，不知孔子生于昭、定、哀世，岂不知其为治为乱？公羊家明云世愈乱，而《春秋》之文愈治，亦非不知其为治为乱也。[1]

在此，皮锡瑞认为孔子作《春秋》时就已经明示“拨乱”、“升平”和“太平”三世进化之义，这显然与事实不相符合。同时，何休之前的早期公羊家们也并没有明确指出《春秋》已经蕴含有“拨乱”、“升平”和“太平”之三世进化观。但是，如果我们将皮锡瑞这段话用来解说何休的新三世说，则是再恰当不过了。正如皮锡瑞所说，孔子以及后世公羊家们其实都知道春秋只是一乱世，何休当然也不例外，所以他说：“《春秋》定、哀之间，文致太平。”[2] 而许文、宣、成、襄之时以“升平世”，也只是“足张法而已”。[3] 这就明白无误地说明，所谓“升平世”和“太平世”，只是一种虚构和假托，并非历史事实。何休之所以要以“衰乱一升平一太平”来解说春秋三世，对历史进行虚构，正如皮锡瑞所说的，是要借事明义。何休所借之事，当然是《春秋》所载 242 年史事。而其所明之义：其一，社会历史是一个不断发展和进化的过程，因此，太平之世作为一种社会理想最终一定能得以实现；同时，社会历史的发展和进化又是一个循序渐进的过程，它必然要经历一个从“衰乱世”到“升平世”而最终达到“太平世”的过程。其二，太平之世是一个没有种族区分、没有内外之别的天下一统之世，在这一时期，“夷狄进至于爵，天下远近小大若一”。由此来看，何休作《春秋公羊传解诂》，其目的并不是去解说《春秋》所载的 242 年历史，而是借助《春秋》的史事来寄予

---

[1] 皮锡瑞：《经学通论·春秋·论三统三世是借事明义黜周王鲁亦是借事明义》，中华书局 1954 年版，第 22—23 页。

[2] 《春秋公羊传注疏·定公六年》，《十三经注疏》本，中华书局 1980 年版。

[3] 《春秋公羊传注疏·襄公二十三年》，《十三经注疏》本，中华书局 1980 年版。

自己的一种社会理想。因此，如果以何休的三世说来观照春秋三世史实，它当然是虚幻的；但如果认为何休的三世说是对人类历史发展趋势的一种解释，则无疑是正确的。难能可贵的是，何休本人所处的东汉末年，其实正是一个衰乱之世，作为这一特定时代的思想家，何休却并没有对历史的发展失去信心。新三世说的提出，充分说明了何休对人类历史发展和进化充满了信心，相信太平盛世是人类历史发展的必然结果，这体现了作为思想家的何休具有一种执着而坚定的历史信仰。

三、“天下远近小大若一”的大一统理想

纵观何休的大一统思想，主要包括两个方面，一是强调尊王，建立一种王者独尊的政治秩序；二是“夷狄进至于爵，天下远近小大若一”，形成一种王者一统天下的政治局面。

（一）尊王

何休的尊王思想是通过对《春秋经》和《公羊传》的随文解说而阐发的。在五始说中，何休认为“王”在五始中是具有特殊地位的，它对上“继天奉元”，对下则“养成万物”。正因此，现实中的人们必须要尊崇天子；而尊崇天子，就是对大一统社会政治的尊崇。在《春秋公羊传解诂》一书中，何休对“尊天子”之义着力进行了阐发：

> 《春秋·桓公五年》：“秋，蔡人、卫人、陈人从王伐郑。”
>
> 《公羊传》：“其言从王伐郑何？从王，正也。”
>
> 何休《解诂》：“美其得正义也，故以从王征伐录之。盖起时天子微弱，诸侯背叛，莫肯从王者征伐，以善三国之君独能尊天子死节。”

> 《春秋·僖公八年》：“公会王人、齐侯、宋公、卫侯、许男、曹伯、陈世子款、郑世子华盟于洮。”
>
> 《公羊传》：“王人者何？微者也。曷为序乎诸侯之上？先王命也。”
>
> 何休《解诂》：“衔王命会诸侯，诸侯当北面受之，故尊序

于上。”

何休还以史为证，肯定古代诸侯都是谨守“尊天子”之义的。如：

> 《春秋·定公十四年》：“邾娄子来会公。”
>
> 何休《解诂》：“古者诸侯将朝天子，必先会间隙之地，考德行，一刑法，讲礼义，正文章，习事天子之仪，尊京师，重法度，恐过误。言公者，不受于庙。”

在何休看来，《春秋》对于尊王之举，都是以之为善进行褒奖的；相反，对于不尊王者，则必然以之为恶而加以贬损。如《春秋·隐公八年》曰：“郑伯使宛来归邴。”《解诂》曰：“归邴书者，甚恶郑伯无尊事天子之心，专以汤沐邑归鲁，背叛当诛也。”又如鲁桓公是鲁十二公中最不尊王者，故《春秋》在桓公当政十八年中，有十四年都只书“正月”，而不用“王正月”书法。何休认为《春秋》不书王，显然是著桓公之恶，故他说：“无王者，以见桓公无王而行也。”[1]

对于如何尊王，何休提出了自己的看法。第一，王者必须谨守王权。何休认为，君王谨守王权，是君王受到尊崇，大一统政治局面得以维持的先决条件；反之，如果王权旁落于大臣，君王就不会受到尊崇，大一统的政治局面也无法得到维持。由于《春秋》是书乱世之史，故何休主要是从王权衰落对大一统政治的危害角度对此进行阐述的。何休认为，天降灾异，是上天对人间王权衰落、政治混乱的一种警示。如《春秋·僖公十五年》记曰：“己卯，晦，震夷伯之庙。”《公羊传》曰：“何以书？记异也。”对此，《解诂》曰：“此象桓公德衰，强楚以邪胜正。僖公蔽于季氏，季氏蔽于陪臣，陪臣见信得权，僭立大夫庙。天意若曰：蔽公室者，是人也，当去之。”又如《春秋·哀公十三年》记曰：“冬，十有一月，有星孛于东方。”对此，《公羊传》只是解释说：“孛者何？彗星也。其言于东方何？见于旦也。何以书？记异也。”然而，何休却认为这是王权衰落、“典法灭绝”之象，《解诂》说：“周十一月，夏九月，日在房

---

[1] 《春秋公羊传注疏·桓公三年》，《十三经注疏》本，中华书局1980年版。

心。房心，天子明堂布政之庭。于此旦见，与日争明者，诸侯代王治，典法灭绝之象。是后周室衰微，诸侯相兼，为秦所灭，燔书道绝。”

第二，王者必须“屈强臣”、“弱妃党”。何休认为，君弱是由臣强所致，要维护君权，就必须要“屈强臣”。如《春秋·襄公元年》载宋华元与诸侯围宋彭城一事，《解诂》藉此事发挥说：“书者，善诸侯为宋诛。虽不能诛，犹有屈强臣之助。”又如《春秋·襄公三十年》记曰：“晋人、齐人、宋人、卫人、郑人、曹人、莒人、邾娄人、滕人、薛人、杞人、小邾娄人会于澶渊，宋灾故。”《公羊传》曰：“……此大事也，曷为使微者？卿也。卿则其称人何？贬。曷为贬？卿不得忧诸侯也。”对此，《解诂》曰：“时虽名诸侯使之，恩实从卿发，故贬起其事，明大夫之义，得忧内不得忧外，所以抑臣道也。”维护王权，还必须要“弱妃党”。东汉是一个宦官、外戚势力异常强大的时期，何休对于因妃党势力强大而导致王权衰败是有亲身感受的。因此，他认为要强化王权，维护“大一统”的政治局面，就必须要限制和削弱妃党的势力。《解诂》借助《春秋》史事而加以发挥，以阐发其“弱妃党”之义。如《春秋·僖公二十五年》记曰：“宋杀其大夫。”《公羊传》曰：“何以不名？宋三世无大夫，三世内娶也。”《解诂》曰：“三世，谓慈父、王臣、处臼也。内娶大夫女也。……宋以内娶，故公族以弱，妃党益强，威权下流，政分三门，卒生篡弑，亲亲出奔。疾其末，故正其本。”在此，何休明确认为宋国的衰乱是“妃党益强”所致。在对《春秋·文公八年》的解说中，何休再次重申了宋国三世内娶对王权政治所造成的危害。他说：“宋以内娶，故威势下流，三世妃党争权相杀，司城惊逃，子哀奔之，主或不知所任，朝廷久空。”

（二）“进夷狄”

如前所述，何休以“衰乱世”、“升平世”和“太平世”来解说《公羊传》的“所传闻世”、“所闻世”和“所见世”，从而赋予了公羊家三世说以进化之义。而当何休运用三世说来解说“异内外”时，他肯定了民族关系的不断进步与发展，认为到太平之世，将是一个“夷狄进至于爵，天下远近小大若一”的大一统之世，从而又赋予了其民族观与大一统观全新的内涵。

按照何休的三世进化说，在“所传闻世”（亦即“衰乱”之世）时，

诸夏尚未统一，故夷狄“未得殊也”，因此，也就不存在夷夏之辨的问题。在何休看来，“衰乱”之世的主要矛盾是中国与诸夏的矛盾，解决这一基本矛盾的原则是“内其国而外诸夏”[1]。这里所言“内其国”之“国”是指京师，而“诸夏”则是指诸侯。何休说：“内其国者，假鲁以为京师也。诸夏，外土诸侯也。谓之夏者，大总下土言之辞也。”[2] 何休认为，所谓“内其国而外诸夏”，就是通过不同的书法，来辨明京师与诸侯，以褒奖前者、贬抑后者，体现“尊京师”大义。

当历史进入“所闻世”（亦即“升平”之世）时，夷狄已“可得殊”。何休说“至于所闻世，可得殊”[3]，即有了夷夏之辨，诸夏是文明的代表，而夷狄则还处于野蛮阶段。如《春秋·隐公七年》，《公羊传》曰：“不与夷狄之执中国也。”对此，何休以礼义来区别夷夏，他说：“中国者，礼义之国也。执者，治文也。君子不使无礼义制治有礼义，故绝不言执。”既然夷狄与诸夏处于不同的历史发展阶段，因此，在处理夷夏关系时，就应该奉行进诸夏、退夷狄的原则，也就是所谓“内诸夏而外夷狄”[4]。具体表现为：一是诸夏必须联合互助，共同对付夷狄入侵。在何休看来，夷狄的入侵，并不只是侵略某一个具体的中原国家，而是野蛮对文明的侵略，因此，诸夏都应该以保护华夏文明为已任。正因此，何休对诸夏面对夷狄入侵却离心离德、背信弃义的做法是加以斥责的。如《春秋·襄公十二年》记曰：“莒人伐我东鄙，围台。”《公羊传》曰：“邑不言围，此其言围何？伐而言围者，取邑之辞也；伐而不言围者，非取邑之辞也。”对此，《解诂》曰：“不直言取邑者，深耻中国之无信也。前九年伐，得郑同盟于戏。楚伐郑不救，卒为郑所背。中国以弱，蛮荆以强，兵革亟作。萧鱼之会，服郑最难，不务长和亲，复相贪犯，故讳而言围以起之。”同时，对那些以“尊王攘夷”、保护华夏文明为已任的中原诸侯如齐桓公等，何休则给予充分的肯定。如《春秋·僖公四年》传文曰：“桓公救中国，而攘夷狄，卒怗荆，以此为王者之事也。”《解

[1] 《春秋公羊传注疏·隐公元年》，《十三经注疏》本，中华书局1980年版。
[2] 《春秋公羊传注疏·成公十五年》，《十三经注疏》本，中华书局1980年版。
[3] 《春秋公羊传注疏·成公十五年》，《十三经注疏》本，中华书局1980年版。
[4] 《春秋公羊传注疏·隐公元年》，《十三经注疏》本，中华书局1980年版。

诂》曰：“桓公先治其国以及诸夏，治诸夏以及夷狄，如王者为之，故云尔。”

二是辨明夷夏之别，反对诸夏联合或依附于夷狄。何休认为，诸夏与夷狄联合，不但是一种自退为夷狄、自绝于中国的行为，同时也为整个华夏文明带来了灾难。因此，对于这类国家，何休认为应“夷狄之”。如《春秋·成公三年》曰：“郑伐许。”《解诂》曰：“谓之郑者，恶郑襄公与楚同心，数侵伐诸夏。自此之后，中国盟会无已，兵革数起，夷狄比周为党，故夷狄之。”同时，何休对夷狄仰慕诸夏文明，自觉行仁讲义，则以“中国之”。如《春秋·庄公二十三年》曰：“荆人来聘。”《公羊传》曰：“荆何以称人？始能聘也。”《解诂》曰：“《春秋》王鲁，因其始来聘，明夷狄能慕王化，修聘礼，受正朔者，当进之，故使称人也。称人当系国，而系荆者，许夷狄者不一而足。”

当历史进入“所见世”（即“太平”之世）时，何休认为，这一时期的夷狄通过“升平”之世的不断进化，已经由野蛮而至文明，成为诸夏的一部分了。因此，这一时期的夷狄也可以像诸夏一样“进至于爵”了。如《春秋·昭公十六年》记曰：“楚子诱戎曼子杀之。”《解诂》曰：“戎曼称子者，入昭公，见王道大平，百蛮贡职，夷狄皆进至其爵。”春秋昭公之时，是进入“太平”之世的开始，此时“夷狄皆进至其爵”，故何休要以“子”称许戎曼。在《春秋·隐公元年》注文中，何休对“太平”之世的夷狄关系还有一个更为全面的表述，他说：“至所见之世，著治大平，夷狄进至于爵，天下远近小大若一，用心尤深而详，故崇仁义，讥二名。”在此，“夷狄进至于爵，天下远近小大若一”，是何休对“太平”之世夷夏关系的一个完整表述。从中可知，何休所谓的“太平”之世，已经是一个没有夷夏之别的天下一统的社会，在这个社会里，不但道德文明已经发展到了极致，而且政治、种族、文化也实现了空前的统一。

何休“夷狄进至于爵，天下远近小大若一”的思想，既带有理想化的色彩，同时也有一定的历史依据。说其有一定的历史依据，是因为自春秋以来，各诸侯国之间经过长期的战争和频繁的交往，带动了不同种族与文化间的交汇和融合，从而出现了夷夏文化一统的趋势。刘家和先生说：“至春秋时期之末，楚、吴诸邦与中原诸夏无复分别。这就是‘夷狄进至于爵’，以当时人对‘天下’的眼界来说，说‘天下远近大小若

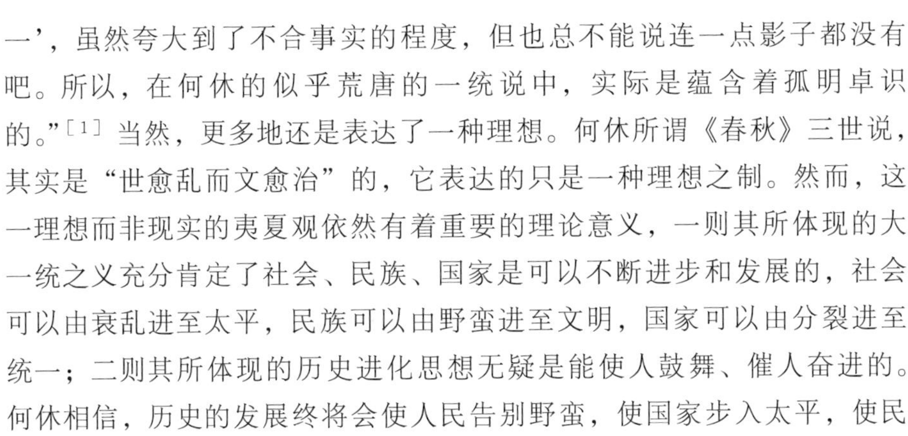

一'，虽然夸大到了不合事实的程度，但也总不能说连一点影子都没有吧。所以，在何休的似乎荒唐的一统说中，实际是蕴含着孤明卓识的。"[1] 当然，更多地还是表达了一种理想。何休所谓《春秋》三世说，其实是"世愈乱而文愈治"的，它表达的只是一种理想之制。然而，这一理想而非现实的夷夏观依然有着重要的理论意义，一则其所体现的大一统之义充分肯定了社会、民族、国家是可以不断进步和发展的，社会可以由衰乱进至太平，民族可以由野蛮进至文明，国家可以由分裂进至统一；二则其所体现的历史进化思想无疑是能使人鼓舞、催人奋进的。何休相信，历史的发展终将会使人民告别野蛮，使国家步入太平，使民族间得以和平相处，使天下一统有牢固的根基。[2]

四、人事与灾异之二类说

"二类者，人事与灾异是也"[3]。这是何休关于天人关系的一种学说，也是何休历史思想的重要内涵。何休的灾异说秉承了先儒的重灾异思想，同时也直接受到东汉社会普遍援引谶纬以说灾异的风气影响。而何休的重人事思想，同样也是对儒家重民思想与汉代史家重人事思想的继承与发展。何休以人事与灾异并说为二类，是因为在他看来，灾异与人事从来都是一种一体两面的关系，说灾异是不离人事的。

(一) 二类说的基本内涵

何休论灾异与人事，一方面重视对于灾异的分辨，并以谶纬说灾异；一方面则言灾异不离人事，表现出重人事的思想。

第一，重视对于灾异的分辨，既重灾，更重异。何休认为，"灾"与"异"是一对既有紧密联系又有明显区别的概念。两者的区别，一是表现为各自的内蕴之义并不相同。"灾者，有害于人物，随事而至者"[4]，如

---

[1] 刘家和：《论汉代春秋公羊学的大一统思想》，《史学理论研究》1995年第2期。

[2] 以上关于何休大一统思想的论述，参见汪高鑫：《中国史学思想通史·秦汉卷》第三编第九章，黄山书社2002年版。

[3] 《春秋公羊传注疏·隐公元年》疏引何休《公羊文谥例》，《十三经注疏》本，中华书局1980年版。

[4] 《春秋公羊传注疏·隐公五年》，《十三经注疏》本，中华书局1980年版。

大水、大旱、地震、山崩等即属此类。而“异者，非常可怪，先事而至者”[1]，如日食、星孛、星陨、六鹢退飞等即属此类。二是表现为各自的轻重不同。《公羊传》认为“异大乎灾也”，何休赞成传文的说法，并进一步发挥其义说：“异者，所以为人戒也。重异不重灾，君子所以贵教化而贱刑罚也。”[2] 在此，何休将异与灾的关系比喻作德与刑的关系。在何休看来，与刑罚相比，道德教化更为重要。何休的这种德治观显然是承继了董仲舒的德主刑辅说，只是他创造性地将此用来解说灾与异之间的关系，这无疑是何休的一种发明。同时，“灾”与“异”又是密不可分的。在今人看来，无论是灾还是异，都是自然现象，完全可以给予科学的解释。但是，古人却把天降灾异看作是上天意志的一种表现，是上天对人事不满的一种反映。正是基于这样一种认识，人们往往会对天降灾异感到莫名的惊恐和震动，并因此而认真反省人事的得失。由于灾与异在古人看来都是天志的一种体现，都能给人带来惊恐和震动，都能促使人们反省自己的行为，因此，人们往往也就将它们合在一起，称其为“灾异”了。

第二，重视对于灾异的阐发，说灾异不离人事。《春秋》重灾异是人所共知的，而《解诂》重灾异更是大有过之。据统计，该书所记灾异总数不下 300 条。例如：

《春秋·僖公十五年》曰：“己卯，晦，震夷伯之庙。”

《公羊传》曰：“晦者何？冥也。震之者何？雷电击夷伯之庙者也。夷伯者曷为者也？季氏之孚也。季氏之孚则微者，其称夷伯何？大之也。曷为大之？天戒之，故大之也。何以书？记异也。”

何休《解诂》曰：“明此非但为微者异，乃公家之至戒，故尊大之，使称字，过于大夫以起之，所以畏天命。……此象桓公德衰，强楚以邪胜正。僖公蔽于季氏，季氏蔽于陪臣，陪臣见信得权，僭立大夫庙。天意若曰：蔽公室者，是人也，当去之。”

[1] 《春秋公羊传注疏·隐公三年》，《十三经注疏》本，中华书局 1980 年版。
[2] 《春秋公羊传注疏·定公元年》，《十三经注疏》本，中华书局 1980 年版。

又如：

> 《春秋·哀公四年》曰："六月辛丑，蒲社灾。"
>
> 《公羊传》曰："蒲社者何？亡国之社也。社者，封也。其言灾何？亡国之社盖掩之，掩其上而柴其下。蒲社灾何以书？记灾也。"
>
> 何休《解诂》曰："戒社者，先王所以威示教戒诸侯，使事上也。灾者，象诸侯背天子。是后宋事强吴，齐、晋前驱，滕、薛侠毂，鲁、卫骖乘。故天去戒社，若曰王教灭绝云尔。"

从上引二例可知，何休所言灾异，皆以人事说之。在他看来，大凡天降灾异，必与人事相关。换言之，正是人间的恶行恶事招引了天降灾异。《解诂》的"天意若曰"，其实就是在告诉统治者一定要实行王道政治，戒除一切恶行恶事，以避免激怒上天，招致灾异。

值得注意的是，《解诂》所言灾异之义，很多并不是经、传的原意，而是何休的一种借题发挥。如《春秋·桓公五年》记曰："大雩。"《公羊传》曰："大雩者何？旱祭也。然则何以不言旱？言雩则旱见，言旱则雩不见。何以书？记灾也。"然而，何休却据此大加发挥道："旱者，政教不施之应。先是，桓公无王行，比为天子所聘，得志益骄，去国远狩，大城祝丘，故致此旱。"很显然，何休赋予了经、传以天人感应之义。更有甚者，《公羊传》对经文所记某些灾异并未作解释，而何休却完全根据己意肆意进行解说。如《春秋·僖公五年》记曰："九月戊申，朔，日有食之。"《公羊传》无文，而《解诂》曰："此象齐桓德衰，是后楚遂背叛，狄伐晋灭温，晋里克比弑其二君。"这样的解释，完全是何休的一种主观认识。很显然，这种借题发挥甚或无中生有式的解说，旨在告诫人们："明天人相与报应之际，不可不察其意。"[1] 何休的灾异论其实完全是在论人事，重人事无疑是其灾异说之重要特点。

第三，援引谶纬以说灾异。援引谶纬以说灾异是西汉末年以来的一种普遍现象，而公羊家又是其中最侈言灾异、好引谶纬者。何休既不可能脱离于时代风气，也不可能背弃公羊家传统。因此，何休灾异说有着

[1]《春秋公羊传注疏·宣公三年》，《十三经注疏》本，中华书局1980年版。

浓厚的谶纬色彩。如《春秋·哀公十四年》所记“西狩获麟”，是经学史上的一件大事。对此，何休《解诂》与《公羊传》的解释就有很大的出入：其一，《公羊传》只说“西狩获麟”为“王者则至”之瑞，并未明说王者是谁，只是隐含有孔子作《春秋》以当一王之法之义；何休则采用纬书《夫子素案图录》的说法，明确认为孔子以此为“庶姓刘季当代周”之瑞。其二，《公羊传》言“薪采者”获麟，只是运用了以小见大的手法，并无深意；何休则运用阴阳五行学说对“薪采者”作了阐释，认为这是汉之火德取代周之木德之象，所以执麟者必须是“薪采者”。其三，《公羊传》认为孔子见麟会“反袂拭面，涕沾袍”，是因为他伤感于天下无道；而何休则认为孔子知道刘季代周只能以兵得天下，他是为天下百姓将要遭受生灵涂炭之厄运而伤心流泪。很显然，由于何休在此援引了谶纬以说灾异，从而使得“西狩获麟”之内蕴变得更加神秘难晓了。又如《公羊传》论孔子为何要作《春秋》，说：“君子曷为为《春秋》？拨乱世，反诸正，莫近诸《春秋》。”何休则借用了纬书的说法，对传文进行肆意发挥。《解诂》说：“得麟之后，天下血书鲁端门曰：‘趋作法，孔圣没，周姬亡，彗东出。秦政起，胡破术，书记散，孔不绝。’子夏明日往视之，血书飞为赤鸟，化为白书，署曰《演孔图》，中有作图制法之状。孔子仰推天命，俯察时变，却观未来，豫解无穷，知汉当继大乱之后，故作拨乱之法以授之。”这段话恣意援引谶纬之说。所谓端门、赤鸟之说，只是谶纬家所伪造，纯系荒诞不经的无稽之谈；而孔子经过谶纬家的描绘后，已经完全失去了人的面貌，变成地地道道的神了。何休作为东汉大儒，竟然采用谶纬家的荒诞之说来解说儒经，可见其灾异理论已经带有了浓厚的谶纬色彩。

(二）二类说的精神实质

如果仅从何休二类说的理论表述形式来看，由于他大量援引谶纬之说，其灾异理论显得荒诞而又神秘。毋庸讳言，与董仲舒等先儒的天人感应论相比，何休带有浓厚谶纬色彩的灾异理论，实际上是将儒家的天人观引向更为神秘的歧途上了。从这个角度而言，传统儒家的天人观实际上是倒退了。

但是，正如我们承认东汉谶纬之学有着“神道设教”之旨的积极内蕴一样，如果我们透过何休二类说之带有浓厚谶纬色彩的神秘主义的表

象，这一学说其实是内蕴有很多积极的、合理的因素的。

第一，二类说承继了先儒“言天道而归于人道”的传统，旨在借助灾异与人事的关系，阐明人的行为与历史现实之间的因果关系。何休之所以将人事与灾异对举，将它看作为《春秋》大义之一，显然是因他看到了人事与灾异之间存在着密不可分的联系。而他人事与灾异之二类说的哲理基础，无疑便是他的五始学说。何休认为，天人之所以有着密不可分的关系，是因为天与人都同源于“元”，而“元者，气也，无形以起，有形以分，造起天地，天地之始也”[1]。这就是说，天人同源于“元”，实际上就是同存于共同的气化宇宙之中。这就从形上高度论证了天人能相互感应的原因。以此为逻辑起点，何休又进一步论证了天降灾异的原因。何休认为，灾异现象的出现，是由于人类的邪气破坏了纯正和谐的气化之宇宙。当然，这里所谓人类的邪气，主要是指统治者的种种违背王道政治的行为。在何休看来，人类的邪气可以破坏宇宙的和谐之气，而共存于气化之中的上天却是最终的主宰者，它要对人类的邪气进行仲裁，作出回应，这种回应的物化现象便是灾异。《解诂》一书以大量的历史事实对各种灾异现象进行解说，其实都是从历史的角度，以具体的事例对天人感应现象作出论证与解说，其根本目的是为了说明人类的行为对于人类的历史是负有不可推卸的责任的。有一种说法认为：“现代中国人受黑格尔思想的影响甚深，认为历史是一客观的逻辑过程，有其发展的必然规律。黑格尔的这一历史决定论思想否定了人类行为与历史现实之间的联系，把历史现实看作是客观理性的必然结果，不承认人类行为对历史现实负有道德上的责任。这样，历史中的罪恶可以轻而易举地归咎于客观的历史理性，人可以不负任何责任，并且还可以借历史理性为自己的罪责开脱。公羊家天人感应说认为人类行为与历史现实之间具有因果关系，正可以对治这种危害中国甚深的时代思潮。”[2] 这一说法是有一定道理的。我们承认历史的发展有其必然规律，但我们也确实不可否认人类行为对历史的发展有着重要的影响。何休二类说强调灾

[1] 《春秋公羊传注疏·隐公元年》，《十三经注疏》本，中华书局 1980 年版。

[2] 蒋庆：《公羊学引论》，辽宁教育出版社 1995 年版，第 219 页。

异因人事而至，人类的行为与历史现实之间存在着因果关系，无疑是具有合理因素的。

第二，二类说的目的是借助天的意志对人类历史与现实政治作出批判，旨在建立一种和谐的政治秩序。何休肯定天人同源于“气”，天人可以相互感应；认为天降灾异是人的行为破坏了宇宙间和谐之气，也就是说，是人的不良行为招致了天降灾异。以此为逻辑起点，何休进而认为，天降灾异不只是对人的不良行为作出惩罚，更是对人作出警示。惩罚只是针对过去，而警示则是劝喻未来。灾异论的根本目的是要统治者通过反省过去招致灾异降临的种种行为，以便改弦易辙，努力实现王道政治的理想。那么，何休为何要借助于神学的力量来批判历史与现实政治呢？原因有二，其一，东汉是一个神学迷信泛滥的时代，而神学迷信之所以能泛滥，是因为它已被当时的人们所普遍信仰。何休言灾异而援引谶纬，这就使得传统灾异说的神学性被更加强化了，它在使得学说本身更加荒诞离奇的同时，也使得这一学说更加神秘和精致，从而使得这一学说更能够迎合时代的要求，而为人们所信服。其二，对历史与现实政治的批判，其实就是对君主的批判。在封建社会，君主的地位是至高无上的，人间的任何一种力量都无法承当起对君主进行批判的任务，于是就不得不借助于超人间的力量，那就是天的力量。正如皮锡瑞所说的，“当时儒者以为人主至尊，无所畏惮，借天象以示儆，庶使其君有失德者犹知恐惧修省。此《春秋》以元统天、以天统君之义，亦《易》神道设教之旨。汉儒藉此以匡正其主。……后世不明此义，谓汉儒不应言灾异，引谶纬，于是天变不足畏之说出矣”[1]。从历史上灾异说的实际批判效果来看，它确实对统治者起到了一定的威慑作用。如汉宣帝地节三年（前 67 年）九月地震，宣帝“甚惧”，下诏罪己，决定“罢车骑将军、右将军屯兵”[2]。又如汉元帝永光二年（前 42 年）三月日食，元帝下诏罪己说：“朕战战栗栗，夙夜思过失，不敢荒宁。惟阴阳不调，未烛其咎。娄敕公

[1] 皮锡瑞著，周予同注释：《经学历史》四《经学极盛时代》，中华书局 2008 年版，第 106 页。

[2] 《汉书》卷八《宣帝纪》，中华书局 1962 年版，第 249 页。

卿，日望有效。至今有司执政，未得其中，施与禁切，未合民心。暴猛之俗弥长，和睦之道日衰，百姓愁苦，靡所错躬。是以氛邪岁增，侵犯太阳，正气湛掩，日久夺光。乃壬戌，日有蚀之。天见大异，以戒朕躬，朕甚悼焉。”[1] 纵观两汉历史，帝王因天降灾异而下诏罪己或大赦天下者，实不在少数。由此看来，两汉灾异说是有着实际批判效果的。

[1]《汉书》卷九《元帝纪》，中华书局1962年版，第289页。

主要参考文献

一、历代典籍

《周易正义》，《十三经注疏》本，中华书局1980年版。

《尚书正义》，《十三经注疏》本，中华书局1980年版。

《毛诗正义》，《十三经注疏》本，中华书局1980年版。

《周礼注疏》，《十三经注疏》本，中华书局1980年版。

《仪礼注疏》，《十三经注疏》本，中华书局1980年版。

《礼记正义》，《十三经注疏》本，中华书局1980年版。

《春秋左传正义》，《十三经注疏》本，中华书局1980年版。

《春秋公羊传注疏》，《十三经注疏》本，中华书局1980年版。

《春秋穀梁传注疏》，《十三经注疏》本，中华书局1980年版。

《国语》，上海古籍出版社1995年版。

《老子》，《诸子集成》本，中华书局1954年版。

《论语》，《诸子集成》本，中华书局1954年版。

《庄子》，《诸子集成》本，中华书局1954年版。

《墨子》，《诸子集成》本，中华书局1954年版。

《孟子》，《诸子集成》本，中华书局1954年版。

《荀子》，《诸子集成》本，中华书局1954年版。

《吕氏春秋》，《诸子集成》本，中华书局1954年版。

陆贾著，王利器校注：《新语校注》，中华书局1986年版。

贾谊著，王洲明、徐超校注：《贾谊集校注》，人民文学出版社1996年版。

刘安编，刘文典集解：《淮南鸿烈集解》，中华书局 1989 年版。

董仲舒著，苏舆义证：《春秋繁露义证》，中华书局 1992 年版。

司马迁：《史记》，中华书局 1959 版。

王聘珍：《大戴礼记解诂》，中华书局 1983 年版。

刘向著，王照圆补注：《列女传补注》，华东师范大学出版社 2012 年版。

王充著，黄晖校释：《论衡校释》，中华书局 1990 年版。

班固：《汉书》，中华书局 1962 年版。

班固整理，陈立疏证：《白虎通疏证》，中华书局 1994 年版。

刘珍等著，吴树平校注：《东观汉记校注》，中华书局 2008 年版。

王符著，汪继培笺，彭铎校正：《潜夫论笺校正》，中华书局 1985 年版。

荀悦：《汉纪》，《两汉纪》上，中华书局 2002 年版。

荀悦：《申鉴》，《四部丛刊》本。

袁宏：《后汉纪》，《两汉纪》下，中华书局 2002 年版。

范晔：《后汉书》，中华书局 1965 年版。

刘勰著，杨明照校注拾遗：《增订文心雕龙校注》，中华书局 2000 年版。

陆德明：《经典释文》，上海古籍出版社 2013 年版。

魏徵等：《隋书》，中华书局 1973 年版。

刘知幾著，浦起龙释：《史通通释》，上海古籍出版社 2009 年版。

李鼎祚：《周易集解》，中华书局 2016 年版。

陆淳：《春秋啖赵集传纂例》，中华书局 1985 年版。

司马光：《资治通鉴》，中华书局 1956 年版。

张载：《张载集》，中华书局 1978 年版。

范祖禹：《唐鉴》，上海古籍出版社 1984 年版。

胡安国：《春秋胡氏传》，《四部丛刊续编》本。

郑樵：《通志》，中华书局 1987 年版。

郑樵：《夹漈遗稿》，中华书局 1985 年版。

晁公武著，孙猛校证：《郡斋读书志校证》，上海古籍出版社 1990 年版。

朱熹：《资治通鉴纲目》，《朱子全书》本，上海古籍出版社、安徽教育出版社 2002 年版。

朱熹：《四书章句集注》，中华书局 1983 年版。

朱熹：《诗集传》，中华书局 2011 年版。

陈振孙：《直斋书录解题》，上海古籍出版社 1987 年版。

黎德靖编：《朱子语类》，中华书局 1986 年版。

王若虚：《滹南遗老集》，《四部丛刊》本。

张汝霖：《学诗毛郑异同签》，《续修四库全书》本，上海古籍出版社 2002 年版。

王阳明：《王阳明全集》，上海古籍出版社 1992 年版。

王世贞：《纲鉴会纂》，明刻本。

王世贞：《弇州山人四部稿》，明万历刻本。

李贽：《藏书》，中华书局 1959 年版。

李贽：《焚书　续焚书》，中华书局 2009 年版。

钱澄之：《田间易学》，黄山书社 1998 年版。

顾炎武著，黄汝成集释：《日知录集释》，岳麓书社 1994 年版。

顾炎武：《天下郡国利病书》，上海古籍出版社 2012 年版。

顾炎武著，王冀民笺释：《顾亭林诗笺释》，中华书局 1998 年版。

方苞：《方苞集》，上海古籍出版社 1983 年版。

王鸣盛：《十七史商榷》，上海古籍出版社 2013 年版。

赵翼著，王树民校证：《廿二史札记校证》，中华书局 1984 年版。

钱大昕：《廿二史考异》，上海古籍出版社 2004 年版。

章学诚著，叶瑛校注：《文史通义校注》，中华书局 2014 年版。

章学诚：《章学诚遗书》，文物出版社 1985 年版。

永瑢等：《四库全书总目》，中华书局 1965 年版。

段玉裁：《经韵楼集》，凤凰出版社 2010 年版。

汪中著，李金松校笺：《述学校笺》，中华书局 2014 年版。

胡承珙：《毛诗后笺》，黄山书社 1999 年版。

胡承珙：《仪礼古今文疏义》，《续修四库全书》本，上海古籍出版社 2002 年版。

马瑞辰：《毛诗传笺通释》，中华书局 1989 年版。

孙星衍：《尚书今古文注疏》，中华书局1986年版。

严可均校辑：《全上古三代秦汉三国六朝文》，中华书局1958年版。

陈奂：《诗毛氏传疏》，商务印书馆1933年版。

龚自珍：《龚自珍全集》，上海古籍出版社1999年版。

陈乔枞：《韩诗遗说考》，清刻《左海续集》本。

陈乔枞：《今文尚书经说考》，《续修四库全书》本，上海古籍出版社2002年版。

沈涛：《铜熨斗斋随笔》，中华书局1965年版。

王先谦：《诗三家义集疏》，中华书局1987年版。

王先谦：《尚书孔传参正》，中华书局2011年版。

皮锡瑞著，周予同注释：《经学历史》，中华书局2008年版。

皮锡瑞：《经学通论》，中华书局1954年版。

皮锡瑞：《皮锡瑞全集》，中华书局2015年版。

崔适：《史记探源》，中华书局1986年版。

康有为：《论语注》，中华书局1984年版。

章太炎：《章氏丛书续编》，世界书局1982年版。

梁启超：《饮冰室合集》，中华书局1989年版。

梁启超：《中国历史研究法》，上海古籍出版社1998年版。

梁启超：《先秦政治思想史》，上海古籍出版社2014年版。

王国维：《观堂集林》，河北教育出版社2003年版。

刘师培著，邬国义、吴修艺编校：《刘师培史学论著选集》，上海古籍出版社2006年版。

吴承仕：《经典释文序录疏证》，中华书局1984年版。

二、今人著作

范文澜：《中国通史简编》（修订本）第二编，人民出版社1958年版。

冯友兰：《中国哲学史》，中华书局1961年版。

范文澜：《文心雕龙注》，人民文学出版社1962年版。

金德建：《司马迁所见书考》，上海人民出版社1963年版。

陈直：《汉书新证》，天津人民出版社1979年版。

白寿彝：《〈史记〉新论》，求实出版社 1981 年版。
郭沫若：《卜辞通纂》，科学出版社 1983 年版。
王利器：《郑康成年谱》，齐鲁书社 1983 年版。
杨向奎：《绎史斋学术文集》，上海人民出版社 1983 年版。
蒋伯潜：《十三经概论》，上海古籍出版社 1983 年版。
熊铁基：《秦汉新道家略论稿》，上海人民出版社 1984 年版。
任继愈：《中国哲学发展史（秦汉）》，人民出版社 1985 年版。
白寿彝：《中国史学史》第一册，上海人民出版社 1986 年版。
金春峰：《汉代思想史》，中国社会科学出版社 1987 年版。
杨翼骧编：《中国史学史资料编年（第一册）》，南开大学出版社 1987 年版。
刘起釪：《尚书学史》，中华书局 1989 年版。
张岱年：《中国古典哲学概念范畴要论》，中国社会科学出版社 1989 年版。
张家璠、黄宝权：《中国历史文献学》，广西师范大学出版社 1989 年版。
匡亚明：《孔子评传》，南京大学出版社 1990 年版。
韩兆琦：《史记通论》，北京师范大学出版社 1990 年版。
沈玉成、刘宁：《春秋左传学史稿》，江苏古籍出版社 1992 年版。
白寿彝：《白寿彝史学论集》，北京师范大学出版社 1994 年版。
张大可：《司马迁评传》，南京大学出版社 1994 年版。
刘家和：《古代中国与世界——一个古史研究者的思考》，武汉出版社 1995 年版。
朱伯崑：《易学哲学史》第一卷，华夏出版社 1995 年版。
王永祥：《董仲舒评传》，南京大学出版社 1995 年版。
蒋庆：《公羊学引论》，辽宁教育出版社 1995 年版。
陈桐生：《史记与今古文经学》，陕西人民教育出版社 1995 年版。
顾颉刚：《汉代学术史略》，东方出版社 1996 年版。
饶宗颐：《中国史学上之正统论》，上海远东出版社 1996 年版。
朱维铮编：《周予同经学史论著选集》（增订本），上海人民出版社 1996 年版。

吴怀祺：《中国史学思想史》，安徽人民出版社 1996 年版。

蒋伯潜、蒋祖怡：《经与经学》，上海书店出版社 1997 年版。

陈其泰：《清代公羊学》，东方出版社 1997 年版。

王葆玹：《今古文经学新论》，中国社会科学出版社 1997 年版。

郑万耕：《易学源流》，沈阳出版社 1997 版。

李昌宪：《司马光评传》，南京大学出版社 1998 年版。

黄朴民：《何休评传》，南京大学出版社 1998 年版。

金毓黻：《中国史学史》，商务印书馆 1999 年版。

白寿彝：《中国史学史论集》，中华书局 1999 年版。

周桂钿：《秦汉思想史》，河北人民出版社 2000 年版。

赵生群：《〈春秋〉经传研究》，上海古籍出版社 2000 年版。

徐复观：《两汉思想史》第二卷，华东师范大学出版社 2001 年版。

吴雁南等主编：《中国经学史》，福建人民出版社 2001 年版。

吴雁南主编：《清代经学史通论》，云南大学出版社 2001 年版。

严正：《五经哲学及其文化学的阐释》，齐鲁书社 2001 年版。

朱维铮：《中国经学史十讲》，复旦大学出版社 2002 年版。

许凌云：《经史因缘》，齐鲁书社 2002 年版。

陈其泰、赵永春：《班固评传》，南京大学出版社 2002 年版。

汪高鑫：《中国史学思想通史·秦汉卷》，黄山书社 2002 年版。

白寿彝主编：《中国史学史》，北京师范大学出版社 2004 年版。

朱伯崑主编：《周易通释》，昆仑出版社 2004 年版。

吴怀祺：《易学与史学》，中国书店 2004 年版。

赵伯雄：《春秋学史》，山东教育出版社 2004 年版。

刘家和：《史学经学与思想：在世界史背景下对于中国古代历史文化的思考》，北京师范大学出版社 2005 年版。

吴怀祺、林晓平：《中国史学思想通史·总论卷　先秦卷》，黄山书社 2005 年版。

杨庆中：《周易经传研究》，商务印书馆 2005 年版。

蒙文通：《经学抉原》，上海人民出版社 2006 年版。

蒙文通：《中国史学史》，上海人民出版社 2006 年版。

徐复观：《徐复观论经学史二种》，上海书店出版社 2006 年版。

冯天瑜：《中华元典精神》，武汉大学出版社 2006 年版。

赵生群：《〈史记〉编纂学导论》，凤凰出版社 2006 年版。

黄寿祺、张善文：《周易译注》，上海古籍出版社 2007 年版。

徐芹庭：《易经源流——中国易经学史》，中国书店 2008 年版。

杜维运：《中国史学史》，商务印书馆 2010 年版。

马宗霍、马巨：《经学通论》，中华书局 2011 年版。

吴怀祺：《中国史学思想通论·总论卷　历史思维卷》，福建人民出版社 2011 年版。

汪高鑫：《中国史学思想通论·经史关系论卷》，福建人民出版社 2011 年版。

汪高鑫：《董仲舒与汉代历史思想研究》，商务印书馆 2012 年版。

程元敏：《尚书学史》，华东师范大学出版社 2013 年版。

郑杰文主编：《中国经学学术编年》，凤凰出版社 2015 年版。

汪高鑫：《中国经史关系史》，黄山书社 2017 年版。

后 记

先秦两汉时期，是中国经史发展的第一个阶段。从经学的角度而言，先秦还没有严格意义上的经学，然而后世经学研习的核心经典《诗》、《书》、《礼》、《易》、《春秋》等所谓五经，则是在这个时期形成的，我们称之为“元典”。中国经学正式兴起于汉武帝时期，随着“独尊儒术”方针的确立，五经博士的设置，读经开始与利禄相结合，尊孔读经因此蔚然成风。直到清末，经学一直作为中国社会的统治意识形态。从史学角度而言，先秦史学尚未成熟，但是史官制度却早已有之，并且涌现出了《春秋》、《左传》、《国语》、《竹书纪年》、《战国策》等一批私人历史撰述。司马迁作《史记》提出“成一家之言”，《史记》、《汉书》所创立的“正史”体裁，荀悦《汉纪》对于编年史书的发展，标志着传统史学的发展在这一时期出现了第一个高峰。从经史关系而言，先秦五经明显具有亦经亦史的特点，五经中的《尚书》、《春秋》也是史书，《周易》、《诗经》和三礼不但具有一定的史料价值，而且其历史思想对后世史学的发展影响深远。汉代经学兴起并且占据学术思想的统治地位，影响了这一时期史学的发展，使得史学表现出浓厚的崇经意识；由于先秦史籍的大量散佚，《汉书·艺文志》在目录分类上出现了“史附于经”的现象，这也在一定程度上反映了经史之间的密切关系。与此同时，汉代史学的发展也对经学产生了重要影响，经学家解经普遍重视“见之于行事”。以经解史与以史证经，已经成为汉代经史之学发展过程中的一种普遍现象。本卷的撰述宗旨，即是要通过对这一时期中国经史之学产生过程和经史关系发展变化的探讨，从源头上揭示中国经史关系的基本特点。

本卷的撰写由我与马新月博士共同完成。具体分工如下：由我撰写绪论、第一章第一节、第二章第二节、第三章、第四章第二节第二子目、第五章第一节、第六章、第七章、第八章、第九章第三节，马新月博士撰写第一章第二三节、第二章第一节、第四章第一节和第二节一三子目、第五章第二节、第九章第一二节。本卷由我拟定各章章节标题，并对全部初稿统一进行修改、润色，最终定稿。

经史关系涉及经学与史学两大领域，对知识素养要求较高。以往学界对于先秦两汉时期的经史关系缺乏系统研究，本卷的研究属于初步尝试，因而有些论述难免会有不当或错误之处，敬请学界同仁批评指正。在撰写本卷过程中，也得到了很多学界已有研究成果的启发，在此真诚致以谢意！

汪高鑫

2019 年 10 月记于京师园寓居